上海市高水平地方高校（监狱学方向）建设项目资助

# 坚持和完善中国特色社会主义监狱制度

## ——第十一届监狱学论坛文集

■ 严励◎主编

中国政法大学出版社

2023·北京

**图书在版编目（ＣＩＰ）数据**

坚持和完善中国特色社会主义监狱制度：第十一届监狱学论坛文集/严励主编. —北京：中国政法大学出版社，2023.6

ISBN 978-7-5764-0829-4

Ⅰ.①坚… Ⅱ.①严… Ⅲ.①监狱学一文集 Ⅳ.①D916.7-53

中国国家版本馆 CIP 数据核字(2023)第 096207 号

------------------------------------------------------------------------------------

| | |
|---|---|
| 出 版 者 | 中国政法大学出版社 |
| 地　　址 | 北京市海淀区西土城路 25 号 |
| 邮寄地址 | 北京 100088 信箱 8034 分箱　邮编 100088 |
| 网　　址 | http://www.cuplpress.com（网络实名：中国政法大学出版社） |
| 电　　话 | 010-58908285（总编室）58908433（编辑部）58908334(邮购部) |
| 承　　印 | 固安华明印业有限公司 |
| 开　　本 | 720mm×960mm　1/16 |
| 印　　张 | 38.75 |
| 字　　数 | 618 千字 |
| 版　　次 | 2023 年 6 月第 1 版 |
| 印　　次 | 2023 年 6 月第 1 次印刷 |
| 定　　价 | 175.00 元 |

党的十八大以来，监狱战线认真贯彻中央决策部署，从确保安全、强化改造、推进改革、提升队伍素质等方面推动监狱工作进一步发展，取得了积极成效。但是，在前进的道路上，许多重点、难点问题亟须解决。新的形势对监狱学专业和学科建设提出新的要求，需要专门院校进一步加强监狱学专业和学科建设，培养适应新时代发展需要的监狱学人才。

上海政法学院监狱学专业和学科是上海高校中唯一、全国高校中为数不多的本科特色专业和重点学科。该学院拥有较长的监狱学专业和学科的发展历史，积累了比较丰富的教学科研经验。

上海政法学院监狱学专业发展历经曲折。1989年，经上海市教委批准该专业作为提前批专业开始招生。1998年教育部本科专业目录将原有的劳动改造学专业并入法学专业之后，批准设置监狱学为目录外专业。2007年4月，在司法部和部属监狱局、上海市教委、上海市司法局、上海市监狱局等有关部门的支持下，学院申报的监狱学本科专业获得教育部批准，并于当年招收监狱学专业四年制本科生。

为了进一步适应高校人才培养新的形势发展需要、推进监狱学人才培养模式的探索与改革，2009年经上海市教委和上海市公务员局批准，学院开始从高职、专科毕业生中招收监狱学专业两年制专升本人民警察学员。2009年秋季以来受司法部委托，为西部等地区培养专升本二年制监狱人民警察学员。

在专业建设方面，学院不仅大力加强实验室建设、实习基地建设、资料库建设，还注重教学方法的改革，充分利用自身的有利条件开展新颖高效的教学活动。这些成果获得了社会和各有关方面的肯定。在监狱学学科建设方面，学院已出版了30多本监狱学专业和学科的教材、专著，发表的专业论文共有 300 多篇，获得省部级以上科研项目多个立项，一批科研成果获奖。2009 年监狱学专业获得教育部第四批特色专业建设点立项，2009 年学院刑法学专业被批准为上海市教委第五期重点学科建设项目，其中监狱学为重要的研究方向之一，2011 年以来，监狱学专业和学科连续获得中央财政支持地方高校发展专项资金项目支持，2012 年获上海高校一流学科法学学科建设计划项目支持，其中监狱学为重点建设方向之一。2015 年监狱学获上海市高原学科法学学科（监狱学方向）建设项目支持。2020 年监狱学专业获国家级一流本科专业建设点。

为了推进学院监狱学专业和学科的发展，2010 年 7 月、2011 年 6 月、2012 年 6 月和 2013 年 7 月，学院分别主办了监狱学专业应用型高级专门人才培养研讨会、监狱学专业人才素质培养研讨会、监狱学课程建设研讨会和构建现代警务机制与监狱学人才培养研讨会，促进了监狱学学者和有关专家以及实务工作者的交流，推进了学院监狱学专业和学科研究，也推动了有关建设项目的进展。为了把监狱学专业和学科进一步向前推动，2014 年 9 月、2015 年 10 月、2016 年 10 月、2017 年 10 月、2018 年 11 月和 2019 年 9 月，学院先后与江苏省司法警官高等职业学校、山东政法学院、武汉警官职业学院、福建警察学院、甘肃政法大学一起，在相关兄弟院校与实务部门的参与下，共同举办了"监狱学学科建设与发展"研讨会、"监狱学学科转型与发展"研讨会、"监狱学发展中的继承与创新"研讨会、"问题导向与监狱创新"研讨会、"新时代与监狱新发展"研讨会和"新中国监狱理论与实践回顾和展望"研讨会。

为了进一步推进监狱理论与实践创新，在前十届监狱学论坛的基础上，上海政法学院决定举办第十一届监狱学论坛——"坚持和完善中国特色社会主义监狱制度"研讨会。经过认真准备，本届研讨会于 2020 年 12 月 24 日成功举行。本次研讨会通过线下和线上相结合的方式召开。其中，线下主会场设置在"上海合作组织国际司法交流合作培训基地"107 会议室，与会代表不仅有来自上海政法学院的教师和学生，还邀请了上海市监狱系统等实务部门 18 位专家，共 70 余人参加了此次研讨会。部分省份、监狱系统 30 余人参加线上会议。在本次研讨会上，各参会代表纷纷发表了自己的宝贵意见，达到了预期的目的。

本次研讨会收到了论文 66 篇，现结集出版。本论文集分为总论、监狱法制、监狱改造、监狱学人才培养与监狱干警队伍建设、监狱疫情防控和其他六个部分。出版的目的在于通过论文交流，推动和促进监狱学学科与专业建设，推动监狱理论与实践的创新与发展，为相关教师和研究人员以及监狱干警深入交流提供借鉴，使政法院校和司法警官院校真正成为监狱学理论创新研究的基地、司法警官教育培训的帮手、实务部门经验汇总提升的平台，从而全面提升监狱学学科和专业建设水平。

上海政法学院警务学院具体负责本次研讨会论文的汇集，贾洛川教授对全部论文进行了编辑整理，最后由本书主编定稿。

上海政法学院教授　严　励

2022 年 6 月

# CONTENTS
## 目 录

第三编
## 监狱改造

第四编

## 监狱学人才培养与监狱干警队伍建设

第五编

## 监狱疫情防控

第六编

## 其他

# 第一编

# 总　论

# 对坚持和完善中国特色社会主义监狱制度的几点思考

贾洛川 *

在庆祝新中国成立 70 周年之际，在决胜全面建成小康社会的关键时刻，党的十九届四中全会顺利召开，全会专题研究了坚持和完善中国特色社会主义制度、推进国家治理体系和治理能力现代化问题，作出《中共中央关于坚持和完善中国特色社会主义制度、推进国家治理体系和治理能力现代化若干重大问题的决定》（以下简称《决定》）。《决定》体现了以习近平同志为核心的党中央高瞻远瞩的战略眼光和强烈的历史担当，对决胜全面建成小康社会、全面建设社会主义现代化国家，对巩固党的执政地位，确保国家长治久安，具有重大而深远的意义。《决定》明确指出，要坚持和完善中国特色社会主义法治体系，提高依法治国、依法执政能力。中国特色社会主义监狱制度作为中国特色社会主义法治体系的一个组成部分，要适应新的形势发展提出的要求，不断坚持和完善中国特色社会主义监狱制度。

古人说："经国序民，正其制度"。意思是说，治理国家，使人民安然有序，就要健全各项制度。对于作为国家刑罚执行机关的监狱来说也是如此，要有效治理监狱，正确执行刑罚，履行惩罚与改造罪犯的重要职能，提高改造质量，维护国家安全和社会稳定，就要健全各项监狱制度。新中国成立 70 多年来，在党的坚强领导下，经过几代监狱干警的不断探索实践，逐步形成了中国特色社会主义监狱制度，为当代中国监狱事业发展进步提供了根本保障，也为新时代推进监狱制度建设提供了重要经验。以此为基础，在新的时代背景下，还要在坚持和完善社会主义监狱制度上下功夫。笔者就此问题谈几点思考。

---

* 贾洛川，上海政法学院警务学院教授。

**一、中国特色社会主义监狱制度是在长期探索实践中形成的，是人类监狱制度文明史上的伟大创造**

监狱，作为国家机器的重要组成部分和执行刑罚场所，是人类进入阶级社会后产生的一种特殊现象。它伴随着国家的产生以及犯罪和刑罚的发生而产生。监狱的产生，必然会形成监狱制度。监狱制度随着社会制度的更替、社会整体文明程度的提高、刑罚体系从野蛮到文明的演变，其自身也经历了一个逐步文明化的过程。

据史料记载，中国在原始社会末期就有了刑罚和监狱制度的雏形。[1]在我国奴隶制时期的夏、商、西周三代，监狱制度处于发展初期，其管理制度及措施非常简陋，特点主要表现为公开维护等级特权，以奴隶和战俘为主要囚禁对象，对囚犯实行残酷的虐待和屠杀。到了中国的封建社会，监狱制度大致经历了以战国到秦朝为早期、以隋唐为中期、以宋元明清为后期的几个发展阶段，监狱制度虽然从野蛮走向文明的道路上向前迈了一步，但监狱制度的职能依然是维护封建等级特权，在治狱实践中仍然残酷野蛮，狱囚因受酷刑、冻馁和疾病折磨而死的情况极为普遍，监狱吏卒贪赃枉法也是一种极其普遍的现象。

1840年鸦片战争后，中国逐渐沦为半殖民地半封建社会，为形势所迫，清廷开始对监狱制度进行改良，并制定了中国的第一部监狱法草案——《大清监狱律草案》，但该法律尚未颁布实行清朝就灭亡了，实则成为一纸空文。民国成立后，民国北京政府虽以《大清监狱律草案》为蓝本，稍作修改，于1913年颁布了《中华民国监狱规则》，该规则的内容虽然也在一定程度上适应了现代监狱行刑潮流，有一些教育、感化和狱政管理文明的内容，但更多的是停留在立法层面上，在实施中往往是不了了之。国民党时期的监狱制度是中国近代以来半殖民地半封建的畸形产物。一方面，从立法条文上看，体现了封建主义特别是资本主义的监狱改良思想，从旧监狱的改造、新式监狱的建设到狱官的培养，犯人的管理、教育、作业及待遇都有一套"改良方案"。但另一方面这些规定在实践中并未真正得以实施，与立法完全是两回事，特别是在国民党的集中营里，实施的是最残酷、最野蛮的法西斯化管理，

---

〔1〕 参见夏宗素主编：《监狱学基础理论》，法律出版社1998年版，第320页。

许多共产党人和爱国人士被秘密监禁和杀害。监狱行刑实践与监狱立法严重脱节，名不副实。

在中国共产党的领导下，中国人民经过长期的艰苦奋斗，推翻了三座大山，于1949年建立了新中国，走上了社会主义道路，开创了中国历史的新纪元。新中国监狱制度在继承新民主主义革命时期根据地民主政权监狱制度的基础上，与新中国同步，也掀开了崭新的一页。在新中国成立70多年来，监狱制度在不同历史时期和发展阶段都受到党中央、国务院及党和国家主要领导人的亲切关怀和直接领导，监狱系统广大干警勠力同心，接力奋斗，逐步确立并巩固了中国特色社会主义监狱制度并不断发展健全，取得了历史性的巨大成就。曾成功地改造战争罪犯，完成历史反革命犯和旧社会渣滓的改造任务，改造了一大批普通刑事犯特别是新的普通刑事犯，我国是世界上重新犯罪率最低的国家之一，监狱生产取得巨大成就，建立了适应我国国情的、比较完整的监狱法律体系，监狱学理论研究和教学成绩显著。

党的十八大以来，在以习近平同志为核心的党中央坚强领导下，中国特色社会主义监狱制度进入了历史性变革阶段。监狱系统广大干警不忘初心、牢记使命，开始了新的历史征程。在这一阶段，习近平总书记高度重视监狱工作，先后多次对监狱工作作出重要指示、批示，先后召开了三次全国监狱工作会议，监狱工作亮点纷呈，在强化监狱内部管理、坚守安全底线、践行改造宗旨、不断加强和改进监狱改造工作，进一步加强监狱信息化建设、强化干警队伍建设等方面都取得了显著成绩，随着中国特色社会主义监狱制度日趋定型和不断发展，为推动监狱事业实现新的历史跨越，取得新的历史性成就发挥了重大作用。

实践证明，我们党把马克思主义和国家基本原理与中国监狱工作具体实际结合起来，在古老的东方大国建立起体现亿万人民意志、惩罚与改造罪犯、预防和减少犯罪的新型监狱制度，保障了国家安全、社会稳定、经济快速发展、人民幸福，中国特色社会主义监狱制度是人类监狱制度文明史上的伟大创造，为人类探索建设更好的监狱制度贡献了中国智慧和中国方案。我们一定要矢志不渝地坚持好、完善好这一制度，推进监狱治理体系和治理能力现代化，为预防和减少犯罪，维护国家安全、社会稳定、经济发展、人民安居乐业做出新贡献。

## 二、中国特色社会主义监狱制度具有显著而又巨大的优势

新中国成立之初，毛泽东就满怀信心地指出："一切事实都证明：我们的人民民主专政的制度，较之资本主义国家的政治制度具有极大的优越性。在这种制度的基础上，我国人民能够发挥其无穷无尽的力量。这种力量，是任何敌人所不能战胜的。"[1] 改革开放初期，邓小平指出："我们的党和人民浴血奋斗多年，建立了社会主义制度。尽管这个制度还不完善，又遭受了破坏，但是无论如何，社会主义制度总比弱肉强食、损人利己的资本主义制度好得多。我们的制度将一天天完善起来，它将吸收我们可以从世界各国吸收的进步因素，成为世界上最好的制度。这是资本主义所绝对不可能做到的。"[2] 毛泽东、邓小平对我们社会主义制度的高度评价也完全适用于我国社会主义的监狱制度。

中国特色社会主义监狱制度在监狱行刑和改造实践中所体现的显著而又巨大的优势，可以主要从以下几个方面加以把握：

第一，坚持马克思主义在监狱工作中的指导地位。新中国监狱制度自创立之日起，就一直在马克思主义理论指导下进行。它以马克思主义特别是中国化的马克思主义——毛泽东思想、邓小平理论、"三个代表"重要思想、科学发展观和习近平新时代中国特色社会主义思想来确定监狱工作的性质、方针政策以及手段措施。在新时代，坚持中国化的马克思主义特别是习近平新时代中国特色社会主义思想，就是真正坚持马克思主义。监狱工作要坚持马克思主义的指导地位，就必须始终不渝地坚持习近平新时代中国特色社会主义思想。

第二，坚持人民民主专政的性质。新中国监狱制度是伴随着新中国人民民主专政国家制度的建立而建立的。它是在彻底打碎旧的国家机器的基础上建立起来的，它代表工人阶级和广大劳动人民的根本利益，对敌对分子实行专政，是我国人民民主专政的工具。在过去的 70 多年里，新中国监狱制度代表了工人阶级和广大人民群众的愿望和利益，对少数危害国家、人民利益的

---

[1] 习近平："坚持、完善和发展中国特色社会主义国家制度与法律制度"，载《求是》2019 年第 23 期。

[2] 习近平："坚持、完善和发展中国特色社会主义国家制度与法律制度"，载《求是》2019 年第 23 期。

各种刑事犯罪分子实施了惩罚和改造，为打击敌人、惩罚犯罪、保护广大劳动人民的合法权益、巩固人民民主专政、维护国家安全和社会稳定发挥了专政机关的职能作用，矢志不渝地坚持了人民民主专政的性质，深受社会各界和广大人民群众的拥护。实践证明，人民民主专政的社会主义制度赋予了监狱制度的人民民主专政性质，我国监狱性质和任务的界定，监狱工作方针、政策、法律、法规的制定，改造罪犯的手段和措施的选择与运用，都是以人民民主专政为依据的。离开了这个根基，就不可能有中国特色社会主义监狱制度。[1]

第三，坚持党对监狱工作的绝对领导。坚持党对监狱工作的绝对领导是新中国成立以来监狱工作取得巨大成就的一大法宝。要忠实履行我国监狱的根本职能，核心在于始终不渝坚持党对监狱工作的绝对领导。在我国，党政军民学，东西南北中，党是领导一切的。党是中国特色社会主义事业的坚强领导核心，是最高政治领导力量，各个领域、各个方面当然包括监狱都必须坚定自觉坚持党的领导。只有坚持党对监狱工作的绝对领导，才能坚持我国监狱工作发展的社会主义方向，才能为中国特色社会主义监狱事业提供根本的政治保证。新中国成立70多年来监狱事业不断取得发展的一条根本宝贵经验和特色就是始终不渝坚持党对监狱工作的绝对领导。党对监狱工作的领导主要是政治、思想和组织上的领导。其中政治领导是根本，思想领导是灵魂，组织领导是保证。党的领导是通过监狱党委和基层党组织将党的路线、方针、政策和各项要求落实到具体的工作中，凝心聚力，实现监狱工作完成党交给的职责和使命。同时，党的领导体现在监狱工作的行动指南上。新中国成立以来，监狱工作始终坚持以马克思列宁主义、毛泽东思想、邓小平理论、"三个代表"重要思想、科学发展观和习近平新时代中国特色社会主义思想为指导，引领监狱工作，坚持社会主义方向，在实践中不断探索和完善中国特色社会主义监狱制度。

第四，坚持推进依法治监。新中国成立之初，政治、经济、文化、法制建设开始起步，作为法制建设一部分的监狱法制建设的发展从此揭开了崭新的一页。从最初为解决迫在眉睫的社会治安问题而采取的临时性措施，到1954年《中华人民共和国劳动改造条例》，再到《劳动改造管教队工作细则

---

〔1〕 参见杨殿升、张金桑主编：《中国特色监狱制度研究》，法律出版社1998年版，第69页。

（试行草案）》实施，虽然一路走来曲折艰辛，但监狱（劳改）法制建设并未因此中断。特别是改革开放以来，我国监狱系统加大监狱法制化建设力度，不断推进依法治监，提高依法治监水平。20世纪80、90年代以来，我国相继出台了《监狱、劳改队管教工作细则》《监管改造环境规范》《罪犯改造行为规范》等一系列法规性文件，特别是1994年颁布了《中华人民共和国监狱法》（以下简称《监狱法》）。为配合《监狱法》的实施，司法部会同有关部门制定了一系列涉及监狱工作的法律及规范性文件，与《中华人民共和国刑法》《中华人民共和国刑事诉讼法》有关规定一同构成了监狱法律法规体系，进一步为监狱执法提供了法律依据。在此基础上，监狱系统加强监狱执法宣传和教育，推进监狱干警公正执法、文明执法，同时针对刑罚执行过程中出现的新情况、新问题，通过改革计分考核、加强狱务公开等办法，完善了执法程序，强化了重要执法环节的监督管理，增强了监狱执法的公信力。

第五，以改造为宗旨。从新中国成立到改革开放前，我国的监狱就坚持把惩罚与改造结合起来，在实施刑事惩罚的同时，把对罪犯的改造作为监狱工作的主要职能。当然在这个过程中，也出现过处理改造与生产之间关系的问题，在生产上出现过高指标、高征购、超体力劳动的问题，但一经发现，也及时得到纠正。改革开放以来，在党中央、国务院的坚强领导下，监狱工作始终不渝以改造人为宗旨，罪犯改造不断得到加强和改进，特别是从法律上、体制上、经费上、队伍上予以保证。在罪犯改造中，监狱始终坚持把对罪犯的政治思想改造放在首要位置，着力在转变罪犯思想、引导他们迷途知返、改邪归正，不再重新犯罪上下功夫。与此同时，综合运用监管改造手段、劳动改造手段、文化改造手段、教育改造手段、综合治理等手段，从多方面、多角度对罪犯实施改造，将罪犯改造成为守法公民，使改造质量不断提升。

第六，实行社会主义人道主义。我国监狱一贯注重对罪犯实行社会主义人道主义政策，依法保障罪犯的合法权利。1956年毛泽东就强调劳改工作要"阶级斗争和人道主义相结合"。在社会主义人道主义原则的指导下，我国监狱法律、法规中，对罪犯的权利和义务作了明确的规定。为了确保罪犯的法定权利不受侵犯，还对监狱干警的作风、方法、道德行为等方面进行了严格规定，提出了具体要求。对违反规定的，视其情节轻重分别处理，切实保障罪犯的合法权利。在监狱工作方针、政策的指引下，在社会主义人道主义原则的指导下，广大监狱干警遵照法律、法规和政策的要求，教育、感化、改造了一批批罪犯，使之成为对社会有用的新人，体现了对罪犯最大的人道主义。

第七，充分依靠社会力量做好罪犯改造工作。我国监狱历来重视专门机关与社会力量相结合，充分依靠社会力量做好罪犯改造工作。其具体做法多种多样。如建立内管、外警、群众联防三道防线，构筑严密的监管安全防范体系；积极争取社会多方面的支持，包括请党政机关等有关部门领导来监督视察指导工作；公检法干警作法制教育报告；社会知名人士、英雄楷模、心理辅导人员、社会志愿者来监帮教；与当地政府有关部门、企事业单位或罪犯亲属签订帮教协议；组织罪犯亲属入监规劝；请在社会上做出突出成绩的刑满释放人员来监现身说法；组织罪犯外出参观等。另外认真落实刑释人员的安置帮教，以减少重新犯罪。类似这样多方位、大规模地依靠全社会力量关心和参与罪犯改造工作，并取得显著成效的，这在任何一个资本主义国家都是无法做到的。

第八，抓好干警队伍建设。一支符合监狱工作要求的过硬的队伍，是监狱事业不断向前健康发展的根本保证。我国的监狱干警既具有国家行政机关公务员的特点，又需履行人民警察的职责，集执法、改造、生产于一身，在工作中与罪犯打交道，接触的阴暗面较多，因此必须抓好干警队伍建设。新中国成立以来，从党中央到主管部门，一贯强调狠抓队伍建设。通过政治建警、素质强警、从严治警、从优待警等途径不断提高队伍的政治、业务、文化素质和执法水平。由于监狱工作的特殊性，既要求干警要立场坚定，严格执法，与罪犯界限分明，做到"拒腐蚀，永不沾"，又要求在教育改造罪犯的过程中特别是对青少年罪犯做到像父母、像老师、像医生一样做耐心细致的教育、感化、挽救工作。多年来，我国广大监狱干警艰苦奋斗，兢兢业业，努力工作，取得了举世瞩目的成绩，受到党和人民的极高赞誉，被誉为改造罪犯灵魂的工程师、"攀登十八盘的勇士"和无名英雄。

正因为我国的监狱制度具有显著而又巨大的优势，我国的监狱事业才能取得一个又一个重大成就，才会有今天这样崭新的局面。这是我们坚定"制度自信"的一个基本依据。

## 三、中国特色社会主义监狱制度既要坚持好、巩固好，又需要不断加以完善

通过对中国特色社会主义监狱制度作为人类监狱制度文明史上的伟大创造以及具有显著优势的梳理和回顾，使我们对中国特色社会主义国家制度、法律制度以及监狱制度充满自信，中国特色社会主义监狱制度是一套行得通、真管用、有质量的制度体系。

但是面对新的时代、新的形势，我们要在坚持好、巩固好已经建立起来并经过实践检验的监狱制度的前提下，继续坚持从我国国情出发，加强监狱制度创新，加快建立适应新的时代、新的形势发展需要必备的制度，要及时总结监狱工作实践中的好经验、好做法，成熟的经验可以上升为制度。我们一方面要积极吸收借鉴人类监狱制度文明的有益成果，另一方面决不能动摇或放弃我国监狱制度的根基。

要坚持好、巩固好，又需要不断完善中国特色社会主义监狱制度，涉及的问题很多，这里着重从完善的角度提出以下几个方面的重点。

（一）深化监狱体制改革，健全各种制度

监狱体制改革已经不是一个新话题，但还是要进一步强调在深化上下功夫。虽然经过前些年的努力，围绕"全额保障、监企分开、收支分开、规范运行"的要求，基本实现了监狱体制改革的总目标。但有些问题还依然存在，如由于种种原因，过分关注生产，把劳动作为主要惩罚、改造手段的问题还没有从根本上解决，监狱经费财政保障与监狱经费实际支出仍有缺口，等等。要解决这些问题，只有深化监狱体制改革，健全各项制度。为此，一方面要积极争取外部的支持，如完善中央、地方事权与支出责任相匹配的监狱经费保障机制，完善监狱经费保障标准，建立经费正常增长的财政保障机制，实行监狱企业全额保障，推动监狱和监狱企业在职能、机构、人员、资产、财务上真正彻底分开，使监狱切实履行好执行刑罚和改造罪犯职能。另一方面，要进一步眼光向内，切实解决好监狱改造与生产经营之间产生的矛盾问题。要充分用好国家优惠政策，在这一方面，2014 年《财政部、司法部关于政府采购支持监狱企业发展有关问题的通知》明确将监狱企业作为政府采购政策的定向扶持对象。这样一项好的政策就要用好用足，要重视通过健全制度，优化罪犯劳动改造的组织与管理来提高改造效能。包括在法律层面，要严格

保障罪犯的劳动报酬、作息时间、环保条件；在罪犯生理保障、物质保障、安全保障等方面既要有制度，又要予以落实到位。对于劳动项目的选择，在罪犯回归社会谋生需要和狱内实际生产项目的关系上，要坚持把罪犯回归社会谋生需要放在首位。

（二）完善监狱法律制度体系

依法治监是监狱制度常说常新的话题。在新的时代背景下，面对新的工作任务，要做到依法治监，就要坚持运用法律制度管理监狱工作。为此，就要在进一步完善监狱法律体系上做文章。尽管我国的监狱法律制度体系经过多年的努力，从无到有，从小到大，但随着形势的发展，还需要进一步完善监狱法律体系。一方面，要进一步构建完整的《监狱法》体系，充分吸收《监狱法》公布后近30年来国际监狱行刑与国内监狱改革发展成果，进一步修改完善现行的《监狱法》，当前亟需完成的有：一是完善监狱性质宗旨、目标任务，明确政府机关、社会团体、公民个体在监狱任务中的责任义务。二是完善五级戒备监狱（超高度戒备、高度戒备、中度戒备、低度戒备、半开放式五级监狱）分级设置原则标准。三是完善特殊监狱（如新收犯监狱、出监监狱、医疗监狱、女犯监狱、未成年犯监狱和满足其他特殊需要的监狱等）分类设置原则。四是完善"监狱——监区"两级组织机构管理模式，规范监狱机构编制。五是完善监狱刑罚执行标准、条件、程序。六是完善监狱五大改造内容、模式、方法、程序、考核。七是完善罪犯权益保障，增补狱务公开、社会监督相关内容。八是增加并完善监狱民警分类管理、职业保障等规定。[1] 另一方面，要进一步构建《监狱法》实施体系。即以《监狱法》为核心，加快制定与监狱工作重点领域相配套的具有较强操作性的监狱法规。如"监狱法实施条例""监狱服刑人员权利与义务规则""监外执行和假释罪犯管理条例""刑满释放人员安置帮教办法""狱务公开与狱务监督制度""未成年罪犯管理教育办法"等，修改完善《监狱教育改造工作规定》《监狱服刑人员行为规范》《教育改造罪犯纲要》等，确保监狱运行进一步做到有法可依、有规可循，从而为依法治监提供更为完备的法律保障，促进监狱工作法治化进程。

---

〔1〕 参见李豫黔："构建我国监狱工作创新发展八大体系研究（上）"，载《犯罪与改造研究》2017年第1期；参见李豫黔："构建我国监狱工作创新发展八大体系研究（下）"，载《犯罪与改造研究》2017年第2期。

### (三) 完善监狱安全防范制度体系

在监狱工作中，坚守安全底线是基础，是前提，也是基本条件，同时也是最低要求。近年来，在全国广大监狱干警的共同努力下，通过加强监狱安全防范制度建设，确保了监狱的安全，使我国监狱成为世界上最安全的监狱。但是多年以来罪犯脱逃问题依然存在，狱内不稳定因素依然存在。因此要高度重视监狱安全防范工作不放松，要进一步完善监狱安全防范制度体系，把维护监狱安全作为政治责任，作为政治担当，始终坚守安全底线，为践行改造宗旨筑牢安全根基。要进一步完善监狱安全防范制度体系，需要重点抓好以下几个方面：一是在监狱管理资源上，从省（自治区、直辖市）的视角来考虑，要进一步根据羁押犯结构和分类监管的需要，科学安排监狱及监区建设。针对罪犯的不同危险程度，按照高度戒备、中度戒备、低度戒备要求对监狱或监区进行分类建设。根据需要加强对关押重大刑事犯、暴力犯、涉黑涉毒犯、危安犯等监狱及监区建设。从而确保监狱安全稳定更具有针对性和有效性。二是进一步加大推进监管工作"四防一体化"建设。完善各项配套制度，努力实现"人防部署严密、物防设施完善、技防手段先进、联防协同高效"的工作目标。三是建立完善安全风险评估制度。要以掌握狱情动态为重点，加强狱情分析，加强排查，对重点时段、重点部位加强管理，对重点、顽危罪犯严密控管，有效布建耳目，落实包夹监控措施，及时侦破预谋事故（案件），防范和降低狱内各种影响安全的矛盾和风险。四是要完善监狱应急处置制度。特别是要健全狱内重大突发事件、重大自然社会灾害、公共卫生防疫、安全生产、突发性群体事件等应急处置制度。强化责任，提高应急处置能力，避免和减少损失。

### (四) 完善监狱改造体系

新中国成立以来，监狱制定围绕把罪犯改造成为新人这一目标，逐步形成了由监管、教育、劳动三大基本改造手段构成的改造模式，在改造罪犯、维护国家安全和社会稳定、保卫社会主义经济建设等方面做出了重要的贡献。在中国特色社会主义进入新时代的历史背景下，对监狱工作又有了新的更高要求。要以政治建设为统领，统筹推进监管、教育、文化和劳动改造，以完善监狱改造体系。政治站位要高，严格规范监狱管理的行为，创新教育改造，发挥文化改造的浸润教化效能，提升劳动改造促进罪犯谋生就业的能力，加强罪犯改造质量评估，以切实提高罪犯改造质量，降低重新犯罪率，更好维护国家安全和社会稳定。

（五）完善干警队伍建设制度体系

完善干警队伍建设制度体系，加强监狱干警队伍建设，提高队伍的综合素质和执法水平，既是完善中国特色社会主义监狱制度的重要组成部分，又是完善中国特色社会主义监狱制度的组织保障。从总体上看，监狱干警队伍是一支政治坚定、执法严明、作风过硬、富有创造力和战斗力的队伍。但也要看到，目前队伍中仍然存在一些突出问题，如对罪犯改造工作中出现的新情况、新问题缺乏应有的应对举措，执法水平还有待提升，个别人甚至较高级别的领导干部知法犯法、贪污腐败等。监狱干警是我国政法战线的一支重要力量，又是一支具有特殊使命的专门力量，以改造罪犯为己任，对其应当有更为特殊的要求。因此把队伍培养好、建设好十分重要。为此，要在完善干警队伍建设制度体系上下功夫。首先，要完善政治建警制度，突出政治引领，坚持党建先行，牢固树立忠诚、干净、担当、敬业的政治品格。其次，要完善从严治警制度。加大执法监督、整顿力度，加强廉政建设，反腐倡廉工作。再次，要完善专业强警制度。构建正规化、专业化、职业化的监狱警察队伍体系。其中要健全监狱警察的分类管理制度。如根据监狱警察的构成和职务特点设立职务序列和职称序列，划分专业、管理、辅助职能，规范执法、管理、教育、矫治、技能辅导、服务保障等岗位，完善警官、警员、警务技术人员职务序列及其管理办法，构建监狱矫正师制度，以更好地强化职责、增强本领、提高工作水平。进一步完善和发展高职、本科、研究生监狱学专业相互衔接的教育培养体系。从次，要完善学习兴警制度。按照建设学习型干警队伍的要求，建立健全学习培训制度，切实抓好学习培训工作，努力改善队伍的知识结构，不断提高监狱执法和改造罪犯的能力和水平。最后，要完善从优待警制度。特别是要完善保障监狱民警执法权益的制度、监狱警察职业风险保障制度、保障职业（如保障工资待遇、职业福利待遇、执勤岗位津贴等）制度、维护心理健康的制度等，解除干警后顾之忧，使干警身心愉悦、精神饱满地投入工作。

（六）完善社会支持保障制度体系

虽然监狱有监禁与隔离的功能，与社会保持着一定的距离，但这并不等于说可以成为"孤岛"与社会不联系、不交流，不需要社会保障。随着改革开放的全面深化，现代信息技术的飞速发展，监狱与社会的联系愈加紧密，涉及刑罚执行和罪犯改造的不少工作已经不是监狱一家能够完成的事情，已成为社会治理的重要组成部分。因此，完善社会支持保障制度体系势在必行。完善社会支持保障制度体系涉及的面较广，如进一步健全监狱经费财政全额保障制度、监狱建设中特别是硬件建设保障制度、完善监狱系统与相关系统信息互联互通制度、完善罪犯社会保障制度（如将罪犯刑释后的医疗保险、养老保险、失业保险等纳入其他公民待遇的基本保障体系中）等。完善社会支持保障制度体系，无疑离不开党和政府的高度关心重视和社会相关方面的积极配合。当然从监狱自身的角度看，要积极主动作为，争取得到外界的了解、认同和支持，在完善社会支持保障制度体系上发挥应有的作用。

## 四、坚持和完善中国特色社会主义监狱制度应注意的几个问题

坚持和完善中国特色社会主义监狱制度是一项涉及全局的系统工程，也是一项长期性的工程。因此在推进过程中，应注意以下几个问题。

第一，提高认识。在思想上重视制度建设。党的十九届四中全会把坚持和完善中国特色社会主义制度、推进国家治理体系和治理能力现代化问题摆在十分突出的位置，更加强调中国特色社会主义制度对推进全国各项工作的引领和规范作用。作为监狱战线，要抓住这个有利时机，在思想上真正把坚持和完善中国特色社会主义监狱制度重视起来，真正认识到坚持和完善中国特色社会主义监狱制度对解决当下监狱发展深层次矛盾和问题以及推进监狱事业取得新的更大发展重要性的认识，要着力克服监狱系统长期形成的经验主义、人治思维和工作模式，认认真真、扎扎实实、久久为功，大力坚持和完善中国特色社会主义监狱制度，全面推动监狱工作改革发展，不断开创监狱工作新局面。

第二，要加强对中国特色社会主义监狱制度的理论研究。总结70多年来我国监狱制度建设和发展的成功经验，构筑中国监狱制度理论建设的学术体系、理论体系、话语体系，为坚定制度自信提供理论支持。要加强对广大监狱干警特别是要加强对年轻干警的中国特色社会主义监狱制度教育，讲好中国监狱制度故事，扩大中国监狱制度的影响力和感召力，引导他们充分认识我们已经走出了建设中国特色社会主义监狱制度的成功之路，只要我们沿着

这条道路继续前进，就一定能够实现监狱治理体系和治理能力的现代化，促进监狱事业取得新的更大发展。

第三，要在制度执行上狠下功夫。"天下之事，不难于立法，而难于法之必行"。制度的生命力在于执行。现在，有的人对制度缺乏敬畏，根本不按制度行事，甚至随意更改制度；有的人千方百计钻制度空子、打擦边球；有的人不敢也不愿遵守制度，极力逃避制度的约束和监管，等等。[1]这种情况在监狱干警队伍中也不同程度地存在着。因此，要强化制度执行力，加强制度执行的监督，切实把中国特色社会主义监狱制度的优势转化为治理效能。监狱系统各级领导班子和领导干部要带头增强制度意识，始终对制度怀有敬畏之心，要善于在制度的轨道上推进各项工作。广大监狱干警要做制度执行的表率，引领监狱服刑罪犯树立监狱制度意识，自觉维护监狱制度权威。要落实制度管理责任制，加强监督考核，要建立健全责任追究机制，及时发现和追究制度执行过程中出现的问题，坚决做到追责到位。让制度的力量在推进监狱治理体系和治理能力现代化进程中得到充分释放。

---

[1] 参见习近平："坚持、完善和发展中国特色社会主义国家制度与法律制度"，载《求是》2019年第23期。

# 中国特色社会主义监狱理论制度体系研究

周雨臣 *

中国特色社会主义监狱理论制度是中国特色社会主义监狱制度的重要组成部分，研究监狱理论制度体系，科学阐释和正确评价其存在现状、取得成效、主要问题，积极探索完善中国特色社会主义监狱理论制度的方法与路径，对于促进中国特色社会主义监狱制度的繁荣与发展，推动我国监狱工作跨入新台阶、步入新境界都具有极其重要的理论意义和实践价值。

## 一、中国特色社会主义监狱理论制度的基本含义

所谓中国特色社会主义监狱理论制度是指在一系列科学正确理论思想的指导下，立足中国国情和中国监狱工作实际，通过调查、分析、总结、提炼、概括等思维活动而形成的独特的有关监狱学术思想、观点学说或学科门类等基本理性形态的总称。

中国特色社会主义监狱理论制度的形成和发展是一个长期的、动态的历史发展过程，它始于 20 世纪 20、30 年代中国开始的伟大的新民主主义革命以及新中国成立后的社会主义革命与建设时期的劳改（监狱）工作实践，初步形成于 20 世纪 80 年代的劳改（监狱）理论的恢复和发展，逐渐完善于 21 世纪中国监狱的改革深化与创新发展。时至今日，中国特色社会主义监狱理论制度仍然处于不断完善和不断提高的发展之中。

中国特色社会主义监狱理论制度最重要、最直接的理论渊源有两个：一是毛泽东思想，尤其是毛泽东改造罪犯思想和基本原理，这是中国特色社会主义监狱理论制度形成的本原和精髓，也是灌注在中国特色社会主义监狱理论制度上的一条红线和永葆生命活力的发展灵魂；二是习近平新时代中国特

---

* 周雨臣，浙江警官职业学院科研处处长、教授。

色社会主义思想，尤其是习近平法治思想，这是中国特色社会主义监狱理论制度在新时代得以创新发展和赋予现代意蕴的思想动因和方向指南。

中国特色社会主义监狱理论制度是中国特色社会主义监狱制度的重要组成部分，通过科学解析中国特色社会主义监狱理论制度，进而构建中国特色社会主义监狱理论制度体系，无疑对我们进一步增强中国特色社会主义的道路自信、理论自信、制度自信和文化自信具有极其重要的历史意义和现实意义。

## 二、中国特色社会主义监狱理论制度体系的主要内容

中国特色社会主义监狱理论制度体系形成于我国惩罚改造罪犯波澜壮阔的生动实践，发展于我国广大劳改（监狱）人民警察在惩罚改造罪犯工作中的不断创新、不断探索和科学总结。尤其是步入新时代后，我国监狱理论在对中外监狱制度历史传承和宝贵经验总结的基础上，立足现代监狱科学发展定位和目标价值追求，具有中国特色的社会主义监狱理论制度体系日臻完善且不断走向成熟。具体来说，中国特色社会主义监狱理论制度体系架构主要包括以下内容。

（一）监狱哲学理论体系

主要研究监狱学理论的基本概念、基本范畴；罪犯改造的哲学基础和可行性；监狱的基本矛盾、主要矛盾、基本属性、工作任务和服务目标等。

（二）监狱法学理论体系

主要研究监狱的法律属性及其本质；监狱行刑法律关系；监狱人民警察与罪犯的法律身份、法律地位及权利义务关系；监狱的法律保障及法律监督等。

（三）监狱政治工作理论体系

主要研究监狱政治工作的性质、地位、原则及工作目标；监狱政治工作领导体制及运行模式；监狱政治工作的方式方法及途径；监狱政治工作效果评估及改进方式等。

（四）监狱刑罚执行理论体系

主要研究监狱刑罚执行的程序、方法及执法监督；罪犯从收监到释放的规范执行和法律监督；罪犯减刑、假释、暂予监外执行的规范性、科学性和有效性；监狱刑罚执行与公检法机关的相互配合、相互制约；监狱刑罚执行

与社会的有序衔接等。

（五）监狱执法管理理论体系

主要研究监狱执法管理的主要内容、方法手段和保障措施；罪犯日常管理的规范性、标准化；监狱警戒分类及动态升降机制；罪犯奖惩考核的科学性和有效性；罪犯生活卫生的制度化和法治化；罪犯警戒具管理和科学使用；监狱文书制作的规范化、标准化和智能化等。

（六）监狱教育改造理论体系

主要研究监狱教育改造的性质、任务、地位及活动目标；教育改造的主要内容、方法手段及效果检验；教育改造的组织管理与科学实施；教育改造的分类、分层及针对性研究；顽危罪犯、特殊罪犯的有效改造对策等。

（七）罪犯心理矫治理论体系

主要研究罪犯心理矫治的特点、规律、原则和目标；罪犯心理分析与甄别；罪犯心理咨询的科学化、制度化；罪犯心理治疗的程序与效果巩固；团体心理辅导的实施与效果评价；罪犯心理矫治的组织体系保障等。

（八）监狱劳动改造理论体系

主要研究劳动改造的性质、目的及主要任务；监企协调配合机制与合作共赢；劳动项目选择的科学性、合理性；分类劳动及罪犯劳动现场的科学组织与管理；罪犯劳动保护与劳动安全；罪犯劳动报酬的科学实施；罪犯劳动保障的科学实现等。

（九）罪犯政治改造理论体系

主要研究罪犯政治改造的地位、性质及工作目标；政治改造的内容及方法手段；政治改造的对象及策略研究；政治改造的具体实施及效果评估等。

（十）罪犯文化改造理论体系

主要研究罪犯文化改造的特点、性质、地位及主要任务；罪犯文化改造的具体内容及主要方式；罪犯文化改造的成功经验及其推广；罪犯文化改造的地域特点及实施策略；罪犯文化改造成效的科学评价等。

（十一）罪犯智能化改造理论体系

主要研究罪犯智能化改造的特点、性质及主要任务；智能化改造的基础保障及实施条件；智能化改造的实现路径及方法手段；智能化改造的功能提升及优化升级；智能化改造的成功经验及成果分享等。

（十二）罪犯社会改造理论体系

主要研究罪犯社会改造的主要特点、目标、任务；罪犯社会改造的主要类型及工作方式；罪犯社会改造的成功经验及工作推广；罪犯亲情帮教的科学化和实效性；利用社会力量参与狱内帮教的方法与路径；罪犯接触社会、服务社会模式与途径；监狱与社区矫正机构行刑改造一体化研究等。

（十三）监狱惩罚理论体系

主要研究监狱惩罚的内涵、特点、本质及工作目标；监狱惩罚的主要方式和具体举措；监狱惩罚的实现途径及评估体系；监狱惩罚的分类、分层及保障机制等。

（十四）监狱警察理论体系

主要研究监狱人民警察的任务、职责、权限及工作目标；监狱人民警察的特点、性质及工作模式；监狱人民警察的招录、晋升、培养、奖惩考核等；监狱人民警察的革命化、正规化、专业化、职业化建设；监狱人民警察的权威及其实现；监狱人民警察执法权益保障等。

（十五）监狱罪犯理论体系

主要研究罪犯的概念、特点、性质及实现目标；罪犯的权利、义务及其实现；罪犯的类型、犯罪原因及改造对策；罪犯分类（如女犯、未成年犯、老年犯、职务犯、精神病犯、艾滋病犯等）学科研究；罪犯权利义务一体化研究；罪犯人身危险性评估；罪犯改造质量评价体系等。

（十六）罪犯回归社会理论体系

主要研究罪犯回归社会的释前准备及刑释后有序衔接与帮教；罪犯回归社会有关政策保护；回归社会后的安置、帮教与有效管控；回归后的社会保障及再犯风险防控等。

（十七）狱内侦查理论体系

主要研究狱内侦查的内涵、特点、原则及服务目标；狱内侦查的工作范围及其程序；狱内侦查的手段及方法策略；狱内侦查的组织机构及保障体系；狱内侦查的智能运用及创新发展等。

（十八）监管医学理论体系

主要研究监管医学的内容、对象、防疫措施及实现目标；监管医学的类型、特征及防治措施；狱内卫生防疫的实施与完善；狱内突发重大疾病和死亡的预案及其防范；狱内传染病、精神病、艾滋病的排查、诊断与治疗；监管医疗卫生队伍培养及提高途径；监管医疗社会保障和重大传染性疾病的联防联控机制等。

（十九）监狱安全管理理论体系

主要研究监狱安全的内涵、种类及防范对策；监狱人防的种类及防范措施；监狱物防的种类及防范措施；监狱技防的种类及防范措施；监狱群防和联防的种类及防范措施；监狱安全保障措施及创新发展等。

（二十）监狱企业管理理论体系

主要研究监狱企业管理的内容、特点及工作原则；监狱企业管理的对象、标准及目标；监狱企业管理的质量体系及其实现；监狱企业管理的法治化及智能化；监狱企业管理与罪犯劳动改造的相互合作机制等。

（二十一）监狱建筑理论体系

主要研究监狱建筑的内涵、特点及发展规律；监狱建筑与一般建筑的区别与联系；世界主要代表国家的监狱建筑分析与比较；监狱建筑的功能与结构；监狱建筑设计的完善与提高等。

（二十二）监狱文学理论体系

主要研究监狱文学的起源、类型、特点及功能；监狱文学与一般文学的区别与联系；中国监狱文学与外国监狱文学的比较研究；监狱文学评论与批判；监狱文学的未来与展望等。

（二十三）监狱统计理论体系

主要研究监狱统计的内涵、特点及发展规律；监狱统计与一般社会统计的异同；监狱统计模型建构与统计分析；监狱统计的功能与运用；监狱统计的完善与改进等。

（二十四）中国监狱史理论体系

主要研究中国监狱史的形成和发展过程；中国监狱史的特征及运行轨迹；历史上不同朝代监狱发展性状；中国监狱史的历史经验及其借鉴推广等。

（二十五）外国监狱史理论体系

主要研究外国监狱史的形成和发展过程；国外主要代表性国家监狱发展脉络及其经验教训；外国监狱发展特征、规律及运行轨迹、历史借鉴等。

（二十六）中外监狱制度比较理论体系

主要研究中外监狱制度的主要特征、异同点及发展规律；不同国家监狱制度之间的比较研究；东西方监狱制度的比较研究；中外监狱制度比较研究启示及对当今监狱的影响等。

## 三、中国特色社会主义监狱理论制度的核心要义

（一）正确理论指导

中国特色社会主义监狱理论制度始终是建立在科学的理论武装和正确的指导思想基础之上的。孕育发展近一个世纪的中国特色社会主义监狱理论制度体系离不开科学理论的武装和正确思想的指引，科学的理论武装包括马克思主义、毛泽东思想、邓小平理论、"三个代表"重要思想、科学发展观、习近平新时代中国特色社会主义思想等。尤其是毛泽东改造罪犯思想是中国特色社会主义监狱理论制度的直接渊源，毛泽东所倡导的"人是可以改造的，罪犯也是可以改造的"光辉思想是中国特色社会主义监狱理论制度的灵魂和生命线。改革开放以来，中国特色社会主义监狱理论制度进入了新的快速发展时期，而这离不开邓小平理论、"三个代表"重要思想、科学发展观的光辉思想的滋润，正是在这些科学理论的正确指导下，中国特色社会主义监狱理论制度得以枝繁叶茂、蓬勃兴旺并拓展到各个发展领域，使得中国特色社会主义监狱理论制度成长为我国社会科学百花园中的一朵美丽奇花。党的十八大以来，中国特色社会主义事业进入新时代，中国特色社会主义监狱理论制度也随之进入新时代，在习近平新时代中国特色社会主义思想的科学指导下，中国特色社会主义监狱理论制度得到了前所未有的创新发展，监狱理论制度中的中国特色、中国元素、中国文化逐渐得以实现体系化、制度化、规范化、法治化，中国监狱制度的道路自信、理论自信、制度自信和文化自信越来越深入人心，中国特色社会主义监狱理论制度也得到国际社会的高度认可和充分尊重。

（二）脚踏中国大地

从中国的国情出发，从中国监狱工作的实情出发，研究中国监狱理论问题，思考构建中国监狱理论体系是中国特色社会主义监狱理论制度的鲜明底色。中国作为一个东方大国，有独特的中华传统文化和历史传承，劳改（监狱）工作也是一样，盲目照搬西方狱制文化和苏联劳动改造文化都会水土不服，以毛泽东同志为代表的第一代中央领导集体坚持从中国的国情和监狱工作的实情出发，创立了中国特色的劳动改造制度，这一制度最早在20世纪20、30年代的中华苏维埃共和国时期就已提出，并成功开始了中国新民主主义革命的劳动改造实践。新中国成立后，特别是1951年5月第三次全国公安工作会议之后，中国特色的劳动改造工作在整个中华大地全面铺开，随之中国特色的劳动改造理论逐渐孕育而生。由于新中国成立之时，整个国家满目疮痍，经济落后，在这种国情下，中国特色的劳动改造制度应运而生，监狱首先要自给自足，不能单靠国家财政保障，正是在这种极为困难的状况下，劳动改造制度成为我国监狱工作的总称谓和根本保障，也使得劳动改造成为新中国监狱工作理论的最重要特色。从中国国情出发的另一个显著特点就是中国监狱理论制度是建立在"罪犯是可以改造"的思想基础之上的，"罪犯可改造论"之所以能够成为中国监狱理论的基石，不仅有其深厚的中国传统文化"人性可变"的理论支撑，而且有其大量无可辩驳的实践例证。

（三）内容博大精深

中国特色社会主义监狱理论在内容上可谓内涵丰富、博大精深、领域宽广，具体来说，中国特色社会主义监狱理论的研究范围涵盖了监狱的主体、客体、本体、功能、模式、手段、途径、措施、效用等方面；其研究内容不仅要回答监狱的起源、监狱是什么、罪犯能否改造、改造好的标准、怎样才能预防和减少犯罪等热点难点问题，更要注重监狱工作的实际运作、操作措施和作用效果；既要研究和探索罪犯在狱内行刑问题，又要研究和探索行刑活动中涉及的各种影响因素以及罪犯回归社会后的综合治理和预防控制等社会问题。因此，中国特色社会主义监狱理论从研究内容上涵盖主体与客体、权利与义务、狱内与狱外、个人与社会、现实与未来、公正与效益、法律与伦理等多重矛盾关系，涉及哲学、法学、教育学、劳动学、智能技术等多达20门以上的学科内容，是一项渗透广泛的综合性的科学体系。

（四）门类领域广泛

中国特色社会主义监狱理论经过半个多世纪的发展，现已构架起中国特色社会主义监狱理论体系，这一庞大的理论体系横跨社会科学和自然科学两大领域，涉及监狱学、法学、教育学、劳动学、历史学、文学、社会学、心理学、政治工作学、经济学、统计学、建筑学、医学、智能科学等领域，是一门地地道道的综合性的社会科学和复合型科学门类。中国特色社会主义监狱理论虽然从本质上来讲属于人文社会科学，但近年来，该领域也大量引进和运用自然科学于监狱工作中，如随着现代智慧监狱的建设和发展，现代高科技、现代智能技术、数理统计技术、危险性评估技术、安全防控技术、重大突发医疗卫生防控技术、狱内突发重大事件处置技术以及刑释后的追踪防控技术等都在监狱工作中得到广泛运用，随之也推动监狱理论有了新的突破。

（五）实践指导鲜明

理论来自实践，在实践中发展提高又指导实践，是中国特色社会主义监狱理论的鲜明特色。中国特色社会主义监狱理论深深扎根于新中国波澜壮阔的伟大劳改（监狱）工作实践，通过对这一举世瞩目的特殊战线上所开展的轰轰烈烈的实践活动和经验的总结、提炼和升华，逐渐孕育和形成了中国特色的监狱理论，再经过对监狱工作的理论指导和实践探索，又进一步使得监狱理论得以丰富和发展，逐渐形成了今天呈现在世人面前的中国特色社会主义监狱理论体系。中国特色社会主义监狱理论不是纯粹的高深大论，也不是单纯的逻辑推理，而是紧扣中国监狱工作时代脉搏、紧密结合中国监狱工作实际、回答中国监狱工作疑难之问、指导中国监狱工作科学方向的理论与实践相统一的科学理论，这一科学体系既注重理论的升华和逻辑的分析，更注重实际的运作和问题的解决，既注重总结过去监狱工作的经验和教训，更注重实现现代化文明监狱的路径和渠道，是理论和实践紧密融合、水乳交融、相互促进、共同发展的典范之作。

（六）创新发展有序

中国特色社会主义监狱理论自产生以来就一直处于不断创新发展之中，无论是对古今中外监狱文化的兼收并蓄，继承发展，还是对方兴未艾的中国特色社会主义监狱工作的提炼总结、理性升华都呈现出了一种博大的胸怀，"海纳百川，有容乃大"是对中国特色社会主义监狱理论的真实写照。半个多世纪以来，中国特色社会主义监狱理论从小到大，从弱到强，至今已成长为枝繁叶茂、学科林立、学术繁荣的综合性社会科学体系。虽然中国特色社会主义监狱理论比一般成熟的社会科学，如哲学、法学、教育学、心理学等还有很大距离，但其发展势头和创新活力仍值得期待，相信随着中国特色社会主义制度不断走向完善和成熟，中国特色社会主义监狱工作的不断创新和发展，与之相应的中国特色社会主义监狱理论也会迎来创新发展的良好时期，尤其是随着现代科技和智能技术在监狱工作中的广泛运用以及监狱理论中的社会科学与自然科学、现代应用技术等多内容、多要素的有机融合，未来中国特色社会主义监狱理论必将迎来大发展、大跨越的春天。

## 四、完善中国特色社会主义监狱理论制度体系的思考

（一）加强和增进中国特色社会主义监狱理论制度的深度和厚度在当前实为必要

中国特色社会主义监狱理论虽然取得了丰硕成果，但由于该理论产生时间较晚，与一些成熟的完善的社会科学理论相比还有比较大的距离，这主要表现在中国特色社会主义监狱理论还应该在其深度和厚度等方面加以充实和完善。

1. 中国特色社会主义监狱理论应在进一步构建扎实稳固的监狱基础理论体系方面进一步发力

主要表现在：监狱基础理论体系建立得还不够牢固；监狱学科严密的逻辑体系还未真正形成；一些重要概念和范畴，如监狱、惩罚、改造、罪犯、监狱警察、行刑、劳动等的内涵和意蕴还在不断争论；监狱学基础理论的不同学派和有影响力的大家、大师还不够多；监狱学基础理论的学术品味和学术造诣还不够深厚；在国内外有较大影响力的国际性监狱学术性会议还不够多；监狱学术性团队的国际交流和合作成果还比较薄弱等。基于以上存在的诸多问题和挑战，中国特色社会主义监狱理论制度仍需在形成深厚的监狱基础理论体系方面下大功夫，只有这样才能与其他社会科学有共同的学术地位和话语体系，也才能赢得学术尊重和社会影响力。

2. 中国特色社会主义监狱理论体系应在学科深度方面进一步发力

中国特色社会主义监狱理论体系虽然已经形成一个丰富多彩的理论百花

园,构建起一个拥有 20 多门学科门类的独特的理论体系,但在每一个不同学科在深度方面仍显不足,如以监狱教育改造理论体系为例,不仅应形成稳固完善的监狱教育改造学理论,还应该在其下属的二级学科、三级学科等方面有所探究和深化,即应该构建罪犯集体教育学、罪犯分类教育学、罪犯个别教育学、罪犯管教艺术学等学科,而罪犯个别教育学还可以再细分为罪犯谈话艺术、罪犯矫治艺术等更小的学科门类。随着社会的不断发展和监狱工作的不断深化,中国特色社会主义监狱理论在学科门类的深度拓展和精细发展方面有着无限广阔的发展空间和巨大的潜力。

3. 中国特色社会主义监狱理论应在多专业合作、多学科融合方面进一步发力

当代社会已经进入高度融合、多维跨界、合力发展的新时代,与此相适应,中国特色社会主义监狱理论也必须在专业整合、学科融合、交流互鉴、拓展创新等方面进行深化和发展,以此增强其理论厚度和理论融合度。"监狱问题的研究可以使用法学的方法、社会学的方法、心理学的方法、教育学的方法进行。每种方法都可以构成专业人员的专业高地。每种专业方法的使用都可显现出鲜明的专业色彩,发挥其不可替代的作用,都可以提出解决监狱某个问题的最有价值的方案。"[1]可以预见,包括教育学、心理学、社会学、人口学、统计学、医疗卫生、人事管理、企业管理、劳动保障、职业规划、建筑与道路设计、监区布局与功能设施以及信息技术等更多专业、更多领域的理论认识和研究方法将被更加广泛地应用于监狱工作相关方面或者内容的研究,这些都与监狱工作的科学发展以及社会化拓展存在不同层面、不同程度的关联。[2]随着社会的快速发展,监狱与社会的关系变得高度融洽而又密不可分,不仅社会高度依赖监狱,监狱也高度依赖社会,特别是随着智慧监狱和监狱社会化的浪潮出现,必然要求监狱理论在多专业合作、多学科融合、多领域跨界、多元素渗透等方面有充足的提高和应对能力。

(二)进一步凸显中国特色社会主义监狱理论制度的文化元素和文化传承仍是重要任务

中国特色社会主义监狱理论制度以马克思主义为根本指导,以中国传统

〔1〕 翟中东、孙霞:"2012 年监狱理论研究综述",载《犯罪与改造研究》2013 年第 1 期。
〔2〕 参见戴艳玲:"监狱理论研究多维趋势展望",载《中国监狱学刊》2019 年第 6 期。

文化为根脉，以中国监狱工作实践为基础，以引领监狱工作发展方向为宗旨，是根植于中国特色社会主义监狱实践土壤的、饱含中国文化基因的独特的适于中国监狱狱情的监狱理论制度体系。正是基于此，中国特色社会主义监狱理论制度不论从理论渊源、结构框架、内容格局、话语体系等方面都应带有中国文化的独特色彩，但反观目前我国已有的监狱理论制度成果，虽然绝大部分是符合以上特征的，但也有个别学科中没有很好体现中国文化元素和文化传承。这些学科往往对西方监狱制度采取全盘招收、"拿来主义"的模式，一味强调与西方监狱制度"接轨"和"借鉴"，而缺少了将西方监狱制度中国化的过程，也没有经过将西方监狱制度与中国监狱工作实践进行对接后的消化吸收及扬弃过程，致使所产生的理论呈现"消化不良""半生不熟""不中不洋"" 不今不古"的尴尬窘况。无论是对西方监狱制度的借鉴，还是对西方监狱理论的引荐，都必须在中国国情和监狱狱情基础上进行一番消化吸收和扬弃的过程，只有这样，才能做到洋为中用、古为今用，才能适合中国大地的实际情况，结出带有中国监狱大地泥土芳香的累累硕果，也才能真正建立起中国特色社会主义监狱理论制度，这样的监狱理论制度也才能真正体现出制度自信和理论自信。

改革开放以来，我国监狱工作广泛借鉴和吸收了以西方为代表的现代监狱制度，如累进处遇、罪犯分类、心理矫治、监管医疗等，这些制度和模式对促进和形成中国特色社会主义监狱理论体系发挥了重大作用，这是必须予以承认的。但是，中国监狱工作毕竟不同于西方监狱工作，二者在社会制度、文化背景、监狱渊源、服务指向、话语体系、行刑模式等方面都相差甚远，尤其是中国特色的社会主义监狱（劳改）工作在自身发展过程中，从自身国情和狱情出发，创新和发展了很多带有中国独特色彩的文化元素和有效做法，如办特殊学校、罪犯百分考核、思想教育、监区文化建设、规范化管理、狱务公开、帮教协议等，这些是构成中国特色社会主义监狱理论的重要内容，必须加以挖掘、提炼、概括和升华，只有这样，才能真正构建出立足和扎根中国大地的中国特色社会主义监狱独有的理论制度体系。

（三）整合和构建中国特色社会主义监狱理论制度的学术理论体系、人才培养体系、专业教材体系任重道远

1. 必须积极构建中国特色社会主义监狱学术理论体系。一般来说，监狱

学术理论体系包括监狱学知识体系、监狱学理论体系和监狱学学术评价体系。从目前来看，监狱学知识体系发展迅猛，尤其是《中华人民共和国监狱法》公布以来，监狱知识体系架构已基本形成，当然随着社会不断发展和监狱工作不断创新，监狱知识体系也处在不断积累之中。监狱学理论体系离学科繁荣与发展的要求还有不小的距离，当前最重要的是要形成一个以监狱哲学和监狱法学为核心内容，以监狱行刑和改造矫正为主体内容，以与监狱密切联系和所涉及内容为补充的逻辑清晰、结构严谨的中国特色监狱学学术理论体系，这一学术理论体系不是一个多学科的简单拼凑和组合，而是一个有着严密逻辑脉络的，体系完整的学术理论体系。同时，监狱学理论体系应包括监狱学一般理论、监狱学学科理论和监狱学学科交叉理论等，完善和繁荣监狱学理论体系需要敢于创新和突破。监狱学学术评价体系对监狱学繁荣发展和人才培养工作至关重要，要在评价标准、评价内容、评价体制机制和学术批评、学术创新等方面进行提高和完善。

2. 必须积极构建中国特色社会主义监狱人才培养体系。中国特色社会主义监狱事业需要专业人才来完成，因此，积极构建中国特色社会主义监狱人才培养体系十分重要和必要。人才培养既离不开强大的理论体系支撑，也离不开专业和学科支撑。构建中国特色社会主义监狱人才培养体系一方面需要构建符合中国监狱工作实际需求的监狱人才培养规格体系，如监狱学博士、硕士、学士人才培养体系以及监狱工作实务型专门人才培养体系；另一方面应形成完善的监狱学专业和学科门类培养体系，构建科学合理的专业群和学科群，为开展教学和培训奠定基础和保障。笔者认为，监狱学专业群应包括监狱哲学、监狱法学、监狱管理学、监狱侦查学、监狱教育学、罪犯心理学、监狱劳动学、监狱政治工作学、监狱警察学、监狱企业管理学、监狱文化学等专业门类，每一专业门类下面再根据专业性质和专业特点设置和开发出若干相关学科，从而形成中国特色社会主义监狱专业和学科体系。

3. 必须积极构建中国特色社会主义监狱专业教材体系。监狱学专门人才的培养离不开科学完备的教材体系，教材既是学科的物质形态和文化载体，也是人才培养的基本条件和重要工具。没有科学完备的教材体系既说明专业学科不成熟、不完善，也说明学科门类不健全、专业建设不规范，也就难以培养出高素质、高质量的专业化人才。监狱专业教材体系从专业领域来分可包括监狱法学、监狱管理学、监狱侦查学、监狱教育学、监狱劳动学、罪犯心理学、监狱政治工作学、监狱警察学、监狱企业管理学等专业系列教材。监狱专业教材体系既需要司法部和各省、直辖市、自治区监狱局的统筹和指导，更需要开设监狱学专业的各高等院校的通力合作，并共同编写出统一适用的专业教材，同时，教材还应随着社会发展要求和人才培养变化不断改进和更新。

（四）全面拓展和创新中国特色社会主义监狱理论制度是今后一个时期的主攻方向

中国特色社会主义监狱理论一直是在创新中发展、在发展中创新的，面对新时代、新特点、新要求，中国特色社会主义监狱理论制度更需要进行全面拓展和发展创新。具体来说，笔者认为应从以下几个方面入手。

1. 夯实监狱学科"专业槽"，为跻身国家一级学科奠定坚实基础

如前所述，中国特色社会主义监狱理论目前存在的最大问题是监狱学基础理论还不够深厚和扎实，即监狱学科的"专业槽"还未真正形成。所谓"专业槽"是指架构监狱学科的概念范畴、基本矛盾关系、学科逻辑体系、独立学科范式等基础要素，以使其达到真正区别于其他社会科学的专业门类体系。监狱学科"专业槽"的建立和完善是作为一门独立学科正式形成的标志和象征，因此，集中优势力量，下大力气及早构建起监狱学科的"专业槽"，是中国特色社会主义监狱理论体系建设面临的重大现实课题和主要任务，也只有真正建立起监狱学科所特有的"专业槽"并被社会科学领域所认同，监狱学科才有可能跻身于国家一级学科行列，成为名副其实的独立于其他学科的特有的专门性学科。

2. 成立国家层面监狱理论研究学术机构，凝聚和培养一大批热心监狱理论研究的高层次专家团队和知名学者

创新和繁荣中国特色社会主义监狱理论还必须依托国家层面的强大的学术研究机构，这是监狱理论研究的物质载体和精神食粮。新中国成立以来，特别是"第八次全国劳改工作"会议以来，我国十分重视监狱理论研究机构的设立和研究队伍的培养，以司法部"预防犯罪研究所"为代表的全国各级各类监狱理论研究机构应运而生，为发展和繁荣我国监狱理论事业做出了不可磨灭的贡献和力量。但是，相比其他社会科学研究领域，我国监狱理论研究机构也具有规格层次不高、基础研究薄弱、研究深度不足、名师大家欠缺、人员构成庞杂、重复研究众多等弊端，一定程度上影响和削弱了监狱理论研

究的地位和品质，难以使监狱理论研究跨入国家一流社会科学之列。因此，必须建立国家级层面的"中国监狱研究院"，各省、自治区、直辖市司法厅、监狱管理局应建立省级层面的"监狱研究院"，各相关高等院校和司法警官院校亦应建立相关研究机构，并逐渐培养和造就一大批国家级的高层次研究团队、名师大家和理论研究工作者，以此提升监狱理论研究的学术水平和国内外影响力。

3. 多方联动，通力合作，促进监狱理论永葆生机和活力

中国特色社会主义监狱理论要实现持续发展和长期繁荣的目标，必须做到多方联动，通力合作，发挥特长，优势互补。具体来说，就是要实现科研机构、高等院校、实践业务部门等多方面研究力量的优势互补，互促互进。国家及省级科研机构应主要侧重于研究监狱学基础理论和监狱工作中的重大理论课题，为构建监狱学学术体系做贡献；高等院校学术研究机构除了研究监狱学基础理论外，应侧重于研究监狱学学科体系和人才培养模式，为构建监狱学学科体系贡献智慧和力量；监狱业务部门的广大理论研究工作者应发挥处于监狱工作第一线的独特优势，侧重研究监狱工作中的新挑战、新问题、新成效，及时关注和提出当前监狱工作中的热点、难点问题，并注重将国家和省级科研机构的监狱理论研究成果及时在监狱工作中加以运用和成果转化。同时，针对监狱工作中的重大、疑难理论课题也可由国家和省级科研机构、高等院校学术研究机构和监狱实践部门研究所共同组成的攻关课题组或科研团队，发挥多方联动、优化组合、共同攻关的显著优势，真正实现监狱理论研究"课题确定—调查研究—研究成果—成果转化—理论再升华—实践再提高"的根本目标。

总之，中国特色社会主义监狱理论制度是在不断完善、创新和发展中壮大和繁荣的。我们相信，只要我们始终坚定不移地坚持正确的理论研究方向和指导思想，始终坚持立足中国监狱工作大地，紧扣中国监狱工作发展脉搏，持续吸纳中国监狱工作精华，不断浇筑监狱理论大厦根基，中国特色社会主义监狱理论制度之花就会越来越灿烂和辉煌。

# 关于中国特色社会主义监狱制度的形成和发展完善的探讨

刘懂明　杜贵荣 *

## 一、中国特色社会主义监狱制度的形成

中国特色社会主义，是中国共产党领导人民建设富强民主、文明和谐等的社会主义现代化国家的伟大实践，是符合中国国情、引领中国发展进步的唯一正确选择。监狱作为国家刑罚执行机关，是国家机器的重要组成部分。惩罚和改造罪犯工作是为党和国家的根本任务服务的，并且一直处于捍卫中国特色社会主义的前沿阵地。我国监狱直接承担维护国家安全的政治任务，处于维护国家统一和安全的第一线。从 1949 年 10 月 1 日新中国成立至今，我国的监狱事业也发生了巨大的变化。监狱工作在长期的实践中，形成了符合中国国情、独具特色、较为完善、富有成效的一系列监狱制度。我们始终坚持党对监狱工作的绝对领导、坚持监狱是人民民主专政的工具、坚持"惩罚与改造相结合，以改造人为宗旨"的监狱工作方针、坚持中国特色社会主义监狱制度不动摇，使广大监狱民警增强对中国特色社会主义的政治认同、理论认同、感情认同，更加自觉、坚定地做中国特色社会主义事业的建设者、捍卫者。

（一）从"画地为牢"到"文明监狱"

新中国监狱创建时，据老一辈监狱警察回忆，当时监管条件极差，改造经费短缺，警察没有制服，罪犯没有囚服，监狱没有围墙，露天关押，根本没有监舍、铁门、铁窗，几根竹竿系上小红旗就是"警戒线"，基本上就是画地为牢。20 世纪 60 年代的监舍是土坯房、木头门窗。改革开放以后，经过不

* 刘懂明，青海省建新监狱党委委员、副监狱长；杜贵荣，青海省建新监狱一级警长。

断对监狱进行布局调整和扩容建设，监狱用房由原先的"院落式"布局改变为现在的"楼层式"结构，高墙、电网、数字监控、监管设施更加配套，监狱管理工作由人海战术向"人防、物防和技防相结合"转变，安全系数大大提高。随着《监狱建设标准》的实施，全国新的监狱如雨后春笋般建立起来，监狱警戒体系现代化程度也大大提升，监狱安全防范能力进一步增强。

（二）从"劳改条例"到"监狱法"

文明和法治是历史前进的方向，发展和进步是人类常青的主题。中国特色社会主义监狱法律制度体系已随着中国特色社会主义建设进一步健全。

1. 1951年5月召开的第三次全国公安会议，在党中央和毛泽东同志的关怀下，专门研究了组织犯人劳动改造的问题。这次会议是新中国正式创建和组织罪犯劳动改造工作的里程碑。

2. 到1953年底，投入劳动改造的罪犯已占全国押犯总数的83.67%，基本上解决了犯人坐吃闲饭的问题，为国家财政节约了开支。

3. 1954年8月，《中华人民共和国劳动改造条例》由中华人民共和国政务院第222次会议通过，我国劳动改造罪犯工作有了第一部法规。

4. 改革开放以来，我国监狱法治建设一直紧跟时代的发展，伴随着国家的历史进程不断进步。1982年2月公安部颁发《监狱、劳改队管教工作细则》《犯人生活卫生管理办法》《犯人守则》。

5. 1990年《监管改造环境规范》《罪犯改造行为规范》，1991年《劳改劳教工作干警行为准则》等一系列规章陆续制定，使监狱工作基本上做到有规可依、有章可循。

6. 1994年12月29日，《中华人民共和国监狱法》（以下简称《监狱法》）正式公布实施，国家首次以立法的形式明确监狱的性质、任务，惩罚改造罪犯的基本原则、手段及保障等重大问题，一些具有中国特色和实践价值的管理经验被写入法律，为实施依法治监奠定了坚实的法制基础。1995年初，司法部正式提出创建现代化文明监狱的奋斗目标，以创建为载体，全面推动我国监狱工作整体发展，塑造新时期我国监狱的国家形象。同年，国务院的《关于进一步加强监狱管理和劳动教养工作的通知》，进一步明确了监狱工作在新时期的工作方针，同时明确监狱工作国家财政保障体系。1996年颁布的《监狱、劳教工作人民警察政治工作条例》，切实加强了民警队伍革命化、正规化、专业化建设，提升了民警队伍履职水平和执法能力。2006年国务院公布《关于研究监狱布局调整和监狱体制改革试点有关问题的会议纪要》（国阅〔2006〕40号），对监狱布局调整、监狱体制改革和监狱信息化建设等工作做了部署。监狱体制改革自2005年试点，2007年国务院批转司法部《关于全面实行监狱体制改革指导意见的通知》（国函〔2007〕111号）文件精神，确立了监狱体制改革的基本目标。

7. 2009年中央政法委提出监管工作"首要标准"后，围绕提高罪犯改造质量，全国监狱系统全力以赴，推进监狱工作法制化、社会化、科学化，罪犯改造质量有了较大幅度的提高。

8. 为深入贯彻落实"首要标准"，加强即将刑释人员就业创业培训，增强就业谋生能力，中办发〔2010〕5号文件，明确要求加强对罪犯的职业技能培训，并由司法部、人力和社会保障部门负责，将其纳入全国劳动职业技能培训总体规划，利用社会资源，按照国家职业技能标准和教学大纲进行培训。

## 二、中国特色社会主义监狱制度的形势与任务

### （一）全面深化改革的要求

党的十八届三中全会在《中共中央关于全面深化改革若干重大问题的决定》中明确了法治中国建设、平安中国建设、创新社会治理等改革任务，其中，"严格规范公正文明执法""严格规范减刑、假释保外就医程序"，健全人民警察统一招录、人民警察职业保障制度等内容，要求在罪犯管理教育、刑罚执行、监狱保障体制等方面作出改革完善，以适应我国经济社会发展实际需要。

### （二）国家刑事法律政策调整的要求[1]

新修改的《中华人民共和国刑法》（以下简称《刑法》）、《中华人民共和国刑事诉讼法》（以下简称《刑事诉讼法》）、《监狱法》及有关司法解释，新一轮中央司法体制改革、《关于严格规范减刑、假释、暂予监外执行 切实防止司法腐败的意见》（中政委〔2014〕5号）、2020年7月1日正式实施的《中华人民共和国社区矫正法》，对刑罚结构作出调整，规范了刑罚执行的实

---

〔1〕 参见《监狱法》。

体条件、程序和执行制度，要求司法公开，这些制度政策调整对监狱制度产生了深刻影响。

1. 监狱押犯情况发生了变化。押犯总数上升，结构日趋复杂，余刑 1 年以下短刑犯增多，限制减刑罪犯增长较快，危害国家安全犯、判刑两次以上罪犯数量持续上升，老病残犯、精神病犯呈上升趋势。

2. 对减刑等刑罚变更执行制度的影响。减刑等刑罚变更执行，严格规范其法定条件、程序和执行，对职务犯等"三类罪犯"依法从严适用，六类减刑假释案件开庭审理，深化狱务公开，社区矫正制度确立等方面作出了新规定、新调整。如何针对不同情况类型罪犯进行有针对性的教育改造，如何依法准确适用刑罚变更执行，迫切需要监狱在罪犯关押场所、分类管理教育、刑罚执行、法制建设等方面完善发展，实现教育改造法治化和科学化。

（三）人民司法需求不断增长的要求

《中华人民共和国宪法》赋予公民依法享有管理国家事务、经济和文化及社会事务的权利。人民群众对监狱执法管理有知情、参与、表达、监督的权利，对严格执法、公正司法、社会安全感等司法需求日益增长，网络舆论监督使监狱执法管理日益受到社会媒体公众关注。监狱要保持监管场所安全稳定，提高罪犯改造质量和执法公信力，满足人民群众的新要求、新期待。

（四）监狱工作改革发展的要求

近二十几年来通过监狱体制改革、布局调整、信息化建设以及智慧监狱建设，着力解决了制约监狱工作发展的体制性、机制性、保障性重大问题，为监狱真正履行刑罚执行法定职能提供了坚实保障和现实条件。但监狱工作遇到的罪犯看病难、保外就医难、死亡处理难、经费保障不足、警察执法能力水平不适应等具体问题，亟需完善监狱制度加以解决，推动监狱工作改革发展。

## 三、发展完善中国特色社会主义监狱制度的路径

（一）完善监狱体制

监狱体制改革实行"全额保障、监企分开、收支分开、规范运行"，确立刑罚执行管理和生产经营管理、执法经费支出和监狱生产收入分开的规范运行的监狱管理体制。当前，最重要的是经费保障问题。一些困难地方财政保

障能力有限，监狱因基础设施建设等实际需要经费支出加大，再如罪犯职业技能培训经费、监狱警察职业保障等项目未列入预算等综合因素，导致财政拨款与监狱经费实际支出之间有缺口。要完善落实以省级财政为主、中央转移支付为辅的经费保障体制，健全财政支出科目、提高经费保障标准、健全完善经费动态增长机制、加大对经济欠发达地区财政转移支付力度、实现监狱经费按照实际需要予以全额保障，为实现监狱和监狱企业规范运行提供前提和保障。

（二）完善监狱法律制度体系

《监狱法》是一部执行法，作为刑事执行法律规范的主干部分，内容主要在于规范刑罚执行制度。自 1994 年颁布实施至今，这部法律为刑事执行活动提供了必要的保障。随着形势的发展变化，《监狱法》的部分条款不仅与几经修改的《刑法》《刑事诉讼法》的部分规定产生了冲突，而且也难以应对行刑中不断凸显的问题。

2012 年 10 月 26 日，十一届全国人大常委会第二十九次会议对《监狱法》部分条款进行了修改。监狱是国家刑罚执行机关，存在于广泛的社会关系之中，并且需要社会各部门的通力配合，才能较好地完成刑罚执行任务。然而，长期以来，《监狱法》将监狱与社会割裂开来，就监狱论监狱，它所能够规范的范畴也仅仅限于监狱内部和监狱自身，《监狱法》成了监狱的法和管监狱的法，对监狱以外的所有部门难以发挥其法律约束力，对调整的对象很少明确其法律责任，也很少有相应的制裁条款。

1. 《监狱法》应增加的内容

（1）减刑制度方面的内容。减刑存在着不可逆性，减刑制度这一缺陷，已成为学界与实务界的共识。曾有许多人提议建立减刑撤销制度，从实际工作角度看，减刑撤销制度势在必行。它不仅可以纠正不当减刑裁定，而且可以打击投机改造或采取非常手段骗取减刑的行为，还能调动罪犯改造积极性，提高教育改造质量，同时对提升法律的公正性有着深远的意义。减刑撤销是一种救济性措施，减刑撤销提出的主体是监狱，是通过监狱提请人民法院裁定来实现的，它与人民检察院认为人民法院减刑裁定不当依法提出的抗诉有很大区别。

（2）罪犯参加社会保险方面的内容。社会保障体系应覆盖全社会，惠及每个公民。目前，服刑人员尚不在现行的《中华人民共和国社会保险法》参保范围内。很多长刑期罪犯释放即已步入老年，回归社会很可能面临老无所养、老无所医的窘境，极易形成新的社会不安定因素。对此应引起重视，要协调相关部门研究解决，待时机成熟将其纳入法律规范。

（3）对进入监管区人员进行安全检查方面的内容。监狱违禁物品的存在，很大程度来自进入监管区的人员。为了防止违禁物品流入监狱，《监狱法》应增设对进入监管区人员特别是外协人员进行安全检查的内容。同时，可对违禁物品的范围或种类加以界定。

（4）关于时限方面的内容。法律是讲求时效性的，纵观《监狱法》全文，先后出现了立即、即时、及时等模糊性时间概念，既缺乏时效性，也缺乏实际操作性，难以确保量刑权与行刑权的实施。具体体现在罪犯申诉、控告、检举的处理（第21至23条），死缓减为无期徒刑、有期徒刑的规定（第31条），关于追逃的规定（第42条），罪犯服刑期间死亡的规定（第55条）等。

（5）心理矫治方面的内容。"罪犯心理矫治"现在更多地被称为"服刑人员心理矫治"，它是指利用心理学原理和方法调整服刑人员心理和行为并促使其发生积极变化的活动。心理矫治工作对教育改造罪犯发挥了极大的作用，在长期的监管改造工作中，心理矫治已被很多实务工作者看作是继管理、教育、劳动之后的又一改造手段。司法部先后在《监狱教育改造工作规定》和《教育改造罪犯纲要》中提出明确要求。司法部监狱管理局就心理矫治工作还专门下发了《关于加强监狱心理矫治工作的指导意见》和《关于进一步加强服刑人员心理健康指导中心规范化建设工作的通知》。对此，《监狱法》应作为一项重要内容加以补充、完善，建议单独列章。

（6）教育改造方面的内容。当代行刑理论认为，监狱的职能在于通过教育手段成功实现犯罪人的再社会化。《监狱法》第五章的标题与实际内容不吻合。这一章的标题是"对罪犯的教育改造"，但是，本章中规定的内容不仅包括习惯上所讲的"教育改造"的内容，即对罪犯的文化教育和职业技术教育，还包括了对罪犯的"文体教育"（即文化娱乐和体育，第67条）、"社会教育"（即利用社会力量对罪犯进行的教育，第68条）以及"劳动改造"（即通过组织罪犯参加劳动对他们的改造，第69条~第73条）方面的内容。在目前实际监管改造中，"5+1+1"模式落实不到位，轻教育的现象在有的监狱还依然存在，三课教育时间经常被挤占，从而削弱了教育手段的改造功效。为了确保教育的针对性和有效性，要从法律上确立教育改造工作的中心地位。同时，要在原有教育内容基础上，增加出入监教育、心理健康教育、罪犯改造质量评估、监区文化建设、政治改造、优秀文化传统教育、社会教育、体育等内容，还要将实践多年的"5+1+1"教育改造模式纳入立法。

（7）劳动改造方面的内容。组织罪犯劳动是我国改造罪犯工作的一大创举，不仅意义重大，而且内容丰富，成果显著。因此，应将劳动改造从教育改造专章中分离出来，形成独立章节。并且在原有内容的基础上，增加劳动改造活动组织管理、劳动技能培训、安全事故处理、社会对劳动改造活动的支持义务、政府应对监狱劳动份额等内容。

（8）监狱警察职权方面的内容。《监狱法》第5条、第13条、第14条就警察的职权作了规定。从职责内容上看绝大部分是限制性条款。可以说对警察权力赋予过少，且表达相当原则，不具操作性。这是警察因作为而侵权时有发生的因素之一。久而久之，一些警察不敢管、不愿管，遇事绕着走的状况也就由偶然变为必然。这不仅不利于处置和打击狱内违法违纪行为，而且大大削弱了警察的执法权威。因此，《监狱法》应增设相应条款，明确警察依法享有的各种权力，并加强对其权力的保护。要改变狱警的困境，我们必须反思目前的管理方式，考虑到监狱警察的权利和诉求。例如，建立定期休假制度，因公致残的警察每年享有定期疗养、加大基层老民警职级晋升等从优待警措施。政府也应将监狱警察与公安等警种同等对待，在舆论宣传、福利待遇上，不能对狱警有任何有意或无意的歧视。更重要的是，要合理地界定监狱功能，将能够社会化的业务从监狱脱离出去，例如后勤、医疗、学历和职业教育、心理咨询等交给专业的社会团队去做，以减轻狱警的工作负担。或者细分狱警的职责，让不同专业的狱警各司其职，而非要求所有狱警都成为"万金油"。当务之急是，要优先考虑科学有效地加强对狱警的管理，想办法提升士气，走出困境。以此为切入点，全面且循序渐进地推进监狱的改革与开放。

（9）政府救济对象方面的内容。《监狱法》第37条第2款对人民政府应当予以救济的刑释人员规定为丧失劳动能力又无法定赡养人、扶养人和基本生活来源的。事实上，还有刑满释放的无法定监护人和亲属的未成年人没有考虑在内，这部分罪犯虽然人数不多，但更应纳入当地政府救济的范围。

（10）未成年犯的教育、培训方面的内容。《监狱法》应明确规定，将未成年犯教育纳入国家九年义务教育体系，由国家教育部门提供教育教学资源；未成年犯劳动技能职业培训列入国家劳动和社会保障部门关于社会职业培训规划；相关费用由国家财政列支。

2. 《监狱法》应细化修改的内容

（1）减刑标准方面的内容。①《监狱法》第 29 条规定确有悔改或者立功表现的可以减刑。该条非常原则，不宜操作，在放宽了监狱警察执法自由裁量权的同时也增大了执法风险。因此，应建立与减刑奖励相适应的考核体系，并将其写入法律。实现依考核结果确定减刑的标准化、规范化、一体化联动程序，最大限度地减少人为因素，确保减刑的公平、公正。②《监狱法》第 34 条第 1 款内容。该条款规定："对不符合法律规定的减刑、假释条件的罪犯，不得以任何理由将其减刑、假释。"在对罪犯减刑、假释执法活动中，法律规定是唯一遵循的依据。任何理由，即法律规定以外的理由，均不成为罪犯减刑、假释的依据。

（2）罪犯权利义务方面的内容。随着我国法制建设的日趋完善，监狱对罪犯权利的保障也在不断加强。《监狱法》第 7 条集中概括了罪犯依法享有的权利和应尽的义务，还有一些权利义务散见于其他章节。但在罪犯和狱警因监管发生矛盾时，更多地强调狱警的过失，要求他们保持克制，使他们心理很不平衡。有些罪犯甚至挑衅、威胁狱警，例如无故在上级视察时大声喊冤，笔者还曾听到罪犯说出"信不信，我可以让你脱掉警服"这样的话。一些狱警开始觉得"多一事不如少一事"，甚至狱警"不敢管""不愿管"难缠的罪犯时有出现。其实，法律未禁止的许多权利，罪犯在监狱中是无法享有的，也不可能享有。这是基于特别权利关系理论的支撑。因此，兜底条款应予修改，甚至不宜保留。

（3）监外执行方面的内容。《监狱法》第三章第三节主题为监外执行，但其内容规范的完全是暂予监外执行。但监外执行与暂予监外执行无论是在外延上还是在内涵上都是有区别的。从外延上看，监外执行比暂予监外执行更广泛。监外执行包含了暂予监外执行，而暂予监外执行仅仅是监外执行的一部分。从内涵上看，监外执行应指非监禁刑的执行，包括依法被判处管制、宣告缓刑、剥夺政治权利、罚金、没收财产等刑罚的执行；而暂予监外执行则是监禁刑的变通执行，是指监禁刑经法定程序暂时采取的非监禁执行措施。

有三种情形：一是患有严重疾病需要保外就医；二是怀孕或正在哺乳自己婴儿的妇女；三是生活不能自理，适用暂予监外执行不致危害社会的。当上述情形消失后，应予以收监，继续执行监禁刑。另外，从《监狱法》立法的体制看，把暂予监外执行与监外执行也完全等同化了。据此，应将此章主题修改为暂予监外执行，与其内容保持一致。

（4）监狱分类管理、罪犯分级处遇方面的内容。监狱分类管理、罪犯分级处遇已实践了二十余年，获得了一定的实践经验，也取得了一定成效，应适时将其纳入法律规范之中。以立法的形式确定监狱的戒备等级、关押主要类型，规定对罪犯实行分级处遇。并对分类、分级的标准，管理、处遇的方式予以细化。

（5）离监探亲方面的内容。《监狱法》第57条第2款规定了罪犯离监探亲奖励。从监狱工作实际来看，作为行政奖励的离监探亲范围过窄，也存在一定的风险。司法部《罪犯离监探亲和特许离监规定》，初次使用了特许离监的概念，不妨将特许离监入法，替换离监探亲。既能解决罪犯家庭发生重大变故，急需本人回家看望或处理的情形，也消除了安全隐患，还符合人道主义精神。

（6）狱内又犯罪处理方面的内容。《监狱法》第59条规定："罪犯在服刑期间故意犯罪的，依法从重处罚。"针对此条规定，处罚必定是刑事处罚，而如何量刑是人民法院裁决而非监狱管理的范畴，此条有越权立法之嫌，此观点反映了对《监狱法》的地位和法律效力认识不清，这也正是《监狱法》的局限性或缺陷所在。此条的处罚应具有双重含义。罪犯又故意犯罪是严重危害社会的行为，理当从重苛以刑罚，但由于该犯罪行为发生在狱内，在追究刑事责任的同时，给予最重的行政处罚也理所当然，建议立法采纳监狱加重处罚决定。

（7）罪犯死亡处理方面的内容。《监狱法》第55条规定只对罪犯死亡鉴定问题作了规定，其他方面的问题却没有涉及。很长时间以来，罪犯死亡善后处理已成为监狱工作的一大难点。罪犯即便是因病救治无效死亡，也常常引起其亲属的缠访、索赔，严重影响了监狱的正常工作秩序。罪犯在刑罚执行期间死亡，就意味着对其刑罚执行的终结，在法律上必须有相应的规定，不仅要明确对罪犯尸体的处置，还要明确与之有关的事项，更要明确监狱的法律责任。

（8）罪犯刑满释放的衔接与安置方面的内容。由于《监狱法》缺乏对刑满释放人员安置和救济的强制性规定，造成个别罪犯刑满释放而不出去。为了化解矛盾，避免超期羁押，监狱便出资予以安置和救济。其实，这早已超出了法律赋予监狱的刑罚执行职能范围。还有的罪犯刑满释放时，在监狱外面大放鞭炮，披红挂彩，此举严重破坏法制权威。鉴于此，《监狱法》应规定接收安置单位职责及未履行职责的制裁措施、刑满释放禁止性规定，保证刑满人员释放有人接、安置有人管、就业有人帮，禁止燃放鞭炮等嚣张气焰，维护法律的尊严和监狱的神圣使命。

（9）关于追逃方面的内容。由于监狱对外没有搜查、设卡、询问、拘留等法定职权，在社区上追捕逃犯可谓困难重重，而且成本巨大。因此，为了及时有效地追捕逃犯，充分发挥监狱和公安机关各自的优势，《监狱法》应对追逃时限、责任分工等方面作出明确而具体的界定。

（10）关于罚金刑方面的内容。罚金刑作为一种刑罚制度，是通过强制犯罪分子向国家缴纳一定数额金钱达到减少犯罪的目的。但是，由于我国目前没有自由刑与罚金刑易科制度，主刑执行完毕后，有的刑满释放人员不履行缴纳罚金问题，谎称无力缴纳罚金。罚金刑不能彻底执行，将影响法院裁判的权威。在我国目前的法律制度下，将主刑执行完毕后未能执行的罚金刑纳入社区管理，可以保证刑满释放人员在获得人身自由的情况下，继续完成法院判决时确定的罚金，维护国家法律的权威和严肃性。建议将罚金刑立法。

3.《监狱法》应删除的内容

《监狱法》第 19 条内容。该条规定："罪犯不得携带子女在监内服刑。"监狱是国家刑罚执行机关，是依法对判处死刑缓期二年执行、无期徒刑、有期徒刑的罪犯执行刑罚的场所。随着社会的发展和社会保障体系的健全，在这个大的前提下，服刑人员子女本身不是罪犯，根本不具备在监狱生活的法律依据，也就不存在被服刑父母携带在狱中的可能性。建议应将此条删除。

（三）完善监管改造制度[1]

对罪犯的关押、管理、教育和执行刑罚要全面贯彻落实宽严相济刑事政策，体现差别对待，推进监管改造科学化。

1. 深化分押、分管和分教制度。在现行的按性别、年龄、刑种、刑期实

---

[1] 参见司法部《关于加快推进"智慧监狱"建设的实施意见》（司法通〔2018〕121 号）

施分押的基础上，逐步推行按照犯罪性质、恶习程度进行分类，如财产型、暴力型、性犯罪等类型，每一种犯罪类型按照恶习程度再作深度分类，把初偶犯和惯犯、累犯分开，防止交叉和深度感染。对罪犯实施考核，实行分级处遇。结合罪犯危险程度评估，制定分类教育方案，实施因人施教、个案矫正等个别化矫治，推进循证矫正，健全完善罪犯教育改造质量评估体系，提高改造质量。

2. 依法准确适用减刑、假释和暂予监外执行制度。（1）加强刑罚执行执法规范化建设，进一步细化执法标准、规范执法程序、明确执法流程，实现有序衔接，特别是严格规范职务犯等"三类罪犯"的依法从严适用。深入推进狱务公开制度，配合法院部门依法做好"因罪犯有重大立功表现报请减刑"等六类减刑、假释案件开庭审理；加快推进信息化和"智慧监狱"在刑罚执行中的实际应用，推进监狱、法院、检察机关减刑假释网上协同办案平台建设，对执法办案和考核奖惩中的重要事项、重点环节，实行网上录入、信息共享，实现全程留痕，推进"阳光执法"，提高执法公信力。（2）探索完善死刑缓期执行限制减刑和余刑一年以下短刑期罪犯的"五大"改造。由于死缓限制减刑罪犯刑期长、恶性程度和危险性程度较高，在关押上，应该在高度警戒场所；在管理教育上，根据罪犯的需求强度、关注程度等情况，拓展新的激励动力源，丰富处遇的内容和形式，可增加劳动报酬数量、狱内消费额度、高层次的学历技能培训等。同时还要强化心理矫治和危机干预管理，探索完善刑期管理和不同阶段教育改造目标设计及实施，实现针对性和有效性。对余刑一年以下短刑期罪犯的管理教育，在分类管理的基础上，要在研究制定相关制度规定、加强摸排防控、创新教育手段、做好释放衔接上下功夫，提高教育改造质量。

3. 深入推进监管改造社会化。监狱是社会的监狱，是国家的机器，社会是监狱的支撑母体。（1）监狱机关要加强与相关职能部门沟通协调，积极争取将监狱有关工作纳入国家经济社会发展总体规划或设计中，提供政策制度支持。（2）要充分利用社会力量参与监狱工作，提供专业化服务。协调人力资源社会保障、教育等职能部门，积极争取把罪犯的文化教育纳入教育规划，对罪犯进行系统规范的国民序列学历教育；把罪犯的职业技能培训纳入国家劳动职业技能培训总体规划，解决培养项目、师资资源、技能鉴定、经费保障等问题，完善教育改造制度。（3）完善监管安全联勤联动机制。加强与检察、武警、公安、消防应急救援、卫生等多警种、多部门协作机制，完善监管安全机制。（4）探索完善罪犯医疗卫生保障制度。着力探索完善罪犯医疗经费保障、疾病救治、监狱与社会医疗机构协作等制度或机制，形成适合罪犯和监狱实际的医疗卫生保障模式。（5）完善社会帮教制度。大力推进社会团体组织、社会工作者、志愿者等社会力量参与教育改造罪犯。协调安置帮教组织、落实刑满释放人员享受地方促进就业优惠政策和社会救助政策，促进其顺利融入社会。

（四）完善监狱保障体系[1]

监狱保障体系建设是为监狱依法履行职责提供条件和保障。着力优化职能机构人员设置，提高监狱人民警察履职能力水平，推进监狱分级分类建设和信息化水平，适应监狱改革发展需要。

1. 完善职能机构人员设置。在职能定位设置上，各省司法厅、监狱局比照中央设立相应机构、明确职责。监狱下设监区，要精简监狱内部机构，加强狱政、刑务、教育等业务科室建设，形成"小机关、大监区"组织结构。推行扁平化管理，减少层级管理，深化监狱、监区二级管理，一般原则上不设分监区，造成不必要的闲散人员。探索将狱政管理、教育改造等部门直接前置到监区的做法。根据教育改造罪犯需要、科学设定监区关押规模、编制和人员配备，实现一线警力占警察总数75%的要求。推进监区规范化、标准化、精细化管理，推动人力、物力、财力及政策等资源要素向基层集中、倾斜，真正实现监狱工作提能增效。

2. 推进监狱人民警察队伍专业化和职业化。健全完善落实监狱人民警察业务能力培训制度，突出加强岗位练兵和实战训练；改善基层监狱人民警察知识结构，规范完善执法勤务机构警员职务序列。健全完善监狱警察统一招录、有序交流、逐级遴选机制。健全完善职业道德规范体系和监督机制，提高职业荣誉感。健全完善警察职业保障制度，建立健全人身安全风险防范、救济保障和保险制度。建立定期休假制度，因公致残的民警每年享有定期疗养、加大基层四级高级警长晋升比例等从优待警措施。合理地界定监狱功能，将能够社会化的业务从监狱脱离出去，将后勤、医疗、学历和职业教育、心理咨询等，交给专业的社会团队去做，以减轻狱警的工作负担。细分狱警的

---

[1] 参见《监狱教育改造工作规定》（司法部令第79号）

职责，优先考虑科学有效地加强对监狱人民警察的管理，循序渐进地推进监狱的改革与开放，打造一支对党忠诚、服务人民、执法公正、纪律严明的监狱人民警察队伍。

3. 推进监狱分级分类建设。按照监狱建设标准，加强高度戒备监狱建设、中度戒备监狱（监区）建设。完善入监、出监，老残罪犯，传染病罪犯，精神病罪犯等的管控。加快分级分类监狱（监区）的组织机构、关押规模、警力警用装备及设施配备等一系列问题研究，改善执法环境和条件，为实现分押分管分教和安全防范提供物质保障，以适应监管改造需要。

4. 推进智慧监狱建设。[1]从完善顶层设计入手，以司法部《全国监狱信息化应用技术规范》为指导，以"打造智慧监狱"为核心，加快推进网络基础设施和监狱管理、罪犯信息库、警察信息库建设，完善信息化在监狱执法管理中的深度广泛应用，实现司法部、省司法厅、省监狱局、监狱四级网络连通、监狱安全防范信息化全覆盖、刑罚执行等执法管理工作网上办理、监狱系统办公自动化，推进信息化监狱建设。

在推进监狱治理体系和治理能力现代化的新时代，做好监狱工作，服从、服务于国家和社会发展大局，是监狱工作履行好中国特色社会主义建设者、捍卫者神圣职责的最直接体现。我们要以完善中国特色社会主义监狱制度为切入点和发力点，深化监狱改革创新，始终坚持"依法治监"的理念，用社会主义法治理念和习近平法治思想指导监管改造工作，不断研究和创新教育改造工作的新方法和新途径，加快推进刑罚执行一体化，努力提高教育改造质量，不断维护监狱的安全稳定和促进监狱工作高质量发展。

---

〔1〕 参见《监狱服刑人员行为规范》（司法部令第88号）

# 新时代背景下坚持和发展完善中国特色社会主义监狱体制之管见

王水平 *

　　作为中国共产党领导下集中体现人民意志和利益的中国特色社会主义监狱机构，经过一代代监狱人的栉风沐雨，体制不断完善，功能充分体现，为社会的长治久安奠定了坚实基础。随着我国政治经济社会的协调发展，党中央对监狱工作提出了新的更高要求。在这样的形势下，中国特色社会主义监狱制度顺应时代潮流补短板、堵漏洞、强弱项，对坚持和发展完善监狱体制意义重大、影响深远。

## 一、中国特色社会主义监狱体制

　　监狱体制，是监狱在机构设置、领导隶属关系和管理权限划分等方面的体系、制度、方法、形式等的总称。中国特色社会主义监狱体制，可分为行政管理、人员保障、财政保障、监狱经济、社会保障、业务监督等六个方面。

### （一）监狱管理体制

　　监狱管理体制，就是在监狱管理活动中所采取的基本组织结构形式和基本制度与方法的统称。新中国监狱从 1949 年 10 月至 1950 年 11 月，中央人民政府司法部依照《中央人民政府司法部试行组织条例》的规定管理全国监狱工作；大行政区司法部或高等人民法院则负责本区的教育改造；各省区市、专署、县所辖监狱、劳改队、看守所，沿用根据地民主政权时期的体制，由各级人民法院领导管理。[1]1950 年 12 月至 1983 年 4 月，全国监狱工作由公

---

* 王水平，甘肃省武都监狱政治处一级警长。
　〔1〕参见中国监狱工作协会编：《新中国监狱工作五十年 1949.10-2000》，法律出版社 2019 年版，第 60 页。

安部领导管理。1983 年 5 月至今，全国监狱工作由司法部领导管理。

现阶段，全国监狱工作实行中央和省（自治区、直辖市）两级管理，以省（自治区、直辖市）为主的体制。中央对监狱的管理是由司法部主管，司法部下设监狱管理局，具体负责全国监狱业务工作。各省（自治区、直辖市）人民政府设监狱管理局，在司法厅（局）领导下，具体负责本省（自治区、直辖市）监狱的业务工作；监狱内部实行党委领导下的监狱、监区、分监区三级或两级管理体制。

（二）人事管理体制

监狱人事管理体制，包括人员类型、"进""出"、配置、管理、教育培训、考核奖惩、选拔任用等七个方面的内容。

当前，全国监狱分为部属和省（自治区、直辖市，下同）属两类。省属监狱的人员有民警、辅警（有些监狱没有）、工人和离退休民警职工四类。监狱民警的来源有公务员招考、定向培养录用、转业军官安置和调入四种途径，监狱辅警的来源包括监狱在本单位工人中招录和在社会人员中招录两种形式。监狱民警离开监狱包括退休、开除、辞退、辞职、调出和离世，辅警和工人离开监狱的途径包括退休、解聘、调出和离世。监狱民警的编制为政法专项编制，由省编制办统一控制。监狱处级领导高级警长由省司法厅（局）选拔任用和培训、考核、奖惩，处级以下领导岗位和警员的选拔任用、职务晋升、培训、考核、奖惩，由监狱党委按照程序进行，报省监狱管理局备案。工人的管理、教育、考核、奖惩等，由监狱企业负责落实。监狱离退休民警由所属监狱管理，离退休工人由当地社区管理。

（三）财政保障体制

新一轮监狱体制改革之后，监狱经费列入中央和省级财政预算并实行全额保障。然而，一些省份由于财政资金不足，尤其是贫困地区，还有许多监狱至今也没有实现经费全额保障。

（四）监企管理体制

2003 年开始的以"全额保障、监企分开、收支分开、规范运行"为目标的监狱体制改革，于 2012 年结束，实现了监企分开、收支分开的目标。目前，监狱企业的管理体制是：在省监狱管理局党委领导下设国有独资监狱企业集团公司，负责全省监狱企业的业务指导；在监狱党委下设监狱企业集团公司的子公司；监狱企业的管理人员由监狱管理局、监狱委派；监狱和监狱企业的财务分开、收支分开。

（五）社会保障体制

监狱虽是人民民主专政的工具，是国家的刑罚执行机关，但其仍是社会构成的一部分，是不能脱离社会而独立存在的。对于监狱来说，罪犯的教育、医疗卫生、物资保障，民警职工及其家属的医疗、住房、子女教育，监狱的交通、通信、基础设施建设等，无一能离开社会保障。目前而言，罪犯的文化教育、职业技能培训纳入国民教育规划和国家劳动职业技能培训总体规划工作正在积极推进，监狱重大传染病疫情防控工作也正在逐步纳入地方政府重大公共卫生事件应急处置预案，民警职工的"五险一金"早已进入当地社会统筹，离退休民警职工的工资也已由社会养老发放，监狱企业离退休职工的管理也已移交到当地社区。

（六）工作监督体制

当前，监狱的工作监督体制包括内部监督和外部监督两个方面。

内部监督分为党内监督、行政监督、专责机构（纪委）监督和群众监督四种形式。

外部监督包括各级政府机关、党委政法委员会、人大和政协、各级监察委员会、人民检察院、人民法院和公安机关、罪犯亲属及社会公民对监狱工作的监督。

## 二、中国特色社会主义监狱体制的优势

新中国监狱自创建以来，始终坚持在中国共产党的绝对领导下开展工作。新中国成立初期，党和国家领导人多次过问和亲自安排部署监狱工作，明确监狱工作的方针、政策、目标、任务、方法、手段，解决监狱工作中的实际困难，为中国特色社会主义监狱事业的发展奠定了理论基础和实践方法；改革开放以来，监狱在党的领导下，与我国政治经济社会发展实际紧密结合，克服了种种困难，形成并完善了中国特色社会主义监狱体制。

在中国共产党的绝对领导下，中国特色社会主义监狱体制有其他国家监狱体制无法比拟的优势。

（一）组织力和执行力强

中国特色社会主义 70 余年的发展历程和取得的辉煌成就告诉我们：社会主义的最大优势在于集中力量办大事。中国特色社会主义监狱体系在各级党组织的领导下，其组织力、执行力都很强，党和国家的各项决策部署能够迅速、不走样地传递至监狱基层组织和每个民警职工，基层监狱也都能够严格执行党和国家的各项决策部署，确保了党和国家对监狱工作的政令畅通。

（二）纠偏力和发展力强

中国特色社会主义监狱制度在中国共产党的领导下，能够及时发现和解决发展过程中各种各样的问题，不断完善理论、制度、队伍、设施、机制建设，推动体制机制改革，让监狱事业的发展力得到有效保障。

（三）改造罪犯效果明显

我国社会主义刑事法制思想认为绝大多数罪犯都是可以改造和转化的，是坚决否认"天生犯罪人"观点的。1934 年 1 月，毛泽东在第二次全国苏维埃代表大会的报告中赞扬劳动感化院的教育和感化时说："苏维埃的监狱对于死刑以外的罪犯采取感化主义，即是用共产主义精神与劳动纪律去教育犯人，改变犯人犯罪的本质。"[1] 基于这样的思想认识基础，新中国监狱通过劳动来改造罪犯的理论也随之得以成熟和发展。

我国会动员组织罪犯从事有益于社会的生产劳动，这是中国对罪犯实行惩办与改造相结合原则的重要内容。其重要的意义在于：第一，通过生产劳动，使罪犯了解社会财富来之不易，可以培养其热爱劳动、习惯劳动的思想，树立"不劳动不得食"的观念，矫正其好逸恶劳、贪图享受等恶习；同时在劳动中可以培养其社会责任感和遵纪守法的精神。第二，组织他们从事适宜的劳动，可以增强体质，保持健康，避免在单纯的监禁中，长年无所事事，导致他们心情压抑、意志消沉、精神颓废，甚至萌生自杀和重新犯罪等念头。第三，通过生产劳动使罪犯尽可能地掌握一种或几种生产技能及知识，为刑满释放后的就业谋生创造条件，防止他们因恶习不改或生活无着落而重新犯罪。第四，组织罪犯从事与正常社会条件和形式相同或相近的劳动，可以培

---

〔1〕 中国监狱工作协会编：《新中国监狱工作五十年 1949.10-2000》，法律出版社 2019 年版，第 15 页。

养罪犯与他人或社会组织的协调和合作精神，使之在回归社会后能够尽快地适应社会环境。[1]

几十年来，我国监狱全面贯彻落实人道主义、依法保障罪犯应有权利、教育为主、国家专门机关与社会相结合等原则，[2]通过组织罪犯从事有益于社会的生产劳动，成功改造了战争罪犯，重新犯罪率成为世界上最低的国家之一（多年来一直保持在 6% 至 8% 的水平），刑事案件的年发案率成为世界上最低的国家之一（2‰左右）。[3]

## 三、现行监狱体制的短板

中国特色社会主义监狱体制虽然具有许多优势，也取得了举世瞩目的成就，但我们依然要有清醒的认识——中国特色社会主义监狱现行体制还存在着一些影响监狱发展的短板。

（一）监狱法制建设不完善

1994 年 12 月 29 日公布的《中华人民共和国监狱法》（以下简称《监狱法》）是我国第一部调整监狱法律关系的法典，是目前监狱的基本准则和遵循，标志着中国特色社会主义监狱制度发展进入依法治监、依法行刑的新历史时期，在中国特色社会主义监狱事业发展史上具有里程碑意义。然而，这部《监狱法》虽在我国法律体系中具有独立的法律地位，但因其只调整绝大部分自由刑的行刑法律关系，死刑执行、拘役、罚金、管制和余刑在 3 个月以下有期徒刑等行刑法律关系并不在《监狱法》调整范围之内，使得其很难成为一部独立的部门法。[4]另外，在法条规定方面，也还存在着一些不足：监狱设置规定过于原则，既未分类型，也未分等级；刑罚执行方面，没有规定监狱如何与检察院、法院相互配合、相互制约；监狱与驻监武警的关系、武警的任务和职责范围、经费保障等没有具体规定；逃犯追捕责任单位职责不明确；罪犯生活实物量计算标准没有具体规定；罪犯医疗保健列入监狱所在地区的卫生、防疫计划之规定没有配套法律规定而无法执行；罪犯心理健

---

〔1〕 参见国务院新闻办公室：《中国改造罪犯的状况》，法律出版社 1992 年版，第 8 页。

〔2〕 参见赵秉志："略谈我国改造罪犯基本原则确立的根据"，载《法律学习与研究》1992 年第 4 期。

〔3〕 参见国务院新闻办公室：《中国改造罪犯的状况》，法律出版社 1992 年版，第 4 页。

〔4〕 参见王国庆："《监狱法》的意义和作用"，载《湖北广播电视大学学报》2009 年第 4 期。

康教育和心理矫治工作没有具体规定；罪犯文化和职业技术教育师资力量的来源没有明确规定；罪犯劳动报酬、工伤事故处理的规定过于原则，原有规定不适应当前社会发展形势，可操作性不强；对罪犯自杀和自伤自残逃避劳动、辱骂或殴打民警等严重违规违纪行为的处理规定有缺失；没有体现对女犯的特殊权益保护；未成年犯教育改造规定过于原则、过于简单，有的规定存在片面性；监狱警力配备标准没有具体规定，民警权益保障规定过于原则，没有民警容错机制的规定；缺乏监狱招录、管理辅警的规定；监狱内的高戒备监区（分监区）设置、职能及严管等没有具体明确的规定。

正因为现行《监狱法》存在着这些短板，监狱工作总是在执法与违法的临界点左右为难，监狱民警管与不管、如何管、管到怎样的标准全靠上级机关界定，民警的正常执法与违法总是由纪检监察机关、人民检察院决定。

（二）监狱企业地位不明确

现行《监狱法》除了第 8 条第 2 款的"国家提供罪犯劳动必需的生产设施和生产经费"的规定外，再没有对监狱企业的任何规定。但现实中，一方面，监狱企业是我国监狱对罪犯进行劳动改造的组织形式，是为监狱改造罪犯提供劳动场所和岗位的特殊企业。另一方面，因法律规定的缺失，监狱企业既无合法地位，又无设置标准和统一的管理规范，造成监狱企业性质模糊。同时，在 2011 年司法部宣布全国监狱体制改革任务基本完成后，监狱与监狱企业仍是监狱党委领导下的"亲兄弟"。

（三）监狱工作监督不深入

从当前监狱的监督体制来看，无论是监狱内部监督还是外部监督，都存在着不够深入的问题。

监狱内部监督除了党内监督和行政监督能够有效落实外，监狱纪委因受监狱党委的领导，对监狱的同级监督力不从心；监狱的群众监督基本上是流于形式的。

监狱的外部监督方面，由于监狱的封闭性强，社会公民很难进入监狱内部进行有效监督。监狱所在地市级人民检察院虽在监狱设置了检察室，但检察室工作人员是巡视加派驻，只对监狱法律法规执行、刑罚执行、罪犯权益保障等工作进行有效监督，对监狱其他工作的监督基本上浮于表面；因监狱属于省直机关，地方党委、政府、人大、政协、政法委、人民法院、公安机关、社团组织、罪犯亲属、人民群众等对监狱工作监督作用的发挥微乎其微。

## 四、发展和完善中国特色社会主义监狱体制的路径探索

当前，中国特色社会主义进入新时代，我国社会处于经济发展转型期、深化改革攻坚期、社会矛盾叠加期，主要矛盾发生历史性变化，中国特色社会主义监狱工作正面临新形势、新挑战和新任务。在我们明确了中国特色社会主义监狱工作的优势和短板之后，必须面对现实，担当作为，补短板、堵漏洞、强弱项，不断探索实践中国特色社会主义监狱体制的发展和完善路径。

（一）健全完善中国特色社会主义监狱法制体系

如前所述，我国监狱法制体系建设还滞后于监狱工作实际，在一定程度上制约了监狱及监狱企业的发展。因此，健全完善中国特色社会主义监狱法制体系极为迫切。

1. 修改《监狱法》

（1）建立监狱民警依法履职无过错免责机制，充分调动民警的工作积极性，提升民警的职业荣誉感，增强民警履职尽责的担当意识。

（2）明确规定监狱民警和罪犯的权利义务以及民警、罪犯的维权方式、途径，充分保障民警和罪犯的合法权益。

（3）明确规定罪犯袭警、破坏监管秩序的行为，打击罪犯的反改造行为，维护狱内正常改造秩序。

（4）明确规定监狱与检察院、法院相互配合、相互制约；明确监狱与驻监武警的关系、武警的任务和职责范围、经费保障等具体规定；明确逃犯追捕责任单位的职责；明确罪犯生活实物量计算标准；明确罪犯心理健康教育和心理矫治工作规定；明确规定罪犯劳动报酬、工伤事故处理相关事宜；明确规定罪犯以自杀和自伤自残逃避劳动、辱骂或殴打民警属违法行为的处理方式、惩罚标准；明确规定女犯的特殊权益保护；明确未成年犯教育改造规定。

（5）与国家卫生健康委员会联合明确规定罪犯医疗保险、医疗保健列入监狱所在地区统筹和卫生、防疫计划；与教育部联合明确规定罪犯文化、职业技术教育纳入当地义务教育和职业技术教育范围，并对监狱罪犯文化、职业技术教育提供师资力量。

（6）其他内容的修改。在《监狱法》中明确监狱对法定传染病罪犯的管理职责和管控方式，传染病疫情防控的工作要求、监狱医院（卫生所）的设置标准、传染病疫情防控物资储备管理使用、疫情防控期间罪犯收押释放、罪犯暂予监外执行和假释没有社会危险性的认定程序及标准等。

2. 制定"监狱法实施细则"

虽《监狱法》进一步修改完善势在必行，但无论如何修改完善，作为监狱的基本法，其规定不可能非常具体、详尽。这就要求在监狱法修改的同时或修改后尽快制定"监狱法实施细则"，对《监狱法》的条款规定进行必要细化，以确保监狱及社会各界对《监狱法》的准确理解、有效执行。

3. 制定"监狱国有独资公司条例"

监狱企业作为一个特殊的市场主体，它不同于普通企业，这是肯定的。由于监狱企业是特殊性质的企业，既不能完全适用《中华人民共和国公司法》，更无法适用《中华人民共和国乡镇企业法》《中华人民共和国外商投资法》《中华人民共和国合伙企业法》，需要结合其国有独资的性质和监狱企业的地位，尽快制定"监狱国有独资公司条例"，规范监狱与监狱企业的合理分工，有效调整监狱企业内外部法律关系，促进监狱对罪犯改造质量的不断提高。

4. 制定"监狱组织管理条例"

我国的政法机关包括公安机关（含国家安全机关）、人民检察院、人民法院、监狱等。为了规范这些政法机关的设置、组织和职权，保障政法机关依法履行职责，国家制定了《中华人民共和国人民检察院组织法》《中华人民共和国人民法院组织法》《公安机关组织管理条例》。但截至目前都没有规范监狱机关设置、组织和职权，保障监狱机关依法履行职责的统一法律规定。为此，需要尽快制定"监狱组织管理条例"。

"监狱组织管理条例"的内容应包括监狱设置、监狱人事组织管理、监狱财政保障等内容。

5. 制定"监狱人民警察执法标准"

对监狱民警的每一项执法活动都制定程序完善、便于操作、内容精简的执法标准。比如说违规违纪罪犯处置标准、民警清监搜身工作标准、收押释放罪犯工作标准、顽固犯危险犯教育转化标准、罪犯押解工作标准等。

6. 制定"刑事执行法"

从理顺与《中华人民共和国刑法》《中华人民共和国刑事诉讼法》之间的关系、保证刑事法律体系的完整、实现法律规定的统一角度出发，应当将监狱、死刑执行、看守所、拘留所、社区矫正机构均纳入刑事执行范畴，制定一部统一的"刑事执行法"，规范全部刑事处罚的执行机关和执行制度最为恰当。

（二）健全完善中国特色社会主义监狱管理体制

1. 完善基于现行监狱法规范下的中国特色社会主义监狱管理体制

在修改完善《监狱法》的前提下，对监狱管理体制进行改革，建立监狱系统垂直领导体制。借鉴中国人民银行、海关等系统的管理体制，按照"中央部门决策、垂直机构执行"的方式，在国务院司法行政部门建立国家监狱管理总局，撤销省级局并合并为地区监狱管理分局，负责管理指定的若干监狱。

2. 探索基于刑事执行法规范下的中国特色社会主义监狱管理体制

在制定"刑事执行法"的前提下，可在国务院下设国家刑事执行总局，专门负责全国的刑事执行管理工作。按照区域跨省（自治区、直辖市）设置地区刑事执行分局，负责该地区的刑事执行工作。

（三）强化中国特色社会主义监狱基础保障体制

1. 健全完善监狱警力保障体制

（1）建立监狱民警中央垂直管理的全新管理体制。将现行的省级垂直管理体制改革为国家监狱管理局垂直管理，监狱民警也由省级垂直管理调整为中央垂直管理。同时，为了确保监狱民警，尤其是各级领导干部正确行使权力，需要进一步健全监狱民警的监督、考核、评价、奖惩机制。

（2）改革监狱民警教育培训体制。对现行民警教育培训体制进行必要改革，建立监狱民警的教育培训由国家统一组织实施的体制，不断提升基层民警的政治理论素养和业务技能，使基层一线民警开阔眼界、拓宽思维，更好地为监狱安全稳定和建设发展做贡献。

（3）建立监狱辅警招录管理体制。从当前情况来看，还有许多监狱的警因比达不到18%的标准，有些监狱甚至达不到12%。[1]但随着社会的发展，监狱押犯结构发生了变化：涉黑涉恶类、职务类、金融类犯罪罪犯数量呈上

---

〔1〕 笔者所在的监狱警因比仅为11.83%。

升趋势，暴力型、财产型犯罪罪犯和 25 岁以下的罪犯、老病残罪犯、限制减刑的罪犯明显增多，对监狱管理和监狱安全稳定构成了现实威胁。因此，监狱警力普遍不足。在进一步增加监狱民警政法编制非常困难的情况下，需要国家法律或政策明确规定监狱招录辅警相关事宜，让辅警协助民警完成文职、值班、巡逻、突发事件处置等工作任务，以解决监狱警力不足的问题。

2. 健全完善监狱经费保障体制

经费保障是监狱工作的基础，是监狱体制改革的关键。

（1）建立监狱经费中央财政全额保障体制，真正实现监狱经费全额保障，消除地区间经济差异对监狱工作发展的影响，更好地满足监狱对罪犯的教育改造工作的需要。

（2）建立监狱企业税收法定长期减免机制。由于监狱企业的性质特殊，劳动力又是罪犯，无法与社会企业一样参与市场竞争，所以应当享受国家法定的长期税收减免优惠政策。

3. 健全完善监狱企业经济体制

在监狱体制改革中，可考虑将监狱和监狱企业彻底分开，在司法部下设监狱企业管理局，负责管理全国的监狱企业；在省（自治区、直辖市）司法厅下设国有独资监狱企业（公司化运行），负责管理各监狱的公司化监狱企业；监狱企业实行条块化管理、公司化经营；在监狱与监狱企业之间，建立联席会议机制，以协调双方之间的工作。

（四）完善中国特色社会主义监狱内外监督体制

1. 健全完善监狱内部监督体制

可由上级纪委监委向下级派驻纪检监察组，负责对监狱管理局、国有独资监狱企业、各监狱的纪律监察及财务审计工作，解决同级监督不力的问题。

2. 健全完善监狱外部监督体制

进一步加强检察机关对监狱派驻检察室的力量，建立地方人大、政协机关及政法委等对监狱工作的监督检查体制，明确监督检查的权利义务、任务职责、内容范围、方式方法、时间节点、联调机制、法律责任等事项，确保监狱工作外部监督能够取得实效。

中国特色社会主义监狱体制的发展和健全完善，是一项长期复杂的工作，涉及上上下下、方方面面，还可能打破现有体制机制。新时代，中国特色社会主义监狱体制的发展和健全完善，既需要创新体制机制，更需要结合中国特色社会主义的政治、经济、社会发展实际，确保监狱安全稳定的底线，稳步推进。

# 监狱制度的内涵、结构与发展路径

马臣文 *

## 一、监狱制度的内涵和特征

科学界定监狱制度的含义是我们构建现代监狱制度的前提和保证，是能动地适应和完善监狱制度的重要认知要素。由于我们总是在约定俗成的基础上使用"监狱制度"一词，所以进行规范和清晰的术语定义既是监狱制度研究的必要条件，也是我们发展中国特色社会主义现代监狱制度的工具条件和观念基础。

（一）监狱制度的内涵

监狱制度是一种具体的人类制度类型，同时，监狱制度也可以看作是人类制度机制在监狱领域有意识或无意识运用的产物。作为复杂的社会文化现象和人类组织体系，监狱制度含义的概括可能无法全面说明制度维度的监狱形象，但定义监狱制度至少应当包括以下方面的内容：

1. 监狱制度是监狱活动和监狱行为的约束规则体系。监狱是客观存在的文化现象和社会现实，但监狱不是静态的社会构成，而是人类动态行为构成的社会组织体。监狱始终处于动态地运行中，各种各样的监狱活动和监狱行为构成了动态运行的监狱形象。监狱的动态运行离不开规则的指引和限制，监狱制度就是支撑监狱运行的约束规则体系。不管是具体到各种主体的监狱行为，还是由各种要素构成的监狱活动，都受到法定规则、组织原则、纪律规定以及生产流程等一系列规则的约束。这种约束以国家强制力为直观体现，但又不限于国家明文规定的约束体系。即使是监狱实践中存在的操作规程、实践指导方法、具体矫正对策等行为指导规则，也是监狱制度的重要组成部

---

* 马臣文，江苏省司法警官高等职业学校副教授。

分。凡是对于监狱活动和监狱行为具有规制意义的行为规则，都是属于监狱制度的范畴。这种规制意义既可以体现为限制、约束、强制，也可以体现为调整、指引、说明、评价。

2. 监狱制度是行刑者与受刑者共同活动的规范空间和社会结构。如果说监狱制度第一方面的含义侧重于行为规制层面的意义，那么监狱制度第二方面的含义侧重的就是活动平台和行为空间层面的意义。监狱整个行刑活动的运行既是在客观的物理空间进行，也是在规范意义上的制度空间进行。这个制度空间指的就是以国家法律法规为核心的规范空间和抽象意义上的监狱结构。罪犯在监狱中服刑这一客观现象，在物理学意义上的表现是一个生物人被囚禁于封闭设施中的时间过程，而在社会科学意义上则表现了一个触犯刑律、被判处自由刑且具备责任能力公民的受刑过程。虽然两种视角无所谓对错，但我们更看重的是第二种诠释方法。监狱制度就是为监狱活动和监狱行为提供社会意义说明背景的监狱学范畴之一。监狱行刑活动是在监狱制度构建的抽象意义上的规范空间中进行的，并以此获得了自足的意义阐释。

3. 监狱制度是监狱活动赖以进行的重要资源库和社会依托。从社会组织学的角度看，监狱本身承担了社会"排污器"的功能。由于这一重要的社会公共职能不仅关系到社会秩序和社会公共利益，而且与国家的政治属性和政治职能密切相关。因此监狱领域毫无疑问是国家控制的领域。因此监狱存在、发展，甚至完善、变革的资源和动力大都来自国家。但纵观世界监狱制度发展历史，不管是从起源还是从现代发展上讲，社会和私人在监狱制度发展中都分担了重要的角色。所以监狱活动和监狱运行需要的资源形式是国家主导下的制度支撑结构。在法定监狱制度和社会监狱制度等各种制度形式的推进下，监狱获得了平稳运行的资源和物质支持。

4. 监狱制度是特定监狱文化的外在表现形式，为监狱的存在和发展提供了意义共识与价值共享的机体和渠道。监狱制度固然由各种规则、原则、行为规范和纪律准则等要素构成，但我们却不可忽视其文化性的一面。因为监狱的存在和运作必然有理念、文化和精神上的动力，否则会成为无目的的社会聚合。监狱首先是人类社会中为实现一定目的的组成部分。虽然该种目的在价值上依赖的基础有所不同，在理念的选取上也因时因地而异，但精神要素始终是历代监狱自身的核心组成部分。如福柯所言，"问题不在于监狱的环境是否太严苛或太令人窒息，太原始或太有章法，而在于它本身作为权力工具和载体的物质性。"[1] 实际上，不管从哪个角度认识监狱，寻找监狱所体现的精神以及行刑价值都是必须要做的工作。从另一个方面来说，监狱文化必然渗透到监狱自身的所有要素中，监狱制度本身也是监狱文化的重要体现和重要组成部分。而且内含了监狱文化要素的监狱制度，从行为规范、专业用语、社会认识等多方面为监狱领域的意义共享和价值认同提供了渠道。不管是行刑者还是受刑者，根据监狱制度提供的条件和机制，都可以寻求到属于自己的意义空间和共享价值，而这是任何一个监狱维系自身良性发展的必要条件。

（二）监狱制度的特征

1. 执行自由刑的内容独特性。人类社会的各种制度都承担着行为规制、意义传递、价值共享和资源分配的普遍功能。每种制度的特征不在于其抽象性，而在于其具体内容的不同。监狱制度的首要特征就在于与刑罚相关，并且以执行自由刑为主要内容。正是这一点将监狱制度与其他社会制度区别开来，也将监狱制度与其他政治制度和司法制度区别开来。虽然监狱制度因时代、地域和国别的不同而具有很强的差异性，但执行自由刑始终是监狱制度的基本内容和核心内容。在监狱制度的宏观设计和微观操作中，都需要围绕自由刑执行的各个环节进行考虑。这是因为在现代监狱，监禁即剥夺自由本身就是一种惩罚，其他的惩罚措施不能作为常态存在于行刑过程。因此监狱制度的各个层次都必须以执行自由刑为基本要求，然后才能考虑其他行刑目的的具体落实。

2. 国家—罪犯的主体特殊性。监狱制度的第二个特征体现在主体方面。与其他制度类型中参与者的地位不同，国家与罪犯之间以一种特殊的互动关系和地位存在于监狱制度领域。在其他制度类型中，主体之间都是以参与、沟通和交往的形式发生作用。即使在某些政治制度中，国家及其代表者也是以一种相对明确的身份与其他参与者发生关系。而在监狱制度中，虽然存在理论上的平等性，但实际上国家和罪犯各自独特的地位使得监狱场域具有明显的特殊性。一方面，就国家而言，由于它享有垄断的行刑权和控制权，这

---

[1]　[法]米歇尔·福柯：《规训与惩罚——监狱的诞生》，刘北成、杨远婴译，生活·读书·新知三联书店 2003 年版，第 33 页。

就导致了监狱活动的行政色彩十分明显，监狱制度领域充满了事实上的权力等级关系。另一方面，就罪犯而言，由于罪犯是被限制自由、在监狱内为自己行为承担责任的特殊社会个体，所以罪犯自身的许多行为和活动领域具有很强的被动性和消极性。国家—罪犯的此种主体特征使得监狱制度的内部作用不同于其他制度。监狱制度中通过制度利用者行为积极改变制度内涵和制度结构的情况极为少见。而这在其他制度类型中却十分普遍。影响监狱制度的文化观念虽然也会随着政治和社会的变迁有所改变，但总体而言，监狱制度所依赖的文化观念具有一定的稳定性。这些都与监狱将执行自由刑作为基本的行刑内容有一定的关系。但更为根本的原因是，监狱是国家权力作用的空间。监狱制度的主体特征如此显著，其根源便在于国家权力在监狱领域的彰显。在任何国家都是国家主导着行刑过程，并控制着对罪犯的处遇形式和处遇强度。这既是监狱文明进程不同所致，更是统治阶级维护自身利益的必然表现。国家权力（或者说惩罚权力）直接造就了监狱制度中国家—罪犯的主体特殊性。正如福柯剖析刚诞生监狱的特征那样，"这里有一种深思熟虑的对犯人肉体和时间的责任观念，有一种借助权威和知识系统对犯人活动和行为的管理，有一种齐心协力逐个改造犯人的矫正学，有一种脱离社会共同体，也脱离严格意义上的司法权力的独立行使的惩罚权力。监狱的出现标志着惩罚权力的制度化。"[1]

3. 制度空间的封闭性和隐蔽性。监狱制度还具有制度空间的封闭性和隐蔽性的重要特征。制度空间的封闭性是指监狱制度赖以运行的监狱环境与外界处于相对隔离的状态，监狱制度所规范的对象和社会关系也具有一定的不流动性。监狱本身就是一个执行自由刑的国家机关，其基本任务便是在法定时段内将被剥夺了自由的罪犯关押于固定场所。以剥夺自由为内容的监狱制度所需要的现实空间载体显然应当具备稳固、厚重、便于监视等特征。这样的监狱环境首先是一个封闭的人身保管场，其与外界的交流程度也明显低于其他制度类型。即使是边沁倡导的全景敞视监狱比以前的监所在物理性能上有所改善，但其本质仍然是"一种在空间中安置肉体、根据相互关系分布人员、按等级体系组织人员、安排权力中心点和渠道、确定权力干预的手段与

―――――――――
〔1〕 ［法］米歇尔·福柯：《规训与惩罚——监狱的诞生》，刘北成、杨远婴译，生活·读书·新知三联书店 2003 年版，第 146 页。

方式的样板。……毫无疑问，边沁是把它当作一种自我封闭的特殊制度提出来的。"[1]制度空间的封闭性只有在与监狱的安全监护、禁闭、隔离和强制教育等功能联系，才能得到正确的解读。而这种封闭性的另一个表现就是出于监狱制度规范下的人际关系都有某种"僵硬性"，即不同于正常社会活动中始终处于动态的社会关系。物理环境的隔离和制度空间的封闭导致了信息的不流畅，这虽然是惩罚和矫正罪犯的客观需要，但同时也为不能彻底扭转罪犯的恶性埋下了隐患。国家仅仅是将罪犯固定在了监所和监狱制度中，并对其施加一系列手段，但却缺少了社会交流和关系流动的行为背景。监狱制度所规范的罪犯和监狱社会关系都是带有某种"凝固物"的不流动社会事物。

## 二、监狱制度的结构

监狱制度的结构，指的是监狱制度各要素之间相对稳定的排列组合关系。监狱制度是一个复杂的整体，它按照自己的逻辑形成了有机的系统形式。借鉴制度学的研究成果，我们可以发现构成监狱制度结构的要素包括规制性要素、规范性要素和文化-认知要素。

### （一）规制性要素

监狱制度的规制性要素揭示的是监狱制度制约、规制、调节监狱行为层面的特性。规制性要素与明确、外在的规制过程，比如设定规则、监督和奖惩活动密切相关。从规制性的角度来看，监狱制度设定了明确的行为约束规则，所有对象必须服从，否则其配套的监督和惩罚机制将发挥作用。规制性的过程可能通过分散的、非正式的机制原型，比如某种潜在的行为压制和言行抵制；但也可能通过高度正式化的、有法律依据的惩罚措施予以保障。

规制性要素主要体现在强制性的法律规则、组织系统、标准运行程序以及其他遵守命令性规定的客体上。但完全的采用规制要素会极大地提高成本。作为体现规制特性的监狱制度以及外在结构，必然需要大量人力、物力和财力的支持。比如在监狱环境的设计方面，如果将规制性要素作为主要的制度结构要素，那么监狱从围墙、电网、岗楼到生产车间、食堂、监舍的设计都

---

〔1〕 ［法］米歇尔·福柯：《规训与惩罚——监狱的诞生》，刘北成、杨远婴译，生活·读书·新知三联书店 2003 年版，第 230~231 页。

要采用最为严格稳固的标准，而且还必须大量设置独居室和禁闭场所。图书馆等相对宽松的场所也会采取严格的建设标准或者不予设置。这样无形中增加了投入，并且直接降低了行刑效果。因此，我们对于规制性要素的运用不应简单停留在表层，而必须考虑其强制带来的各种后果。监狱制度虽然需要规制性要素的强力支撑，但其范围不宜过宽，程度也应适中。因为规制性要素更多的是发挥了一种心理效应，即监狱制度是有强力支持的，罪犯不能任意行为、活动不能无序组织。人们面对这一具备制度后盾保障的领域时，会感到恐惧、害怕和内疚，或者感到轻松、清白、自信。这些情感力量的作用才能逐步稳固一个具有独特性的监狱制度结构，促使其具备更大的活力和发展空间。

（二）规范性要素

规范性要素揭示的是监狱制度的说明性和评价性维度的属性。监狱制度不仅具备强制性和不可侵犯性，而且也是一种稳定的、确定的行为规则体系。监狱制度将行刑现象规范地展示了出来，并且做出了与时代相符的表述和评价。借助监狱制度中的内容，人们可以清晰地认识监狱的任务、职能和运行方式，也可以对监狱制度能够提供给我们哪些价值和指引有所了解。因而，监狱制度中的规范性要素是对监狱运行中成形的、有序活动的行为和方式的概括。

监狱制度的规范系统包括了价值观和规范两个部分的内容。价值观，是指行动者所偏好的观念或者所需要的、有价值的观念，以及用来比较和评价现存结构或行为的各种标准。规范则规定事情应该如何完成，并规定追求所要结果的合法方式或手段。价值观是从内心或者说是行为者主观方面为制度结构提供了说明、评价和指引要素。一旦确立了一定的价值观，就意味着一定领域中的人们可以按照某种固有的标准从事活动，也意味着制度的稳定性得到了提高。就监狱而言，监狱制度中存在着各种价值观的形式，既包括主流的价值观，也包括非主流和受排斥的价值观。但它们都是通过内心信念指引行为的有效方式。监狱制度就是要将这些内容纳入其体系中，以确认、肯定、引导、排斥等手段将监狱关系合理化、制度化。

规范从客观角度说明特定情形下应如何行为，它为行动者提供了客观的参照标准，而且直接将手段和方式表现出来。因此，制度不仅是内隐的规则，更是外显的规则。规范与价值观一起作用便产生了制度环境中的各种职位和角色，比如罪犯和民警依据不同的价值观和规范形成了不同的人群类型和行为模式。而职位和角色的形成就意味着一种客观期待的出现，即制度不仅包含了特定行动者应如何行为的期待或预设，也包含了一种规范性的外部限制和压力。客观期待被行动者在不同程度内化，角色就可以被正式地建构起来。期待的客观性充分地体现在了规范性要素中：罪犯通过民警的规范和价值观意识到民警角色和职务的存在，也在罪犯的规范和价值观中意识到罪犯的角色和地位；同时罪犯还在民警关于罪犯的价值观和行为表征中意识到自己的行为限制，从而更加积极地在监狱制度平台中进行服刑；民警也在罪犯关于民警的价值观和态度反应中意识到自己的职责和角色，从而强化了警务意识和矫正观念。规范化系统因此无形中赋予监狱活动一种有序推进的力量，每个角色在监狱制度中都按照既定的价值观和规范行动着，也维持和再生产出了基本结构相似的监狱社会关系。

（三）文化-认知要素

文化-认知要素揭示的是监狱制度中更为抽象的特性，即存在于监狱活动者语言、行动、姿势等符号中的共同意义。文化-认知要素突出的是监狱制度中没有被明确成文化，但却内在于所有监狱现象中的观念模式。它包括了行动者对于监狱制度的认知、情感和评价三方面的内容。认知是外部世界刺激与个人机体反应的中介，是关于世界的、内化于个体的系列表象符号。认知通过符号进行，正是一个个符号塑造了我们赋予客体或活动的意义。持续不断的互动产生了共同意义，从而维持和延续了监狱制度实体的存在。

情感和评价之所以属于认知维度下的监狱文化属性，这是因为文化是认知的容器，在这种文化容器中，各种社会利益得以界定和维系。认知决定了个体情感和评价的立场，是嵌入文化的深层因素。所以，监狱制度中通过符号系统表现出来的认知特性直接反应并决定了特定主体的情感形式和评价内容。比如罪犯认为在监狱服刑就是混日子，能熬过一天算一天。在这样的认知状态下，罪犯对于监狱各种活动必然表现出消极和厌倦的情绪，也必然对民警的积极执法和其他罪犯的积极矫正持排斥的意见和不满的想法。可见，认知要素在监狱制度中具有十分重要的作用。它虽然不需要仪式来巩固，也不需要符合物质载体来表现，但却是构成行为内容的核心动力。在特定场景中，认知的共享范围和共识意义是支撑制度的首要动因，它直接关系到监狱制度的执行力和具体效用。因此，监狱制度的文化-认知要素必须妥当地在具体制度构建中得到有效回应。即使文化-认知因素是复数系统，不同群体与情景之间会产生不同的认知形式。但通过行动刺激，逐步改变认知也是可能的。矫正理念因而在监狱中有了用武之地。监狱制度可以通过规制性要素作用下的强制制度的约束、规范性要素作用下的行为指引制度的说明，促使罪犯和民警逐步调整自己的认知图式，形成共同的意义范围。这样，监狱制度的实践反过来重塑了自身的结构要素，最终形成了良性的互动模式，制度的功能和价值也在反复调适中得到最大的实现。

### 三、监狱制度的发展路径

监狱的发展不能凭空进行，而必须依赖一定的制度资源和理论资源。这些资源既可以具备正式的规范形式和制度表达，也可以是那些存在于民间的非正式风俗和习惯。而现代监狱制度发展所需借助的资源是完全移植外国的资源还是要深入发掘我国本土的资源形成了监狱制度发展外来移植路径与本土资源路径的对立。只有明确了可利用资源的路径选择问题，我们才能在现代监狱制度发展路径方面保持足够的连续性和清晰的判断力。

监狱制度发展的外来移植路径是指监狱制度发展所需的理论和制度资源都应当从外国进行移植，以其先进的监狱理念和监狱制度为中国监狱的发展提供科学的指引和有效的借鉴。虽然没有精确统计，但从国家制度设定到学者理论研究用语来看，这种对于西方监狱制度的移植路径无疑在当今监狱学界占据重要地位。一种显而易见的共识是：不管是从理论上还是从实践上讲，现代监狱和监狱学发轫并成熟于西方，一系列现代监狱制度和行刑理念也根植于西方近现代的社会观念和法治成果。不过，应当承认，监狱制度发展的外来资源移植论与其对本土理论贫乏的无奈现实有关。从 19 世纪的清末司法改革开始，监狱改良便成了改良中国原有刑罚机制和监狱学术用语的重要运动。如学者所描述的那样，"1908 年，清朝推出了新的刑法草案，刑罚进一步被限定于死刑、监禁和罚款。监狱系统的改良要求继续对现存的监狱进行改造：不仅这些监狱要按欧洲监狱的模式加以改建，而且监狱的数量也应进一步增加。……在此之后的 30 年中，不仅在传统的县监废除了治外法权，而且现代化的、'科学的'监狱体系也使之感到与世界上'先进'国家精神上的平等。"[1]在这样的历史语境中，以前中国文化中所蕴含的思想基因和惩罚因素因此逐步被西方"先进"的监狱制度所替代，移植西方监狱文明也成为一代代中国人追求监狱现代化的唯一选择。以此视角审视监狱未来发展的资源路径，如果不做一定的检讨，其方向必然会倒向全面移植西方的路数。

监狱形态的更新和发展应当以中国传统的监狱文化和惩罚精神为基点，并着力在继承传统和学习西方间走出自己的监狱文明之路。这是现代监狱制度构建中必须正视的一个问题。尽管我国古代确实没有等同于西方执行剥夺自由功能的监狱形态，可中华文明内含的惩罚观念和惩罚机制也足以引起重视。它们所反映的中国文化特性以及中国人特质是任何现代监狱制度建立的必要前提，质言之，发展西方现代监狱形态必须在中国获得传统的文化支撑和价值支持。现代历史学家也充分认识到了外来移植的风险，"概念在以不同方式建构起来的语义场内相互作用，接受源于语言其他层面的影响和隐含的价值，并被以不同方式运用于社会结合处或者意识形态的论辩之中。在表面的连续性之后，隐藏着截然的断裂。"[2]实际上，每一个监狱制度或监狱学用语都是一个系统或者语境的一部分，它从这个系统或语境中确定自己的意义。变换语境后，每个孤立部分的含义在重组时，便完全与它们在先前的语境中所具有的含义再无关系。西方监狱制度在中国移植所遇到的正是这样的障碍，而这同样也是众多社会科学难以找到语言统一性问题的根源所在。就中国监狱而言，其过去应该以一种尊重其殊异性的方式得到解读，即使制度轮廓受到了挑战，但是传统用语和传统监狱文化所关注的重点应当继续受到认可和接纳。这种努力并非奢谈，中国近代监狱史上早有人进行了尝试。

1860年《北京条约》签订后，允许外国使领馆在北京设立。在外国领事的要求和"师夷长技"思想的指导下，清政府派出了若干使团考察欧洲各国的社会、经济、政治和文化情况。同样，对于外国监狱，各个使团的成员也进行了认真的考察学习。继志刚使团访问奥本监狱后，1876年中国代表团再次参观了美国费城监狱。作为工商界人士代表的李圭不仅用儒家的父子关系描述了费城监狱中管理者和犯人的关系，而且使用孔子的警句"悔罪迁善"

---

[1] [荷]冯客：《近代中国的犯罪、惩罚与监狱》，徐有威等译，江苏人民出版社2008年版，第1页。
[2] [葡]叶士朋：《欧洲法学史导论》，吕平义、苏健译，中国政法大学出版社1998年版，第4~5页。

来解释现代监狱的文明使命。[1]李圭虽然带有过分的赞誉之词，但是以中华文化固有的思维来理解西方监狱的做法值得后人借鉴。中国近代司法先行者沈家本先生更是尊重本土资源的典范。他深入地研究了中国古代刑法的语言，同时选择性地吸收了当代刑法原则精华，沈家本把传统的感化原则和现代监狱的自新理论进行了结合。"沈家本相信，古代中国正如现代西方一样，监狱的首要任务应是感化——使犯人彻底地改过自新——而不是'苦人辱人'。在以后的几十年中，沈家本的观点受到许多监狱改良家和司法官员的赞同，这一观点是：坚信大部分犯人通过教育能改过自新，而整个社会秩序能通过犯人的悔过而得到改进。监狱应由一个惩罚之地变为'改恶从善'的感化之地。"[2]现代监狱所强调的矫正功能也因此得到了清晰的中国化的表述，而且以"感化"来代替自新更具传统认同性。个体犯罪因而也可以归咎为国家道德教育失败。在中国文化中，监狱以及法律实际上都服务于一个更宏大的道德教育系统，因为"融国家于社会人伦之中，纳政治于礼俗教化之中，而以道德统括文化，或至少是在全部文化中道德气氛特重，确为中国的事实。"[3]这些深层的东西仍存于当今中国社会，而这些深层含义却也是现代西方术语"改造"或"矫正"所不能道尽的。当然，在中国整体已经进入全球化框架的今天，此种解读也不应成为我们墨守传统的理由。在监狱形态未来的发展中，这应当成为我们利用传统资源和减轻西化成本的一个可行选择。现代监狱未来发展的资源路径应当是并重本土资源与外来资源的内源式发展方向，即从本国的文化特性和传统特征出发，根据本身的思想和行动结构，利用外来资源，找到自己的发展类型和发展方式。

---

〔1〕 参见［荷］冯客：《近代中国的犯罪、惩罚与监狱》，徐有威等译，江苏人民出版社2008年版，第32页以下。

〔2〕 ［荷］冯客：《近代中国的犯罪、惩罚与监狱》，徐有威等译，江苏人民出版社2008年版，第42~43页。

〔3〕 梁漱溟：《中国文化要义》，上海人民出版社2011年版，第20页。

# 对监狱职能理性回归的思考

高杨武 *

　　2020 年 2 月 22 日，司法部全面提升全国监狱警戒等级，执行全封闭管理，一战到底，为抗击疫情，全国监狱系统实行封闭执勤轮换模式，数十万监狱民警临危受命，奋战在监狱疫情防控阻击战的第一线。从 1 月 27 日至 3 月 23 日，57 天，1368 小时，第一批全封闭执勤民警才结束全封闭执勤，踏上回家的路。从 2020 年 1 月 27 日至 9 月 6 日，223 个日夜，5352 小时。从冬装棉袄，到春秋夹克，至盛夏短袖，全国监狱人民警察用忠诚和担当奋战在监狱一线。

　　但 30 万监狱人民警察的忠诚担当、220 多天的封闭执勤、99.3% 以上监所的 "零疫情"，却抵挡不住 "郭文思违规减刑案" "云南孙小果案" "内蒙古巴图孟和故意杀人纸面服刑案" 对整个监狱系统和监狱人民警察的冲击和质疑。中央纪委国家监委的《郭文思减刑案暴露的司法腐败》的观察文章中提到，违规违法减刑、假释、暂予监外执行等涉 "减假暂" 司法腐败损害法律权威、破坏社会公平，必须强化对权力的制约监督，深查司法领域违纪违法行为，维护司法执法公平公正。在全国政法队伍教育整顿试点工作启动会上，时任中央政法委秘书长、全国政法队伍教育整顿试点办公室主任陈一新所提及需要整治的六大顽瘴痼疾中就包括 "违规违法减刑、假释、暂予监外执行"。整个监狱系统遇到前所未有的信任危机，整个社会和社会舆论应该如何以理性、法治的视角来正确看待这些问题，让监狱和监狱民警不过分背负这些重负去执法担责，值得我们去探究。

## 一、社会的质疑和监狱面对的困局

　　虽在艰辛中超常规地付出，但在新冠疫情防控的大形势下，监狱系统、

* 高杨武，福建警察学院刑罚执行系副教授。

监狱机关和监狱人民警察在社会情势和法治建设的夹缝中遇到前所未有的质疑和难以破除的困局：

1. "追责"的困局

新冠疫情以来，从山东任城监狱、浙江十里丰监狱开始到湖北武汉女子监狱、湖北沙洋汉津监狱，整个监狱系统经历着疫情防控初期的阵痛，也承受着最重的追责。经中央批准组成一个对监狱的调查组这在新中国监狱历史中并不多见。"经中央批准，由中央政法委副秘书长雷东生任组长，中央政法委、最高人民检察院、公安部、司法部有关负责同志参加的调查组，就山东省任城监狱疫情事件进行了全面调查。"对监狱系统在疫情防控中失职的处分，山东省司法系统、湖北省司法系统一竿子免到底，整个监狱人民警察都灰头土脸，监狱系统的形象跌到冰点。

2. "社会责任"的舆论困局

2016 年 11 月，河北承德滦平县 85 岁农妇李淑贤，因寻衅滋事罪被判处有期徒刑 2 年 6 个月，在河北女子监狱服刑。起因是这个老人举报他人非法毁坏其承包林地，后来因认为处理不公时常上访，最终被以寻衅滋事罪判刑。从 2017 年开始，李淑贤腰椎连续骨折。亲属为其申请保外就医，监狱拒绝。河北省监狱管理局通报说：该犯的实际状况尚未达到保外就医严重疾病范围规定的标准，也不符合《暂予监外执行规定》第 33 条"生活不能自理"的规定，不具备保外就医条件。中央电视台白岩松评论，监狱都应设身处地，给予当事人更多的关怀，做出更有利于法治公平和社会正义的回应，这不仅符合法治宽严相济的精神，也是人道主义的基本要求。

疫情防疫期间湖北武汉女子监狱的黄某英刑满释放回北京一案也被社会舆论纷纷鞭挞。黄某英已经刑满释放，武汉女子监狱已对黄某英进行留置隔离观察，后由其女儿自行开车接回，监狱是用车送到高速口和其女儿进行交接的。但在舆论高压下，监狱和监狱民警还是因此受到重处。

3. "惩罚与改造"的困局

"监狱对罪犯实行惩罚和改造相结合、教育和劳动相结合的原则，将罪犯改造成为守法公民"[1]，但目前对于监狱和监狱人民警察而言，如何管理、如何改造罪犯是一道难以逾越的困局。监狱基层一线民警在管理罪犯中无法

---

[1]《中华人民共和国监狱法》第 3 条。

挺起腰杆来工作，甚至对罪犯的合法的惩戒性措施都不敢轻易使用，对罪犯在服刑改造期间的"软对抗"、无理取闹、大错不犯小错不断等不服从管理、对抗改造，甚至是抗拒改造、顶撞民警、伤害民警的行为难以进行惩戒，片面滋长罪犯抗改的嚣张气焰。

北京刑满释放人员郭文思暴力致死一案又把监狱办理"减刑、假释和保外就医"问题摆在新闻媒介的头条和追责的风头浪间。从 2014 年 1 月 21 日《中共中央政法委关于严格规范减刑、假释、暂予监外执行切实防止司法腐败的意见》开始，包括最高人民检察院、最高人民法院、司法部颁布的《有关办理减刑、假释的司法解释》，直接导致监狱一线基层民警在办理罪犯减刑、假释和暂予监外执行时畏首畏尾，无法按照平常心正常操作。

4. 重大疫情防控面前监狱管理的脆弱性困局

在重大疫情面前，监狱启动最为严苛的"战时"执勤模式"封闭执勤，定期轮换"。在疫情防控最紧张阶段，监狱民警普遍全封闭在监区连续执勤达50 多天，最长 150 多天。某省监狱系统规定"十严格十一律"最严战时纪律，用最严的措施、最严的纪律、最严的监督、最严的问责确保抗疫胜利。但该特殊执勤模式下，一定程度上削弱监区管控警力，打破监管秩序的平衡，可能导致在严控管理模式下罪犯各种安全事件、意外事件的发生。

## 二、监狱的"两难"重负

监狱是国家机器的刑罚执行机关，通过维护安全、严格执法、强化改造，从而发挥惩罚犯罪、预防犯罪的职能。监狱是国家管理和社会治理的"稳定器""减压阀"。目前监狱在对罪犯进行惩罚与改造过程中，遇到多个"两难"重负。

1. 罪犯刑满释放和改造好之间的"两难"命题

"北京郭文思伤害致死案""江苏南京浦口女童被害案""江苏淮安袭警案"等，都是刑满释放人员释放不久就重新恶性犯罪案件。这几个典型案例把还没有从疫情事件中喘口气的监狱再一次推到风口浪尖。整个社会舆论几乎一边倒地指责监狱失职，没有把罪犯改造好就释放出来继续危害社会。社会公众认为罪犯能够释放就必须是已经改造好了，但对于监狱而言，无论罪犯改造好坏，只要刑期满就必须释放。没有一个监狱敢说能够把所有罪犯都改造好，不重新犯罪。因此罪犯刑满释放和改造好之间是监狱宿命的"两难"

命题。

2. 减刑、假释、暂予监外执行等规定执行与否、如何执行是基层监狱人民警察的"两难"命题

2014 年中央要求监狱要进一步强化内部管理，严格执行减刑、假释、暂予监外执行的各项规章制度，杜绝变相出狱现象。2014 年中央政法委 5 号文件就严格规范减刑、假释、暂予监外执行，防止司法腐败做出明确要求。"北京郭文思伤害致死案""云南孙小果案"再次把减刑、假释、暂予监外执行制度的执行推到舆论头条。对基层一线监狱人民警察而言，罪犯在监狱服刑改造期间符合减刑、假释、暂予监外执行的规定条件给予罪犯减刑、假释、暂予监外执行，罪犯在假释、暂予监外执行期间或刑满释放后重新犯罪，能否就此给民警扣上违规甚至违法操作的"有罪推定"的帽子？现在对于该类案件的审查都是从罪犯入监第一天开始，这无形中造成监狱民警执法中的巨大压力。减刑、假释、暂予监外执行等规定执行与否是另一个"两难"命题。

3. 履行监管改造职责和履职风险之间的"两难"选择

监狱在对罪犯进行监管改造过程中，安全为天、改造为本、执法为魂。"监管安全无小事"，监狱民警在依法履职中除了应对各种各样猝不及防的监管安全事故之外，稳定罪犯情绪、促使罪犯安心改造、调动罪犯改造积极性、对罪犯进行考核奖惩、调换工种、带病犯就诊、预防罪犯自伤自残自杀、减少罪犯病亡，如果一件没有处理好都可能产生安全事故而面临追责，轻则诫勉谈话、离岗学习，重则犯罪。基层一线民警每天都是在履职和担责之间做"两难"选择。

### 三、监狱职能和监狱人民警察执法边界理性回归

1. 必须把监狱和监狱人民警察职责固定到法律，落实到执行

《全面深化司法行政改革纲要（2018-2022 年）》中提出，坚持依法治国、依法执政、依法行政共同推进，坚持法治国家、法治政府、法治社会一体建设，进一步提高政治站位，全面深化司法行政改革，深入推进司法行政工作理念思路、体制机制、方法手段创新，构建优化协同高效的职能体系和工作机制，全面提升服务党和国家工作大局的能力和水平，努力为建设中国特色社会主义法治体系、建设社会主义法治国家提供坚强有力的法治保障和优质高效的法律服务。

在建设中国特色社会主义法治体系、建设社会主义法治国家过程中，监狱的体制改革和制度创新是重要一环。监狱作为刑事执行机关，其职能是在坚持"惩罚与改造相结合、以改造人为宗旨"的监狱工作方针下根据《中华人民共和国监狱法》（以下简称《监狱法》）规定的"监狱是国家的刑罚执行机关。依照刑法和刑事诉讼法的规定，被判处死刑缓期二年执行、无期徒刑、有期徒刑的罪犯，在监狱内执行刑罚。""监狱对罪犯实行惩罚和改造相结合、教育和劳动相结合的原则，将罪犯改造成为守法公民""监狱对罪犯应当依法监管，根据改造罪犯的需要，组织罪犯从事生产劳动，对罪犯进行思想教育、文化教育、技术教育"，目的是"为了正确执行刑罚，惩罚和改造罪犯，预防和减少犯罪"。

监狱人民警察执法权依据《监狱法》第 5 条规定"监狱的人民警察依法管理监狱、执行刑罚、对罪犯进行教育改造等活动，受法律保护"。由此可见监狱法依法赋予监狱和监狱人民警察的法定职能主要是刑罚执行职能、教育职能、监督管理职能、保障职能、矫正改造职能等诸多方面。

但现状是监狱和监狱人民警察承担的职责边界已经延伸到监狱围墙以外，监狱和监狱人民警察的职责就像海绵体，可以随意地加或减，只要是社会或舆论存在需要，就可以进行加减，完全忽略掉监狱作为执法机关，权力必须要由法律界定的前提。对监狱和监狱人民警察承担的职责，不仅仅需要进一步细化、明确界定，以法律的形式加以固定，还必须落实到执行中和舆论中去。

2. 直面罪犯改造的问题，拒绝不负责任的各种"甩锅"

按照公开的资料，广东惠州监狱曾经开展过对 2009 年~2017 年间 15052 名刑满释放人员重新犯罪率的调查。经过普查，刑满释放人员重新犯罪率为 10.25%。重新犯罪类型以盗窃类和涉毒类犯罪为主。刑满释放人员重新犯罪年龄结构中 20 岁~30 岁重新犯罪率为 47.7%，30 岁~40 岁重新犯罪率为 31.76%。重新犯罪人员文化程度为初中文化占 53.21%，小学文化及文盲占 41.48%。刑满释放人员原判刑期中 1 年以下重新犯罪人员占 14.65%，1 年~3 年重新犯罪人员占 61.18%，3 年~5 年重新犯罪人员占 18.41%。重新犯罪间隔时间为出监 1 年内重新犯罪率占 39.73%，1 年~2 年内重新犯罪率占 26.25%。

造成刑满释放人员重新犯罪的原因主要有社会原因、主观心理原因、家庭因素。其中以再就业困难、亲人排斥等为主，易造成刑满释放人员以实施犯罪来宣泄对社会的不满。刑满释放人员由于文化程度低、欠缺劳动生产技能而迫于生活压力重操旧业，以盗窃、抢劫为谋生手段。部分年纪较大的刑满释放人员由于家里无人或生活压力大，缺乏吃、穿、用，而监狱可以提供相对稳定、安全的环境，故而重新犯罪重返监狱。

对于预防和避免刑满释放人员重新犯罪的对策除了在监狱服刑改造期间，对罪犯进行加强监管教育、提高改造质量、强化回归社会的出监教育、加大罪犯劳动技能培训之外，更多的是他们在刑满释放之后，家庭、社区、社会对刑满释放人员心理健康和个人行动的动态进行有效追踪，及时安抚、关心、监督、引导刑满释放人员尽快适应社会生活。而这些工作都是在监狱围墙之外，已经大大超出监狱和监狱人民警察职权范围。相关法律未赋予监狱和监狱人民警察这方面职权、也未为监狱提供这方面的保障。监狱对刑满释放人员在社会的表现只能进行相应的帮扶、引导和关注，但如果把这种关注强加到监狱头上，变成监狱必须履行的职责，这是目前监狱无法承担的。

3. 理性看待监狱人民警察履职的高强度、高风险性

监狱人民警察由于职业的特殊性和看管对象的敏感性，其履职的高强度、高风险性伴随其职业生涯始终。他们都有可能因为在其工作中的任何一个疏忽或过失一辈子都要被追责。要求监狱人民警察在三十多年的职业生涯中都不存在一点缺失或过失，这是违背规律的，以现在的执法理念去苛求前面十年、二十年，甚至三十年的执法行为，这不是辩证的观点，对监狱人民警察而言这是不公平的。

我们不是去试图包庇监狱人民警察，如果监狱人民警察是因为故意、纵容或收受贿赂而出现执法事故，这追责是应该的，也是净化监狱人民警察队伍所必需的。但因为正常履职执法中出现的偏差和错误就对监狱人民警察进行上纲上线，这是不对的。公安部出台了《公安机关人民警察依法履职免责和容错纠错办法》，司法部能否借鉴？不仅仅是照抄照搬文字，而是在管理理念上更新，跟得上形势发展的需要，抛弃"人云亦云"的旧工作作风。司法部印发的《全面深化司法行政改革纲要（2018-2022年）》"健全完善刑事执行体制"中，对深化监狱体制和机制改革洋洋洒洒写了八点内容，没有一点涉及监狱人民警察这支队伍建设的，"暖警工程"、保障民警依法履职、提高和改善民警执法环境等内容都没有涉及。

监狱人民警察履职的高强度、高风险性还体现在"软杀伤"上。现在社

会舆情环境是监狱和监狱人民警察在执法中碰到的一个新难题。因狱务公开、资讯发达，监狱执法工作稍有不妥，就有可能引起"社会舆情"的强烈关注，"社会舆情"绑架"执法事件"的案例屡见不鲜。在这个问题上本来也简单，只要监狱和监狱人民警察在执法过程中保证做到"实体合法、程序公正"，无论"社会舆情"如何操作，监狱和监狱人民警察都不应因此承担法律后果和行政责任。但在实践中，由于面对"社会舆情"上级司法机关不发声，下面司法机关和监狱就不敢随便说话，造成"社会舆情"失控，民众对监狱和监狱人民警察一边倒地批评和指责，造成整个监狱和监狱人民警察灰头土脸。为抗击疫情全国监狱系统实行封闭执勤轮换模式，数十万监狱民警临危受命，用忠诚和担当奋战在监狱疫情防控阻击战的第一线。但这些在主流媒体报道中却凤毛麟角。

全国人大代表、民盟成员赵萍提出加快修订和完善《监狱法》。赵萍代表认为现行的《监狱法》对罪犯的权利保障规定较多、义务规定过少；对监狱人民警察的权力限制较多、权益规定较少。监狱民警执法风险巨大，但监狱人民警察的权利受到损害时却不能得到有效的救济；监狱人民警察超体力、超负荷的工作，他们的生命健康权、心理健康权无法得到有效保障。赵萍代表希望通过完善相应的法律保障监狱人民警察的权益，提高监狱执法的威严、调动监狱人民警察工作积极性。结束监狱人民警察执法时由于过分考虑罪犯的权益，在执法过程中畏首畏尾、投鼠忌器的状态，也改变目前监管、教育、改造工作陷入"监狱不像监狱、警察不像警察、罪犯不像罪犯"的现象。

真心希望能够自上而下，能够"注重运用法治思维和法治方式推进改革"，"继续深化监狱体制和机制改革，坚持惩罚与改造相结合，以改造人为宗旨，完善刑罚执行制度，健全完善公正廉洁文明高效的新型监狱体制"。真心希望《监狱法》的修改能够回应法治社会需要、数十万监狱人民警察的期盼。

# 信息化视野下中国特色社会主义监狱制度优势研究

陈雪松　何　琦 *

## 一、中国监狱制度体系的根基

1. 以中国特色社会主义理论为指导。监狱作为中国政府机构的组成部分，国家的刑罚执行机关，其制度体系是中国特色社会主义理论体系在司法行政领域的体现，构成中国特色社会主义理论体系在法制体系框架内的重要组成部分，坚持以中国特色社会主义理论为指导，必然要坚持辩证唯物主义、历史唯物主义的世界观和方法论。[1]

2. 以社会主义法治理念为根本。监狱工作作为政府依法行政的重要步骤和环节，客观反映了中国法治建设实践和与时俱进的现代法治理念在监狱领域的具体运用效果。确立以宪法和法律为司法行政的最具权威的标准，树立法高于人、法大于权的社会主义法治理念，[2]适度缩减监狱的自由裁量权，使监狱在依法治监、干警执法等方面的建设更加公正、公平、公开。准确把握社会主义法治理念的本质要求和基本内涵，自觉用社会主义法治理念推动监狱制度规范建设，是监狱制度规范保持中国特色的根本保证。

3. 以预防和减少犯罪为目的。通过监狱的刑罚执行功能，首先对所犯罪行进行惩戒，防止罪犯再犯罪，同时警戒、威慑、教育社会上其他可能犯罪的人，使他们不至于走上犯罪的道路。除了以监禁方式对罪犯进行监管、教育外，以警示教育基地、狱务公开等形式的对外信息交流方式都是为了达到

---

* 陈雪松，武汉警官职业学院副教授，湖北省司法厅科信处技术总监；何琦，湖北省司法厅科信处干部。

〔1〕 参见马臣文："罪犯管理理念新探"，载《犯罪与改造研究》2020 年第 10 期。

〔2〕 参见杨捷、刘劲松、吴春信："中国特色监狱制度规范研究"，载《犯罪与改造研究》2014 年第 4 期。

这个目的而展现的不同形式。这体现了科学发展观的要求，确保党的路线、方针、政策和重大政治决策部署在监狱制度体系设计过程中落到实处。

4. 以提升监狱治理能力为目标。实践是检验真理的唯一标准，监狱制度体系来自监狱业务和实际工作的需要，又以标准、规范的形式去指导监狱业务和刑罚执行工作。中国特色社会主义监狱制度体系从实践中来，又在实践中不断完善、不断优化、不断与时俱进，具有实践的温度和理性的内涵。研究和完善中国特色社会主义监狱制度体系，要以提升监狱治理能力为目标，[1]解决监狱监管、教育、改造、安全、行政等各方面的实际问题，提升效能、提升能力为目标。

5. 以迭代完善体系建设为标准。当前中国特色社会主义监狱制度在内容上基本实现了体系化，能够涵盖监狱狱政、侦查、执行、教育、劳动、生活、医疗、生产、财务、狱情、考核、队伍、行政等工作，但随着国家治理体系和治理能力现代化要求，国家信息化强国战略发展，这些制度规范一是要与现代化发展相适应，二是要内化到信息化的流程中去，形成不受人为干扰、自动高效的标准化规范体系。

## 二、国家治理体系和治理能力现代化对监狱制度建设和信息化建设的要求

### （一）国家治理体系

在党领导下管理国家的制度体系，包括经济、政治、文化、社会、生态文明和党的建设等各领域的体制机制、法律法规安排、信息化运用，是一整套紧密相连、相互协调的国家制度。这种体系的基本制度符合当今时代潮流，具有现代国家治理理念，能够解决中国面临的各种问题，已体现了较高的效能。在这个体系下，刑罚执行工作也应遵循"四个全面"的要求，找准监狱制度体系建设在国家治理体系中的位置，精准发力、主动作为，为整个国家治理体系提供完备的监狱工作制度。

### （二）国家治理能力

我们运用国家制度和体制机制管理经济社会事务的能力，包括改革发展

---

〔1〕 参见张晶："从国家治理现代化的视角论《监狱法》修改的基点和导向"，载《犯罪与改造研究》2020 年第 2 期。

稳定、内政外交国防、治党治国治军等各个方面。各个治理主体按照职责所在，认真履职尽责、发挥主体责任、市场主体竞争有序、调控主体主动有度、社会主体积极有位、个人主体创业有利，形成让一切劳动、知识、技术、管理、资本的活力竞相迸发和让一切创造社会财富的源泉充分涌流的局面。监狱治理能力要借助国家治理能力提升的有利环境，提高维护国家安全、社会稳定、风险防范、参与社会治理、法治宣传、舆情引导、监狱制度研究、理论研究和信息化技术运用能力。

（三）没有信息化就没有现代化

没有信息化就没有现代化。国务院在政府工作报告中正式提出要实施"互联网+"行动计划。信息化水平已经成为衡量一个国家、地区或城市的综合实力、竞争力和现代化水平的重要标志。[1]其不仅是国家治理体系和治理能力现代化的重要内容，也是加快推进国家治理体系和治理能力现代化的重要手段。在信息化发展的关键期，要深刻认识在推进国家治理体系和治理能力现代化中，信息化发挥了重要作用，推进国家治理体系和治理能力现代化的主要技术指导就是"信息化思维"方式的应用。因此，监狱信息化建设应当强调系统性、整体性、全面性推进，也就是应当着眼于整个监狱体系全方位、系统地推进信息化建设。强化信息化在监狱制度体系建设过程中的支撑作用，推进监狱信息化建设，对于解决全面推进依法治国进程中面临的问题有着重要的基础性、路径性、体制性价值。

（四）信息化视野下监狱制度体系建设的着力点

监狱制度建设有两个重要建设内容，一是加强制度体系建设，二是加强制度执行力建设。在传统业务工作中，制度建设和执行力建设是两个层面或两个方面的任务。但在信息化视野下，这两个任务变成了一个任务，就是制度内化到信息化流程中去了，制度合不合理、制度有没有相互冲突、制度是否高效、制度由谁执行、执行的效果如何等一系列的制度建设问题在监狱信息化建设中迎刃而解。因为信息化的非人为干扰、流程自动、数据客观、信息可查、自动判断等先天优势正好可以化解监狱制度建设中的体系化和执行力问题。因此为了提升监狱治理能力、提升干警履职能力需要着力解决各项

---

[1] 参见王庆、姚雾云、何爱军："浅析智慧司法中法治大数据的应用"，载《中国司法》2020年第4期。

制度内化到信息化流程中这一关键点。

## 三、以信息化促进监狱制度优势进一步展现

### （一）监狱制度体系

监狱制度体系涉及监狱法制体系、刑罚执行制度、改造制度、安全制度、生产劳动制度、干警队伍建设制度、行政管理制度、监狱学人才培养制度等。这些制度又可细化为各种规划、规范、管理办法、实施细则和标准等。这些制度相互独立又相互关联，相互制约又相互促进，形成中国特色社会主义监狱制度体系。

以改造制度为例，又可分为政治改造、监管改造、教育改造、文化改造、劳动改造。在监狱信息化建设中教育改造系统主要提供给监狱教育改造部门民警使用。通过教育改造系统，帮助罪犯掌握一定的知识，使其正确认识自己、评价自己和接纳自己，丰富罪犯业余生活，提高消除各种障碍的能力，增强其改造的积极性，增强其社会适应性，有利于提高罪犯的教育水平，同时建立、发展与完善监狱教育的管理和协调运行体制，有利于从根本上加强对罪犯教育改造工作的领导、指挥、协调和监督，从而进一步提高监狱工作水平，使监狱教育改革工作更加高效化、规范化和科学化。

将教育改造制度细化，需要与信息化系统融合的制度有出入监教育规定、三课教育规定、心理矫治管理办法、网络教育资源管理规定、在线培训管理办法、在线考试管理规定、资格认证管理制度、改造积极分子奖励标准、调查与意见征集管理规定、互动教学管理规定、远程实时教学管理规定、系统权限管理规定、入监评估管理办法、中期阶段性评估办法、出监评估管理办法。

### （二）"智慧监狱"信息化体系

司法部提出"数字法治、智慧司法"建设要求，在此基础上监狱局制定了"智慧监狱"建设规范。"智慧监狱"信息化体系涉及基础设施及基础网络架构、基础数据库架构、信息流架构和业务应用系统架构。智慧监狱与监狱制度体系融合示意图如图所示。

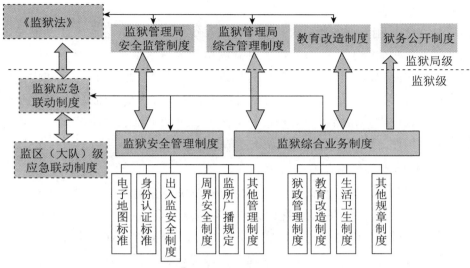

**智慧监狱与监狱制度体系融合示意图**

1. 基础设施与基础网络架构要充分考虑监狱系统组织管理结构、人财物信息管理关系、监狱业务职能和管理关系、业务覆盖范围、安全边界等。首先，监狱各类业务管理属于司法行政体系管理和指导，资金和人员属各级政府管理。其次，业务范围纵向要与司法部各业务保持一致，也要与当地政府和党委、政法委工作保持步调一致；横向要与当地公安、武警、检察、法院、司法（社区矫正）实现业务互通、数据共享、信息互核、联合办案，而公安、武警、检察、法院、监狱、戒毒都有各自业务专网。再次，跨区域业务互联时，异地政法机构的互联互通需要实现异构网络通信。最后，司法行政监管业务数据属工作敏感信息，不易在互联网上存储和传输，但必须提供狱务公开、会见预约等公众服务。

2. 基础数据库架构要求。基础数据库架构要充分考虑数据的准确性、完整性、关联性、唯一性、安全性、共享性，基础数据库与主题数据库的关系，数据库的增、删、改、并、查的支撑能力。

3. 信息流架构总体要求。信息流架构要充分考虑信息在整个"智慧监狱"信息化系统中的产生、保存、读取、更改、迁移、共享、关联、存档、回收的全生命周期。对信息进行贯穿其整个生命的管理，需要相应的策略和技术实现手段。信息生命周期管理的目的在于帮助监狱在信息生命周期的各个阶段以最低的成本获得最大的效益。

4. 业务应用系统架构要求。业务应用系统架构要充分考虑监狱民警操作的便捷性、对监管工作的有效性、对制度执行的科学性、对监管工作的全面性、对执法的规范性、对行政管理的精细化、对各类数据分析的精准化，最终实现便捷服务、精细管理、安全高效、科学决策的"智慧监狱"。基于业务应用需求进行设计，满足、可靠性、安全性、可伸缩性、可定制化、可扩展性、可维护性、可交互性、用户体验好的特性。

（三）信息化体系与监狱制度体系融合

司法部制定"智慧监狱"示范单位建设要求，并出台了"智慧监狱"评分标准，有力促进了监狱信息化建设与监狱制度融合的步伐。"智慧监狱"建设将全面促进监狱信息化与制度实施一体化。评分标准更体现了坚持科学规划、制度融合、统筹安排、分类管理，坚持建设、应用、管理相结合，加快推进监狱信息化建设，加快推进制度内化到流程，提高监狱刑罚执行的保障能力，提高信息技术在监狱工作中的应用水平，提高广大监狱干警的综合素质，保持监狱安全稳定，提高罪犯改造质量，促进监狱工作改革发展，更好地发挥监狱在服务构建社会主义和谐社会中的职能作用，对提高监狱工作法制化、科学化和社会化水平具有重要意义，对监狱的工作起到了重要的支撑作用，让制度执行有利于提升监狱安全防范能力，有利于提升民警整体工作效率和公正文明执法水平，有利于提升罪犯教育改造质量，有利于提升监狱企业运营质效，有利于提升监狱系统为民服务能力。

1. 监狱法制体系融入"智慧监狱"

制度在执行中既不能走捷径也不能打折扣，利用信息化技术能够解决大量信息重复性处理造成的人、财、物的消耗。例如：监管场所的每30分钟一次的点名与信息核对。解放民警的劳动力，使民警能够把更多的精力用于对服刑人员的教育上。可以实现合理分配警力，安全监管，高效改造的目标。

2. 信息化支撑监狱制度落地落实

监狱制度要求强有力的执行，但有些制度在实施过程中很难真正实现，只有借用信息技术来保障制度落地落实。例如：人在静态监控视频前只能保持15分钟的精神集中，随后精神无法集中，除非视频有动态信息发生，这是人的自然生理缺陷，为了保障视频监管工作真正实现24小时不间断，需要借助视频行为分析来提高工作精度和效度。这是制度的落实，更是以人为本的理念，不仅是体现在对在押人员的管教上，同时也对民警本人的工作安排更趋合理和人性化，促进了民警爱岗敬业的工作态度。

3. 信息化确保监狱制度统一高效

监狱制度不仅体系庞大，而且关联复杂，信息化可以保障监狱制度的相互协同、消除冲突、高效一致。例如：刑满释放人员的手续办理与管理状态同步，监区内犯人的电子分布与实际分布百分之百一致。解决了因数据不同步，信息沟通不畅而产生的管理混乱、管理矛盾和管理纠纷等问题。

4. 信息化促进监狱制度不断优化

信息化可以解决日常工作流程、管理方法中产生的不确定性风险，不断优化管理方法和业务流程。例如：一个大型监狱干警之间、干警与罪犯之间相互不认识，可利用人脸识别技术解决身份认证问题。又如机关工作中领导出差在外，不能及时批复行政申请，请款报告等日常办公事务。利用信息化技术可将流程重组或流程简化，实现全天候、移动化办公，解决了办公效率低下、执行力不够的窘境。

## 四、信息化与监狱制度融合应用

（一）信息化保安全

1. 高清摄像机+视频智能分析，能够实现无死角全天候监控，智能识别各类违纪行为，及时报警，实时记录，即刻固定证据，有效解放警力，能够改变民警监控值守模式，减轻民警负担和压力。

2. 电子围栏，利用高清摄像机、红外等设备构筑电子围栏，能够及时发现越界违纪行为，及时报警，实现信息化周界管控。

3. 高清摄像机+生命探测仪，能够识别藏匿罪犯，巩固车行通道进出安全。

4. 生物识别技术，能够准确识别人员身份信息，杜绝罪犯偷抢警服蒙混出狱行为。

5. 大数据分析技术，能够通过大数据碰撞与分析，提前发现潜藏隐患。

6. 智能定位系统，能够在警务通上及时反映出下辖罪犯实时位置，提供越界报警、智能点名等管理功能。

（二）信息化促改造

1. 远程视频技术，缩短罪犯与家庭的距离，稳定罪犯思想。

2. MIS 系统，利用 MIS 系统将罪犯改造过程信息化，数据化，通过日录入，日公示，周分析，月汇总能够完全公正地记录罪犯改造成绩，减少人为介入空间，提升罪犯积分考核的准确率，促进公平正义，提升罪犯改造信心。

3. 大数据分析技术，通过大数据建模，对危险罪犯建立警示模型，能够自动反馈符合模型要素的罪犯，提醒民警关注介入。

4. 知识库，能够辅助民警迅速掌握处置、教育方法和技巧，提高教育质量。

（三）信息化强规范

1. MIS 系统+执法记录仪+警务通，根据民警一日工作规范，制定相应信息化 MIS 系统，通过主动录入和伴随收集完整记录民警工作轨迹，促进民警履职规范。

2. 高清摄像头+执法记录仪+警务通，实时记录罪犯劳动、改造行为，现场进行奖扣分、案件罪犯确认及过程视频记录，形成奖扣分完整记录链条，规范执法及改造过程。

（四）信息化督刑罚

1. MIS 系统，罪犯月度得分由信息化系统自动生成，日奖扣分及依据、证据伴随查询，罪犯得分排名自动生成，有否决性指标的罪犯自动剔除，扣分达到一定标准自动提醒相应处罚。

2. 联合办案平台，刑罚执行一切过程信息化，减少人工干预流程，接受信息化执法监督，提高办案效率，减少执法事故，促进公平正义。

（五）信息化精管理

制度内化到程序中，可以把平时说在嘴里、写在纸上、看在眼里的制度、规范、标准精准安置在流程执行的关键节点，确保管理的精细、精准、精确。以队伍综合管理系统为例，需要内化的管理制度约有 16 项，民警人事档案管理制度、内设组织机构权限管理制度、基础业务档案管理制度、立功表彰管理制度、干部任免制度、教育培训管理制度、部门变动变更管理制度、干部退休审批制度、民警花名册权限管理规定、合同管理规定、民警值班管理办法、民警考勤管理规定、民警绩效管理制度、教育培训管理制度、老干部管理规定、党务工作管理规定、团务工作管理制度、工会工作管理办法、纪检监察管理规定。

## 五、结束语

中国特色社会主义监狱制度本身，从理念依据、指导思想、建设目标、体系化建设各方面都体现了与时代同步、与社会相融、与事业相促的优势。借助信息化这个工具，能够更好地让这些制度跃然纸上、内化行动、潜移默化成工作习惯。提高监管安全的水平，丰富教育改造的途径，扩展知识范围，保障服刑人员知识结构与外界同步更新，促进劳动改造的生产力水平提高，利用现代企业管理方法和相应的信息化技术，提高生产效率，降低生产成本，保障监狱安全。

随着"智慧监狱"建设的不断完善，监狱制度体系的不断健全，信息化在促进制度落地落实的进程中也在不断敦促监狱信息化制度与常规制度的融合，中国特色社会主义监狱制度将进一步发挥优势。

# 我国监狱管理体制的溯源回顾与改革展望

王志亮　连荣东 *

## 一、监狱管理体制溯源回顾

### 1. 传统的监狱管理体制

在我国原始社会末期,《急就章》就记载有"皋陶造狱法律存"[1]的传说。到夏、商、周时,史籍记载"三王始有狱"[2]春秋时由于诸侯割据各自为政,"狱制不尽统一",有的称"囹圄",有的称"狴犴"。战国时期,各诸侯国的封建政权都普遍设置监狱,尤其在秦国囹圄成市,其他六国设狱也极为广泛,有的称囹圄,有的称狱。

公元前 221 年秦朝建立,秦朝的监狱称囹圄,在设置建制上分为中央监狱和地方监狱。宋朝初期,在中央主要设立刑部和大理寺分别掌管司法,以后刑部的职责主要是复核大理寺审断的全国死刑案件以及官吏的叙复等事宜。宋朝的二级监狱管理体制,在中央刑部管理中央监狱,地方监狱归地方行政机构管辖,还建立了系统的已决狱体系及牢城体制,这可以说是现代监狱的萌芽。称狱为监始于明朝,这是中国古代监狱名称的一次变化。从清朝开始把"监"与"狱"连起来合称监狱,从此监狱便成为一个专用名词沿用至今。清朝的监狱建制基本依照明制,皇帝之下,总管监狱的机关仍然是刑部下设的提牢厅,但是刑部是全国最高司法审判机关有"刑名总汇"之称。地方各级监狱均在各级长官统辖之下,所谓"内外大小问刑衙门设有监狱"。[3]清末

---

* 王志亮,上海政法学院教授,刑法学硕士研究生导师;连荣东,福建省闽西监狱二级警长。

〔1〕《急就章》又名《急就篇》,系西汉元帝时黄门令史游所作,是一种文字雅深的童蒙识字读物;《广韵》是一本古代韵书,原本为隋朝陆法言所撰,后又经唐、宋两代的增补和修订。

〔2〕"三王始有狱":夏禹、商汤、周文王时,开始正式有了监狱。

〔3〕 参见《清史稿·职官志三》。

监狱改良，把行政、审判、司法行刑分离开，重构监狱管理体制。1906年，清朝政府改革官制，下令改刑部为法部，"统一司法行政"；清末监狱管理体制的重新架构具有深远的历史意义，奠定了监狱改良的行政组织基础，敲定了监狱管理体制的发展基调，开拓了监狱与看守所分离、监狱行业相对独立发展的道路，为民国北京政府所继承。

2. 近现代转型期间的监狱管理体制

1928年4月民国南京政府成立后，国民党在接管民国北京政府监狱的基础上，不断扩充监狱类型，建立起由司法行政部门管辖的普通监狱体系。普通监狱管理体制分为三级，在中央层级中，司法行政部是全国监狱工作的领导机关，司法行政部下设的监狱司是全国监狱工作的管理机关，下辖直属监狱有首都监狱、上海特区监狱；在省层级中，监狱工作的管理机关是省高等法院，职能机关是具体执行刑罚的省监狱；在县层级中，监狱工作的管理机关是县长，职能机关是具体执行刑罚的县监狱。从中央到地方，形成了五元制监狱管理体制，中央领导机关一元，中央管理机关、省管理机关、县管理机关三元，中央职能机关、省职能机关、县职能机关一元。

## 二、新中国的监狱管理体制

（一）新中国的监狱管理体制的萌芽

1949年前，中国共产党进行革命斗争的过程中就相应地开始了监狱工作，相应地确立了监所管理体制，这可以说是新中国监狱管理体制的诞生。

第一，革命根据地时期的监所管理体制。

在1932年6月9日中央执行委员会颁布《中华苏维埃共和国裁判部暂行组织及裁判条例》，在1932年8月10日中央司法人民委员部颁布《中华苏维埃共和国劳动感化院暂行章程》等有关法规，确立了苏区的监所管理体制。苏区实行中央与地方三级监所管理体制，在中央苏区，中央司法人民委员是监所的领导机关，中央裁判部是监所的管理机关；在地方苏区即其他根据地，省裁判部是省级监所的管理机关，县裁判部是县级监所的管理机关；中央、省、县级的职能机关是各种监所，监所主要有看守所、劳动感化院、监狱、

苦工队等。〔1〕

第二，抗日战争时期革命边区的监所管理体制。

基于抗日统一战线的大背景和现实，抗日战争时期革命边区属于地方政府，边区监所管理体制属于地方政府的监所管理体制。根据《陕甘宁边区高等法院监狱管理规则》《陕甘宁边区高等法院在押人犯服役奖惩办法》等法规，边区监所管理体制中，领导机关是边区政府，管理机关是高等法院，职能机关是各种监所，监所主要有看守所、监狱、自新学艺所三种类型。边区监所管理体制也反映和体现在工作文件中，例如 1941 年 5 月 10 日《陕甘宁边区高等法院对各县司法工作的指示》。〔2〕

第三，解放战争时期解放区的监所管理体制。

在解放战争时期，边区监所管理体制直接过渡为解放区的监所管理体制。解放区的监所管理体制中，领导机关是解放区人民政府，管理机关是高等法院，职能机关是各种监所。各解放区政府全面总结革命根据地监所工作经验，健全监所设置、充实监所机构，接收并改造旧监狱。解放区的这个监所管理体制，在许多司法报告中均有所反映和体现，例如 1946 年《太行区司法工作概况》〔3〕、1949 年 1 月 13 日《华北人民政府为清理已决及未决案犯的训令》〔4〕。

（二）新中国监狱管理体制的创建

第一，新中国监狱管理体制的创建基础。

新中国成立前夕，匪徒猖獗，例如，仅在西南地区就有土匪百万、特务八万。〔5〕为今后的监狱工作埋下了伏笔。1949 年 2 月，中共中央发布《关于

---

〔1〕 1932 年 6 月 9 日公布《中华苏维埃共和国裁判部暂行组织及裁判条例》第 10 条规定，在各级裁判部下可设立看守所，以监禁未审判的嫌疑人，或被判决短期监禁的犯人，县省两级裁判部，除设看守所外，还设立劳动感化院，以备监闭判决长期监禁的犯人。参见中华人民共和国司法部编：《中国监狱史料汇编》（下册），群众出版社 1988 年版，第 265 页。

〔2〕 参见中华人民共和国司法部编：《中国监狱史料汇编》（下册），群众出版社 1988 年版，第 277~279 页。

〔3〕 参见中华人民共和国司法部编：《中国监狱史料汇编》（下册），群众出版社 1988 年版，第 317~337 页。

〔4〕 参见中华人民共和国司法部编：《中国监狱史料汇编》（下册），群众出版社 1988 年版，第 293~298 页。

〔5〕 参见王福金：《中国劳改工作简史》，警官教育出版社 1993 年版，第 44 页。

废除国民党的六法全书与确定解放区的司法原则的指示》，庄严宣布，在人民的法律还不完备的情况下，司法机关的办事原则，应该是：有纲领、法律、命令、条例、决议规定者，从纲领、法律、命令、条例、决议之规定；无纲领、法律、命令、条例、决议规定者，从新民主主义政策。该指示为新中国监狱管理体制的创建奠定了法律基础。

1949 年 9 月 29 日，中国人民政治协商会议第一届全体会议通过《中国人民政治协商会议共同纲领》（以下简称《共同纲领》）。《共同纲领》第 7 条规定："对于一般的反动分子、封建地主、官僚资本家，在解除其武装、消灭其特殊势力后，仍须依法在必要时期内剥夺他们的政治权利，但同时给以生活出路，并强迫他们在劳动中改造自己，成为新人。假如他们继续进行反革命活动，必须予以严厉的制裁。"从 1949 年 9 月 29 日通过后一直到 1954 年 9 月 20 日为止，《共同纲领》起着临时宪法的作用，该条规定是创建新中国监狱管理体制的宪法性依据。

第二，新中国监狱管理体制的全面创建。

监狱管理体制的创建是新中国监狱工作的重要内容之一。随着新中国的成立，国家机构体制就水到渠成地构建起来，作为国家机构体制的重要组成部分之一，根据我国的国情，监狱管理体制也相应地建立起来，确立了监狱的主管机关和各级管理机构。

其一，新中国成立之初的监狱管理体制。1949 年 10 月 1 日，中华人民共和国中央人民政府成立。以原华北人民政府所属有关各机构为基础，建立起中央人民政府的许多机构。10 月 22 日最高人民法院成立，11 月 1 日中央人民政府司法部成立，11 月 5 日中央人民政府公安部成立，12 月 20 日中央人民政府委员会批准《中央人民政府司法部试行组织条例》。在监狱管理体制方面，仍沿用革命战争年代的形成的监所管理体制，同时也作了调整充实。

其二，第二阶段的监狱管理体制。新中国成立初期，中央领导朱德总司令说："法院是搞文的，管劳改，武装在公安手里，监狱工作宜交公安管。"1951 年，《为统一监狱、看守所、劳动改造队之名称并纠正对犯人不正确称呼及废除犯人之所谓组织的指示》[1]把有关刑罚执行机关统称为监狱、看守所、

---

〔1〕 中国监狱工作协会监狱史学专业委员会编：《我所知道的新中国监狱工作》，上海社会科学院出版社 2021 年版，第 34 页。

劳动改造队。1954年9月7日，政务院发布施行《中华人民共和国劳动改造条例》[1]，以行政法规的形式规定了二级监狱管理体制。二级监狱管理体制，在中央层级上，领导机构为公安部，管理机关为劳改管理局，职能机关有首都建筑公司、土城劳改队、黄寺劳改队；在省（自治区、直辖市）层级上，领导机构为省级公安厅局，管理机关为省级公安厅局辖下的劳改管理局，职能机关看守所、监狱、劳改队、少年犯管教所。监狱监管不适宜在监外劳动的已判决死刑缓期执行、无期徒刑的反革命犯和其他的重要刑事犯，劳动改造管教队监管已判决的适宜在监外劳动的反革命犯和其他刑事犯，少年犯管教所监管未成年罪犯，看守所监管未决犯。这个管理体制一直延续到1983年8月监狱工作移交司法部为止（司法部1959年撤销，1979年复建）。

其三，现阶段的监狱管理体制。1983年8月15日起，我国的监狱工作正式划分归司法行政部门领导管理，从而形成了现行的监狱管理体制。1994年12月全国人民代表大会常委会公布实施的《中华人民共和国监狱法》（以下简称《监狱法》），以法律的形式规定了现行监狱管理体制。

在监狱建制体系方面。根据监狱实践及《监狱法》的规定，我国基本上实行的是二级监狱建制体系，一级为中央政府监狱建制体系，隶属于中央政府——国务院统辖，中央政府监狱体系结构是由中央政府的司法部及其下辖的监狱管理局所组成。二级为省、自治区、直辖市政府监狱建制体系，隶属于省、自治区、直辖市一级地方政府统辖，省、自治区、直辖市政府监狱体系结构则由一级地方政府的司法厅（局）及其下辖的监狱管理局及其所管辖的具体各种监狱所组成。此外，全国许多城市的市政府也设置了监狱，可称为三级监狱建制体系。

### 三、我国现行监狱管理体制的改革展望

长期以来，我国实行统一领导与分级管理相结合的监狱管理体制，中央政府——国务院统辖的监狱机构与地方政府——省、自治区、直辖市统辖的监狱机构，基本上构成了我国现行的监狱管理体制。然而，随着体制改革的

---

　　[1]　劳改，全称为劳动改造，新中国成立初期我国实行全面倒向苏联的外交政策，有关政治、法律等方面的术语均移植自苏联，如苏联专家参与我国行刑方面的立法，1954年颁布实施的《中华人民共和国劳动改造条例》，行刑机关统称为劳改机关、行刑工作称为劳改工作，直至1994年《监狱法》颁布实施后行刑机关称为监狱。

深入进行、建设法治国家工作的全面启动、祖国统一大业的逐步推进，现行监狱管理体制极不适应形势发展的需要，主要表现为监狱机构体系归属线条繁杂、不规范，监狱机构体系构成设置残缺、不齐全，有关监狱管理的职责权限不明确、责权利不统一、人财物不配套，不符合建设法治国家的要求，不符合一国两制的政策要求。因此，改革监狱管理体制，即明确监狱机构体系的归属、确立监狱机构体系三位一体的体制机制，势在必行，很有必要探讨。

（一）监狱机构体系的归属

1. 监狱机构体系归属的划分。监狱建制属于国家机关的范畴，国家机关是根据国家结构形式、行政区划组建起来的。我国的监狱，应按国家结构形式、行政区划这条主线设置，只要是监狱就是国家的，就应在《监狱法》中有一席之地，就应在国家的监狱管理体制中有名副其实的地位，有明确唯一的隶属关系。据此，统一的国家监狱管理体制之下，监狱机构体系的归属包括：中央政府的监狱机构体系，省、自治区、直辖市政府的监狱机构体系，特别行政区政府的监狱机构体系等。这样，便于从中央到地方各级政府划分职责，为所属的监狱做好各种保障工作。

（1）中央政府的监狱机构体系。我国调整国家整体与部分之间、中央与地方之间相互关系的国家结构形式采取单一制。中央政府的监狱机构体系，一方面负责统辖国家整体的监狱工作，另一方面应落实承担具体的刑罚执行事务，这是由我国的国家结构单一制所决定的。统一的国家监狱管理体制，利于监狱工作的统一、利于监狱事业的发展，监狱建设不仅需要大量的人力、物力、技术、资金和资源，而且需要国家统筹兼顾、适当规划从宏观上注意缩小地区间的不平衡。

（2）省、自治区、直辖市政府的监狱机构体系。我国国家机构体系中，在中央政府统一领导下，实行分级管理的制度，其中省、自治区、直辖市的人民政府为一级地方政府。中央政府与地方政府在监狱事务的职权划分上，遵循在中央统一领导下充分发挥地方的主动性、积极性的原则，因地因时制宜的原则，分工合作的原则，凡属地方省级事务、关系到当地一些特殊情况的事务，可归地方决定和管理，中央与地方之间互相配合互相支持、既有分工又有合作。实践证明，监狱机构体系隶属关系直接明确具体、经济财政保障落实到位，是其最大的优势。

（3）特别行政区政府的监狱机构体系。一国之下，香港的惩教机构、澳门的监狱机构已成为我国监狱机构体系的有机组成部分。特别行政区政府的监狱机构体系，全面负责特别行政区内的刑罚执行任务。

2. 监狱机构体系归属划分的理由意义。我国现行监狱管理体制的弊端主要表现为两个方面，其一，现行监狱管理体制中，责、权、利、人、财、物脱节产生了许多问题，如监狱财务保障、监狱产业扶持等，不是哪个监狱能够单独解决得了的，必须由各级政府自上而下通盘考虑，从体制上彻底解决；其二，监狱覆盖层面不全，我国目前实际存在的有中央政府的监狱部门（公安部的监狱、司法部的监狱）、地方政府的监狱部门、新疆生产建设兵团的监狱部门、香港及澳门特别行政区政府的监狱部门等，而监狱管理体制只涵盖了中央政府司法部的监狱部门和地方政府的监狱部门，只在实际工作中常以文件的形式提及新疆生产建设兵团的监狱部门，没有囊括国家的所有监狱部门，不符合监狱的实际情况，体制上的弊端常使监狱工作陷入被动境地。国家监狱实行二级建制，把监狱纳入到统一的管理体制中，只有这样才能消除监狱覆盖层面不全的弊端。从理性上讲，监狱管理体制改革有利于促进依法治国、建设法治国家战略的实现，符合以理智控制行为的要求，利于贯彻"一国两制"的基本国策。

（二）监狱机构体系三位一体

监狱机构体系三位一体的构成。统一的国家监狱管理体制之下，不论是中央政府的监狱机构体系，还是地方政府的监狱机构体系，还是特区政府的监狱机构体系，都应由承担不同具体任务的实体机关构成，这些实体机关可分为领导机关、管理机关、职能机关。

（1）领导机关。领导机关是在一定的环境下为实现既定的工作目标对下属单位进行统御和指引的机关，在监狱机构体系中处于关键的决策地位。

其一，中央政府监狱机构体系中的领导机关。中央政府监狱机构体系中，领导机关是司法部。《监狱法》明确规定，"司法部主管全国的监狱工作"，从而确立了司法部对国家所有监狱部门的整体领导关系，当然包括对中央政府监狱机构体系的领导、对地方政府监狱机构体系的领导、对特别行政区政府监狱机构体系的领导等。根据《监狱法》及国务院的有关行政法规，司法部的职责为：制订监狱工作的方针、政策、行政法规，制定"监狱法实施细则",编制监狱工作的中长期规划、年度计划并监督实施,监督和指导监狱执行刑罚惩罚改造罪犯的工作,指导监狱系统的队伍建设和思想政治工作,负责全国各行政区域监狱设置、撤销、迁移等事项的审批,与有关部门疏通、协调、解决下属单位自身解决不了的问题。

其二,地方政府监狱机构体系的领导机关。地方政府监狱机构体系中,领导机关为省、自治区、直辖市政府的司法厅(局)。其领导责任为根据国务院和司法部制定的监狱工作方针、政策,结合本行政区域内的实际情况,部署监督监狱工作的方针、政策、法规的落实,制定本辖区内的监狱工作规章制度,编制本辖区监狱工作的近、中、长期规划,指导本辖区监狱系统警察队伍组织建设和思想政治工作,直接管理本辖区监狱机构体系的领导干部,负责本辖区监狱机构体系的其他整体性、宏观性工作。

其三,特别行政区政府监狱机构体系的领导机关。目前,特别行政区只有香港、澳门,如香港特别行政区政府惩教机构体系的领导机关为特区政府的保安局。其领导职责主要是确立惩教机构体系的宗旨,即提供市民信赖和职员引以为豪的优质羁押及康复服务,借以服务社会,规范惩教机构体系的任务。

(2)管理机关。管理机关是为实现系统的既定目标,积极协调系统内部诸因素之间的联系和行为,进行有计划地组织、指挥和控制的机关,在监狱机构体系中处于中间地位和过渡环节。

其一,中央政府监狱机构体系的管理机关。中央政府监狱机构体系中的管理机关,是国务院司法部的监狱管理局。其管理职责主要是,根据《监狱法》等有关法律、法规和司法部的规定,指导全国监狱执行刑罚的工作,监督检查《监狱法》及其他有关法律、法规和政策的执行情况,指导全国监狱对罪犯的教育和改造工作,规划全国监狱的布局,掌握重要罪犯和省际的调犯工作,组织司法领域人权问题的研究,指导全国监狱的生产、基建、装备、财务和工人管理工作并监督国有资产的保值增值,管理中央直属监狱。

其二,地方政府监狱机构体系的管理机关。地方政府监狱机构体系中的管理机关,是省、自治区、直辖市政府司法厅(局)的监狱管理局。其管理职责主要是,根据《监狱法》等有关法律、法规和司法部监狱管理局的有关规定,结合本辖区的实际情况,指导所在辖区的监狱执行刑罚的工作,监督检查《监狱法》及其有关法律、法规和政策在本辖区的执行情况,掌握重要罪犯和本辖区的调犯工作，指导本辖区监狱对罪犯的教育和改造工作，指导本辖区监狱的生产、基建、装备、财务和工人管理工作并监督本辖区监狱国有资产的保值增值。

其三，特别行政区政府监狱机构体系的管理机关。如香港特区政府惩教机构体系中的管理机关是惩教署，根据香港《监狱条例》《教导所条例》《劳教中心条例》的规定，负责对所有被法庭判刑或判处收押的人以及羁押经法庭援引《精神健康条例》规定服刑的人，并且管理下辖的各惩教机关推行的以使犯人改过自新为目的的各种计划。

（3）职能机关。职能机关，是指按照领导机关的方针政策，在管理机关的统辖下，具体执行刑罚的各类监狱，具体包括中央政府管辖的监狱和省、自治区、直辖市政府管辖的监狱以及香港、澳门特区政府的各种监狱等。

第一，从机构体系工作完整性来看。中央政府监狱机构体系中，只有领导机关——司法部、管理机关——监狱工作管理局，没有直属的职能机关。设立中央直属监狱，不仅利于中央政府监狱机构体系形成决策领导、业务管理、业务落实一条龙，使刑罚执行各项工作环环相扣、层层响应、统一部署、统一管理、统一落实；而且利于中央政府司法部监狱管理局直接管理刑罚事务，把微观业务管理与宏观业务指导结合起来。

第二，从与法院审判工作的关系衔接来看。我国的法院体系，地方监狱的收押管辖与地方法院的审判管辖基本上是相对应的，由于没有中央直属监狱，所以根本谈不上与高级别法院的级别管辖相对应。只有设置中央直属监狱，才能完善行刑与审判的全面对应关系。当然，这种对应衔接关系，绝非审判级别的简单机械地重复，而是具有行刑方面的特色，主要体现在收押对象上。

第三，从行刑收押改造工作上看。中央直属监狱可集中关押改造几类犯人，其一为危害国家安全犯，随着国家政治经济形势的稳定发展，危害国家安全犯合乎规律地减少了；有利于发挥行刑的效益及分类改造的作用，在世界人权斗争中处于主动地位。其二为原系领导干部（处级以上干部）及公检法司有关工作人员的犯人，这些犯人具有较高的文化水准和政策水平，监管改造难度大；中央监狱直接关押这些犯人，配备政策业务水平较高的监狱人民警察进行监管改造，可保障行刑工作正常进行。其三为涉密犯，涉密犯掌握大量的政治、经济、军事、科学技术等方面的国家重要机密，集中关押既利于防止泄密现象继续发生又利于分类改造。

（三）监狱应划分警戒级别

1. 监狱警戒分级的依据

《监狱法》第 39 条"监狱对成年男犯、女犯和未成年犯实行分开关押和管理，对未成年犯和女犯的改造，应当照顾其生理、心理特点。监狱根据罪犯的犯罪类型、刑罚种类、刑期、改造表现等情况，对罪犯实行分别关押，采取不同方式管理。"的规定，包含着监狱警戒分级的要求。从历史传统、监狱的地理位置、装备设施及关押对象等因素来看，监狱的警戒程度实际上是有一定区别的。鉴于上述情况，应将监狱警戒级别法定化，这是提高监狱整体水平的要求。

从刑罚目的来讲，特殊预防与一般预防的实现互为一体，监狱行刑是特殊预防与一般预防的实现过程，但以特殊预防为前导，必须建立在安全警戒具有一定物质设施环境分级的基础上，监狱警戒分级为特殊预防与一般预防的实现提供了相应的物质设施及物质环境。从行刑原则来看，监狱警戒分级与犯人的人身危险性相对应，人身危险性较大的关押于高度警戒监狱，一般的则分押分管于中度警戒监狱，较小的则关押于低度警戒监狱，有利于严格贯彻行刑个别化、公正化、效益化的原则。从监狱功能来说，监狱警戒分级对外可减少犯人逃跑现象的发生，对内可以维护监狱行刑秩序，促进犯人改造，从而维护社会治安。从"三分"工作来说，"分押"的内容就是把犯人分押于警戒级别不同的监狱，如果监狱警戒级别没有区别的话，则分押到哪个监狱就没有什么实质区别，也就失去了分押的意义。因此，监狱警戒分级意义深远重大。

2. 监狱警戒分级的实践

为使监狱警戒分级具有可操作性，可将监狱警戒级别分为高度、中度、低度三个档次，以对应地关押人身危险性不同的犯人。可根据犯罪性质及危害、主观罪过恶性程度，犯罪原因及目的、行为习惯、逃跑可能性、刑种刑期等因素作出综合判断，把犯人的人身危险性分为较大、一般、较小三个级别。

关于高度警戒监狱。高度警戒监狱，是外围内围安全防范警戒程度最高的监狱，应构筑双道围墙、安装电动大门、装备各种监控监听设施，专门关押人身危险性较大的犯人，将其严格限制在狱内特定环境区间里，把逃跑越狱及其他狱内犯罪率降至最低限度内，确保狱内外的安全，为惩罚改造罪犯奠定前提基础。

关于中度警戒监狱。中度警戒监狱，是外围内围安全防范警戒程度相对适中的监狱，应构筑一道围墙及一道电网、安装电动大门、装备各种警戒防范监控监听设施，专门关押人身危险性一般的犯人，将其活动范围限制在狱内一定空间环境里。

关于低度警戒监狱。低度警戒监狱，是外围内围安全防范警戒程度较低的监狱，应构筑一道或二道电网、装备各种监控监听警戒防范设施，专门关押人身危险性较小的犯人。此外，为了完善我国的监狱制度，创建现代化文明监狱，全面推广"三分"工作，应建立分类中心，通过对罪犯的各种测试，为分类提供科学的分类依据，使犯人分类根植于切实可行的科学基础之上。

总之，统一的国家监狱管理体制之下，监狱机构体系二级建制，明确了监狱机构的外部归属线条，便于为监狱工作提供外部保障；监狱机构三位一体，完善了监狱机构的内部机制；职能机构划分警戒级别，践行科学设防，确保监狱和社会的安全。现在，监狱机构体系二级建制的最大特点是把关押未决犯的看守所排除在体制之外，监狱机构三位一体，有机地结合成统一整体，监狱划分警戒级别，确保职能机构——监狱整体水平的提高，这是监狱机构改革发展的内容之一，也是监狱行刑工作的价值要求，更是提高监狱行刑惩罚改造罪犯质量的必然要求。

# 浅析坚持和完善中国特色社会主义监狱制度的政治优势

郑丽媛 *

世界上没有放之四海而皆准的制度发展模式，也没有一成不变的制度发展道路，中国的监狱制度就要坚持和完善中国特色社会主义监狱制度。坚持这一制度有其根本的政治优势，这是近代以来，中国人民长期奋斗的历史逻辑、理论逻辑、实践逻辑证实的必然结果，是坚持党的本质属性、践行党的根本宗旨的必然要求。中国特色社会主义监狱制度既有科学的指导思想，又有深厚的理论根基，也有严谨的体系机制安排，更有无法替代的政治优势。

## 一、中国特色社会主义监狱制度的发展

### （一）监狱制度解析

监狱，是个由来已久的词。监狱制度，在现代汉语词目中也可以称为矫正制度、狱政制度或者行刑制度，是在监狱的发展过程中形成的一种体系化的规范。广义的监狱制度可以理解为与执行剥夺自由刑相关的任何一切方法和制度，比如监狱内的监禁、教育、感化、劳动、生活、卫生、医疗、奖惩、赏罚等。狭义的监狱制度仅指监禁和监护制度。在我国，监狱制度主要有《中华人民共和国刑法》《中华人民共和国刑事诉讼法》《中华人民共和国监狱法》等法律进行规范，此外也有部分法规、行政条例予以佐助。监狱制度是我国司法制度的重要组成部分，换句话说，监狱制度可以涵盖监狱的工作原则、性质、监狱管理制度以及监狱执行刑罚所采取的手段和方法等各个方面的内容。[1]

---

* 郑丽媛，山东政法学院警官学院教师。

〔1〕 参见陈晶："试论我国监狱制度的改革"，收入 2011 年赣台法学论坛——江西省犯罪学研究会年会编。

（二）新中国成立前的监狱制度发展

1. 我国古代监狱制度的发展

监狱的起源可以追溯到原始社会末期至奴隶社会初期。国家组织形式出现后，为了维护统治、镇压反抗，统治者制定了相关法律，其中不乏大多数是以惩罚性法律惩治罪犯，由此出现了刑罚和监狱。古代监狱以其惩罚方式的残酷性、野蛮性和落后性为主要特点，多对罪犯施以生命刑和肉刑，从这个意义上来讲很难谈及监狱制度。

而在我国历史上，监狱产生至今已有数千年的历史。我国古代监狱的发展主要可以概括为奴隶制和封建制两个时期。早在夏朝，因战争不断，为了关押俘虏而设立了监狱，可以说是中国监狱的萌芽阶段，但还未出现成形的监狱制度。真正的监狱制度是在先秦和秦朝时期出现的。秦朝统一六国后逐渐完善了监狱的发展，在秦始皇的改革过程中监狱制度也逐渐得到发展。此后，秦朝的监狱制度一直为后世朝代所效仿，尤以残暴性著称。

从历史脉络的发展方向上看，我国监狱的发展历程可以简单地概括为：起源于古代的虞舜时代；在夏商周的奴隶制时期，监狱得以初步发展；经过春秋战国秦汉时期的进一步发展得以成形；在魏晋南北朝隋唐时期，我国古代监狱逐渐完善并进入成熟时期；最终在宋元明清时期继承发展直至没落。[1]可以说，从夏朝一直延续到清朝的监狱经过长期不断地发展，也使得我国的监狱制度逐渐形成体系。

2. 民国时期监狱制度的发展

清朝末期，正值西方监狱制度改革时期，我国监狱制度受此影响，在形式上完成了向近代监狱制度的转型。到了民国时期，南京临时政府、北洋政府和南京国民政府均对监狱的改良和建设予以重视。南京临时政府把整顿监狱场所、改良旧式狱政、改进监狱管理作为一项要务，在构筑新型司法制度时也对监狱制度予以特别重视。北洋政府时期继续清末和民初开展的监狱改良运动，时任北洋政府司法总长的许世英所列的"司法计划书"，虽在当时特定的历史环境下未能付诸实践，但其对监狱制度的设想对当前的狱政制度改革仍然具有很强的借鉴意义和启示意义。

由于近代政权迭变，时局动荡混乱，这也影响了监狱制度的变革进程。

---

〔1〕 参见彭传林："论中国古代监狱制度"，载《企业家天地》2010 年第 2 期。

但对西方进步理念的引进，对犯人人权的尊重，对旧式监狱的改造，同时对新制度的设计，在一定程度上推动了监狱制度的发展，使得中国的近代监狱制度建设逐渐开始从传统走向现代。[1]

（三）新中国成立后的监狱制度发展

新中国成立后，我国监狱制度得到了快速发展，沿着监狱建设的发展脉络，在这大半个世纪的发展过程中，监狱制度的发展也分阶段逐步向着带有中国特色社会主义的监狱制度方向前进。

1. 监狱制度创建阶段

伴随着中华人民共和国的诞生，新中国的监狱制度也随之得到创立和发展。新中国成立之初，尤其从1951年镇压反革命运动后，出现了一大批应被判处徒刑的犯人，我国监狱系统出现了犯人坐吃闲饭、管理场所不足、办公经费紧张等一系列问题。这一问题的出现引起了全党的高度重视，根据党中央和毛泽东同志的指示，公安部召开了第三次全国公安会议，并作出《关于组织全国犯人劳动改造问题的决议》。全国监狱系统在中国共产党的带领下，迅速制定决策，出台方案，劳动改造至此开始。一大批罪犯被投放在劳改工作中，监狱工作逐步解决了吃闲饭、管理场所拥挤、监狱经费不足等问题，基本上解决了监狱系统面临的难题，监狱制度的发展从此拉开帷幕。

2. 监狱制度初步发展阶段

这个阶段可以从1954年到1966年谈起。在这十几年时间内，我国的监狱制度逐步得到了发展。在学习苏联监狱制度的基础上，于1954年9月7日中央人民政府政务院发布了《中华人民共和国劳动改造条例》，明确规定了我国监狱的性质、任务、组织机构以及监狱工作的方针、政策、监狱的刑罚执行、改造罪犯的方法、手段及监狱的经费等问题，及时地将我国监狱工作创建阶段的成功经验以法规的形式加以固定总结。监狱工作自此开始及时、准确地进入了法制化的轨道，这在一定程度上也为监狱制度的发展起到了推动作用。以此为标志，新中国的监狱制度在总结以往工作经验的基础上，开始迈入初步发展阶段。

---

〔1〕 参见王葵、刘清洋："近代中国监狱制度变革略论"，载《法制与经济（下旬刊）》2009第6期。

3. 遭受破坏阶段

1966 年至 1976 年的十年"文化大革命"期间我国的监狱建设遭到了前所未有的重创，监狱工作的性质、原则、方针、政策被全面否定，前期的工作成果遭到破坏，监狱法律、法规遭到践踏，监管秩序陷入混乱，监狱法治理念被淡化，监狱制度的发展也因此被搁浅。

4. 拨乱反正阶段

按照监狱建设工作的发展方向看，1976 年至 1981 年，可以称为监狱制度发展的拨乱反正阶段。1976 年"文化大革命"结束后，中国开始了全社会各方面的拨乱反正运动。监狱系统中的各种错误思潮和不良影响得到彻底清除，全国各地的监狱工作得以正常运行，监狱制度也逐渐恢复并继续发展。在此基础上，1981 年中央人民政府在北京召开了第八次全国劳改工作会议，在借鉴学习美欧监狱体制和监管方式方法的基础上，总结了新中国成立以来监狱工作的成就和经验，并对监狱工作中出现的新情况、新问题以及监狱制度的体制机制进行了研讨，提出了新时期监狱工作的任务和发展方向。第八次全国劳改工作会议的召开，标志着我国监狱工作顺利完成了拨乱反正的历史重任，监狱制度由此进入改革开放的新时期。

5. 改革发展阶段

1981 年至今可以说是监狱制度的改革发展阶段。自 1981 年第八次全国劳改工作会议后，我国监狱制度得以顺利发展。为了正确执行刑罚，惩罚和改造罪犯，预防和减少犯罪，根据我国宪法，1994 年第八届全国人民代表大会常务委员会第 11 次会议通过了《中华人民共和国监狱法》，标志着我国监狱制度揭开了新篇章，自此，我国监狱制度先后推行了若干项重大改革。《中华人民共和国监狱法》颁布实施以后，依法治监、建设现代化文明监狱、建立现代监狱制度、实行狱务公开等涉及监狱整体性工作的改革措施等意见良策被进一步提出。同时，得益于改革开放，监狱系统加强了对外交流，广泛开展与国外先进监狱机构的交流学习。在展示我国监狱工作的成就和经验的基础上，借鉴和学习其他国家先进监狱制度的有益经验，这在一定程度上加快了我国监狱制度的发展和成长。

## 二、中国特色社会主义监狱制度的基本支柱

中国特色社会主义监狱制度，指的是在中国共产党的领导下，国家设置

一定场所并建立相应机构，对已决犯进行关押，以及由此涉及的监狱主管机关、监狱设置及其机构人员、监狱财政体制、监狱工作基本原则、刑罚的执行和狱政管理等一系列制度体系。我国的监狱制度不同于别国，伴随着漫漫历史的发展，逐渐形成了富有中国特色社会主义的监狱制度，笔者将其应有之义和基本支柱概括如下：

（一）以马列主义、毛泽东思想、中国特色社会主义理论为理论指导

中国特色社会主义监狱制度是中国特色社会主义理论在司法行政领域具体的制度体现和重要载体，这就必然要求中国特色社会主义监狱制度应以中国特色社会主义理论为指导，坚持辩证唯物主义和历史唯物主义的世界观和方法论，将预防和减少犯罪作为监狱制度的根本目的。坚持马列主义、毛泽东思想、邓小平理论、"三个代表"重要思想、科学发展观、习近平新时代中国特色社会主义思想在内的中国特色社会主义理论体系。在此基础上，确保党的路线、方针、政策和重大政治决策部署在监狱制度的建设过程中落到实处。

（二）以中国特色社会主义法治理念为建设根基

监狱制度的建设和发展影响着依法行政和公正司法的各个环节，可以说是依法行政和公正司法的重要步骤和关键环节。监狱制度的好坏程度在客观上能够反映中国法治建设实践和与时俱进的现代法治理念在监狱系统的具体运用效果。将宪法和法律作为司法行政的最具权威标准，不仅在司法行政领域，而且在全社会中树立"法高于人、法大于权"的中国特色社会主义法治理念，能够使监狱在依法治监、严格执法、公正司法等方面更加公平、公正、公开、公道。准确把握和贯彻落实中国特色社会主义法治理念的基本内涵和本质要求，自觉用中国特色社会主义法治理念推动监狱制度的建设和发展，是监狱制度保持中国特色的根本保证。[1]

（三）以服务监狱实践需求为构建目标

中国特色社会主义监狱制度在以中国特色社会主义理论为理论指导、以中国特色社会主义法治理念为建设根基的基础上，已然具备了具有实践性的

---

〔1〕 参见杨捷、刘劲松、吴春信："中国特色监狱制度规范研究"，载《犯罪与改造研究》2014年第4期。

内涵和深度。制度的根本目的在于为客观实际提供理论支撑，制度的建设本就应为实际的需求服务，脱离现实的制度在社会中无法生存。中国特色社会主义监狱制度的发展就是要以监狱实践需求为着力点，将更好地服务于监狱实践作为根本目标，这才是中国特色社会主义监狱制度的本质意义。

### 三、中国特色社会主义监狱制度的政治优势

坚持和完善中国特色社会主义监狱制度，必须坚持中国特色社会主义，也正是由于这个大背景、大根基，我国的监狱制度逐步凸显出其特有的政治优势。

（一）中国共产党集中统一领导的政治优势

中国特色社会主义监狱制度最大的政治优势就是中国共产党的集中统一领导。党的领导是中国特色社会主义最本质的特征，是中国监狱制度最大的政治优势。"党政军民学，东西南北中"，党是领导一切的，党是最高的政治领导力量。作为最高的政治领导力量，从1951年我国监狱制度的创建阶段起，党中央便予以高度重视，定期召开全国监狱工作会议，专题研讨我国监狱建设的发展问题，总结以往监狱工作的成就及经验，发现新时期监狱工作的问题与改革焦点，促进监狱制度向着成熟和完善发展。

（二）中国经验、中国模式、中国理论的政治优势

回顾近年来中国在世界舞台上的表现，中国监狱工作经验、中国监狱模式和中国监狱制度理论正发挥着愈来愈重要的国际影响力。且不谈中国参与了多少次国际的监狱、罪犯矫正合作工作，承办过多少个监狱工作国际会议，亦不谈中国曾参加过亚太矫正者管理会议、联合国人权圆桌会议等，单是中国监狱制度中的个别教育在国际上也是有地位的，[1]单是当年劳动改造的组织化、规范化、社会化的程度和效果在国际上也是公认的。中国经验、中国模式、中国理论也成为中国特色社会主义监狱制度的政治优势之一。

（三）以人为本理念的政治优势

以人为本，是科学发展观的核心所在，体现了中国共产党全心全意为人民服务的根本宗旨，是时代发展的要求，是历史进步的结论。监狱制度的发

---

〔1〕 参见张晶："国际视野下现代监狱制度建设研究"，载《犯罪与改造研究》2016年第11期。

展中也坚持着以人为本的理念，将惩罚与改造相结合，将教育与劳动改造相结合，以改造人为宗旨。在监禁罪犯的同时，对他们实施有效的改造，包括对罪犯思想的教育转化和恶习的矫正，促使罪犯洗心革面，从根本上转变世界观、人生观和价值观，真正改造成为遵纪守法、自食其力的"新人"，这也是以人为本理念在中国特色社会主义监狱制度政治优势中的体现。

（四）全面推进依法治国的政治优势

依法治国是党领导人民治理国家的基本方式。党的十八届三中全会《关于全面深化改革若干重大问题的决定》中明确指出，严格规范公正文明执法，严格规范减刑、假释、保外就医程序，健全人民警察职业保障制度等改革任务；党的十八届四中全会《关于全面推进依法治国若干重大问题的决定》中明确提出："优化司法职权配合。健全公安机关、检察机关、审判机关、司法行政机关各司其职，侦查权、检察权、审判权、行政权相互配合、相互制约的体制机制"以及"完善刑罚执行制度，统一刑罚执行体制"等改革任务。这些重大改革任务已列入深化司法体制改革项目，涉及监狱工作的方方面面。在全面依法治国方略的指导下，监狱制度的发展更具政治优势。

## 四、结语

监狱制度发展的实践经验告诉我们，要做好监狱各项发展工作，必须坚持党的全面领导，坚持以人为本的理念，坚持全面依法治国基本方略，充分发挥好中国特色社会主义监狱制度的政治优势。在坚持和完善中国特色社会主义监狱制度的政治优势之下，才能集中力量办大事，把监狱发展、司法改革、建设有中国特色的社会主义国家等多方面整合起来，共同推动我国的发展。

# 构建大数据治理体系助推监狱治理现代化

郑　曦*

2020 年 3 月 30 日，中共中央、国务院公布的《关于构建更加完善的要素市场化配置体制机制的意见》，首次将"数据"作为一种新型生产要素写入中央文件中，与土地、劳动力、资本、技术等传统要素并列为要素之一。数据的重要性正逐步提高，对社会经济的发展发挥着越来越重要的作用。数据资源的管理和应用已成为下一阶段监狱信息化工作的核心。[1]目前，监狱系统对数据的管理和应用还处于摸索阶段，如何把数据变为数据资产，并有效管理、评估，实现监狱数据的价值最大化是亟需解决的问题。

## 一、监狱大数据发展现状与特点

随着"数字法治、智慧司法"以及"智慧监狱"建设的不断推进，监狱信息化已由创建业务系统阶段进入数据决策的智能化阶段，数据驱动、辅助决策、态势感知已成为监狱治理的新方法、新手段。监狱系统要实现态势感知，真正建成"监狱大脑"，需要人工智能和大数据分析在监狱管理中的深度应用，更需要良好的数据基础和先进的数据管理技术作为"沃土"。在实践工作中，监狱数据的特性给数据管理和应用带来了挑战，监狱数据的质量制约了应用深度、融合广度和智能化水平高度，存在数据不一致、数据重复、数据不完整、数据关系混乱、缺少核心关键数据等诸多问题，降低了数据的有效利用率。从大数据的视角分析，监狱数据呈现出以下特点：

（一）类型复杂多样

一方面，监狱大数据涉及的业务面广、来源复杂，包括罪犯基础档案数

---

　*　郑曦，江苏省司法警官高等职业学校教师。
　〔1〕参见 2019 年 8 月司法部监狱管理局主要负责人何平在监狱管理信息化二期培训班上的讲话《强化数据管理创新驱动　全面推进智慧监狱建设》。

据、刑罚执行数据、生活卫生数据、教育改造数据、狱内通联数据、[1]监控视频数据、门禁数据、外来人员与车辆数据、安防设备运维数据、民警履职数据、民警执法数据、外部共享交换数据等；另一方面，监狱大数据类型繁杂，除了结构化数据以外，还包括多种载体形式、媒体形式和呈现格式的半结构化数据以及非结构数据，如 word、txt 格式的文档数据、PDF 格式的卷宗数据、图像数据、音视频数据等。不同类型的数据增长迅猛，加剧了监狱大数据的复杂多样。

（二）生成速度快

信息资源数据和业务数据在各业务系统或模块间高速流转，交互催生了监狱数据的爆发式增长。一方面，监狱数据更新周期短，每分钟会产生监控视频数据、运维数据与安防设施数据、移动执法终端数据；每小时会产生罪犯劳动数据、民警执法数据；每天会产生会见音视频数据、罪犯计分考核数据等，数据量呈井喷式增长。另一方面，在政府数据共享与业务协同的大环境下，共享数据等外部数据的汇入也加速了监狱数据的快速增长。

（三）体量规模庞大

以江苏省为例，每年全省监狱的结构化数据以 TB 级增长。各个监狱每天产生大量的监控视频数据、执法记录仪数据、电子卷宗等数据，每年全省监狱的半结构化和非结构化数据以 PB 级速度增长。

（四）价值大密度低

一方面，由于数据标准不统一，监狱结构化数据资源优劣混杂，数据质量参差不齐，交叉重复严重，数据缺项漏项错项参差不齐，同时缺少相应的数据目录，使得结构化数据分析复用难度加大。另一方面，由于开发平台不同，各监狱的视频监控数据及运维数据接口不统一，缺少结构化解析规范，使得本来价值密度就低的海量视频监控数据不能被有效融合利用。

监狱数据所呈现出的规模庞大、种类繁杂、高速增长以及低密度的特征，给监狱数据管理和应用带来挑战。然而，在数据管理方面出现问题，究其根源是由于在更高的数据治理层面出现缺失。数据管理的业务流程往往因为缺

---

[1] 狱内通联数据指罪犯在监狱内对外通信联系的数据，包括亲情电话数据、会见数据、来往书信数据、帮教数据。

少完善的数据治理计划、一致的数据治理规范、统一的数据治理过程以及跨部门的协同合作而变得重复和紊乱，从而导致安全风险的上升和数据质量的下降。有效的数据治理则可通过改进决策、缩减成本、降低风险和提高安全合规等方式，最终实现服务创新和价值创造。

## 二、监狱数据治理的内涵与外延

数据治理的内涵没有统一的定义，其外延又与数据管理紧密联系在一起。目前，主流的数据治理内涵界定主要来源于四个地方：国际数据管理协会提出的数据管理知识体系 DAMA－DMBOK、数据管理行业协会开发的知识体系 DCAM、我国制定的国家标准《信息技术大数据术语》（GB/T 35295－2017）以及《数据管理能力成熟度评估模型》（GB/T 36073－2018）。

DAMA－DMBOK 对数据治理以及数据管理作出的定义："数据治理是在管理数据资产过程中行使权力和管控，包括计划、监控和实施。数据管理是为了交付、控制、保护并提升数据和信息资产的价值，在其整个生命周期中制订计划、制度、规程和实践活动，并执行和监督的过程。"[1]

DCAM 将数据管理定义为："正确的数据管理是将数据管理的有意义"。数据治理则被定义为"约定数据管理的业务规则，重点关注制度、标准和操作过程的实现，确保规范利益相关者的行为"[2]。

我国标准《信息技术大数据术语》（GB/T 35295－2017）对数据治理的定义是："对数据进行处置、格式化和规范化的过程。"[3]数据治理是数据和数据系统管理的基本要素；数据治理涉及对数据全生存周期的管理，无论数据处于静态、动态、未完成状态还是交易状态。在此基础上，国家标准《数据管理能力成熟度评估模型》（GB/T 36073－2018）从数据治理组织、数据制度建设、数据治理沟通三方面，对数据治理的能力项进行了细化和等级标准化。

上述三种定义对数据治理与数据管理的角色、关系并没有明确一致的界定，但共同之处在于，数据治理的目标是为了管理数据、提高数据使用效率、

---

〔1〕 琳娜·斯坦贝克："（译文）数据管理和数据治理 101：阴阳二元论"，杨志洪译，载 https://mp. weixin. qq. com/s/XglBlPUTVm-VUE3UHVM8GQ，最后访问日期：2020 年 11 月 20 日。

〔2〕 琳娜·斯坦贝克："（译文）数据管理和数据治理 101：阴阳二元论"，杨志洪译，载 https://mp. weixin. qq. com/s/XglBlPUTVm-VUE3UHVM8GQ，最后访问日期：2020 年 11 月 20 日。

〔3〕 《信息技术大数据术语》（GB/T 35295－2017）。

释放数据潜在价值，同时，大数据治理是一项系统工程，包括了在大数据全生命周期内使用的技术、管理规范与政策制度。

综上，监狱数据治理是指大数据环境下对监狱数据生命周期进行科学管理的一套治理方法，是对监狱数据资产进行管理和控制的系列活动的集合。同时，监狱大数据治理体系建设不是简单地针对某个犯罪群体或者某个业务领域，而是一个覆盖监狱全业务全生态的体系。制度层面包括监狱组织的变革、政策的制定、流程的重组；技术层面涵盖监狱大数据管理、存储、质量控制、共享开发、数据安全与隐私保护等；功能层面主要实现对监狱元数据的管理、数据资源目录的制定、主数据的管控、数据质量提升、数据服务的定制、数据全生命周期管理、数据隐私与安全管理等内容。

### 三、监狱大数据治理与监狱治理现代化的关系

（一）大数据治理是监狱治理体系的组成部分

国家层面，大数据治理是国家实施大数据战略的重要保证，是发挥大数据作用、做大做强数据产业的重要因素。数据治理成为政府治理方式变革的必然趋势，数据治理成为国家治理体系的重要组成部分。监狱层面，作为国家机器的重要组成部分，监狱承担着惩罚和改造罪犯、预防和减少犯罪、维护社会稳定与长治久安的重大政治责任，监狱治理必然融入国家治理体系大局，数据治理必然成为监狱治理的重要内容，大数据治理理应成为监狱治理体系的重要组成部分。

（二）大数据治理为监狱治理现代化提供保障

一是安全保障。数据治理政策和规则的制定在主要业务和跨业务职能间采用一致的数据标准，为合规监管创造统一的应用环境，通过有效的治理可以显著降低因不遵守法规、规范和标准所带来的风险。在数据资源目录和地图、数据共享交换与服务、数据处理规范、数据资源整合、数据安全与监控等形成统一的大数据治理，有助于提高监狱数据的安全性、完整性及一致性。二是数据保障。通过建立并遵循数据相关的规则、标准和过程，有效的数据治理可以产生高质量的数据，增强数据可信度。与此同时，将大数据治理理论引入到监狱业务流程中，可改变先建设后改造的旧有路径。三是发展保障。有效的数据治理能够通过优化和提升数据的架构、质量、标准、安全等推动

数据服务实战、数据驱动创新的能力，提升数据价值，保障监狱治理目标的实现以及具体业务的需求。

（三）大数据治理为监狱治理现代化提供创新引擎

监狱大数据为监狱风险研判、重大决策、应急处置、日常管理等提供辅助决策，为监狱治理水平现代化提供创新引擎。业务应用和数据分析都建立在数据的基础上，高质量的数据是开展数据分析，提供精准研判，实现监狱治理现代化的肥沃"土壤"。数据治理是对数据资产行使权利和活动控制的集合，是数据管理体系的核心，[1]涉及数据确权、数据质量、数据安全、数据流通等大数据生态系统的重点环节领域。科学的数据治理框架通过协调不同部门的业务目标，为不同的业务系统提供更为广泛、深入和可信的数据服务，数据管理与决策的水平才能随之不断提升，进而产生与整体目标相一致、更有洞察力、前瞻性和更为高效的决策。

（四）大数据治理能力彰显监狱治理现代化的水平

监狱大数据给监狱管理模式带来了变革，怎么管理罪犯、生产什么、如何配置警力由过去的经验决策迈向了数据决策。要实现数据驱动管理、数据驱动业务的目标，离不开高质量的数据支撑。只有摸清数据台账，提高数据质量，才能盘活数据资源，充分释放数据价值，才能深入挖掘监管改造内在规律，为监管改造、监狱治理提供科学的决策依据。治理好监狱数据，管理好数据资产成为监狱新常态下面临的新任务和新挑战。在一定程度上，数据治理能力彰显着监狱治理现代化的水平。

## 四、监狱数据治理面临的问题

（一）缺乏对大数据治理的整体规划

虽然监狱对数据重视程度和对数据价值预期逐渐提升，但是仍普遍存在重采集轻治理、重数量轻质量、重应用轻安全的监狱数据管理现状。一方面，对于大数据治理的相关理念、方法和工具仍然缺乏深入细致的理解，没有形成行之有效的方案；另一方面，相对于开发应用而言，数据治理属于短期

---

〔1〕 全国信息技术标准化技术委员会大数据标准工作组、中国电子技术标准化研究院编写《大数据标准化白皮书（2020版）》。

"看不见"成果的里子工程，更需要顶层设计与一把手领导支持，需要明确整个治理项目流程及数据模板，需要厘清数据所有权、构建清晰的问责机制，才能确保数据治理项目的顺利实施或达到理想的治理效果。

（二）大数据治理标准体系规划尚不完善

监狱数据治理的主要目标是将数据作为监狱的核心资产进行应用和管理。合理的数据治理能够建立规范的数据应用标准，消除数据的不一致性，提高监狱系统内部的数据质量，推动数据的广泛共享，充分发挥大数据对监狱主责主业以及战略决策的重要支撑作用。目前大部分监狱或是监狱管理部门的数据治理能力普遍不足，需要建立数据治理标准体系，通过标准化的手段为监狱行业的数据治理提供指导和规范，[1]不断扩大标准化在数据治理领域的广泛应用，促进监狱完善数据治理机制，提升数据治理能力，加强系统内外的数据交换共享，提升数据价值。

（三）业务部门在标准制定中的支撑力度不够

大数据治理标准的制定要落实到业务实战中，需要监狱各个业务部门的广泛参与、通力合作。司法部已相继制定了《全国监狱罪犯信息编码标准》《全国监狱罪犯信息数据交换标准》《罪犯信息库编码规范》等标准规范，对大数据领域的重点标准的研制工作也在不断推进中，但是，这些标准尚未形成一套有机整体来指导监狱开展大数据治理、支撑大数据在监狱业务各领域中的应用。

## 五、监狱大数据治理体系的构建

（一）监狱大数据治理体系的核心目标

数据质量和数据安全是数据治理的核心目标，是监狱能够利用数据创造业务价值的基石。数据治理体系建设应始终以数据质量的提升为重点，以数据质量检验数据治理的成效。建立全面的数据治理体系，设计总体框架目标，根据目标分步实施，组建数据治理组织，统一数据标准，建立数据获取、处理和使用流程，形成数据集成与共享应用管理机制，建立数据资源共享新模式，形成数据资源及应用服务开放目录，支撑数据战略有效实施。建议建立

---

〔1〕 参见代红、张群、尹卓："大数据治理标准体系研究"，载《大数据》2019年第3期。

数据认责机制，将数据责任明确化，参考国家、行业标准，建立统一的监狱数据标准和规范，并遵循"循序渐进、不断完善"的原则稳步推进。

（二）监狱大数据治理体系的构建原则

1. 大数据治理技术与监狱主责主业深度融合原则

监狱大数据治理涉及的业务深、数据多、技术难，应遵守有效性、开放性、安全性、可访问性和及时性的基本原则，提升监狱多源异构的数据采集、汇聚、融合、挖掘和驾驭能力，实现数据治理智能化和自动化，充分发挥监狱数据资产潜力。从数据的应用需求出发，收集业务部门最为迫切和重要的数据应用需求，从业务部门关心的数据需求、数据问题为切入点进行深度处理，避免大而全的建设。

2. 长远目标与短期实效相结合原则

遵循"大处规划、小处着眼、重点实施、分步治理"的实施原则，设计长远发展的数据治理体系架构，形成数据资源及应用服务开放目录，满足监狱及业务部门短期和长期的数据需求。监狱或监狱管理部门应从自身的战略、业务、机构和人员、管理流程等方面，综合评估，并根据各阶段的业务目标，分步建设数据治理体系。在治理体系建设的每个阶段，都应结合监狱业务现状和问题，有针对性地制定方案，并落实解决。通过"局部执行、快速见效"策略，以点带面，推动治理体系发展的分步推进。

3. 标准规范与运维保障相结合原则

数据治理的初衷是为解决业务问题而提升数据质量，从而为数据驱动的监狱决策管理提供源动力。然而，在实践中，一旦涉及数据质量问题常常会出现技术部门和业务部门相互推诿甚至"打架"的现象，技术部门发现数据质量问题，业务部门要么无人认领，要么以不影响现有业务为由不予理会，要么将数据质量问题推给技术部门，久而久之，问题数据越积越多，严重影响后续的数据分析与应用。要避免出现以上问题，就应将数据标准进行规范并固化到数据治理平台中，通过技术手段保证运维质量和应用效果，通过数据的服务机制，保证数据的应用质量以及数据的一致性。同时，建立反馈机制，形成迭代闭环运维管理模式，在数据治理方案中嵌入问责机制，纳入监督考核办法。坚持"业务部门牵头、信息部门统筹管理"，避免唯信息部门孤军作战、避免流程过长和授权模糊不清等问题。

（三）监狱大数据治理体系的主要内容

监狱大数据治理主要包括数据治理核心领域、数据治理支撑体系及数据治理项目管理三方面的内容。[1]其中，数据治理核心领域包括数据架构、数据服务、元数据管理、数据质量管理、数据标准管理、主数据管理、数据安全管理、数据生命周期管理。数据治理支撑体系包括组织（组织架构、组织层次、岗位职责）、制度（管控模式、规章制度、考核机制）、流程（归口部门、管理流程、流程任务等）、技术（数据集成、数据清洗、数据开发、数据应用、数据运营、支撑平台、实施方案等）。数据治理项目管理方案包括项目组队、项目计划、质量保证计划及配置管理计划。

（四）监狱大数据治理体系的关键环节

监狱数据治理成熟度评估是数据治理体系的关键环节。数据治理成熟度反映的是监狱进行数据治理所具备的条件和水平，包括元数据管理、数据质量管理、业务流程整合、主数据管理和信息生命周期管理。数据治理成熟度评估主要利用评估工具结合实践情况，针对监狱的数据治理现状进行客观评价和打分，找到监狱数据治理的短板，从而制定切实可行的行动方案。只有数据治理成熟度评估结束后，方可制定数据治理战略、数据治理指标、数据治理规则，明确数据治理权责。其中，数据治理指标定义了数据治理目标的衡量方法；数据治理规则和定义包括与数据相关的政策、标准、业务规则和数据定义等；数据治理权责规定了由谁来负责制订数据相关的决策、何时实施、如何实施，以及相关部门和责任人在数据治理策略中该做什么。[2]

（五）监狱大数据治理效果评估

随着大数据技术的不断发展，应从监狱业务的全局角度，明确数据治理关键技术运用及其标准规范，构建效果评估指标体系，进行治理效果评价；运用数据治理能力成熟度模型再次评估，界定数据管理层次，从而使得跨系统、跨业务、跨部门的数据治理体系的建设与实施能够通过各方协作顺利进行，实现卓越的数据治理，进而通过数据驱动业务、数据驱动管理以实现监

---

〔1〕 参见"企业数据治理的十个最佳实践"，载 https://mp. weixin. qq. com/s/wQiGTbeJN_ kCSLT _ WfGTsA，最后访问日期：2020 年 11 月 20 日。

〔2〕 参见程广明："大数据治理模型与治理成熟度评估研究"，载《科技与创新》2016 年第 9 期。

狱工作的提质、扩面、增效，从而达到监狱治理体系的创新。

## 六、结语

作为现代化监狱治理体系的一部分，监狱大数据治理工作应形成常态化的治理模式。只有在监狱数据源头加强数据治理，才能从根本上解决监狱数据质量的各类问题，让数据真正转化为监狱资产，实现数据驱动流程优化、业务创新、管理决策，助推监狱治理现代化目标的实现。

第二编

# 监狱法制

# 坚持和发展完善中国特色社会主义监狱法制体系

顾雪明　马银伟 *

## 一、完善监狱正常运行的资源保障规定

监狱正常运行需要人力、物力、财力的保障，但截至目前，国内依然有警力不足的监狱、经费不足的监狱、硬件建设不达标的监狱存在。

（一）完善监狱经费保障规定

现行《中华人民共和国监狱法》（以下简称《监狱法》）第 8 条第 1 款规定："国家保障监狱改造罪犯所需经费。监狱的人民警察经费、罪犯改造经费、罪犯生活费、狱政设施经费及其他专项经费，列入国家预算。"国家如何保障监狱的相关经费？如何落实《监狱法》的此条规定？现实中，监狱后续投入的硬件设施建设经费由监狱自筹，如某监狱狱内新建的习艺车间，建设费用全部来自监狱企业利润。国内某监狱会见室主任说："我们早就打了报告要求给会见室增添一个罪犯信息智能查询机，到现在也没有落实。"在国内各地监狱推行狱务公开的今天，监狱会见室内添加罪犯信息智能查询机是工作需要、政策需要，此项费用理应由国家财政承担，但是国内个别监狱出现这种状况说明监狱的经费由国家财政保障的法律规定还需要进一步落实。

笔者认为，司法部应当联合人力资源和社会保障部、财政部专门制定保障监狱经费及监狱警察经济权益的详细规定："监狱后续改造费用、新建狱内设施费用等列入国家预算，各押犯监狱如需改造或新建狱内建筑、增添狱内设施，应在年初向财政部门申报预算。监狱警察应定期接受专业技能培训，各押犯监狱应在年初向财政部门申报监狱警察专项培训经费，培训费用由国

---

　* 顾雪明，新疆伊金霍洛监狱党委书记、监狱长；马银伟，新疆伊金霍洛监狱法学会副秘书长、一级警长。

家财政全额承担。"

（二）完善监狱机构配置、警囚比等

现行《监狱法》第 12 条第 1 款规定："监狱设监狱长一人、副监狱长若干人，并根据实际需要设置必要的工作机构和配备其他监狱管理人员。"

现实中，监狱工作机构设置不齐全、警力资源因种种原因不足。

当前，我国各地监狱已经普遍建设了远程视频监控系统，司法部、司法厅、监狱局的领导、管理者们可通过远程监控系统了解到监狱一些工作的开展情况。而随着所谓的智能监狱的建设，消耗在视频监控方面的警力或者人力资源越来越多，导致监狱在各方面需求的警力数量较过去增加了将近一倍。所以监狱的警力需要增加以适应新时代、新情况的变化。只有有了足够的警力，监狱才能从粗放式管理向精细化管理转变，否则，巧妇难为无米之炊。

以一个押犯数为 100 的监区为例，每日值监控班的警察按中午班、夜班两班（轮值）安排，每班 2 人，一天共需要 4 人，按照全年工作（365 减去国家法定假日 11 天、双休日 104 天等于 250 天）250 天计算，监控班共需要 $4+4×250/365≈7$ 人；生产车间带工警察每班 5 人，带工警察共需要 $5+5×250/365≈9$ 人；监区需要 4 名监区领导、1 名生产干事、1 名法制干事、1 名狱侦干事、1 名卫生干事、1 名教育干事、1 名狱政干事共计 10 人，每天专职带罪犯会见或看病的警察需要 2 名，护士 2 名（轮休制，上一周休息一周）负责罪犯的药品发放以及健康管理，心理咨询师 2 名负责罪犯心理健康管理；夜间管理罪犯的警察按每班 3 人，共需 $3+3×250/365≈5$ 人；该监区还需要 2 名顶班警察，以填补去参加培训等事宜的警察的空缺。在不计算其他业务所需警察数量的前提下，一个押犯数为 100 的监区的正常运作需要警力 39 名，警囚比约为 1 比 2.56，但现实中，一线监狱警察警囚比高达 1 比 9 到 12 的监狱比比皆是。

笔者建议司法部联合人力资源和社会保障部等部门下发规定，明确监狱机构设置、警囚比："监狱设监狱长一人，按监狱警察总数的 3% 配置副监狱长。监狱设法制科、狱政科、狱侦科、教育科、生卫科、政治处、财务科、办公室、后勤及装备保障科（目前没有）、纪检审计科、劳资科、执法案件评查及罪犯档案管理科（简称案档科，目前没有）、理论研究科（目前没有）、会见室、警卫队、防暴队、生产管理科、应急指挥中心、综治科（目前没有）等除机关科室配备必要的警察外，一线监狱警察配备的警囚比不得低于1比2.5。"

## 二、依法保护监狱警察的合法权益

### (一) 依法保护监狱警察不被非法追究刑事责任

现行《监狱法》第14条规定了监狱警察九种不得有的行为，并规定监狱警察如果有此九种行为，构成犯罪的，依法追究刑事责任；尚未构成犯罪的，应当予以行政处分。可是现实中，有的监狱警察的行为尚未构成犯罪的，却被检察机关强行公诉，被法院强行定罪。

云南第一监狱罪犯张林苍驾车强行脱逃案曾轰动网络，该犯被抓获后，检方对两名监狱警察立案侦查。判决书显示，张林苍脱逃当天，时任云南省第一监狱七监区副监区长马金勇，在带班过程中未认真履行监区值班领导相关职责，且未积极认真对各执勤点巡视检查，对重点罪犯张林苍的监管措施落实不力，当天警力部署失当，致使罪犯张林苍脱逃有机可乘。被告人陈涛，在担任罪犯张林苍的包干责任警察过程中未严格按照有关规定对其进行严格监管，致使对罪犯张林苍的包夹等相关制度未落实到位，以致罪犯张林苍擅离劳动岗位，无人监管，进而驾车脱逃。2018年10月25日，昆明市中级人民法院判马金勇和陈涛均犯失职致使在押人员脱逃罪，皆免于刑事处罚。仔细推敲这份判决，会发现漏洞百出，罪犯张林苍能成功脱逃的因素有很多，如监狱对进入狱内车辆的管理不当、对监门的管理不当等，两名作为被告人的监狱警察"失职"并非导致罪犯张林苍成功脱逃的直接原因、完全原因或主要原因，对这两名监狱警察进行刑事追责其实是为了应对网络舆情，这两名监狱警察成了"替罪羊"，这不符合法治精神。

建议司法部联合最高人民检察院、最高人民法院出台规定："监狱警察遭遇袭警被迫交出警服的行为不属于犯罪，不予追究刑事责任；监狱警察对非因玩忽职守造成的罪犯脱逃等案件不负刑事责任；监狱警察的违纪行为没有导致严重后果的，不作为刑事案件立案侦查；非因虐待等警察的原因发生的罪犯自杀案，不予追究任何警察的刑事责任。"

### (二) 依法保障监狱警察的休息权等合法权益

现实中，监狱警察白加黑、五加二工作是常态。一些在工作日没有阅卷完毕的监狱警察，把卷宗带回家继续阅卷，白天记录不完的台账晚上接着记录，因警力不足白天值班后晚间接着值班的监狱警察比比皆是。

监狱警察如果长期打加班战、疲劳战，最终不仅会被拖垮身体，如有的监狱警察在岗位上过劳死等，还会导致工作效率下降导致工作出现疏漏等。依法保障监狱警察的休息权，就是要依据监狱警察的工作量，依法补充监狱警察以达到人岗适宜的状态，而不是把监狱警察的编制固定死后始终保持不动。

建议司法部经过调研后，联合人力资源部等发文，明确监狱警力配置比例等。

### 三、完善监狱收监的法律规定

#### （一）法院给监狱送达法律文书应前置

现行《监狱法》第16条规定："罪犯被交付执行刑罚时，交付执行的人民法院应当将人民检察院的起诉书副本、人民法院的判决书、执行通知书、结案登记表同时送达监狱。监狱没有收到上述文件的，不得收监；上述文件不齐全或者记载有误的，作出生效判决的人民法院应当及时补充齐全或者作出更正；对其中可能导致错误收监的，不予收监。"但现实中，罪犯的刑期有错误的，监狱也予以收监，收监后再和法院协调更正罪犯的刑期，有的法院能及时根据监狱的要求重新计算罪犯的刑期。但有的法院对监狱的要求置之不理。

建议司法部联合最高人民法院、公安部制定规定："罪犯被交付执行刑罚前，交付执行的人民法院应当将人民检察院的起诉书副本、人民法院的判决书、执行通知书、结案登记表同时送达监狱，监狱在收到上述法律文书之后的法定期限内（比如3日内）审查认为无误后，将情况通知交付执行的法院，交付执行的法院下发执行通知书及判决书通知公安机关将罪犯送交监狱执行刑罚；监狱审查上述法律文书不齐全或者有误的，将情况通知交付执行的法院，交付执行的法院补齐或纠正法律文书错误后，再次将法律文书送监狱审核，监狱审核无误后，将情况通知交付执行的法院，交付执行的法院下执行通知书及判决书通知公安机关将罪犯送交监狱执行刑罚。"

#### （二）罪犯被交付执行刑罚，对罪犯体检应前置，罪犯暂予监外执行审批权归法院

现行《监狱法》第17条规定："……罪犯收监后，监狱应当对其进行身

体检查。经检查，对于具有暂予监外执行情形的，监狱可以提出书面意见，报省级以上监狱管理机关批准。"罪犯被关押到监狱之前，是否就应该附带有体检报告单？新投犯和其他罪犯一起关押后，才可能对其进行体检。如果新投犯携带有传染病，预防传染病的工作是不是显得滞后了呢？笔者认为，被告人被判刑前，法院就应该对其进行体检，而不是要等到判刑后才对罪犯进行体检。最高人民法院、最高人民检察院、公安部等《暂予监外执行规定》（司发通〔2014〕112号）第2条第1款规定："对罪犯适用暂予监外执行，分别由下列机关决定或者批准：（一）在交付执行前，由人民法院决定……"，也就是说，罪犯在被审判阶段就已经患有严重疾病，法院有权力也有义务依法决定该罪犯是暂予监外执行还是应当送交监狱执行。所以，罪犯的体检应在审判阶段进行。对于符合暂予监外执行的罪犯，法院依法作出决定。

建议司法部联合最高人民法院、最高人民检察院、公安部、国家卫生健康委员会修改《暂予监外执行规定》："对罪犯进行体检，应由省级人民政府指定的医院进行，交付执行的法院根据罪犯体检报告决定是否准予罪犯暂予监外服刑。罪犯被交付执行刑罚前，交付执行的法院应提前将罪犯体检报告单送达监狱，便于监狱分类关押。罪犯被交付监狱服刑期间，出现暂予监外执行的情形的，由监狱向监狱局提出意见、建议，监狱局审核后向当地省级高院提出意见、建议，在省级高院指定的医院体检后，省级高院对该罪犯是否能被暂予监外执行作出决定。"

建议废除《监狱法》第25条到28条的规定，同时，《中华人民共和国刑事诉讼法》增加规定："对暂予监外执行的罪犯，依法实行社区矫正，由社区矫正机构负责执行；无法接受社区矫正的，由罪犯居住地公安机关负责监督。"

（三）对罪犯入监时携带的物品依法处置的问题

现行《监狱法》第18条第1款规定："罪犯收监，应当严格检查其人身和所携带的物品。非生活必需品，由监狱代为保管或者征得罪犯同意退回其家属，违禁品予以没收。"这里指的违禁品，应该是指监狱确定的违禁品的范畴，而非社会公安确定的违禁品的范畴，所以我们认为，除非是管制刀具或毒品等，其他如手表、手机之类的物品，由监狱代为保管或者征得罪犯同意退回其家属，至于没收相关物品，应由公安机关执行。也就是说，羁押罪犯的公安机关，在送达罪犯前，应该检查罪犯携带的物品，对于管制物品或者毒品等，公安机关应予以没收，并出具罚没单。一般情况下，公安机关在侦查期间就已经检查了罪犯携带的物品，对于管制物品或者毒品等早就没收了，何以能携带到监狱？

建议司法部联合公安部出台规定："公安机关将罪犯送达监狱服刑之前，应当检查罪犯携带的物品，对于违禁品予以没收，并出具违禁品没收单。而对于其他物品，应登记明细同时交付监狱。"

## 四、完善监狱其他法律问题

### （一）完善罪犯分类关押法律规定

现行《监狱法》第39条规定："监狱对成年男犯、女犯和未成年犯实行分开关押和管理，对未成年犯和女犯的改造，应当照顾其生理、心理特点。监狱根据罪犯的犯罪类型、刑罚种类、刑期、改造表现等情况，对罪犯实行分别关押，采取不同方式管理。"

显然，《监狱法》已经明确规定了对罪犯可以按成年与未成年、性别、犯罪类型、刑罚种类、刑期、改造表现等分类关押，这为我国推行不同戒备等级监狱奠定了法律基础。

随着《中华人民共和国刑法修正案（九）》的深入实施以及我国行刑法律法规的不断修改以及限制减刑、假释思想的不断深化，我国又减少了近十类犯罪的死刑，而且增加了终身监禁刑罚。如果是累犯以及故意杀人、故意伤害致人重伤或者死亡、强奸、抢劫、贩卖毒品、放火、爆炸、投放危险物质罪的，可限制减刑。死缓犯在服刑期间再犯罪如果后果不严重被免死只是死缓起算期变化。随着我国《中华人民共和国刑法》（以下简称《刑法》）以及行刑政策的巨大变化，监狱押犯数量呈上升趋势，长刑期罪犯的数量不断增加。虽然国内各地建设了一部分高度戒备等级监狱，但是现实中，高危险罪犯并没有被全部分流到此类监狱。

建议司法部出台规定："国内各地应根据需要建设不同戒备等级的监狱，根据罪犯危险等级将罪犯分类关押，建设不同戒备等级监狱的费用列入国家预算。高度戒备等级监狱容量较小的省、自治区、直辖市，可在其他监狱建设高度戒备等级监区。"

（二）适当扩大罪犯的会见范围

现行《监狱法》第48条规定："罪犯在监狱服刑期间，按照规定，可以会见亲属、监护人。"我们认为，增加罪犯的会见范围，有助于改造罪犯，当然，对于罪犯的会见，应当严格审查和监督。现实中，罪犯的朋友、同事等有会见罪犯的需求，但由于法律的限制，罪犯的朋友、同事往往采取找关系的途径会见罪犯。我们认为，存在即合理。为什么要违规安排罪犯的朋友、同事会见罪犯呢？

建议修改《监狱法》第48条为："罪犯在监狱服刑期间，按照规定，可以会见亲属、监护人、律师、朋友、同事等。监狱有权审查会见人员身份，如果认为罪犯朋友等会见影响到罪犯改造的，可禁止罪犯朋友等会见。"而且从会见形式上，监狱可加强视频会见体系建设，这样既能将"会见室扩容"，让会见人员在家中就能通过网络视频体系会见罪犯，也能满足各类人员会见的需求。建议司法部出台让国内各地监狱加强视频会见室建设的规定以及建设细则。

（三）细化、科学化、公平化罪犯的医疗保障问题

目前，社会自由公民要通过自主缴纳医保金获得对应的医疗保障服务，而罪犯是否也应当自主缴纳医保金呢？难道罪犯就应当享受比社会人更为优待的全额医疗保障待遇吗？罪犯应当纳入哪级医疗保障体系，是农村医保还是城镇居民医保，是纳入监狱所在地医保范畴还是户籍地医保范畴？罪犯的医保补贴由哪级政府承担？

笔者认为，司法部可联合人力资源和社会保障部、财政部、民政部等部门制定详细规定："罪犯纳入监狱所在地医保范畴，罪犯医保补贴由国家财政承担。罪犯凡有劳动能力的，应当自主缴纳医保金，罪犯没有劳动能力的，国家为其缴纳医保金。罪犯享有和社会人同等待遇的医保待遇。罪犯住院治疗除报销外的差额费用，由国家财政代付，罪犯家属或罪犯本人打欠条陆续还款。罪犯日常门诊费用由罪犯本人承担，当时无法偿还的应打欠条，由罪犯本人或其家属日后偿还。对罪犯所欠款的追索，在罪犯服刑期间，由监狱负责；在罪犯刑释后，由刑释人员所在地司法局负责，刑释人员拒不履行还款义务的，负责追索的司法局可直接申请法院强制执行。对于拒绝打欠条的罪犯，监狱有权拒绝为其继续提供医疗服务，不利后果由罪犯本人承担。"

（四）依法增加对罪犯的奖惩内容

目前，很多监狱警察都感觉对罪犯的惩罚力度不够。警告、记过、禁闭这三种监狱主要的惩罚手段，不足以震慑罪犯，有的罪犯在抗拒改造时甚至叫嚣着去坐禁闭。罪犯之所以在监狱中能服从管理教育，是为了获得计分、记功奖励，最终获得减刑或假释，而监狱多年来赖以管住罪犯的主要举措也就是对服从管理且符合一定条件的罪犯予以提请减刑或假释。而有的罪犯一旦不需要获得相关奖励，尤其是减刑、假释无望的短刑犯，在剩余刑期的改造过程中表现出大错误不犯、小错误不断的改造行为，严重扰乱监狱的监管改造秩序。

据了解，新加坡监狱的刑罚非常严酷，罪犯违反监规纪律要接受鞭刑惩罚，打罪犯的鞭子是用药水泡过的，监狱警察如果依法鞭打罪犯，打伤、打残罪犯，不承担法律责任。而青少年犯监狱，监狱四周是垃圾场，监狱中的气味自然十分难闻。凡在新加坡监狱服过刑的人，刑释后谈狱色变。而在中国监狱服过刑的人，一丁点畏惧感都没有。甚至发生有很多年老无依的罪犯在刑满后不愿意离开监狱的情况。据报道，曾经在河南第三监狱服刑的年龄为 86 岁的孙某有刑满释放时，不愿意离开监狱。

笔者认为，惩罚，本身就是监狱的自然功能，中国监狱可引入新加坡监狱的鞭刑等制度，对严重违反监规纪律的罪犯依法进行严厉的惩罚，以达到震慑罪犯和预防犯罪的目的。

而监狱对罪犯的法定奖励举措，主要有表扬、物质奖励或者记功，还有离监探亲奖励。笔者认为，是否可以增加对罪犯奖励内容？比如，在会见次数方面给予优待，在亲情通话次数方面给予优待等。

建议修改《监狱法》第 57 条和第 58 条，增加对罪犯的奖惩内容。

虽然，强制罪犯进行劳动是对罪犯的一种惩戒，也是改造罪犯的一大手段，但是否应提高参加劳动罪犯的酬金量？尤其对超产的罪犯的奖励幅度是否应提高到百分之九十甚至百分之百？以此作为对罪犯的另类奖励？而且，对超产的罪犯重奖更是公平、公正执法的体现。

（五）狱内侦查权移交检察院

现行《监狱法》第 60 条规定："对罪犯在监狱内犯罪的案件，由监狱进行侦查。侦查终结后，写出起诉意见书，连同案卷材料、证据一并移送人民检察院。"目前，我国监狱在上级管理部门建设六无监区的情况下，遇到罪犯在监狱内犯罪的案件，能将案件定性为狱内犯罪案件吗？

建议修改《监狱法》第 60 条为："对罪犯在监狱内犯罪的案件，由当地检察院负责，监狱、驻狱检察室配合进行。侦查终结后，向检察院公诉部门移交侦查材料。"

（六）增加监狱与监狱企业关系的内容

目前，国内各地都进行了监狱体制改革，纷纷成立了监狱局企业集团公司、监狱企业子公司。但从监狱和监狱企业的关系上看，各地有各地的做法，并不统一。可以说，我国的监狱体制改革还存在诸多弊端。

其一，从简单的道理讲，既然省监狱局成立集团公司，那么，省监狱局是否应该出资先行收购下属子公司的资产，才可以行使集团公司的经营管理权呢？其二，监企分开难道能真正分开吗？

建议司法部联合财政部等部委出台规定，明确监狱企业与监狱的关系，明确监狱企业运营管理方式，明确监狱可自主支配监狱企业利润。

## 五、结语

完善监狱法制体系，不应拘泥于等待全国人大或全国人大常委会修改法律、解释法律、立法，依据现行法律出台适用法律的规定、办法等，最快捷地解决监狱执法困惑，是完善监狱法制体系应坚持的思想。

在《刑法》及我国行刑政策有着重大变化的今天，监狱、监狱警察与罪犯的矛盾会不断加大，如何采取有效措施预防矛盾的积累、激化，需要用法治思维通过完善法制体系予以解决。靠减刑激励罪犯的改造积极性的年代已经是过去时，而依法治监、依法保障监狱警察合法权益、依法保障罪犯合法权益、依法体现监狱惩罚功能及教化功能等，都需要用法治思维来运筹。

# 新时代依法治监总体思路和重大举措研究

葛新成 *

党的十八大以来，国家治理体系和治理能力现代化进程进一步推进，监狱是国家机器，依法治监必将赋予新的内涵，期待新的思路和举措。

## 一、依法治监的现状

### （一）监狱立法的困境

《中华人民共和国监狱法》（以下简称《监狱法》）颁布后，实施细则千呼万唤出不来，原因是多方面的。

1. 社会的快速发展让立法应接不暇。如监狱信息化问题，这是社会进步的体现，也是监狱发展的必然趋势。2007 年 5 月司法部发布了《全国监狱信息化建设规划》；2015 年 7 月减刑假释网上协同办案平台建设、监狱系统视频监控建设联网应用；2016 年 10 月监狱视频监控与驻监检察室联网共享。这些高科技应用，不仅使监狱技防水平发生翻天覆地的变化，也为刑罚执行、执法监督、垂直管理提供了极大的便捷。但软件开发、信息安全等问题亟待法律予以调整，智慧监狱尽管已有命名，但是还没有普及和升级。

2. 监狱的重大改革让立法裹足不前。国务院 2001 年作出了进行监狱布局调整的决定，2007 年司法部门等联合印发《关于进一步推进监狱布局调整工作的意见》，监狱改扩建、新建、迁建和撤销、合并在全国全面铺开。同年 11 月，国务院批转司法部关于全面实行监狱体制改革指导意见的通知，解决监狱的职能弱化问题，以全额保障、监企分开、规范运行、监社分离为主要内容的监狱体制改革如火如荼地开展起来。这些纯化监狱职能、深化教育改造的工作举措，哪些应该纳入法律调整，哪些可以不必纳入都成了艰难的选择。

---

* 葛新成，安徽省马鞍山监狱干警。

3. 监狱的尴尬现实让立法顾此失彼。据不完全统计，司法部的发文中刑罚执行类 88 个，狱政管理类（狱内侦查）113 个，教育改造类 36 个，监狱生产类（生产安全）110 个。监管安全事故、生产安全事故逐步把安全这个前提和条件抬高到超越惩罚与改造的任务本身。值得注意的是这些事故发生在信息化技术不断升级、监管安全制度不断完善的背景下，监狱似乎陷入了一个越强调安全越不安全的怪圈，这让人不得不思考治标与治本的问题。屡禁不止的监管及生产安全事故是否有理念上或举措上的偏颇期待着法律解答。

新形势、新问题带来了新挑战，由于法律的滞后，出现了制度在健全、冲突在增加的困境局面。总体国家安全观提出，期待监狱更好地执行刑罚，遵循改造人的宗旨，不断提高改造质量，监狱实务中畏首畏尾、疲于应付、妥协执法等现象却没有根本性扭转。

（二）监狱实务的困局

监狱的任务是惩罚与改造，但监狱的实务却是安全与效益，监狱体制改革的初衷是促进监狱职能的纯化，何以还会发生这样的偏离？

1. 定位不清。监狱是国家机器、政治机关、刑罚执行机关。政治机关是"刀把子"，监狱必须讲政治，视总体国家安全为己任，主动查隐患、补漏洞，提高政治站位。刑罚执行机关，应切实履行惩罚与改造职能，监狱是个"火山口""炸药库"，这点从社会上各类重特大案件、事故中就不难理解收押这些"精英"的监狱面临的风险等级，监狱发不发生事故不完全是监狱决定的。实现"四无"目标是监狱努力的方向，但不是现实。近年来，"监管安全是监狱工作的首位和重中之重、把维护监狱安全稳定作为首要的政治责任、防止罪犯脱逃是监狱应当履行的第一责任"等提法让监狱有了"好事不出门，坏事传千里"的尴尬和压力。

2. 思路不清。难道说监狱可以对监管安全、生产事故麻木不仁、熟视无睹吗？肯定不能！这涉及治监理念问题，安全稳定是依法治监的结果，前提则是惩罚与改造任务的出色完成，是基本制度的落实，教育措施的实施。制度是惩罚的体现，教育是改造的根本，为什么现在监狱设施越来越完善，管理越来越规范，安全稳定所面临的形势却依然不容乐观？关键点只有两个：制度没落实，罪犯不了解；关注了堵而忽视疏，没有从根本上消除不稳定因素。上级机关是宏观上的支持，而不是微观上的干预，否则必然导致细节上完善，根本上忽视，严重束缚了基层监狱管理的手脚。2016 年司法部制定的《关于加强监狱分级分类建设的指导意见》，至今有些省份还没有落实到位，也导致基层监狱困难重重。

3. 关系不清。监狱作为司法体系最后一个环节，与公检法等是相互配合、相互制约的关系。在相互配合上，监狱是全力以赴；在相互制约上，监狱则"位微言轻"。监狱只是刑罚执行机关，无法承担社会组织的全部责任，罪犯刑满即证明刑罚执行完毕，要求监狱做到更多，显然是对监狱职能外延的忽视，不仅增加监狱的经费开支，也是对警力的严重消耗。

4. 职责不清。监狱医疗卫生工作是为了有效地维护罪犯生命权和健康权，是基本的医疗服务，大病却是监狱难以克服的心病，而过度医疗所导致的结果是罪犯家属对保外就医的拒收。对生活困难服刑人员家庭及其未成年子女提供帮助应当由安置帮教机构负责，监狱不能越俎代庖。2017 年 5 月司法部监狱管理局就加快罪犯文化教育和职业技能培训纳入政府总体规划进程再次下发通知，实际进展却很缓慢。这些工作使监狱不仅深陷困扰，也难逃作茧自缚。

监狱是社会的一面镜子，押犯结构的变化反映着社会治理不断深入所呈现的基本矛盾，是社会问题向监狱的转移，监狱如没能力消化掉，随着罪犯的出狱又将转移回社会。新时代依法治监的思路必须做出重大调整，举措必须跟上。

## 二、依法治监的思路

监狱之所以陷入这样的困境及困局，根源在于一些基本问题在新时代还没有从法理上、实践上探讨清楚。依法治监必须在依法治国总体框架下推进其变革。"坚持从实际出发，就是要突出中国特色、实践特色、时代特色。"[1]积极运用法治思维和法治方式思考和处理监狱发展过程中遇到的新挑战，坚持原则性、把握方向性、突出创新性、增强实效性，不断把司法行政改革引向深入，使监狱更像监狱，民警更像民警，罪犯更像罪犯。

---

〔1〕 习近平 2014 年 10 月 23 日在党的十八届四中全会第二次全体会议上的讲话。

（一）进一步纯化监狱职能，突出监狱的基本任务

监狱的任务是惩罚与改造，必须深化机构改革，凸显惩罚功能，夯实教育基础，扩大狱务公开，以实现工作高效、惩罚见效、改造有效、处置显效的监狱运行机制。

1. 机构改革方面。大幅度裁减省监狱管理和监狱机关的人员编制，在监狱推进大部制改革，精简科室，联合办公，实现警力下沉。真正实现直接从事押犯管理教育的民警不少于押犯数 10%，为民警专业化发展扫清障碍，为民警学习、休假提供可能性。

2. 惩罚功能方面。"刀把子"应体现出刚性，加强刑罚体验，在惩罚中诠释改造的宗旨，彻底扭转罪犯过度维权的现象。"确有悔改表现"，应考察罪犯是否通过主动退赃、主动赔偿损失等，积极消除犯罪行为所产生的社会影响。"破坏监管秩序罪"，在《中华人民共和国刑法》中虽有规定，但过于笼统、概括，罪犯之所以敢有恃无恐地自杀、袭警，是因为违纪违法成本太低。自杀在一些国家是被认定为犯罪的，对罪犯来说，自杀则是一种抗改的行为，动辄追究民警责任是对罪犯自杀的纵容，推动自杀入罪才是有效降低自杀行为的根本之策。2020 年 1 月最高人民法院、最高人民检察院、公安部公布《关于依法惩治袭警违法犯罪行为的指导意见》，明确在办理该类案件时，不能将袭警行为等同于一般故意伤害行为，不能仅以造成民警身体伤害作为构成犯罪的标准，而要综合考虑行为手段、方式以及对职务的影响程度。建议进一步降低破坏监管秩序罪入刑门槛，将自伤自残、自杀、袭警、妨碍公务等列入情形之一，阻断罪犯的抗改动机。"因工作失职"追究民警责任极为不妥，管理制度越细化，失职的概率越高，以"执法过错"替代似乎更加贴近实际。

3. 教育基础方面。改造的目标是罪犯人性的回归、良知的恢复。法治教育、社会主义核心价值观教育都提出了许多新的内容，重新编制或修订、规范使用新教材势在必行，建议推动社会主义核心价值观融入监狱立法。2016年底，司法部在《关于加强监狱分级分类建设的指导意见》中指出老病残犯、精神病犯持续增多，罪犯外出就诊安全问题时有发生，要求各省增设 1 至 2 所病犯监狱，实现对危重病犯集中收治和关押改造；加强出监教育积极推进出入监监狱建设。这些困扰基层监狱的问题亟待解决。

4. 狱务公开方面。罪犯死亡处理一直是监狱的难题，限制减刑后，长刑犯和老年犯必然增多，问题会更严重。一是罪犯自身身体状况千差万别，二是保外就医从严控制。狱务公开应增加向罪犯近亲属公开罪犯死亡处理的相关内容，变被动为主动。

（二）进一步强化队伍建设，实现民警的多元激励

中共中央《关于新形势下加强政法队伍建设的意见》中明确，围绕习近平总书记关于建设"五硬"政法队伍的总要求，努力建设一支信念坚定、执法为民、敢于担当、清正廉洁的政法队伍，坚持把履职能力建设作为重要任务，着力破解制约政法队伍建设的体制性、机制性、保障性难题。随着社会发展，人员更替，激励形式也需要更加多元化。

1. 荣誉激励。监狱人民警察是公务员队伍中流失最为严重的一支。社会的认可度不高、职业风险大是主要因素。监狱发生案件，人们只看到监狱管理问题，却忽视民警在这条维护国家安全、公共安全和社会和谐稳定重要战线上的付出。为稳定这支队伍，建议建立荣誉勋章制度，让他们有特殊职业的归属感和荣誉感。

2. 职称激励。专业化是履职能力建设的职业和岗位要求。改造人需要一定的法治素养和科学技术，在司法部有关意见和通知都明确监区至少配备 1 名专职的狱内侦查民警、刑罚执行警察、罪犯心理辅导员、教育改造工作民警等，这些岗位是需要一定资质和资格的，建议将其纳入职称评选序列，凸显其技术含量，与职级评定相结合，激励民警干什么，学什么，精什么。

3. 职级激励。为拓展监狱人民警察职业的发展空间，作为职务晋升的有益补充，职级晋升对广大的基层民警来说无疑是个福音。让综合素质高的人有舞台，让苦干实干的人享待遇。建议用足、用好、用活，细化晋升条件，关注累积贡献，做到倾向基层，应升尽升，鼓舞民警更好地担当作为。

4. 自我激励。自我激励是最长久的动力。建议对民警开展职业规划教育，帮助其找准个人爱好与职业发展的新契合点，如理论研究、新闻写作、文艺创作，厚积队伍文化内涵，激发斗志、凝心聚力的同时培养更多的专家、行家，让他们成为人生的赢家。

（三）进一步细化罪犯处遇，实现罪犯的服刑自给

关于公正司法，习近平总书记这样阐述，"所谓公正司法，就是受到侵害

的权利一定会得到保护和救济，违法犯罪活动一定要受到制裁和惩罚。"[1]

罪犯服刑应是其自食其力的开始，过度呵护式的改造降低了罪犯刑满后适应社会的能力。2011年7月司法部监狱管理局建立了监狱罪犯劳动报酬定期统计制度，要求模拟社会市场经济环境，对不同岗位实行不同的报酬。建议推动监狱生产项目走向政府采购，罪犯劳动报酬实现工资制改革，逐步实现服刑自给。

1. 从社会层面看，有助于化解公平命题。劳动改造的制度设计之初是国家处于困难时期，为了不让罪犯坐吃闲饭，而将其劳动的成果上缴，现在国家经济飞速发展，应回归到改造人的本位上来。犯罪就要为自己的行为买单，监狱的宗旨是改造人，刑罚执行有没有效果，关键在于刑罚体验，这也是法治社会的公平正义所在。

2. 从监狱层面看，有助于破解管理难题。"2019年，捕后判三年以下有期徒刑、拘役、管制、单处附加刑及缓刑的人数占比达83.2%。"[2]这说明轻刑化的趋势已经到来，改造自给是让劳动成了罪犯生存的必须，回归劳动改造功能。劳动是人的应有之义，建议不再将其作为"确有悔改表现"的内容，而以发工资的形式兑付。

3. 从罪犯层面看，有助于解决实际问题。罪犯的工资标准考虑其惩罚性可定为当地同工种的1/3。单独考核、分类管理，"三三制"，即40%用于日常开支，包括生活费、被服费、医疗费等；30%用于缴纳"财产性判项"，修复被其伤害的社会关系，无此判项的可以定期支取用于未成年子女及老人抚养及赡养费；30%是刑释后的就业储备金，由监狱代为管理，用于缴纳城乡居民基本养老保险、基本医疗保险，剩余部分刑满时一次性支付。

如此改革的政治效果是惩罚性落到了实处，法律责任的承担，改造价值的体现，使正义感得到伸张；法律效果是罪犯有工资，罚金、民事赔偿就有了着落，使刑罚执行更彻底，使被害人的伤害得到实际修复，缓解社会矛盾；社会效果是罪犯养成了自食其力，刑满释放后的过渡期有了保障，让家庭看到了生活的希望。

---

[1] "全力推进法治中国建设——关于全面依法治国"，载 http://jhsjk.people.cn/article/28307076.

[2] 蒋安杰："我国逮捕率下降了多少？20年刑案数据变化写进最高检报告"，载微信公众号《法律读库》2020年5月27日。

　　为了确保以上思路能够顺利推进，在举措上要有相应的跟进：

　　一是建立科学的监狱工作评价机制。监狱工作如何，不能老王卖瓜，应引入第三方评价：政法委员会。刑满释放人员信息库与国家人口基础信息库业务数据库的共享。以改好率和安全性来作为监狱的评价机制，既考察罪犯的重新犯罪率，也考察罪犯就业贡献率。

　　二是建立简约的内部管理运行机制。监狱制度应本着简便易行、避免繁琐原则审查完善。严格规范执法类台账，压缩工作类台账，把精力从本本主义中拉到实践中，让基层民警有时间、有精力，全心全意抓惩罚与改造。

　　三是建立透明的运行成本公开机制。监狱花的每一分钱，都是纳税人的血汗钱，建议将监狱用于改造罪犯的费用以及国有资产的保值增值、给罪犯发放的工资向社会公开，引导社会对监狱的正向关注，切实体现监狱是司法公正最后一公里的初衷。

# 习近平法治思想视域下的监狱规范性文件创制及其监督管理

牟九安 *

习近平总书记指出："越是强调法治，越是要提高立法质量"。[1]大部分行政规范性文件（为行文方便，以下简称"规范性文件"）是对法律、行政法规、政府规章的细化、延伸和补充。可以这样说，提高创制质量，加强监督管理，努力构建系统完备、科学规范、运行规范的规范性文件体系，不仅是"制度之治"重要组成部分，也是法治政府建设的重要内容之一。同理，监狱作为专门的国家刑罚执行机关，要充分发挥规范性文件在全面提升监狱治理体系和治理能力现代化水平中的引领、规范和保障作用，就需要根据法律、行政法规和政府规章（以下简称"上位法"），创制较高质量的规范性文件，并对其强化监督管理，努力构建系统完备、科学规范、运行规范的规范性文件体系。

## 一、当前监狱在规范性文件创制和监督管理中存在的主要问题和不足及原因分析

### （一）主要问题和不足

1. 内容尚欠科学。目前，一些监狱的规范性文件对有些问题缺乏"一体化"设计，致使对某一问题的规定缺乏协调性。一些监狱规范性文件没有结合实际对上位法进行消化吸收，而是大篇幅地复制上位法，使其缺乏针对性、实效性。有些监狱规范性文件内容规定笼统空泛得多，具体明确的少，缺乏可操作性。

---

* 牟九安，甘肃省监狱学会金昌监狱分会副秘书长，一级警长。
[1] 参见习近平 2013 年 2 月 23 日在十八届中央政治局第四次集体学习时的讲话。

2. 体例尚欠规范。一些监狱规范性文件的文种和内容不符，本应以办法、细则予以规范的却挂以规定，造成"头大脖子细"；应以规定予以规范的却挂以办法、细则，造成"头小脖子粗"。监狱规范性文件的体例一般分为段落式或条款式。可是一些监狱规范性文件既有段落式（一般多为开头），又有条款式（多为主体部分）。一些监狱规范性文件标题要素不全，不是缺发文机关就是缺事由。

3. 依据尚欠充分。一些监狱规范性文件创制时不是补充细化上位法，而是对上位法无限"加码"，以致出现规范性文件严于上位法的现象。如笔者所知，某监狱 2018 年出台晋升科级非领导职务相关规定时，要求具备大专学历，而现行的《中华人民共和国人民警察法》只要求具有"高中毕业以上文化程度"就可以担任警察，仅对担任领导职务人员要求具有"大学专科以上学历"。

4. 技术尚欠精准。有些监狱规范性文件用语不严谨，过多地使用"一定程度""可以"等伸缩性较强的词语，甚至将应使用为"应当"的地方用"可以"，从而影响规范性文件的执行力。有些监狱规范性文件语言表述不清、指代混乱，容易造成歧义和误解。有些监狱规范性文件不能规范使用标准计量单位，早已废止的"斤""里"等屡见不鲜。

（二）原因分析

1. 法治意识不浓。惯性的力量是巨大的、长期的。尽管自 20 世纪 80 年代以来大力推进法治建设，但由于我国是一个有长期封建专制历史的国家，加之监狱法治建设滞后于社会，故"人治"在一些监狱民警甚至是个别监狱领导思想中仍存在，因而规范性文件创制和监督管理难以在法治轨道上运行。一些监狱起草规范性文件时不是根据上位法，而是根据领导的一句话、一个批示创制规范性文件。

2. 工作机制不顺。（1）动态调整不足。如 2021 年 10 月 1 日起实施《甘肃省行政规范性文件管理办法》（以下简称《办法》）第 15 条规定，规范性文件"有效期一般自施行之日起不超过五年"，冠以"暂行""试行"的规范性文件，"有效期自施行之日起不超过二年。"据笔者了解得知，××省××监狱一些冠以"暂行""试行"的规范性文件"暂（试）"数年的现象屡见不鲜。（2）报备监督不良。如《办法》规定，下级创制的规范性文件要送上级进行合法性审查和报备。然而据笔者所知，2021 年第一批政法队伍教育整顿期间发现，一些监狱以前并没有完全落实此项规定，致使其以前的一些刑罚执行规范性文件的规定与上位法有出入，从而使一些案件办理存在制度性"瑕疵"。（3）起草程序不严谨。一些监狱创制规范性文件时，调查研究不充分，征求意见不广泛，要么闭门造车，要么复制兄弟单位的内容，致使规范性文件缺乏实效性和针对性。（4）民主公开不足。一些监狱把规范性文件创制当作"秘密"来看待，不要说公开创制、民主创制，就是有些日常性规范性文件出台时竟然标为"秘密"等字样，不方便普通民警日常学习。（5）责任追究不力。由于一些监狱规范性文件起草者满足于完成任务，而负有审查职责的部门和人员只"签字画圈"，至于效果如何并不关心，致使发生"有人创制，无人负责"的现象。

3. 组织保障不力。一些监狱至今未成立专门从事政策研究和法制工作的机构和人员，致使其出台规范性文件时缺乏他们的身影，难免使一些规范性文件与"上位法"相抵触。一些监狱虽设有法制机构，但大多挂靠设置其他职能部门；虽设有法制工作人员，但通常身兼数职（如文秘、信访等），使其难以有充足精力审核规范性文件，故质量不高就"见怪不怪"了。一些监狱法制人员法律素养低下，承担规范性文件审查把关的重任有点勉为其难，故要出台高质量的规范性文件只能"望洋兴叹"。

4. 创制思想不端。目前，监狱规范性文件数量不谓不多，但一些规范性文件为应付上级检查、急于规范某类问题等情形下"速求"而成，致使其对有些问题考虑不周、用词过"糙"，在实践中难以执行。

## 二、应对之策

### （一）深化思想认识

1. 树立立法为民理念。立法为民是法治建设的灵魂。为此，在规范性文件创制中，要恪守以民为本、立法为民、改造为宗的理念，使每一份规范性文件符合上位法精神、紧密结合实践和得到广大民警职工拥护。

2. 深化思想认识。通过各种形式教育引导广大民警尤其是监狱领导重视规范性文件在推动监狱工作科学发展中的引领、规范和保障作用，切实把规范性文件的创制和监督管理工作列入监狱工作的重要议事日程，从而为提高规范性文件质量和强化规范性文件的监督管理打下良好的思想基础。

3. 树牢法治意识。要通过宣传、教育培训等途径，牢固树立按照法定权限和法定程序创制规范性文件的法治意识，改变重权力轻义务、重管理轻服务、重效率轻程序的观念，切实杜绝利用规范性文件擅自强化权力等与法治相悖的现象。

4. 坚持问题导向。创制规范性文件时应立足现实需要，着力于解决实际问题。如在体例上，不片面追求完整，只要能解决问题，有几条就搞几条，不搞"大而全、小而全"，切实做到既简明扼要，又具有可操作性。

5. 端正立法思想。要树立"宁可不立法，也不能草率、粗放立法"规范性文件创制思想，对规范性文件创制要做到合理规划，深入调研，集思广益，成熟一个制定一个，使每个规范性文件成为"精品"。

（二）理顺工作机制

1. 坚持民主创制，集中民智民意。建议起草的规范性文件若涉及重大决策的，应当组织有关专家或者研究咨询机构对拟规定的措施进行必要性、可行性、科学性论证；涉及公众重大利益、有重大分歧可能影响监狱安全稳定或者法律规定应当听证的规范性文件，必须听证，并对规范性文件意见稿要利用监狱微信公众号等媒体进行公布，让不同利益群体都能在规范性文件创制中自由地发表意见，公开地反映利益诉求。唯有这样，规范性文件才能在各种观点的碰撞中求取最大民意公约数，才能最大程度地尊重和反映监狱工作的客观规律，充分发挥规范性文件在推动监狱工作科学发展中的引领、规范和保障作用。

2. 开展立法评估，努力做到动态调整。规范性文件实施一定时间之后，坚持尊重事实、客观公正、公开透明、民主参与的原则，围绕其合法性、合理性、可行性、实施效益和权责统一性开展评估工作，发现其中存在的问题，按照"谁起草、谁负责"、下位法服从上位法的原则加以修改完善；对一些不适应监狱发展需要的规范性文件，要及时修订、废止，保持规范性文件与时俱进品格，切实增强规范性文件及时性、系统性、针对性、有效性。

3. 依法创制文件，确保文件体系统一。规范性文件创制时要根据上位法，对不属于监狱的事务不得越权规范，对属于上级组织权限的应及时请示，确保规范性文件内容的合法性。同时，要围绕监狱中心工作，摒弃部门利益倾向，确保规范性文件之间的互相协调统一，避免规范性文件"掐架"发生。需指出的，监狱规范性文件在注重合法性的同时也应注重合理性，即符合社会公序良俗，体现公平正义，做到法理相融。

4. 遵守创制程序，确保实体内容公正。建议起草科室报送规范性文件送审稿时一并将起草说明、依据等材料径送负责法制工作的部门审查，审查后若必须进行听证或在一定范围公开草案广泛征求意见建议，结合听证或征求意见、建议对草案进行充实修改，充实修改后再提请会议集体审议；审议通过后报请省监狱管理局审核，审核通过后印发公布。

5. 坚持科学创制，遵循监狱工作规律。监狱规范性文件创制时要自觉遵循监狱工作规律，把监狱发展的丰富实践作为立法基础，着力选取监狱工作需要又必须通过规范性文件进行调整的事项进行创制；要从监狱工作实际出发，科学划分制度与道德习惯调整的范围，合理界定民警、罪犯和其他人士（如外协人员）的相关利益，让其成为化解矛盾和平衡利益的准则。

6. 强化审核备案，努力提高文件质量。对监狱相关部门审核中发现的问题，起草部门拒不纠正的，要通过通报督促其纠正或建议监狱撤销。要明确实施前必须报送上一级审核，凡是未经省监狱管理局审核的规范性文件不得作为监狱管理的依据实施，彻底消除一些规范性文件创制上的"无法无天"的现象。审核时要把合法性、可操作性以及程序正当性作为重点内容。

7. 严格科学考评，正确指引科学发展。监狱及其管理局将规范性文件制定和监督管理纳入工作绩效考评责任制体系，充分发挥其在文件制定和监督管理中的工作指引和责任传导作用。

（三）强化组织保障

"搞宪法是搞科学。"[1]同样，规范性文件创制工作也是一项专业性、技术性很强的公务活动。当今社会随着知识更新周期不断缩短以及以互联网为核心的信息技术广泛应用，监狱工作面临的形势复杂多变，仅依靠一些人员尤其是个别监狱领导依靠自身知识则很难确保规范性文件的科学性。这需要我们借用外脑或专业团队或专门机构的力量进行评估论证，为监狱创制规范性文件的提供坚实的理论支撑和强大的智力支持。为此建议：

1. 监狱设立法制工作机构。鉴于当前监狱警力严重不足的实际状况，应

---

〔1〕《毛泽东文集》（第六卷），人民出版社 1993 年版，第 330 页。

根据不同监狱押犯规模设立相应的监狱政策研究和法制工作机构并匹配其人员。为此，建议法制工作与政策研究办公室及其人员，民警199名以下的监狱，在监狱办公室内设，人员编制不少2人；200名及其以上的监狱，单独设立，人员编制不少于3人，并规定每增加150名民警增加1名工作人员。其主要职责为：本着维护安全稳定、推动改革发展的优先原则合理安排创制项目，对其他部门起草的规范性文件要提前介入，主动加强沟通协调，防止发生因沟通不到位致使分歧过大导致规范性文件创制久拖不决或"胎死腹中"的现象。

2. 组建专兼职相结合的专业队伍。（1）组建监狱专业队伍。建议监狱应把讲政治、懂法律、钻业务的民警充实到政策研究与法制工作岗位，发挥其在起草和审查规范性文件工作中"中流砥柱"的作用，从源头上确保规范性文件质量。对现有法制人员应通过以会代训等形式开展业务培训，不断提高业务素质。同时，每年新招录民警时招收一些高等政法院校法学专业人才，从源头上提高法制工作人员的业务素质。（2）建立专家咨询团。建议监狱和监狱管理局分别聘请相关领域的专家学者和有经验的实际工作者组成专家咨询团和法律顾问团，充分发挥其在规范性文件创制中的智力支撑作用。

（四）提高立法技术

1. 讲究立法语言。在某种意义上讲，立法语言使用不仅是技术，也是艺术。在监狱规范性文件创制中，对言语要详细推敲，最大限度地做到准确简洁明了。

2. 体例安排科学。要根据规范性文件创制需要该用条款式就用条款式，该用段落式就用段落式，切忌二者混用。另外，对编、章、节、条要做到层次清晰，逻辑合理。

（五）强化建章立制

监狱和省监狱管理局应当建立健全规范性文件制定和监督管理制度，必要时司法部应出台"监狱规范性文件的创制和监督管理规定"，对规范性文件创制和监督管理进行规范，从而使其工作步入规范化、法治化的轨道。

# 论我国狱务公开制度完善

褚荣兴 *

当前，随着我国的依法治国进程不断加快，国家治理体系和治理能力现代化不断向前推进，我国狱务公开制度发展取得了明显成效，但仍然存在一些不足。监狱系统唯有积极迎接面临的挑战，高质量纵深推进狱务公开发展，才能更好地推进依法治监建设，提升监管改造质量和监狱执法公信力。

## 一、深入推进狱务公开的意义

一是有利于全面推进依法治监，实现监狱刑罚功能。

狱务公开是监狱采取各种方式向特定和不特定的对象发布有关信息的活动，其活动开展必须要在有关法律法规和规范性文件的规范下进行。依法治监要求监狱要依照法律法规和规范性文件，依法管理监狱、对罪犯执行刑罚，使监狱各项工作都在法律的框架下运行。狱务公开是依法治监过程中的一项重要内容，丰富了依法治监的方式和路径。深入推进狱务公开，有助于提升依法治监的水平，促进监狱刑罚功能有效发挥。

二是有利于避免滋生腐败现象，提升监狱执法公信力。

要防止监狱执行刑罚过程中腐败现象的产生，维护公正，必须将监狱执行刑罚的活动置于有效的监督之下。[1]长期以来，由于监狱工作的特殊性，面向社会公开的信息并不多，加上一些负面信息的炒作，一定程度上影响了监狱的公信力。狱务公开作为阳光司法机制的内容之一，是我国司法公开的重要组成部分。[2]深入推进监狱狱务公开，能够有效地增强监狱执行刑罚的透明度，提升执法公信力。

---

　*　褚荣兴，上海市新收犯监狱民警。
　〔1〕　参见王延领："对狱务公开工作的思考"，载《河南司法警官职业学院学报》2006年第2期。
　〔2〕　参见高一飞等：《狱务公开基本原理》，中国检察出版社2017年版，第3页。

三是有利于提升民警执法水平，规范监狱执法行为。

通过狱务公开，社会公众、罪犯近亲属和罪犯了解到执法的规范要求以及罪犯的权利和义务，有效提升了社会公众、罪犯近亲属和罪犯的监督效果。同时，也倒逼监狱加强对民警开展警示教育、加大对民警执法业务培训，民警通过学习，规范执法意识不断增强，执法水平得到有效提升。

四是有利于保障罪犯合法权益，调动罪犯改造积极性。

从狱务公开的受益上看，罪犯是监狱中的被管理者，是刑罚执行过程中的被惩罚和改造的对象，无论是民警执法水平的提升，还是社会公众和罪犯近亲属对狱务信息的知晓，都能作用到或间接地反映到罪犯权益的维护上。通过推进狱务公开，有利于保障罪犯知情权，使罪犯切身地感受到监狱管理的法治化、科学化，从内心深处接受改造，进一步提升改造质量。

## 二、我国狱务公开制度的发展历程

我国狱务公开的实践要早于立法。经过实践部门的积极探索和有关规范性文件及关联性文件的陆续出台，我国狱务公开制度发展逐渐趋向成熟。根据重要事件的时间节点和狱务公开程度的不同，我国狱务公开大致可以分为早期萌芽阶段、发展起步阶段、全面发展阶段。

### （一）早期萌芽阶段

在新中国成立后的很长的一段时间内，我国监狱工作具有较为浓厚的封闭性，充满了神秘感，尽管一些出版物等对监狱的情况有所披露，但缺乏让人们了解监狱事务的狱务公开制度。因此，在那个时期中，不仅监狱外面的社会公众对监狱知之甚少，即使在监狱中工作的一般人员以及在监狱中服刑的罪犯，对于很多监狱事务的了解也是有限的。[1]此阶段主要时间是从新中国成立后到改革开放前，狱务公开的程度为基本不公开。

### （二）发展起步阶段

20世纪80年代开始，受我国改革开放大环境影响，大部分省市监狱系统逐步开始解放思想，陆续出现探索狱务公开的尝试，如1982年3月23日，甘肃省劳动改造管教队第二支队首次邀请37名罪犯家属来狱参观座谈，从罪犯

---

〔1〕 参见吴宗宪：《监狱学导论》，法律出版社2012年版，第450页。

家属中收集对监狱工作建议、意见以改进监狱工作。[1]1999 年 7 月 8 日，司法部印发《监狱系统在执行刑罚过程中实行"两公开一监督"的规定（试行）》（以下简称《"两公开一监督"规定》），明确了 7 项需要公开的内容，对公开的形式也作了具体列举，这是我国第一次对监狱系统执行刑罚过程实行公开提出要求的规范性文件，为后期狱务公开制度的发展吹响了号角。2001 年 10 月 12 日，司法部公布《关于在监狱系统推行狱务公开的实施意见》（以下简称《实施意见》），首次以部门工作文件的形式确立了我国狱务公开制度，拓展了传统的公开方式，规范了开放内容、开放方式和监督渠道，为我国监狱系统开展狱务公开提供了法律支持。

（三）全面发展阶段

2014 年 10 月 23 日，党的十八届四中全会通过了《中共中央关于全面推进依法治国若干重大问题的决定》，决定指出："构建开放、动态、透明、便民的阳光司法机制，推进审判公开、检务公开、警务公开、狱务公开，依法及时公开执法司法依据、程序、流程、结果和生效法律文书，杜绝暗箱操作。"这一决定，首次将狱务公开写入党的文件，并将狱务公开与审判公开、检务公开、警务公开并列为阳光司法机制的重要组成部分，也对狱务公开提出了新的、更高的要求，从此我国狱务公开制度发展进入全面发展阶段。2015 年 4 月 1 日，司法部总结实践中狱务公开制度的成功经验，结合我国国情，根据最新的政策和最高人民法院、最高人民检察院的有关规定要求，制定公布了《关于进一步深化狱务公开的意见》（以下简称《深化意见》），提出利用现代信息手段拓展公开渠道、不同对象采取不同的公开方式等要求，标志着我国狱务公开制度向高质量发展方向推进。

## 三、我国狱务公开制度的实践现状

（一）当前我国狱务公开制度的基本内容

狱务公开是一项系统性工程，涉及公开的对象、内容、方式和监督等机制。当前，我国的狱务公开制度实践依据主要是司法部 2001 年公布的《实施意见》和 2015 年公布的《深化意见》等规范性文件。

---

〔1〕 参见牟九安："70 年甘肃省狱务公开的回顾与反思"，载《犯罪与改造研究》2020 年第 4 期。

1. 公开的对象与内容

《深化意见》第三点"进一步深化狱务公开内容"中，对狱务公开对象与公开内容采取了列举的形式进行了明确，将公开的对象明确为社会公众、罪犯近亲属及罪犯等三类。其中，对社会公众公开的信息主要列举了包括监狱的性质、任务和职责权限，民警的权利、义务和纪律要求，罪犯收监、释放的法定条件和程序，罪犯的权利和义务等23项内容。对罪犯近亲属公开的信息范围在普通社会公众公开的基础上，主要增加了包括监狱的名称、地址及联系方式，对监狱提请罪犯"减、假、暂"建议有异议的处理方式，罪犯教育考试考核结果、劳动项目、劳动报酬等评估情况等10项内容。对罪犯公开的信息，除了前两项内容外，还向罪犯全面公开监狱执行刑罚和管理过程中的法律依据、程序、结果，以及对结果不服或者有异议的处理方式。

2. 公开的主要方式

《深化意见》中对创新狱务公开方式方法，分别从对罪犯、对罪犯近亲属、对社会公众三个层面提出了意见。对罪犯进行公开的方式主要是传统型方式，如狱务公开栏、狱内报刊等，同时也建议开发利用信息查询终端等，丰富公开形式。对罪犯近亲属公开的方式，主要是在会见场所设置一些公开栏、信息查询终端，在门户网站、微信公众号等上设置查询信息的手段。对社会公众公开方式，主要为利用门户网站、政务微博、微信公众号等新媒体发布有关信息。

实践中狱务公开方式，具体可以分为狱内和狱外两个方面。对狱内公开主要可以概括为三类：一是传统公示，如监区罪犯"三大现场"的公示栏、监狱自办报刊等；二是新科技公示，如利用闭路电视、电子显示屏等；三是自主查询方式，如罪犯信息查询终端等。对狱外公开主要可以概括为四类：一是传统公示，如通过门户网站、会见场所公示等；二是新媒体公示，如利用政务微博、微信公众号、抖音视频等；三是传统送达，如向罪犯近亲属寄发《告罪犯家属书》，向来监考察参观的社会人员发放《狱务公开手册》等；四是新媒体查询，在门户网站、微信公众号设置查询端口等。

3. 公开的监督途径

《实施意见》中对狱务公开的监督途径进行了规定，分为外部监督和自我监督。其中，外部监督包括接受人大、政协和人民检察院的监督，接受舆论和公众的监督。监督的渠道包括设立举报电话、设置监狱长信箱、建立监狱长接待日和聘请执法监督员。后来颁布的《深化意见》中，又从聘请范围、明确工作职责和权限等方面对健全完善执法监督员制度提出了意见建议。

（二）当前我国狱务公开制度存在的不足

1. 狱务公开的组织架构不清晰

狱务公开是一项系统性工程，涉及监狱工作方方面面。在进行狱务公开时，罪犯的减刑、假释、暂予监外执行由刑罚执行条线负责，计分考评、分级处遇由狱政管理条线负责，"三课"教育、认罪悔罪等级由教育改造条线负责，罪犯劳动改造情况的信息由劳动管理条线负责，等等。信息发布的部门众多，看似各司其职，实则"各扫门前雪"，条线之间的沟通协调不够，造成公示前后矛盾，例如罪犯的处遇等级就受到认罪悔罪和劳动等级的限制，若认罪悔罪或劳动等级的变动就可能会影响到罪犯处遇等级的变化，沟通不畅的话，可能会造成前后公示内容的相互冲突。在对罪犯近亲属和社会公众狱务公开时，往往由外宣部门负责，内容需要经过保密部门的审核，承担定期公示的部门是刑罚执行条线，信息层层把关，审核更新较慢。另外，各省、市、自治区、建设兵团监狱管理局都能建立局级政府门户网站，但也有一些省市尚未实现设立基层监狱门户网站的目标，致使狱务公开平台建设精细化不够。

2. 狱务公开的法律制度不完善

目前各省市监狱系统都制定了关于狱务公开的规范性文件，但制定的依据主要都来自司法部的《"两公开一监督"规定》《实施意见》《深化意见》三份文件。从内容层面来看，狱务公开的内容、范围、方式和程序都有了较明确的规定，实践上进行了不断探索，取得了较好的社会效果。但目前我国狱务公开的法律制度体系还不完善。一方面，关于狱务公开的规定主要来自上面三份政府部门规章，法律位阶较低，若规定内容与上位阶的法律法规相冲突时便无效；另一方面，我国现行狱务公开制度较为零散，如关于刑罚执行方面的狱务公开要求，除了司法部的规范性文件，法院系统和检察院系统也都有规定，不同部门、不同时期制定的规范性文件难免存在表述和内容上的差异，甚至有存在相互冲突的现象。

3. 狱务公开的内容信息不合理

当前，开展狱务公开工作中公开的内容往往是按照《实施意见》和《深化意见》的要求，即从罪犯、罪犯近亲属和社会公众三个方面对公开内容进行列举，对"法律、法规、规章和其他规范性文件规定的应当向社会公开的内容"和"监狱认为需要向罪犯亲属公开的其他信息"等兜底条款的把关严之又严，公开内容范围仍然不够大。同时，要求对公开对象也仅规定了此三方面，缺少对"受害者"等利益相关人及检察院等监督机关公开内容的规定，实践中对利益相关人更缺少狱务公开的具体操作，对检察机关的公开内容形式也很难做到规范统一。另外，实践部门在狱务公开的内容把关上存在主观选择的迹象，具体体现为："内严、外优"，即对罪犯公开，除了规定的基本内容外，多重视对罪犯违规违纪等处罚公示，以达到严肃监规监纪、整治罪犯行为规范的目的；而对社会公众的公开，除了完成规定的基本内容外，往往更多展示的是监狱取得的成绩，如定期制作发布监狱宣传片等。

4. 狱务公开的队伍素养不过硬

实践中狱务公开的队伍素养并不尽人意，具体表现如下三个方面：一是实践中并没有狱务公开专门的部门，更没有专门负责狱务公开的过硬民警队伍，各条线在对罪犯进行狱务公开往往都是"各司其职"，"兼职"负责本条线的狱务公开的内容，对其他条线的公开内容了解不多，其他不负责狱务公开的普通民警了解得更少；二是少数民警对狱务公开的认识上存在思想偏差，遇到对一些公开内容范围理解不透的，加上"多做多错"的思想作祟，往往采取"多一事不如少一事"的保守做法；三是部分民警对狱务公开业务知识掌握不熟，有关制度学习不深入、理解不全面，对狱务公开的要求把握不准，影响了狱务公开的深入开展。

5. 狱务公开的监督体系不健全

《实施意见》中规定，狱务公开的监督途径主要包括接受人大、政协、人民检察院、舆论、公众的监督和监狱机关自我监督。从实践效果来看，目前监督功能发挥较好的是检察院的监督和监狱自我监督，人大、政协、舆论和公众监督效果不够明显。而人民检察院对监狱通报的狱务信息监督往往是出了问题"事后查案"，而不是事前、事中督察，[1]事前预防的作用发挥不明显。另外，新闻媒体是一个非常有效的监督主体，但进入监管区进行实地监督，需要经过层层审批，摄影摄像物品严禁带入监管区，进入时间有严格的

---

〔1〕 参见王汝唯："湖南省狱务公开中存在的问题及对策研究"，湖南大学 2016 年硕士学位论文。

限制。从监督途径上看，司法部规定了设立举报电话、设置监狱长信箱、建立监狱长接待日、聘请执法监督员制度等。实践中，前三项发挥了一定的积极作用，而监狱机关自己聘请的执法监督员"监督自己"，往往形式大于实质。

## 四、对完善我国狱务公开制度的建议

### （一）重构狱务公开组织架构网络

只有重构狱务公开组织架构网络，拥有强有力的组织领导和各部门之间密切配合，才能实现狱务公开的新发展。因此，建议在部监狱管理局、省市监狱管理局、监狱层面分别设立狱务公开领导小组，由所在单位主要党政负责人任组长，负责狱务公开领导工作；下设工作小组，具体负责狱务公开日常工作。条件成熟的可以设置狱务公开职能部门，根据实际工作配备人员编制。由此，形成一个由领导小组全面领导、工作小组全面负责、各条线参与配合自上而下的多层次狱务公开组织架构网络。领导小组负责审议权限范围内的狱务公开规范性文件、研究公开权责分配等重大事项；工作小组全面负责本单位狱务公开组织协调工作，草拟工作计划、总结，狱务公开栏目设置和内容把关，对各条线狱务公开工作检查指导和考核，开展狱务公开业务培训等；各条线负责本条线狱务公开工作，协助配合工作小组开展狱务公开。部监狱管理局负责对省市监狱系统的狱务公开的信息审核、工作考核和部局门户网站的具体狱务公开工作，省市监狱管理局负责对辖区全部监狱狱务公开的信息审核、工作考核和省市监狱管理局门户网站具体狱务公开工作。

### （二）完善狱务公开法律制度体系

良法是善治之前提，立法是法治的"最先一公里"。[1]笔者认为，要加强狱务公开立法，完善狱务公开法律制度体系。首先，要提高法律位阶，目前我国还不具备制定"狱务公开法"的条件，但可以将狱务公开的原则、内容、方式和监督等有关纲领性、原则性规定写入《中华人民共和国监狱法》《中华人民共和国刑事诉讼法》等法律中。其次，欲解决狱务公开制度依据零散的问题，建议由最高人民检察院、最高人民法院和司法部等联合制定有关

---

〔1〕 参见中共中央宣传部理论局：《中国制度面对面：理论热点面对面·2020》，学习出版社、人民出版社2020年版，第78页。

狱务公开的意见或规定，对写入法律中的内容进行解释和进一步细化，作为司法解释、部门规章等规范性法律文件，能有效解决表述不一、相互矛盾冲突的问题。最后，具体狱务公开执行部门结合实际情况颁布规范性文件，这类规范性文件法律位阶较低，但具有极强的可操作性。

（三）理清监狱信息公开系统脉络

监狱是兼有行政与司法双重性质的国家机关，也就是与司法相关的行政机关，其本质是行政机关，司法属性只是其中一个显著特征。[1]因此，监狱除了要严格执行司法行政、检察院和法院机关有关狱务公开要求，还要根据《中华人民共和国政府信息公开条例》要求，进行政府信息公开。笔者认为，可以结合当前工作实际，将监狱信息公开分为狱务、政务和队伍三类。狱务公开，主要是监狱在刑罚执行过程中所发布有关信息的工作制度，应当结合前期具体实践经验和存在不足，增加检察院、利益相关人员等对象的公开内容，重点破除"内严、外优"的公开现状，进一步提升狱务公开效果。政务公开，是指监狱作为行政主体在履行职责过程中依法进行政府信息公开，例如重大资金项目等信息的公开。队伍信息公开，主要是指监狱系统将有关组织人事基本情况向社会公众公开的一项工作，目的是防止腐败和提升监狱机关执法公信力，公开内容至少应该包括三类，一是主要领导成员及责任分工；二是有关人员编制及人事任免、民警招录等情况；三是有关人事奖励惩罚情况。

（四）加强狱务公开民警队伍建设

过硬的民警队伍是狱务公开高质量发展的保障，特别是随着狱务公开深度和广度的拓展，对狱务公开民警的要求也提出了越来越高的要求。笔者认为，可以从三个方面加强狱务公开民警队伍建设：首先，要挑选政治过硬、业务精通的精兵强将作为狱务公开的主力军，专门负责本单位狱务公开的深入推进工作；其次，要加强民警队伍的思想教育，特别是单位领导和与狱务公开工作相关的民警，必须充分认识到深化狱务公开的重要意义，使得狱务公开工作得到普遍重视；最后，要加强民警狱务公开业务培训，尤其是狱务公开岗位民警，要加强对狱务公开标准化、专业化的培训，同时也要加强保

[1] 参见李富健："论我国狱务信息公开制度的完善"，华中师范大学2018年硕士学位论文。

密业务培训，确保能够准确界定公开和保密的界线，进而打造一支政治过硬、业务理论素养和工作水平高狱务公开队伍，为全面推进狱务公开提供队伍保障。

（五）构建狱务公开长效监督机制

实践中的狱务公开监督作用发挥主要来自检察院监督和监狱的自我监督。前者存在事后监督的影子，后者缺乏成熟固定的制度体系，因而必须构建长效的监督机制。笔者认为，一方面，要继续做好内部监督，监狱系统纪检监察部门要将狱务公开工作纳入到警务督察工作任务中去，采取定期和不定期、专项和联合等方式进行督察，对督察结果兑现单位考核和责任民警绩效考核。另一方面，外部监督方面要敢于创新，具体可以从以下三点思考，一是监督的主体要进一步扩大，考虑将利害关系人引入监督主体，逐步探索将一些利害关系信息向利害关系人公开；二是丰富外部监督形式，建议建立人大、政协、新闻媒体申请入监狱制度，规范设置建议反馈程序，畅通意见反馈渠道，确保监督实效的发挥；三是建议由各级人大组织聘请执法监督员，作为国家的权力机关，人大享有宪法赋予的监督权力，各级人大组织执法监督员开展检查、监督狱务公开执行情况具有法理说服力，避免"监狱机关从外界聘请人员监督自己"的制度漏洞，提升监督效果，增强监狱执法的社会公信力。

# 监狱现场执法环境实务研究

魏　峰　殷耀斌　邱平祥 *

监狱执法现场是一个危机四伏、风险频发的不确定环境。如何进一步完善、优化现场执法环境，营造民主、法治、公平、正义、安全的监管改造环境，是新时代监狱工作者必须直面的重要课题。《中华人民共和国监狱法》（以下简称《监狱法》）虽然对监狱实施的主要执法行为进行了相应规定，但是并没有全部涵盖现场执法环境的所有内容，比如动态特征明显的现场点评、表扬激励、处遇措施以及移动中的押管警戒、使用戒具及武器等目的性、指向性确定的行政执法行为，《中华人民共和国监狱法（征求意见稿）》（以下简称《监狱法（征求意见稿）》）一定程度上弥补了这种不足，特别是在原有体例结构上增加了"生活卫生""法律责任"两章，对于监狱法学"实务应用"研究，特别是优化监狱执法环境提供了法治思路。

## 一、现场执法环境的提出

现场执法环境，是伴随整个监狱现场管理全过程各种执法环境的总和，是监狱法学实务研究最基本的素材和标本，广义地说，现场执法环境包括硬环境、软环境，此处所述现场执法环境，是其最核心的法治环境，主要是针对在押罪犯教育改造"三大现场"而言。主要包括法律要素、文化要素、政治要素、社会要素等方面，涵盖了监狱执法的所有程序、方法和技巧，既是监狱功能发挥和实现价值的外在形态，更是监狱工作法制化、规范化和科学化要求的直接体现，是研究监狱执法环境的最佳样本和实证素材。

其主要特点表现在：

1. 政治性，监狱是政治机关，国家暴力执法机器，现场执法环境不可避

---

　　* 魏峰，青海省监狱管理局办公室主任；殷耀斌，青海省监狱管理局办公室副主任；邱平祥，青海省监狱管理局办公室一级主任科员。

免地要打上统治阶级的意志烙印，代表最广大人民的利益。

2. 法定性，现场执法是监狱机关执行国家刑事法律的活动，执法过程和基本动作都是法定，创新和发挥的余地不大。

3. 专业性，监狱是专门执行刑罚的国家机关，主要适用《监狱法》，执法主体和执法对象都是特定群体，职业化、专业性要求较高。

4. 程序性，现场执法过程中，任何措施须严格依照法定程序和要件办事，绝不能打折扣，并全程留痕、保存证据、采用书面形式方可作出处理决定。

5. 强制性，虽然存在申诉救济渠道，但民警依照法定职权和程序，贯彻实施法律的活动，罪犯必须配合与服从，它包括一切执行法律、适用法律的活动。

6. 裁量性，现场执法民警可以根据自己的认知，根据法律的授权，有针对性地主动采取行动。如调整习艺岗位、谈心谈话，包夹、联号等预防性措施。

现场执法环境可能不是立法的出发点，但一定是刑事法律体系的重要着力点，至少是落脚点之一。现场执法环境的优劣，直接影响着一个监狱的执法水平、管理水平特别是监管安全水平，同时也直接影响着罪犯习惯养成、教育改造质量提升水平，最终对监狱现代化治理能力建设产生重要影响。

## 二、现场执法环境衍生的风险点

现场执法环境最大的特点就在于"现场"两字，这是一种特定环境下维持现场动态平衡稳定的连续性动作，是监狱刑罚执行职权在现实管理中的具体体现。与宏观执法、司法不同，现场执法环境更像是一个个特定的社会微环境管理的总和，更依赖和注重于执法人员职业化、专业化的能力水平，执法过程中不确定的因素常常使其在法与理、守规与失据之间徘徊，从而产生一些"失位""缺位""错位"的风险。

1. 思想道德风险。对每一名现场执法的监狱民警而言，思想道德风险是时时处处存在的，主要表现在：理想信念动摇，法治观念淡漠，重业务知识学习轻政治理论学习，"三观"不正，行为失范，放弃责任，背离宗旨，贪图享受，以权谋私，缺乏应有的自律、自省、自警、自励意识等。

2. 权力职责风险。由于现场执法民警存在一定的自由裁量性，且其权限具有一定的主动性、法定性、不可诉性等，加上现场执法工具不足，现场民警责任边界模糊，稍不注意，就会产生越位、缺位、渎职、失职等行为。如罪犯劳动岗位的安排与调换，日常考核中劳动任务的下达与验收，减刑、假释中有关罪犯个人表现的描述，保外就医的办理，奖励的分配，违规违纪情况的处理，会见人数、次数，亲情电话次数、人员范围，信件的邮寄、发放等敏感环节。

3. 程序规范性风险。实践管理中，各个部门间的职责划分十分清晰，但是"上头千根线，下面一根针"，上面所有的工作要求，最终都要在现场执法管理的民警工作中得到体现。导致现场民警执法身份多元、执法边界模糊、责任重叠、权责失衡。一些监狱，在制定现场管理制度时，常常出现"两个极端"，要么不够细化，操作空间存在制度性漏洞；要么过度追求标准化，连现场管理文书都提供了样板标准，不容许做出自行修改或变通执行，导致现场民警执法时对制度的敬畏变为恐惧，形成了寒蝉效应，辐射开来。

4. 外部环境风险。随着社会关注度不断提高，现场执法民警成为一些人和势力"攻关"目标。加之社会不良风气对执法行为的侵蚀、个别领导官本位思想、潜在的不良晋升规则等，导致现场民警时时刻刻都要经受360度风险考验。如，身边同事朋友请托，个别领导授意施压，罪犯及其亲属出于有利于自身利益目的，有靶向地模糊身份界限、授其钱物、请吃送喝，违规违纪"捎买带"，寻求照顾等。

5. 过度维权风险。主要源于法律规范的不完善，近年来，包括《监狱法（征求意见稿）》在内，保护罪犯合法权益的要求和规定逐步完善，但是保护民警执法权力和自身合法利益方面却相对滞后，某种程度上监狱民警没有得到同等立法待遇。加上一些地方内部管理粗放，导致罪犯违法违纪气焰嚣张，罪犯维权过度倾向明显。特别是个别罪犯假借维权之名，混淆是非，无理取闹，使民警管理缩手缩脚，或无所适从。

## 三、现场执法环境风险点的法理维度分析

对于现场执法环境风险点，可以从人性趋利避害的内在认知去认识，也可以从集体与个体、整体与局部的社会层面去分析。顺应全面依法治国的时代要求，立足于监狱治理现代化时代课题，有必要对现场执法环境中的风险点进行法理维度的分析。监狱现场管理具有风险高、压力大、责任重等特点，说现场民警坐在"火山口""炸药桶"上实不为过，因而对其进行相应的条

块分割、配置不同的"责、权、利",相向而行,共同推进现场执法管理是必要的。然而,前述现场执法环境中存在的风险点,不仅与监狱刑罚执行的宗旨要求不符,妨害监狱机关公平正义执法机关形象,而且一旦发生甚至形成舆情,轻则违纪、重则违法。

(一)现场执法环境风险点存在的基本逻辑

监狱的刑罚执法活动是司法行政工作的具体内容,因而对现场执法环境风险点进行法理维度的分析就不能离开行政执法规律的基本特性。一方面,行政执法是一种社会管理行为,是由无数个相互关联的管理细胞组成,正是有了这种关联性,辅之以行之有效的行政法律约束,社会才得以平稳发展。另一方面,行政执法最终要靠具体的人来落实,人性的个体性使人具有不同程度的自利性,这种自利性使人"只顾自己的欲望与要求,不惜牺牲别人来满足这些欲望和要求,并克服一切对这些欲望与要求的阻力。"〔1〕一旦在执法过程中遇到危及个人或部门利益的风险,避开风险、保障自身利益和执法权益是作为人的本性的第一反应。将人的自利性延伸到不同利益关系的认识和处理中,本位主义就随之产生。毛泽东说过:"'以邻为壑',全不为别部、别地、别人想一想,这样的人就叫本位主义者。"〔2〕中国漫长的封建社会强化了"官本位"的设计,人们以自己或部门利益为中心与他人建立各种关系,形成"大千世界皆以我为中心"的社会网络,这样的社会传承和自我认知叠加到行政执法环境中,使本位主义获得存在的空间。在面对自己与他人、本部门与其他部门的利益纠葛中,除非有上级主管部门统一协调,否则维护自身利益通常是人们的第一选择。

(二)现场执法环境风险点的违法性质

不同环节上的现场执法环境风险点具有不同的性质,对于现场执法环境风险点的性质也可以从不同角度认识。对于现场管理中可能出现的风险点,从法律角度去认识可以得出其具有违法性质的结论。《中华人民共和国刑法》《中华人民共和国行政法》《中华人民共和国行政诉讼法》《中华人民共和国刑事诉讼法》《中华人民共和国公务员法》《中华人民共和国人民警察法》等

〔1〕[美]罗斯科·庞德:《通过法律的社会控制》,沈宗灵、董世忠译,商务印书馆1984年版,第81页。
〔2〕《毛泽东选集》(第三卷),人民出版社1991年版,第824页。

都明确体现了法律面前人人平等以及公务人员涉及违法违规风险点的禁止性条文。特别是《监狱法》，从九个方面明确列举了监狱的人民警察不得从事的行为，否则，构成犯罪的，依法追究刑事责任；尚未构成犯罪的，应当予以行政处分。《中国共产党纪律处分条例》也从政治规矩和纪律要求上进行了具体规定，所以，不论是哪一类现场执法的风险点，也不论触及风险底线的是监狱警察还是服刑罪犯，其越线的本质都具有一定的违法性质。从防范管理角度看，明晰了现场执法环境风险点的违法性质，就可以进一步明晰其法律后果，以未雨绸缪，关口前移、防患于未然。

特别需要指出的是，判断和平衡现场执法环境的风险时，要强调机会平等和保护平等的法治价值，重视警囚关系的动态协调，不应过分强调对罪犯法律权利的保护，更应该注重民警执法权益的法律保护，尤其要强调监管环境下警囚之间权利义务不对等、有差异的法律保护。

## 四、优化现场执法环境的有效途径

现场执法环境建设的过程，其实就是一个风险防范的过程。由于现场执法环境的风险点具有违法的性质，且监狱现场执法必须依法而行，因而，有必要探索一套易操作、可推广的建设路径，全闭环构建优化现场执法环境的"七大机制"，既体现严格监管、公正执法的法度，又展现以人为本、服务总体国家安全观的温度；从根本上改变改造对象的立场，促使其思想和行为回归到合格公民的轨道上来。

### （一）构建政治改造工作再延伸机制

毛泽东同志曾说过，政治工作是经济工作和其他一切工作的生命线。坚持党对监狱工作的绝对领导，有利于牢牢掌控政治风险防范的主动权，有利于现场执法环境的持续优化。要将政治改造有机渗透、影响并带入监管、教育、文化、劳动改造的方方面面，凸显基层党组织战斗堡垒、政治核心作用和党员的先锋模范作用，突破现场管理是现场民警责任的思想。要以政治教育作为政治改造主战场，根据需要，将政治干部派遣到现场一线，立体式开展政治思想工作，做到懂警心，说警话，办警事，支持政治干部参与现场管理。要建立思政精品课程体系，打造专业思政教师队伍，引导罪犯牢固树立公民意识、国家意识，厚植爱国主义情怀，不断提升罪犯自觉接受教育改造的自觉性。

（二）构建社会主义法治理论实践机制

优化监狱现场执法环境，习近平治国理政重要思想和法治理论是重要的引领，积极开展实务研究、实证研究和应用研究，构建社会主义法治理论实践机制，不断使监狱执法环境与新时代新要求相适应，为优化监狱现场执法环境、实现全面依法治监提供理论指导和学理支撑。要与普法教育和宪法教育相结合，强化以宪法为根本的法治、道德和纪律教育，强化社会主义核心价值观塑造，进一步拓展时事政策教育，以灵活多样的方式激发罪犯自觉开展政治改造的内在动力，重塑罪犯劳动观，立体化、全方位落实劳动改造的习惯养成。同时，还要加强包括文化环境、法治理念、行为模式、习惯养成等需要久久为功的柔性要件，把监区文化活动全面融入现场执法全过程，在教育方式、教育对象、教育内容、教育载体、教育方向、教育机制创新上突出现场特点，打造团结友爱、和谐相处、互促互进的"监舍"文化，令行禁止、规范有序、执行严格的"监规"文化，勤奋学习、崇尚先进、积极向上的"改造"文化，同时引进罪犯投诉处理机制，疏导罪犯心理压力，使罪犯合法权益得到有效保障，彰显监狱执法公信力。

（三）构建具有现场执法特点的绩效考核机制

优化监狱现场执法环境，和实施主体法律不同，既不能完全受"法无明文规定不可为""法无授权则无权"的制约，也不能千人一面、千人一策，要根据现场执法实际因地、因时、因势制宜，精准施策、精准执法，激励民警主动作为、善谋勇为、勤勉履职。监区要在相关科室指导下，建立符合自身工作特点的考评制度、考评标准和考评方式，特别是要加大重点岗位、重点人员、重点器械、重点区域以及谈心谈话等工作管理的考核比重，提高现场执法民警对现场执法风险的防范的思想重视程度和参与度，通过自我评议、民主评议相结合方式，结合监狱有关规定对每名民警公正规范执法情况进行量化考核。考核过程要突出工作实绩、法律应用、流程管理等，同时要注重即时公开，按照规定进行公示，经得住全体民警的监督。

（四）构建现场执法创新长效机制

司法体制改革特别是监狱体制改革是优化现场执法环境的核心基础。要大力推进现场执法规范化、信息化建设，把现场执法和科技创新结合起来，加强执法信息共享，建立统一的执法信息平台，完善网上执法办案及信息查询系统，主动适应改革发展需要，实现现场执法环境建设与改革决策相衔接，在改革中不断创新、完善、优化现场管理长效机制。要紧紧抓住现场人、事、物全程实时受控这个关键，将机关、科室、监区、现场各类人员各归其类、各司其职、各尽其才。坚持有职有权、有权有责、职权责相适应原则，细化现场管理民警职责，建立岗位职责清单，厘清权力边界，将岗位职责、权力配置、责任赋予落实、落细、落小。并围绕岗位职责，设立个性指标，健全完善管理链条，积极构建上下结合，左右协同，全程闭环的管理机制。要以风险排查防控为重点，建立以危险性为核心要素的罪犯危险性评估运转模式，定期组织排查会议，根据各岗位可能出现的抗改等可能性，将风险按高、中、低进行划分等级，建立三级预防机制，通过建立现场执法风险档案，标识不同颜色片子进行常态化警示，风险等级要及时更新，对出现风险等级上升的事态，监区要及时介入，通过谈话提醒、事前预防、处置相关人员，召开专题会议进行评价，同时报有关部门备案。

（五）构建现场管理首问责任制

《监狱法（征求意见稿）》第24条："监狱人民警察在执法活动中应当依法收集固定相关证据。"这是我们付出了沉重代价换来的经验教训。监狱现场执法，有时受上级领导左右的概率极大，迫切需要首问责任制这样的机制来理顺管理机制、保护执法权威、扼制不良风气。构建现场管理首问责任制，首先要抓住领导这个"关键少数"，管好用好现场执法民警"绝对多数"，规范执法辅助人员管理，明确其适用岗位、身份性质、职责权限、权利义务、聘用条件和程序等。各级领导干部作为具体行使党的执政权和国家刑罚执行权的人，对依法治监可以起到关键的推动作用，要通过构建现场管理首问责任制，强化领导班子建设，强化执法程序意识，及时化解警囚矛盾，减缓警囚冲突。构建首问责任制，还要对民警执法过程全留痕，对领导过问执法过程全记录，对于职责范围内的事项当办不办、推责诿过，或滥用职权、野蛮执法、吃拿卡要等违法违规行为，应当由监狱纪检监察部门根据有关规定给予纪律处分，构成犯罪的，依法追究法律责任。

（六）构建现场执法监督监察机制

不受监督的权力往往造成更大的损害。现实管理中，监管安全部门化倾向严重、争权诿责现象较为突出，部分民警遵法、守法、信法、用法、依法维权意识不强，一些部门人员特别是中层领导干部依法办事观念不强、能力不足、知法犯法、以言代法、以权压法、徇情枉法等问题，要求构建完善的警务督察机制，筑牢监狱安全防线。首先，要进一步推进法治组织体系建设、法治网络体系建设、法律评估体系建设，切实建立自上而下和自下而上双向监督机制，做到由被动监督转向主动监督，由事后监督向事前、事中、事后监督相结合的全程监督。其次，管理部门应当担负起顶层设计的重要职责，在充分协调沟通和深入调查研究基础上，起草制定带有行业规范性质的职业行为规范、风险防控与职业保护条例等类似规定，使广大监狱民警对日常执法活动行为、情节把握，事故认定、责任追究、免责条款等有清醒而准确的认识。最后，是要改变固有的被动处置思维，变被动为主动，注重将工作重心转移到执法风险的事前预防，把规范执法、依法用权和现场处置等情况列入督察重点，与绩效考核挂钩，在科学分析、准确研判基础上，积极回应现场执法民警的期待，保护民警合法权益，严惩罪犯暴力要挟，对抗管教行为，切实保障民警依法履行职责。同时抓好廉政教育，营造氛围，引导现场民警保持对权力的敬畏，对权力的边界及其具有的腐蚀性要有足够的认识，把自己的权力限定在法律框架内行使。

（七）构建现场突发事件处理机制

突发事件是监狱狱内矛盾冲突叠加导致危机暴发的一种特殊形态，绝大部分突发事件都是在执法现场发生的，因此，各地各级监狱都十分注重突发事件的预防处置工作。突发事件处置得好，不仅可以更好地维护监狱安全稳定，还可以举一反三，总结经验，丰富监狱处置突发事件的能力水平；相反，如果处置不利，反而会损害监狱执法公信力。

现场执法管理中，可能遇到的突发情况有：警戒设施被破坏；罪犯家属及个别社会闲散人员冲击单位；罪犯越狱；罪犯违规（打架斗殴、顶撞民警、不服从管理、私藏私带违禁违规品、自伤自残等）；罪犯精神异常、病情发作导致伤害他人及自己；突发疾病导致生命危险；罪犯食物中毒；停水停电；火灾地震等。可见，突发事件的预防牵涉方方面面的工作，是一个系统性的综合工程，因此，在成立领导组织机构的同时，还要配备专职的应急处突的民警队伍，如狱内110中队、特勤队、督导组等，加强日常巡逻，及时排查问题、发现问题、处理问题，将排查关口前移，注意细节变化，特别是重点地方、执法程序、心理疏导等方面的新情况，及时应对，确保消除隐患。在建立处突预案时，还要考虑到现场执勤民警的管理权限、从事窗口工作的民警以及夜间值班民警的履职要求，充分利用直接管理、视频取证、特岗罪犯、接见监听，生命探测仪、手持探测器，安检门等技防工具，全方位、全时空、立体监控执法现场，不留任何死角，做到人员位置看得清，突发情况辨得明。在加强预案演习时，要加强预案演习的震慑和威慑作用，注意与驻狱武警部队的密切协调配合，明确程序责任，确保一旦有事，按方案进行处置。要畅通各类信息，包括相关部门、单位领导的联系方式、相关罪犯的基本信息、周边地域的敌情社情，确保有的放矢，果断处置；要及时向上级报告，做到上下信息互通，接收指令及时，确保预案得到完全贯彻执行，危险隐患消除在萌芽之中。

# 浅议罪犯刑事奖励制度的稳定性

屈直俊　　何俊芳 *

　　无论是罪犯刑事奖励制度的制定者还是执行者，大都重视罪犯刑事奖励制度的稳定性，希冀通过刑罚执行过程及成效的可预期性、确定性和稳健性，最大限度发挥刑罚功能，促进罪犯改造工作安定有序、平稳可控，并持续走向深入，为罪犯顺利回归社会提供良好价值指引，最大程度实现刑罚功能所必备的矫正正义。

## 一、问题源起

### （一）案例简述

　　侯××因故意杀人罪被判处无期徒刑，于 2002 年至 2018 年在××省××监狱服刑，2015 年侯××第四次减刑后，根据最高人民法院 2012 年公布的司法解释《关于办理减刑、假释案件具体应用法律若干问题的规定》（下称"12 司法解释"）第 6 条规定，其再次减刑间隔时间为一年以上，16 年底即可提请减刑。2016 年 11 月 14 日最高人民法院公布《关于办理减刑、假释案件具体应用法律的规定》（下称"16 司法解释"），根据第 6 条第 3 款"……被判处十年以上有期徒刑的罪犯，两次减刑间隔时间不得少于一年六个月，减刑间隔时间不得低于上次减刑减去的刑期"的规定，侯××减刑间隔时间相应被延长，2018 年第五次减刑实际获减 3 个月。刑满后，侯××向××监狱提起国家赔偿请求，称赔偿义务机关××监狱未按照"12 司法解释"对其提请减刑，"16 司法解释"的应用导致其服刑期被延长，延缓报请减刑的行为侵犯其人身权并造成损失，××监狱应承担国家赔偿责任。

---

　　* 屈直俊，四川省监狱管理局政策法规处处长、公职律师；何俊芳，四川省监狱管理局政策法规处四级调研员、公职律师。

（二）争议处理的不同主张及其理由

该案件之所以被提起，在于侯××最后一次减刑时是适用"12 司法解释"还是"16 司法解释"存在分歧。本案是适用"12 司法解释"还是"16 司法解释"，有两种不同的主张：

第一种主张认为，应适用旧规。理由是当罪犯达到减刑条件即应以当时规定提请。这种主张的潜在逻辑是"从旧兼从轻"原则的适用，即使提请减刑时新规定已经生效也应该适用。该主张体现了《中华人民共和国刑法》第12 条关于"刑法溯及力"的相关规定及法律精神，具体支持该主张的是 2001 年最高人民法院、最高人民检察院《关于适用刑事司法解释时间效力问题的规定》中"对于新的司法解释实施前发生的行为，行为时已有相关司法解释，依照行为时的司法解释办理，但适用新的司法解释对犯罪嫌疑人、被告人有利的，适用新的司法解释"的规定。针对本案，在"16 司法解释"明显不利于侯××情况下，适用"12 司法解释"有其合理性。实践中，"12 司法解释"之前是《关于办理减刑、假释条件具体应用法律若干问题的规定》（1997）（简称"97 司法解释"），"12 司法解释"出台后，罪犯当时减刑则以"老人老办法，新人新办法"两套模式并行，即是适用旧规例证。

第二种主张认为，应适用新规。理由是坚持法律不溯及既往。"法不溯及既往"的根据是《中华人民共和国立法法》（以下简称《立法法》）第 104 条"法律、行政法规、地方性法规、自治条例和单行条例、规章不溯及既往，但为了更好地保护公民、法人和其他组织的权利和利益而作的特别规定除外。"它是一项法治基本原则，也是世界上大多数国家通行原则。该主张的逻辑在于新司法解释当然代替旧司法解释，新司法解释正式生效后，即应据新的司法解释办理。并认为罪犯刑事奖励只是激励罪犯改造的刑罚制度，并不是罪犯的权利，这种主张不需要回应，是否获得，主要在于提请机关和裁定机关的自由裁量。

（三）问题的表现

以上案例引出罪犯刑事奖励中选择适用新旧司法解释的争议只是表面，深层争论则是罪犯刑事奖励制度所蕴含的法律价值在刑罚执行中的实现与保障，并引起追问刑事奖励制度稳定性问题。刑事司法实践中，该稳定性问题表现为三方面：

一是内容上的不稳定性。制度包括适用条件、对象、效力、救济等内容，应切合实际。本案争议焦点内容在于时间效力，《立法法》并不禁止法律修改，但何时修改为宜，则应以《立法法》第7条为指导，坚持从实际出发。法律的稳定性在时间上应一以贯之，定制法律时要提前预见未来可能出现情形超前防范，使法在公布后的较长时间内不致发生变化。从刑事奖励制度修改看"97司法解释"到"12司法解释"历经15年较长周期，"12司法解释"仅适用4年即变更打破原有体系结构，客观冲击了传统意识和自我认知。从服刑人员个人认识上讲，未能从制度的变化中获得更为公平公正预期，导致思想上的不稳定性，并付诸申请法律救济的直接行动，是刑事奖励制度不稳定性问题的直接反应。

二是实践上的不稳定性。就本案而言，似乎适用"12司法解释"或"16司法解释"均具有合法性，这说明司法解释本身作为一种刑事奖励具体制度形式对实践性关注不足，也说明在相关实践上对统一性关注不够，客观上会造成大相径庭的司法结果，破坏相关罪犯的预期稳定。"在我国司法实践中，减刑、假释适用不平衡，罪犯减刑比例一般在百分之二十多，假释比例只有1%左右，假释适用率低。"[1]假释适用率低在于创设机制上未能突破传统认识、释放制度活力，罪犯个人认为假释还要在社区服刑，不如减刑释放一步到位来得爽快；民警受制于假释再犯罪责任倒查，不提请假释更为稳妥免当"背锅侠"；社区矫正机构因力量配置宁愿多一事不如少一事，多重因素叠加，客观上表现为减刑多假释少，以致假释制度不能有效发挥功能作用，而减刑制度又过多过量适用。制度适用上的功利考量，无疑加剧不同刑事奖励制度在适用上的摇摆。前述两种情况说明应从实践确定性角度前瞻性思考制度稳定性，注意防止一个制度去挤压另一个制度的稳定性空间。

三是效果上的不稳定性。对罪犯进行惩戒，旨在通过刑罚特殊预防减少犯罪保护法益，保障安全和实现正义。刑事奖励制度的设置必须考虑行刑效果、社会效果，更加重视公平正义。如人们对有钱人、有权人减刑假释的关注，以至质疑该制度变成少数人的特权，让法律权威受损。再者，罪犯减刑

---

〔1〕 "我国罪犯假释比例仅1%，司法部监狱管理局：将推进假释"，载 https://news.qq.com/rain/a/20200603AOCKKYOO，最后访问日期：2023年10月30日。

率高并不代表改好率高，再犯罪犯"57%曾获得减刑"，[1]曾减刑人员的再犯罪问题更易引发社会、公众、舆论关注，如云南孙小果案违规减刑牵涉众多，社会反响极差。制度的好坏必须综合考量其执行的社会效果，若一种制度不时带来非正义效果，依然不从修正制度入手予以遏制，则易导致刑罚功能偏移。破解该问题，需要从保障和救济角度维护刑事奖励制度的稳定性，让正义因制度的存在和执行而能够被期待、被实现。

## 二、罪犯刑事奖励制度稳定性的价值

### （一）稳定服刑预期，确保理性秩序

建立制度的目的是减少不确定性，使人能够准确预期未来，然后作出利益价值最大化的决策或选择。罪犯改造虽属特定社会活动，仍应遵循一般社会规律，即相关规则的设计要使罪犯能够准确预测自己行为及其后果。激励罪犯改造的刑罚执行变更制度如果不稳定，各类行为主体则无法对其行为的后果进行有效预测，行为人失去规则的约束与羁绊，心理环境的极端异化则会导致行为模式改变，最终演变为社会的无序与混沌。监狱作为国家刑罚执行机关，须以自身稳定为前提，才能对罪犯有效实施惩罚与改造。而运用刑事奖励制度，是激励罪犯积极改造的方法手段，可以通过罪犯心理预期的相对稳定影响罪犯改造行为选择，促使监狱秩序获得相对平静。

### （二）稳定行刑效果，确保改造激励

刑罚变更制度，激励才是动力。任何一个主体，追求并向往自由是其本能，在监狱服刑的罪犯，始终存在尽早走出监狱大门呼吸自由空气的强烈愿望，过激者甚至会为这种愿望采取违法方式予以实现。罪犯在服刑中，多数对自己的罪行有悔罪意识，愿意通过积极的改造达到人格重塑。而减刑制度的现实存在，则使提前获得自由的愿望可以期待，运用得当，可以有效激发罪犯主动积极改造。尽管有效的激励才能有效调动人的积极性听起来具有功利性，但任何事物如果离开功利之目的，没有收益预期，谈人的积极性就显得苍白无力。要想收获更好预期，制度就应保持一定稳定性，否则，相对人

---

〔1〕 参见四川省监狱管理局课题组："四川省刑释人员重新犯罪问题探析"，载《犯罪与改造研究》2020年第5期。

怀疑自己努力的预期收益，就会降低其积极性，而制度也会失去生命力，并降低罪犯自觉改造的现实可能性。

（三）稳定行为模式，确保约束效力

激励与约束，是事物的一体两面。具有稳定性的制度，能够在保证相对人选择权利的同时，也会对相对人产生约束限制。罪犯刑事奖励制度，本质是激励，但同时也具有行为约束功能，如不具备"确有悔改表现"的四种情形，刑事奖励程序则不会启动。罪犯只有在遵规前提下约束自己行为，才能实现早获自由的预期，反之，自我放任自由放飞的行为模式，则会与美好愿景背道而驰。由此，刑事奖励制度对罪犯服刑行为表现出较强的正向和间接约束力。约束功能同样需要稳定的制度作为保证，它必须明确、具体、可行，能够让行为主体基于利益考虑准确选择自己行为。刑事奖励制度及配套的罪犯服刑改造制度通过结果指引和行为指引，明确规定哪些行为可行，将会有何种可得利益，则不可行的行为自然会引起警惕，否则会遭到制度反噬，一个明确的不利甚至惩罚性的后果，会让人深思行为方式乃至行为模式，从而实现对罪犯的行为约束。

（四）稳定裁量基准，确保结果正义

罪犯刑事奖励制度属于刑罚执行变更内容，该项制度实施客观上存在自由裁量权，内含监狱提请权与法官审判权行使中的自由裁量，更多在法官的自由裁量。"一切有权力的人都容易滥用权力，这是一条万古不变的经验。"[1]让权力不至于被滥用，让影响司法公信力的案件不再发生，就必须强化程序规则，规划出明确清晰的正确目标、正确路径以抑制权力行使者的专断与任性，如明确界定罪犯"确有悔改表现"的具体条件，包括假释罪犯"不致再危害社会"的认定标准，在刑事奖励制度上给予人们稳定合理预期，合理制定明确标准规范，明确监狱机关提请幅度量化标准才能在提请上有效减少不提、少提现象，更大程度通过刑事奖励制度适用的结果正义实现行刑正义。

（五）稳定预防再犯，确保社会安全

一项制度，必须具备现实的社会功能作用，才能凸显其强大旺盛生命力，这就必然要求其具有稳定性。刑罚具有惩罚功能，同时也具有预防和减少犯

---

[1] ［法］孟德斯鸠：《论法的精神》，申林编译，北京出版社 2012 年版，第 83 页。

罪功能，而罪犯刑事奖励制度的激励功能，对预防再犯有特殊作用，一般而言，期望获得刑事奖励的罪犯较之对刑事奖励制度无谓的罪犯，更能较好认识和反省自己罪行，改造积极效果体现明显，更能正向刺激罪犯选择明确有效的改造行动，再犯可能性相对降低，对社会而言相对更加安全。而罪犯再犯可能性的降低有助于实现特殊预防目的。当然这种功能不是绝对的，不排除罪犯在趋利避害心理驱使下积极争取刑事奖励以获多益，也不排除其刑满后受多种因素影响又继续犯罪，但不能因一部分人再犯就因噎废食，从而否定或排斥罪犯刑事奖励的社会安全功能。

### 三、罪犯刑事奖励制度稳定性问题的解决

（一）把握罪犯刑事奖励制度稳定性的基本要素

一是科学把握罪犯刑事奖励制度的理念。罪犯刑事奖励制度以犯罪治理体系为基础，刑罚本身价值与目的即蕴含稳定内在逻辑，从实用价值上更是直接折射出稳定显性需求。基于维护安全总体需要，惩戒刚性与激励软性客观并不必然对立。制度是否科学合理，取决于理念是否正确，理念才是建构科学改造体系灵魂所在。传统报复性、统治性、惩戒性理念从根本上违背罪犯改造内在规律，"胡萝卜加大棒"无法实现改造治理效果。刑事奖励制度本身为刑罚服务，应充分融合刑罚工具价值、目的价值和本身价值，以形塑改造性的价值理念架构起社会公平正义和谐稳定内涵，充分展现依法、公正、高效法治原理，以理念价值稳定性实现制度稳定性。

二是科学把握罪犯刑事奖励制度的目标。刑事奖励制度的适用对象是服刑罪犯这一特殊群体，但制度建构的根本目标在于服务社会。"与法律永相伴随的基本价值，便是社会秩序。"[1]刑罚惩罚犯罪在于对社会秩序的恢复，将罪犯改造成为守法公民也在于社会秩序的恢复，而刑事奖励制度可以加速罪犯向善，惩罚犯罪与刑事奖励的一致性体现在保障秩序和维护法益从而实现服务社会的目标。罪犯改造活动中改造性目标贯穿始终，把握罪犯刑事奖励制度要坚持遵循改造目标价值主线，使做好罪犯个体的回归向善与社会发展的恢复工作紧密结合，实现现实性目标与发展性目标相统一；坚持改造向社

---

〔1〕 ［英］彼得·斯坦、约翰·香德：《西方社会的法律价值》，王献平译，中国法制出版社2004年版，第45页。

会延伸，如罪犯假释，监狱与社区矫正机关应做好衔接，围绕改造目标同向而行，实现墙内目标与墙外目标相统一，以目标的统一性实现刑事奖励制度稳定性。

三是科学把握罪犯刑事奖励制度的结构。凡属法律必有结构，结构即是法律各要素最终表现形式。罪犯刑事奖励制度内在结构上应具备三个基本要素，包括条件、行为模式和法律后果，这属于立法技术考量。罪犯刑事奖励制度应具有鲜明的价值规范、行为规范、保障性规范。价值规范在突出改造奖励性及社会恢复性上还应注重正义维护性，如对罪犯刑事奖励运用时，受害人的谅解度、家庭的接纳度、社区的接受度等应有相应规定；在内容上，实体条件、程序规定等方面要尽可能全面体现可操作性，无论罪犯、警察、法官还是检察官都能准确运用刑事奖励制度对裁量结果进行预判；在救济功能上，建立完善有效监督保障机制，明确监督的主体、客体、内容，将罪犯刑事奖励制度的稳定性转化为相关主体稳定的认知及行为模式，有效保障制度实施效能。内在结构上三个要素紧密联系形成一致性，外在结构上表现出法律条文完整性，以内在结构的稳定性实现表现形式上的完整性，促使规则本身达至稳定。

四是科学把握罪犯刑事奖励制度的适用。法律是否具有稳定性，需在具体适用中考察该法律是否符合客观事件发展规律，解决好不好用问题。把握社会阶段性特征，明确一定时间适用的条件、范围、主体、对象，把握服刑结构性特征，做到宽严相济也相适。在明确定量问题同时，对于定性过于宽泛、弹性的问题如确有悔改表现与不致再危害社会的认定等应有可操作性，不能把问题推给实践，让监狱和法院在制度留下的"执行陷阱"面前战战兢兢畏缩不前。兼顾被害人保护，不能仅考虑自己管理领域方面利益，忽视整体利益而导致社会不公。形成正确改造引导，民警执法不能只考虑刑事奖励关联性，罪犯改造不能只与刑事奖励挂钩，民警功利执法与罪犯功利改造将影响行刑效果，造成价值偏移，导致不稳定问题产生。客观分析是否有打破罪犯刑事奖励制度稳定性理由存在，如刑事奖励过多过滥，罪犯在原服刑期间较高比例获得刑事奖励，出狱后却较大比例重新犯罪致特殊预防目的未能实现，刑事奖励激励功能不理想，或个别犯罪人为了减刑假释而不择手段等，将导致制度修正。

(二) 实现罪犯刑事奖励制度稳定性的基本考量

一是坚持党的领导，把握方向性。刑事奖励制度目的是激励罪犯认罪服法，悔过自新，重新回归社会不致再犯以实现刑罚特殊预防，其所保护的法益与党要增强人民群众更多获得感、幸福感和安全感目标具有一致性，践行党以人民为中心的发展思想，加强党对罪犯刑事奖励制度立法领导，始终把牢正确政治方向，切实把党的领导贯彻到法治工作中，充分认识制定和实施罪犯刑事奖励制度是关系社会稳定大局，是影响长远、举足轻重的重要法治工作，以认识上的统一、方向上的一致实现维护秩序、正义、公平等价值目标。

二是把准问题导向，确保实用性。制度的形成过程本质是立法，而制度是否好用管用，是否解决问题，是否达到稳定预期均要深入研讨。刑罚为特殊预防和一般预防服务，不为刑法任务服务的刑罚，人们会质疑其合理性。若减刑假释过多过快重新犯罪率却呈上升趋势，就应研究问题原因。不能脱离国情与大众价值观念随意实施宽严相济，以至宽严皆误。刑罚体现惩罚，绝不能把刑罚视为仁慈，对罪犯予以减刑后犯罪人不必然怀有感恩戴德心理以致就此做好人不再犯罪。清醒认识各类问题，在制度设计时明确限制范围、适用条件与适当比例，使制度更贴实际，更具实用性，从而达至稳定。

三是追求制度平衡，提高适应性。制度的制定者应合理保留"旧"制度中富有成效且适宜部分，毕竟大多数制度变革都是在旧制度上展开，如"12司法解释"在"97司法解释"基础上修改，"16司法解释"又以"12司法解释"为基础，以制度的承继性尽可能保持罪犯刑事奖励制度稳定性，实现罪犯改造工作可持续发展。这样的好处是无论法官、监狱警察或者罪犯，对制度并不会完全陌生，能很快适应制度变化，从而迅速调整自己思维和行为模式，实现平稳对接。制度平衡的另一面则是要注意不同刑事制度，包括不同奖励制度的协调，既不能因奖励制度的实施而影响惩戒制度的效能，也不能因减刑制度的执行制约假释制度的适用，当然这需要从刑罚制度的顶层设计上去全面考量，如此，刑事奖励制度的稳定性则将获得更高保证。

四是遵循客观规律，考虑衔接性。一项制度的改变动辄直接涉及几百万人，间接涉及整个社会，应慎重对待。要遵守法律制定基本原则，在新旧制度适用上不宜单纯搞一刀切，"从旧兼从轻"本就是保护原则，理应加以考虑。即使要一刀切，也建议预留一定衔接期予以调适。虽然是一种较保守倾向，但却是对法律原则较好的理解与贯彻。为更好促进罪犯教育改造，实现监狱监管改造安全性和可预测性，就应尽可能避免对该项制度进行不断修改和调整。

五是注重科学调适，强化动态性。"法律必须是稳定的，但不可一成不变。"庞德这句话让我们明白，社会不会是一成不变的，如果一项制度本身已不合适还死守不变，显然不可取。法律规范是一定社会关系的反映，对于不符合社会关系发展需要的法律规范，应加以及时修改，以促进发挥其应有功能。实践表明，罪犯刑事奖励制度虽能激励罪犯积极改造，但也并不是所有刑释人员不再犯罪的良药，当制度本身跟时代脱节，影响甚至制约刑事功能实现，予以改变则是必然趋势。当然，这种改变应是"改所应改，变所应变"，还应"留所应留，守所应守"，达至动态稳定。

（三）类案问题处理

服刑人员对减刑裁定不服，或对提请机关应当提请减刑而不提请减刑的不作为、慢作为、错作为等行为，向上级机关或者检察机关控告、申诉，或者以减刑少裁甚至未裁，导致其服刑期超过其基于减刑制度的预期而延长，从侵犯其人身权并造成损失的认识逻辑出发提出国家赔偿申请，虽是特定领域、特定时间发生的特殊个案，但不排除类似案件再次发生。"现代法治的精髓在于程序之治。"[1]"确保确定性、稳定性进而达至法治状态即法秩序的关键抓手是'程序'。"[2]虽然以此提请国家赔偿没有法律保护的权益内容，监狱、检察机关和审判机关也须在程序上尽到合理审查、依法回应等义务，充分保障当事人行使诉权，以实现程序正义。在处理类似国家赔偿申请案件时，要依法审查，厘清受理申请条件；要认真分析，厘清争议焦点问题；要充分归纳，厘清举证责任分配；要收集证据，厘清事实全面审查；要查清事实，厘清责任作出决定。以五步厘清法明确本案不属于国家赔偿范围，监狱收到该国家赔偿申请后，在法定工作日期间审查发现不应受理，应作出不予受理决定并书面告知赔偿请求人；若受理之后才发现不属于国家赔偿范围，可以驳回赔偿申请。通过不同阶段的不同处理，在实体上做出裁定，保证程序正义与实体正义实现。

---

〔1〕 曹鎏："作为化解行政争议主渠道的行政复议：功能反思及路径优化"，载《中国法学》2020 年第 2 期。

〔2〕 郭晔："法理：法实践的正当性理由"，载《中国法学》2020 年第 2 期。

# 刑罚执行中死缓、无期徒刑罪犯减刑若干问题探析

王红星 *

减刑作为一项刑罚执行变更制度，减刑的发生可以改变执行刑罚期限，影响着法律权威、司法公信力和社会安定等诸多方面。[1]而死刑与无期徒刑作为我国刑法中的特殊"重刑"，减刑更是决定服刑人员生与死的关键。由于近年刑事政策持续的调整，尤其随着陆续跨省调犯，省际执法尺度差异显现，而各省因相关执法领域并无完整统一标尺，客观上给执法办案增加了难度。基层部门在办理减刑案件涉及具体问题时，由于法律规定不尽完善，相关规定还不够具体明确，基层有时可能会出现对如何适用法律政策理解不透、难以准确把握的现象。甚至有些问题，因为执法实践的复杂性，监狱、法院、检察院等实务部门都存在不同理解，形成了一些争议。现在虽然新的司法解释已经作出相关回应，统一了部分标准，但是，还有一些问题尚需高层研究并形成统一标准，因为这些问题影响着刑罚的执行。对此，笔者梳理近年来死缓、无期徒刑罪犯减刑中出现若干争议问题，结合当前法律制度和各省监狱有关规定，参考部分权威部门、专家、学者的研究和对司法的解释，提出相关解决问题的建议，以便基层同志具体办案操作时理解把握，提供参考，从而规范监狱减刑提请，不断提高办案质量。

## 一、关于死缓罪犯的起刑时间问题

（一）在实践中对死缓的起刑日期计算方法及其存在的问题

《中华人民共和国刑法》（以下简称《刑法》）第51条规定，"死刑缓期执行的期间，从判决确定之日起计算……"，这里的判决确定之日，理论上是

---

* 王红星，武汉警官职业学院副教授。

〔1〕 参见曲畅："我国减刑制度适用问题研究"，吉林大学2019年硕士学位论文。

指已发生法律效力的判决书或裁定书的落款时间。但实践中为什么有时没有采用此作为起算时间？司法实务部门普遍认为，判决书或裁定书只有经过了宣告或送达程序才算生效，因此从理论上说，只有判决确定之日与法律文书宣告或送达之日完全吻合时，此时的确定之日才是真正意义上的具备法律效力的死缓罪犯执行的起刑时间。而实践中，法院制作判决或裁定等法律文书的落款时间大多并不是宣告或送达的时间，往往宣告或送达时间要滞后。为此，《最高人民法院关于适用〈中华人民共和国刑事诉讼法〉的解释》（法释〔2021〕1号）第498条第1款规定："死刑缓期执行的期间，从判决或者裁定核准死刑缓期执行的法律文书宣告或者送达之日起计算"。这个司法解释的规定事实上是弥补《刑法》有关规定的漏洞。但是监狱作为刑罚执行机关从交付执行的罪犯现有档案中根本无法查证掌握生效法律文书的宣告或送达之日，这个时间证据只有做出生效判决或裁定的法院掌握并存放在相关档案中。所以说，在具体办理死缓罪犯减刑时，监狱只能从法院制作的死缓执行通知书中核准起刑时间。而现实中，许多法院的执行通知书制作得并不规范，有的标注了起刑时间，有的没有标注起刑时间，甚至还有的标注的是错误的起刑时间，如有的将中院一审判决落款时间作为起刑时间，而不是将高院的终审裁定作为起刑时间等，情形复杂，不一而足，这给监狱具体办案操作制造了困难。正常情况下，一般执行通知书标注的起刑时间往往就是具有法律效力的判决或裁定的宣告或送达之日，即真正产生法律效力的时间。有鉴于此，统一规定在办理死缓罪犯减刑时采用文首所说方式核定起刑时间。以上文字实质上是在论证监狱执法程序的合法性问题，方便监狱正确把握死缓罪犯的起刑时间和两年考验期到点后的提请时间，以便依法及时办理减刑提请。

（二）相关建议

对被判处死刑缓期二年执行的罪犯，在办理减刑时，其两年考验期的起算时间，实践中一般以法院死缓执行通知书内明确标注的起刑日期为准；若未标注或标注错误，则往往以执行通知书的落款时间作为起刑日期。

笔者以为，从保护罪犯合法权益和规范执法的角度来看，对于未标注起刑时间的法院执行通知书，监狱应提早排查，向有关法院发出提请处理意见书，提请相关法院查证后予以规范处理为妥。因为对于死缓罪犯而言，执行通知书的落款时间并不是一个具有法律意义的时间概念，且与法律文书的生效时间（即宣告或送达之日）往往时隔有期甚至较长，容易出现延时过长提请，损害罪犯合法权益，并有可能引发罪犯提起申诉。

## 二、关于无期徒刑罪犯的起刑时间问题

（一）在实践中对无期徒刑罪犯的起刑日期计算方法及其存在的问题

无期徒刑是我国刑罚体系的一个重要组成部分。在当下严格控制和慎用死刑，宽严相济，少杀慎杀的刑事政策指导下，死缓、无期徒刑的适用率越来越高，而死缓罪犯如果没有故意犯罪，两年期满后当然减为无期徒刑。这就意味着将来无期徒刑罪犯的数量越来越大。实践中无期徒刑减为有期徒刑，执行期间的起算是怎样计算的？刑法中的执行期间起算有两种：一是从执行之日起计算；二是从裁决之日起计算。现在的无期徒刑的执行刑期应从判决宣告之日起计算，判决宣告前先行羁押的日期不能折抵刑期，无期徒刑减刑为有期徒刑后执行有期徒刑，先行羁押的日期也不予以折抵刑期。但对于"死刑缓期执行期满减为无期徒刑的"起刑日期计算方法，却存在争议。

《最高人民法院关于适用〈中华人民共和国刑事诉讼法〉的解释》（法释〔2021〕1号）第498条第2款规定："……死刑缓期执行期满减为无期徒刑、有期徒刑的，刑期自死刑缓期执行期满之日起计算"。这里的"死刑缓期执行期满之日"实践中运用存在争议。理论上死缓罪犯从起刑日期起算，两年考验期满后，即为"期满之日"。如罪犯王某死缓起刑日期为2013年12月17日，死缓期满之日即为2015年12月16日，这个时间就成为刑诉法解释规定的无期徒刑罪犯考验期的起算时间，而并不考虑此时高法是否已经下达了对王某减为无期徒刑的裁定。如果王某的无期徒刑考验期为两年，那么到2017年12月15日考验期满，之后就可能进入提请减刑程序。

而《最高人民法院关于办理减刑、假释案件具体应用法律的规定》（法释〔2016〕23号）第10条第1款规定："被判处死刑缓期执行的罪犯减为无期徒刑后，……确有悔改表现或者有立功表现的，可以减为二十五年有期徒刑；确有悔改表现并有立功表现的，可以减为二十四年以上二十五年以下有期徒刑；有重大立功表现的，可以减为二十三年以上二十四年以下有期徒刑；确有悔改表现并有重大立功表现的，可以减为二十二年以上二十三年以下有期徒刑。"这个条款里面有两个时间节点必须要注意到，一个是"死刑缓期执行

罪犯减为无期徒刑后",另一个是"服刑二年以后"。根据这一司法解释,再以上述王某为例,如罪犯王某死缓起刑日期为 2013 年 12 月 17 日,死缓期满之日为 2015 年 12 月 16 日,如高法裁定死缓减为无期徒刑的时间是 2016 年 3 月 16 日,那么这个时间就应该是王某的无期徒刑罪犯考验期的起算时间,如果王某的无期徒刑考验期为两年,那么到 2018 年 3 月 15 日考验期满,之后就可能提请减刑。

两相比较,根据不同的司法解释,起算时间不同,如果按照前者执行,无期徒刑罪犯在高法裁定之后,可能不满二年就要提请减刑,则违反了后者规定的时限。例如:某省监狱管理部门采用的是后者。在《关于办理减刑、假释案件的实施办法(试行)》(鄂高法〔2013〕9 号)文件中第 19 条第(四)项规定:"死刑缓期执行罪犯减为无期徒刑后,确有悔改表现,或者有立功表现的,服刑二年以后可以减为二十五年有期徒刑;确有悔改表现并有立功表现的,服刑二年以后可以减为二十四年有期徒刑;有重大立功表现的,服刑二年以后可以减为二十三年有期徒刑。"此规定实际上强调了"死刑缓期执行罪犯减为无期徒刑后"和"服刑二年以后"这两个时间节点。并且有关专家认为,高法裁定死缓减为无期徒刑的时间,即裁定减刑之日有法律文书作为依据,实践中更易把握。针对职务犯罪、金融犯罪、涉黑犯罪这三类犯罪,减刑间隔期按照中央政法委出台的《关于严格规范减刑、假释、暂予监外执行切实防止司法腐败的意见》,从严要求和规范罪犯的减刑和实体条件。在此不予列举。

(二)相关建议

无期徒刑罪犯有两种情形,一种是原判无期徒刑罪犯,另一种是原判死缓减为无期徒刑的罪犯。

对于原判无期徒刑罪犯减刑时的起刑时间,法律规定为"自无期徒刑判决确定之日起计算",意即"从终审判决或者裁定的宣告或者送达之日起计算",实践中一般以法院执行通知书内明确标注的起刑日期为准;若未标注或标注错误,则往往以执行通知书的落款时间作为起刑日期。其中原因与死缓罪犯起刑时间问题类似,在此不再赘述。

对于由原判死缓减为无期徒刑的罪犯,其起刑时间则有不同。实践中一般以高级人民法院将罪犯由死缓裁定减为无期徒刑的裁定书落款时间作为起刑时间开始计算，也即裁定减刑之日。考验期满后，方可提请减为有期徒刑。

### 三、关于新旧司法解释减刑适用的问题

对于《中华人民共和国刑法修正案（九）》的公布，《最高人民法院关于办理减刑、假释案件具体应用法律的规定》（法释〔2016〕第 23 号）出台后，统一了无期徒刑罪犯减刑的尺度，不存在适用新旧法律的问题，但笔者在此探讨之前曾经出现的适用不同司法解释的现象，既是理顺历史发展脉络，也想提醒就此带来的后续问题因无法救济，造成当前监狱教育改造的困境。

（一）新旧司法解释减刑适用问题原因分析

《中华人民共和国刑法修正案（八）》（以下简称《刑法修正案（八）》）出台后，根据《最高人民法院关于〈中华人民共和国刑法修正案（八）〉时间效力问题的解释》（法释〔2011〕9 号）的第 2 条、第 4 条、第 7 条有关规定，总的原则是以 2011 年 4 月 30 日为时间节点，对于之前犯罪的，按照从旧兼从轻的原则，适用《刑法修正案（八）》前的刑法办理减刑假释。但适用《刑法修正案（八）》有利的，则适用；之后的，则适用《刑法修正案（八）》。

这中间对适用新旧刑法及其相关规定的政策衔接上有一个插曲。2013 年 2 月 26 日公布的《最高人民法院关于废止 1997 年 7 月 1 日至 2011 年 12 月 31 日期间发布的部分司法解释和司法解释性质文件（第十批）的决定》（法释〔2013〕7 号）中，对 1997 年 10 月 29 日颁布的《最高人民法院关于办理减刑、假释案件具体应用法律若干问题的规定》（法释〔1997〕6 号）予以废止，以 2011 年 11 月 21 日通过的《最高人民法院关于办理减刑、假释案件具体应用法律若干问题的规定》（法释〔2012〕2 号）予以代替。这样使得适用旧刑法办理减刑假释没有司法解释作为法律依据，出现了法律空白。之后，最高人民法院不得不在 2013 年 9 月 11 日公布的《最高人民法院关于执行〈关于办理减刑、假释案件具体应用法律若干问题的规定〉有关问题的通知》（法〔2013〕201 号）中，对已被废止的法释〔1997〕6 号文件予以复活，才成为当时办理减刑假释适用旧刑法的具体法律依据。

（二）新旧司法解释减刑适用问题的解决

在 2016 年 12 月 31 日前，监狱在办理原判死缓减为无期徒刑的及无期徒

刑罪犯减为有期徒刑时，适用的法律有两个系统，一个是《刑法修正案（八）》之前的刑法和有关规定，一个是《刑法修正案（八）》和有关规定。具体适用一般根据罪犯犯罪时间和生效判决或裁定适用的刑法条款来决定。

死缓罪犯在执行期间，即使有立功或重大立功表现的，也只能减为25年。如果犯罪行为发生在2011年4月30日前，但生效判决或裁定适用了新刑法的，也必须适用新刑法办理减刑。

无期徒刑罪犯减为有期徒刑时适用的法律：犯罪行为发生在2011年4月30日前的一般适用《中华人民共和国刑法修正案（七）》及相关司法解释，考验期满后，一般可减为18年以上，20年以下；犯罪行为发生在2011年5月1日之后的，则适用《刑法修正案（八）》及相关司法解释，考验期满后，一般可减为20年以上，22年以下。

有专家指出，这种由于适用新旧刑法的不同规定，实践中出现的执法差异化现象事实上对罪犯并不公平，《中华人民共和国刑法修正案（九）》及相关司法解释出台后，消除了这一不合理现象，确保罪、刑、责一致的原则得到落实。但是因为刑事政策调整，造成部分罪犯没有适用《中华人民共和国刑法修正案（七）》或《刑法修正案（八）》减刑，导致延长服刑的问题因无法救济，已经成为困扰监狱教育改造的重要问题，此为另一话题，不在此赘述。

## 四、关于死缓考验期内行政奖励减刑适用问题

关于死缓考验期内行政奖励减刑适用问题有个前提，过去只能针对适用《刑法修正案（八）》前判处死缓的罪犯，而适用《刑法修正案（八）》之后判处死缓的罪犯减为无期徒刑后，再减为有期徒刑的一般直接减为25年，那么其死缓执行期间所获行政奖励就没有多大意义了。所以此政策的设定属于阶段性政策，一旦适用《刑法修正案（八）》前判处死缓的罪犯都减为有期徒刑后，此政策设定自然消亡。

当时此政策设定出台目的是调动部分死缓罪犯在二年考验期内的改造积极性，符合让罪犯在希望中改造的理念，也有利于缓解监狱对此类罪犯的监管压力。虽然门槛设置有些高，现实中较难达到，但对于那些简单地认为死缓罪犯只要二年考验期内不再犯罪就可减为无期徒刑的，从而不大主张死缓罪犯考验期内获取行政奖励的监狱管理者来说，宣传并执行此政策还是很具

现实意义，起码让罪犯有了一个较长远的改造计划，客观上有利于稳定监管秩序。这一点，与近年各省份刑罚政策相比，湖北有相同之处但略显严苛；云南省曾明确规定对死缓执行期间获得的行政奖励直接计入无期徒刑减为有期徒刑时适用；而广东省曾规定死缓执行期间获得的行政奖励，在无期徒刑减为有期徒刑时可作为减刑幅度从宽的依据等，此前均认可了死缓执行期间行政奖励的有效性。因实务部门之前不认可此政策，认为死缓罪犯减为无期徒刑后，所获行政奖励已经适用，再带入无期减有期属于重复适用，要求予以作废。而并不考虑根据法律规定死缓执行期间所获行政奖励对其减为无期徒刑并无实际意义的现实。后来湖北省提出了限制性要求，要求罪犯必须在无期徒刑考验期内满足了"确有悔改表现"的实体条件后，且之前的死缓执行期间获得的 5 次以上行政奖励方可有效，无形中增加了难度，当然其从惩罚犯罪的目的出发，也无可厚非。那么根据此政策精神，如果罪犯死缓考验期内没有获得 5 次（原则上含本数）以上行政奖励，则不能适用到后期减刑中去。

　　当然，以上列举的问题只是刑罚执行实践中出现的一些难点现象，可能还有诸多细节问题有待研究解决。相信随着以后法律不断地修改完善，这些问题都会逐步得到妥善解决。不过，新的刑法修正案出台后，也会出现新的问题，我们的监狱刑罚执行制度就更需要不断地与时俱进，这也是中国依法治国道路的必经之途。

# 新时代提高我国假释适用率之思考

张晓庆 丁涵冰 *

## 一、问题的提出——我国假释适用率低

假释是对于被判处有期徒刑执行原刑期 1/2 以上、无期徒刑执行 13 年以上的犯罪分子，因遵守监规，接受教育改造，却有悔改表现，没有再犯罪的危险，而予以附条件地提前释放，并且对犯罪分子规定一定的考验期，在考验期内没有出现法定情形即认为原判刑罚已经执行完毕的一种制度。假释适用率是指假释罪犯人数与监狱罪犯总数的比率，是衡量假释在我国司法实践中适用状况的重要指标。假释作为我国刑罚执行中一项独立的刑罚执行制度，对于鼓励犯罪分子积极改造，实现刑罚的目的具有重要的作用。但是，在长期的司法实践过程中，假释制度的适用出现了一定的问题，制约了假释作用的发挥。主要表现在我国刑罚执行中假释的适用率偏低。

### （一）我国的假释适用率低于减刑适用率

减刑是指对于被判处管制、拘役、有期徒刑或者无期徒刑的犯罪分子，如果其在刑罚执行期间认真遵守监规、接受教育改造，确有悔改表现或者立功表现，则将原判刑罚予以减轻的一种刑罚执行方式。减刑适用率是指适用减刑的罪犯数与总罪犯数量的比率。

以山东省 Z 市中院的数据为例，该市在 2012 年~2015 年共减刑 10 448 人，四年的减刑率分别为 21.73%、30.98%、27.05% 和 45.37%，减刑率在整体上呈现逐年升高的趋势。而该市在 2012 年~2015 年共假释 4516 人，假释率分别为 15.89%、14.12%、12.21% 和 9.80%，假释率在整体上呈现出逐年

---

* 张晓庆，上海政法学院 2019 级研究生；丁涵冰，上海政法学院 2019 级研究生。

下降的趋势。[1]根据该市报告的数据可以明显看出，在刑罚执行中，执行假释的人数远远少于执行减刑的人数。不仅仅是该市，根据查阅到的资料，发现某监狱在2018年的假释率为0，而减刑率达到24.6%，天津某监狱的假释率为1%，减刑率为25.1%，内蒙古某监狱的假释率为0.5%，减刑率为25.52%。[2]据此，可以发现不同地区的减刑率和假释率存在很大差异，而且同一地区的假释率远远低于减刑率。纵观我国司法实践中的减刑以及假释情况，发现减刑的适用率维持在30%左右，而假释的适用仅为2%，相较于减刑的适用，假释的适用率明显偏低。据统计，1996年我国的假释率为2.58%，1997年为2.9%，到2001年，我国的假释率为1.39%，到2007年，假释率仅为1.23%，从数据中可以发现我国的假释率一直不高，而且在整体上处于逐年下降的趋势。同样减刑作为一种独立的刑罚执行制度，从上述资料中可以发现假释与减刑的适用率存在较大的差距。减刑存在目的与假释相似，即为了实现对犯罪分子的改造，使犯罪分子早日回归社会。二者一个很大的不同在于，减刑并未规定考验期，假释规定了一定的考验期。对于已经适用减刑的犯罪分子，即使其减刑之后又实施新的犯罪，对已经减完的刑期不再重新计算，对于假释的犯罪分子而言，如果在假释考验期内出现法定的情形就会撤销假释。就其适用条件的差异分析，应当认为在司法实践中适用减刑应当比假释更加严格，才能保证两项制度更好地发挥作用。但是根据上述分析，可以发现在实践中其实不然。

（二）我国的假释适用率低于其他国家

我国的假释适用率长期维持在3%以下，而且地区之间差异明显，有些地区的适用率不足3%。但是反观西方国家，其案件大多是采取假释结案。据美国司法部司法统计局官网的统计数据，2012全年美国关押的罪犯总数约为223.13万人，假释的罪犯约为85.12万人，2013年美国关押的罪犯总数约为222.03万人，假释的罪犯约为85.32人。[3]根据数据可以计算2012年美国的假释率高达38.17%，2013年达到38.4%。日本2014年新增罪犯2.2万人，

---

[1] 参见魏玉贤、李思平："关于近年来减刑、假释案件审理情况的调查分析"，载《山东审判》2016年第6期。

[2] 参见李波阳、贾敏："我国减刑、假释制度的现状与完善路径"，载《辽宁公安司法管理干部学院学报》2019年第4期。

[3] 参见朱萍萍："我国假释制度的现实困境及其推广路径"，载《犯罪研究》2015年第6期。

假释的罪犯约为 1.4 万人，假释率达到 63.6%。加拿大有三种假释，日假释、完全假释与法定释放，加拿大的假释适用率很高，甚至有学者指出在加拿大，有接近 90% 的在押罪犯会被采取假释措施予以释放。[1] 英国同美国一样，将假释作为罪犯回归社会的一个重要途径，截止到 2006 年，英国的假释率已经达到 38% 左右。相比较之下，我国的假释适用率远远低于西方国家。

## 二、我国假释适用率低的原因分析

### （一）重刑主义观念影响深远

在中国历史上，行刑观经历了从报应刑到目的刑，再到两者相结合的刑罚执行观念阶段。报应刑主张之所以对犯罪分子实施刑罚是因为其实施了犯罪行为。犯罪是对犯罪分子判处刑罚的唯一原因。而目的刑主张刑罚并非对犯罪的报应，他们认为刑罚是为了预防个人将来实施犯罪行为，设置刑罚是为了保障社会利益。而两者结合的相对报应刑主义则认为刑罚一方面是为了惩罚犯罪，另一方面也是为了预防将来个人发生犯罪行为。随着社会进步和司法实践的发展，我国的刑罚理念受时代的影响也发生着一定的变化。"依法治国""建设社会主义法治国家"的理念写入宪法，对刑法理论产生一定的影响。同时，法益保护原则以及刑罚个别化、刑法谦抑主义等刑法理论和原则被大多数人所熟知。但是我国长期以来受重刑主义观念的影响，重视刑法的报复、威慑功能，公众基于其对罪犯的惧怕心理以及基于对自身安全的考虑，会对假释制度形成一种误解，产生恐惧和排斥心理。另外，社会大众长期以来形成的"以牙还牙、以恶对恶"的同态复仇的报复心理难以改变，尤其是受害者及其家属误以为假释是对罪犯的"提前释放"，认为这种刑罚执行措施"便宜"罪犯，这导致在一定程度上增加了假释适用的社会压力。对于监狱干警等司法工作人员来说，为了避免错误适用假释而对自己造成不利后果，从而倾向于选择更为保守的方式。

---

[1] 参见刘强："在我国建立以'假释为主、减刑为辅'的罪犯出狱新模式"，载《法学杂志》2012 年第 1 期。

（二）假释实质条件的抽象性以及责任倒查制度不完善

1. 假释适用实质条件过于抽象

根据《中华人民共和国刑法》（以下简称《刑法》）第81条规定，假释的实质条件是指犯罪分子认真遵守监规，接受教育改造，确有悔改表现，没有再犯罪的危险，假释后对其所居住的社区没有重大不良影响。[1]包括三个方面，即"确有悔改表现"、"没有再犯罪的危险"和"假释后不会对其所居住的社区产生重大不良影响"。首先对于"确有悔改表现"的条件，2017年1月1日施行的《最高人民法院关于办理减刑、假释案件具体应用法律的规定》第3条对"确有悔改表现"的具体情形进行了详细的说明。在监狱行刑的过程中对于罪犯的行为采取量化打分的方法，在一定程度上可以作为该条件的标准进行考虑。但是对于"没有再犯罪的危险"如何进行认定和衡量则存在一定主观性和抽象性。"再犯罪的危险"的判断应当根据犯罪的具体情节以及性别、年龄，性格以及假释后的生活条件、经济来源等因素综合进行考虑。从本质上来讲，认为犯罪分子的再犯罪的危险属于将来可能会发生的事项，我们无法只依据其过去的行为等因素来预测其将来是否会再次实施犯罪行为。所以，在该条件的判断过程中缺乏客观可以依据的标准，这在一定程度上对假释的适用产生了影响。

2. 责任倒查制度不完善

2014年中央政法委《关于严格规范减刑、假释、暂予监外执行切实防止司法腐败的意见》，该意见中明确对减刑、假释等各个环节的执法以及司法工作人员实行"谁承办谁负责、谁主管谁负责、谁签字谁负责"的责任倒查制，执法司法工作人员对自己所承办的案件实行终身负责制。这就意味着，犯罪分子在假释考验期中如果出现了法定的情形，除了对犯罪分子予以撤销假释，继续执行原判刑罚之外，对于提出假释建议的监狱工作人员以及做出执行决定的法院司法工作人员等相关的执法以及司法工作人员都要启动责任倒查机制，追究相关责任人的责任。我国目前假释案件的责任追究制度没有相应的程序和标准，也缺少相关的免责规定。[2]责任倒查制度的不完善使得相关工

---

〔1〕 参见高铭暄、马克昌主编：《刑法学》，北京大学出版社2017年版，第301页。
〔2〕 参见王格："行刑社会化理念下扩大假释适用的思考"，载《黑龙江省政法管理干部学院学报》2020年第2期。

作人员在适用假释的过程中会产生思想上的顾虑，为了免于将自己置身于纠纷和追责之下，司法工作人员会选择适用没有考验期的减刑来规避风险。检察机关在行使监督权对减刑的适用进行执法监督时，往往将审查的重点放在适用程序是否符合法律的规定，相关工作人员是否存在违规操作等，而忽视考虑是否可以提起假释或者适用假释，在一定程度上对假释的适用率产生不利影响。

（三）"严打"刑事政策限制假释适用范围以及适用比例

在刑事司法领域，我国长期以来奉行"严打"的刑事政策，从 1983 年实施的第一次全国性"严打"以来，我国长期处于"严打"的刑事政策环境中。"严打"是"从快从严"指导下对刑罚惩戒和威慑功能的放大，在一定程度上造成了刑罚预防功能的忽视。近几年司法部门也通过更多的司法解释或相关规定，对假释的适用范围进行了严格的限制，使得假释的适用条件更加苛刻。比如《最高人民法院关于办理减刑、假释案件具体应用法律的规定》第 25 条规定累犯以及实施刑法规定的 8 种严重暴力犯罪而被判处有期徒刑、无期徒刑的犯罪分子不适用假释。有数据显示，我国累犯约占在押犯的 12.5%，原判 10 年以上有期徒刑的暴力型罪犯占在押犯的 33.8%。这就意味着在押犯中大约 40% 以上的罪犯不能适用假释。[1] 司法实务部门做出的类似规定将假释的适用范围进行了很大的限缩，使得在押罪犯中的部分罪犯丧失了在监狱内认真悔改而获得假释的机会。另外，该规定第 27 条明确规定有履行能力而不履行或不全部履行生效判决中的财产性判项，不能适用假释。我国在对犯罪分子判处的刑罚中，惯用财产刑，该部门做出的不履行财产性判项不能适用假释的规定，在很大程度上又使得因为经济困难而无法履行财产刑的罪犯丧失了适用假释的机会。2019 年 4 月公布的《最高人民法院关于办理减刑、假释案件具体应用法律的补充规定》中对贪污贿赂类犯罪的假释进行了限制，即明确表示在对贪污贿赂罪犯适用假释时要从严考虑。以上种种刑事政策限制了假释的适用范围，缩限可适用假释的犯罪种类导致假释的适用率进一步降低。

---

[1] 参见王立君："假释制度的理论基础及价值分析"，载《法学杂志》2006 年第 2 期。

### 三、提高我国假释适用率的措施

（一）实现观念上的转变

观念具有主观性和历史性的特点，对人们的行为具有重要的指导作用，正确的观念对于实践的发展具有重要的推动作用，科学的行刑观有助于指导科学的行刑实践的发展。分析西方国家的高假释适用率可以发现，假释的适用符合刑罚的目的，提高假释适用率对于罪犯的改造和预防具有重要的意义。相反，限制假释的适用率不仅使得假释的价值无法得到根本实现，而且会造成司法资源的浪费，增大政府在罪犯改造中的财政支出，刑罚所追求的改造、矫正以及预防的目的无从得到完全的实现。随着对轻刑化、缓刑化的行刑理念的追求，假释的功能应当得到更好的发挥。一方面，监狱、法院、检察院等相关机关及其工作人员应当转变刑罚执行观念，适应"宽严相济"的刑罚执行理念，在刑罚适用和执行中考虑刑罚的效益，从刑罚的目的出发，促使罪犯能够接受教育改造，早日重返社会。另一方面，应当加强对社会大众以及被害人和家属的舆论引导作用。随着信息技术的迅速发展，人们制造和传播信息的途径和渠道日益多样，社会民意对司法不可避免地产生一定的影响。因此，社会公众对于假释的认识和理解也显得格外重要。应当在全社会加强法治教育，让大众真正了解刑罚执行方式的目的，改变传统的报应刑罚观念，消除对假释制度的误解，转变对罪犯的片面认识，正确看待罪犯的假释。

（二）扩大假释的适用范围

在假释的适用范围上，我国相关法律进行了明确的规定，对于累犯以及故意杀人、强奸、抢劫、放火、爆炸、投放危险物质、有组织的暴力性犯罪被判处 10 年以上有期徒刑、无期徒刑的罪犯不适用假释。因以上犯罪被判处刑罚的犯罪分子，在接受刑罚改造的时候即丧失附条件提前释放的机会，这在一定程度上会打击罪犯接受教育改造，认真悔改，争取早日回归社会的积极性。同时，罪犯长期在监狱中执行刑罚，与社会脱轨严重，刑罚执行期满回归社会的时候难以适应新的社会环境，再犯罪的危险大。因此，在司法实践中，对上述犯重罪、刑期长的罪犯综合考虑其在刑罚执行期间在监狱中的悔罪表现、罪犯的身体情况以及家庭情况，对监狱中的行为进行打分量化，从罪犯长期生活和发展角度出发酌情考虑是否予以假释。但是对于犯罪情节恶劣，悔罪表现欠佳，可能存在再犯罪危险的罪犯要严格管理，坚决不予假释。

在假释制度的设置上，我国目前采取的是裁量假释的制度，即是否适用假释要经过法院对罪犯在服刑期间的表现、悔罪情况以及再犯危险性等相关条件进行考虑之后决定是否裁定假释。而在具体司法实践过程中，因为对于假释适用的实质条件过于严格，相关条件的标准过于抽象化，使得假释制度的适用率低，无法完全发挥其功能。而西方一些国家假释适用率高，他们大多采取法定假释和裁量假释相结合的假释制度。英国 1991 年《刑事司法法》中明确规定适用法定假释和裁量假释并重的假释制度。法定假释即对于符合条件的短刑犯予以无条件的提前释放，裁量假释是指对于长刑犯以及不定期自由刑罪犯、终身监禁等罪犯适用的有条件的提前释放。美国同样适用裁量假释和法定假释，而且对于短期自由刑罪犯适用强制释放制度。法国 2009 年《监狱法》针对短期监禁刑增加适用强制释放制度，在这之前法国适用的是单一普通假释制度，因为无法适应再犯罪危险等条件的需要，所以在之后的监狱法改革中采取了一定的调整。足以见得，法定假释和裁量假释二者并重的假释制度是符合社会发展需要的，也是实现刑罚执行目的的正确选择。我国进入中国特色社会主义新时代，在宪法的指导下不断推进社会主义法治国家和法治政府的建设，而在这一进程中，对罪犯的改造和矫正是不容忽视的重要环节，要积极探索适合我国的假释制度，法定假释和裁量假释并重，充分发挥假释制度在刑罚执行中的作用。

（三）贯彻宽严相济的刑事政策

现代法治理念在刑罚执行中追求对人权的保障，强调保障人权与打击犯罪相结合。宽严相济的刑事政策在刑罚执行过程中主要表现在对于犯罪分子的刑罚该宽则宽，该严则严，实现宽严相济、罚当其罪。根据前文所述，可以发现司法实践中受相关政策的影响，我国对假释的适用过于严格，以至于假释的适用率始终在一个较低的水平。对比西方国家的假释适用经验会发现，假释的适用标准如果一味地降低，将假释的适用条件设置得过于简单，会导致假释制度形同虚设，甚至不如不设置。然而，如果将假释的条件规定得过于严格，会对假释的适用造成一定的限制。笔者认为，对于假释制度来说，将假释的严格化和宽缓化结合起来是最有利于实现假释目的的选择。假释政策的严格化是指对于犯罪性质恶劣等严重暴力犯罪应该严格禁止，从而实现惩罚犯罪的刑罚目的，增强社会大众的安全感。假释政策的宽缓化是指对于一些非严重暴力性犯罪可以适当地予以适用假释，以此达到刑罚的特殊预防的目的。

（四）探索建立假释无过错免责的责任机制

在司法实践中对司法、执法工作人员实施责任倒查，这对于刑罚执行机关的工作人员来说压力剧增。因为一旦对犯罪分子适用假释，只要该犯罪分子在假释考验期中实施了法定的撤销假释的事由，就会启动责任倒查，追究相关工作人员的责任。这种追究责任的方式导致相关工作人员在做出决定时顾虑很大，甚至不敢对符合假释条件的犯罪分子提请假释或者做出批准决定。笔者认为，在假释之后再犯罪的案件中，不能不加区分地追究相关工作人员的责任。如果被假释的罪犯出现了重新犯罪的情况，应当对该犯罪分子进行严格的审查，如果确实存在有司法工作人员徇私舞弊、枉法裁判的行为，应当对相关的工作人员严格查处，追究相关责任人的责任，打击借"假释"之名实现"真释放"目的的不正当行为。但是，经审查如果发现该犯罪分子重新犯罪与相关做出假释决定的司法人员没有关系，则应当免除司法以及执法工作人员的相关责任，即采取"无过错则相关责任人即免责"的责任追究方式。新时代背景下，追究相关责任人的责任要达到有法可依、有法必依、执法必严、违法必究，形成标准统一的责任追究机制，客观严格地予以执行，以确保假释制度能够得到更好地适用，充分发挥其在改造罪犯和惩罚犯罪之间的功能。

## 结语

假释作为一种重要的非监禁刑措施，是新时代贯彻和实施宽严相济刑事政策不可忽视的重要措施。假释对于正在接受改造的罪犯来说，像是一种"光"，是希望和愿望。积极接受教育改造，认真悔过，就会有早日回归社会的希望。但是目前假释在我国的适用率较低，适用过程中也存在一定的问题，这就需要我们能够清楚地发现问题所在，并且采取有效的措施予以对症下药。相信在未来的司法实践中，假释能够成为实现刑罚的惩罚犯罪和预防犯罪的目的的重要途径。

# 关于低假释率对监狱影响之思考

王诚亿 *

　　假释制度，是指对于被判处有期徒刑、无期徒刑的部分犯罪人，在执行一定刑罚之后，确有悔改表现，不会再危害社会，对其予以附条件地提前释放到社会上的制度。附条件，是指被假释的犯罪嫌疑人如果遵守相关规定，就能认为原判刑罚已经执行完毕；如果没有遵守相关规定，就收监执行原判刑罚。

　　《中华人民共和国刑法》（以下简称《刑法》）中在第81条至第86条对假释制度的适用条件、假释程序、考察期限、被假释后应该遵守的规定及假释撤销的情形等诸多因素进行了立法规定。虽然包括《刑法》在内的众多法律文件都对假释制度作了非常详细的规定，但是我国的假释适用率与发达国家相比较，仍然处在一个较低水平，对服刑犯适用假释的数量仍然低于适用减刑的数量，且二者比例非常不平衡。假释制度作为一种更有优势的刑罚执行制度，却没能发挥出其应该发挥的价值，这一现象值得我们关注和思考。

　　减刑制度和假释制度都是刑法中规定的变更执行刑罚的措施，着眼于对服刑人员的教育和改造。两种措施执行到位都能够对罪犯本身、刑罚执行机关和社会产生积极作用，更能够进一步促进对罪犯教育改造刑罚制度的完善。相对于惩罚的措施，我国罪犯的假释率一直处于一个非常低的比例。我国的假释适用率低于国际水平其实也反映了我国在行刑过程中注重特殊预防而忽略了一般预防。监狱一方面认为减刑制度更有利于监狱执法，另一方面却认为减刑的风险要比假释低。在美国，对罪犯适用假释的比例大概在40%~70%之间，2011年为63%，再犯率不到10%。而我国的假释比例逐年降低，以上海为例，随着假释实体条件的进一步收紧，我国假释率从2011的11.55%，

* 王诚亿，上海政法学院刑事司法学院2019级研究生。

* 王诚亿，上海政法学院刑事司法学院2019级研究生。

到 2018 年已经下降到了 2.92%，同期罪犯减刑比例却在 15%～17% 之间。以上海监狱为例，2017 年至今，上海监狱向人民法院报请的减刑建议案件数与假释建议案件数比例为 3.15∶1。其中，2017 年度的比例为 2.71∶1，2018 年度为 3.02∶1，2019 年 1 月至今为 4.15∶1。

这些比例充分说明了假释在我国适用率普遍偏低的现实情况，而监狱作为国家的刑罚执行机关，低假释率也给我国监狱系统带来了很多方面的影响，下面就对这些影响进行简单的阐述。

## 一、具备条件未假释会增加监狱经济成本

成本和收益一直是人类社会发展中不可忽略的因素，是从国家层面到个人方面做任何事情都必须考虑到的事情。监狱作为国家机器的重要组成部分，代替国家惩罚和改造罪犯的国家机关，在执行任务时也必须考虑到行刑成本和收益的问题。

（一）监狱经济成本分析

1. 监狱经济成本构成

监狱经济成本指的是在国家和社会在特定时间内为了能够实现对罪犯的惩罚和改造目的而对在监狱服刑人员所投入的多种资源综合投入资金。其中包括了社会整体资源和国家为了保证刑法能够顺利执行而分配的人力、物力和财力等资源。具体包括监管场所的维护、监狱管理人员的工资、具体罪犯需要的改造费用、监狱组织生产生活等活动所投入的资金。

2. 监狱行刑成本不断增加

根据相关统计，国家投入监狱的费用在不断增加。2002 年国家对监狱分配的费用为 144 亿元，而到了 2017 年全国监狱行政经费财政拨款 820 亿元，监狱行政经费总支出 861 亿元。

3. 最新经费情况

根据《中国法律年鉴（2018 年）》中显示，为了深化监狱体制改革，加强监狱经费财政保障，协调落实中央财政监狱补助资金 34 亿元，2018 年比2017 年增加了 205 亿元，帮助中西部地区提高保障水平。2017 年全国监狱行政经费财政拨款 820 亿元，监狱行政经费总支出 861 亿元，财政拨款占经费总支出的 95%。协调落实监狱戒毒企业产业升级和技术改造财政贴息贷款项

目 25 个、贷款资金 7.6 个亿。

（二）监狱行刑成本不断增加的原因分析

1. 监狱在押犯数量不断增加

根据司法部公布的数据来看，我国监狱在押服刑人员数量在 1982 年为 62 万人，2002 年 154 万人。2012 年 4 月 25 日司法部负责人在第十一届全国人大常委会第 26 次会议作的报告中介绍监狱在押犯为 164 万人。

2. 监狱建筑成本不断增加

随着社会不断发展，新条件下对监狱建造的新要求也发生新的变化。根据监狱的职能，监狱的设计及建造应该达到布局威严，安全封闭等要求，并顺应时代发展实现监狱物理条件新的现代化。硬件投入是一笔非常大的开支，有数据显示，某大型监狱建造一个新型监区所花费的一次性费用就高达两亿元人民币。

3. 监狱的社会公共成本不断增加

当下许多监狱的社会负担仍然非常大。监狱内部的水电气暖、治安、教育和医疗等社会性职能使监狱付出了巨大的人力、财力、物力。特别是对于一些偏远地区的监狱，由于各种因素的累计，工人人数较多，这些工人的工资和社保等各项费用都由监狱自身解决，对于这些监狱本身也是非常大的经济负担。

（三）假释与监狱成本的关系

对于监狱来说，实际工作过程中如何降低监狱的各项成本并提高效率是把握和解决行刑过程中行刑不足与行刑过量的重要问题。行刑过量使得罪犯的合法权益被过度地剥夺或限制，而这种情形所投入的边际成本远大于所得到的边际收益，使得监狱在对罪犯执行刑罚的过程中所投入的资金产生了大量的浪费情形。因此，通过整体的行刑过量来取得丰厚的行刑收益不符合经济规律，而且过分追求反而会取得与预期结果截然相反的效果，所以需要对现有行刑方式予以适当调整来解决现有问题。

第一，降低罪犯减刑率。减刑与假释的共同点都在于使在监服刑人员提前回归社会但两种制度的性质和效果却有着非常大的不同。减刑是通过减少罪犯的服刑期限使得罪犯所服实际刑期少于原判刑期的一种制度，这在一定程度上是对法律神圣性的一种打击，而假释只是对行刑的场所和方法做了改变，并且假释有考验期的限制。

第二，提升罪犯假释率。假释作为一种附条件的非监禁化和社会化的刑罚执行手段，具有调动罪犯的主观能动性，使得罪犯能够积极配合改造工作，并能够给监狱服刑人员创造一个从自由被完全剥夺的监狱生活到完全恢复人身自由的正常生产生活的过渡过程。根据相关研究，取得假释资格的服刑人员，在心理上会对政府产生感恩之情，在出狱之后的假释生活有相应的社会约束机制，在法律上有完整的控制机制。一方面，取得假释资格的服刑人员在假释考验期内，会受到自身之外约束力量的影响，自然会从内心中产生一种"自律"的自我约束机制，这有利于服刑人员改善自身行为取得良性习惯。而且假释对降低监狱行刑经济成本提高监狱行刑收益的作用也是非常显著。另一方面，如果能确保取得假释的犯罪分子不再对社会产生危害，那么规定的假释考验期也可以取消了。从客观角度看，服刑人员在假释期间在监外是否犯罪，不仅要看其在取得假释资格前在监狱内的改造效果，还要看其离开监狱之后的生活环境。因此，通过对相关法律条款的修改完善来达到逐步提升在监狱内服刑人员的假释比例和逐步降低减刑比例，尤其是对犯罪情节轻微、过失、偶犯、初犯等社会危害性和人身危险性明显较低的服刑人员等应该在法律层面体现出对其"宽宥"的一面。对于一些服刑人员在服刑期间出现重病等特殊情况但被现行法律条款限制的犯罪种类等限制的服刑人员，可以通过尝试"特别假释"，在充分考察后，通过"特别假释"提高阶段假释率。

## 二、具备条件未假释会增加监狱警察的工作压力

警察是指在国家的统治过程中，运用武装、行政和司法等强制手段，来维护国家安全和维护社会秩序的国家行政武装治安力量。在我国，人民当家作主，警察统称为人民警察。我国目前的人民警察系统中，包括公安人民警察、森林人民警察、铁路人民警察以及监狱人民警察等。

（一）监狱人民警察数量较少产生的监管压力

截至2015年，我国人民警察总数在200万人左右。公安系统130万人左右，法院检察院等司法警察20万人左右，狱警45万人左右，安全部5万人左右。到2020年中国在监狱的犯人接近200万人，目前全国共有监狱681所，

在职监狱人民警察 30 万人，押犯 194 万人，平均下来每名监狱民警要负责 7 个在押服刑人员的教育改造工作，除去监狱各级领导，实际执行教育改造工作的基层监狱民警平均每个人负责的实际在押服刑人员为 10 个左右。

虽然看起来每个监狱民警分担的人数不太多，但是要考虑到监狱内服刑人员的特殊性，要负责监管各式各样的服刑人员所产生的监管压力是非常大的。

（二）监狱人民警察的心理压力

首先，监狱是一个相对其他机构更加封闭的区域，监狱的边界是各种高墙电网和各种岗楼，给人一种时刻被监控的感觉，这是监狱这种特殊场所本身就会给人造成的一种感受，在这种环境中进行长期性工作就会在不知不觉间受到监狱环境的影响产生较大的心理压力和精神负担。监狱人民警察因为其工作环境的特殊性、工作性质的单一性、工作时间的长期性、工作内容的危险性、社交范围的狭小性和工作内容的单调性等因素，其工作、生活等问题封闭在特殊的环境中，无法倾吐。

其次，监狱人民警察监管的对象是在监狱内服刑的罪犯，是对社会持有负面态度的群体，他们所犯案件是法律所不允许的行为，具有非常强烈的社会阴暗面的体现，特别是刚进入监狱工作的人民警察需要长时间与文化水平低下、犯罪行为多的监狱服刑人员接触，可能会产生现实工作情况与未进入监狱工作之前的想象反差强烈的感觉。根据相关研究表明，初入监狱工作的人民警察接触到的社会阴暗面比很多人一辈子见到的社会阴暗面都要多。所以，监狱人民警察不光要面临着与监狱服刑人员各种高风险、高对抗性的压力，还要随时保持精神的高度警惕、心弦紧绷的心理状态。除此之外，基层监狱人民警察数量严重不足，每个监狱人民警察基本面临着工作时间长、工作强度高、加班频率高、生物钟被严重颠倒等带来的心理压力。

最后，随着全国监狱管理理念的更新，原来的管理方式和新的管理理念产生了不适配的情况，并且新的管理理念对于监狱人民警察提出的要求也越来越高，来自上层监狱管理机关的各项新的监狱工作要求都给基层监狱人民警察带来了非常大的压力。

监狱人民警察在执行教育改造罪犯的过程中，为了极大地调动罪犯积极配合的主观能动性，让其负责的罪犯能够从心底配合监狱民警的各项管理工作，就要求监狱人民警察自身做好管理自身的行为，严格要求自己，这也会对监狱民警造成焦虑感，产生较大的心理压力。

### 三、假释制度的优势

第一，假释制度可以对正在服有期徒刑和无期徒刑的犯罪嫌疑人起到激励效果，使其能够积极悔罪、改过自新，转变自己错误的价值观。因为假释制度的设置使得原来的自由刑产生了不定期刑的性质，就是说即便监狱服刑人员所要服刑的刑期较长或者被法院判处无期徒刑，但只要其在监狱内认真遵守法律法规、监狱规章制度，认真接受监狱人民警察的教育改造，经确认有悔改表现的，也可以提前释放。这既能对受刑人的悔改起到积极鼓励作用而且对预防其犯罪起到了积极作用。

第二，假释制度可以避免不必要的刑罚执行，使得监狱服刑人员在监狱之外也能够继续悔过自新。因为假释制度是促进服刑人员更快回归社会而不在监狱内执行刑期的一种刑罚执行措施，已经被假释的服刑人员在假释考验期内也会受到社区矫正机构等有关机关的监督管理，这就使得服刑人员可以在不在监狱内执行剩余刑期的情况下也能得到教育改造。

第三，假释制度可以为监狱服刑人员搭建起重返社会生活的桥梁。被判处自由刑的服刑人员长期在监狱内服刑，与社会生活完全剥离，在社会飞速发展的今天，刑满释放的犯罪分子突然从完全被剥夺自由的环境中置于一个完全不限制人身自由的社会之间，会产生不同程度上的适应困难。假释制度实际上就是一种监狱服刑人员从完全被剥夺自由的监禁生活进入到完全不限制人身自由的社会生活的一种过渡性的制度设计，对服刑人员因不适应出狱后的生活而重新犯罪起到了积极的预防作用。

### 四、提高假释率对监狱行刑成本和民警压力能起到良性作用

（一）有效提高假释率可以节约大量司法成本

我国每年监狱在押服刑人员数以百万计，国家每年在监狱花费巨额资金来支持人力、物力、财力支出。随着时代的飞速发展，我国法律体系中人权意识不断提高，与此相对应的监狱的建筑条件、监所居住条件等狱内生活设施，监狱服刑人员的物质和精神生活水平也应随之改善，因此国家每年花费

在监狱服刑人员上的人均资金成本是逐年上升的。监狱的正常运行只靠国家财政拨款是非常紧张的，因此大多数监狱都会组织监狱内服刑人员进行适当的生产活动，但是由于在押服刑人员整体平均文化水平不高、生产技能普遍较低，只能进行一些简单的技术含量低的生产劳动，因此所生产的产品要么级别低，要么质量低，相比较市场上的同类产品缺乏竞争力，在市场竞争中处于下风。因此，监狱自身组织的生产活动并不能产生预期收益，许多监狱企业每年都会产生巨额亏损。所以监狱通过自己组织生产活动来为监狱创收的方法已然不能起到预期作用了。

适当提高假释率可以让监狱服刑人员提前回归社会，减少监狱内的监禁成本，是符合执行刑罚的经济学原理的。虽然取得假释资格的人要在考验期内接受社区矫正，但是这种社区矫正所支出的费用与在监狱内监禁所支出的费用相比较是非常低的。根据相关法律规定，每个监狱服刑人员在服刑期间只能适用一次假释，所消耗的司法资源也是有限可控的。而减刑就不一样了，刑法并未对减刑做出次数限制，因此减刑可以适用多次，这会消耗许多监狱经费。在司法实践过程中，对监狱服刑人员实行积分考核制，积分的多少是能否取得减刑资格、减去多少刑期的重点。为了保证减刑资格的审核无误，监狱要投入大量人力物力来保证工作的顺利进行，这样使得本就不多的监狱经费更加紧张，降低了对监狱服刑人员思想教育等方面的工作，减弱了教育改造效果。每年减刑的案件一般占据罪犯总数的30%以上，对如此众多的减刑案件，司法机关疲于应对，使得本就不充足的司法资源更加雪上加霜。

通过提高整体假释率和阶段假释率。监狱可以有效降低在监狱行刑过程中的各项支出成本。我国每年投入监狱的资金并不是非常充裕，所以在保证假释条件严格审核及完善相关社区矫正措施的情况下，提高假释率可以降低监狱内部在押人员数量，使得原本分配给监狱内服刑人员的人均成本降低，结余下来的资金可以用于监狱硬件设施的改善和监狱服刑人员的文化教育等改造过程中，改善监狱内服刑人员的各项生活条件，使其能够更加积极配合监狱民警的教育工作，转变原来的不良思想，培养良好习惯，更快达到减刑或假释的条件，再进行下一轮假释，减少在押人员数量，降低人均行刑成本，以此达成良性循环，实现更加高效利用监狱经费和保证罪犯改造回归社会的双赢局面。

### （二）提高假释率可以有效缓解监狱民警压力

能够取得假释资格的在押服刑人员表明其人身危险性和再犯可能性都非常低，如果顺利假释，那就说明有条件的放归社会不会对其社区产生不良影响。如上所述，我国假释率相较减刑率来说是非常低的。减刑不管减多少次，阶段时间内监狱的服刑人员数量并不会减少，监狱民警仍然肩负着管理、组织生产、教育改造等艰巨工作，监狱人民警察仍然面临着非常大的心理压力。而假释相较减刑有一个优点，假释是附条件的将监狱服刑人员回归社会的一种刑罚执行措施，经过假释的犯罪分子离开监狱后会在一定程度上减轻监狱内的服刑人数，降低监狱人民警察的监管压力，心理上受到的压力和种种负面影响，使监狱人民警察可以将有限的精力投入更加难教育改造的在押服刑人员身上，完成国家交给监狱民警的根本使命。

假释相比较减刑来说是附条件的将犯罪分子提前放归社会的一种刑罚执行方法，取得假释的犯罪分子比减刑的犯罪分子更早地取得相对自由，而被判处自由刑的犯罪分子最渴望的就是自由。假释可以对渴望自由的犯罪分子起到鼓励作用，使他们能够更加积极配合监狱民警的各项教育改造工作，从而更加快速的达成国家对监狱服刑人员的改过自新、重新做对社会有用的守法公民的目标。已经取得假释资格的犯罪分子可以形成示范效应，鼓励其他犯罪分子积极配合教育改造工作，从而减轻监狱人民警察的各项工作压力。

假释的资格需要监狱人民警察来负责审核，监狱服刑人员假释资格的取得说明监狱人民警察的教育改造工作有效，假释人数的增多可以在工作上对负责教育改造工作的监狱民警予以更大程度的肯定，这会对监狱人民警察产生正面激励效果，一定程度上可以抵消工作产生的负面压力。而这种激励效果的增加一定程度上是可以通过提高假释率来达成的。

## 五、结语

减刑制度并不能立即降低监狱内服刑人员的数量，已经获得减刑待遇之后的犯罪分子仍然要在监狱内服刑很长时间，监狱仍然要为其承担各种改造经费和分配相应的警力资源。但是假释是审核无误之后附条件的放出监狱的一种刑罚执行措施，假释可以立即降低监狱服刑人员的数量，监狱可以将已经假释的犯罪分子的改造成本转移到社区矫正机构上去，有效降低监狱经费支出和减轻监狱民警的监管压力和心理压力。

我国现在的假释率远低于国际平均水平。如果能够将假释率适当提高，那么我们全国监狱总的经济支出将会大大降低，监狱内民警的实际工作压力和心理压力也会大大降低。提高假释率而多出来的各项经费和监狱人民警察的宝贵精力可以投入改造难度更大的监狱服刑人员身上。通过提高假释率来降低监狱的各项成本，使监狱民警能够有充足精力去教育改造更多的重刑犯，加之社区矫正机构对已经假释的犯罪分子的教育改造，两相配合之下，监狱等部门就能够更加高效地提高对全体犯罪分子的教育改造率，更加出色地完成国家交给监狱和社区矫正机构的任务。

# 论新形势下保外就医制度的完善

陈文峰 *

　　我国的保外就医制度还不是很完善，法律规定还存在漏洞，容易被少部分罪犯及其亲属利用来实施违法保外就医，保外就医实施过程中还存在罪犯脱管、漏管现象。违法保外就医使得极少数罪犯逍遥法外，对社会造成极其恶劣的影响。

　　1994 年公布实施的《中华人民共和国监狱法》（以下简称《监狱法》），2018 年修正的《中华人民共和国刑事诉讼法》（以下简称《刑事诉讼法》），尤其是最高人民法院、最高人民检察院、公安部、司法部、原国家卫生计生委于 2014 年联合印发的《暂予监外执行规定》，对保外就医提出了更为明确的规定。保外就医在新形势下能否更规范、更有效的实施，取得良好的社会效果，如何进一步完善显得尤为重要。

## 一、新形势下保外就医制度存在的主要问题

（一）保外就医的相关法律概念表述不清晰、不具体

　　1.《保外就医严重疾病范围》有关疾病诊断标准的表述模糊不清，可操作性不强。《暂予监外执行规定》的第 6 条第 1 款："对需要保外就医或者属于生活不能自理，但适用暂予监外执行可能有社会危险性，或者自伤自残，或者不配合治疗的罪犯，不得暂予监外执行。"其中"有社会危险性"未作明确解释，没有操作标准，实践中难以把握。

　　《暂予监外执行规定》第 6 条第 2 款："对职务犯罪、破坏金融管理秩序和金融诈骗犯罪、组织（领导、参加、包庇、纵容）黑社会性质组织犯罪的罪犯适用保外就医应当从严审批，对患有高血压、糖尿病、心脏病等严重疾

---

* 陈文峰，江苏省司法警官高等职业学校教学研究开发处处长、副教授。

病，但经诊断短期内没有生命危险的，不得暂予监外执行。"其中"短期内没有生命危险"在实际操作中难以掌握：掌握较宽，不符合文件的规定；掌握较紧，一旦罪犯在监内死亡，家属就会以"应该保外就医而没保外"为由维权。

在实际操作中，医院不提供临床医学诊断证明文件对短期内有生命危险予以认定，我们只能从医院下发病危通知书及是否连续下发病危通知书来主观上去认定，缺少具体的操作性规定，不够严谨，也容易引起法律后果。

2. "三类罪犯"等的规定不严谨。对于"三类罪犯"患有"高血压、心脏病、糖尿病等严重疾病，短期内没有生命危险的，不得暂予监外执行"的规定中，此处的"等"是仅仅指高血压、心脏病、糖尿病这三种确定的疾病，还是包括了这三种病以外的其他疾病？对此，目前尚无一个统一明确的答复。据笔者了解，全国多数省份在执行此规定时都是"等内"而不"等外"。

3. 对怀孕和哺乳期罪犯暂予监外执行的，执行期限没有明文规定。《暂予监外执行规定》第5条第1款第2项"怀孕或者正在哺乳自己婴儿的妇女"可以暂予监外执行。但女犯生产后收监时间，规定中没有明确，是指产后立即收监，还是按照国家规定的产假结束后予以收监？还是哺乳期结束后予以收监？哺乳期应该执行多久？此外，存在少量女性罪犯通过不断怀孕达到逃避收监执行刑罚的现象，极大损坏了法律的威信。

（二）保外就医调查评估的法律规定不够明晰

1. 环评必须实施的问题。《暂予监外执行规定》第8条第2款规定监狱对拟提请暂予监外执行的罪犯，应当核实其居住地，需要调查评估其对居住社区影响的，可以委托居住地县级司法行政机关进行调查。

但在实践中，当地社区矫正机构往往变"需要"为"必须"，要求对拟提请暂予监外执行罪犯一律进行调查评估，如果监狱没有委托司法行政机关进行调查评估，社区矫正机构往往以各种理由拒绝接收。

2. 环评实施、出具存在困难的问题。外省社区矫正机构往往不愿意出具环评意见或不及时出具意见，导致监狱沟通协调成本增加。

罪犯户籍地、居住地不一致时，环评由谁负责？居住地县级司法行政机关、户籍地县级司法行政机关互相推诿，环评难以开展。法律应该明确居住地、户籍地不一致时的环评由哪个县级司法行政机关负责。

3. 环评的期限和程序问题。部分县级以上司法行政机关调查评估时间较长，且评估结论未明确是否同意暂予监外执行的意见。

罪犯出现急保情况，时间非常紧急，司法局不能及时出具环评意见，导致罪犯不能办理急保，往往病死在监狱。如罪犯星期五发病，监狱发函要求县级司法局环评，司法局星期六、星期日正常休息，等环评结束时，罪犯已经死亡，罪犯死亡后，家属不理解，拉横幅、举标语、聚集监狱大门等行为给监狱带来很大的压力。

（三）保外就医实践中会出现无保证人的问题

罪犯没有保证人而不能保外就医的问题。《暂予监外执行规定》第 10 条，罪犯需要保外就医的，应当由罪犯本人或者其亲属、监护人提出保证人，保证人由监狱审查确定。

罪犯没有亲属、监护人的，在实践中的以下三种情况里，往往会出现无保证人的情况。

1. 有家属，家庭经济困难，不愿接收的；

2. 无直系亲属，旁系亲属不愿接收的；

3. 无亲属、监护人的。其居住地的村（居）民委员会、原所在单位或者社区矫正机构往往相互推诿，均不提供保证人，导致罪犯因无保证人无法办理暂予监外执行。

（四）保外就医鉴定程序不规范[1]

鉴定主体不明确，权责不统一。《刑事诉讼法》第 265 条第 4 款规定："对罪犯确有严重疾病，必须保外就医的，由省级人民政府指定的医院诊断并开具证明文件"。《暂予监外执行规定》第 9 条第 1 款："对罪犯的病情诊断或者妊娠检查，应当委托省级人民政府指定的医院进行。医院出具的病情诊断或者检查证明文件，应当由两名具有副高以上专业技术职称的医师共同作出，经主管业务院长审核签名，加盖公章，并附化验单、影像学资料和病历等有关医疗文书复印件。"

法律没有对指定医院应当具备什么样的资质条件作出明确的规定。省级人民政府指定的医院不是专业的医疗鉴定机构，参与诊断的医师虽然具有副

---

[1] 参见陈文峰："保外就医制度完善研究"，载《犯罪与改造研究》2017 年第 8 期。

高以上专业技术职称，但也不具有专业的医疗鉴定资格，如果指定医院的医生出具了虚假医疗证明材料（如病危通知书、虚假严重疾病材料等），导致罪犯违法保外就医，如何确定医生的法律责任？

《中华人民共和国刑法》第 305 条关于伪证罪的规定："在刑事诉讼中，证人、鉴定人、记录人、翻译人对与案件有重要关系的情节，故意作虚假证明、鉴定、记录、翻译，意图陷害他人或者隐匿罪证的，处三年以下有期徒刑或者拘役；情节严重的，处三年以上七年以下有期徒刑。"伪证罪在客观方面表现为在刑事侦查、起诉、审判中，对与案件有重要关系的情节，作虚假的证明、鉴定、记录、翻译的行为，或者隐匿罪证的行为。

因此，指定医院的医生在罪犯外出就医过程中出具虚假证明材料的，不是发生在司法机关的刑事诉讼活动中，不能以伪证罪论处。检察院不能以"伪证罪"追究其刑事责任，这就使少部分不良医生就会徇私舞弊开具虚假严重疾病的证明材料。

《保外就医严重疾病范围》规定了罪犯保外就医的病残标准，由于各个医院的医疗水平不同，同一个罪犯在不同的医院可能有不同的诊断结果。罪犯家属就可能进行权钱交易，对医院的领导及诊断医师行贿以达到使其虚构严重病情等情况，而违法保外就医。医院出示的罪犯看病等情况材料不能定义为法律意义上的鉴定意见，我国法律也没有明确证明文件的法律地位，只能作为监外执行审查的参考，没有相关法律予以规制，这个法律盲区使很多不法分子有机可乘。

（五）保外就医人员病情复查、就医等方面的相关法律规定不健全

《江苏省社区服刑人员监督管理办法》规定，对保外就医的社区服刑人员，司法所应当每 3 个月与其治疗医院沟通联系，及时掌握其身体状况及疾病治疗、复查结果等情况，并根据需要由县级司法行政机关向批准、决定机关或者有关监狱、看守所反馈情况。病情复查情况是决定能否继续监外执行和是否需要收监执行的关键证明材料，如果该证明材料不具真实性或缺少证明力，必然会影响法律及相关司法解释的正确实施，使得一些人规避法律，逃避收监，从而有损于法律的威严。现实中，主要存在以下问题：

1. 病情检查方面存在的问题。病情复查情况是由医院医生通过病情鉴定做出的。病情鉴定常规是需要望、闻、问、切和仪器、化验等辅助检查才能

完成。但实践中，医院方面和医生很难做到。一方面，病人怕费时费钱，不同意做全面、深入检查；另一方面，医生图省事，只做简单检查；病情严重的还需会诊，病人家庭不申请，医院和医生也不能做。因为没有硬性规定，医院对保外就医病人只当作是一般病人，没有任何特殊处理办法，对诊断的病情具有很大的不确定性。

2. 出具诊断证明中存在的问题。目前通过检查发现，保外就医社区矫正人员提交的病情复查证明，有的医生仅凭病人口述，就下结论；有的需要观察，但因时间条件等诸多因素限制而没有观察就下结论；有的诊断病历写得很简单，或根本没有注明什么病情或什么程度的病情。如病人在病情诊断中，医生只开了几种常规高血压药，而没有结论性诊断，根本看不出目前病情状况、是否建议收监执行。司法行政部门无所适从，检察机关如何监督也是难题。

3. 保外就医人员就医方面存在的问题。已经保外就医的罪犯，大部分病情都比较严重，而且大多生活困难。有的病人明知道每 3 个月要向司法所提交病情复查情况，而且证明材料需县级以上医院出具。因离医院较远，有的病人需要陪同，有的行动不便需要租车，这些对他们及家庭来说，经济上是个负担，有些人去了几趟医院后，就不再去了。如病人病情危重，家人陪其去一趟医院非常费劲。类似这样易出现生命危险的病人，如果途中出现异常，发生意外，还会影响教育改造社会效果。

（六）保外就医检查监督机制不健全

我国的法律监督主体是人民检察院。监督工作主要包括三方面：第一，纠正暂予监外执行过程中出现的不当或者违法行为；第二，严格暂予监外执行的审查，预防不当、违法行为的发生，人民检察院审查决定机关抄送的有关材料，对决定有意见的及时予以纠正；第三，保护罪犯的合法权益免受不法侵害，虽然罪犯因犯罪被剥夺人身自由，但是其仍有权享受生命、健康权及其他基本权利，检察机关也应当保障罪犯的这些权利。[1]罪犯保外就医后，虽然脱离了监狱管理机构的关押，但是由于其仍是戴罪之身，因此仍然要受到执行机关的监管，服从监管规定。

---

〔1〕 参见陈金良、吴敏："完善保外就医罪犯监督制度维护司法公信力"，载《北京政法职业学院学报》2011 年第 2 期。

在保外就医的各个环节检察机关缺少强有力的措施实施有效监督。我国目前的检查监督有两方面缺陷，具体表现为：

一是监管工作流于形式。鉴定过程中，司法机关需要对鉴定结论做出审查从而决定是否保外就医，但是对司法机关如何对鉴定结论进行审查、监督，法律同样没有规定，由于司法人员通常并不具有相关医学知识，在审查时也只是根据医院的鉴定结论做出决定，这就使审查流于形式。非法医办案人员无法根据医学知识判断其是否达到保外就医疾病标准，也仅仅是根据医院出具的鉴定意见作出判断。社区矫正实施后，罪犯保外就医期间的监督工作由社区矫正机构承担，对保外就医的监督起到一定的作用。

但是对于如何具体地监督仍然缺乏可操作性的内容，检察机关人员有限，工作分身乏术；且我国的社区矫正工作还在逐渐完善阶段，实施过程经常会出现一些始料未及的状况，社区矫正制度的不成熟也是造成保外就医脱管漏管的重要原因之一。[1]

二是监督手段单一。我国检察监督主体是人民检察院，实现监督的手段仍是以提出纠正意见或者检察建议为主，监督的手段十分单一，且对于检察院提出异议后执行机关拒不改正的应对措施法律也没有明确说明，实际工作中出现国家工作人员违法予以暂予监外执行的情况时，人民检察院通常会依据刑法分则的规定以徇私舞弊或者玩忽职守等涉嫌渎职犯罪的罪名立案侦查，追究其刑事责任，若决定机关拒不改正，检察院也只能对此重复性地提出纠正意见或者检察建议，但毕竟纠正意见是没有法律强制性的，对其他机关不具有法律约束力，不足以对刑罚执行主体产生威慑力。[2]

这就使法律监督缺少了必要的保障，直接影响了法律监督的效果和力度，也因此，检察机关通常对于其他机关已经决定的内容，不会轻易提出检察意见或建议。

## 二、新形势下保外就医制度的完善

（一）立法明晰暂予监外执行的相关法律概念、标准、条件和期限

1. 《监狱法》应明确保外就医严重疾病诊断标准、明确罪犯有社会危险

---

[1] 参见于天一："保外就医制度存在的问题及对策"，东北师范大学 2013 年硕士学位论文。
[2] 参见王昕："我国暂予监外执行法律监督机制研究"，华东政法大学 2012 年硕士学位论文。

性的操作标准。

2. 《监狱法》应分别制定外籍犯、港澳台罪犯和中国籍罪犯暂予监外执行的法定条件，与国外境外有关单位进行司法互助对接。

3. 《监狱法》应当明确规定暂予监外执行罪犯的收监程序，并出台相应司法解释，明确各区县司法局及司法所等执法部门的执法权及职责范围，以便于强化对暂予监外执行罪犯的管控和采取强制措施。可以由公安机关和司法所联合执行在监狱内进行罪犯交接，防止由于监狱不清楚罪犯现实情况，而在收监工作上责任不清出现漏洞。

4. 《监狱法》应明确暂予监外执行罪犯疾病治疗的鉴定部门和审核部门，以利于司法部门掌控病犯的病情治疗情况、社区服刑情况以及刑期计算等情况，也有利于暂予监外执行罪犯个人的患病治疗。

5. 《监狱法》可以明确：由省级人民政府指定医院、选派具有专业技术职称的医师组成一个专门且相对固定的第三方鉴定机构，负责本省暂予监外执行相关鉴定事宜。

6. 《监狱法》应进一步修改因怀孕或者正在哺乳自己婴儿的妇女暂予监外执行的规定，避免女性罪犯通过不断怀孕达到逃避监禁刑刑罚的现象。

建议《监狱法》明确哺乳期的时间。我国《刑事诉讼法》《监狱法》没有哺乳期期限的具体规定，但《中华人民共和国劳动法》《女职工劳动保护规定》都具体规定：妇女的哺乳期一般为 1 年。如果婴儿身体特别虚弱，经医务部门证明，可将哺乳期酌情延长。在刑罚执行过程中，应当明确规定哺乳期为 1 年。如果被监外执行的妇女认为其哺乳期需要适当延长的，可以向监狱或检察机关提出延长申请，由执法机关从省政府指定的医院中选出一家，委托该医院对妇女做出检查后出具是否延长哺乳期证明，延长时间不超过 3 个月。这样既严肃规范了法律执行，又最大限度地保障了犯罪妇女的合法权益。

《监狱法》应当明确规定，以不停地怀孕和哺乳自己婴儿逃避狱内服刑的，怀孕或哺乳期不计入执行刑期。

（二）完善环评的法律规定

1. 《监狱法》应明确，监狱对拟提请暂予监外执行的罪犯，应当核实其居住地，应当委托居住地县级司法行政机关进行调查。县级司法行政机关接到委托函后，应当进行调查，并出具环评意见。

2.《监狱法》应明确，居住地县级司法行政机关的确定方式。居住地是公民连续居住一定合理期限的。在法律上，户口所在地叫住所地，连续居住1年以上的地方叫经常居住地。不满1年的地方当然就叫临时居住地或暂住地。

按照《最高人民法院关于适用〈中华人民共和国民事诉讼法〉的解释》（法释〔2022〕11号），公民的住所地是指公民的户籍所在地。公民的经常居住地是指公民离开住所地至犯罪时已连续居住1年以上的地方，但公民住院就医的地方除外。

《监狱法》应明确，罪犯的环评一般由户籍所在地的县级司法行政机关进行。如罪犯在外地犯罪，在外地有经常居住地的，环评由经常居住地的县级司法行政机关进行；没有经常居住地的，环评由户籍所在地的县级司法行政机关进行。罪犯的户籍迁出后尚未落户，有经常居住地的，由该地县级司法行政机关负责评估；没有经常居住地的，由其原户籍所在地县级司法行政机关负责评估。

以法律的形式明确，环评结束后，必须由县级司法行政机关（而不是司法所或其他部门）出具环评意见，提高环评的公信力。

3.《监狱法》应明确，环评应当有明确的期限，县级司法行政机关必须在5日内提供环评意见。环评意见必须清晰，明确同意或不同意。

（三）完善保外就医中保证人的产生制度

修改《监狱法》，在家属或亲属不愿意担任保证人，罪犯无亲属、监护人的情况下，应当明确由其居住地的村（居）民委员会、原所在单位或者社区矫正机构中的哪个机构来推荐保证人。

（四）完善保外就医的程序

1. 完善保外就医鉴定程序

罪犯申请保外就医，进行医学鉴定是必经程序，但是我国法律对于何种级别的医院有权进行鉴定仍然存在分歧，《刑事诉讼法》规定保外就医的鉴定由省级人民政府指定的医院进行。[1]

而《监狱法》规定保外就医的鉴定由监狱管理机构内设机构进行，未设

---

[1]《刑事诉讼法》第265条第4款："对罪犯确有严重疾病，必须保外就医的，由省级人民政府指定的医院诊断并开具证明文件。"

医院的，依就近原则由附近县级以上医院进行。针对这种保外就医鉴定机构不确定的情况，笔者认为可以建立专门病残罪犯的鉴定机构。具体做法如下：

第一，法院可以设立专门的鉴定机构，并设专门委员会，专门委员会的成员应包括法律工作者、具备专业知识的医生和社会学家，该机构定期向设立它的机构报告工作，并对其负责。

第二，鉴定机构内部可以按照不同的病情情况分成专门的鉴定小组，对罪犯的疾病状况进行初步检查后，再送到专门小组进一步核实，再由三人以上鉴定人出具鉴定结论，人民法院依据鉴定报告上的签名，将其自动列为证人，人民检察院行使监督权的时候有权要求其配合。

第三，鉴定机构自己留存鉴定结论外，还应将鉴定报告分别送达罪犯家属、罪犯所在监狱、人民法院、人民检察院，罪犯或其亲属办理申请保外就医手续时除递交申请外，还应出具该鉴定报告。

第四，对于需要延长保外就医期限的罪犯由原来的鉴定小组重新进行检查，但如果出现新疾病且不属于原鉴定小组鉴定范围的，可移交其他鉴定小组。[1]

第五，由参与鉴定的人共同在鉴定结论上签名盖章，以提高保外就医的实施质量。设立专门的鉴定机构，使保外就医的疾病审查情况更加客观、准确，有效避免伪造鉴定结论现象的发生，将鉴定人的责任与审批程序中的证人制度相衔接，方便检察院对违法保外就医的查处，有利于实现保外就医制度的公正性。

2. 完善保外就医鉴定程序监督

首先，可以取消医院出具证明文件的规定，将法医鉴定纳入保外就医制度。法医兼具司法人员和医务人员双重身份，具有专业的法律和医学知识，而医院的疾病诊断证明是医生通过检查患者作出诊断后，代表医院出具的疾病证明，它和法医鉴定是有很大区别的，前者侧重于诊断、治疗，而后者侧重于诊断的真实、准确，其更重要的是对法律负责。现今医学不断发展，政法机关已经陆续建立法医机构，其丰富的司法经验，在司法实践中越来越突出，具有专门医学知识和法律知识的法医担任保外就医工作的鉴定人是切实

---

〔1〕 参见朱长波、朱长聪、邹陈华："将保外就医鉴定纳入司法鉴定登记管理"，载《中国司法鉴定》2009 年第 5 期。

可行的。同时，坚持对罪犯的严重疾病进行法医学鉴定，能够保证证明文件的准确性和真实性，从而提高执法水平，保证办案质量。此外，也可将保外就医鉴定纳入司法鉴定管理体制，保外就医中的鉴定人的地位就相当于司法鉴定人，在享有鉴定权的同时要承担不利的法律后果，例如，可规定保外就医鉴定人弄虚作假应根据刑法追究其刑事责任。

（五）完善对保外就医的社区服刑人员的管理机制

被保外就医的社区服刑人员依然是身负刑罚的罪犯，所以其人身活动不能像正常人一样自由。必要的管理是当然的。因此建议从以下方面进行完善。[1]

第一，对保外者定期或不定期地进行考察，考察的结果作为是否继续保外就医的参考依据之一。

第二，要求被保外者定期报告其活动情况。罪犯在保外期间定期向社区矫正机构报告其活动状况。除此之外，社区矫正机构也可以随时要求其报告近期活动，使考察之压力部分转移到当事人身上，督促其形成自制力。

第三，限制其活动场所。作为承担刑事责任的罪犯，为达到刑罚惩罚与预防犯罪之目的，被保外者应不能出现在某些公共场所，如高级酒店、高级娱乐场所。

第四，采用高新技术，将被保外就医的罪犯纳入微机全国联网，对其实施动态监督、管理。用所谓的"云计算"在全国形成一个完整的系统，更便于管理、监督。

第五，把监管工作作为相关部门绩效考核的重点之一。公安机关对罪犯的考察应该作为重点绩效来考核，从而使社区矫正机构更有动力去考察被保外就医者。

保外后管理的加强，使刑罚人道主义目的得以落实，同时又体现对罪犯的惩罚；检察院、公安机关能随时掌握被保外者的动向，从而便于管理；绩效考核可以促使相关部门重视保外就医的考察工作；网络动态监控，为跨辖区的缉捕提供了技术支持。

---

〔1〕 参见陈文峰："保外就医制度完善研究"，载《犯罪与改造研究》2017 年第 8 期。

（六）完善保外就医人员病情复查、就医、续保等方面的法律规定

1. 县级以上医院应畅通门诊渠道

司法行政部门应积极向政府反映，主动与医疗卫生主管部门、县级医院建立协作关系，由医院方设立通道，规范病情诊断和证明出具的程序要求，并在签名、盖章、使用何种形式进行证明方面，统一格式，方便医生操作。医院方应要求医生对待这些特殊病人提出的证明要求，不得拒绝；需要做出必要检查而病人不同意的，要及时通知司法行政主管部门协商解决。医院方还要建立病人专门档案资料，便于查询病人情况，对短期内病情持续、稳定的，在准确判断病情的情况下，可减少重复检查，减轻病人的负担。

2. 采用灵活方式方便病情诊断

对地处偏远，行动不能自理的社区矫正病人，司法行政部门应与地方医院建立协作关系，为这类人员诊断病情和出具证明提供便利，对证明材料效力予以认可。地方医院发现病情难以诊断或把握不准的，可邀请县级以上医院派出医生进行临床诊断，也可建议病人去县级以上医院进行诊断。对卧床不起、病情危重的病人，司法行政部门可邀请医生上门鉴定，以解决病情复查情况不能按时提交的难题。如病人肌肉严重萎缩，骨瘦如柴，无法行动，上门服务更能体现司法关怀。

3. 建立复议复查程序

保外就医是监狱服刑罪犯重新获得自由的一种渠道，是狱内病人及其家庭关注的重点方面。病情复查决定着罪犯的阶段自由。因此，对不利于自己的复查决定，有的肯定会产生不满情绪，严重的可能会产生"医闹"等事件；有的会想方设法拉拢利诱医生，为其开方便之门。为此，设立复议复查程序尤为重要，让有异议的病人和家庭有申诉的渠道，以便及时化解矛盾。根据申请，由医院方重新组织医生进行诊断或会诊，最后做出决定。如收到举报病人病情已好转，司法行政部门可委托医院方对已出具的病情证明进行重新复查，以确保病情诊断的准确性、严肃性。

（七）完善保外就医的检察监督机制

检察机关的监督方式主要是提出纠正意见或检察建议。但是由于检察机关的纠正意见缺乏强制性，因此检察机关的法律监督无法发挥有效作用。除了要加强检察机关对保外就医过程中渎职犯罪的追查外，更重要的还是要加

强检察机关监督纠正意见的刚性。〔1〕因此，笔者认为可以建立检察机关追查处理机制，增强检察机关监督纠正意见的威慑力。

随着法律的不断更进，我国的暂予监外执行制度监督机制立法已经相对完备，但是如何在实际工作中将完备的法律制度贯彻落实、执行到位仍然是一个难题。《中共中央关于全面推进依法治国若干重大问题的决定》强调要加强对司法活动的监督，完善人民监督员制度。要求司法机关要及时回应社会关切。对保外就医等暂予监外执行的监督应变事后监督、结果监督为同步监督，并且还要变被动为主动，事前审查。在罪犯暂予监外执行期满前1个月与暂予监外执行罪犯本人、保证人、社区矫正机构及所在社区委员会见面，了解罪犯保外就医期间的表现和治病情况等；对监狱管理机关移送的罪犯表现证明以及医院出具的病情鉴定等材料进行审查核实，如罪犯申请续保的，在收到监狱管理机关抄送的续保决定书后，及时组成小组进行审查。认为监狱管理机关的决定不当的，在收到决定书副本后1个月内应当提出纠正意见。〔2〕检察人员可以利用监区罪犯动态信息库资源，及时掌握罪犯的基本信息、病情、病残鉴定信息，对有严重疾病史的罪犯建议监管场所建立重点档案，以便在日常巡视活动中注意这些罪犯身体状况的变化，做到底数清、情况明。

同时，还要在日常工作中随时行使法律监督权，为此，检察机关可以通过召开定期会议等方式加强与监狱管理机关、公安机关、社区矫正机构的联系和沟通，及时研究解决在监外执行过程中遇到的违规违法现象。我们知道监督存在于保外就医的各个环节，检察机关在各环节随时介入进行监督，是实现其法律监督职能的有效途径。

为实现这一目的，笔者认为，可以对保外就医罪犯实行随机抽查，不定期地对保外就医的鉴定医院及罪犯的治疗情况进行跟进和监督，并要求监管机关按时提供罪犯的各项活动情况，从而监督有关机关执法活动和罪犯的治疗情况。〔3〕

此外，还应当健全对监狱管理部门、公安机关等机构抄送的材料的审查监督机制。检察机关应当严格审查监狱管理机关抄送的决定书副本，发现监

---

〔1〕 参见林睦翔："论暂予监外执行的检察监督"，载《甘肃社会科学》2006年第1期。
〔2〕 参见《关于加强和规范监外执行工作的意见》（高检会〔2009〕3号）。
〔3〕 参见张新民、葛国维："保外就医制度亟待加强和完善"，载《法学杂志》1993年第6期。

狱管理机关的申请不当或违法的，可以要求其撤销申请。[1]

对由此审查而给检察机关造成的负担，检察机关可以设立专门的监外执行部门进行分担，由专人负责进行调查，最后再上报审查的结果并备案，如此既提高了监督效率，也使上级检察机关可以及时了解下级检察机关的审查监督情况，便于从中发现问题，解决问题。当然，为防止监督人员违法违纪也要严格督促他们履行职责。

---

〔1〕 参见林睦翔："论暂予监外执行的检察监督"，载《甘肃社会科学》2006 年第 1 期。

# 我国罚金刑执行研究评述与展望

## ——以服刑人员罚金刑的执行为切入点

林恂仪 *

## 一、引言

服刑人员对罚金刑的执行情况并不乐观，这不仅仅是自由与物质的权衡，因此需要全面梳理罚金刑的衍变历程，深入研究罚金刑的内因外缘。罚金在我国属于附加刑的一种，是指法院判处犯罪人向国家缴纳一定数额金钱的刑罚。罚金刑作为一种刑罚方法存在着诸多优点。第一，罚金刑对于贪利型犯罪有着很好的抑制作用。第二，罚金刑可以代替短期自由刑以避免犯罪人在监狱内交叉感染，在特定情况下能更好地实现特殊预防的目的。第三，罚金刑既可以单独适用也可以附加适用，具有很强的自由性。第四，罚金刑执行起来较之自由刑更为便利，自由刑的执行需要投入大量成本，而罚金刑是强制犯罪人向国家缴纳金钱，不但国家投入少，还能充盈国库。[1]

鉴于罚金刑具有以上种种优势，随着世界各国对人权重视的提高，刑罚逐步走向轻缓化是必然趋势，罚金刑也逐渐在刑罚体系中占据着更加重要的地位。我国现行刑法有 200 多个条文规定了罚金，适用对象主要是破坏社会主义市场秩序罪、侵犯财产罪、妨害社会管理秩序罪、贪污贿赂的罪犯。[2]可见罚金刑正日益成为我国刑法中主要的刑罚方式，对于罚金刑能否得到很好的实效，关键在于其能否得到有效的执行，因此对于罚金刑执行的理论研究就显得十分有意义。

---

* 林恂仪，男，上海政法学院刑事司法学院，硕士研究生。

〔1〕 参见马克昌主编：《刑罚通论》，武汉大学出版社 1999 年版，第 194~197 页。

〔2〕 参见张明楷：《刑法学》，法律出版社 2021 年版，第 705 页。

## 二、罚金刑执行理论研究概况

根据计量可视化分析方法，选取了知网 2015 年至今有关"罚金刑执行"主题的核心期刊文献，我们发现，我国目前对于罚金刑执行主题研究总体上呈现以下特点：

第一，从研究总体趋势上看，对于罚金刑执行这个主题的研究总体上论文数量较少，文章数量总体偏少，根据搜索的结果从 2015 年至今涉及这个主题的总共就只有 50 篇文章，笔者从中选取 26 篇相关度较高的文章，从其参考文献上看，从 1959 年到 2003 年该主题都鲜有人研究，从 2001 年起才呈现上升的趋势。这可能是由于我国在 2001 年正式加入了世界贸易组织，我国的经济发展迅速加快，社会上出现了越来越多的贪利型犯罪。对于这些犯罪单纯处以自由刑难以达到很好的特殊预防效果，对其加以单处或者并处罚金才能使其贪利欲望得到遏制。因此，在我国刑法中出现了许多金融类犯罪、互联网犯罪等新型犯罪形式的规定，在刑罚中也大多规定了单处或者并处罚金。

第二，从作者合作方面看，关于罚金刑执行的文章多数是由各个学者单独研究完成，很少有几个学者合作完成的情形。对于一个问题，想要将其研究得十分透彻，通常都需要几人或者是一个团队的配合才能完成。该主题也不例外，罚金刑的执行与实践有着莫大的关联，需要大量的实证数据，并且要对这些数据进行分析、整理、总结，才能得出一个较为现实的结论，然后才能根据此结论来谈如何改善或是解决罚金刑在执行中所面临的问题。

第三，从机构分布上看，对于该主题的文章的发表单位多是诸如北京师范大学、中国政法大学等分布在经济较为发达地区的高校。由此也可以看出，在这些经济较为发达的地区，面临着更多的罚金刑的适用，因此也就产生了诸多执行上的问题。高校通常是一个地区各个研究领域专家的聚集地，高校对于一个地区的影响是巨大的，一个地区在治理上遇到难题，通常都会寻找高校的专家们来建言献策，对于经济较为发达而更多的会适用到罚金刑的发达地区而言，则更是如此。

第四，从研究基金来源来看，研究基金的来源较少，要做好一个问题的研究，经费是至关重要的，正所谓经济基础决定上层建筑，基金来源少，说明各个方面对于罚金刑执行方面的研究并未十分重视，因此也就少有课题会对该领域进行专门研究，从检索结果来看，对于文章数量少的情况，经费来源少也是一个重要原因。

### 三、罚金刑执行所面临的问题

#### （一）罚金刑执行普遍性问题

罚金刑在执行中所面临的问题如果用一个字加以概括，那就是"难"。近年来，我国的司法实践中，法院在刑事案件裁判中适用罚金刑的判决越来越多，但与之对应的罚金刑判决执行却面临着巨大问题。经学者调查，各个法院都存在近半数案件适用了罚金刑但是却大多难以执行的困境。这类现象在监狱的服刑人员中表现得尤为明显。参阅相关文献，学者们对于罚金刑执行难的现状进行了分析，总体将罚金刑执行难的问题归纳为现实层面的因素以及制度层面的因素。

罚金刑欲得以成功执行，前提就是需要被执行人存在可供执行的财产，但是现实中有许多被科处罚金刑的犯罪人并没有可以执行的财产，由此看来，被执行人无财产可供执行是司法实践中罚金刑执行难的一个重要成因，但是这属于执行程序中客观存在的外在因素，只能要求裁判中裁判者需要根据犯罪人的客观实际科处刑罚。

然而，罚金刑执行的现实窘境不仅是犯罪人的客观原因造成的，更重要的是我国目前的罚金刑执行制度仍存在一些缺陷，这属于制度层面的问题，可以通过完善刑事诉讼以及执行程序来加以改善。具体而言：

第一，我国罚金刑执行缺乏明确的刑事规范。有学者认为，我国罚金刑执行的理论基础是"刑罚权实现说"，即罚金刑的执行是国家对犯罪人刑罚权的现实化。这就要求在进行罚金刑执行时，应当有现实的刑事规范对执行程序加以规定。《最高人民法院关于适用〈中华人民共和国刑事诉讼法〉的解释》（法释〔2021〕1号）第532条规定，财产刑和附带民事裁判的执行，刑事诉讼法及有关司法解释没有规定的，参照适用民事执行的有关规定。由此可见，我国对于罚金刑的执行没有明确的刑事规范，在执行中需要借助民事规范中关于民事执行的规定才能实现。因此，对于罚金刑执行的理论基础又出现了"公法债权实现说"这一与"刑罚权实现说"相对抗的学说，该说认为，罚金刑是国家对犯罪人的公法上的债权。根据该学说，借助民事规范来实现罚金刑执行便有了理论依据。但是罚金刑毕竟属于国家对犯罪人的制裁，与平等主体之间的权利义务关系有着很大的区别。因此，仅凭借该说也无法使得目前对于罚金刑执行的规定得到充分的根据，对于刑事罚金执行程序的规定仍有待完善。

第二，罚金刑执行程序中的法院与被执行人两方构造缺乏监督。根据《中华人民共和国刑事诉讼法》第 270 条、第 271 条规定，我国当前有权对罚金刑加以执行的主体是人民法院。在实践中，有大量的判处罚金刑的案件上并未进入到执行程序。对于这一现象，有学者认为这与罚金刑执行程序的二元构造有密切的关系，即该两方关系中缺乏第三方对罚金刑执行的启动和开展的监督。[1]

在我国民事和行政执行程序中通常存在执行人和被执行人以及申请执行人，即存在三方主体共同实现裁判执行程序，而我国的刑事执行中仅存在执行人和被执行人的两方主体关系，这就造成了罚金刑未及时移送执行或者移送执行后并未执行但却无人对此进行有效监督的情形。对此检察机关应当承担起这一角色，但是检察机关应当监督什么以及如何监督的问题仍是需要进一步研究的问题。

第三，缺乏罚金刑执行保全制度。有学者认为，实践中有大量适用罚金刑的裁判难以执行，和我国目前刑事规范中缺乏对犯罪人自身财产的保全制度有着极大的关联。所谓保全制度是指人民法院在诉讼过程中，为保证将来判决能顺利执行，对于与案件有关的财产依法采取的强制性保护措施。现实中，犯罪人在案发后通常都会采取各种手段转移或者隐藏自己的财产，为了使罚金刑能够顺利实现，仅仅要求在执行过程中加大力度是不够的，还需要在审前就对犯罪人的个人财产或者与案件有关的财产采取查封、扣押、冻结等手段，以确保裁判后，判决能得到有效的执行。[2]

（二）罚金刑在监狱内执行不佳的原因

罚金刑的执行情况和服刑人员减刑假释的奖励机制关系紧密，倘若服刑人员不愿意适当履行罚金刑，那么其减刑的幅度就会受到影响，以至于打击

---

〔1〕 参见乔宇："论财产刑执行的法律问题——以财产刑制度性执行难为中心"，载《法律适用》2015 年第 10 期。

〔2〕 参见乔宇："论财产刑执行的法律问题——以财产刑制度性执行难为中心"，载《法律适用》2015 年第 10 期。

其对于好好表现以获得减刑假释的积极性，助长其对于改造的抗拒心理。对于服刑人员的罚金刑"执行难"的原因除了上述原因外还有其特有的一些原因，具体而言：

服刑人员本身对于履行罚金刑的抗拒。有学者指出，罚金刑的执行很大程度上依赖于服刑人员的主动配合，而服刑人员缺乏缴纳罚金的主动性，最终导致罚金刑的执行率过低。[1]实践中，有些被判处较大数额罚金刑的服刑人员，由于经济情况等原因，宁愿放弃减刑奖励也不愿意缴纳罚金；有些服刑人员则是剩余刑期已不足总刑期一半，认为缴纳罚金对于其减刑的帮助不大，故而也不愿意服从缴纳；还有些则是通过计算觉得自由刑与缴纳罚金相比重微不足道，缴纳罚金十分不划算，于是不予缴纳。对于这些情形，若想提升监狱内的罚金刑执行比率，还是应当在制度上想办法，考虑建立不适当执行罚金刑则限制其减刑假释的制度，对不服执行的服刑人员产生威慑。

## 四、关于我国罚金刑执行的展望

鉴于罚金刑执行难的问题，学者们对此进行了一些分析并对我国罚金刑执行制度的完善提出了许多有意义的设想，总体上有以下几个方面：

### （一）加强检察监督

检察院依照法律行使检察权，对刑事诉讼的全过程进行监督。罚金刑执行属于刑罚执行的一种，当然应由检察院对其进行监督。在我国罚金刑执行的两方主体结构下，检察院应当作为第三方在执行的启动和开展中体现作用，以期改善在执行中产生的一些问题。有的学者认为，应当着眼于外部，以检察监督的方式推动罚金刑执行的完善。要进行有效的监督主要应当确定好检察监督的范围、建立与法院执行部门的沟通以及保障当事人申诉控告的权利。从外部在现有的法律框架下对罚金刑执行进行监督不仅仅是一个技术问题，更需要立法者回应现实，完善对监督程序的规定。[2]有的学者认为，应当着眼于内部，赋予检察院罚金刑执行的申请权，由于我国目前在罚金刑执行制度中缺乏申请人的规定，对于罚金刑的执行只依赖于法院执行部门，但其由于案件众多且自审自执，明显有力不从心之感。因此，应当赋予检察机关申

---

〔1〕 参见马华学："刑事财产刑狱内执行研究"，载《法制博览》2020 年第 29 期。

〔2〕 参见贾长森："罚金刑执行检察监督难题破解"，载《人民检察》2017 年第 21 期。

请人的地位，使其能够加入执行程序中，与法院配合共同完成罚金刑的执行。并且检察机关以申请人的身份加入罚金刑的执行还能丰富检察机关检察监督的方式。还有的学者认为，可以借鉴其他大陆法系国家的做法，由检察机关来负责执行罚金刑，此种方式可以避免法院自己审理案件又由自己来执行的做法，更有利于保障执行内容及过程的公正性，并且这种方式下罚金的裁量仍是由法院来进行，而检察机关只负责执行，也并没有突破监督权的界限。[1]虽然这几种方法都对于解决目前罚金刑执行难的问题有一定的进步意义，但是其中仍然有许多问题有待研究。

（二）完善保全制度

实践中之所以大量案件中的罚金刑无法得到有效执行，是因为犯罪人在案发后为了逃避惩罚利用各种手段隐匿、转移自己的财产，使得到了案件作出判决时，其已经没有可供执行的财产，这不但有损判决的威严，而且还会使得被害人的损失难以弥补，以致引发其他后果破坏社会稳定。目前，《中华人民共和国刑事诉讼法》中对犯罪嫌疑人、被告人财产规定的查封、扣押、冻结等措施，主要是为了侦查的需要，只是着眼于判断犯罪人有罪或无罪、罪重或罪轻的犯罪事实，而忽略了对裁判后的执行阶段需要的财产进行保全。因此，有学者认为，我国需要建立一套为实现罚金刑有效执行的审前保全制度，但是要建立这样一套制度，在我国目前还存在着许多制约因素。而其中最主要的是由于侦查程序不受司法权的干预，侦查机关在侦查过程中对于犯罪嫌疑人财产的保全措施通常是由其自己决定而不是法院决定，这就使得在侦查过程中所实施的保全措施很难为往后的执行服务。但随着我国目前以审判为中心的司法改革不断推进，使得建立这样一套审前保全制度成为可能，对于犯罪人财产的保全措施应当由法院来进行通盘的考量。

（三）建立财产刑易科制度

财产刑易科指的是当判决宣告的财产刑由于某些特殊事由而无法执行时，可选择其他刑罚为执行的替代措施。根据《中华人民共和国刑法》第 53 条规定可以看出我国对于罚金刑判决的态度属于执行到底，当犯罪人由于特殊情况无法缴纳时，只要在日后发现其有可供执行的财产，随时可以继续执行。

---

[1] 参见李天发："论德国罚金刑执行及其对中国的启示"，载《首都师范大学学报（社会科学版）》2018 年第 3 期。

但在实践中，有许多案件在犯罪人无法缴纳后都难以在之后进行随时追缴，这些案件通常在执行机关穷尽各种执行手段仍未能执行后，最终搁置。有学者认为，鉴于实践中的这种判了却难以执行的情形，与其使判决空置损害判决的威严，不如寻找其他方法来替代难以执行的罚金刑，即建立财产刑易科制度。但是，是否建立此项制度在我国学界以及实务界都并没有形成共识，而且关于财产刑易科制度的适用条件、以何种刑罚或者非刑罚措施来进行替代以及替代后的刑罚换算问题，在我国都缺少研究。[1] 因此，要想建立此项制度还需要学者和司法工作人员的共同努力。

（四）建立对于服刑人员履行罚金刑的奖惩制度

笔者认为服刑人员在监狱中大多是只抱着一个念头，那就是早日出狱，倘若建立起一项制度将服刑人员对于罚金刑的履行表现和其减刑假释的幅度联系起来，进行量化，若服刑人员积极妥善履行罚金刑则可作为服从改造的良好表现在减刑假释时作为特别情节进行考量结合其他表现对其进行减刑假释；若服刑人员是确有困难，则该制度也不当对其不利，只作为一个奖励条款适用；若服刑人员有能力履行，但通过隐匿、转移财产等方式逃避履行，则可将其作为不接受改造的表现，视情况取消其他良好表现的奖励或者直接限制其减刑假释，对其心理造成威慑，使其不敢逃避履行。

## 五、结语

罚金刑执行难的原因，既有被执行人财产状况的现实原因，也有诸如缺乏有效的检察监督机制、罚金刑的量刑制度存在缺陷等制度原因。学者们对这些问题都进行了深入的分析，并且都对如何解决这些问题提出了自己的建议。但是，罚金刑执行难的现象由来已久，尤其是在服刑人员当中，此种现象尤为突出，造成这种现象的原因也不限于以上总结的这几种。虽然要想解决好罚金刑执行难的现象仍存在许多困难，但经由国家司法改革的不断深化以及学者们共同的努力，不论是狱内还是狱外的执行难现象定会随着我国司法制度的进步而不断改善。

---

[1] 参见李天发："论德国罚金刑执行及其对中国的启示"，载《首都师范大学学报（社会科学版）》2018 年第 3 期。

# 精神病罪犯保外就医若干问题研究

杨木高 *

## 一、精神病罪犯保外就医工作现状

### （一）保外就医的概念和法律规定

保外就医是暂予监外执行的一种情形。暂予监外执行制度是指被判处有期徒刑或者拘役的罪犯，应当在监狱或者其他封闭性执行场所执行，由于出现了法定的某种特殊情形，不适宜在上述场所执行，暂时采取的一种变通执行场所和执行方法的制度。我国暂予监外执行制度，作为体现人道主义、保障罪犯权利的制度，对于更好地实现刑罚目的、维护社会的安宁和稳定、保障罪犯的人权、促进罪犯悔过自新以及争取广大人民群众对我国刑事政策的支持和拥护，具有十分重要的意义。暂予监外执行的对象主要有三类：一是患有严重疾病需保外就医的罪犯，二是怀孕和哺乳自己婴儿的女犯，三是生活不能自理的罪犯。

暂予监外执行的条件由法律作出规定。2018 年修正的《中华人民共和国刑事诉讼法》（以下简称《刑事诉讼法》）第 265 条规定："对被判处有期徒刑或者拘役的罪犯，有下列情形之一的，可以暂予监外执行：（一）有严重疾病需要保外就医的；（二）怀孕或者正在哺乳自己婴儿的妇女；（三）生活不能自理，适用暂予监外执行不致危害社会的。对被判处无期徒刑的罪犯，有前款第二项规定情形的，可以暂予监外执行。对适用保外就医可能有社会危险性的罪犯，或者自伤自残的罪犯，不得保外就医。对罪犯确有严重疾病，必须保外就医的，由省级人民政府指定的医院诊断并开具证明文件。在交付执行前，暂予监外执行由交付执行的人民法院决定；在交付执行后，暂予监

---

* 杨木高，江苏省监狱管理局二级调研员、副研究员。

外执行由监狱或者看守所提出书面意见，报省级以上监狱管理机关或者设区的市一级以上公安机关批准。"2012 年修正的《中华人民共和国监狱法》（以下简称《监狱法》）第 25 条规定："对于被判处无期徒刑、有期徒刑在监内服刑的罪犯，符合刑事诉讼法规定的监外执行条件的，可以暂予监外执行。"第 26 条规定："暂予监外执行，由监狱提出书面意见，报省、自治区、直辖市监狱管理机关批准。批准机关应当将批准的暂予监外执行决定通知公安机关和原判人民法院，并抄送人民检察院。人民检察院认为对罪犯适用暂予监外执行不当的，应当自接到通知之日起一个月内将书面意见送交批准暂予监外执行的机关，批准暂予监外执行的机关接到人民检察院的书面意见后，应当立即对该决定进行重新核查。"本部分着重讨论精神病罪犯的保外就医。

（二）精神病罪犯保外就医的条件

保外就医是暂予监外执行的一个种类，是对患有严重疾病不适宜在监狱服刑的罪犯，经过一定的批准程序而将其放到监外予以治疗，体现了人道主义的刑罚执行方法。为了准确执行刑罚，规范罪犯保外就医工作，2014 年 10月 24 日最高人民法院、最高人民检察院、公安部、司法部、原国家卫生和计划生育委员会公布了《暂予监外执行规定》（司发通〔2014〕112 号），并以附件的形式，明确了《保外就医严重疾病范围》，其中第 2 条规定了精神疾病保外就医的条件为："反复发作的，无服刑能力的各种精神病，如脑器质性精神障碍、精神分裂症、心境障碍、偏执性精神障碍等，但有严重暴力行为或倾向，对社会安全构成潜在威胁的除外。"由此可见，精神病罪犯保外就医需要符合以下条件：（1）精神病反复发作。什么是反复发作？《保外就医严重疾病范围》注释第 4 条解释为发作间隔时间小于一个月，且至少发作三次；（2）无服刑能力。经过法定机关鉴定，该罪犯没有服刑能力；（3）精神病的类型。《保外就医严重疾病范围》采取列举的方式，如脑器质性精神障碍、精神分裂症、心境障碍、偏执性精神障碍等，由于精神疾病种类繁多，没有全部列出，用了一个"等"字；（4）排除条件。有严重暴力行为或倾向，对社会安全构成潜在威胁的精神病罪犯不得保外就医。精神病罪犯危险性的评估标准，根据《保外就医严重疾病范围》注释 9 解释为，按照《卫生部关于印发〈重性精神疾病管理治疗工作规范（2012 年版）〉的通知》（卫疾控发〔2012〕20 号）进行评估。精神病罪犯如果保外就医，必须同时符合上述四个条件。

（三）精神病罪犯保外就医实践运作情况

尽管精神病罪犯在办理保外就医方面存在很大困难，但是在监狱工作实践中部分省份或者监狱积极探索精神病罪犯的保外就医。例如，2011 年 9 月，江西省综治办、司法厅、公安厅、卫生厅、财政厅联合印发《关于加强保外就医精神病罪犯收治工作的意见》，该意见明确规定集中收治的对象为本省户籍，经司法鉴定确诊患有各种精神病，且暂无服刑能力，依法决定保外就医的监狱在押服刑人员。集中收治的精神病罪犯的住院费用由省级财政负担，住院期间的基本伙食费由罪犯管理监狱负担。该意见提出，对符合保外就医条件的精神病罪犯，由管理监狱通知罪犯具保人、户籍所在地社区矫正部门（或公安机关）办理保外手续，初保期限定为 1 年，保外期满后按保外就医相关规定办理收监或续保手续。对依法决定保外就医的精神病罪犯，由管理监狱送至指定的精神病专科医院治疗，并通知具保人、户籍所在地社区矫正部门（或公安机关），医院凭《入院通知书》办理住院手续。截至 2011 年 10 月 25 日，江西省已确定南昌、赣州、景德镇市三家精神病专科医院为保外就医精神病罪犯集中收治医院，治疗费用标准为南昌市 5000 元/人·年，赣州、景德镇市 4000 元/人·年，并已从先期摸排的 100 名无服刑能力的精神病罪犯中，审核收治 16 名精神病罪犯。[1]在河南省某监狱关押的精神病罪犯中，监狱在进行服刑能力鉴定的基础上，对没有服刑能力的精神病罪犯依法办理保外就医。"在保外就医方面，监狱根据病情严重程度和规定条件，对于没有服刑能力的病犯提请办理了保外就医。近年来该监狱共为 6 名病犯办理了保外就医 。"[2]

## 二、精神病罪犯保外就医存在的问题

（一）精神病罪犯亲属拒绝担任保证人

精神病罪犯中有相当一部分在犯罪前具有严重的暴力行为，对家人人身

---

〔1〕 参见郭宏鹏、黄辉："江西探索新模式集中收治保外就医精神病罪犯"，载 https://www. dino -dino/into/383/. html，最后访问日期：2020 年 11 月 23 日。

〔2〕 吕树合、郭永刚："监狱精神疾病罪犯管理中的问题及对策"，载《河南司法警官职业学院学报》2017 年第 1 期。

或者财产造成损害，判刑后社会支持系统缺失，即使符合保外就医的条件，亲属一般情况下会拒绝充当保证人。精神疾病的治疗需要一笔昂贵的费用，精神病罪犯亲属限于财力也会反对精神病罪犯的保外就医，导致部分符合保外就医的精神病罪犯滞留监狱。但实践中，也有极个别极端案例，精神病罪犯亲属主动要求甚至采取极端方式要求保外就医的，"罪犯叶某，2005 年因抢劫、绑架被判有期徒刑 15 年，2005 年因出现情绪亢奋等症状经江苏省监狱管理局精神病医院诊断为躁狂症并收治入院治疗，2009 年，其家属以罪犯是因为监狱的原因导致患精神病，并且治疗效果差，认为有生命危险，纠结多人到原押犯监狱闹事，要求对叶某进行保外就医。"[1]

（二）《暂予监外执行规定》没有将精神病罪犯服刑能力鉴定问题作出具体规定

按照精神病罪犯保外就医的条件，只有精神病罪犯没有服刑能力的时候才可以保外就医。那么服刑能力的鉴定是重要的流程，只有经过司法精神病学的科学鉴定，才能得出准确的结论。服刑能力鉴定是司法鉴定的一项业务，应该由具有司法精神病鉴定资格的鉴定机构作出，而不是一般的精神病医院的精神科医生作出。从保外就医的有关规定来看，无论是《刑事诉讼法》还是《暂予监外执行规定》都明确保外就医的疾病鉴定机构是省级人民政府指定的医院，在省级人民政府指定的医院名录中也有精神病医院，但有不少的精神病医院是没有司法精神病鉴定资质的。从事司法精神病鉴定，不仅需要具有精神科执业医生资格，还需要取得司法鉴定人员资格，否则无权作出有无服刑能力的结论。

（三）已服刑年限限制了精神病罪犯保外就医

《暂予监外执行规定》第 7 条规定："对需要保外就医或者属于生活不能自理的累犯以及故意杀人、强奸、抢劫、绑架、放火、爆炸、投放危险物质或者有组织的暴力性犯罪的罪犯，原被判处死刑缓期二年执行或者无期徒刑的，应当在减为有期徒刑后执行有期徒刑七年以上方可适用暂予监外执行；原被判处十年以上有期徒刑的，应当执行原判刑期三分之一以上方可适用暂

---

〔1〕 陈小林："精神病罪犯管理研究——以江苏省监狱系统为例"，苏州大学 2011 年硕士学位论文。

予监外执行。对未成年罪犯、六十五周岁以上的罪犯、残疾人罪犯，适用前款规定可以适度从宽。对患有本规定所附《保外就医严重疾病范围》的严重疾病，短期内有生命危险的罪犯，可以不受本条第一款规定关于执行刑期的限制。"这样的规定目的是通过一定时间改造，降低罪犯现实危险性，确保保外就医后不致对社会产生危害。但同时也意味着很多精神病犯虽然已被认定为无服刑能力却因为不到最低服刑年限而不符合保外就医的条件，即使没有服刑能力，也要在监狱"服刑"。

（四）地方司法行政部门拒绝精神病罪犯的保外就医

监狱在启动保外就医程序之后，根据《暂予监外执行规定》第 8 条第 2 款"监狱、看守所对拟提请暂予监外执行的罪犯，应当核实其居住地。需要调查其对所居住社区影响的，可以委托居住地县级司法行政机关进行调查"的规定，由地方司法行政机关作出评估，评估结论送交委托的监狱。监狱向省级监狱管理局呈报材料时，根据《暂予监外执行规定》第 13 条的规定，需要附上"县级司法行政机关出具的调查评估意见书"。与假释制度相同的是，县级司法行政机关考虑精神病罪犯的危险性以及社区矫正工作力量的不足，大多作出不同意精神病罪犯保外就医的意见。很显然，在这种情况下，即使监狱呈报了材料，省级监狱管理局一般也不会批准同意精神病罪犯保外就医，毕竟批准以后，监狱与地方司法行政部门办理社区矫正手续时，会遭到地方司法行政部门的拒绝，从而处于尴尬的境地。

（五）无法依据精神病罪犯危险等级确定是否可以保外就医

在精神病罪犯保外就医的条件中，有一个禁止性（限制性）条件，即有严重暴力行为或倾向，对社会安全构成潜在威胁的精神病罪犯不得保外就医，该条件需要进行评估，评估的标准依据《严重精神障碍管理治疗工作规范（2018 年版）》，该规范明确危险性评估分为 6 级：0 级（无符合以下 1 级~5 级中的任何行为）、1 级（口头威胁，喊叫，但没有打砸行为）、2 级（打砸行为，局限在家里，针对财物，能被劝说制止）、3 级（明显打砸行为，不分场合，针对财物，不能接受劝说而停止）、4 级（持续的打砸行为，不分场合，针对财物或人，不能接受劝说而停止，包括自伤、自杀）、5 级（持械针对人的任何暴力行为，或者纵火、爆炸等行为，无论在家里还是公共场合）。那么危险性评估为 1 级的罪犯是否可以保外就医？什么部门或者什么资格的人员才可以作出判断？

（六）保外就医的精神病罪犯进入社区矫正是一个悖论

如前所述，精神病罪犯保外就医的条件之一是没有服刑能力。按照现行法律规定，保外就医的罪犯是社区矫正对象之一。《刑事诉讼法》第 269 条规定："对被判处管制、宣告缓刑、假释或者暂予监外执行的罪犯，依法实行社区矫正，由社区矫正机构负责执行。"《中华人民共和国社区矫正法》第 2 条第 1 款规定："对被判处管制、宣告缓刑、假释和暂予监外执行的罪犯，依法实行社区矫正。"很显然，保外就医罪犯属于社区矫正对象之一，也就是在社区服刑的罪犯。既然保外就医的精神病罪犯没有服刑能力，何谈社区矫正？何谈服刑？

### 三、精神病罪犯保外就医制度改革的方向：强制医疗

（一）学界对精神病罪犯保外就医的主要观点

如上所述，精神病罪犯保外就医存在很多问题，亟待对该制度进行改革并完善。在改革的举措上，主要有两种观点：

一是学院派主张由法院强制性判令精神病罪犯的亲属将其送往精神病院治疗。如有学者认为，可以通过监外执行制度，将监狱中患有精神病的罪犯释放出狱，由法院强制性地判令其亲属将其送往精神病院治疗。主要理由是：第一，由于医疗条件的限制，患有精神病的罪犯在大多数监狱中难以得到有效的治疗。仅仅监禁而不治疗，不符合人道主义的精神。第二，患有精神病的罪犯给监狱带来很大的负担，监狱必须派专门人员管理他们，一名患精神病的罪犯需要一名以上的人员看管。第三，扰乱监狱的正常秩序。在监狱中安排看管患精神病的罪犯的人，往往不具备精神病学知识，很难准确预测和有效管理这类罪犯的行为，他们的精神病发作不但会干扰正常的监管秩序，甚至会造成毁物伤人的严重后果。第四，精神病院不同于普通医院，在精神病院中，往往对精神病人有比较严密的监护、看管措施，可以有效地避免患精神病的罪犯到社会上进行危害行为，能够保障社会的安全。[1]那么问题是：精神病罪犯没有亲属如何处理？精神病罪犯出狱后，亲属不送其去精神病院

---

〔1〕 参见赵秉志主编：《刑事法治发展研究报告》（2011-2012 年卷），中国人民公安大学出版社 2013 年版，第 613 页。

治疗，应该承担什么责任？治疗的费用谁来承担？这个方案实施难度较大。

二是实务界提出建立专门的精神病院管理和治疗精神病罪犯。关于精神病罪犯的保外就医问题。重庆市监狱管理局提出，国家应正视精神病罪犯问题，精神病罪犯已丧失服刑能力在监狱内长期戴着戒具，给监管带来长期沉重的精神和物质负担，不能体现人道主义精神。鉴定为精神病的罪犯，应出监放到社会上的精神病院进行治疗。国家应设立专门经费、专门机构进行管理。上海监狱管理局也持相似观点。江西省新康医院主张，国家应投入资金，建立精神病院，将精神病罪犯全部收入精神病院，有利于社会安全稳定，有利于和谐社会的建立。[1]这个观点具有现实可操作性，但与保外就医的制度不相吻合，实际上是精神疾病治疗场所的变更，即由狱内转到狱外。如果仍然需要担保，需要一定的服刑时间，费用由精神病罪犯亲属承担，需要环境评估，精神病罪犯仍然无法保外就医。

笔者的主要观点是：设立专门的精神病医院（可以通过立法，将公安机关管理的安康医院改造成专门的收治违法犯罪人员的精神病医院），监狱在押的重性精神病罪犯一律转到安康医院实施强制医疗。

（二）监狱收押精神病罪犯的前提条件：服刑能力

服刑能力指服刑人员能够合理承受对其剥夺部分权益的惩罚，清楚地辨认自己犯罪行为的性质、后果，合理地理解刑罚的性质、目的和意义，并合理地控制自己言行以有效接受劳动改造的能力。经过鉴定，结论分为有服刑能力和无服刑能力两种。服刑能力的评定标准的要件主要包括医学要件和法学要件。医学要件为存在精神障碍，法学要件为对刑罚的辨认能力及对自己应当遵循的行为规范的适应能力。进行服刑能力评定时，首先应确定被鉴定人的精神状态，根据 CCMD 或 ICD 进行医学诊断，在医学诊断的基础上再考察对刑罚的辨认能力及对自己应当遵循行为规范的适应能力，根据其受损程度，评定服刑能力等级。进行服刑能力评定可辅以标准化评定工具，但评定工具不得单独作为评定结论，不能取代鉴定人的评定意见。

"罪犯在服刑过程中人身自由受到严格限制，与亲朋好友的交往受到限制，以往的人际关系网络受到破坏，入狱后服刑环境难以适应，容易导致心

〔1〕 参见卞建林、张国轩主编：《刑事诉讼制度的科学构建》（中国法学会刑事诉讼法学研究会年会文集 2008 年卷），中国人民公安大学出版社 2009 年版，第 646 页。

理压力甚至精神障碍，因此对这些罪犯要进行必要的社会、心理和行为干预，对于服刑能力有缺损的罪犯更应该加强系统的药物治疗"〔1〕。监狱是刑罚执行机关，不是看守所，也不是单纯的医疗机构，如果将没有服刑能力的精神病罪犯关押在监狱，实际上无法接受改造，与监狱的职能和任务不相适应。如果将没有服刑能力的精神病罪犯保外就医，监护人限于监护能力、治疗费用等因素，极有可能导致精神病罪犯脱管失控，导致精神病罪犯重新危害社会，影响社会稳定。尤其是暴力型精神病罪犯保外就医无异于"放虎归山"，直接后果往往是罪犯家属、监护人深受其害，不仅无力施加管教，可能连自己的生存与安全都成问题，如果不运用国家的强制力量来对这些丧失服刑能力的精神病罪犯实施强有力的管理和治疗，其后果是非常严重的。"我国有必要将在服刑期间罹患精神障碍的罪犯纳入强制医疗适用对象的范畴内。在罪犯服刑期间，一旦出现罪犯罹患精神障碍需要保外就医的，应当将此种情形上报至原审法院，由原审法院对其作出强制医疗的决定。强制医疗期间应当折抵刑期，强制医疗一日折抵刑罚一日。经诊断解除强制医疗后，再将罪犯收监执行剩余的刑罚。"〔2〕因此，作者认为，对没有服刑能力的精神病罪犯应该一律予以强制治疗。

（三）精神病罪犯强制医疗的机构和收治对象

2004 年 9 月，《国务院办公厅转发卫生部等部门关于进一步加强精神卫生工作指导意见的通知》（国办发〔2004〕71 号）指出："公安机关要了解掌握本地区内可能肇事肇祸精神疾病患者的有关情况，督促家属落实日常监管和治疗措施，对严重肇事肇祸精神疾病患者实施强制治疗，安康医院负责做好治疗工作；没有安康医院的省、自治区、直辖市要尽快建立。司法部门要结合监管场所的医疗卫生工作，做好被监管人员精神疾病的治疗与康复工作。"该通知还强调，"要经过司法精神病学鉴定，对精神疾病患者责任能力进行评估后，按照法律程序处理需强制住院患者的有关问题或有关案件的问题，加强对经鉴定无责任能力的精神疾病患者的监管和治疗工作。鉴定工作要严格依照法律法规和技术规范要求进行，确保鉴定科学、公正，保护精神疾病患

---

〔1〕 宁松："《监狱法》缺陷的另类解读——以罪犯服刑能力为视角"，载《吉林公安高等专科学校学报》2007 年第 2 期。

〔2〕 赵春玲：《刑事强制医疗程序研究》，中国人民公安大学出版社 2014 年版，第 169 页。

者的合法权益。"

2018年修改的《刑事诉讼法》虽然确立了"强制医疗"的法律地位，但是没有明确强制医疗机构的性质、管理体制以及经费保障等问题。《中华人民共和国精神卫生法》公布以后，有关部门起草了《强制医疗所条例（送审稿）》，2016年6月由国务院原法制办向社会公开征求意见，到目前为止，该条例尚未实施。从目前司法实践来看，强制医疗机构最理想的应该是公安部门的安康医院（强制医疗所）。

安康医院（强制医疗所）是公安部门设立的负责实施强制医疗制度的专门医院。1987年12月，公安部召开全国公安机关第一次精神病管治工作会议，明确提出将所有承担强制医疗任务的精神病医院统称为安康医院（2013年起更名为强制医疗所）。据统计，2004年我国共有安康医院25所，总床位近9000张。[1]多年来，安康医院收容了大量肇事肇祸的精神障碍患者，为维护社会稳定做出了贡献。但是，"由于安康医院的性质及其承担任务的特殊性，在运作过程中也出现了一些问题。实践中安康医院的运作模式与普通医疗机构一样，主要靠收取病人的医疗费用运作，政府投入很少甚至没有投入。这种市场化的运作模式使得安康医院在运作过程中出现了困难，甚至不得不开设其他医疗项目以维持正常运转，强制医疗制度实施的效果受到削弱"。[2]因此，应该通过立法，明确强制医疗所的法律地位、设置、管理体制、经费来源等，确保强制医疗工作依法、健康、规范发展。

（四）精神病罪犯强制医疗的程序

鉴于目前精神病罪犯保外就医制度名存实亡、监狱医疗机构治疗精神病罪犯条件有限的现实状况，建议通过立法废除精神病罪犯保外就医制度，用"强制医疗"取代"保外就医"。一是建立精神病罪犯强制医疗的启动程序。精神病罪犯或者其监护人有权向监狱提出服刑能力鉴定的请求，监狱也可以根据罪犯病情情况主动提出。经过监狱主分管领导审批后，委托具有司法精神病鉴定资质的机构，进行服刑能力的鉴定（不是精神疾病的鉴定），监狱要积极配合鉴定机构开展鉴定工作，包括提供各类材料，通知精神病罪犯监护

〔1〕 参见"非比寻常的安康事业"，载《人民公安》2004年第14期。
〔2〕 参见赵国玲："精神障碍者危害行为的规制与预防"，载王牧主编：《犯罪学论丛》（第六卷），中国检察出版社2008年版。

人、驻监检察人员参与鉴定活动等，鉴定费用由监狱支付。二是建立向人民法院呈报制度。《刑事诉讼法》确定了公安机关在办理刑事案件的过程中，发现不需要追究涉案精神病人刑事责任的，写出强制医疗意见书，移送人民检察院，由人民检察院向人民法院提出强制医疗的申请。精神病罪犯在监狱关押期间，实施犯罪行为，经过狱内侦查，通过司法精神病鉴定不需要追究刑事责任的，也应当和公安机关一样，写出强制医疗意见书，移送人民检察院，由人民检察院向人民法院提出强制医疗的申请。[1]对在监狱关押期间没有实施犯罪的、经过鉴定没有服刑能力的罪犯实施强制医疗的，可以参照上述程序办理，但需要得到立法的认可，建议在制定"强制医疗所条例"的时候给予明确。三是建立与强制医疗机构的人员交接制度。经过人民法院决定予以强制治疗的精神病罪犯，监狱要及时将精神病罪犯移交给强制医疗机构。移交过程中，要将罪犯的刑事判决书复印件、强制医疗决定书原件等法律文书以及罪犯在监狱中的发病情况、治疗的措施和效果、服刑能力鉴定情况等一并移交给强制医疗机构，罪犯档案仍由监狱保管。移交结束后，要及时通知罪犯亲属或监护人，告知其强制医疗机构的地址和联系方式。四是建立和完善精神病罪犯收回或者释放制度。强制医疗机构要按照精神疾病治疗规范开展治疗工作，并定期进行治疗效果的评估。经过评估和鉴定（需委托有资质的鉴定机构鉴定），精神病罪犯恢复服刑能力的，及时提请人民法院裁定变更强制医疗决定，并通知监狱带回。没有恢复服刑能力的，继续给予强制治疗。精神病罪犯在强制医疗机构的治疗时间计入服刑刑期。治疗期间刑满的，依法办理释放手续，并通知作出决定的人民法院以及罪犯的亲属或者监护人。

---

〔1〕《刑事诉讼法》第308条第3款、第4款规定："对罪犯在监狱内犯罪的案件由监狱进行侦查。军队保卫部门、中国海警局、监狱办理刑事案件，适用本法的有关规定。"

# 监狱法学在青海地区的司法实践研究

殷耀斌　邱平祥 *

青海监狱法学实践始于 1951 年。70 多年来，监狱法学工作者紧紧围绕构建社会主义监狱管理体系，积极探索创新民族地区社会治理与法治建设的方法途径，为中国特色社会主义监狱法律体系的形成和创新发展积累了大量的司法实践素材。特别是进入 21 世纪之后，监狱法学工作者紧紧围绕依法治国方略，紧密结合监狱工作实际，牢牢抓住监狱法学理论研究的重点和难点，奋发有为地开展了大量监狱法学理论研究和实践活动，为中国特色社会主义法律体系的形成作出了应有的贡献。

## 一、青海监狱法学实践概述

据《青海省志·劳动改造志》记载，1951 年~1994 年的 44 年中，青海省在押犯构成情况和监管改造手段分为两个重要时期。从中华人民共和国成立初期到 20 世纪 70 年代末，主要服刑改造对象为历史反革命犯和危害社会的其他刑事犯，以外省调入犯占大多数，监管改造手段主要体现阶级斗争观点，突出世界观的改造和政治态度的转变。20 世纪 80 年代以后，国家以经济建设为中心，主要服刑对象为青年刑事犯，监管改造手段主要体现教化育人思想，突出人生观的教育和恶习矫正、道德养成。1994 年《中华人民共和国监狱法》（以下简称《监狱法》）公布实施，标志着青海监狱法学进入了新的历史时期，这一阶段，监狱法制建设不断完善，各级监狱法学会、监狱工作协会雨后春笋般建立起来，青海监狱法学研究历经了风风雨雨的考验，奠定了深厚的法学历史底蕴。

---

* 殷耀斌，青海省监狱管理局办公室副主任、政策法规处副处长、青海省监狱法学研究会常务副秘书长；邱平祥，青海省监狱法学研究会副秘书长、《青海监狱》副主编。

（一）二十世纪六十年代以前：创建发展阶段

监狱工作初创时期，监狱和监狱法学还没有理论上的法治可言，党的路线、方针、政策甚至主要领导的讲话成了当时监狱法学主要的研究依据，这种情况一起延续到1954年9月7日中华人民共和国政务院发布实施了《中华人民共和国劳动改造条例》。1956年刘少奇代表党中央提出的"改造第一，生产第二"的监狱工作新方针在1964年召开的第六次全国劳改工作会议上被正式写入会议纪要。这条方针，将教育人、改造人确立为监狱法学实践宗旨，先后共使用了30年，成为新中国成立后所制定的方针中使用时间最长的一个。

这一时期青海监狱关押的大部分罪犯是蒋介石集团中的党、政、军、警、特、宪人员，现行反革命犯和刑事犯，反革命罪犯最高时期占到押犯比例的70%以上。相对应地，监狱法学实践成果主要在政治层面上，广大监狱工作者始终坚持党对监狱工作的绝对领导，坚决彻底地贯彻执行毛泽东改造罪犯思想、党和国家在各个历史时期的路线、方针、政策，借鉴苏联和中国共产党历史上的有益经验，将一大批历史反革命犯改造成为社会主义新人，创造了中国历史乃至世界监狱史上的伟大奇迹。

作为监狱法学实践的重要平台，1955年劳改局成立后，专设教育处，编辑《青海新生报》，专门负责对罪犯的政治教育、文化教育和技术教育。其主要任务是：检查指导教育改造工作，探索总结改造罪犯经验，掌握各类犯罪分子的不同特点和思想改造规律，研究罪犯的思想变化，制定、实施教育改造计划，并组织有针对性的专项教育；根据形势发展变化，编写专题教材和教育提纲，提供基层管教干警使用。

纵观青海监狱法学实践历程，1951年5月第三次全国公安会议提出的"三个为了（为了改造他们，为了解决监狱的困难，为了不让判处徒刑的反革命分子坐吃闲饭）"的方针基本上确定了青海监狱法学实践的重点和方向。即，一要为改造罪犯服务；二要为监狱管理服务；三要为社会经济发展服务。在青海监狱七十年发展历史上，虽然不同的历史阶段中三个方面的研究侧重有所调整，但总体上没有脱离这三个方面的主要研究内容。

（二）二十世纪八十年代以前：停滞和调整阶段

十一届三中全会以前，青海监狱法学的实践总体上受"左"的思想影响较大，"文化大革命"期间达到极点。套用 1962 年青海省第十次劳改工作会议的结论，"基本面貌是：成绩很大，经验丰富，错误严重，教训深刻。"

1957 年后，在"左"的指导思想影响下，青海劳改工作逐渐背离了正确的方针政策，把罪犯、刑满就业人员和劳教人员都当成专政对象看待。"文化大革命"期间，劳改工作受"以阶级斗争为纲"的极"左"思想影响，方针政策被扭曲，许多监狱法学有效的转化成果都受到批判，青海省劳改系统在执行生活标准和刑满留放政策上"宁左勿右"，甚至直接将教育处、科均取消，其业务并入改造处、科（组），带来了不良后果。

这一时期，监狱法学实践基本没有什么理论成果，也没有什么规范可操作的规章制度出台。

（三）1994 年以前：法治和完善阶段

十一届三中全会以后，全国范围内的监狱工作开始拨乱反正。1979 年 7 月，《中华人民共和国刑法》（以下简称《刑法》）、《中华人民共和国刑事诉讼法》（以下简称《刑事诉讼法》）颁布实施，1981 年 9 月"第八次全国劳动工作"会议重申了"正确贯彻执行改造第一、生产第二"的方针，1982 年 2 月公安部颁发《监狱、劳改队管教工作细则》《对罪犯教育改造的三年规划》《犯人生活卫生管理办法》，统一制定犯人守则八条，进一步强调依法治监，依法办事，对罪犯实行依法、严格、文明、科学管理。与之相适应，20 世纪 80 年代初，青海监狱恢复管教处、科，为了适应教育改造工作需要，押犯较多的单位，把狱政、教育工作机构分开，单独设立教育科。从 1985 年开始，根据把劳改场所办成改造人、造就人的特殊学校的新要求，青海省将特殊学校的名称统一定为"育新学校"，到 1988 年，11 个监狱、劳改支队的"育新学校"及 19 所分校（含少管所育新学校）全部建成，正规开课。教育的方法逐渐趋向正规化、系统化、多样化。

1990 年 11 月 6 日，司法部令第 11 号、第 12 号发布《监管改造环境规范》《罪犯改造行为规范》，两个规范的施行，使全省监管场所面貌有了新的变化。1993 年 3 月，青海省劳改局制定《验收细则》，全省 11 个监狱、劳改支队全部达到规范标准，有力促进了罪犯矫正恶习和养成良好行为，罪犯违纪率下降 50% 以上，监管改造秩序达到历史最好时期。1994 年 12 月 29 日，第八届全国人民代表大会常务委员会第十一次会议通过并公布《监狱法》，中华人民共和国第 35 号主席令公布施行。《监狱法》的公布实施，使刑罚执行进入了一个新的历史发展阶段，是新中国监狱工作法制建设的里程碑，标志着监狱法学实践从主要依靠劳动改造政策推动工作，走上严格依法治监的历史性转变，监管改造工作法律化、制度化、正规化、规范化的程度有了显著提高。

这一历史时期，监狱法学实践，从主要适应负担沉重的"监狱办社会"历史责任，致力于社会管理创新意义上的法学实践，1985 年 7 月成立了作为中国法学会分支机构的青海法学会劳改法学研究会，到 1993 年 5 月，中国法学会升格为全国性一级社团，青海法学会劳改法学研究会更名为青海劳改学会。

（四）1994 年至今：科学发展阶段

《监狱法》公布实施后，劳改系统名称统一变更为监狱，进一步完善了我国的刑事法律体系，刑罚执行工作全面进入法治轨道，监狱法学在青海地区的司法实践正式进入法治化时代。根据"惩罚与改造相结合，以改造人为宗旨"的监狱工作方针，全省监狱系统深入推进依法治监，充分运用法治教育、思想改造、文化教育、心理矫治、职业技能培训等现代管理手段，把罪犯改造成为遵守法律、自食其力的新人，从而维护国家安全、社会稳定，保障人民权利；在不断深化监狱体制改革，逐步完善保障体制的过程中，构建起"公正、廉洁、文明高效"新型监狱体制，并积极融入社会主义市场经济体制，大力发展经济，创造物质财富，减轻国家负担，成为社会主义市场经济建设重要组成部分。

党的十九大胜利召开后，随着全面建设社会主义现代化国家、全面深化改革、全面依法治国、全面从严治党"四个全面"战略的稳步推进，监狱体制改革再次成为司法体制改革路径中的重要内容。2017 年 5 月，司法部党组决定将监狱体制改革纳入司法行政改革任务，要求"从底线安全观向治本安全观转变"，"要在改造罪犯成为守法公民上"加大监管机制改革的工作力度。治本安全观的提出，反映了监狱改革发展的时代要求，为监狱法学在青海地区的司法实践指明了方向，提供了方法论。对于进一步巩固监狱体制改革几十年来的工作成果，理顺管理体制，回归监管改造主责主业，推动监狱改革发展具有重大的理论意义和实践意义。

1995 年以来的监狱法学实践，经历了国家实施改革开放政策、全面推进经济体制改革的攻坚阶段，改革举措逐步深化、改革成效逐步凸显；这一时期的监狱法学工作，也是监狱系统贯彻《监狱法》、实施依法治监的关键阶段，监狱工作法制化进程突飞猛进。在这一历史背景下的青海监狱法学研究工作，历经了由极度被动到通过改革发展步入健康发展轨道的艰难历程。

1995年8月，青海劳改学会更名为青海监狱学会。2010年5月，青海监狱学会正式更名为青海监狱工作协会，成为全省监狱实际工作者、监狱理论工作者和社会各界有志于监狱学科理论研究的人士以及有关社会组织自愿结成的行业性、全省性、非营利性社会组织，会员人数达到两千人。

2010年以来，全省监狱系统在省委省政府、省委政法委的坚强领导下，坚持依法治监，致力于法学实践，努力提升罪犯改造质量，着力打造平安监狱，截至2017年已连续16年实现"四无"目标。与此同时，在省法学会的大力支持下，于2016年10月28日召开第一次会员代表大会，正式成立青海省监狱法学研究会，各监狱分会也都相继成立。目前，"两会（青海监狱工作协会、青海省监狱法学研究会）一刊（《青海监狱》）"模式成为青海省法学理论研究的重要载体和推动力量，为进一步推进监狱法学在青海地区的司法实践，提升监狱法学研究质量奠定了坚实的组织基础、群众基础和思想基础。

## 二、青海监狱法学实践的主要成果

青海监狱法学实践的历史贡献可以概括为：在承担改造罪犯主业的同时，开垦了荒原，发展了经济，稳定了边疆。随着形势的发展，按照中央确定的"多留少放"的原则，再次承担了就地安置刑满释放人员的重任，高峰时期，青海监狱系统的干部职工及押犯人数占同期青海省总人口的八分之一，押犯占同期全国押犯总数的四分之一。改革开放初期，为支持社会面的经济体制改革，监狱自行承担消化了大量"办社会"造成的困难，致使历史包袱越背越重，但随后通过自我革新、布局调整、深化改革等，终于走出困境，实现了监狱职能归位。同时，充分利用青海监狱系统特有的特点和规律，积极探索，为法律法规的健全完善提供了实践经验，不仅完善了青海监狱工作制度，也为修改《监狱法》提供了丰富的立法素材。

（一）在政治层面上，以党的领导为根本，坚决彻底地贯彻执行了党和国家在各个历史时期的路线、方针、政策

青海监狱法学研究在早期呈现出明显的左倾意识是有其特定的历史原因

的。20 世纪中期年代，青海的经济文化非常落后，生产力极其低下。监狱农场的选址都是遵循"不与民争利"的原则，在那些荒无人烟的原始草原或戈壁滩上建立的。加之押犯结构以政治犯为主，对党的事业的忠诚度、对政治纪律的要求自然相对严苛一些。1974 年至 1979 年根据全国人大常委会的有关决定，青海监狱清理、释放、宽转、安置了所有在青关押的国民党县（团）以上和县（团）以下历史反革命罪犯后，监狱法学实践才逐步跟随形势转入依法治监、创新发展的新时期。在这样的时代背景下，广大法学工作者和第一代民警职工一道，扎根高原，艰苦创业，吃苦耐劳，甘于奉献，用忠诚和信念维护了新生共和国的稳定，完成了党和人民交给的光荣使命。进入新世纪后，继承和发扬老一辈监狱传承的优秀品质，在改造罪犯、发展经济的长期实践中，凸显了"特别能吃苦、特别能忍耐、特别能战斗、特别能团结、特别能奉献"的青藏高原精神，形成了"忠于党的事业、艰苦奋斗、吃苦耐劳、顽强拼搏、善打硬仗"的优良作风和奉献精神，成为激励和鞭策后来监狱工作者发扬传统、传承事业的正能量。

这些成绩的取得，得益于政治建警的优势资源，更得益于历史上党和国家领导人的亲切关怀、鞭策激励和有力支持。20 世纪 50 年代，共和国两位开国元帅彭德怀和陈毅，两位开国上将王震和张爱萍以及时任国务院副总理习仲勋先后视察过青海监狱。特别是青海监狱在特困时期，胡锦涛两次对青海监狱困境状况作出批示，要求司法部帮助解决青海监狱存在的困难。这些关怀支持，使广大民警职工树立了不畏艰险、战胜困难的勇气和力量，确保了青海监狱法学实践沿着党指引的政治路线顺利前进。

（二）社会层面上，以法治建设为导向，不断提高教育改造质量，降低了重新犯罪率，为维护社会稳定做出了积极贡献

开创初期，几乎每个监狱都在办工厂、办医院、办学校、办公益事业等，监狱"办社会"，为监狱法学社会治理实践提供了取之不竭的经验素材，据资料记载，青海省的监狱系统曾拥有子弟中小学 100 余所，在校学生 1.9 万余人。

新中国成立 70 年来，通过农场的开发建设移交等，青海监狱工作规模发生了几次大的变化，不仅改善了当地生产生活环境，也带动了地方经济的发展，提高了当地人民生活水平。历史上，由于国家政策调整、人员变化、生

产规模收缩等原因，监狱系统经历了四次重大的调整，每次调整都无偿向社会转移了大批优势资源，促进了地方经济发展。一是 20 世纪 60 年代初期进行了第一次收缩调整，撤销了一些青年农场和位于边远牧区的农场。二是到了 20 世纪 70 年代初期的军管时期，进行了第二次调整压缩。这两次调整，都是交出了资产，留下了人员。三是 20 世纪 80 年代中后期进行了第三次调整压缩，根据当时一批农场多年未押犯的实际，省委省政府决定向地方交出了一部分农场。第四次调整是 21 世纪初，监狱系统从 14 个押犯单位调整为 6 个押犯单位，为完善监狱分押、分管、分教的要求，经司法部批准，又新增加 2 座监狱，新规划的高戒备监狱——长宁监狱也将于 2018 年投入运行，届时，青海监狱实际上是 9 座监狱。

进入 21 世纪后，在完成布局调整、深化监狱体制改革基础上，按照司法部提出的要求，深入贯彻落实治本安全观，全力以赴确保监管场所和社会稳定，努力夯实维护安全稳定的思想基础、制度基础和能力基础，监狱管理水平、教育改造水平都有明显的提高。

（三）在经济层面上，以法治经济为统领，发挥引导示范作用，为青海省经济的发展做出了历史性的贡献

第一个五年计划时期，青海省监狱系统曾建立了 79 个农场和 29 个工厂、24 个牧场，农业耕地面积占国营农场的 98%；工业总产值占省属工业的 52%。在 20 世纪 60 年代至 80 年代的 20 余年时间里，监狱系统每年向国家交售的"爱国粮"，占全省统购粮的 1/5 至 1/4。经济总量占青海省的 1/3，结合监狱系统人员、社会资源等，时任省委书记的张国声曾讲过一句话："劳改生产三分天下有其一。"随着青海监狱工作体制机制的不断推进和深化，特别是经过了历史上比较大的四次机构调整，青海监狱工作经济模式逐步由"大而穷"向"小而精"转变，监狱职能逐渐归位，监狱经济日渐壮大，国有资产不断增值，基本适应了社会主义社会经济发展要求。

青海监狱工作的实践，把先进技术和生产方式带到了青海，推动了青海工业、农业、建筑、交通等行业的发展。监狱法学工作者通过 70 年的司法实践，向世人展示了中国共产党改造旧中国的决心和力量，为奠定青海经济社会发展的坚实基础和促进民族团结进步做出了重要贡献。

### 三、青海监狱法学实践的特点

70 年来，在党和政府的正确领导和大力支持下，特别是在广大民警职工的不懈努力下，经过几代人的艰苦奋斗，充分发扬"五个特别精神"、"柴达木精神"和"塘格木精神"，青海监狱工作在曲折中前进，创造了辉煌，逐步形成了一条既能适应社会主义社会发展建设，又能充分体现青海地方特色的现代化文明监狱建设道路。监狱法学工作者认真贯彻落实科学发展观，以社会主义法治理念为主线，以确保监狱安全稳定为首要任务，以降低刑释人员犯罪率为首要标准，以解决历史和现实问题为重点，全面推动监狱体制改革，积极拓展工作思路，促进监狱工作又好又快发展，监管改造、监狱经济、队伍建设等工作迈上了新的台阶，取得了丰硕的法学理论成果。

总结起来，其发展脉络呈现出以下几个基本特点：

1. 刑罚执行基本思想始终存在威慑刑和教育刑的斗争。威慑刑主张受左的阶级斗争思想影响较重，甚至于一段时期内主导了监狱工作理念，将反革命犯、刑事犯甚至已经刑满释放的人员一律视为专政对象进行无情打击；但在十一届三中全会后，特别是进入 21 世纪，教育刑思想最终确立了统治地位，刑事执行的指导思想也从实现特殊预防最终转变为再社会化，以治本安全观为统领，向社会输送"合格产品"。

2. 刑罚执行主体是一支政治素质高，责任感、事业心强的干部队伍。从枪林弹雨、硝烟弥漫战场下来的军转干部，新中国成立前的"老八路""老解放"占到干部总数的将近一半，成为青海监狱系统的主力军。如局中心医院是由志愿军 512 医院整建制转业组建的；监狱基层党委成立前一直沿用军队党的机构设置，这种状况到 1956 年才改变。从另一角度观察，截至 2005 年，监狱系统仍有干休所 5 个，离退休人员 12 000 余人（最多曾达到 14 000 余人），1985 年时，各干休所管理的 2000 多名离休干部，占当时全青海省离休干部的 1/5。

3. 监狱法学实践队伍人才济济，具有一定的知名度。青海监狱系统除主力军军转干部外，还有许多知识青年，其中不少是名牌高校生，他们有知识、有技术，与军转干部形成互补。在全国监狱系统有影响力的王明迪、李均仁局长和兰德普巡视员，都曾在青海监狱系统基层工作和生活过，在他们走上全国监狱系统领导岗位后，曾拿青海监狱工作经验指导过全国监狱工作。

4. 青海监狱法学研究始终处于开放状态，不断引进先进的思想和理念。早在 20 世纪 60 年代，青海监狱系统就曾对犯属探监的许多人性化措施进行过尝试，大规模的特赦、清理释放、就业安置等一直在进行着；《监狱法》颁布实施后，监狱的法学实践更是飞速发展，特别是在治本安全观的指导下，在世界各国先进的刑事执行思想影响下，青海监狱法学实践保持了较好的发展趋势。

5. 青海监狱法学实践和监狱保障运行一样，同样面临着资金不足、编制不足和罪犯改造质量不甚理想的困扰。这对监狱法学的研究和成果的转化产生了一定程度的不利影响。

## 四、进一步加强青海监狱法学实践的研究体会

1. 制定完善刑事执行法典。法律是治国之重器，良法是善治之前提，现存的刑事执行立法状况看，我国关于刑事执行的法律规范散见于《刑法》、《刑事诉讼法》和《监狱法》等法律以及一些司法解释文件、行政法规中，刑罚的执行机关也是分别由法院、公安机关、监狱机关、社区矫正机构等执行。可以说，几乎全部的刑事执行关系都要靠一部《监狱法》来调整，而且条文不多、原则性强、权责不明、不便于操作，要将这种刑事执行法律诉求和必然趋势转化为现实，制定一部同作为实体法的《刑法》《监狱法》和作为程序法的《刑事诉讼法》相互协调一致、地位相当的刑事执行法典，还需要法学工作者进行大量深刻的理论探索和艰巨的实践摸索。

2. 提升监狱法律地位。实际操作中，监狱法的立法地位、立法技术、法律内涵等方面都相对位阶较低。刑罚的制刑、求刑、量刑、行刑，应该是四位一体、相互配合、相互制约，在法律上具有平等的地位，只有按照刑事一体化的要求，建立统一的刑罚执行体系，推动刑罚执行权力的合理化配置，才能在实现法律地位对等的基础之上，规范各环节的权利义务，达到相互制约的要求，提高刑罚的效能。

3. 全力打造法治监狱。监狱法学实践的载体是监狱，只有不断健全执法制度和执法责任制，加强执法保障，切实做到严格公正文明执法，全面提升执法公信力，法学研究才能具有不竭的生命源泉。目前，正在贯彻落实的治本安全观和正在组织实施的模范监狱建设，实际上牵住了监狱体制改革的牛鼻子，关键的焦点是要强化法治思维，牢固树立法治理念，不断提升法律素

养和法治能力，以理论上的坚定保证行动上的坚定，以思想上的清醒保证执法上的清醒，运用法治手段，弘扬法治精神，做到依法用权、依法办事、依法决策。

4. 建设过硬民警队伍。习近平总书记提出的"政治过硬、业务过硬、责任过硬、纪律过硬、作风过硬"的"五个过硬"要求是建设忠于党、忠于国家、忠于人民、忠于法律的监狱人民警察队伍的根本标准，要坚持问题导向，聚焦监狱民警队伍建设工作中存在的突出问题和隐患，找准制约监狱工作发展的瓶颈问题，合理调整警察配备比例，解决基层民警职数少、压力大的问题；要深化改革内部，按照大部制改革的思路，积极探索监狱管理体制改革，进一步压缩机关编制，提高一线民警配置比例，保证监狱科学发展的方向。

5. 善于借鉴各方实践经验。要积极开拓渠道，利用各种形式、手段搜集各国刑事法律文本、监狱规范性法律文件以及一些单行或分散的有关监狱工作的制度性规定，开阔立法视野。要积极协同国内院校、研究机构等，收集整理我国历史上和新中国刑事立法资料，开展刑事立法比较研究，确保我国刑事执行法律立法质量。同时，要适应党的十九大后全面推进依法治国方略的要求特别是习近平新时代中国特色社会主义思想的论述和全社会全方位开放的格局，打破长期形成的封闭和半封闭的状态，向社会敞开大门，向世界敞开大门，广泛吸收社会成员特别是刑事执行法律工作者参与监狱法学研究，接受社会监督，最大程度地提高行刑效率。

# 当代中外监狱制度比较研究之一
## ——减刑制度之比较

李文静 *

  减刑制度产生于近现代的资本主义国家。奴隶制社会和封建制社会时期，只规定依据犯罪人的身份在量刑时可减轻刑罚，在刑罚执行中并不减刑；如果需要减刑，则不依诉讼程序而由君主本人发布命令通过赦免而实施。资产阶级革命时期，针对封建社会的罪刑擅断，资产阶级的启蒙思想家提出了刑法原则，要求罪刑法定、罪刑相应。在18世纪占绝对优势的报应刑思想认为，刑罚是对犯罪报应的手段，刑罚的轻重与犯罪的轻重应当等价，因此，只有原判刑罚不折不扣地执行完毕，才能认为犯罪人所犯的罪赎完了，才能认为对犯罪人判处刑罚的目的实现了，如果刑罚执行中减刑，那么刑与罪之间就是不等价、失去了平衡，所以在这种背景下不可能产生减刑制度。随着目的刑理论的出现，对报应刑理论进行了批判，认为刑罚并不仅仅是为犯罪人所犯之罪的报应与惩罚，还应该是矫正犯罪人的一种特殊手段。鉴于此，刑罚不再被认为一经法院判决就不能更改了，只要犯罪人的邪恶行为经过刑罚被矫正过来，对社会没有危害了，那么就达到了刑罚的目的，刑罚无须一定按原判执行完毕。于是，减刑、假释制度应运而生了。

  《中华人民共和国刑法》（以下简称《刑法》）第78条规定，被判处管制、拘役、有期徒刑、无期徒刑的犯罪分子，在执行期间，如果认真遵守监规，接受教育改造，确有悔改表现的，或者有立功表现的，可以减刑；有下列重大立功表现之一的，应当减刑：（一）阻止他人重大犯罪活动的；（二）检举监狱内外重大犯罪活动，经查证属实的；（三）有发明创造或者重大技术革新的；（四）在日常生产、生活中舍己救人的；（五）在抗御自然灾害或者排

---

 * 李文静，山东政法学院警官学院讲师。

除重大事故中，有突出表现的；（六）对国家和社会有其他重大贡献的。减刑以后实际执行的刑期不能少于下列期限：（一）判处管制、拘役、有期徒刑的，不能少于原判刑期的 1/2；（二）判处无期徒刑的，不能少于 13 年；（三）人民法院依照本法第 50 条第 2 款规定限制减刑的死刑缓期执行的犯罪分子，缓期执行期满后依法减为无期徒刑的，不能少于 25 年，缓期执行期满后依法减为 25 年有期徒刑的，不能少于 20 年。第 79 条规定，对于犯罪分子的减刑，由执行机关向中级以上人民法院提出减刑建议书。人民法院应当组成合议庭进行审理，对确有悔改或者立功事实的，裁定予以减刑。非经法定程序不得减刑。"另外，2017 年 1 月 1 日起施行的《最高人民法院关于办理减刑、假释案件具体应用法律的规定》，进一步明确了普通罪犯及特殊罪犯减刑的起始时间、间隔时间、减刑幅度等规定。

## 一、国外减刑制度

### （一）美国的善行折减制度

"善行折减"制度在美国监狱改革史上占有重要地位。1817 年纽约州通过了一项善行折减法律，规定监狱当局有权在犯人服刑五年以后给予减刑，至多可以减去原判刑期的 1/4。"善行折减"就是犯人在服刑过程中可以因为表现良好而得到减刑提前出狱，犯人由于看到了今后争取早日获取自由的希望从而增加了目前自我改造的主动性。善行制在改造罪犯中效果良好，后为美国各州纷纷效仿。

善行折减制度的产生体现了行刑实践中出现的刑罚思想由报应刑向教育刑的转变。这一制度在监狱史上的价值还在于，它是著名的"狱分制"的先导。狱分制实际就是"善行"定量化和数据化，用数值来测定善行。而狱分制又是被西方学者和刑务家誉之为集一切进步的行刑制度之大成的"累进处遇制"的前身。现在美国的"善行折减制"仍然是"累进处遇"的关键性的组成部分——由于善行而获得提前出狱的机会。善行折减制度目前美国各州在具体执行方法上互有差异。有的州规定"一日善行折抵一日刑期"，有的州规定"三日善行折抵一日刑期"，有的州把善行分等，例如"A 等善行"是一日折抵一日，"B 等善行"是三日折抵一日，"C 等善行"是十日折抵一日，等等。纽约州的规定是，善行折减在定期刑判决中作为减刑适用，但总计不得超过法院宣告的定期刑的 1/3；善行折减在不定期刑判决中作为有条件释放的依据，总计不得超过法院宣告的不定期刑判决上限的 1/3。如果善行折减的累计时间达到同所判刑期的余刑相等时，则必须提前释放犯人，但是释放之后在一个固定时期内还应受假释委员会的监督。假释委员会有权批准监狱提出的善行折减，也有权扣除或者撤销善行折减。

（二）英国减刑制度

在英国，减刑是作为罪犯行刑过程中因表现良好的一种宽赦。《1952 年监狱条例》规定，服监禁刑的囚犯的劳动和行为表现可作为其减刑的根据，即减去部分监禁刑期，而实际执行刑期不得少于总刑期的 1/3；终身监禁者的减刑，20 年后才予考虑。通常情况下，受减刑提前释放的罪犯不满 21 岁被判 1年 6 个月以上监禁者，即使减刑释放，在原判刑期届满前应按假释待遇释放。可见，英国减刑的适用条件与我国刑法中的减刑适用条件十分相似，即都是据在押人犯在刑罚执行过程中的表现而定。

（三）法国减刑制度

法国法律所规定的减刑有一般减刑与特殊减刑两种形式。第一，一般减刑。根据《法国刑事诉讼法典》第 721 条规定，每一个被判刑人均可享有减刑待遇。可以享有减刑待遇的时间，第一年最高为 3 个月，以后每一年最高可减刑 2 个月以及每一个月最高可减 7 日。但是，如果罪犯在减刑后的服刑期间有不良行为表现的，可以全部或部分撤销缩减的刑期。法国行刑实务中，一般减刑的适用面相当大，甚至占在押犯的 90% 以上。第二，特别减刑。《法国刑事诉讼法典》第 721-1 条规定，被判刑人通过大学或职业培训考试，增强了再适应社会的能力，可按第 721 条规定的程序和方式给予特别减刑，但特别形式的减刑适用率相当低。[1]

（四）意大利减刑制度

为避免监禁刑的许多弊端，意大利监狱法规定了一些在行刑阶段适用的替代性措施，减刑即为主要的一种。《意大利监狱法》第 54 条规定了提前释放中的减刑，即对被判处监禁性刑罚的受刑人，如果确已接受再教育，为使其更快地重返社会，每服 6 个月监禁性刑罚可以减刑 20 天。在获得该优待后

---

〔1〕 参见罗结珍译：《法国刑事诉讼法典》，中国法制出版社 2006 年版，第 566 页。

的行刑期间犯非过失之罪而被判刑，撤销该优待。意大利的减刑制度充分体现了该国刑罚执行的再教育目的原则、个别化原则。

（五）俄罗斯减刑制度

1997 年 1 月 1 日生效的《俄罗斯联邦刑法典》规定了"将未服完的部分刑罚改判为较轻的刑种"的特殊减刑制度。该法第 80 条第 1 款规定"对由于实施轻罪和中等严重犯罪而在服剥夺自由刑的被判刑人，法院可以根据他在服刑期间的表现将尚未服完的那部分刑罚改判为较轻的刑种。在这种情况下可以完全或部分免予服刑。"将未服完的部分刑罚改判较轻的刑种的根据是被判刑人可以在不剥夺自由，且在另一种更轻刑种的服刑条件下仍能达到改造的程度。这种可能性取决于被判刑人的表现和他履行义务的态度证明他改造过程顺利，使得改造过程即使在比剥夺自由更少惩罚的条件下服刑也能继续。根据《俄罗斯联邦刑法典》，其刑罚种类包括从罚金到死刑共 13 种，其中剥夺自由刑由轻到重依次是拘役、军纪营管束、一定期限的剥夺自由和终身剥夺自由。这种减刑既可改判为较轻的剥夺自由刑，也可改判为限制自由、劳动改造、强制性工作、限制军职等非剥夺自由刑，而且服较轻刑种的期限不超过尚未服完的那部分刑期，也不超过该较轻刑种的法定上限。可见，《俄罗斯联邦刑法典》所规定的这种将未服完的部分刑罚改判较轻的刑种是与其他国家不同的一种特殊减刑制度，有的学者称之为"易科较轻的刑罚制度"，但其仍符合减刑的实质特征。

国外减刑制度的共通之处：

第一，对减刑普遍持慎重态度，适用率远低于假释。减刑是一项在中国普遍适用的刑罚执行制度。许多国家和地区在刑法上并没有减刑的规定，但有类似于减刑的刑罚制度，只是在名称、内容、性质上都与我国存在很大不同。美国称为"善行制"、英国称为"良好表现的减刑"、加拿大称为"赦免"。值得注意的是，无论是英国、美国还是其他国家，尽管对假释都十分重视，却对减刑适用持慎重态度。减刑的适用比例远远低于假释。德国、日本等国实行的是单一的假释制度，俄罗斯实行的是假释为主、易科减刑为辅的制度，没有国家实行的是单一的减刑制度。原因在于，在国外，人们普遍认为假释是一项比减刑更加优越的制度。假释相较于减刑，不仅可以延续监狱矫正的成效，更主要的是能够解决直接刑满释放的弊端，为罪犯安排一个再社会化的过渡性阶段，以遏制和降低重新犯罪率。据统计，国外假释与减刑的重新犯罪率差距至少有 10 个百分点。假释原本是基于国外行刑社会化思想而发展起来的制度，在许多国家有着根基深厚的司法实践传统和社会基础，所以从开始就有压倒、逐步替代减刑制度的发展趋势。

第二，减刑与假释紧密衔接。在国外，兼有减刑与假释的国家往往会将减刑与假释结合适用，即罪犯虽然获得了法定幅度的减刑，但一般是以假释或有条件的释放形式出狱。例如在美国，减刑与假释制度是紧密相联的。减刑通常是确定假释日期的一种客观标准，即所判刑期减去善行折减期，便是假释出狱日期。在实行裁量假释的各州，倾向于把减刑作为假释的补充，在这些州，减刑的范围一般与假释相同。

第三，严格规范减刑条件。①减刑条件相对明确。在国外，减刑是一项必须基于明确理由而实行的制度。这些理由通常有两类：一类是犯罪人的行为表现，如美国规定的"表现良好而减去刑期"另一类是犯人参加矫正计划的情况。例如意大利要求"积极参加再教育活动"。②减刑标准严格。国外对减刑的幅度及限度多采取比例缩减制、递进缩减制或混合制。例如法国法律规定对于被判处较短监禁刑的罪犯，其判处的刑期如果为 1 年，则折减刑期不超过 3 个月，被判处刑期为 1 个月的，折减刑期不得超过 7 天。英国法律规定，有期徒刑罪犯减刑后，其减刑不得超过总刑期的 1/3，而无期徒刑的罪犯必须在服刑 20 年后才可以减刑。相对我国的减刑制度，在符合减刑条件的情况下，其他国家和地区的减刑制度没有减刑次数的限制，计算方式和结果也比较确定，可预测性强，这就大大减少了司法人员从中徇私舞弊、违法减刑的机会。

第四，减刑的决定权归属于刑罚执行机关。从世界各国立法情况来看，主要存在法院审查的司法模式和通常是减刑、假释委员会行政机关审查的行政模式两种。在减刑裁决权的归属上，大多数则由司法行政机关来行使，只有意大利、法国、俄罗斯等少数国家由法院来行使裁决权。

第五，大都有减刑撤销的规定。尽管规定减刑的国家较少，但大多数国家都有撤销减刑的规定。例如《法国刑事诉讼法典》规定："在给予减刑的年度时，被关押的犯人具有不良行为，在征求了刑罚实施委员会的意见后，刑罚执行法官可以全部或者部分恢复被减掉的刑期。"意大利刑法对此也有明确规定，减刑的罪犯在以后的刑罚执行过程中再犯非过失性犯罪，则撤销减刑。

比较中外减刑制度最大的区别在于我国减刑权主体及减刑撤销制度的空白。

## 二、我国减刑主体之完善

减刑权由哪一部门行使，各个国家规定并不一致。以美国为首的英美法系国家减刑权的决定主体大多为行政机关（主要指监狱等行刑当局），例如：英国的减刑决定权由国务大臣及监狱长行使。[1]而中国减刑的批准机关是法院，即如果犯人在服刑期间表现良好符合减刑条件，由监狱等行刑机关向中级以上人民法院提请减刑，由法院裁定是否批准减刑。笔者认为减刑权之实质为刑罚变更权，系司法判断权范畴，故应属于司法权范畴。我国现行减刑权，虽由法院行使，但尚存在一系列问题，尤其是减刑案件审理程序亟待改革，具体而言，可以从以下方面展开：

### （一）建立专门的审判法庭

减刑工作并非仅仅判断是否符合法定条件那么简单，而是一项融刑法学、生理矫正学、心理学、社会学、精神病学等学科于一体的十分复杂、专门化程度极高的系统，应由多学科的专家参与审理。如意大利专门负责处理行刑事务的监察法庭就由监察法官和从事心理学、教育学、社会服务学、临床犯罪学、精神病学等方面的专家组成，合议庭包括法庭庭长、一名监察法官和两名专家。

### （二）被害人、罪犯参与减刑程序

参与裁判的形成过程是程序公正的基本要求。罪犯是减刑程序的被审理对象，罪犯参与该程序有利于事实的发现和罪犯的改造。因此，我国减刑案件的审理应当保障被减刑罪犯的参与。被减刑罪犯参与减刑程序所享有的权利应当包括：知悉权、申请回避权、参与法庭调查权、最后陈述权、对减刑裁定的申请复查权等。另外，减刑程序的设计也应当保障被害人的参与。尽管减刑决定作出基于罪犯服刑期间的表现，似乎与其以前的犯罪事实无关，与被害人关系不大，但应考虑的是：刑罚的重要功能之一是安抚功能，通过对罪犯适用刑罚，在一定程度上能满足被害人要求惩罚犯罪的强烈愿望，平息犯罪给其造成的伤害，使其精神创伤得以抚慰，尽快从犯罪给其造成的悲

---

[1]　参见徐静村主编：《减刑、假释制度改革研究》，中国检察出版社 2011 年版，第 35 页。

痛中得以解脱。基于此,对已决罪犯减轻其原判刑罚,当然应让被害人知情,让被害人知晓给罪犯减刑不是因为先前认定的案件事实发生了变化,而是罪犯在服刑期间的表现,以消除其顾虑。

(三) 实行公开开庭审理形式

法院在审理减刑案件时,应当采取公开开庭的审理方式,认真审查罪犯确有悔改或立功表现的具体事实,这样才能保证对罪犯和被害人都公平。有的观点认为,在必要时,可以有重点地选择一些案件,深入到刑罚执行场所核实了解犯罪人在服刑期间的改造表现。

### 三、我国减刑撤销制度之构建

减刑撤销制度是针对已减刑的罪犯,可规定一定的考验期,在考验期内罪犯出现违反规定情节,如违规抗改、不遵守监规或者重新犯罪等,依据相关程序,将其减刑予以撤销,将减掉的刑罚予以恢复执行的制度。减刑撤销制度是对不真诚悔改、伪装积极改造、违规抗改罪犯的否定和惩罚,是对其他罪犯不认真接受改造的警示和预防。

(一) 构建减刑撤销制度之必要性

目前,我国在立法上还没有关于减刑撤销制度的明确规定,但是构建减刑撤销制度是非常必要的。

1. 建立减刑撤销制度更能完善减刑制度

减刑是对认真遵守监规、接受教育改造、确有悔改表现的罪犯的肯定和奖励;是对其他罪犯悔过自新的鞭策和鼓励。减刑撤销则是对因减刑而放松改造、违规抗改罪犯的否定和惩罚;是对其他罪犯不认真接受改造的警示和预防。减刑和减刑撤销应该是相辅相成、不可分割的。减刑撤销制度是对减刑制度的有益完善和补充。

2. 建立减刑撤销制度具有现实必要性

无论是撤销减刑制度还是减刑撤销再恢复制度都是为了督促罪犯最大可能地接受改造。[1] 当前,监管场所内罪犯在减刑后而又无希望再减刑时,其不再完成劳动任务、违规抗改、顶撞干警、打架斗殴、不服从管理、无理取

---

〔1〕 参见减刑假释问题研究课题组:"国外减刑、假释制度的发展现状及其对我国的启示",载《犯罪与改造研究》2014 年第 6 期。

闹的现象较为突出，严重影响了监管场所的正常改造秩序，增加了监管难度。经调查，减刑后的罪犯由于各种原因，改造表现滑坡现象十分严重，尤其是减刑后余刑不长的罪犯或再无减刑希望的罪犯有90%左右根本不好好改造。罪犯减刑后消极改造甚至反改造的现象已非个别，此问题已成为困扰监管场所的一个不易解决的难题。同时，罪犯减刑提前出狱后，重新犯罪的亦非个别。因此，不管是从维护监管场所正常秩序，还是进一步提高改造质量，降低刑释人员重新犯罪率上讲，建立减刑撤销制度具有现实的必要性。

3. 建立减刑撤销制度更能正确落实我国宽严相济的刑事政策

对认真遵守监规、接受教育改造、确有悔改表现的罪犯适用减刑，是对悔改自新的罪犯之宽恕；对减刑后违规抗改的罪犯适用撤销减刑，是对伪改造的罪犯之严惩。建立减刑撤销制度，从始至终贯彻惩办与宽大相结合、惩罚与教育改造相结合的刑罚执行政策。

4. 建立减刑撤销制度有利于进一步调整刑罚结构

由于减刑撤销制度设立的减刑考验期制度，获得减刑裁定不再是罪犯一劳永逸的事情，必须始终保持认真改造的状态，其获得的减刑才不会被撤销，从而能够确保刑罚执行的严厉性、连续性，能够使不同刑种之间的结构更加合理。

（二）我国减刑撤销制度之构建

1. 建立减刑考验期限

所谓减刑考验期限，是指为了促进获得减刑的罪犯能一如既往地积极改造、不减刑而放松改造、不因有减刑间隔期而产生懈怠、不因减刑提前出狱而又犯新罪，设定一定的期间，减刑罪犯只有在经过此期间未有违规抗改和其他犯罪行为的，其减刑才正式有效，否则，其减刑将被撤销而归于无效。这个期间就叫减刑考验期。在外国的刑罚执行法中也有类似的规定。如英国规定，特定罪犯即使减刑释放，在原判刑期届满前仍按假释犯对待。再如，法国规定，罪犯在减刑之后的服刑期间，如有不良行为，可以全部或部分撤销缩减的刑期。设立减刑考验期限的目的和意义在于延长因减刑对罪犯形成激励的时间，强化减刑制度的后续监督机制和制约机制。

减刑考验期限应当如何确定更为合理？笔者认为，在我国可以将减刑考验期限定为：第一次减刑的减刑考验期为本次减刑的生效日至下一次减刑的生效日，以此类推。如果在此期间，罪犯有撤销减刑的情形，其所减刑期因被撤销而无效。最后一次减刑的减刑考验期为该次减刑生效的次日至刑满释放日加上最后一次减刑的天数，如某罪犯的最后一次减刑为一年，其减刑生效日为2010年1月5日，其刑满释放日为2011年1月25日，其减刑考验期为385日。在这385日里必须接受社区矫正，如果出现撤销减刑的情形，其所减刑期因被撤销而无效。若因严重违反《中华人民共和国治安管理处罚法》（以下简称《治安管理处罚法》）被撤销减刑的，由原刑罚执行机关收监将其最后一次减刑的期间执行完毕。若重新犯罪，按照我国刑法关于数罪并罚的规定，决定执行按照我国刑法关于数罪并罚的规定，决定执行的刑罚。

2. 明确撤销减刑的情形

在减刑考验期限内的罪犯，出现下列情形时，应当撤销减刑考验期所指向的减刑裁定：

①再犯新罪；②发现判决宣告以前还有其他罪没有判决；③违反《中华人民共和国监狱法》（以下简称《监狱法》）和其他监管规定，破坏监管秩序，在服刑罪犯中造成恶劣影响的；④严重违反《治安管理处罚法》，影响社会安定团结的。

3. 明确减刑考验权主体

减刑考验权，是指对被减刑罪犯在减刑考验期间进行管理、监督、教育和帮助的权力。减刑考验权主体就是对被减刑罪犯减刑考验期间行使减刑考验权的机关或者组织。如果不在被减刑罪犯减刑考验期间对其是否真正符合减刑的实质要求进行考察，现行减刑制度的弊端依然不能克服。如果在减刑考验期间，不对被减刑罪犯进行管理、监督、教育和帮助，促使被减刑罪犯真正悔改的目的就不会实现。从这个意义上讲，减刑考验权既是一种权力，更是行使权力主体的责任和义务，甚至这种责任和义务大于权力。因此，必须明确行使减刑考验权的主体。减刑考验权一般由提请减刑建议的行刑机关行使，有利于加强其提请减刑建议的责任心，方便其掌握被减刑罪犯在减刑后的情况，有利于被减刑罪犯接受行刑机关的后续管理。如果被减刑罪犯刑满释放后，减刑考验权由释放犯所在地社区矫正机关行使。对经过减刑，后又假释的减刑考验权由假释考验机关行使。

4. 明确撤销减刑的程序

①在减刑考验期限内，罪犯有撤销减刑情形时，行刑机关应报检察机关

驻刑罚执行机关检察室，并向原作出减刑裁定的人民法院提起撤销减刑建议；刑满出狱的罪犯由其所在地社区矫正机关报其所在地检察机关刑罚执行检察机构，并向原作出减刑裁定的人民法院提起撤销减刑建议。②检察机关驻刑罚执行机关检察室或刑满出狱的罪犯所在地检察机关刑罚执行检察机构，在进一步调查核实的基础上，向原作出减刑裁定的人民法院提交建议撤销该罪犯减刑裁定的函件。③接受撤销减刑建议的人民法院应当按照审理减刑案件的程序规定，审理撤销减刑案件。

5. 假释撤销与末次减刑撤销的衔接

对经过减刑后又假释的，假释考验期吸收最后一次减刑的减刑考验期。但其假释被撤销时，最后一次减刑将一并被撤销。按照我国《监狱法》第 33 条的规定："……被假释的罪犯，在假释考验期限内有违反法律、行政法规或者国务院有关部门关于假释的监督管理规定的行为，尚未构成新的犯罪的，社区矫正机构应当向人民法院提出撤销假释的建议，人民法院应当自收到撤销假释建议书之日起一个月内予以审核裁定。人民法院裁定撤销假释的，由公安机关将罪犯送交监狱收监。"除此之外，还要将最后一次减刑撤销，恢复此减刑前的刑罚期限，由监狱一并执行。

6. 末次减刑撤销与社区矫正的衔接

被减刑罪犯在末次减刑考验期间，接受社区矫正时，如果出现撤销减刑的情形，社区矫正机关有权提起撤销减刑建议。经过上述撤销程序后，其末次所减刑期将因被撤销而无效。若因严重违反《治安管理处罚法》被撤销减刑的，由原刑罚执行机关收监将其最后一次减刑的期间执行完毕。若重新犯罪的，按照我国《刑法》关于数罪并罚的规定，决定执行的刑罚。

7. 建立减刑撤销申诉制度，保障减刑被撤销罪犯的合法权益

基于对被减刑罪犯的合法权益保护和减刑的严肃性，建立减刑撤销申诉制度，即行刑机关向人民法院提出撤销减刑建议前或者社区矫正机关在向人民法院提出撤销减刑或含有撤销减刑的撤销假释建议前，可以允许罪犯向行刑机关、社区矫正机关申请复议一次；对人民法院裁定撤销减刑后，罪犯不服，有权向上级法院申请申诉一次。申诉期间不影响撤销减刑裁定的执行。

# 如何实现监狱刑罚执行的有效监督
## ——以英国监狱监管体系为例

傅　亮 *

我国监狱的工作方针从最初新中国成立初期的"三个为了"方针，到1954 年的"两个结合"方针，再到1964 的"改造第一，生产第二"方针，最后到现如今的 20 世纪 90 年代确立的"惩罚与改造相结合，以改造人为宗旨"，方针的变动趋势体现了党中央对监狱制度改革的两个目的。第一，要实现监狱的功能，即监狱的威慑功能、教育功能和安抚功能，从而实现刑法的一般预防和特殊预防；第二，要进一步实现监狱服刑人员的权益保障，保障服刑人员享有申诉权，辩护权和控告检举权等权利。但在我国现有的监狱监督制度体系下，监狱以内部监督为主，检察监督为辅助，而社会监督却很少，尽管形式上确立了相关人权保障制度，但在实质上难以保证每一项都能落实，因此尽快建立社会监督体系是很有必要的。

## 一、为什么要建立起有效的监狱刑罚执行监督体系

（一）建立监狱刑罚执行监督体系是依法治监的必然要求，是促进国家治理体系和治理能力现代化的重要举措

一方面，依法治监工作是监狱全面落实依法治国战略的必然要求和具体体现，是创新社会治理体系以及推动实现国家治理体系和治理能力现代化的重要内容，是引领和带动监狱工作和队伍建设全面健康可持续发展的核心竞争力，更是实现监狱工作法治化发展的必然选择。[1]为了进一步规范监狱的

---

　* 傅亮，上海政法学院 2019 级研究生。

〔1〕 参见顾晓浪："推进全面依法治国背景下依法治监的方略和途径"，载《中国司法》2018 年第 9 期。

治理体系和提升治理能力，必须将依法治监放在一个极为重要的位置，而为了实现依法治监，就必须建立起有效的监狱刑罚执行体系，在古代的人治社会，最大的特征就是人治大于法治，尽管古代中国也颁布了法律，但很难做到有法必依，执法必严，但现如今，要实现中国特色社会主义法治时代，实现依法治国，依法治监，就必须摒弃过去人治社会的恶习，做到有法必依，执法必严，而法律的执行往往伴随着监督，只有监督到位，监狱监管人员才能更加有力地执法，从而维护法律的权威性和监狱的公正性。

另一方面，依法治监是推进依法治国，建设中国特色社会主义法治体系的必然要求。法治是治国理政的基本方式。《中共中央关于全面推进依法治国若干重大问题的决定》明确提出，全面推进依法治国的总目标，是建设中国特色社会主义法治体系，建设社会主义法治国家。这是贯穿全会精神的一条主线，明确了全面推进依法治国的性质和方向，突出了全面推进依法治国的工作重点和总抓手，是我们党重大的理论创新和制度创新。中国特色社会主义法治体系包括完备的法律规范体系、严密的法治监督体系、有力的法治保障体系和完善的党内法规体系。监狱作为国家刑罚执行机关，肩负着严格规范公正文明执法，维护社会公平正义的职责，必须围绕全面推进依法治国总目标，围绕推进国家治理体系和治理能力现代化，大力推进依法治监，建设中国特色社会主义监狱法治体系，全面提升监狱履职能力和水平。

（二）从监狱行刑目的看待建立监狱刑罚执行监督体系的必要性

监狱行刑是国家刑事活动的最后一个阶段，也是实现刑罚目的的最为关键的一环。不同的行刑目的必然决定了不同的行刑方式，在过去的封建社会，行刑以威吓老百姓为目的，无论是行刑方式还是监狱的条件都相当恶劣，而若以教育改善为目的，则行刑方式更为文明，人道主义色彩更加浓厚。

对于行刑目的，目前在国外主要存在"复仇说"、"报应说"和"预防说"，在我国则存在"直接目的说"、"间接目的说"、"特殊预防目的说"和"改造说"。有学者会认为《中华人民共和国监狱法》（以下简称《监狱法》）第1条实际上是规定了两个目的，行刑的直接目的是惩罚和改造罪犯，根本目的则是预防犯罪和减少犯罪，但笔者认为惩罚和改造罪犯的目的，究其根本还是为了进一步预防犯罪和减少犯罪，因此监狱行刑的目的并不需要设置两个。

而为了实现预防犯罪和减少犯罪，就必然要进一步落实"惩罚与改造相结合，以改造人为宗旨"的方针，这就要求监狱监管人员需要被监督，从而保障服刑人员能够受到惩罚和得到改造。

（三）从人权保障的角度看待建立监狱刑罚执行监督体系的必要性

翻看中国的监狱古代史，最早可追溯到西周时期的"令人幽闭思愆，改恶从善"的指导思想，想到监狱，其代名词都是"肮脏"、"腐败"以及"暗无天日"等贬义词，服刑人员可以被监狱管理人员随意拷打处置，几乎无任何人权保障的措施，直到 20 世纪 20、30 年代，从西方国家留学归来的专家学者将人权保障的理念和制度引进，我国才正式开始关注监狱人权的保障。新中国成立以来，我国监狱的人权保障制度不断完善，1992 年国务院新闻办公开的《中国改造罪犯的状况》，第一次以"白皮书"的形式正式确立了"依法保障罪犯权利"的基本立场，1994 年《监狱法》的出台，标志着服刑人员的权益保护正式走上了法制化的道路，而在 2004 年《中华人民共和国宪法》的修改中，增加了第 33 条第 3 款关于人权保障的内容，这意味着，尽管监狱服刑人员丧失了自由，但是其作为中华人民共和国公民，依旧受到宪法的保护，其未被依法剥夺的申诉权，辩护权和检举权理所应当地需要被尊重和保护。2002 年，中国政法大学王平教授曾论证过，为什么要保护罪犯的权利，王平教授认为，保护服刑人员的权利最终是为了保护所有人的权利。[1]而 2004 年的司法部发布的《监狱服刑人员行为规范》也印证了王平教授这一观点，该文件废止了 1990 年司法部第 12 号令《罪犯改造行为规范》，从过去的罪犯一词改为了服刑人员一词，意味着尊重和保障服刑人员的权利成了监狱工作的一项重中之重的任务。

## 二、英国监狱刑罚执行监督体系介绍

目前在英国，英格兰和威尔士的监狱工作由英国内政部下设的监狱总局统筹管理，而苏格兰和北爱尔兰则是各自管理，因此笔者所说的英国监狱监督体系单指苏格兰和威尔士的 3 种外部监狱监督体系制度。

---

[1] 参见王平："为什么要保护罪犯的权利"，载《法制日报》2002 年 10 月 22 日，第 3 版。

（一）独立监督委员会的介绍

在苏格兰和威尔士目前有 127 个国营监狱，11 个私营监狱，最大的监狱可以关押 1400 余人，最小的监狱可以关押 100 余人，尽管每个监狱关押的人数差异很大，但都配套了独立监督委员会（Independent Monitoring Board），目前在英国共有 152 个独立监督委员会，每一个独立监督委员会根据其所监督的监狱的大小，设置 10 名~20 名监督员，总共有大约 2000 名监督员。独立监督委员会与监狱不存在上下级关系，委员会成员由社会志愿者担任，无任何薪酬。[1]

1. 独立监督委员会成员的招聘

独立监督委员会成员的招聘由其秘书处独立进行，应聘监督员无需政府工作背景，也无需培训。

招聘程序如下：

首先由秘书处在所在地区社区或者网站上颁发告示，在确定候选人以后，由秘书处带领候选人去往监狱，使应聘人员了解监狱的具体情况，确定是否还要继续进行下一轮的面试，这一举措主要是因为许多候选者在了解监狱具体情况以后，会发现该份工作并非其当初所设想的那样，此轮可自行删去不少不是真正热爱这项工作或者不能胜任该份工作的人，而下一轮的面试，主要由秘书处的两位监督员对其进行面试，一方面是测试其身心是否健康，是否会对监狱人员产生不良影响，再一个是确认其是否存在犯罪不良记录，在最终确定人选以后，再报请相关大臣审批。而独立监督委员会成员的招聘还有三项限制，符合下列三项限制条件之一的人员不得报名进行委员会应聘：第一，有严重犯罪记录，且出狱时间并不长的；第二，所应聘地区的监狱有其亲属，可能会影响公正性的；第三，有商业目的，如推销产品的。由此我们不难看出英国独立监督委员会的成员都必须保证和所监督监狱不存在利益纠葛且不危害服刑人员身心健康的。

2. 独立监督委员会成员的职责

根据《英国监狱规则》、《英国监狱法》和《英国青少年罪犯机构规则》。独立监督委员会成员的权力有以下论文提到了五项：

---

[1] 参见季美君："人性化的监狱管理与刑罚执行监督"，载《国家检察官学院学报》2007 年第 2 期。

（1）确保所在监狱的在押人员获得公平公正的待遇和适当范围的释放后生活适应项目。

（2）及时向大臣或其认为适当的有权处理的官员报告任何其关切的事项。

（3）每年向大臣报告所监督监狱满足规定标准和要求的情况以及该标准和要求对在押人员的影响。

（4）可以随时进入监狱各处，接触所有在押人员，并且可以对任何在押人员进行访谈，监狱监管人员不得监视监听；监督员还可以查阅监狱记录。

（5）应当听取犯人可能提出的任何申诉，并向大臣报告任何其认为适宜报告的事项。

（二）监狱和缓刑问题申诉专员的介绍

监狱和缓刑问题申诉专员（the Prisons and Probation Ombudsman）接受所有在押犯人及缓刑犯人的投诉。申诉专员希望服刑人员在向其申诉之前，先尽可能地采取其他正常渠道的方式进行申诉。申诉专员会通过专业的调查人员对申诉案件进行独立调查，并将给申诉人所申诉的内容给予一份书面答复。若申诉专员同意申诉人所提的意见，就会根据具体情况列出应对方案，并将最终的方案呈报给监狱总长，一般而言，监狱总长是会认真考虑申诉专员的意见的。另外，在监狱内发生的每一例服刑人员的死亡事件，无论是自然死亡还是非自然死亡，申诉专员都必须及时进行调查。当然，最后的死因必须由验尸官来确定。申诉专员每次提交的报告将包括一系列程序方面的完善建议，这将大幅度降低类似事件的发生概率。内政部长还可以指派申诉专员调查一些其他事情。申诉专员被要求每年发布一份包括个案在内的年度报告，这些报告通常是登在网上可供下载查阅的，但为了保护相关当事人的隐私，一般会省去相关当事人的隐私信息。

（三）英国皇家监狱督察院的介绍

英国皇家监狱督察院成立于1981年，其任务主要是对监狱生活质量进行评估，包括监狱的条件及服刑人员的待遇，其成立目的不是为了对监狱进行检查，而是为了进一步保障服刑人员的基本人权利益。目前督察院根据世界卫生组织的相关规定，开发出了一套成熟的界定健康监狱的标准：（1）服刑人员或者在押人员所关押的地方是否足够安全；（2）服刑人员的基本人格是否受到尊重和保护；（3）服刑人员是否能够从事有目的有意义的活动；（4）监狱是否能够使得服刑人员有准备地回归社会。[1]

1. 皇家监狱督察院的监督方式

皇家监狱督察院一般对一所监狱五年内至少要检查两次，第一次是全方面的检查，第二次是对前面检查后发生的问题进行的复查，两次是督察院检查的底线，督察总长和督察员有权随时去任何一所监狱进行检查。第一次全方面的检查往往是事先通知的，事先通知前，督察院往往会先派研究人员前往监狱随机对不定量的服刑人员进行问卷调查，问的题目并不会让监狱方面知道，题目也是督察院多年累积的经验，以此推定监狱的具体健康情况。另一次检查一般是临时性的突然检查，此时监狱可能会因为突然造访的督察院队伍，而处于一个比较紧张的状态，因为此时监狱的状态往往是最真实的状态，但如果临时性的检查能够得以顺利通过，那么监狱长也会无比自豪，因为从最终的目标追求上来看，无论是皇家监狱督察院的督察长还是监狱长都希望服刑人员能够在监狱中得到最基本的作为人的尊重，能够在监狱中顺利得到教育和改造。

2. 监督报告的作用

最终的监督报告对于监狱行政官员而言意义非凡，因为这种检查方式不仅有效地评估了监狱做了什么，而且还评估了监狱是如何做的。因此，监狱长将检查组提交的合格评估意见视为最大的成就，一份好的报告就是对监狱运行方式的认可和赞美，而一份不太好的监督报告则会对行政官员的职业生涯产生重大影响。对大多数监狱长来说，每五年一次的测试及随之而来的一系列的检查要比每年提交的目标项目重要得多。而更为重要的是，这一检查结果还能决定一个监狱长的去留。不好的检查结果通常在公开前，监狱长就已经被调离。这些检查报告，尤其是负面的报告公开时，往往会吸引全国各大媒体的热烈关注。因此，对于监狱长而言，为期一周左右的检查并不是一段轻松的时间，监狱与检查组的关系也有可能因此而变得紧张。

### 三、我国监狱社会监督制度的建立

国家产生于社会，但是又在不断地远离社会，并且不断地谋求控制社会，

---

[1] 参见叶旺春："英国监狱社会监督制度的考察及对我国的借鉴价值"，载《刑法论丛》2011年第 1 期。

这是因为国家权力掌握着大量的暴力工具，使得权力人格化成了可能，因此如果想对国家公权力进行限制，就必须接受来自社会的独立监督。[1]

（一）监督观念的转变

笔者以为一方面应该通过各种方式给监狱工作人员进行专题讲座，使得监狱工作人员认识到监狱得到社会的监督是有利于其顺利推进工作的；另一方面，应该建立监狱内部考核制度，以往监狱只要出了问题，不问缘由一概查管理者的责任，人天生就会趋利避害，为了维护自身利益，不得不隐瞒问题。所以必须积极转变监狱监管人员排斥监督的观念。

（二）在检察机关内部设立监督委员会

虽然依照我国法律，检察院已经被赋予了对监狱监督的职能，但一方面由于检察院派出人员与监狱行政人员共同办公可能会因为碍于情面问题，无法时刻将监督完全贯彻落实下去，[2]另一方面，在司法实践中，纠正违法意见书和检察建议书的有效落实往往有赖于被监管单位的自觉与检察机关的督促，缺乏刚性强制执行力和约束力。基于以上理由，检察院现有的监督方式有时不一定能起效，所以有必要在检察院内部设置一个监督委员会，该监督委员会直接对检察院检察长负责。该委员会除了有检察院内部人员的参与，还可以效仿英国独立监督委员会和我国的人民监督员制度，从社会各界中招聘热心于从事监狱刑罚执行监督的人员，对待监督委员会成员的招聘，一方面要严格审批其资格，审批来自社会的监督员被选人是否有过犯罪记录，是否与监狱有利益纠葛，等等。另一方面要赋予其充分的权力，允许他们随时进入监狱探查监狱情况和与服刑人员交流，且不受限制和监督，并要求他们及时将所了解的情况向监督委员会和检察院检察长报告，由上级机关对报告内容进行核实，如果存在服刑人员需要申诉，却无法申诉的，也可以通过监督委员会表达服刑人员的诉求，形成书面报告并经监督委员会和检察院审批后，及时将报告内容公布在网上，方便公众查询了解监狱内部真实情况。

（三）设立监狱监督局

就目前而言，我国监狱刑罚执行只接受检察院单方面的监督，与国外内

---

[1] 参见苏惠渔、孙万怀：《论国家刑权力》，北京大学出版社 2006 年版。

[2] 参见最高人民检察院"监狱监督制度比较研究"课题组："我国监狱监督制度存在的问题与完善"，载《法学》2011 年第 4 期。

部监督与外部监督相结合的执行监督体系相比，我国监狱的执行监督体系稍显逊色，监狱监督局与英国的皇家监狱督察院类似，对监狱以计划性检查为主，临时性检查为辅，其组成成员除了公务系统的成员，还应该包括卫生、心理方面的专家，该类专家最好能从高校聘请，因为高校老师相对公务系统体制内的工作人员而言更为独立，更能公平公正地做出决定；另一方面，高校老师都是接受过高等教育的，大多拥有博士学位，拥有足够的理论知识基础，高校老师的专业化水平是足以支撑最终报告的科学性和合理性的。监狱监督局可以按照计划定期派出队伍对监狱进行检查，由心理方面的专家对监狱服刑人员进行心理方面的审查和问卷调查，了解监狱内部的服刑人员的心理健康状况；由卫生方面的专家对监狱的卫生设施，服刑人员的身体状况进行检查，查看监狱卫生是否达标，是否保证能够避免疫情的发生以及狱警殴打服刑人员的情况；由监督局的局长或者副局长查看监狱的文件情况，看是否存在服刑人员想要申诉却无法申诉的情况。

# 美国监狱私营化及其争议

姜　敏 *

　　美国监狱是以公立监狱为主体、以私营监狱为辅助的二元化监狱刑罚执行主体架构，在美国的监狱体系中，私营监狱和公立监狱相辅相成、互为补充。新冠疫情暴发后，美国监狱内部也出现了感染病例，但是部分美国监狱工厂没有停工，反而加班加点生产，被媒体称为"奴隶工厂"，饱受争议的美国私营监狱再次被推上舆论的风口浪尖。研究美国私营监狱，分析美国监狱体制私营化实践过程中问题争议，有助于理性评价当代美国的行刑实践。

## 一、美国监狱私营化实践

### （一）监狱私营化是政府服务私营化最极端的体现

　　政府服务私营化是20世纪70年代末西方国家行政改革中出现的新事物，私营化通常被定义为部分或者整体地将公共职能、政府责任和资本资产由公共部门转移到私人部门的复杂过程。

　　监狱私营化是西方政府服务或公共服务私营化的实践中最极端的体现之一。监狱私营化是私营公司参与监狱的建设、管理和为监狱提供服务的现象与趋势。[1]完全由私营公司建造和管理的监狱称为私营监狱，如果私营机构仅仅根据合同，向监狱提供某些服务，或者给监狱的建设投入一定的资金等，则不能称之为私营监狱，不过所有这些都可以称为监狱私营化。

### （二）美国私营监狱发展及现状

　　美国私营监狱的运作是由政府制定私营监狱的相关政策，将监禁和矫正的业务交给专门的私营监狱公司管理，以外包合同的方式进行合作。

---

　　* 姜敏，山东政法学院警官学院副院长、讲师。
　　〔1〕 参见吴宗宪：《当代西方监狱学》，法律出版社2004年版，第777页。

1. 私营监狱公司成立，私营监狱数量快速增长

1983 年创办的美国管教公司（Correctional Corporation of America，CCA）被认为是美国监狱私营化的真正开端。美国管教公司（CCA）是短期拘留中、高防卫等级犯人的专业化私人管教公司，1984 年得到了接管田纳西州汉密尔顿县一座监狱的合同，这是美国政府首次将某监狱全部运转通过签约方式交由私人承包者经营。[1]

紧随 CCA 之后，美国私营监狱逐渐增多，越来越多的州政府部门也开始选择与私营监狱公司签约。根据美国司法统计局（Bureau of Justice Statistics）数据，1998 年的时候，全美只有五家私营监狱关押着 2000 名囚犯，2012 年，私营监狱的规模达到史上最大，有近 14 万囚犯被关押在私营监狱或拘留机构里，[2]美国 3/5 的州有私营监狱。

2. 私营监狱公司上市，并发展成大型跨国行业集团

美国私营监狱的定位是"犯罪外需型监狱"，与公立监狱相比，它们受到的约束相对较少，私营监狱可以在纽约证券交易所上市，甚至投资房地产市场。在美国私营监狱中，CCA 和 GEO 是最大的两家公司，CCA 已是美国私营监狱产业的领头羊，GEO 也占有美国私营监狱市场份额的三成以上。1994年，美国管教公司（CCA）在纽约股票市场上市。2011 年，CCA 实现收入 17.3 亿美元，纯利润 1.6 亿美元。在过去的 10 年里，CCA 的年收入平均每年增长将近 8000 万美元，《福布斯》杂志在 2007 年将 CCA 评选为 400 家"美国最优秀大公司"之一。[3]GEO 在英国、新西兰、南非建立了当地第一家私营监狱。

3. 美国政府和社会对私营监狱体制提出了短暂的质疑和反对

奥巴马上任后，从总体上私营监狱的数量仍然是上升趋势，但是由于私营监狱的问题层出不穷，联邦政府和各州政府都开始对监禁政策和监狱的运营做出反思和调整。奥巴马政府对美国的刑事司法制度进行改革，定期分批降低了大批非暴力犯人的徒刑，并计划减少私营监狱数量。2016 年 8 月，美

---

〔1〕 参见王廷惠："美国监狱私有化实践中的政府角色研究"，载《中国行政管理学会 2004 年年会暨"政府社会管理与公共服务"论文集》2004 年期。

〔2〕 参见"私营监狱：美国的'红顶生意'！"，载 http://inews.ifeng.com/49849770_ 1/news.shtml，最后访问日期：2020 年 11 月 20 日。

〔3〕 参见罗敏夏："私人监狱公司：靠囚犯也能挣钱"，载《南方周末》2012 年 8 月 30 日。

国司法部宣布将在联邦体系中逐步停用私营监狱的决定。[1]除了政府以外，整个社会在这一时期都开始重新审视私营监狱。2015 年，第 58 届美国总统民主党候选人希拉里和桑德斯都表达了反对使用私营监禁设施的想法，指出美国私营监狱使囚犯监禁成为私营公司的逐利工具。

4. 美国移民政策趋紧使私营监狱行业前景再次被看好

特朗普上台后，其政府加大逮捕和遣返非法移民力度，移民政策的趋紧加大了美国执法部门对拘留设施的需求，这为美国的私营监狱又带来了发展及盈利的"良机"，2017 年，特朗普政府下令废除奥巴马政府"减少并最终结束"使用私营监狱的政策，指示美国联邦监狱局恢复使用私营监狱，私营监狱行业前景再次被看好，私营监狱行业的公司股票价格飙升。[2]

## 二、美国监狱私营化的原因

美国监狱私营化最初是为了解决监狱拥挤问题，缓解政府财政困境，而西方社会大众推崇私有制的传统思维方式也促进了监狱私营化的发展。21 世纪后，在特殊利益集团的推动下，美国监狱私有化进程加快。

### （一）为了解决公共监狱体系危机

1. 罪犯激增，监狱拥挤问题加剧

罪犯激增，监狱拥挤问题加剧成为美国监狱体系最为头疼的问题之一，也成为私营监狱出现的直接原因，同时也是私营监狱不断发展的直接动力。20 世纪 60 年代以后，美国犯罪率持续攀升，再犯罪率居高不下，社会安全不断恶化，美国政府开始推行严打犯罪活动和严管罪犯的政策，这导致不仅罪犯监禁的数量增长，监禁的时间也更长，监狱人口急剧增加。1980 年至 2000 年间，美国监狱在押犯人数由 32 万急剧增加到 200 万，翻了将近 3 番。[3]美国 2/3 的州均遭遇非常严重的监狱拥挤不堪问题，几乎所有监狱均处于超负荷运转状态，监狱条件不断恶化，狱内骚乱、暴动频发。于是，法院要求 39个州必须限制其监狱人口，除非它们增加本州监狱容量。这些判决引起提前

---

〔1〕 参见陈小芳："美计划减少私营监狱数量"，载《法制日报》2016 年 8 月 29 日，第 4 版。

〔2〕 参见陈小芳："美司法部颁令恢复使用私营监狱"，载《法制日报》2017 年 2 月 27 日，第 4 版。

〔3〕 参见"大量例证表明美国自身存在严重侵犯人权问题"，载 http://news.sohu.com/20050304/n224530975.shtml，最后访问日期：2020 年 11 月 20 日。

释放囚犯的后果，这个做法又明显与推行的"强硬"犯罪政策背道而驰；再建新监狱，不仅花钱太多，纳税人反对，周期又太长，最主要是修建监狱的数量赶不上罪犯数量上升的速度。因此，为短期内快速获取监狱床位，迅速扩大监狱收押能力，尽快缓解监狱拥挤的现实矛盾，各州监狱私营化进程加快。

2. 监狱建设和运营费用日益增加，加剧政府财政危机

犯罪数量的不断上升引发了美国广泛的社会和现实问题，进一步加剧了政府的财政危机。根据美国司法统计局的数据，1971 年~1985 年间在州政府给予司法体系的财政支出中，除个别年份外，监狱建设的支出均在 70% 以上，其中 1972 年更是高达 75.1%。[1] 从 1980 年开始，监狱的运营成本也在逐年上升。

20 世纪 70 年代的两次石油危机、经济停滞等，使得美国财政面临着更加巨大的压力。监狱私营化在一定程度上直接缓解了政府财政困境，利用私营公司，大量削减了监狱建设费用，加快了设计、建造和运行新监狱的速度，增加了监狱床位，降低了劳动力费用和监狱运行费用，美国公共监狱体系危机得到了一定缓解。

（二）西方社会意识形态的影响

在美国民众眼里公共部门往往代表着低效率，在遇到问题需要解决的时候，社会大众更偏向于选择相信私营部门，从民众到政府都对私营部门有着更强烈的偏好，长此以往，对私营部门的选择成为一种理所当然的自然选择。"惩罚的私营化与新自由主义国家配置的核心要素是一致的"[2]，当美国监禁体系面临管理不善、财政困境、人员拥挤等种种问题时，监狱私营化成了理所当然的最佳选择，监狱管理便自然地被纳入到市场化改革的框架中。

（三）特殊利益集团推动

利益集团是指拥有共同利益或目标并在政治过程中采取集体行动的组织化群体，为实现和维护其目的利用自身拥有的资源最大限度地参与政治过程，

---

〔1〕 参见数据来自美国司法统计局网站：https://www.bjs.gov/content/pub/pdf/jee85.pdf，最后访问日期：2020 年 11 月 20 日。

〔2〕 Loïc Wacquant, *Punishing the poor: The Neoliberal Governance of Social Insecurit*, Duke University Press, 2009.

从而影响政府的公共政策，以实现组织成员利益的最大化。美国监狱私营化的直接动机并非单纯的降低运行成本，提高管理效率，在一定程度上也是政府在面对财政压力、资源短缺困境时，与利益集团相互博弈而产生的结果。

私营企业是监狱产业的最大受益者，也是积极推动监狱私营化的主力军。随着私人资本渗透到监狱产业和监狱领域，私营机构参与提供监狱公共服务的角色日益重要，私营监狱相关特殊利益集团形成并快速发展。在美国，监禁体系其实是一张庞大的利益网络，监狱是其连接点，就目前的监禁数量而言美国有超过226万囚犯，差不多每100个美国成年人中，就有1名是囚犯，已经形成了庞大的利益集团和利益网络推动着私营监狱的发展。利益集团对私营监狱政策的影响主要是通过政治献金、游说官员和制造舆论实现。[1]

在美国历史上，私营监狱公司在政治献金方面的投入曾高达3500万美元1年。2016年GEO集团为特朗普的就职典礼捐款25万美元。在大选中，该公司还给支持特朗普的超级行动委员会捐款22.5万美元。[2]CCA也为特朗普的就职典礼提供了25万美元捐款。在选举期间，私营监狱集团为候选人提供资金支持，选举结束后竞选成功者将通过各种政策导向和行为支持，为私营监狱谋取更多的利润。特朗普上台后，签署了加强移民执法的行政命令，美国私营监狱公司业务大幅增加。

（四）新公共管理理论的发展

传统的公共管理以过程为中心，强调集中管理、科层和封闭组织的作用。新公共管理强调竞争的重要意义，包括公共部门内部围绕获取合同展开的竞争以及公共部门与私人部门之间的竞争，注重引入竞争机制，关注弹性和经济现实，员工报酬与其绩效挂钩。[3]

新公共管理理论强调通过竞争的方式提高公共服务的供给效率，监狱私营化正是新公共管理理论在监狱管理领域的具体实践。美国监狱私营化便是新公共管理理论思想及其工具的具体应用，通过签约外包，实现监狱私营化，

---

〔1〕 参见刘卿："论利益集团对美国气候政策制定的影响"，载《国际问题研究》2010年第3期。

〔2〕 参见陈小方："美司法部颁令恢复使用私营监狱"，载《法制日报》2017年7月27日，第4版。

〔3〕 参见王廷惠：《美国监狱私有化研究——私人部门参与提供公共服务分析》，中山大学出版社2011年版，第62页。

并实现控制监狱运行成本，提高监狱管理效率的目标。

## 三、美国监狱私营化实践过程存在的争议

美国私营监狱的出现，在一定程度上缓解了美国公立监狱由于囚犯数量众多而造成的空间不足、拥挤等问题，私营监狱作为公立监狱的必要补充表现出它的存在价值。但美国监狱私营化实践过程中，一直存在争论，主要集中在法律的、经济的、质量的等方面问题。

### （一）私营监狱合法性问题

刑罚依据法律对受刑人一定权益进行限制和剥夺，使其承受一定痛苦。监狱的刑罚执行和日常管理本是政府的职责，私营公司代替政府行使此公共职能是否合法？这是监狱私营化争论中的一个核心问题。

反对者认为行使监狱管理职责具有明显的公权力性质，是不可转让的，监狱关涉的乃是国家刑罚与个人自由，私营监狱的存在不能保证惩罚的合法性，把公权力签约授权给私营公司的行为，是政府的失职、违宪和违法行为。

为推动监狱私营化，美国联邦和各州制定法律同意其政府把矫正职能委托给私人承包者，以法律授权形式，使私营监狱合法化。从监狱私营化的实践看，联邦和各州的做法主要有两种，一是按照法律的授权，政府和私营部门签订经营监狱的契约，将监狱管理权完全移交给私营部门，政府只是监管者。私营监狱在政府的监管下完全履行政府监狱所享有的监狱管理权。并取得政府购买服务的资金，这是政府购买服务模式。二是政府部分授权给私营监狱。政府将监狱管理权分解，以签订合同的方式授权给私营监狱，私营机构只能按照授权范围执行政府职能，履行政府义务。但是，依然有研究者认为，允许私营公司控制监狱是把监狱从完整的司法系统割裂出来，所以，即使法律予以授权，也是个不合法的政府授权。

### （二）政府的法律责任问题

在美国监狱私营化实践进程中，许多州政府准备把法律责任与监狱管理一起委托给私营公司，通过法律授权形式，政府将管理监狱的部分职能、甚至全部职能签约授权给私营公司。但美国的人权法案规定，私营部门可以管理监禁机构，但政府对服刑人员负有最终监管责任，也就是说，不管哪种形式的监狱私营化，政府都是最终的责任承担者。所以，有学者认为，从某个

方面说，政府充当着私营监狱的"安全网"，私营监狱出现违法行为，或经营不善出现财务危机，或宣布破产，或管理混乱出现监狱暴乱等严重社会问题时，政府都将是问题解决者和最终的责任承担者。

（三）监狱的刑罚目的问题

监狱刑罚和教育改造的目的是尽量降低犯罪率，维护社会稳定，但私营监狱获益于惩罚犯法者，私营公司从更多的罪犯、更重的处罚和更多的监狱中获取更多利润。美国非营利组织公平战略项目主任朱蒂·格林曾说，美国私营监狱的"生命之泉"就是让监狱和拘留所人满为患。因此，反对者认为私营公司偏重追求盈利动机，而忽视监禁目的；在逐利动机下，私营监狱缺乏激励为服刑人员提供更多改过自新的机会，私营公司倾向于最大程度增加监狱、增加服刑人员数量、延长服刑人员的服刑时间。

（四）服刑人员的权利保障问题

监狱私营化的支持者认为公共监狱和私营监狱都有可能发生利用和虐待服刑人员的问题，但在一定程度上，首先，私人监狱更愿意采用措施保障服刑人员的基本权利。因为服刑人员对私营监狱管理人员有更多的法律诉讼途径和方法；其次，虐待服刑人员只会引发怨恨和仇视，增加监狱管理的难度和成本；最后，私营监狱在合同约束下，也会避免产生不利于续签的问题。

但在监狱私营化实践中，政府将管教服刑人员的职责通过合同方式授权给私营公司，私营公司可以依法剥削服刑人员的劳动，私营公司基于利润动机经营监狱，为追求利润，也许会牺牲服刑人员的权利和福利，降低监狱机构提供的服务质量。所以，工会和一些社会机构主张取消私营监狱，强调矫正罪犯的职责非政府莫属。

（五）私营监狱的运行成本问题

赞同监狱私营化的人认为，私营监狱能做公立监狱所做的相同工作，而且可以降低成本。私营公司声称，私营监狱降低成本的主要思路是控制人工成本，具体措施一是利用现代管理技术，更有效的管理员工，激励员工的士气和工作积极性；二是减少雇佣员工、降低员工工资或削减员工福利待遇。因为私营监狱雇员不受公务员规则和成本高昂的工会合同的限制，通过降低人工成本，私营企业可以节约监狱经营费用的10%~20%。另一个降低监狱运行成本的理由是，私营监狱的采购程序更灵活，不受制于繁琐而严格的政府采购程序，可以维持较低的库存量，从而减少浪费，更有效和更灵活的采购方式极大地降低运转费用。监狱私营化的支持者还认为相对于公共垄断部门而言，私营机构需要承担的财务风险更大，这也激励其关注成本控制。

反对者则称从政府的角度来说，私营监狱并没有体现出其节约成本的优势。1996年"美国国会审计总署"（General Accounting Office）进行广泛公开的调查后，得出结论认为：没有任何确切的证据可以证明私营监狱比公立监狱便宜很多，私营监狱并无成本优势。反对监狱私营化的人们指出，政府通过与私营部门签约方式经营和管理监狱的成本更高。私营监狱运行，政府将产生大量隐藏费用，如签约必然产生的契约成本和交易费用；对私营监狱的监督费用；在不寻常的情况下可能自然增加的费用，如私营监狱公司破产；用于紧急事件的维护公共服务，如暴乱、火灾和天灾；给私营公司和它们的投资者的税务利益等。反对者还指出，合同到期后，政府通常还会支付更高的成本，包括失业、重新培训替代性政府雇员等问题。

（六）私营监狱的服务质量与效率

私营监狱经营机构宣称，它们能比政府部门更低廉地运行监狱，而且同时它们能提供质量更高的服务。私营监狱多数为新建监狱，监狱的硬件设施比较完善、先进，私营监狱往往更愿采用新的监管技术以提升监狱管理的整体技术装备水平和管理绩效。因此，支持者认为私营监狱的管理效率和服务质量应该能够与公共监狱水平相同，或者更好。支持者根据几个研究项目成果分析得出，私营监狱在服刑人员身体状况、监狱维修保养、一些服务项目和服务程序上都比公共监狱有所改进。

私营化反对者则认为，有关私营监狱与公共监狱的比较研究存在严重缺陷，尤其在内容设计、服务项目、研究程序、对象选择和研究范围等方面缺乏科学性，因此研究得出的结果也不具有信服力。而且，私营机构签订合同时会出现"挑肥拣瘦"现象，挑选走"最好"的犯人，而把"最差的"犯人留给公立监狱，这样私营监狱在与公立监狱比较中就会显得更好一些。事实上，私营监狱为了能够赚取更多的利润，会降低监狱服务质量，私营监狱通常缺乏身心康复服务，医疗保健极其糟糕，服刑人员福利普遍较低，在罪犯矫治方面积极性也不高。更多事实显示，私营监狱在追求更高利润的过程中，产生了一系列问题，例如监狱暴乱方面的问题，控制方面的问题，自杀预防方面的问题等。

　　美国等西方国家推行公共服务私营化是为改善当时公共服务的低效低质、降低公民对政府的不满并提高满意度而进行的，美国监狱私营化产生有其必然性和合理性，是公共服务私营化最极端的例子。但是，监狱与其他公共服务部门相比有其特殊性，美国监狱私营化的产生与发展还与美国社会状况、政府政策以及意识形态等多方面有关。虽然私营监狱已是美国监狱刑罚执行体系中的重要组成部分，但通过美国的行刑实践效果也不难得出私营监狱并不是美国公共监狱体系危机的救赎，相反，私营监狱反而在一定程度上成为政府的掣肘，例如，政府被要求保障私营监狱的入住率，入住率达不到合同要求，就需要支付一笔费用，如果私营监狱公司资金周转不灵，面临破产，政府需要无条件购回监狱。因此，监狱私营化对美国的行刑实践的影响和效果确实需要争论和质疑。

# 第三编

# 监狱改造

# 我国监狱罪犯改造问题研究

*廖玉梅* *

## 一、我国监狱罪犯改造现状

### (一) 我国监狱和罪犯的数量

在我国，官方并没有对监狱机关的具体数据进行过较多的公布，唯有两次提及监狱具体数量的，都是在司法部工作人员年会和工作会议上所做的发言中：一次是 2004 年 10 月 25 日，在北京举行的国际矫正与监狱协会第六届年会中，中国司法部副部长范方平在致辞时指出，目前中国共有监狱 670 多所，在押罪犯 150 多万名；另一次是十一届全国人大常委会第二十六次会议上司法部负责人公布的，中国监狱数量为 681 所、在押犯人数量为 164 万人、在职的监狱警察数量为 30 万人，这组数据也是《中华人民共和国监狱法》实施后中国监狱工作的具体情况。[1]从这两组数据最后那个可以看出，我国监狱数量和在押罪犯的数量在整体上趋于一种较为平稳的状态。

### (二) 我国监狱罪犯改造工作取得的成果

一直以来，党中央和国务院都高度重视我国的监狱工作进展，中央领导不仅多次对监狱工作作出重要的指示批示，还多次在全国监狱工作会议上作出重要讲话并高度肯定了监狱工作的改革发展中所取得的成就。

近十年来，我国监狱系统对罪犯的文化和教育改造工作取得了喜人的成绩：全国监狱系统共完成了约 160 万名罪犯的扫盲和义务教育，罪犯中约有280 万人次获得文化结业证书或毕业证书、240 万人次获得技术合格或等级证

---

* 廖玉梅，上海政法学院 2019 级刑法学研究生。

〔1〕 参见问答网："中国现在有多少犯人"，载 https://wenda.so.com/q/1459363182723300，最后访问日期：2020 年 10 月 24 日。

书，罪犯在生产中完成技术革新项目和发明创造项目上万项，监狱新入监罪犯测试率、罪犯心理健康教育普及率、出监罪犯评估率均达到98%，罪犯刑满时获得普法教育合格证的达95%，取得职业技术证书的罪犯达到参加总数的75%，罪犯守法守规率达90%以上，顽危犯转化率达70%以上。[1]

我国虽是世界上关押罪犯最多的国家之一，但同时也是世界各国监狱罪犯刑释后重新犯罪率最低的国家之一，且重新犯罪率一直保持在6%~8%之间的较低水平。

## 二、我国监狱罪犯改造中存在的问题及原因

### （一）劳动改造中偏重经济效益，对改造价值重视不足

劳动改造是我国监狱依据劳动对人的影响作用而创设出来的改造方式和手段，在以往的监狱改造工作中取得了较大的成效，并且成为我国现行监狱改造罪犯的基本手段之一，具有重要的价值意义。监狱机关通过体力劳动的方式，既惩罚了罪犯，又在劳动的过程中消磨掉罪犯好逸恶劳、不劳而获的错误思想，矫正恶习、培养和提高罪犯的劳动生产能力，使之顺利进行再社会化。

然而，部分监狱在对罪犯进行劳动改造的过程中过于重视经济效益，忽视了劳动改造对监狱罪犯所带来的改造作用。从现行多数的监狱组织在管理罪犯劳动的过程来看，监狱罪犯被当作从事生产的普通工人，劳动被当作创造经济效益的手段，以监狱生产取代劳动改造，以监狱生产管理模式取代劳动改造管理模式，将盈利作为罪犯劳动的目标取向，淡化和扭曲了罪犯劳动的性质和职能。[2]

究其原因，这主要与我国监狱对罪犯劳动改造的职能定位不够明确和受以往监企合一的监狱经济体制影响有关。其一，在劳动改造的职能定位中，监狱忽视了劳动对罪犯所带来的矫正恶习、培养劳动习惯和提高劳动技能的改造价值，将劳动所带来的经济生产价值凌驾于改造价值之上。其二，虽然

---

[1] 参见李豫黔："中国监狱改革发展40周年回顾与思考（中）"，载《犯罪与改造研究》2019年第2期。

[2] 参见陈晓丹："我国监狱罪犯改造手段中存在的问题与对策"，云南大学2011年硕士学位论文。

2003年，我国监狱开始"监企分开"的监狱体制改革试点，2004年确立了"全额保障、监企分开、收支分开、规范运行"的改革目标，由中央按标准财政保障监狱经费支出，实行监狱生产收入与监狱经费支出分开管理。但对监狱这个庞大的运行机关来说，按标准财政来保障监狱的经费支出往往是不够的，而且监狱主管部门又常以监狱的生产经济指标来作为衡量和考核监狱工作好坏的标准。所以为了改善监狱里的监管改造设施，提高监狱干警和罪犯的工作条件和生活条件，提升整个监狱的总体发展水平，许多监狱都不得不全力发展监狱的经济生产。

（二）职业技能教育内容单一且技术含量低

监狱罪犯的职业技术教育归属于教育改造手段中的内容，其目的是培养监狱罪犯的职业技能，使之能够在今后回归社会之时有一技之长，能够依靠自己的职业技能去生存和就业。大部分监狱对罪犯的职业技能教育都是以劳动实训的方式展开的，通过组织罪犯进行生产劳动，使之在劳动生产的过程中形成职业技能。

然而，目前我国监狱在对罪犯的职业技能教育上处于内容单一且技术含量低，缺乏高、精、尖技术的职业技能培训的现状。其一，监狱对罪犯的职业技能教育多以服装和电子加工业为主，这种简单的劳务加工业的职业技能教育并未能提高监狱罪犯的劳动技能，也未能对刑满释放回归社会的人员在就业上带来较大的帮助。其二，在监狱的封闭环境中，罪犯对外界社会的人才类型需求和职业技能需求的变化并不了解，所以在监狱里选择职业技能的学习通常是带有盲目性的。

而这种现状主要是这几个原因造成的：（1）监狱本身的特点是封闭、监管严密，不适合需要较大流通场地的职业技能的教育和培养；（2）监狱内部关押的罪犯刑期长短不一致，人员结构复杂，不利于需要时间较长的职业技能教育工作的展开；（3）监狱罪犯中多数人的科学文化水平不高，对一些高精尖的、复杂的职业技能学习和掌握具有较大的困难；（4）监狱经费有限，很难依据罪犯的兴趣爱好和需要去设置一些资源消耗比较大的职业技能培训项目，而只能根据监狱已有的场地和条件去设置职能培训项目让罪犯学习。[1]

---

〔1〕 参见陈晓丹："我国监狱罪犯改造手段中存在的问题与对策"，云南大学2011年硕士学位论文。

（三）罪犯心理矫治教育工作存在不足

在现代文明下，我国监狱罪犯改造工作已经不再局限于对罪犯的外在行为改造，开始注重对罪犯的内在心理意识的矫正改造，并展开对罪犯心理健康的教育工作。

然而，监狱对罪犯心理矫治和心理健康教育的效果并不理想，仍然存在着对罪犯的心理矫正教育工作不够深入以及心理矫治教育手段较为单一的问题。监狱对罪犯的心理矫正教育仍停留在表面，未能及时发现和矫正罪犯内心深处潜在的消极心理意识，也容易忽视对罪犯心理积极因素的引导和发扬。开展心理矫治教育的工作内容停留在口头咨询和简单的心理测试，后续性的治疗方案欠缺。

而导致上述问题出现的主要原因有两个方面：（1）监狱内部缺乏专攻罪犯心理学的人才，缺乏一批具有心理学理论基础、心理教育检验和心理测试、心理矫治临床经验的监狱工作者。现在在监狱中负责从事罪犯心理矫治和健康教育工作的人员，大部分都是没有接受过专门、系统培训的非专业人士。在面对一些比较复杂、疑难的罪犯心理状况时，他们无法立即作出具体科学有效的解决方案，且对罪犯后续性的心理治疗工作也跟不上；（2）监狱内缺乏对罪犯进行心理实验和治疗仪器的相应配套硬件设施。缺乏相应的硬件设施配套的帮助，容易使罪犯的矫正治疗的效果大打折扣。

（四）对文化改造工作的混淆与忽视

文化对人具有潜移默化的教化作用，能对人的意识形态产生重要影响。在罪犯改造教育中，中国传统的优秀文化具有以文化人的功能，文化自信是罪犯改造的支点，通过监狱的文化教化、文化培育、文化管理和文化渗透，可以让文化的精髓深入到罪犯的灵魂深处，化为内在的精神支柱，从根本上征服罪犯。[1]

然而，在实际的监狱改造工作中，文化改造工作却一直不能得到很好的成效，其地位也未能得到很好的重视。在一些监狱中，常常将文化改造与其他改造手段相混淆，以政治改造和教育改造替代了文化改造的工作，未能很好地将文化改造工作落实到位，从而未能使得文化改造发挥出其应有作用。

---

〔1〕 参见连春亮："'五大改造'的价值解读"，载《犯罪与改造研究》2019年第7期。

而导致该问题的产生，主要有这几方面的原因：（1）监狱工作者对文化改造与政治改造在内容上的片面性认识。政治改造的内容主要为政治领域，而文化改造的内容不仅限于政治领域的成果，还包括了经济、艺术创作等其他领域的文化成果，文化改造的内容应是多方面的；（2）监狱工作者对文化改造与教育改造两者产生混淆，以教育改造替代了文化改造的工作。由于教育改造和文化改造，都是以文化知识为载体，因此很多监狱工作者就混淆了文化改造与教育改造之间的关系，产生文化改造与教育改造是同一种改造手段的错觉，进而出现以教育改造工作替代文化改造工作的现象；（3）监狱内罪犯接受文化改造的机会和时间较少。因受监狱工作管理模式的影响，监狱内在押罪犯每天安排在劳动改造和教育改造上的时间较长，而安排在文化改造上的时间则较少，从而使得文化改造的作用得不到发挥。

### 三、改进我国监狱罪犯改造工作的对策和建议

（一）明确劳动改造的职能定位，注重监狱劳动的改造价值

明确劳动改造的职能定位，是解决劳动改造中存在的注重经济价值、忽视改造价值问题的关键。通过以劳动的方式改造罪犯，使之在劳动中消磨掉好逸恶劳、不劳而获的错误思想，培养其劳动生产能力和感受劳动生产成果收获的幸福感，使之顺利进行再社会化。要实现这个目标可以从这几个方面入手：（1）转变监狱和监狱干警对劳动改造价值观念的认识，使之认识到监狱劳动的主要职能是对罪犯进行改造，并非经济生产，劳动改造是罪犯改造工作的一种手段而不应是监狱经济创收的工具；（2）改变监狱主管部门以监狱的生产经济指标来衡量和考核监狱工作好坏的标准，建立以罪犯劳动技能的学习掌握、罪犯进行劳动的积极性和罪犯刑满释放后劳动就业再社会化效果等指标来综合衡量和考核监狱工作的好坏；（3）推进监企分开、监狱收支分离体制改革，规范管理监狱劳动改造过程中劳动生产所带来的经济收入，完善监狱财务审批机制；（4）建立和完善罪犯劳动改造的激励机制，通过奖惩的方式来提高罪犯在劳动改造中的积极性，体会劳动成果带来的成就感和满足感，从而大大提高劳动改造的工作效果。

（二）提高职业技能培养水平，保障监狱罪犯职业技能培训经费

针对我国监狱罪犯职业技能教育存在的内容单一且技术含量低的问题，

可以从这几个方面进行解决：（1）提高负责教育罪犯职业技能的监狱工作者的技术水平，只有教育者本身具备过硬的技术水平，被教育者也才能从中学到真正的本领；（2）尊重监狱罪犯的学习意愿，让他们最大程度地选择自己想学习的职业技能，兴趣是最好的老师，所以让罪犯学习自己感兴趣的职业技能能起到一种事半功倍的效果；（3）保障监狱罪犯的职业技能培训经费，任何工作的开展都需要经费的支持，只有在经费得到保障的情况下，才能顺利进行。根据《中华人民共和国监狱法》第 66 条的规定："罪犯的文化和职业技术教育，应当列入所在地区教育计划……"。首先，监狱可以根据法律规定，争取地方教育资源的支持，将罪犯的职业技能培训经费纳入到城市的整体教育经费中去。其次，监狱可以积极向社会上的组织和慈善机构求助，或许社会力量对监狱工作的捐赠和支持，弥补经费不足的问题。最后，建立职业技能培训专项基金，专门用于开展职业技能培训的开支。[1]

（三）积极引进心理矫治教育专业人才和探索新型心理矫治方法

从目前我国监狱在罪犯心理矫治教育工作上存在的诸多问题来看，问题出现的根本原因在于监狱内专门负责罪犯心理矫治教育工作的专业人才缺失。因此，在监狱内引进专业心理学人才很有必要。可以从改善监狱工作者的工作环境、提升监狱工作者的福利待遇等方面，吸引更多的心理学专业人才投身于监狱工作中来。同时还可以将监狱现有的心理矫治教育工作者送去进修深造，使之从心理矫治教育业余人士转变为专业人才，更好地为监狱罪犯的心理问题提供帮助。另外，积极探索和引进新的心理矫治方法也是解决监狱罪犯心理矫治教育工作问题的关键。积极有效的心理矫治方法有利于引导罪犯培养希望心理。[2]例如美国部分监狱引进的"动物陪伴法"，就属于新型心理矫治方法中的一种。通过动物的陪伴，引导罪犯内心深处的积极心理因素。除此之外，我国监狱还可以积极引进美术矫治法、音乐矫治法、生物矫治法等各种心理矫治法来培养罪犯的希望心理。

---

〔1〕参见袁雅静："罪犯职业技能培训的研究——以 S 市 F 监狱为例"，华东政法大学 2019 年硕士学位论文。

〔2〕希望心理，是指人为了适应社会发展需要和个性发展需要而不断奋发向上的心理品质。希望心理是人发展的"原动力"，是一种激励人们不断进取的"前导性"力量，能够为人的未来发展提示种种新的可能性。

（四）明确文化改造的价值意义，保障罪犯接受文化改造的权益

要想提升文化改造在我国监狱罪犯改造工作中的作用和地位，则可以从这几个方面着手：（1）定期性对监狱干警进行职业培训和文化培训，不断提升监狱干警的职业技能和文化素养。监狱干警作为监狱罪犯文化改造工作的主体，理应对文化改造工作的内容和价值具有深刻的认识和准确的把握，厘清文化改造与政治改造、教育改造之间的区别；（2）合理安排监狱罪犯在各个改造工作中的参与时间，保障罪犯接受文化改造的机会和时长。监狱工作者应重视文化改造的作用和价值，将文化改造工作贯彻落实到监狱罪犯改造的全过程；（3）营造良好的文化改造环境，提升罪犯接受文化改造的积极性。监狱文化改造工作不能仅仅依靠监狱干警的口头讲授，还应积极营造一个良好的文化氛围，将文化元素潜移默化的影响到罪犯的思想之中，从而影响罪犯的主观意识世界。文化改造工作可以通过多种形式开展，例如知识竞答、主题征文、演讲比赛、影视表演等方式，同时充分发挥电视、广播、报纸、橱窗、宣传栏、黑板报等多种宣传方式，提升监狱罪犯接受文化改造的积极性。

# 区块链技术与现代监狱指挥中心重构

王传敏　沈　昆　李子熙 *

2019 年 10 月 24 日，习近平在中共中央政治局集体学习时强调，要利用区块链技术"为人民群众提供更加智能、更加便捷、更加优质的公共服务"。换言之，在推进国家治理体系现代化背景下，应当利用区块链技术发挥治理效能，提高国家治理能力。2020 年 4 月 20 日，国家发改委发布的"新基建"范围，区块链被正式纳入其中。

在区块链技术应用前，政府部门之间、部门内部因共享数据存在安全隐患，难以达成互信，其数据、信息相对封闭，缺乏互联互通和全局性统筹考虑，政府内部事务处理效能、服务民众的办事效率难以显著提升。以监狱指挥中心为例，指挥中心本应是监狱的中枢机构，横向来说，对内要贯通各基础业务数据信道，对外要成为连接公检法司等机关等单位的枢纽；纵向来说，要连接"天线"即监狱上级管理部门，接通"地线"即监狱下辖各监区（部门）。上述业务的开展都需要以罪犯服刑期间各项表现、民警执法行为、教育生产改造等基础业务数据作为支撑。而区块链技术在该领域的深度融合应用，恰恰可以通过促成互信、数据真实、难以篡改、加密算法等特性，提升数据的共享性、安全性。

## 一、区块链技术的基本阐述

何谓区块链？简单来说它由两部分组成：区块和链。区块是包含特定信息的数据包，这些数据包在虚拟空间形态上依据时间推移呈现出链条式分布，因此得名区块链。区块链是分布式数据存储、点对点传输、共识机制、加密算

---

* 王传敏，江苏省司法警官高等学校政委、党委副书记，副研究员；沈昆，南京市大连山强制隔离戒毒所政治处副科长，四级警长；李子熙，江苏省金陵监狱十八监区四级警长。

法等计算机技术的新型应用模式，本质上是一个去中心化的体系结构。[1]区块链技术也被称为分布式账本技术，是一种开放共享的互联网数据库技术，主要有如下四个特点：

（一）去中心化

去中心化是区块链技术的核心价值，它实现了数据存储的分散化。以银行存钱为例，个人存款进入银行账户，银行再匹配贷款企业或个人，这种中心化的交易行为存在交易流转时间长、效率低、成本高、信息不对称等诸多问题。而区块链去中心化的特点让交易行为绕过第三方，降低了中介交易成本，每当发生数据变化，链上所有节点的数据都会随之更新，数据上传和读取的双方可以实现点对点交易和互动，提高了办事效率。同时避免"中心化机构"因失误造成的种种不良后果，如系统宕机、个人信息泄露等。

（二）匿名性

匿名性指的是个人在去个性化的群体中隐藏自己个性的一种现象。[2]区块链的匿名性是运用哈希运算、非对称加密等密码学手段，在实现数据完全开放的前提下，保护个人交易隐私。例如，在区块链网络上购物，卖家只能看到一串字符代表的收货地址和身份信息，杜绝了全部信息暴露的风险。虽然匿名，但由于节点之间的数据交换遵循固定的运算法则，区块链的程序规则可以自行判断行为是否真实有效，因此交易双方无须通过公开身份的方式让对方产生信任。此外，区块链的匿名特征，也为投诉举报提供了安全保护，不用担心被打击报复。

（三）不可篡改

区块链存储的数据严格按顺序排队形成一条"链"，如果有人试图改变某一区块的内容，该区块的特征将会发生变化，会对后面的区块造成影响，破坏链的稳定。当然，不可篡改是相对的，区块链技术中有一个51%攻击法则，若某个区块使用者试图更改数据，则需要链式结构51%以上的数据节点同意，区块链的历史记录才可以更改。所以，某个节点试图篡改数据将很难实现，

---

〔1〕 参见张铮文、朱立："一种区块链之间的跨链互操作方法"，载 http://epub.cnipa.gov.cn/Sw/Swdetail，最后访问日期：2023 年 10 月 30 日。

〔2〕 参见李喜华："网络事件的心理学分析——以华南虎照片事件的网络舆论分析为例"，华中科技大学 2009 年硕士学位论文。

因为这项工作的成本是极其高昂的。正因如此，区块链能确保数据的完整性、真实性和安全性。

（四）开放性

除了交易各方的私有信息被加密外，任何人都可以通过区块链的公开接口查询数据信息，这是区块链系统值得信任的基础。由于区块链系统使用开源的程序、开放的规则及其高参与度，区块链的数据记录和运行规则可以被全网节点审查、追溯，具有很高的透明度。[1]可追溯性是开放性的一个重要特征，由于区块链信息依据时间顺序排序，这就可以通过链式结构追溯到信息根源，向前查找原因，假疫苗、毒奶粉、减刑假释"走后门"等事件发生的概率将大大降低。

## 二、区块链技术于当前监狱指挥中心的影响

当前，监狱指挥中心承担着指挥调度、信息收集、研判分析、反应决策等多重职能，存在职能定位模糊、信息收集滞后、信息共享欠缺等问题。区块链技术若能与智慧监狱指挥中心建设深度融合，将推动现代监狱朝着科学化、信息化、智能化方向发展。

（一）区块链技术使得数据可以实时共享

监狱指挥中心职能与"数据共享"这一信息化理念格格不入的是：一是管理权限不够。指挥中心只负责押犯人数异动等显性数据的记载，各基础业务数据的管理权限不在指挥中心。二是数据录入流程单调。单个用户只能向指挥中心汇报，由指挥中心汇总发布，数据共享的时效性差。三是数据结构化欠缺。限于软件开发工具的"暗盒设计"以及各部门数据开放权限，指挥中心只能调取碎片化、显性化数据。利用区块链技术，在数据共享方面可以实现以下三个转变：

1. 由点对点向点对面转变。出现狱情时，相关信息均能在极短时间内自行上传至链上所有区块，实现全网数据同步，无须经过层层汇报，这也将间接避免瞒报、漏报现象发生。根据舆情等级，特警队、职能科室、监区等各单元都能够即时自动获取情报，随时做好应急处突准备。这就极大地缓解了

---

〔1〕 参见申屠晓明："传媒行业区块链应用模式与技术方案解析"，载《传媒评论》2018年第4期。

指挥中心的工作压力、释放了警力，指挥中心可以站在全局高度专注于统筹协调、科学高效解决狱情。

2. 由单方主导向多方参与转变。由于数据库开发工具以及权限设置问题，监狱民警信息、罪犯信息分别掌握在政治处、狱政科、刑罚执行科等多个部门。发生重大狱情时，指挥中心内部信息搜集汇总耗费时间，统筹协调程序繁琐。区块链技术恰恰解决了上述问题，只要通过权限管理和加密算法，数据共享便成为可能，这将极大地提高指挥中心的工作效率，实现高效协同办公。

3. 由"可用可见"向"可用不可见"转变。近年来，公民保护个人隐私的意识愈发觉醒，区块链从技术层面较好地解决了这一隐忧。例如，监狱会见登记系统未与公安户籍系统联网，会见部门无法判断来者是否符合会见条件，而来访者为了证明身份，需要携带身份证、户口本、结婚证（离婚证）等证件，除了个人隐私无法保障，也有证件作假的可能。使用区块链技术，来访者将身份信息通过应用程序上传后，会见登记系统通过密码学算法可自行判断是否满足接见条件，监狱工作人员接触不到会见者具体资料，从而实现了数据的可用不可见。

（二）区块链技术使得数据更加公开透明

传统中心化的数据结构决定了各行业存在数据孤岛现象。一是出于商业目的，数据的潜在价值关乎行业利益，各行业核心数据不可能轻易共享；二是出于隐私安全，公民对隐私数据高度敏感，此类数据不可能随意共享；三是软硬件设施不配套，各行业有各自的数据标准和接口要求，数据互联互通难以实现。

一方面，不可篡改决定了数据的公开透明。个体产生的信息均自动上传至链上，只要"留痕"，就一直存在且不能轻易删除和篡改。这对于类似减刑假释、外出就诊、暂予监外执行等执法行为尤为重要，指挥中心可以通过区块链技术全程监督执法流程，促进执法规范化和公开透明。且由于链式结构的特殊性，每个区块本身需要保持数据的一致性，都能回溯调阅历史信息，可确保全流程的透明性。另一方面，公开透明与隐私保护并不冲突。在区块链的世界，每一个个体身份都用一串字符来签注，即便所有行为都上链公开，但谁也无法将其与现实中真实个体进行一一对应。以假释、保外就医罪犯为例，其离开监狱的一切行为，购物、乘车、就医等，监狱指挥中心都可以通过身份定位设备和区块链相连接，对上述行踪做到了如指掌，防止发生脱管失控问题，实现透明化。然而这些信息又是通过加密方式上传，指挥中心拥有"私钥"才能查看。因此，区块链实现了公开透明和隐私保护，且两者互不矛盾。

（三）区块链技术使得数据来源更加丰富

将区块链技术应用于监狱指挥中心数据采集方面，利用智能合约实现数据存储的自动执行，并对加入区块链的原始数据添加行为个体和时间标记，从而证明了数据的真实可靠，丰富了数据来源，数据集成过程更加便捷高效。

1. 各节点不断完善区块链数据库。利用区块链技术，将视频监控、亲情电话、亲情会见、协同办公等多个平台功能进行整合，实现对各业务系统数据的统一汇聚、统一访问以及统一管控。通过建立数字身份认证系统，实现对民警执法行为的有效监督。每名罪犯服刑期间的行为表现、情绪变化、身体状况、计分考核等一切数据，将以时间顺序实时上传至区块链数据库，以此实现区块链数据库的不断完善和实时更新。

2. 区块链数据库反哺各节点用户。当区块链数据库搭建完成，便可为用户提供全面、透明、即时的数据服务。如，某罪犯拨打亲情电话时得知母亲病重，情绪低落、神情恍惚。管教民警仅通过电话监听无法判断事情真伪。而通过监狱指挥中心申请和授权，经区块链接入医保大数据平台进行查询，便可了解该罪犯母亲患病情况是否属实，包括家庭收入、就医诊断等信息均可有效获取，从而可以针对性地做好相关教育引导及安全管控，防止发生意外。

3. 区块链技术确保了数据来源的真实可靠。区块链备受追捧的原因之一在于数据安全，具备数据透明、不可篡改的特性。当前，虽然区块链在商业应用方面仍存在诸多有待依靠技术进步、法律法规完善等不断解决的问题，但在司法行政、不动产、身份管理等政务场景中，恰恰回避了区块链的短板：一方面，政务信息本身来源就相对真实可靠；另一方面，区块链不可篡改也倒逼公务人员不断提高工作的严谨细致程度，防止上链数据出现差错，造成不可逆转的后果。

（四）区块链技术使得管理科层趋于扁平化

区块链技术的应用使得金字塔式的高长形组织结构趋于扁平化，有效提高指挥管理效率。点对点传输方式改变了既有官僚体制的"层级节制",管理科层扁平化表面看似是组织结构与层级的改变,深层次则意味着指挥中心职能的重构和管理效率的提升。

1. 扁平化结构有助于提高处置效率。快速反应是指挥中心的第一准则和要求,能否快速集成分析信息并作出科学研判,是防范和化解危机的关键。区块链技术使得指挥结构由"树状"变为"网状",为精简监狱科层结构、实现扁平化管理提供了技术支持。以罪犯脱逃为例,一旦发生,当事节点可以通过区块链预警程序发出警报,实现狱内全链"通知","通知"的不仅是事件本身,罪犯相貌特征、身份信息、刑期情况、服刑表现等一系列数据均能第一时间通过授权实现全链共享,为危机处置赢得时间。

2. 扁平化结构有助于实现精准管理。就当前指挥中心职能而言,存在定位模糊、信息资源交互不畅、部门协作存在瓶颈等问题。依托区块链,借助云计算、物联网等技术,一方面,改变传统监狱体制中的科层结构,将科室部分职能向指挥中心归拢,使指挥中心真正成为监狱中枢大脑;另一方面,打破民警在罪犯管理中的思维桎梏,逐步实现差异化、个性化的"锚向性"精准管理,让管理和服务更具"匹配性"。

3. 扁平化结构有助于实现平等参与。科层制结构是建立在专业、职能分工的基础上,上下级、各部门之间界限分明。而扁平化管理打破部门界限,通过简化管理层次、增加管理幅度,建构紧凑的横向组织。就监狱指挥体系而言,区块链的应用实现了管理结构去中心化、信息获取平等化,民警从以往被动接受向主动获取信息转变,结合职业道德、职业能力评定,人人都可能成为监狱管理者,实现了监狱管理的平等参与。

(五) 区块链技术使得科技服务更加人性化

区块链数据传输大多基于公钥地址,而非具体到个人真实身份,在匿名状态下完成区块链数据上传和读取,节点之间按规则操作可溯源,数据的真实性、开放性、匿名性等特征,既为信息发布者提供了安全保护,也实现了对整个体系的信任。

1. 区块链技术实现了非接触式治理。以新冠疫情为例,隔离是阻断传播最有效的方式,但也因此使工作生活的多方协同因物理空间阻隔而中止。区块链通过共享数据等一系列技术措施,解决了物理空间阻隔条件下的协同办公难题。比如法院和罪犯家属可以通过云开庭的方式实现离婚、抚养权审判，并通过区块链实时更新户籍信息、婚姻状态等后台数据，既降低了交叉感染风险，也提高了办事效率。

2. 区块链技术益于提高执法透明度。区块链技术应用在监狱，将改变社会公众对监管场所神秘莫测封闭保守的固有印象。监狱指挥中心通过有限授权，可以定期组织开展网上开放日、网上警示教育日等活动，邀请行业代表、人大代表、政协委员、普通民众、罪犯家属进行网络观摩，了解罪犯服刑期间的医疗保障、伙食供应、日常改造等信息，全面提升执法透明度和公信力。

3. 区块链技术益于彰显人文关怀。仍以疫情为例，新闻报道中不乏个别人隐瞒旅居史、接触史而导致疫情扩散的事件。为什么隐瞒？本质上，这是隐私权自我保护的反映，人们害怕曝光后，对其人际交往、就学就业产生影响，害怕社会歧视。就罪犯而言，他们担心刑满释放后会被"标签化"，影响就业、就学、嫁娶。使用区块链技术可以解决多方参与下的隐私保护问题，分布式数据、密码学算法、动态加密、授权管理等多种技术手段，可以在公共服务过程中灵活应用，在实现保障隐私安全的前提下，完成社会治理。

### 三、监狱指挥中心重构进路

由于新老体制混杂、管理理念滞后等因素，指挥中心在实际运行中，被动式管理、信息不对称、智能化不足等问题日益突出。依托区块链技术的逐步深化与成熟，指挥中心职能重构已呈"万事俱备，只欠东风"之势，顶层制度设计进路已日渐清晰。

（一）管理理念重构

目前，监狱仍沿用金字塔式管理体制，监狱长（党委书记）处在金字塔尖，其后分别是各职能科室以及指挥中心、各监区负责人、普通监区民警。就指挥中心而言，该机构的特点是与科室平级；人员组成涵盖多个部门；以临时演练和安全预案为工作联系纽带；决策指挥缺乏信息支持。这种工作体制已经不适宜当前数字化时代发展的要求，理念重构势在必行。

1. 提高指挥管理的时效性。目前，指挥中心主要承担监控督查职责，依靠视频巡查发现安全隐患，如遇罪犯突发疾病、群体性哄监闹事等突发事件，单纯依赖监区上报信息，指挥中心实际是一座"信息孤岛"。而区块链结合智能安防平台的运用，能够有效弥补人防之不足。人员定位发生跨域异动、身体指标呈现异常、监管设施运行异变等信息情报，都可以通过物联网等设备实时上传区块链，指挥中心能够第一时间获取并根据风险等级做出研判、决策。

2. 加强指挥管理的服务性。指挥中心作为监狱中枢管理和综合协调部门，一方面，要为实战一线服务。发挥指挥中心在信息收集汇总体系中的技术优势，为基层民警提供业务开展、隐患排查提供信息支持、协调和应急处置等服务，为基层减压；另一方面，为监狱长（党委书记）决策服务。基于掌握的各类信息，指挥中心要精于研判分析，特别是对于倾向性、苗头性问题和隐患，迅速生成客观准确、参考性强、操作性强的工作方案（预案），为决策者提供强力支持。

3. 彰显指挥管理的智慧性。随着押犯结构、改造环境、监管要求等方面呈现出的复杂性和不确定性，指挥中心应该成为集信息采集研判、科学决策于一体的中枢机构，狱内风险防控应从被动响应向主动预防转变。通过区块链的应用，指挥中心视频巡查督查、信息上传下达、日常事务处理等职能均可实现技术为主、人力为辅，工作精力和管理触角可以侧重于提高信息研判水平和情报预警能力，拓宽服务领域，真正把指挥中心建设成智慧中心。

（二）工作机制重构

监狱传统管理模式容易使民警产生认识误区，即监管安全、教育改造、习艺劳动各有各的职能科室负责，其余部门只是配合；指挥中心就是监控中心，是辅助部门，监狱整体工作条块化，难以发挥联动效应。

1. 指挥中心运行模式有待重构。指挥中心应建立"指挥长当日负责制"，构建"指挥长-值班员"的二元指挥运行模式，通过减少汇报层级、设立专人专岗，实现指挥中心专业化、扁平化运行。就指挥长岗位设置而言，需打破原有分管条线业务壁垒，由监狱领导轮流担任指挥中心指挥长。期间，指挥长全面负责监管安全、习艺劳动、教育改造、队伍建设等工作，指挥长直接对监狱党委负责，遇重大突发事件，拥有先机果断处置的权力。

2. 快速应急处突机制有待革新。一方面，要建立分级预警机制。根据突发事件的严重程度，实行蓝、黄、橙、红四级预警，分别对应正常（如普通违规违纪）、一般严重（如集体绝食）、严重（如哄监闹事）、特别严重（如脱逃袭警），并制定相应的处置方案。另一方面，建立分级处突预备队。在对现有特警队改革的基础上建立四级预备队，分别应对不同级别的突发事件。狱情发生后，指挥中心可以根据区块链数据的实时共享，研判分析突发事件的走向并精准部署、动态调配警力，这将为更加科学高效化解危机提供支持。

3. 信息互联互通机制有待建立。一是建立突发事件监地联动机制。将监狱指挥中心纳入地方政府应急处置体系，通过开发突发事件终端预警系统，实现狱情发生自动报警、联动处置。二是定期对公众开放。适时组织媒体人员、人大代表、行业代表等作为执法监督员，通过指挥中心区块链授权管理，组织其参与网上执法监督等活动，主动展示监狱公正文明的执法形象。三是主动谋求与公检法司信息互通。公安提审、法院开庭、检察院补充侦查、司法局安置帮教等日常业务开展，均可利用区块链技术搭建的信息互联互通平台，实现网上办理。

（三）职能设置重构

区块链的去中心化特征，打破了金字塔形的管理结构，为监狱扁平化管理提供了技术准备。一方面，提升指挥中心地位、整合指挥中心职能；另一方面，打破业务科室壁垒、精简优化警力配置，通过破立并举的方式进行多层次职能重构，着力将传统监狱向智慧监狱转变，将指挥中心从传统经验型向现代高科技型转变。

1. 提升指挥中心地位。指挥中心应成为监狱的中枢机构，定位为监狱（党委）的智囊团、危机管理的决策者、日常工作的掌舵人。只有确立其指挥权威，才能建立警令畅通、多部门协同的"大指挥"工作格局。得益于区块链技术的智能化优势，指挥中心虽然集综合管理、狱情研判、应急处突等职能于一体，但并不会造成人员冗余、机构臃肿的隐忧。相反，正是因为多职能的高度统一，方能实现信息资源整合、岗位人员优化、管理职能简约，成为未来指挥中心新形象新品牌。

2. 成立应急行动队。监管安全危机通常是指危害监狱机关正常监管改造秩序，具有一定的群体性、突发性的重大安全事件。[1]为了防范化解监狱可能发生的监管安全危机，有必要对现有特警队进行改革，整合优化应急力量

---

〔1〕 参见王传敏："论监管安全危机事件的'后危机管理'"，载《甘肃社会科学》2009年第6期。

和资源，成立应急行动队，并推动形成具有监狱特色的应急处置体制，提高监狱突发事件处置水平。从应急行动队的职责上看，该部门应该具备医疗救护、防灾救灾、武装警戒等多项职责；从管理权限上看，应急行动队接受指挥中心直接领导，其他部门原则上无权调用；从工作内容上看，发生突发事件时全力负责应急处置，平时工作中主要负责清监放风、外出就诊、会见接送过程中的安全保障。

3. 打破传统科室设置壁垒。除政工、财务、办公室等科室保留职能外，狱政科、教改科等业务科室需要打散重构。一方面，打破业务壁垒，整合原有科室、监区的专业人才资源，成立涵盖教育矫治、心理辅导、习艺指导等多职能于一体的教育矫正部，实现"专业人做专门事"，并为监区提供点对点、菜单式服务；另一方面，诸如计分考核、处遇调整、减刑假释等区块链技术能够胜任的工作，坚决实现业务上网，成立网络业务部，精简优化警力配比，专人专职负责上述业务的数据更新与维护。

# 基于管理冲突理论的羁押冲突管理教育职能

秦　飞 *

对被监管人员的教育工作，是我国羁押场所的一项基本工作职能。国家法治文明进步的大环境，对羁押场所的科学化、精细化管理提出了更高的标准与要求。只要存在管理的地方，就会存在冲突。对被监管人员的教育工作，既是羁押场所的基本工作职责，也是维护监管秩序、确保安全管理的重要举措。基于管理冲突理论视角，研究冲突管理中的教育职能，有助于推动中国特色社会主义羁押管理教育制度的不断完善。

## 一、"管理冲突"与"冲突管理"在羁押管理中的概念引入

管理是羁押场所的基本工作职责。"管理冲突"与"冲突管理"是管理学上两个概念。在监狱、看守所、拘留所、强制戒毒所等羁押场所对被监管人员管理过程中，自然而然会存在着各种"管理冲突"与"冲突管理"。

（一）"管理冲突"与"冲突管理"概述

综观管理思想发展史，其实质就是一部不断解决各种管理活动中冲突问题的历史。中西古代管理思想中都充满了管理就是解决冲突问题的思想。以孔子为代表的儒家强调"和为贵"思想、庄子的"兼相爱"思想以及《孙子兵法》中所强调的"善战者，求之于势，不责于人"的思想，无不渗透着丰富的管理冲突的思想。以苏格拉底、柏拉图和亚里士多德为代表的古代西方管理思想中同样包含着丰富的管理冲突的思想。[1]时至今日，国内外的各方面专家仍在不断挖掘"管理冲突"中的有关思想和理论价值。

冲突是管理学中的一个重要概念。国外学者对于冲突的定义主要有以下

---

* 秦飞，上海公安学院公安监所管理专业主任、专业带头人。

〔1〕 参见孔冬："管理冲突与冲突管理"，载《经济与社会发展》2004 年第 3 期。

几种：赫尔格雷指出，冲突是一方（个体或团体）感觉自己的利益受到另一方的反对或消极影响的过程；罗宾斯把冲突定义为一种过程，当一方感觉另一方对自己关心的事情产生不利影响或将要产生不利影响时，这种过程就要开始了；王重鸣认为，冲突是人们对重要意见不一致而在各方之间形成摩擦的过程，即由于目标和价值理念的不同而产生对立或争议的过程；[1]胡冶岩认为，冲突是指组织或人们之间由于目标、利益、观点、需要、欲望、要求等不相容，或者受到反对、抵触、对立状况而产生的认知差异，并由此引发的激烈争斗，只要感觉到差异存在，冲突就存在，冲突在组织中是不会消失的，只要人是组织的参与者，那么冲突必然会参与到组织中来。人们的差异存在，人们就有可能制造问题同时解决问题。[2]综上所述，诸多国内外的学者在研究"冲突管理"过程中，分别依据各自的研究方向和研究内容，对冲突做出各种概念描述。在上述概念描述中可以发现这样一些共性特征，即"冲突管理"是一种过程，冲突是因各种差异而产生对立，冲突管理在组织中始终客观存在，而不会凭空消失。

管理冲突是管理的客观现象。冲突管理是一种基本的管理方法，其实质是充分利用冲突的效果来达到管理的效应，两者既有本质的区别又有必然的联系。现代管理学认为冲突是管理本质性的东西，这是符合唯物辩证法的观点的。所谓冲突是管理的本质，一是指在管理活动过程中冲突是必然的，管理就是要不断地解决这些冲突；二是指通过对冲突的正确处理，必然会推动管理的发展。[3]

（二）"管理冲突"与"冲突管理"在羁押管理中的概念引入

在引入"管理冲突"与"冲突管理"这两个概念之前，我国羁押场所在管理过程中，更多会使用"抗管抗教"这一词汇。"抗管抗教"从文字上可以解释为对抗管理，对抗教育，指被监管人员不服从羁押场所的管理与教育，并与之产生对抗的错误行为。相比较于"抗管抗教"中所表现出的不服从管理的主观对抗性特征而言，"管理冲突"所反映的内容是羁押场所在管理被监管人员过程中所产生的各种矛盾与冲突，这种矛盾与冲突既可以是由主观原

---

〔1〕 参见段锦云编著：《管理心理学》，浙江大学出版社 2010 年版，第 258 页。
〔2〕 参见胡冶岩：《行为管理学》，经济科学出版社 2006 年版，第 365 页。
〔3〕 参见孔冬："管理冲突与冲突管理"，载《经济与社会发展》2004 年第 3 期。

因而产生的，也可以是由客观原因所产生，既可能是一种有意识的主观对抗行为，也有可能是各种客观因素所导致的无意识的冲突行为。"管理冲突"的概念所涵盖的范围更加广泛，所表达的意蕴也更加中性。将"管理冲突"与"冲突管理"的概念引入羁押管理工作中，能够更加客观地对羁押场所内的各种冲突与事件开展分析，找准解决矛盾与化解冲突的正确路径。

## 二、羁押管理冲突的成因与表现形式

在行为管理学中，一般将冲突归纳为四种基本类型：程序冲突、认知冲突、情感冲突与目标冲突。在借鉴行为管理学的基础上，从警务实践角度可将羁押管理冲突归纳为四种基本类型：立场差异、认知差异、个性差异、诉求差异。

### （一）立场差异的成因及表现形式

在羁押管理中必然存在着管理者与被管理者，两者之间由于法律身份的不同，必然导致相互间立场存在较大差异。从法律上关系而言，羁押场所是依法设立对被监管人员执行羁押任务的执法机构。从管理关系上而言，羁押场所是管理被监管人员开展正常生活与秩序的管理方，而被监管人员是羁押场所开展管理工作过程中的被管理对象。羁押场所与被监管人员之间无论是从法律身份上还是在实际管理中，双方都处于监管与被监管相对立的位置上。

羁押场所必须要在日常工作中依法对被监管人员开展管理，并采取安全防范措施，以确保羁押场所正常管理秩序与羁押安全。一方面，被监管人员中为减少羁押环境带来的束缚，会寄希望于采取冲突方式获取更多的活动空间或生活待遇。另一方面，被监管人员中会出于减少监禁所带来的痛苦这一动机，采取自伤自残、自杀、脱逃等严重违监行为，破坏正常管理秩序，甚至对羁押场所的安全管理造成重大威胁。

### （二）认知差异的成因及表现形式

每个人个体的认知来源于其过往所积累的知识与经历，认知差异在社会生活中处处存在，在羁押管理冲突中当然也不例外。认知差异是指由于人们的感受不同，产生认知差异，形成对事物的不同看法，因此人们也就跟着自己的感觉行为。我们的经验会限制感觉，由此就产生矛盾，问题随之发生。[1]民警

---

〔1〕 参见胡治岩：《行为管理学》，经济科学出版社 2006 年版，第 367 页。

与被监管人员之间的这种认知差异，通常会导致误解、困惑和冲突。

认知差异是民警与被监管人员之间对某件事务的认知不一致时而导致的管理冲突，这种管理冲突更多表现为被监管人员行为与羁押场所管理要求不一致时出现的管理冲突，产生此类管理冲突的被监管人员主观态度既有可能是故意，也有可能是无意。以被监管人员一日生活秩序管理为例，在对被监管人员生活秩序管理过程中，羁押场所会详细制定被监管人员一日生活秩序，确保监室生活秩序正常开展，而被监管人员由于有着自己长期养成的生活习惯、生物钟，故有时会出现一时难以适应的情况。甚至在部分被监管人员思想上或多或少还会有一些吃饭、休息是自己个人行为的想法，尚未意识到被羁押监管是一种集体生活模式，需要有统一的规范加以约束，才能确保被监管人员能享有正常生活秩序，减少因生活习惯不同而产生的矛盾与冲突。

（三）个性差异的成因及表现形式

每个人都会有其独特的个性特点，个性差异是个体在生活中逐渐养成的，个性差异也难免会成为导致羁押管理冲突的原因之一。每个人在面对客观现实时，都表现出不同的行为特点和方式，这些不同的特点和方式构成了人与人之间的心理上的差异，称为个性差异。一般被监管人员个性差异主要表现在两个方面：个性倾向性和个性心理特征，个性倾向性是指被监管人员所具有的意识倾向和人对客观事物的稳定的态度，其中包括需要、动机、兴趣和世界观等。个性心理特征是被监管人员经常表现出来的本质的、稳定的心理特点，这种稳定的心理特征是个性倾向性稳固化和概括化的结果，包括能力、气质和性格等。

由于个性差异而导致的管理冲突表现形式可能会发生在被监管人员相互之间，因个性不合产生言语口角而导致的突发打架斗殴事件，这属于被监管人员相互之间的冲突；也可能会是发生在民警与被监管人员之间的管理冲突，如有被监管人员对民警管理方式、方法不认可或不理解而与民警之间产生的管理冲突。前一种类型，被监管人员会因行为过错，而受到监规监纪处罚，但如果不从个体思想根源上解决冲突成因，往往处罚教育效果有限。后一种类型，在以往常会被视作"抗管抗教"行为，并对其进行处罚，而往往忽视了此类管理冲突发生的客观成因，容易再次发生此类被监管人员与民警之间的管理冲突事件。

（四）诉求差异的成因及表现形式

在羁押管理冲突形成的诸多原因之中，诉求差异绝对是最重要成因，管理与被管理双方以冲突形式反映出对诉求的差异，是羁押管理冲突的最明显的特征。立场差异、认知差异、个性差异往往会导致诉求差异产生，前者是导致后者产生的动因，后者是因前者差异产生而导致的分歧结果。被监管人员产生诉求差异的原因及种类有许多，被监管人员诉求的合理与否需要具体内容具体分析，而不能简单地一概而论。而对于羁押场所而言，被监管人员诉求是否会导致管理冲突的产生，关键并不在于诉求内容的合理与否，更多时候会以诉求的表达方式、表现形式是否依法合规为评价标准。

诉求本身就可以看作为一种差异表现形式，被监管人员诉求可以有正确的表现形式，也存在产生错误的表现形式的可能。合理的诉求有时也会出现错误的表现形式，而错误的诉求大概率会导致错误的表现形式出现，当诉求以错误的表现形式出现时必将导致管理冲突的出现。如被监管人员对自己被羁押存有异议，不愿通过法律途径而是在监室内采取大吵大闹、自伤自残等行为解决，企图通过对羁押场所施加压力而达到目的的行为，就是一种错误的诉求表达方式而导致的管理冲突。

## 三、基于管理冲突理论的羁押冲突管理教育职能

教育作为羁押场所的一项基本工作职能，在对被监管人员的日常管理中有着不可或缺的重要作用，深入研究教育在羁押冲突管理中的职能，有助于羁押场所加强日常管理与安全防范，进一步做好被监管人员的思想工作。同时根据羁押冲突管理教育的功能特点，将相关教育职能分为核心职能与衍生职能两种类型。

（一）教育在羁押冲突管理中的核心职能

所谓职能，从词义来看，是指机构或单位应当发挥的作用和功能。看守所的教育职能，就是对被监管人员有目的、有计划、有组织地施加影响，以改造或矫正其行为的职能。实践中，也习惯将教育职能称为教育改造职能或教育矫治职能。[1]基于管理冲突发生的事前、事中、事后三个阶段，从冲突

---

〔1〕 参见王月英："试论我国看守所对被羁押人员的教育"，载《铁道警察学院学报》2014年第2期。

管理处置的发现、评估、预防、化解、干预、调查、稳定或再预防八个步骤，明确教育在羁押冲突管理中的下列核心职能。

1. 羁押冲突管理教育的发现职能。事实上，所有的危机在真正降临之前，都会发出一系列的预警信号。如果能在这个阶段及时而又准确地捕捉到这些信号，对其加以详细分析并采取相应的有效措施，就能成功地避免许多危机的发生，或者在危机不可避免地爆发时及时有效地应对，从而减少损失。[1]羁押场所在管理工作中采取新收教育（过渡教育）、阶段性教育、重点教育等有关管理规定，就是根据上述原理，在最大限度内发挥教育在羁押管理冲突发生前的发现职能。发现被监管人员中隐藏的管理冲突成因，为化解冲突及有效开展管理教育工作，起到预警作用。

2. 羁押冲突管理教育的评估职能。从羁押场所执法管理角度而言，必须对被监管人员进行教育，教育本身就是一种管理过程与管理行为。对被监管人员而言，羁押会是一段持续性的现实状态，难免会对被监管人员心理造成监禁的痛苦。这种监禁的痛苦，又容易成为被监管人员产生与羁押场所对抗的心理诱因。这种对抗羁押的心理是否会严重到导致管理冲突发生，是否最终会威胁到羁押场所安全管理，可以通过教育谈话的形式了解被监管人员思想动态，并开展羁押管理冲突风险评估。通过评估，深入了解被监管人员对抗心理产生的动因及形成过程，以及冲突可能会造成的风险等级。更为之后的羁押管理冲突预防工作，提供信息支撑。

3. 羁押冲突管理教育的预防职能。被监管人员未能遵守羁押场所相关规章制度的行为，势必会对正常监管秩序造成负面影响，同时也会给羁押场所安全管理造成隐患或危险。因此，必须对被监管人员开展教育，促使其积极配合羁押场所的管理执法工作，自觉遵守各项规章制度，维护监所正常秩序。教育是羁押场所民警掌握被监管人员思想动态最直接、有效的途径之一。教育在羁押冲突管理中的这种排除隐患、提前化解矛盾冲突的职能，可以被认定为教育的预防职能。

4. 羁押冲突管理教育的监内矛盾化解职能。在危机爆发时，危机的征兆会不断显现，如果管理者对这些征兆具有一定的敏感度，并予以充分的重视

---

[1] 参见［澳］詹姆斯·S·奥罗克：《管理沟通：以案例分析为视角》，康青译，中国人民大学出版社 2010 年版，第 126 页。

和警觉，及时采取适当、有效的措施，就能够将可以避免的危机消灭在萌芽期，使无法避免的危机来临时造成的损失降至最低限度。[1] 俗语云"小洞不补变大洞"，当管理冲突发生初期尚未导致严重后果发生时，及时采取有效的教育矫治措施能够在一定程度上起到化解冲突的作用。

5. 羁押冲突管理教育的干预职能。如果管理者能够正视危机，采取必要的措施，就能阻止危机的继续蔓延，避免危机所导致的可能的连锁反应，防止危机造成更大的损失。[2] 当被监管人员心理危机产生时，教育矫治就成为对被监管人员心理危机干预的重要应对工作措施之一。以教育形式对被监管人员开展危机干预的作用在于：一是防止因心理危机导致的过激行为产生，如自伤自残、自杀或攻击性行为的发生。二是促进交流，鼓励被监管人员充分表达自己的思想和感情，鼓励被监管人员重新树立自信或开展正确的自我评价。三是提供建议，促进危机的缓解。以防范被监管人员自杀事件为例，民警在发现被监管人员有自杀征兆后，及时开展谈话教育，通常交谈可以将被监管人员企图自杀的想法暴露出来，并可在谈话中借机找出管理冲突成因的变通解决方式，从而起到预防自杀事件发生的管理效果。

6. 羁押冲突管理教育的调查职能。在羁押管理冲突中受到谈话教育的被监管人员所处的身份可以分为许多不同的类型，如可以分为受害人、当事人、知情人、嫌疑人、证人（目击者）、检举（坦白）人等多种类型。在管理冲突发生后处于不同身份类型的被监管人员，往往会具有不同的心理特征。例如：监所违监笔录制作中的证人（目击者），常因担心受到同监室其他被监管人员的恐吓、威胁，或者往往怀着事不关己高高挂起的心态，不敢或者不愿意如实反映情况，负责谈话教育的管教民警应当设法消除监所违监笔录制作中的证人（目击者）的思想顾虑，最终在谈话教育过程中获取真实情况。[3] 因此，羁押管理冲突发生后的教育工作应当是针对不同类型的被监管人员，了解其心理活动特点，选择恰当的"教育策略"方式，最终在调查中获取真实有用的相关信息。

---

〔1〕 参见［澳］詹姆斯·S·奥罗克：《管理沟通：以案例分析为视角》，康青译，中国人民大学出版社 2010 年版，第 126 页。

〔2〕 参见［澳］詹姆斯·S·奥罗克：《管理沟通：以案例分析为视角》，康青译，中国人民大学出版社 2010 年版，第 126 页。

〔3〕 参见秦飞、黄斌主编：《公安监所管理工作实务》，武汉大学出版社 2015 年版，第 203 页。

7. 羁押冲突管理教育的稳定及再预防职能。一般羁押管理冲突发生后，不再表现为明显的、能感知的实际影响，而是表现为冲突所导致的后遗症，诸如对相关羁押场所的形象及被监管人员的心理造成的负面影响等。例如：监室内出现被监管人员自杀事件后，会对同监室或相邻监室被监管人员带来负面情绪；而监室内打架斗殴事件频繁，会增加监室内其他被监管人员的暴力倾向；被监管人员因不服从羁押场所管理规定而引发的与民警语言或肢体冲突，又会容易造成监管民警管理威慑力降低等情况出现。在羁押管理冲突发生后的这一阶段，民警应当采取积极有效的教育矫治措施，可以尽快减少或消除危机所导致负面影响。[1]这一原则的制定过程中，较好地体现出教育矫治在管理冲突发生后，所具有的稳定以及再预防的职能。

（二）教育在羁押冲突管理中的衍生职能

羁押管理冲突中对被监管人员的教育矫治工作除了具有发现、评估、预防、化解、干预、调查、稳定及再预防这些直接职能以外，还会产生法制宣传、违法犯罪线索转递、社会矛盾化解这类的衍生职能。虽然这些衍生职能并非管理冲突中教育工作的核心目的，但在客观上能够起到化解管理冲突的实际效果。

1. 法制宣传教育职能。预防犯罪、开展法制宣传是全社会都应当共同积极参与的行为。与社区法制宣传、校园法制宣传等形式相比较，羁押场所完全有必要、也有条件开展相关法制宣传。当然，羁押场所开展法制宣传要注意将对被监管人员的合法权益保障，教育其自觉遵守相关规定相结合，同时附带引导被监管人员对社会法制形成正确认识。羁押场所的法制教育有助于降低被监管人员对羁押管理的抵触情绪，培养和谐的监室氛围，亦有助于在客观上减少羁押场所内被监管人员之间"违法行为的交叉感染"。

2. 犯罪线索转递职能。通过羁押场所的教育工作，消除或降低被监管人员对羁押管理工作的抵触情绪。同时，会有一些被监管人员经过教育之后，逐渐反省自己过去的违法行为，主动向羁押场所交代余罪或检举他人违法犯罪线索。羁押场所的教育的自愿性，不同于刑事侦讯（审讯）的强迫性，违法犯罪线索的获得是建立被监管人员受法制、人性教育感化之后自愿供述的

---

〔1〕 参见秦飞："台湾地区监狱暴狱事件处置原则初探"，载《上海公安高等专科学校学报》2016年第1期。

基础上，而并非以深挖犯罪线索完成办案考核指标作为评价标准。《中华人民共和国刑事诉讼法》第110条规定："任何单位和个人发现有犯罪事实或者犯罪嫌疑人，有权利也有义务向公安机关、人民检察院或者人民法院报案或者举报。……公安机关、人民检察院或者人民法院对于报案、控告、举报，都应当接受。对于不属于自己管辖的，应当移送主管机关处理，并且通知报案人、控告人、举报人；对于不属于自己管辖而又必须采取紧急措施的，应当先采取紧急措施，然后移送主管机关……"从上述规定来看，羁押场所有义务接受被监管人员举报或坦白线索，并及时将线索转递相关责任单位。同时，通过对被监管人员开展教育，促使其认罪认罚、自觉接受监管，也在客观上有助于稳定被监管人员情绪，减少因情绪不稳定而产生的管理冲突。因此，羁押场所犯罪线索的转递职能即可看作是对被监管人员合法诉讼权益的一种保障途径，也可视为对被监管人员冲突管理教育的职能衍生。

3. 社会矛盾化解职能。羁押场所的存在，实际上已经从客观环境上将被监管人员与外界相隔离。但这并不意味羁押场所就应成为公民法治建设的"盲区"。相反，羁押场所对于被监管人员教育有着一定的自身优势。通过社会资源的渗入，公民权利的进步、公民社会的成型在这样一个特殊的场域中也能得以体现。被监管人员中会有因在所外社会矛盾而积累的对社会不满的负面情绪，这些负面情绪亦是引发羁押管理冲突的诱因之一。虽然在管理冲突中，教育初始目的是确保监管秩序与羁押安全，但在发现、评估、化解这些管理冲突的同时，亦是对被监管人员开展普法教育、维护其合法权益、疏导其情绪、避免矛盾进一步激化的过程。羁押场所适当、有效的教育工作，可以起到"对内化解管理冲突，对外化解社会矛盾"的良好效果。

## 四、结语

由处置"抗管抗教"向实现"冲突管理"的转变，是在国家法治文明进步大环境下，推动羁押场所科学化、精细化管理的又一次理念升级。结合羁押场所冲突管理实践经验，可将羁押管理冲突归纳为立场差异、认知差异、个性差异、诉求差异四种基本类型。对被监管人员的教育既是一种管理行为，更是一个减少差异、化解冲突的过程。将管理冲突理论引入对羁押场所的管理工作中，通过明确教育在羁押冲突管理中的职能，在实现羁押场所教育的发现、评估、预防、化解、干预、调查、稳定或再预防这些主要职能同时，衍生出羁押教育的法制宣传、违法犯罪嫌线索转递、社会矛盾化解职能，既有助于羁押场所安全管理与秩序稳定，也有助于推动具有中国特色的羁押冲突管理教育制度形成。

# 浅谈监狱内再犯罪的管理

万永鹏 *

狱内再犯罪指的是在押罪犯在服刑改造期间违反监狱管理规定和违反刑事法律规定的妨碍正常监禁改造活动的行为。狱内再犯罪管理是指监狱专门性的针对在押犯违反监狱管理规定和刑事法律规定，妨碍正常监禁改造的行为进行的管理活动。

## 一、罪犯在监狱内再犯罪概述

在人类社会发展和历史文明演进过程中，监狱的出现是法治文明的一个里程碑式的标志。在人类社会发展过程中，特别是在摆脱奴隶社会进入封建社会后，开始适用监狱的犯罪预防功能。自近代以来，随着近代法治文明的发展进化，监狱惩罚犯罪和预防犯罪的两大主体功能成为法治文明进步发展的前锋阵地。

随着新中国的成立，从新民主主义到社会主义的发展，在监狱机制建设方面也有了深刻的进步，是社会主义法治文明的具象化。在社会主义法治文明建设的过程中，法治体系的架构一步一步完善，同时带动监狱工作取得长足的进步，特别是社会主义法治国家建设的大背景下，监狱工作和运行机制逐步趋向于成熟化。但是狱内再犯罪现象依然是新时代中国特色社会主义法治文明建设前进道路上的拦路石。

（一）狱内再犯罪管理研究是法治文明建设的必然

监狱内收监的服刑人员的在狱内违法和再犯罪的情况是一个前端的课题。相对于社会范围内的犯罪，监狱内服刑人员这样一个特殊的群体是否能够稳定地完成成熟的改造，是社会主义法治文明建设成果的一个重要衡量标准。

---

* 万永鹏，甘肃政法大学 2019 级毕业生。

监狱内服刑人员在狱内的违法和再犯罪情况的研究对于社会主义法治文明的建设具有重大意义。

（二）狱内再犯罪管理研究推动监狱工作运行

监狱内的服刑人员的构成是比较复杂的，这类人所犯的罪行、年龄、社会上受到的教育、性别、经济能力、从事的职业、社会交往的圈子等都各不相同。所以罪犯的改造也具有针对性，但是面临的问题是在监狱内还有再次违法犯罪的一类人。诸如打架、自杀、抗拒生产、袭警等。所以针对性的研究对监狱监管和改造教育工作具有重大意义。

## 二、罪犯在监狱内再犯罪的特点

（一）基本概况

监狱内再犯罪所涉的罪行集中表现为故意伤害、脱逃、破坏电力设备、报复袭击民警干部等，原罪行为贩毒、盗窃、抢劫和诈骗的所占比重大，且往往都是累犯。监狱内再犯罪的犯罪主体和涉及的监管控制环境与监狱内再犯罪倾向有直接关系，在押罪犯中，日常多表现出阴郁、焦躁、疑虑不安、态度悲观、情绪绝望的状态，尤其表现出暴力倾向的罪犯以上状态更为明显，这类罪犯遇事极为冲动暴躁，往往会因琐事行凶再犯罪。

（二）年龄范围

监狱内再犯罪罪犯的平均年龄偏年轻化，犯罪主体多以青壮年为主。在对甘肃省定西监狱的 102 名再犯罪罪犯的调查中，平均年龄约为 26 岁。35 岁下的罪犯占再犯罪主体总数的 81%，年龄最小的再犯罪服刑人 19 岁。

（三）文化程度

再犯罪罪犯多以未婚为主，文化水平普遍偏低，多数是文盲或受过小学教育，且没有正当的职业或是农民。这类群体在社会上的活动能力较强，可以将主观犯罪意识冲动现实实施，但其教育化水平又不足以有效抑制其犯罪意识及冲动。

（四）性别比例

监狱内再犯罪的罪犯 99% 是男性，相对而言女性是极少数。这是因为女性会受到母亲社会性的倾向影响，具备一定道德素质，体质体力相对弱化。

还有就是女性在犯罪的社会基数上远远低于犯罪群体中的男性，故而其监狱内再犯罪数量会更少。

### 三、罪犯在狱内再犯罪的原因

（一）犯罪人员自身的主观因素

1. 惯性心理。监狱内再犯罪罪犯的受教育水平低，文化素质差，法律意识淡化，法治观念薄弱，主观意识上恶性大。再犯罪群体认识世界的水平不足，犯罪惯性大，具有较深的犯罪习性化，绝大多数有极端的物质现实欲望，自控能力很差。

2. 敌视心理。由于受教育水平的影响，再犯罪的罪犯在改造认知上具有偏差，改造过程中认罪且悔罪的程度不深刻，存在报复、抗拒改造、反社会的心理。由于再犯罪罪犯本身潜在或已表现出的不良心理的倾向性影响，会产生主观认识的偏差性错误，引起心理压抑，诱发复仇冲动。这种变态化敌视心理，易泛化矛盾。

3. 怨恨心理。罪犯不满法律监禁惩罚，对其前罪判刑监禁羁押入监，会因为无法得到有关帮助而产生怨恨，还有罪犯因为监禁而使逃避刑罚的期望得不到满足，怨恨心理泛化到对再犯罪的实施。

4. 复仇心理。有罪犯在监内因违纪而被处分，在处分后，由于本身问题化人格倾向，引起精神上压抑，把狱警的常规管理看作是针对个体，"和自己过不去"，就会产生强烈复仇心理。

5. 激情心理。有些罪犯有时会有难以理智自制的极端化行为，且多数是矛盾冲突和情感不平衡引起，长时间冷战，在空间接触上贴近，矛盾摩擦变大，反向引起对矛盾的不敏感不反应，逆来顺受，隐藏不满和怨恨，超过忍耐限度就激发强烈的暴力反抗行为，此类激情性再犯罪多出于过度抑制。

（二）社会环境和客观原因

1. 监狱行刑监禁效果不佳，改造教育罪犯时难以落实使之再社会化的目的。甘肃省定西监狱在新监狱搬迁前曾主要生产起重机械，生产劳动监区改造环境复杂，生产过程中琐事引发再犯罪时有发生；监狱片面注重效益盈利，有生产大于改造的倾向，对罪犯思想教育和再社会化改造不够重视，不能实时掌握动态的思想变化，从而难以消除再犯罪思想根源。

2. 监狱亚文化传播的影响。监狱内罪犯的价值观念和行为方式所形成的亚文化，罪犯间相互交流所引起的交叉感染会影响监禁行刑的效果，导致一些改造教育不深刻的罪犯个体再犯罪。

3. 驻狱检察机关对监狱日常管理活动的硬性监督力度不够。由于对监狱没有强制性约束力而通常流于表面，如此对再犯罪监督力不足，间接给再犯罪制造有利环境。

4. 社会帮扶教育改造力度不够，帮扶机制难以常态化运行。罪犯家属亲朋对罪犯的教育改造没有信心和缺乏关怀，缺少探视，还有监禁刑罚的特殊性使得罪犯绝望、自暴自弃，进行再犯罪活动。

## 四、加强对罪犯在监狱内再犯罪的科学管理

（一）罪犯狱内再犯罪加大监管难度

在押罪犯群体的构成由于其本身属性的复杂和服刑场所的监禁性，导致监狱在管理运行的过程中对罪犯进行全天候、全视角的控制性管理。这就要求监狱民警干部需要进行大量繁复的管理改造工作。而狱内再犯罪案件的特殊性和突发性，给服刑人员的管理工作增加极大的难度。监狱的属性和职能需要对该类特殊的服刑人员进行具有针对性的、专门化的、更高控制性的管理改造工作，从而需要投入更多的人力物力，所以监狱内再犯罪加大了监狱监管的难度。

（二）罪犯狱内再犯罪强化管理是法治文明建设的必然要求

新时代中国特色社会主义法治文明的建设在依法治国的前提下，要求强化监狱监禁惩罚犯罪后果和预防犯罪行为两大职能的同时，要强化监狱教育改造罪犯、使罪犯再社会化的功能，在教育改造罪犯的过程中，狱内再犯罪是必须面对的客观情况，是必须针对解决的问题。社会主义法治文明建设的道路上，狱内再犯罪是绕不开的拦路石。所以强化管理狱内再犯罪是社会主义法治文明建设的要求。

（三）强化罪犯狱内再犯罪管理是对监管工作的补充

监狱民警干部在对监狱服刑人进行监管教育改造的过程中，具有突发性的狱内再犯罪行为是非常态的工作情形。在监狱在押犯群体人数较多的基础上，生产劳动教育学习过程中，民警要时刻提高警惕，预防狱内再犯罪行为，

即便是已经发生狱内再犯罪，也要具备应对这种突发性犯罪行为的素质和能力。这要求监狱制度化运行狱内再犯罪的强化管理。

（四）狱内再犯罪影响监狱的正常生产

监狱再犯罪的突发性要求在生产劳动过程中强化管理。生产劳动的改造过程中，服刑人是集聚的状态，具有再犯罪倾向的服刑人做出再犯罪的行为，会引发骚乱、扰乱正常的监管和劳动生产、干扰监狱的运行。

（五）现代信息化技术在狱内再犯罪管理中的应用

当今社会发展和科技进步迅速，特别是信息技术领域的突飞猛进，都为监狱管理工作提供了前景广阔的发展空间。把信息化建设在监狱再犯罪管理中的现代化应用和监狱监禁刑罚职能结合，变革监狱内再犯罪强化管理制度和运行机制，构建现代化狱内再犯罪管理组织形式，以发挥其对中国特色社会主义法治建设的促进作用。

以计算机技术和网络技术为支撑的信息化技术在狱内管理工作中广泛应用，是促进司法事业保证法律实施的新要求，是新时代法治文明建设的必然要求。狱内再犯罪信息化管理把警戒防范、门禁报警、驻狱武警统一为全方位、多层次、立体化的监狱信息化安全防范机制。利用信息化把监狱内的文字、图像等信息通过计算机信息处理技术、通信技术、生物识别技术、网络技术等多领域学科技术进行数字化处理，构成网络技术、计算机技术、软件技术和多媒体技术为一体的狱内再犯罪信息化管理体系。以计算机网络系统为基础设施，再把狱内再犯罪管理系统、安全防范系统、通信系统等系统信息化集成，有机统一为更加高效、完整、安全的再犯罪管理运行机制。

（六）狱内罪犯再犯罪的强化改造管理

甘肃省定西监狱贯彻改造宗旨和安全底线，落实教育改造工作，通过开展形式多样的活动，努力构建思想教育、文化普及、劳动改造、技能培训、心理疏导同步进行的改造工作体系。

1. 统筹安排政治大课，深化政治改造内容。定西监狱统一制定政治改造课堂教学大纲，有针对性地强化细化实施再犯罪服刑人的改造项目和教学大纲。深化政治改造内容，切实增强教学效果。引导罪犯把握正确政治方向、踏实改造，思过向新。

2. 学唱红歌，激荡正能量情怀。定西监狱通过组织开展安全生产教育活动和定期组织学唱红歌等形式，重点学唱《我和我的祖国》《歌唱祖国》《映山红》等 10 首经典红歌。并采取在车间反复播放音乐，定时集中学唱等方式，不断传播改造正能量。且对再犯罪服刑人实施具体化唱歌教育，并定期单独检查学习教育的成果。

3. 加强行为养成，增强身份意识。定西监狱每月在全监狱罪犯中开展行为养成验收活动，半年组织开展一次罪犯行为竞赛活动。验收和竞赛活动由主管改造的副监狱长牵头，管教业务科室组成多个工作小组，分别对全体罪犯进行应知应会抽背，内容涵盖《罪犯改造行为规范》《罪犯改造行为日准则》《罪犯服刑改造纪律》及改造和爱国歌曲等，并现场观摩验收押犯单位罪犯方队的队列操练，以此促使罪犯端正改造态度，强化罪犯身份意识，加强行为养成。实施再犯罪服刑人的抽查由各监区领导和负责分管的民警单独抽查验收。

4. 生产改造分化分配具体的生产任务。按互监组分配任务，生产任务的完成取决于服刑人的生产效率，不能完成生产任务的延长生产时间进行加班。实施再犯罪服刑人的生产任务单独安排，由互监组监督，民警落实检查。

（七）狱内罪犯再犯罪的强化教育管理

1. 落实集体教育制度，强化教育功能。定西监狱坚持监狱每半年 1 次、监区每月 2 次、分监区每周 1 次集体教育会，有并针对性地对实施再犯罪服刑人开展专门化教育。监狱根据狱情、犯情变化特点及每个阶段存在的突出问题，召开专题教育大会，如违规罪犯教育会，涉毒罪犯教育会，再犯罪罪犯教育会等。

2. 强化队前讲评工作，促进教育工作常态化。强化分监区警察队前讲评技能，工前进行劳动任务安排、劳动纪律要求、劳动安全教育等，工后对劳动任务完成情况、工场纪律情况进行点评。通过开展教育提高罪犯改造积极性、整治不良改造风气。

3. 加强特殊犯群教育，提高教育针对性。根据实际情况，开展涉毒罪犯教育、住院病犯教育、"限减犯"教育、狱内再犯罪服刑人教育等。罪犯教育重点要抓好积极层教育和消极层教育，特别是具有再犯罪倾向的特殊犯。稳定沉默的大多数，要通过积极层的带头和中间层的跟随，争取转化消极层罪犯，形成积极改造人数的最大化，打好监狱安全基础。

（八）狱内罪犯再犯罪的强化心理疏导管理

一是普及罪犯的心理健康教育。对罪犯的心理健康教育主要包括认知常识教育、积极情感引导教育、自我意识觉醒教育、人际关系培养教育、人格健全教育等内容。

二是加强罪犯的心理危机干预和心理咨询引导。根据罪犯个体或者群体的实际情况，选择适当的咨询方式和时机进行心理咨询或者心理危机干预，单独实施再犯罪服刑人的心理危机干预工作。

三是及时开展罪犯心理预测及心理矫治。以科学的实证研究为依据，避免主观臆断和随意猜测，对预测结果进行正确解释，撰写分析报告，提出具体建议。针对预测结果异常的罪犯，进一步设计咨询方案，进行心理矫治和心理干预，并做好记录。

四是做好罪犯心理矫治和心理干预资料保存。监区在每名罪犯建立心理矫治档案的基础上，认真做好心理矫治档案填写、保存，集中统一保管，为做好罪犯研判工作提供服务。

五是加强重点罪犯心理疏导，培育他们的健康心理。特别是针对实施再犯罪服刑人的心理疏导。各分监区心理辅导员根据罪犯情况，分类筛选，每月进行一次不同类型罪犯团体心理辅导活动。

（九）狱内罪犯再犯罪的强化处罚管理

《中华人民共和国刑法》第315条规定了破坏监管秩序罪。对狱内再犯罪的严厉打击，预防破坏监管秩序罪，保障改造罪犯工作的顺利进行，履行监狱刑罚执行职能，维护法律尊严。同时在实施再犯罪服刑人的管理上，加强监狱民警的法治教育，提高法治观念，强化法律意识，从而在依法的前提下，对实施再犯罪服刑人的处罚进行强化处理，在行政管理上和司法程序上进行针对性管理，在限制减刑和分级处遇考核的过程中强化处罚。

（十）狱内罪犯再犯罪预防机制

狱内再犯罪预防是基于少数罪犯主观恶意深，对抗改造矛盾突显；罪犯矛盾处理、纠纷化解不及时；基于考核工作进行，部分管教干部对一些狱内违法行为不立案处理，恶化循环；监狱安全防范管理存在漏洞，生产工具管理不到位所构建的预防机制。

1. 细化破坏监管秩序罪。此罪要在殴打监管人员，组织其他被监管人破坏监管秩序，聚众闹事、扰乱正常管理活动，殴打、体罚或指使他人殴打、体罚其他被监管人四种行为的基础上，将罪犯抗拒劳动、毁坏生产工具、不服管理等严重违纪且具备禁闭处罚需要的行为具体细化，以解决此罪在司法认定上的模糊区。

2. 强化对狱内暴力犯罪的打击力度。狱内暴力犯罪，严重破坏监管秩序，还易对其他罪犯产生不良示范影响。由此根据相关法律的有关规定，强化严厉打击管理，尤其要针对经常性、潜在性的实施再犯罪服刑人，同时对狱内发生的再犯罪案件庭审时扩大旁听范围，教育和警示其他服刑罪犯，以此强化预防狱内再犯罪。

3. 建立和完善罪犯矛盾纠纷化解机制。对罪犯临场矛盾纠纷，除立即制止、迅速反应外，要及时教育开解当事人消除危险思想。矛盾纠纷化解效率化、深刻化，防止事态升级扩大为狱内再犯罪。检察机关和监狱要同步构建狱内矛盾常态化处置机制，研判再犯罪案件规律，有针对性地进行安全防范管理。

4. 加强生产车间与生活场所的管理。监狱要严格执行民警干部直接管理制度，加大生产车间和生活场所常备警力，落实罪犯互监组管理制度，对重点罪犯进行重点防范。预防管控罪犯的生产工具和生活物品，对劳动工具实行实时检查登记造册，对罪犯生活物品定期检查管控处理。

综合以上所述，监狱内再犯罪管理通过制度完善、信息应用、管理人员素质培养等来强化管理以完成法治建设前锋阵地的建设，推动新时代中国特色社会主义法治事业的发展，进一步发展中国特色社会主义法治文明。从微观角度切入完善监狱运行机制建设，推动监狱工作开展，履行监狱监禁惩罚罪犯、预防犯罪、教育改造罪犯再社会化的职能。

# 新时期监狱反恐处突应急安全机制改革新探

欧阳涵 *

众所周知，当前国际国内反恐防暴斗争形势已出现日益复杂、严峻的局面，暴恐犯罪行为手段日益花样翻新，暴恐犯罪分子意图制造耸人听闻的暴恐事件来宣扬自己政治目的或需求，造成混乱和恐慌的趋向也已十分明显。在这种大背景下，我国的暴恐犯罪活动虽由高发转向蛰伏，但并未完全停歇，活动呈现了新的特点。监狱作为关押暴恐罪犯的专门机构，处在反恐防暴的中心位置，面临恐袭的压力已随着反恐形势不断变化变得越来越大，监狱安全面临严峻挑战。在总体国家安全观的高要求下，亟需在反恐防暴态势下进行反恐处突体制机制改革，使监狱安全局势取得新的突破。

## 一、国家总体安全对新时代监狱安全提出了更高要求

（一）监狱安全必须服务好国家总体安全大局

监狱安全相对于国家总体安全来说，只是领域内的很小一方面，但其所担负的职责和所起的作用又是不可小觑的，需要我们理顺关系，弄清要求，全方位地推进监狱安全工作。

1. 监狱安全是国家总体安全极重要组成部分。监狱是国家政治机关、政法机关，是国家安全体系的重要组成部分，是国家安全、公共安全、司法安全、社会稳定的重要战线，在贯彻总体国家安全观、构建公共安全体系、维护社会稳定中肩负着重要职责，监狱安全始终是国家安全的一个重要方面，必须始终服从服务于总体国家安全，所以监狱加强内部安全治理，确保监管场所持续安全稳定，提高罪犯改造质量，降低重新犯罪率，确保社会安全，是监狱工作的重要职责使命。

---

* 欧阳涵，武汉船舶职业学院教师。

2. 监狱安全应放在国家总体安全大局中来思考谋划。监狱全面落实总体国家安全观，是确保社会大局稳定的必然选择，监狱作为国家刑罚执行机关，承担着承载国家意志、彰显刑罚威严、维护社会秩序、捍卫公平正义的多重使命，监狱工作不是大局，但会影响大局，监狱安全工作做得好与坏，直接影响到社会大局稳定。监狱如果发生安全事故，就会给社会大局带来严重的影响，所以日常工作中，要切实把监狱安全放在整个社会大局中来思考、来谋划，自觉树立大局意识，以坚实的监狱安全稳定，来服务大局、支持大局。

（二）反恐处突安全是监狱安全的重中之重

监狱安全是多方面的，但尤其不能缺少反恐处突方面的安全。监狱不但要应对突发事件，更要在狱内暴恐罪犯改造上做大文章，在反恐处突和暴恐罪犯改造上两手都硬，监狱安全才能得到真正保障。

1. 反恐处突安全离不开对狱内暴恐罪犯的高质量改造。监狱除了要防止涉恐暴力犯罪外，还要分出力量对涉恐暴力罪犯进行教育改造，这项任务，比反恐防暴的单纯打击更为艰巨。若该环节的刑罚目的、矫正目标不能最大限度地加以实现，那么不仅将使前期的侦查、起诉、审判工作所取得成效大打折扣，还给其复归社会之后的安置帮教工作带来严重隐患。所以说，改造好暴恐罪犯是管长远的工作，是确保监狱安全的重要方面。改造好了暴恐罪犯，反恐处突事件也会相应减少，监狱的安全才是高品质的安全，监狱才是真正完成了国家总体安全中赋予监狱承担的任务。

2. 监狱安全断不能留有反恐处突安全短板。我们必须清醒地认识到，新形势下我国国家安全和社会安定面临的威胁增多，以军事、政治、外交等冲突为代表的传统安全威胁依然严峻，监狱安全稳定工作，在面对传统安全威胁的同时，还要面对非传统安全因素的挑战。随着经济转轨、社会转型、致使和诱发违法犯罪的因素增多，恐袭案件也会逐步发生、增加，反恐处突任务会逐步加重。如果只处突，不反恐，监狱安全稳定工作的压力会进一步增大、放大，一旦出事，就是天大的事。所以监狱安全形势依然是十分严峻的，万万不能因留有反恐处突安全方面的短板，来贻害我们的监狱安全事业，危害总体安全大局。

## 二、当今监狱反恐处突应急安全机制现状及存在的不足

（一）监狱反恐处突安全机制现状

监狱反恐处突安全机制是处在监狱安全大机制下小的体系运行网络，经过几十年的建设，已经有比较丰富的经验和教训，现状基本可以归纳为：

1. 监狱处突安全机制已初步建立。监狱处突工作从现状来看，可以归纳为三点：一是各监狱普遍制定了突发事件处置预案，明确了监狱突发事件处置的原则、程序和方式方法，不少监狱还抽出时间进行了处突演练，以确保处置工作的有效性。尽管监狱工作任务很重，基层警力有限，但在当前，各监狱仍把对重点领域的防范工作放在首位，特别注重针对罪犯逃跑、自杀、防火、救灾、食物中毒等各种突发事件的处置工作推进；有的监狱还分别建立了分类应急处置预案，开展了除反恐外的多类型突发事件应急演练，提高了监狱民警在应急状态下的分工协作和快速反应处置能力，很好地填补了安全漏洞。

2. 反恐处突工作亟需着重建设。尽管各监狱已建立相关的应急处突工作的机制，但是各监狱在反恐处突的工作上仍然存在着较大的漏洞、不少的问题。除新疆监狱外，全国许多监狱由于在其本省长期很少甚至无恐怖案件的发生，对恐怖袭击根本不作考虑和工作布置，更谈不上在监狱进行专门的反恐演练，对此急需我们在反恐处突工作中下真功夫，开展从思想准备、组织机构、体制机制、工作推进到效果督导等方面的创造性工作，着重在反恐处突上补齐短板，力争监狱安全取得充分保证。

（二）监狱反恐处突安全机制存在的不足

监狱处突工作虽有进展，但是反恐处突仍存在很多问题，确是事实。找出弱项短板，解决存在的难题，监狱反恐处突工作才会真正取得主动，赢得时间。其不足之处归纳起来主要有以下六个方面：

1. 反恐安全意识欠缺。监狱相对于社会来讲，是一个风险和危机无处不在的地方，罪犯属于高危人群，随时可能发生突发事件，监狱警察基本的危机意识和忧患意识还是有的。然而，在监狱的日常管理中，由于暴恐案件并不经常发生，暴恐冲监、袭监劫狱等则更为罕见。监狱管理处于一个相对安定的环境中，有些警察甚至凭经验认为监狱现在是安全的，危机不可能降临

到自己身上，更没有必要为危机进行各种准备。少数警察在连续紧张工作的情况下，产生倦怠情绪和麻痹思想，认为监狱已多年不出事，基本上是安全的，专政意识淡薄，盲目乐观。在思想上没有跟上形势的发展，基础工作不扎实，各项日常工作流于形式，许多行之有效的制度措施没有得到完全落实。

2. 反恐处突培训缺乏针对性。对于突发事件的应急管理，监狱大多制定了较为翔实细致的应急预案，但一些预案只是按照上级的预案"依葫芦画瓢"，只具有文字上的表述作用，或者只是应付上级检查所用。相当一部分领导对暴恐突发事件的发生抱有侥幸心理，对制定的预案不宣传、不培训、不预演。而偶尔举行的应急处置培训多以课堂教学、理论灌输为主，缺少必要的安全剖析和互动。有些监狱培训走过场，为了培训而培训，对开展培训缺乏充分的前期调研，没有真正按照监狱反恐处突工作需求、警察需要和特点优化培训方案，培训缺乏针对性。在这样的情况下，监狱警察反恐处突的主动性、积极性没有得到充分发挥，安全意识、操作水平也受到了一定程度的限制。

3. 反恐处突技能素质要求不达标。随着监狱押犯的增多，监管压力增大，监狱警察担负着越来越繁重的任务。监狱警察无法保证最起码的训练时间和训练条件。此外，监狱的应急处置的训练存在内容不科学、针对性不强等问题，比如不重视体能、射击等基础训练，忽视有针对性的情景实战和综合演练等，一旦恐袭真正爆发，监狱警察在突发情况下能否有效操作，能否召之即来、来之能战、处置得当，恐怕还是要打一个大大的问号。

4. 反恐处突决策指挥能力缺乏。监狱反恐处突的应急指挥，是指警察在有限的时间、资源约束条件下，应对突发性的危机实施的监狱非程序决策过程。但事实上，监狱警察除了偶尔参加为数不多的应急处突预案演练，大多未接受过基本的处置反恐突发事件的专门技能培训，缺乏应对恐袭的决策指挥能力和经验，在监狱暴恐突发事件爆发突然、演变迅速、决策要求急促的情况下，不但无法作出科学有效的指挥决策，甚至会出现指挥盲目、简单处置等无法预想的问题，导致严重后果。

5. 反恐处突心理准备不足。这一问题包括两个主要方面，一是监狱警察对出现暴恐袭击的心理准备不足。一旦遇到恐怖袭击，现有监狱许多干警的表现情况可能是除了惊讶，更多的是茫然无助，能否果断操"枪"、有效应对应该是未知数。当然这一切都源于和平久了、安逸久了、麻木倦怠了，没有很好的训练，心理准备自然严重不足。二是对暴恐罪犯的心理干预能力不足。

在处置暴恐突发事件过程中，初始阶段，监狱警察如果能运用心理学的理论和技术，通过心理震慑和对话等方式对正处在应激状态的罪犯进行有效的心理干预，引导罪犯向可控的方向转变，处突工作也许事半功倍。实际上，近些年监狱内的心理咨询师虽然在数量上有了很大增长，但普遍专业知识肤浅，实践技能欠缺，尤其是在参与监狱内外突发恐袭事件方面的心理干预上的作用还十分有限。因此，加强监狱警察反恐处突心理准备，开展心理危机干预能力的培训应该时不我待。

6. 反恐实战能力有待加强。监狱工作队伍是国家政法队伍的重要组成部分，是有严格规范的、带枪的队伍，除了有对党和人民以及司法监狱事业很高的忠诚度，还必须要有良好的纪律和奉献精神，更必须要有整体应急能力，智勇双全，敢打能战。如果在这方面做得不够，队伍缺乏战斗力，工作出现倦怠现象，导致事故频发，队伍整体观感不好，就会造成不应有的损失，对监狱安全工作也会带来妨害。所以，提高队伍整体处突实战能力一定要放在监狱工作的极重要位置，力争使之成为监狱反恐处突工作今后一段时间内的新亮点。

## 三、监狱反恐处突应急安全机制亟需改革完善的工作

### （一）更新监狱反恐处突应急安全理念

当前监狱反恐处突工作处于关键的战略准备期，同时，又处于机制改革的调整磨合期，如何适应总体国家安全观的新要求，紧跟司法改革的步伐，切实发挥现代监狱在社会分工中的功能，在反恐处突斗争中做出成绩，确立科学的反恐处突理念还是十分关键的。

1. 要树立政治建警从严治警的理念。政治建警、从严治警虽然是老生常谈的问题，但进入当今时代，这一理念只能加强，不应削弱。大家知道，思想政治工作是我们政法以及监狱工作的生命线，要通过政治教育、熏陶、洗礼，发挥出政治的巨大威力。从政治建警入手，从严治警，着力锻造出一支拥有铁一般信仰、铁一般信念、铁一般纪律、铁一般担当的监狱反恐处突队伍，使政治工作深入到监区警队，深入到反暴恐一线，并引领其他工作的开展，激发出监狱干警的内生动力，从而提升队伍的战斗力，倍增反恐警力。同时还要注重监狱反恐处突的机制创新，充分运用现代科技的力量助攻反恐

处突工作，力求改革强警、科技兴警，使监狱安全工作始终有强大的警力来保证。

2. 要树立监狱全方位安全的理念。监所安全经过了许多年的积淀，经历了多轮反复，从底线安全，到治本安全，取得了不错的成绩。监狱安全和监狱改造工作，受到了党和人民的高度肯定。但是监狱如果忽视反恐工作，留下这一缺口，那么监狱安全就成为一种残缺的安全，无法应对新的安全局面，也无法建立起监狱真正的安全，更无法完成党和人民交予我们应该做出的答卷，使总体安全打了个大折扣。所以，监狱安全应该是监所全方位安全，我们只有树立全方位的安全理念，不留缺口、不留死角，仔细设计监狱安全制度体系，补上欠缺的这一课，建立起全方位监狱安全体系，监狱才会得到真正有保障的安全。

3. 要树立对待监狱暴恐行为"零容忍"的理念。监狱在反恐处突上是没有含糊的空间的，即对恐怖主义、分裂主义、极端主义这"三股势力"实施的监内外暴恐犯罪活动，必须采取零容忍的策略，加强协调合作，加大打击力度，果断应急处置；如果优柔寡断、含含糊糊，就有可能酿成大错，危害到监狱安全，损害到党和人民群众的根本利益，危及社会安全，破坏国家总体安全稳定。所以，一定要把监狱内外暴恐袭击苗头扼杀在萌芽状态。要通过监狱安全的隐患排查整治，夯实反恐防暴工作基础，对恐袭苗头，一定要早出手、出重拳、"零容忍"，要做到凡"恐"必打、凡暴必击，真正筑牢监狱安全防线。

（二）强化监狱反恐处突应急队伍建设

1. 建立监狱反恐处突应急骨干队伍。监狱要成立反恐处突应急特别警队。作为反恐处突的"尖刀"力量，特别警队人数配置依监狱规模大小确定，成员由专职特警队员和从监狱机关科室和监区的年轻警察中挑选心理素质好、体能素质强、擒拿格斗术精、力量和反应速度快的警察组成。要专兼结合，常备不懈。监区要建有反恐处突骨干队伍，队伍由各监区干警组成。这部分人员是反恐处突队伍的基础兼职力量，人数比特警队员多，是反恐处突工作坚不可摧的中坚力量。因为各个监区每天至少有一名领导在监管区值班，三大现场发生突发情况，在反恐处突特警队员到达之前，监区领导是现场指挥处置的第一人，所以监区领导必须熟悉本监区的所有反恐处突预案，对本监区的狱情、犯情全盘掌握，对本监区三大现场重点要害部位的防范情况要一清二楚。在监区发生恐袭突发情况时，能马上指挥调动本监区警察迅速应战。

2. 强化监狱反恐处突专业人才培养。监狱反恐处突工作的顺利开展，离不开专业人才的支持；而专业人才需要我们花大力气找准平台培养选拔、锻炼成长。司法警官院校作为司法监狱系统的教学科研、培训咨询基地，在监狱反恐处突专业人才培养上可以大有作为。警官院校通过有计划地多层次地开展应急处突的专业培训，可以大力提高监狱警察面对暴恐突发情况时的应急处突能力。通过积极对监狱暴恐犯罪行为进行专门的研究，特别是研究暴恐犯罪中出现的新情况、新趋势、新手段、新问题，研究暴恐罪犯的矫正问题，可以快准狠地打击犯罪，真正及时有效地为打击暴力恐怖犯罪事业服务，起大作用。

3. 培养反恐处突队伍的实战能力。监狱要及时制定科学、实用的反恐处突预案，组织开展演练。备而不学，等于不备；备而不练，用时必乱。一旦出现这种情况，就会妨害我们的工作，这也是对我们监狱安全工作的极端不负责任。监狱一定要通过对预案的宣传和学习，通过组织反恐处突预案的专题演练，最大限度地减少事件的发生，降低突发性；即使发生，也能把损失降到最低。因此，时而习之、操之、练之，反恐处突预案的作用就会得到充分发挥，队伍的实战应急处突能力就会得到大大提高，监狱的安全才能得到真正确保。

(三) 补齐监狱反恐处突应急安全系统短板

监狱反恐处突机制，是建立在监管安全预警基础上的，因此监狱反恐处突绝不是简单放个哨、处理单一事情就可以一蹴而就的，而应长期、系统地进行专门建设。

1. 加强反恐处突系统基础建设。监狱反恐处突机制可以分解为预警、防范和处置三个分系统，贯穿突发事件的前、中、后三个过程。预警系统是处突机制中的初始系统。主要是对可能引发恐怖突发事件诱因进行研究、信息收集和分析，建立安全临界信息预报，提前报警；防范系统是由防范机构和控制技术构成，依据预警系统提供的反恐信息，对危险对象进行各种早期预防、控制与化解的过程；处置系统是对预警系统和防范系统中经过预测、监测、预警、控制防范等预防性措施后，仍存在不安全状态的可能性因素，进行针对性反恐应急处置。这三个基础系统监狱要依托现有体系花大力气建设好，并且高度借助信息化的平台优势，让其在反恐关键时刻真正发挥好作用。

2. 建立监狱警察恐袭危机意识培育机制。《左传》有言："居安思危，思则有备，备则无患。"监狱警察必须具备敏感的恐袭危机意识和风险意识才能利用科学手段应对恐袭突发事件的发生。要增强警察面对恐袭突发情况时的处突应急能力，首先就要强化反恐意识，加强反恐教育，树立居安思危的意识，做到安而不忘危，存而不忘亡，时刻保持对监狱恐袭突发事件的敏感度。监狱要利用会议、板报、标语、现代传媒等各种途径，及时宣传暴恐突发事件可能对监狱形成的破坏力，对警察自身安全的威胁力，培养警察的警觉和参与意识，增强警察快速高效的应急意识和积极主动的沟通意识，杜绝警察对恐袭突发情况麻木不仁、事不关己的消极态度发生。

3. 健全反恐应急处突指挥体系。在当前形势下，要依托现有处突机制，健全反恐处突指挥体系。特别是要在司法部局、各省局、监狱建立三级反恐处突指挥中心（目前情况下可以暂时与一般处突中心并网运行），常设反恐处突办公室，明确反恐职责。一遇反恐处突事件，自动改变原有普通处突格局和人员构成，提升指挥级别。各监狱指挥中心应主要由监狱领导班子成员组成，由监狱长担任指挥长，负责监狱反恐处突的总体防范、检查督查、防控应急、指挥调度和处置决策。把反恐安全作为监狱重中之重的大事，指挥中心应统一警务运行模式，建立健全管理制度，构建科学、高效的反恐处突指挥中心实战化运行机制。

4. 建立反恐处突应急安全督查机制。如果没有督查机制，监狱反恐处突的各项应急安全制度就难以落实。整个队伍的素质也难以提升。要通过督查，尤其是远程督查，创新督查方式，牢固树立"找到短板是水平，补上短板是能力"的理念，开展在反恐处突上找问题、清任务、抓督查、补短板、强保障的工作，对发现的问题，要做到立行立改，一步一个脚印地完善。既要督促监狱建机制，也要监督反恐实战演练，更要查实际运作，还要查培训，查保障，从而确保监狱反恐处突应急安全各项制度完完整整地得到落实，把监狱反恐处突应急安全系统的短板真正补齐。

（四）协调监狱内外反恐处突安全合作

由于反恐防暴工作涉及面广、防范难度大、事务紧急、专业要求高、需要强力处置，因此，在实际运行过程中，既需要专业运作，更需要社会大众、单位部门支援配合。监狱反恐处突队伍作为重要的常备力量，除了加强能力建设以外，也需要监内外、方方面面的协作配合。

1. 健全监狱反恐处突内部联动机制。监狱在充分认识当前反恐处突斗争的严峻性和复杂性情况下，要结合当前监狱安全工作的新形势，提高反恐处突工作意识，积极开展监狱反恐处突狱内联动、系统联动，同时也积极协调建立狱内狱外联动机制，并就隐患排查、信息共享、力量支援等监管安全问题，在必要时依法同联动机关进行广泛研商，达成共识、共同行动，直至反复开展联合反恐实战演练，进一步提高监狱应对恐怖突发事件的处置能力。

2. 监内外反恐处突合作大有可为。随着反恐处突工作的深入，广泛深入的合作是大势所趋。我们既要加强"狱""狱"之间的合作，也要加强监狱与地方的合作；既要加强监狱系统内部，乃至政法系统内的合作，也要加强监狱与社会各方面、各层次、各企事业单位的合作，使国内反恐处突工作中的密切合作成为一种新常态。同时还通过搭建反恐处突研究的校局合作交流平台，提升反恐专业教师的教学与实战水平；也通过搭建各警官院校之间以及警官院校与社会院校的相关合作平台，培养出监狱和社会真正需要的反恐处突专业人才。

3. 监狱反恐处突国际合作空间广大。监狱反恐处突也需要与国际接轨，加强反恐处突专业人才的国际合作培养。与国际反恐处突接轨，加强地区和国家间的合作，这也是大趋势。必要时，我们可以通过国际反恐公约和合作规则，并结合国内的监狱反恐防暴形势以及反恐处突情况将规则的内容内化，从而推动监狱反恐处突国际警务执法合作，同时，在监狱反恐处突专业人才的培养上，也可以国际交互培养，联合实训，开展专业人才的国际合作培养，这也是提高监狱反恐处突队伍专业化水平与反恐处突人员战斗力的值得探求的重要一步，更是一条提升自我的有益之路。

总而言之，在国家总体安全视域下，监狱反恐处突应急安全机制只有在看清反恐大势，顺应时势，借司法改革的东风，进行深度变革，并采取强有力的措施，全方位补齐目前监狱反恐处突工作中的短板，反恐处突局面才会有新的突破，也只有这样做，我们的监狱反恐处突工作，才能说是真正步入了良性循环的轨道，监狱才是在安全工作上没有拖国家总体安全的后腿。

# 团体正念练习对男性病犯心理弹性的干预效果

周琪琪 [*]

## 一、前言

### (一) 正念的内涵及其应用研究

"正念"是对此时此刻所觉察到的体验不加评判的一种觉察力。[1]国内学者刘兴华教授对正念进行操作性定义,即有意识地、不加评判地、对此时此刻当下的注意,如实地了解自己此刻的身心状态及其变化,是一种有助于个体活在当下的重要技术。[2]"正念"强调聚焦当下并以开放的态度全盘接受当下体验,其内涵源于佛教禅修,由冥想、静坐、禅宗等形式发展而来,是东西方文化融合的产物。它是一种状态,是个体身上的积极心理特质,也可以是一种自我调节方法。

正念练习 (Mindfulness Training, MT) 是一系列以"正念"为基础的心理练习方法的总称。被称为"行为治疗的第三阶段"[3]。包括正念减压疗法 (MBSR)、正念认知行为治疗 (MBCT)、辩证行为治疗 (DBT)、接受与实现疗法 (ACT)。

正念练习可以帮助个体达到一种正念的状态,或者培养个体具备正念特质。练习内容主要有呼吸空间练习、身体扫描、正念冥想、食禅、山禅等,具体方法为:选择一个可以注意的事物以一个舒服的姿势静坐,可以闭上眼睛,

---

\* 周琪琪,江苏省司法警官高等职业学校教师。

〔1〕 See Kabat-Zinn J, "Mindfulness-based interventions in context: past, present, and future", *Clinical Psychology: Science and Practice*, Vol. 10, No. 2., 2003, pp. 144-156.

〔2〕 参见刘兴华等:"心智觉知认知疗法:从禅修到心理治疗的发展",载《中国临床心理学杂志》2008 年第 3 期。

〔3〕 Richard J. Davidson, "Empirical explorations of mindfulness: Conceptual and methodological conundrums.", *Emotion*, Vol. 10, No. 1., 2010, pp. 8-11.

进行一个不超过一分钟的腹部呼吸放松练习。[1]然后，个体慢慢调整自己的呼吸，将注意集中到所选择的事物上。在整个过程中，当头脑中出现了其他想法或感受导致注意力不集中，也不要紧，只需随时回到原来的注意力上即可，不需要害怕，也无需任何评判。带着好奇心去觉察每一个当下，带着信心与周身的感受、想法、情绪共处，而不是排斥它，做到接纳、不评价地陪伴自己身体出现的各种各样的情况是正念练习的重要指导原则。

许多研究表明，正念练习可以运用于慢性疼痛[2]、癌症[3]等疾病的临床治疗中，能够有效缓解焦虑、抑郁、慢性疼痛、压力不适感，同时对睡眠障碍[4]和不良应对方式有一定程度的改善。目前，正念已经广泛应用于教育、军事、企业管理等多个领域，帮助个体达到改善生理不适、减轻心理压力、提升心理健康水平的目的。

（二）罪犯心理弹性的相关研究

心理弹性，亦称为心理韧性，心理复原力。可以定义为个体在面对逆境、创伤或其他重大压力情境下良好适应的过程。[5]其研究最早源于20世纪前期研究者对那些身处逆境或沉重压力下的成长环境却仍然得以良好发展的个体的关注。由此启发人们开始以积极的视角去审视逆境或压力对个人发展的多重作用。大量研究表明，心理弹性对个体的心理健康水平、压力适应、生活质量等许多方面都有着潜在的影响，对个体的发展具有积极意义。

有学者曾对罪犯展开调查，发现罪犯的年龄、劳动岗位、受教育程度以及家庭背景均对其心理弹性状况有影响。[6]同时，心理弹性作为积极心理素

---

〔1〕 参见熊韦锐、于璐："正念疗法———一种新的心理治疗方法"，载《医学与社会》2011年第1期。

〔2〕 See Lerman Ruth, et al., "Improving symptoms and quality of life of female cancer survivors: a randomized controlled study", *Annals of Surgical oncology*, Vol. 19, No. 2., 2012, pp. 373-378.

〔3〕 See Natalia E. Morone, Carol M. Greco, Debra K. Weiner, "Mindfulness meditation for the treatment of chronic low back pain in older adults: A randomized controlled pilot study", *Pain*, Vol. 134, No. 3., 2008, pp. 310-319.

〔4〕 See Cynthia R Gross, et al., "Mindfulness-based stress reduction versus pharmacotherapy for chronic primary insomnia: a randomized controlled clinical trial", *Explore*, Vol. 7, No. 2., 2011, pp. 76-87.

〔5〕 See Rutter M, *Protective factors in children's responses to stress and disadvantage*, University Press of New England, 1979, pp. 49-74.

〔6〕 参见郭英、张梦柔："服刑人员的心理弹性与心理健康关系"，载《中国健康心理学杂志》2016年第6期。

质的重要指标，与罪犯的心理健康水平和成熟应对方式[1]也有密切的关联。

罪犯在经历入狱服刑这一生活特殊事件的复原力以及对于新的生活环境的适应能力无疑影响其完成改造并回归社会的质量和效率，对罪犯的心理弹性研究也应当成为教育改造研究领域的一个重要部分。

## 二、研究方法与对象

### （一）研究对象

本次研究选取江苏省某监狱 60 名男性重刑犯为研究对象，将 60 名罪犯随即分为实验组 30 人（为方便实施干预，又将实验组随机分为实验一组和实验二组各 15 人）和对照组 30 人。参与人员经监区民警宣传教育后进行自愿报名参与，并由监区民警和研究者进行集体和个别谈话，确定为身心条件符合，有相应的心理帮助需求，均无参与过正念练习的经历，适合参与正念练习。

实验组罪犯具体构成：年龄范围在 30 周岁~68 周岁；文化程度为小学及以上；刑期为 10 年以上；其中心血管类疾病 11 人，癌症 1 人，躯体障碍 2人，糖尿病 1 人，慢性传染类疾病 5 人，其他疾病 11 人。

经过八周团体正念练习后，在实验组 30 人中，1 人中途退出，4 人数据缺失较多，对照组有 8 人数据缺失或异常。剔除无效样本后，最终实验组共25 人，对照组共 22 人进入数据分析。

### （二）研究设计

本次研究采取随机对照前后测实验设计，并运用相关心理量表进行前后测，数据资料全部采用 SPSS20.0 进行数据处理和分析，作为量性研究的参考资料。在练习过程中进行文字和保密性摄影记录，在干预前后对罪犯进行谈话，结合收集到的资料进行综合效果评估。

### （三）研究工具

1. 正念五因素量表中文版。正念五因素量表（Five Fact Mindfulness Questionnaire，FFMQ）由 Baer 等[2]人研制，包含三十九个项目，五个维度（观

---

[1] 参见曾晓青等：“在押服刑人员心理弹性与应对方式的关系”，载《宜春学院学报》2016 年第 7 期。

[2] See Ruth A Baer，Gregory T Smith，Kristin B Allen，"Assessment of mindfulness by self-report：the Kentucky inventory of mindfulness skills"，*Assessment*，Vol. 11，No. 3.，2004，pp. 191-206.

察（observing）、描述（describing）、有觉知的行动（actaware）、不判断（non-judging）、不反应（non-reacting）。中文版量表由邓玉琴[1]于 2009 年修订，问卷五个因子的内部一致性信度分别为：观察 0.746、描述 0.843、有觉知的行动 0.794、不判断 0.659 和不反应 0.448。五个因子的重测信度为 0.436-0.741 之间。

2. 心理弹性量表中文版。心理弹性量表（Connor-Davidson Resilience Scale, CD-RISC）：Connor 和 Davidson[2]于 2003 年研制，用来测量个体压力应对的能力，包含五个维度和二十五个条目，采用 Likert5 级评分方法，分数范围为 0 分~100 分，得分越高，心理弹性越佳。Cronbach´sα 系数为 0.89，重测信度为 0.87。量表最初用于一般人群、初级照护者、门诊精神病患者、焦虑患者及创伤后应激障碍患者。于肖楠等[3]翻译并进行修订了中文版，形成坚韧性、力量性、乐观性 3 个维度，其内部一致性信度为 0.91，各维度 Cronbach's α 系数为 0.60~0.88。

（四）练习方案

研究方案为自编正念练习方案。核心练习内容均为国内外正念练习的经典内容，练习顺序基本遵循八周正念练习课程的安排。围绕正念练习设计的三个基本技术：集中注意力（止禅）、开放监控（内观）、慈悲地接纳，遵循初心、耐心、接纳、放下、信任、不评价（批评）、无为（不用力追求）七个正念练习的基本原则展开。考虑到本方案针对服刑人员，为了贴合实际需要，调动成员参与的积极性，部分练习前加入团体辅导游戏作为每次正式练习前的导入环节。方案主要围绕觉察感受、接纳情绪、活在当下、顺其自然、悠然独处、自在生活六个主题来进行干预，加上初期认识和后期总结，一共 8 个节次，每个节次 1 小时左右，采用讲授、正式与非正式练习、分享与讨论相结合的方式进行干预。主要练习内容见表 1。

---

〔1〕 See Yu-Qin Deny, et al., "The five facet mindfulness questionnaire: Psychometric Properties of the Chinese Version", *Mindfulness*, Vol. 2, No. 2., 2011, pp. 123-128.

〔2〕 See Kathryn M Connor, Jonathan RT Davidson, "Development of a new resilience scale: The Connor-Davidson Resilience Scale（CD-RISC）", *Depression Anxiety*, Vol. 18, No. 2., 2003, pp. 76-82.

〔3〕 参见于肖楠、张建新："韧性（resilience）——在压力下复原和成长的心理机制"，载《心理科学进展》2005 年第 5 期。

**表 1　正念练习主要内容安排**

| 练习安排 | 内　容 |
|---|---|
| 第一周 | 团体建立、认识、讲解正念相关知识、三分钟呼吸空间练习、分享 |
| 第二周 | 活动导入、家庭作业、初心、正念呼吸练习、分享 |
| 第三周 | 活动导入、家庭作业、耐心、正念呼吸练习、声音和想法的练习 |
| 第四周 | 活动导入、家庭作业、放下、信任、立禅练习、身体扫描练习 |
| 第五周 | 活动导入、家庭作业、接纳、不评价、给情绪贴标签的练习、三个篮子 |
| 第六周 | 活动导入、家庭作业、无为、山的冥想练习 |
| 第七周 | 活动导入、正念共同呼吸练习、慈心禅练习 |
| 第八周 | 活动导入、正念分享、正念冥想、回顾总结、展望祝福 |

（五）实施过程

在正式开始练习之前，研究者对参与的 30 名成员分别进行谈话，告知参与成员此次练习的内容，并组织相关问卷的填写。前测时间为练习开始的前两周，后测时间为练习结束的后两周。正式练习时间开始于 2019 年 8 月底，于 2019 年 10 月底结束，在每周二或每周四进行一次团体活动，每次时长为 1 小时左右，共持续 8 周，其他时间由成员自行选择进行非正式练习。每次活动中，由指导老师带领成员进行团体活动、正念练习和体验，并在练习后进行感受和体验的分享。活动结束后，指导老师进行总结并布置非正式练习作为家庭作业，邀请成员在下次活动时进行分享和讨论。由于监狱环境封闭，练习全程由指导老师本人口述指导语，引导成员进行正念练习，团体正式练习后鼓励成员在无指导语的情况下自行练习。

（六）数据处理

全部数据使用 SPSS 20.0 进行统计分析。对实验组和对照组前测得分进行独立样本 $t$ 检验以了解两组在参与前是否有显著差异，对实验组、对照组前后测得分进行配对 $t$ 检验，以了解两组在参与后的得分是否有显著差异。以 $P<0.05$ 为差异具有统计学意义。

## 三、研究结果

（一）实验组和对照组的前测各项指标得分的比较

结果显示，两组罪犯在正念及其各维度、心理健康总分及各维度和心理弹性总分及各维度的得分不存在显著性差异，见表2和表3。

**表2　实验组对照组正念前测得分的比较**

| 正念水平 | 实验组 $n=25$ | 对照组 $n=22$ | $t$ |
|---|---|---|---|
| 总分 | 106.10±17.06 | 113.65±13.41 | −1.671 |
| 观察 | 21.31±4.85 | 23.41±4.32 | −1.559 |
| 描述 | 22.62±4.27 | 24.82±4.25 | −1.767 |
| 觉知的行动 | 22.50±5.17 | 23.33±4.49 | −0.587 |
| 不判断 | 21.88±3.43 | 23.76±3.69 | −1.805 |
| 不反应 | 16.76±4.15 | 18.33±4.87 | −0.427 |

**表3　实验组和对照组心理弹性前测得分的比较**

| 心理弹性 | 实验组 $n=25$ | 对照组 $n=22$ | $t$ |
|---|---|---|---|
| 总分 | 60.01±14.51 | 66.50±16.85 | −1.420 |
| 坚韧性 | 33.01±7.56 | 35.53±9.61 | −1.007 |
| 力量性 | 18.28±5.36 | 21.25±5.60 | −1.860 |
| 乐观性 | 8.32±3.20 | 9.71±3.27 | −1.474 |

（二）实验组前测后测各项指标得分的比较

**表4　实验组正念得分前测后测比较**

| 正念水平 | 前测 | 后测 | $t$ |
|---|---|---|---|
| 总分 | 106.10±17.06 | 113.40±7.55 | −1.946 |
| 观察 | 21.31±4.85 | 21.40±4.06 | −0.104 |
| 描述 | 22.62±4.27 | 23.16±2.40 | −0.699 |

| 正念水平 | 前测 | 后测 | $t$ |
|---|---|---|---|
| 觉知的行动 | 22.50±5.17 | 26.56±5.16 | −2.109 * |
| 不判断 | 21.88±3.43 | 25.52±4.19 | −2.669 * |
| 不反应 | 16.76±4.15 | 17.79±3.86 | 1.523 |

注：＊表示 $P<0.05$，＊＊表示 $P<0.01$，下同

结果显示，在八周正念练习后，实验组罪犯的正念总分及各维度的得分均有不同程度的上升，其中觉知的行动以及不判断两个维度的前后测得分存在显著性差异（$P<0.05$），见表4。

表 5　实验组心理弹性得分前测后测比较

| 心理弹性 | 前测 | 后测 | $t$ |
|---|---|---|---|
| 总分 | 60.01±14.51 | 64.52±14.76 | −1.562 |
| 坚韧性 | 33.01±7.56 | 33.81±8.45 | −0.514 |
| 力量性 | 18.28±5.36 | 20.78±4.47 | −2.753 * |
| 乐观性 | 8.32±3.20 | 9.92±3.10 | −2.037 * |

结果显示，在八周正念练习后，实验组罪犯的心理弹性总分及各维度的得分均有不同程度的上升，其中力量性、乐观性两个维度的前后测得分存在显著性差异（$P<0.05$），见表5。

（三）对照组各项指标前测后测得分的比较

表 6　对照组正念得分前测后测比较

| 正念水平 | 前测 | 后测 | $t$ |
|---|---|---|---|
| 总分 | 113.65±13.41 | 112.48±7.66 | 0.389 |
| 观察 | 23.41±4.32 | 22.07±4.59 | 1.088 |
| 描述 | 24.82±4.25 | 23.40±3.89 | 1.660 |
| 觉知的行动 | 23.33±4.49 | 25.87±3.03 | −1.862 |

续表

| 正念水平 | 前测 | 后测 | t |
|---|---|---|---|
| 不判断 | 23.76±3.69 | 23.96±3.41 | -0.168 |
| 不反应 | 18.33±4.87 | 17.19±3.75 | 1.058 |

结果显示，对照组服刑人员的正念总分及各维度的得分变化不具有显著差异性，见表6。

表7　对照组心理弹性得分前测后测比较

| 心理弹性 | 前测 | 后测 | t |
|---|---|---|---|
| 总分 | 66.50±16.85 | 65.81±16.65 | 0.227 |
| 坚韧性 | 35.53±9.61 | 34.85±10.02 | 0.355 |
| 力量性 | 21.25±5.60 | 21.29±4.62 | -0.035 |
| 乐观性 | 9.71±3.27 | 9.67±3.31 | 0.061 |

结果显示，对照组服刑人员的心理弹性总分及各维度的得分差异变化均不具有显著差异性，见表7。

（四）正念练习后参与练习的服刑人员变化

练习结束后，研究者对参与正念练习人员的分享、反馈内容做了相关总结和整理。根据参与罪犯的反馈和分享归纳出以下方面：（1）情绪状态。焦虑、抑郁、自卑等消极情绪有所缓解，能够更加积极乐观地应对服刑压力和今后的生活。（2）自我开放度。能更加合理开放并且主动地表达自我感受，情感变得更加丰富。（3）认知和应对方式。能将在正念练习中的感悟和收获，诸如不评价、初心原则运用到改造生活中。能学会借助环境，如自然景物提供心理支持。（4）睡眠。早醒、失眠等症状改善。

## 四、讨论

（一）正念练习对罪犯心理干预的可行性和效果

本研究表明，在正念练习中，罪犯能在指导老师引导语的引导下，对当下关注点进行感受，并保持觉察，大部分成员都能够跟随引导进入状态。正

念练习在罪犯群体中应用的可行性和群体接受性是较高的，值得进一步推广
应用。

研究结果显示，实验组罪犯的正念总分及各维度的得分均有不同程度的上
升，其中觉知的行动以及不判断两个维度的前后测得分存在显著性差异（$P<$
$0.05$），心理弹性总分及各维度的得分均有不同程度的上升，其中力量性、乐
观性两个维度的前后测得分存在显著性差异（$P<0.05$）。相对而言，对照组
服刑人员的各项指标均无显著性变化。

这些指标的变化说明了团体正念练习对男性病犯的正念及心理弹性水平
的提升具有一定的作用，可以帮助罪犯增加自身的适应能力，以更加乐观的
状态应对改造中的压力挫折。

目前，已有较多国外研究者将正念应用于罪犯、戒毒人员等被监禁群体
的心理干预。Noelle R. Leonard 等[1]采用随机对照的准实验设计，发现持续 3
到 5 周的正念练习可以帮助被监禁青少年改善因长期处于监禁高压状态下导
致的功能性注意力损伤。Sharon Byrne[2]对 20 名青少年进行为期 3 个月的正
念干预，通过对前后测数据的对比分析发现，练习后被监禁青少年的冲动水
平得到显著改善，同时其正念水平、主观幸福感以及心理弹性水平得以提升。
Ginette G. Ferszt 等[3]招募 33 名被监禁妇女参加了为期 12 周的正念练习，发
现与干预前相比，女性的压力感、焦虑和抑郁都显著降低，同时心理弹性水
平得到显著改善。正念训练对罪犯的心理弹性具有一定的改善作用，这与本
研究结果有相近之处。

但国内关于在监狱内开展正念干预的研究报道相对而言较少。曾有国内
学者[4]以男性长刑期服刑人员为研究对象，发现了为期六周的正念练习能够

---

[1] See Noelle R. Leonard, et al., "Mindfulness training improves attentional task performance in in-
carcerated youth: a group randomized controlled intervention trial.", *Frontiers in Psychology*, Vol. 4, 2013,
pp. 792–802.

[2] See Sharon Byrne, "The development and evaluation of a mindfulness-based intervention for incarcer-
ated young men", *University of Glasgow*, 2017.

[3] See Ginette G. Ferszt, et al., "The Impact of a Mindfulness Based Program on Perceived Stress,
Anxiety, Depression and Sleep of Incarcerated Women", *International Journal of Environmental Reserch and
Public Health*, Vol. 12, No. 9., 2015, pp. 11594–11607.

[4] 参见苑泉等："男性长刑期服刑人员攻击性及睡眠质量的 6 周正念训练"，载《中国心理卫
生杂志》2015 年第 3 期。

有效改善服刑人员的攻击性水平及睡眠质量。也有学者将正念冥想练习应用于犯罪青少年心理健康干预的研究中，发现正念冥想练习对犯罪青少年的正念水平、情绪脑肌电及应对方式有积极影响。[1]这些研究成果都说明了正念练习对被监禁群体的意义，为正念在监狱环境中的应用价值提供了有力的佐证。

正念练习能够帮助罪犯更多地将注意力放在当下，聚焦关注自身感受并尝试发现以往忽视的体验，并将消极体验进行隔离重塑，减少自己对消极情绪反复关注的时间，同时在对自我和环境的觉察中挖掘更多的支持性资源。在正念练习中，参与者可以通过观察呼吸的调整、平息压力不安的感觉，并借助不同的实物意象汲取心理能量，让身心得到充分的放松。同时在不同内容的正念练习中完成对自我感受、经历的梳理和整合，帮助自己更加客观地看待事物的发展，学会与压力与苦痛共处。

（二）正念练习对男性病犯心理干预的特点

在对男性长刑病犯的正念训练过程中，笔者发现在正念练习初期，一些人对正念的内涵和练习形式存在认识误区，对参与练习的目的和意义抱有疑惑，部分罪犯还有一定的阻抗心理。随着正念练习的逐步深入，部分罪犯的内心矛盾有所暴露，但碍于一些原因无法表达，于是产生内心的纠结。这些都需要引导者调动自身的知识和引导经验，及时对罪犯进行疏导，更重要的是做好鼓励和支持。

与此同时，与女性罪犯相比，男性罪犯在语言表达方面不够擅长，分享阶段可能显得稍微被动，而表达和分享有助于帮助参与者梳理情绪和感受，因此可借助书写代替语言表达，强化练习效果。

（三）正念练习在监狱内进行推广的适应性

首先，正念练习对个体身心健康的积极影响有大量的理论和实证研究基础。其操作具有流程化、标准化、可复制等特征。

其次，正念练习的形式较为简单，且成本较低。对参与练习者的技能掌握要求不高，不需要借助复杂的工具，对参与者产生的心理压力和挑战感较小。

---

〔1〕 参见刘慧瀛、李淑芳："正念冥想训练对犯罪青少年心理健康影响的研究"，载《第十八届全国心理学学术会议摘要集——心理学与社会发展》，第115页。

　　最后，正念练习强调参与者的自主体验，赋予参与者更多的自主性，化任务驱动为活动体验，在监狱特殊的环境中提供一种方法，让参与人员在体验中由内而外获得自身感悟，并客观看待当下的感受，削弱了常规监区教育改造中的灌输式属性，能大大减轻罪犯的阻抗心理。

# 浅议罪犯心理咨询效果的评估

马立骥 *

　　心理咨询效果的评估，一直以来在心理学界都没有统一的标准。但其与心理咨询师的基本功、经验以及责任心有密切关系。我国的刑罚执行机关开展罪犯心理咨询工作已多年了，各监狱都培养了一定比例的心理咨询师并设置了"心理矫治中心"等类似机构，在监狱、监区（分监区）等不同层面开展罪犯心理咨询工作已经成为对罪犯教育改造的日常规定性动作。但我们在行业基层单位调研时了解到，有些心理咨询师存在对心理咨询效果评估的理解不一致、方法各选其好、收集素材也不甚全面与规范等问题。笔者通过在监狱挂职、调研及课题研究等，对行业开展心理咨询工作的了解以及亲自参与罪犯心理咨询的实践来谈谈个人的看法，以此与同道共同探讨。

## 一、当前监狱心理咨询效果评估的基本涵义

　　监狱心理咨询的一个基本理念是罪犯中的求助者通过与心理咨询师的互动，使罪犯的心理与行为会在某些方面发生变化，且期望这种变化是积极有利的。但问题在于如何反映这种变化，并加以分析，从而判断心理咨询的效果，这就是心理咨询效果的评价问题。

　　通过分析确定问题的性质、名称和严重程度；通过假设和验证，确定影响罪犯心理健康的相关因素，是评估问题的主要目的。所以评估问题既影响着心理咨询目标的最终确立，也影响着心理咨询策略的选择与实施。

　　罪犯心理咨询效果评估就是根据监狱开展心理咨询工作的目标和要求，按照一定的评估程序，采用一定的评估方法，对经过一定阶段心理咨询的罪犯是否达到预期的咨询目标和要求所做的鉴定与判断。

*　马立骥，浙江警官职业学院司法心理与行为研究所所长。

从罪犯角度来看，经过一段时间的心理咨询，他对法律有了新的更客观、更理性的认识，其犯罪心理降低或能有意控制了，这说明心理咨询有了效果；假如该罪犯同时还有些其他的问题，比如人际关系不良，那在咨询的过程中，心理咨询民警也会关注此问题并加以矫治，此后罪犯人际关系越来越和谐了；或者他身边的人感觉他情绪渐渐稳定了、说话通情达理了；心理咨询民警还会观察到其他的东西，比如这个人控制自我行为的自我效能感提升了或者对未来生活的正向期望度提高了等，这些都是心理咨询效果的范畴。

## 二、当前监狱心理咨询效果评估的作用与存在的局限

（一）目前心理咨询效果评估的作用体现

1. 有利于监狱的安全稳定。罪犯中有些人存在心理障碍，在教育改造活动中可能存在这样或那样的行为问题，有的甚至存在一定的危险性。在对其进行心理咨询时，准确有效地评估心理咨询的效果，有利于我们做好各项工作并对其行为有一定的预测，有利于场所的安全稳定是非常重要的。

2. 有利于罪犯的心理健康。监狱开展所有工作的出发点，是以建设和谐社会为目标，以人为本，注重人的全面发展。若我们能够准确有效地评估心理咨询开展的效果，将有利于逐步完成罪犯的社会化，提升其心理健康水平，实现其更好的自我发展。

3. 有利于当地社会的健康发展。一个犯罪人员影响一个家庭，家庭的情况又会涉及当地一个社区的健康发展。罪犯的犯罪行为往往对家庭的亲情、经济、子女教育、社会治安等情况都有不同程度的影响。而心理咨询也是改造罪犯的途径之一。如果我们能够整合利用各种社会资源，对罪犯开展心理咨询并有效准确地评估其效果，将有利于推动罪犯教育改造工作健康深入地发展，从而为保障社会的全面发展和稳定做出积极的贡献。

（二）当前心理咨询效果评估存在的局限

1. 心理咨询效果评估全面量化有局限。就心理咨询效果而言，其评估的价值很高，但是由于科学方法的局限，目前还不能摆脱在经验层面上的不足等，这使得我们无法把咨询效果的各方面都准确量化，故我们往往不能全面精确地了解其效果。

2. 心理咨询效果评估受使用的量表影响。早期的心理咨询效果评价对理

论的依赖性很强，如精神分析学者关注的是"自我力量（ego-strength）"的变化，他们倾向于使用罗夏测验等工具；信奉凯利建构主义理论的认知心理学家会用"认知方格（repitory grid）"等测量个体认知建构的变化；以当事人为中心的研究者则喜欢用"Q 类技术（Q-sort technology）"检验真实自我和理想自我的一致性。

评价的方式方法也比较单一，主要是咨询师对当事人的总体变化进行评价，其主要特征是由咨询师评价当事人总体情况的变化，且认为变化是单方向的、单维的和稳定的。当然后来评价项目也在增加，单一评价虽然简单易行，但难以保证有较好的信度和效度。

3. 心理咨询效果的评估受诸多因素影响。心理咨询效果的评估受心理咨询民警自身的能力、方法以及其当时的心态、与被评估者关系等因素的影响。对来求助的罪犯来说，经过心理咨询民警一段时间的咨询，该罪犯在情绪、睡眠、行为等方面有了一定程度的改善。此时对其评估，如果该罪犯与心理咨询民警建立的关系良好，他可能对心理咨询效果有一定程度的夸大，描述各项症状改善可能会大于实际的效果；反之，其描述各项症状改善更可能会低于实际的效果，而被咨询者的主观感受又是重要的评估指标，这就难免对心理咨询效果评估带来误差。

还有在进行评估时，双方各自的心理状态（是否有干扰因素等）、评估场所的环境（如温度、安静嘈杂等）、效果评估工作者的水平、对评估工具选择的喜好、沟通能力、对数据的处理能力等，这些都有可能影响评估的结论。

## 三、心理咨询效果评估应该注意的几点

### （一）评估标准的理念

评估标准是指人们在评价活动中应用于对象的价值准则和界限。评价的客观性因素是评价标准具有科学性的重要依据，是指相对于评价准则所规定的方面，所确定的优良程度的要求，它是事物质变过程中量的规定性。评估标准是评估活动方案的核心部分，是人们价值认识的反映，它表明人们重视什么、忽视什么，具有引导被评估者向何处努力的作用。

### （二）心理咨询效果评估标准的分类

衡量罪犯心理咨询效果的标准，可以从共同与分类两个标准来进行。

1. 共同标准。罪犯对违法犯罪的心理结构是否发生良性转化，守法的心理结构是否建立；罪犯的心理问题、人格障碍、性心理障碍及其他心理疾患是否得到有效的矫治；罪犯是否具备适应社会的心理素质等。

2. 分类标准。这是衡量不同类型（罪型、年龄、心理问题等）的罪犯心理咨询质量的具体标准，主要是针对在不同阶段（服刑次数、入监时间等）罪犯心理咨询效果评估标准。

（三）关注一些干扰因素

1. 不同理论选择的影响。在心理咨询师方面，也会存在一些影响因素，因为咨询效果标准取决于各理论流派的不同。精神分析学派将"疗效"部分地定义为：能够在意识领域内体验到原先是潜意识的感受和思想。而行为主义学派则是：设法克服由特定境遇引起的状态，由此看来，他们感兴趣的不是潜意识与意识体验的关系。

2. 罪犯感觉的影响。在评价心理咨询效果时，会遇到许多不同的条件和复杂情况，由此造成对咨询效果的误差。比如有的罪犯来咨询前，就认为自己的问题很严重，希望得到帮助。随着咨询的进行，当他感知到心理咨询师的方法已经使用得差不多或者对心理咨询师的能力产生怀疑，不愿再进行心理咨询时，他就可能说自己感觉好多了，道别再见，这便很难反映出真实的咨询效果。

3. 受外界因素的影响。在心理咨询过程中双方的交互作用是不停顿的，他们之间的关系对心理咨询产生的后果也是连续的，罪犯在接受心理咨询的同时，也可能接受其他人的帮助，这就给评定咨询效果带来了另一个难题。矫治进程中的进步，或许是受益于其他人的帮助，或者是因为生活处境的改善，而这种改善，也可能是心理咨询转变了罪犯的态度和行为的结果。于是，确定咨询效果产生的原因就变得很复杂了。

## 四、综合运用心理咨询效果的评估方法

心理评估是以心理学的技术、方法和工具为主获得信息，对个体的心理状态、行为等心理现象作全面、系统和深入的客观描述、分类、鉴别与诊断的过程。

二十世纪九十年代以来，多元评价开始占主导地位，效果评价的特点是

咨询师、当事人、家属、亲友、同事等都可以为评价者，评价当事人各方面的具体变化；认为变化是双向的（好转或严重）、多维的和不稳定的，评价方法与实际症状有密切联系。心理评估的基本方法主要有观察法、会谈法、心身测量法、情境实验法、跟踪调查法等。

（一）观察法

观察是一种有目的、有计划、比较持久的知觉活动。观察法是心理咨询师通过感官或借助科学的观察仪器与装置，对罪犯的行为和活动进行系统的观察，以取得第一手资料的实践活动，观察应与思考紧密联系。观察内容包括外表、行为、语言特点、思维内容、认知功能、情绪、灵感与判断等。

观察时必须尊重人性，遵守法律和道德原则，不能伤害到被观察者。应注意客观地观察，让事件自然而然地发生（危机事件则应警惕，谨防不良后果发生）。应尽量从多方面、多角度、不同层次进行观察，搜集详实可靠的第一手资料。密切注意各种细节，不遗漏偶然事件，详细做好观察记录；积极开动脑筋思考，加强与理论的联系，用理论指导观察。越能利用大数据进行分析就越能由表及里、由感性到理性，结论就越科学。

（二）访谈法

访谈法是指通过心理咨询民警和罪犯面对面的交谈来了解罪犯的心理和行为的基本工作方法。因研究问题的性质、目的或对象的不同，访谈法具有不同的形式。摄入性会谈是收集资料常用的方法，通过以问题为中心的会谈，了解背景资料、健康状况、戒毒状况、家庭情况和未来设想，以及来访者当前的感受、状态、犯罪动机和期望等。访谈的注意事项有：建立良好关系；确定谈话主题；认真仔细倾听；态度保持中立；等等。

（三）测量法

1. 生理指标的测量。生理是心理的物质基础，心理又影响生理的反应。内在心理一般通过外在情绪、行为或体征表达。身体方面生理指标的采集，能够获取罪犯目前的生理的相关信息，对被评估的罪犯生理状况做出评估和诊断，可以从另一个角度来反映心理咨询的效果。

2. 心理指标的测量。开展心理咨询工作，无疑需要通过心理测量的前后对比来了解心理咨询的效果，心理测量如相关的情绪、犯罪动机、改造信心、人格因子、心理健康水平和适应社会能力测验等。

（四）情境实验

即针对不同刑（期）罪犯的犯罪动机、改造心理，在自然状态下设置一定的实验情境，根据罪犯对情境刺激的反应，评估其对实验情境的反应表现以及反应的程度，从而了解其心理咨询的效果与程度。

（五）跟踪调查

该方法是针对出狱回归的罪犯进行定期或不定期跟踪回访，根据其出狱后表现和生活质量的高低等心理健康、生活状况等方面因素来评估矫治质量。

## 五、正确选择心理咨询效果评估的工具

一般来说，每个罪犯心理咨询的问题是不一样的，有的可能通过观察法、访谈法等，从不同的角度去进行前后对比即可，不需要采用什么评估工具也可以评估其大致的咨询效果；当然更为精确的是量化的评估效果，因此采用一些评估工具是必要的，但正确选择评估工具的前提是我们了解工具并能依据矫治目标进行选择。

（一）了解评估工具的来源

研究发现，当前心理咨询效果评估主要还是以引用国外的测试量表为主，如常用的 SCL-90、SAS、SDS、MMPI、自尊量表（SES）等，但近年来我们本土化的自编量表也越来越多了，如改造意愿量表等。

（二）清楚评估工具的分类

根据评估工具的功能来分有：①心理健康水平测试。如症状自评量表 SCL-90 等；②情绪评定量表。如焦虑自评量表（SAS）、抑郁自评量表（SDS）等；③人格特征测试。如艾森克个性测验量表（EPQ）、明尼苏达多项人格问卷（MMPI）或其他量表等；④行为矫治及习艺劳动技能测试等；⑤生物反馈测试。如"心理应激反应反馈测试"等；⑥常用应激源量表。如生活事件量表（LES）、社会支持评定量表（SSRS）、婚姻质量量表、应对方式问卷（CSQ）等；⑦犯罪动机测试等；⑧其他测试。如自尊量表（SES）、强迫量表等。如果涉精神科的问题，咨询师还可能会用到简明精神病评定量表（BPRS）、贝克—拉范森躁狂量表（BRMS）等（或与专业人员会诊）；另外还有采用沙盘、绘画等进行评估的。

以上所述的心理咨询效果评估工具，只是我们列出的众多工具里的一部

分，并且随着社会的发展，新的评估工具还会大量出现且层出不穷。

（三）把握评估工具的注意事项

评估工具的关键是我们怎么选择，这需要我们：①向被评估者说明选用量表对评估的意义并征求其同意；②依据被评估者心理问题的性质，选择恰当的心理测验项目；③测量结果如果与观察、会谈等方法的结论不一致时，不可轻信任何一方。必须重新进行会谈，然后再进行测评。

## 六、遵循心理咨询效果评估的程序

尽管准确地评价心理咨询效果并不是一件容易的事，但是仍然可以依据罪犯自己的叙述以及根据他人的观察和心理咨询民警自己的判断来综合评估。

（一）罪犯的自评

罪犯自己根据心理咨询前后的感受来谈体会。一是罪犯对咨询效果的自我评估，也就是自评。尽管这一指标是主观的，但却是最直接、最有效的指标之一。就像病人原来胃痛，现在说自己胃不痛一样，有自我良好的感受。二是罪犯某些症状的改善程度。原来困扰罪犯心理、生理症状的改善情况，也可以是评估效果的指标之一。例如，罪犯因为离不离婚的问题心理上很焦虑，出现失眠、食欲不佳等症状，通过心理咨询解决了内心冲突，睡眠好了，吃饭也吃得香了，这也能作为评估效果的维度或指标。三是罪犯的社会功能恢复情况。原有心理问题影响了社会功能，经过咨询后恢复了。如某罪犯一开始不愿意参加劳动改造，借口身体不好没有力气，经过心理咨询后现在不但能够正常劳动，而且产品的质量与数量也渐渐提高了。

自评包含罪犯从个人心理与行为的前后变化情况来说明其情绪感受、人际关系、社会功能等详情。这里既包括症状、心理状态、行为方式，又有适应机制、人格成熟等。一般来说，只有在综合分析所有材料的基础上，才能做出比较全面、客观的评价。罪犯心理咨询效果自评，可以在每次的心理咨询活动后进行，也可以在某个阶段后进行。

（二）对熟悉罪犯情况的人员访谈

这是属于他评的范畴。他评的对象主要就是与被矫治罪犯生活、工作或关系密切、对其情况非常熟悉的身边人员。主要是指罪犯同室同组（特别是"三连号包夹"）的罪犯、被矫治罪犯的责任民警、家庭主要成员（一起生活的父母、配偶、成年子女等）对该罪犯接受心理咨询前后的变化谈谈其主观感受等。例如三连号包夹报告反映某罪犯不再发脾气，摔东西，与其他罪犯关系相处融洽等，他们的评价是对自评的有效补充。

责任民警的他评就是询问该被矫治罪犯的责任民警和管教副大队长等，因为该罪犯是他们的工作对象，他们的工作内容就是对其教育改造，需要从其知罪悔罪、改造信心、行为变化、劳动等各项指标上考核该罪犯，他们对罪犯各方面情况是非常关注的，同时也会了解该罪犯在矫治期间前后变化等情况，故采用他们的他评价值也较大。

罪犯家庭主要成员（一起生活的父母、配偶、成年子女等）对该罪犯来监狱以前的情况应该比较了解，但在服刑期间只是在会见、亲情电话等渠道了解一些近期的情况，对他接受心理咨询前后的变化也会有所感知，此信息有一定的参考价值。

（三）心理咨询民警谈感受

心理咨询民警谈感受是咨询师的评价，主要是在每次心理咨询结束后，都要在咨询记录单的评估一栏写明此次矫治的主观感觉和效果评定，在咨询某阶段或全部完成后整理个案，再写总体评价。

心理咨询民警是开展心理咨询的专业人员。自接受某罪犯的心理咨询工作以来，对该罪犯的问题、状态、矫治目标都有清晰的了解，不论是每次的心理咨询还是某个阶段的心理咨询，心理咨询民警都能够深刻地感受到其动机、认知、行为、情绪、人际等方面在矫治前后的差异，故心理咨询民警对其自身开展的心理咨询工作很有发言权，其信息具有重要的参考价值。

（四）评价工具的测验

即罪犯心理咨询前后心理测量结果的比较。例如通过心理咨询，罪犯某些心理症状的量表分数得到改善，从而表明心理咨询取得的某些效果。

评价工具的测试，首先需要我们明确心理咨询的内容和目标，再来选择适合的评价工具进行测试。此测试的形式可以是量表测试、问卷调查、投射记录等。即该罪犯存在什么问题，我们就测什么，以掌握其当下的基本情况或做前后的对比研究。

（五）产品分析

产品分析法又称活动产品分析，它是通过分析罪犯的活动产品，如日记、文章、书信、自传、绘画、劳动作品等，以了解该罪犯的心理状态、认知、倾向、技能、熟练程度、情感状态和知识范围等。

（六）其他方面

还有就是罪犯的社会功能恢复情况，通过设置的实验情境，观察罪犯对情境刺激的反应等。

（七）综合分析

对以上的资料进行整理、分析、比较等再做整合考虑。同时还要结合监狱开展心理咨询的长期目标来确定矫治效果：①罪犯的犯罪心理是否发生了良性转化，守法的心理内容是否已经建立；②罪犯的心理问题、人格障碍、性心理障碍及其他精神疾患是否得到有效的矫治，是否恢复了常态心理；③罪犯是否具备适应社会的心理素质与知识技能等。

另外，还要结合监狱为教育改造开展心理咨询的具体目标来确定矫治效果，这是衡量不同阶段的罪犯心理咨询质量的具体标准。主要是针对在不同时期罪犯改造动机、行为表现等的心理咨询效果评估。

需要说明的是，评价的内容应以心理咨询目的为主，只有目标内容的改善，才是心理咨询的直接成效。比如，一个有社交恐惧症的罪犯，矫治后自信心增强，焦虑情绪减轻，人少时的紧张心理缓解了，但仍然存在社交恐惧，不敢与人交往。一方面，虽然咨询对罪犯产生了积极的影响，有一定的矫治成效，但没有达到预期的目标；另一方面，虽然没有解决社交恐惧症，但改善了心理状态，心理咨询也产生了间接的效果。

总之，当前的罪犯心理咨询工作还存在很大的提升空间。面对复杂、艰巨的教育改造工作，我们在必须遵循心理工作的客观规律、总结以前经验的基础上，以提高矫治效果为目的，来研究探讨心理咨询效果的评估。罪犯心理咨询效果评估是进行心理咨询开展的重要前提，心理咨询效果评估不仅包括求助者的心理问题的性质、严重程度、改善情况、愈后等基本信息的评估，还包括影响心理咨询效果的相关要素评估，如内在人格水平、求助动机、社会支持系统、影响或促进改善的社会资源等；制订系统的心理咨询方案并在罪犯中全面实施，以构建心理咨询工作的长效机制。评估越准确，越有利于罪犯心理健康水平的提升、人格的完善、犯罪心理的有效戒治，也有利于其高质量地回归社会与保持遵纪守法，也更有利于和谐社会的建设与发展。

# 浅谈新时期职务犯改造工作探索

孟雁泽 *

改革开放以来，特别是党的十八大以来，随着反腐败斗争的持久深入，职务犯罪的人数大幅上升，曾经担任过较高职务、年龄偏大的职务罪犯明显增多，党中央对职务犯的改造提出了新要求。如何适应职务犯成分的变化，坚决贯彻执行党中央对职务犯改造的新要求，进一步规范、提高监狱改造职务犯工作的质量，是监狱面临的一项紧迫任务。笔者结合自身工作，对如何改造职务犯进行了一些探索。

## 一、职务犯的特点、改造的难点及存在的问题

笔者在一座以关押职务犯为主的监狱工作，以某集中关押近百名职务犯的监区为例，押犯具有以下主要特点：一是年龄大，该职务犯监区罪犯平均年龄超过 61 岁，50%以上的罪犯超过 65 岁，是一个典型的老年犯群体，老年行为心理特征明显，行动迟缓，渴望得到照顾。日常改造、劳动生产、健康问题及文体活动等方面安全风险较大。二是身体差，普遍患多种基础性疾病，心血管疾病如心衰、心梗及"四高（高血压、高血脂、高血糖、高尿酸）"问题突出。75%以上罪犯常年服药，甚至同时服用四五种药物。普遍对身体健康状况较为敏感，在就诊、用药方面表现出典型的监禁型人格特征。三是文化水平高，普遍有大学学士学位，30%以上为硕士、博士研究生学位，知识储备多，捕前职务较高，阅历丰富，智商情商较高，综合思维、认识问题、辨别是非、自我调控等方面能力较强。四是刑期长，大多数罪犯罪行严重，数罪并罚，刑期较长，大部分罪犯余刑较长，财产性判刑金额较大，精神压力较大。因种种原因，部分罪犯服刑多年未获减刑，或因政策调整原因，减

---

* 孟雁泽，司法部燕城监狱第二监区副监区长（副处长级），三级高级警长

刑次数、减刑幅度远低于自己的预期，普遍思想负担重，情绪不稳定。有的罪犯存在消极心理，担心能否活着出去。

除上述自然特征外，职务犯中较为普遍存在几种不利于改造的心理状态：一是身份意识不正确，工作中养成的自大、自傲、自负的心理，时有不自觉流露。从有脸有面的"人上人"沦为被剥夺自由的"阶下囚"这一巨大的落差，使他们情绪低落，干什么事情都没兴趣，改造缺乏内在动力。二是罪犯人格固化、信仰缺失、灵魂扭曲、认知偏激，长期的贪污腐化形成了自己的人生哲学，信奉官场套路，把自身的犯罪更多的是归咎于客观。要么认为是大气候的影响，社会风气就是如此，自己是不得已而为之；要么认为自己没有和领导搞好关系，领导故意责难、打击报复；要么认为自己是政治、权力斗争的牺牲品，是替罪羊，自己"后台"不硬，无靠山，斗不过他们；要么认为自己办事太正统，不圆滑，得罪了不少人；要么认为自己运气不佳，被隔墙扔来的砖头砸中；彼此相互比较，觉得自己是轻罪重判，吃亏失衡的心理尤甚，总认为对自己极不公平。三是认罪悔罪意识差，虽公开申诉翻案的不多，但假认罪悔罪现象较为普遍，很少真正从灵魂深处悔罪痛恶。无视自己的犯罪给社会造成的危害，一味放大自己的不幸。此外，由于近几年对职务犯减刑假释从严掌握，对不履行财产性判项的职务犯不予减刑假释，部分职务犯认为改造不改造都一样，存在混刑期倾向。

职务犯的上述特点无疑增加了改造的难度，某种意义上也成了职务犯改造的难点。近年来，为了提高职务犯的改造效果，各地监狱对加强职务犯改造工作进行了一些探索，取得了一定成效，积累了不少有益的经验。但不容否认，这项工作与党和国家对监狱工作的总体要求，还有不小差距，存在不少问题。

一是目标不明确。我国监狱工作的方针是"惩罚与改造相结合，以改造人为宗旨"，"将罪犯改造成为守法公民"是适用于所有罪犯的总目标，当然也适用于职务犯。但是，相较于普通犯，职务犯具有明显的自身特点。针对这些特点，对职务犯应否提出更进一步的改造目标？如何定位职务犯的改造目标？实践中由于理解的差异、混乱，造成实际掌握上或偏激或保守，导致各地监狱对职务犯改造标准的不统一。虽然一些基层监狱、监区在工作中做了一些探索，但并没有得到权威认可，也没有能够成为全国统一的对职务犯改造的目标。

二是重点不突出。职务犯之所以走上违法犯罪道路，是因为其背离了初心和使命，"三观"（人生观、世界观、价值观）这个人生"总开关"出了问题。要把他们改造成为"拥党爱国，文明守法，再作贡献"的合格公民，最重要的就是要对他们进行思想改造，使其重拾初心，树立正确的"三观"。然而，大多关押职务犯的监狱、监区，每周只安排一天的"学习日"，没有对职务犯的思想改造安排专门的"思想改造日"。"学习日"的内容多样，从思想改造的角度上看，针对性不强。以教育形式为主的思想改造存在"知"与"行"越发不统一的问题，[1]监狱思想教育改造推进的职务犯社会化只是"知"上社会化，不是"知"与"行"相统一的社会化。

三是正向激励不够。表现之一是，随着国家刑事政策的调整，对职务犯的减刑假释，无论在程序上还是实体上都日趋严格。部分监狱对职务犯的减刑假释工作甚至基本处于停顿状态，减刑假释作为对罪犯最有效的激励手段，其功能虽未全面丧失，但作用十分有限。另一表现是，刑法"从旧兼从轻"原则在减刑假释方面体现不足。依照《中华人民共和国刑法修正案（七）》被判处徒刑的职务犯，在减刑假释上没有执行"老人老办法"，而是完全按照《中华人民共和国刑法修正案（八）》和《中华人民共和国刑法修正案（九）》及其司法解释办理。最高人民法院于 2016 年公布的《关于办理减刑、假释案件具体应用法律的规定》，明确了《中华人民共和国刑法修正案（九）》后被判刑的职务犯在减刑假释方面有更为严格的规定，但并未解决"从旧兼从轻"原则在职务犯（特别是按《中华人民共和国刑法修正案（七）》判处徒刑的职务犯）减刑假释方面存在的问题。

四是制度不健全。司法部早在 20 世纪 80 年代就试点推广"分押分管分教"的教育监管制度，取得了一些成效。设置专门关押职务犯的监狱、监区，从运行的实践看，有利于将改造职务犯的零碎、分散、不规范、不系统的经验成果加以筛选、总结、归纳、提高，使之系统化、制度化。但到目前为止，这项工作的推进基本处于停滞状态，部分地区甚至出现倒退现象。相关改造制度还仍有许多欠缺，所总结的经验也只是自行摸索出来的，尽管有些探索得到了上级机关的认可肯定，但碎片化严重，与形成完整的职务犯改造制度

---

〔1〕 参见李豫黔：《刑罚执行理念与实证：亲历中国监狱改革 30 年》，法律出版社 2012 年版，第 208 页。

还有很大差距。针对职务犯的改造缺乏制度性指导文件或意见，职务犯与普通犯在思想、监管、文化、教育、劳动等方面的改造制度没有明显差别。

五是警察素质和水平与对职务犯改造的要求有差距。监狱警察的自我完善提升，是成功改造职务犯的保证。职务犯一般学历较高、社会阅历广、知识面宽、理论水平高，对党和国家的重大时事和政策极为关注和敏感。如果警察专注于具体业务工作，不注重系统理论学习，在对职务犯进行政治思想教育转化工作的时候，往往会感到底气不足、力不从心，只能讲一般的大道理，缺乏针对性，达不到预期效果。部分警察对职务犯按普通刑事犯管理教育，训诫多、引导少，态度生硬，职务犯群体容易产生抵触情绪，不利于良好改造氛围的形成。还有部分警察认为职务犯有足够的认知水平和自觉性进行自我改造，对职务犯的教育改造只完成"规定动作"，其他事情较少参与。甚至有部分警察受到各种社会关系和人情的影响，自我定力不强，发生违规违纪现象。

## 二、对新时期职务犯改造的探索

新时期监狱结合职务犯的特点及由此产生的心理和行为特征，对职务犯的改造还必须有新的目标和途径。

### （一）准确把握新时期职务犯改造的目标

《中华人民共和国监狱法》（以下简称《监狱法》）规定的"将罪犯改造成为守法公民"这一改造目标，适用于所有服刑罪犯。但是，职务犯在入监服刑前大都是领导干部，受党培养教育多年，在各自的岗位上曾经做出过贡献，对党和国家有着较深厚的感情，同时具有较高知识水平和管理能力，将对他们的改造目标仅仅定位为"守法公民"，显然是不够的。把对职务犯的改造目标定得比一般罪犯高一些，既符合职务犯本身的素质状况，也有利于调动职务犯的改造积极性。那么，新时期对职务犯的改造目标应如何确定呢？笔者认为，除了要将职务犯改造为守法公民，还应要求他们"拥党爱国，文明守法，再作贡献"。拥党爱国，要求职务犯在认罪悔罪的基础上，真心拥护中国共产党的领导和各项政策主张，真心热爱伟大的祖国；文明守法，要求职务犯刑满回归社会以后，除遵纪守法外，还要文明崇德，践行社会主义核心价值观；再作贡献，要求职务犯刑满回归社会后重新为党和人民作出力所能及的贡献。

（二）突出政治思想改造是成功改造职务犯的核心

职务犯中过去多数是党员，曾经长期担任公职，受党教育多年，虽被判刑入狱，但对党还是有一定感情的。他们沦落成罪犯，实际上是党的先进性与个人的自私性相互冲撞，最终个人的自私性占了上风的结果。他们虽然犯了罪，丧失了理想信念，但对党的信仰大都曾经认同，经过教育改造，可以唤起他们的初心与信仰。监狱工作中因势利导，要求他们以向党忏悔的形式来触动、改造自己堕落的灵魂，真诚认罪悔罪，重拾初心，再铸灵魂，树立正确"三观"。这对于曾经是党员、担任过公职的职务犯来说比较容易接受，也使他们在改造世界观的时候十分清楚，应当重塑什么样的世界观。

（三）适当的尊重信任是成功改造职务犯的基础

职务犯绝大多数为第一次犯罪，社会恶习不多。过去均为国家公职人员，现在成了囚犯，巨大的落差，使他们变得更加爱面子、讲虚荣、斤斤计较，更希望得到尊重和认可。给予职务犯适当的尊重和信任，完全符合他们的心理特点，既有利于监狱警察与职务犯沟通交流，也为探索对他们的改造路径打开了方便之门。尊重，就是要以适当的站位和方法尊重职务犯的人格和自尊心；信任，就是要他们形成自我管理、自我反省、自觉改造的良好习惯和氛围。当然，在尊重信任的同时，也要防止他们产生优越感，利用警察的尊重和信任搞一些小名堂。

（四）宽严相济是成功改造职务犯的关键

笔者认为，宽严相济作为我国的一项基本刑事政策，适用于所有罪犯，职务犯当然也不能、不应例外。

在"严"的方面：一是在减刑、假释、暂予监外执行等方面，注重政治效果、法律效果和社会效果的统一。体现"严"的总要求，减刑幅度比一般罪犯最少减少一个月，呈报减刑间隔期延长，慎重提请假释，严格控制暂予监外执行。二是在思想改造方面，职务犯由于丧失理想信念，丢掉了初心，造成私欲膨胀，最终掉入犯罪的深渊。一些职务犯将自己犯罪归结于客观原因所致，对自己的行为给社会造成的危害缺乏应有的认识。因此，对职务犯的思想改造，特别是认罪悔罪的教育必须体现出"严"，即要求高、标准严。三是在遵规守纪要求方面，要切实将遵规守纪作为每名服刑罪犯必须履行的义务，不遵规守纪就谈不上认罪悔罪。见到警官、与警官交谈时，必须严格按照行为规范执行；罪犯之间不得称呼之前职务，如"书记、市长、局长"之类。

在"宽"的方面：一是在生活待遇上，考虑到职务犯年龄较大、行动不便，监舍内可不采取上下铺设置，控制职务犯监舍人员密度。在一些生活设施上可增添防滑、防摔倒等适老化措施。在被服管理方面，适度考虑老龄化的需要，灵活调整换装时间，在季节过渡期内，允许根据个人体质增减衣物。在饮食和购物采买方面，适当考虑老年人的饮食结构和购物需求，保证基本生活需要。在队列方面，在保证精神面貌的前提下，可根据年龄结构，适当放宽标准。二是在劳动内容和时间上，考虑到职务犯身体情况差、文化水平高、关注时事的特点，劳动内容可安排文字编辑、翻译和园林绿化等适宜项目。劳动时间可适当缩短，相对固定地安排室外活动时间，增强身体素质、减缓心理压力、培养积极健康生活态度。三是在监管改造方面，警察下达各种口令要求后，可给予相应准备、反应时间（二至三分钟），给予缓冲空间，避免跌跤、慌乱、造成心理压力或引发心脏不适等疾病。在日常管理中，保持合适的节奏和力度。四是在就医保健方面，根据职务犯身体状况建立健康档案，对基础、老年疾病用药给予一定的保障，适度安排自费购买一定数量的保健营养品，对狱内就诊需求一般予以保证，对疑难杂症及时与社会医疗资源对接，对突发致命疾病第一时间救治，建立送往社会医院抢救的"绿色通道"。关注老年群体普遍的心理问题，尤其是老年抑郁症的情况。

（五）区别对待是改造职务犯的有效手段

没有区别就没有政策。职务犯智商情商都较高，对外界的反应较为敏感，不同的改造措施在他们身上往往会产生大大超出普犯的效果。近年来，针对职务犯的改造，笔者所在的监区主要采取了以下一些区别对待的措施：一是减刑假释方面，对真诚认罪悔罪、积极履行财产性判项、现实改造表现较好的职务犯，可考虑受理其减刑申请；对不认罪悔罪的罪犯，不履行财产性判项执行、现实改造表现较差的罪犯，可暂不考虑受理其减刑申请。二是计分考核方面，对不认罪悔罪、财产性判项未执行完毕的罪犯予以相应免分处理。同时，计分考核与处遇待遇相挂钩，罪犯定级后分数达不到一定分值的，予以降级。三是处遇待遇方面，计分考核制度设计严密，与罪犯处遇待遇挂钩。

在实践中还尝试了"激励分"制度。根据日常计分考核和现实表现，累积一定的"激励分"（只可在处遇待遇中使用），支出相应的激励分可以在制度限度内适当延长亲情电话时间（5分钟）、适度延长会见时间（10分钟）、在不超控额的范围内提高老年采买关怀额度等。这样，能够在不影响计分考核的尺度内，小范围地对认罪悔罪、财产性判项完成、遵规守纪的职务犯"宽"，否则就"严"。

该监区对职务犯采取区别对待的管理措施，产生了积极效果：一是贯彻了党的方针政策，突出了打击重点。二是体现了公平正义，对不同刑期、不同服刑态度、不同履行财产性判项的职务犯采取不同的管理措施，使他们在减刑假释、计分考核、分级处遇等方面有所差别，体现了刑罚执行中的公平正义。三是促进了积极改造，通过对职务犯在思想改造、认罪悔罪、遵规守纪等方面总体"严"的要求，促使他们端正改造态度，深挖自己的犯罪根源，认清犯罪危害，悔恨自己愧对党、国家和人民，从内心深处激发他们告别过去、重塑新生的动力。同时通过对职务犯在生活、劳动等方面执行"宽"的措施，体现出党和国家对他们的人道主义关怀，稳定了职务犯的思想，激发了他们的感恩之心与改造自觉，激励了大多数罪犯积极改造。四是为国家挽回了损失，通过思想改造以及对未履行财产性判刑的服刑罪犯的惩罚性措施，部分罪犯积极履行财产性判项，为国家挽回了损失。

## 三、新时代监狱改造职务犯工作努力的方向

新时代中国监狱对职务犯改造工作，"从惩罚犯罪，改造犯人，保护犯罪人合法权益的总体目标出发"[1]，要总结改革开放后特别是党的十八大以来我国监狱改造职务犯的经验，以习近平新时代中国特色社会主义思想为指导，按照党中央的决策部署，推动新时期监狱职务犯改造工作再上新台阶。

（一）建立健全职务犯改造的法律体系

监狱既是国家刑罚执行机构，也是国家政治机关。作为政治机关，其执法活动必须贯彻党的各项方针政策；作为刑罚执行机关，监狱必须严格落实全面依法治国的总要求，严格执行国家法律。要善于总结经验，及时将党的行之有效的政策法律化，增强社会、服刑罪犯的可预期性。建议修改刑法、

---

〔1〕 张绍彦："中国监狱改革发展的问题和方向"，载《政法论坛》2018年第6期。

刑诉法、监狱法等法律，定义职务犯的概念，明确其范围；明确规定宽严相济的刑事政策，在侦查、起诉、审判、执行等各个阶段，适用于包括职务犯在内的所有罪犯。在监狱法中增加"三分"（分押分管分教）内容，使职务犯集中管理、对其思想教育改造目标适当提高有法可依。

（二）建立健全职务犯改造的制度体系

2014 年 10 月，党的十八届四中全会《关于全面推进依法治国若干重大问题的决定》明确提出"完善刑罚执行制度，统一刑罚执行体制"，对监狱职务犯改造制度体系的建设、完善提出了要求、提供了依据。在修改《中华人民共和国刑法》《中华人民共和国刑事诉讼法》《监狱法》的基础上，司法部要会同有关部门制定完善职务犯改造的刑罚执行规章制度，加速推进以科学化、社会化为重要内容的监狱管理现代化，[1]建立健全职务犯改造的制度体系。完善职务犯集中关押管理制度，制定适合职务犯政治思想改造、监管改造、文化改造、教育改造和劳动改造等方面制度，突出政治思想改造，制定政治思想改造的目标、原则、内容、效果以及评估体系，确保政治思想改造达到预期效果，不走过场；同时不放松其他改造，保证各个改造制度有机衔接。各职务犯监狱、监区可按照司法部统一要求，结合当地实际情况，探索制定职务犯自觉反省、自我管理、自我改造等管理制度，做到上有依据基础、下有创新活力，对职务犯改造的全部工作都在制度范围内运行，避免过多人为因素的干预。

（三）充分发挥减刑假释等正向激励手段对职务犯改造的作用

《中华人民共和国刑法修正案（八）》及此后陆续颁发的有关司法解释，对减刑的控制越来越严，导致减刑案件大幅度下降，而假释案件数并未上升。[2]2014 年中政委 5 号文件出台后，罪犯整体的减刑假释条件趋严，包括职务犯在内的三类罪犯（职务犯、破坏金融管理秩序和金融诈骗犯、涉黑罪犯）纳入更严的管理范围。在这种大背景下，职务犯的减刑假释受到严格控制，并呈越来越严的趋势。部分监狱甚至基本停止了提请法院审理对职务犯的减刑

---

〔1〕 参见廖斌、何显兵："监禁刑总体趋重对监狱行刑的影响及对策"，载《法学杂志》2019 年第 5 期。

〔2〕 参见廖斌、何显兵："监禁刑总体趋重对监狱行刑的影响及对策"，载《法学杂志》2019 年第 5 期。

假释。针对既往职务犯减刑假释工作中存在的问题，适应中央从严反腐形势发展的要求，严格规范对职务犯的减刑假释是必要的。但是，不能因噎废食、矫枉过正，完全丢弃减刑假释在职务犯改造中的正向激励作用，对于符合减刑假释条件的职务犯应当依法予以减刑假释。

（四）创新职务犯改造手段与方式

改造手段的科学化是实现改造罪犯基本目标的重要途径。监狱改造手段科学化主要体现在对罪犯的刑罚执行、管理、教育和劳动等各方面，既要合于正义，又要讲求效益。[1]某关押职务犯的监区在对罪犯政治思想改造、监管改造、教育改造、文化改造及劳动改造方面做了一些有益探索，突出政治思想改造，监管改造毫不放松、教育文化改造与政治思想改造紧密结合，劳动改造包含大量政治思想改造内容，效果很好。但是，按照更高的标准，政治思想改造手段还略显单薄，主要采取的是组织职务犯撰写思想汇报材料、宣读认罪悔罪书、参加讲座、观看电视专题片、相互交流等。从效果看，职务犯像是在完成"规定动作"，针对性不够强，思想改造的主动性不够强。可探索、尝试邀请社会专家学者走进监狱向职务犯讲解党的重大方针政策和热点时事话题，让职务犯接触到最新鲜的时政、感受到党和国家的温暖，感受党的方针政策给祖国方方面面带来的巨大变化，激发他们改造积极性，做到知行合一，从内心深处悔过自新。

（五）充分发挥宽严相济的刑事司法政策在职务犯改造工作中的作用

一是推动出台中央层面文件，明确宽严相济刑事政策适用于包括职务犯在内的所有监狱刑罚执行。推动在修改《监狱法》时增加相关条款，规定对包括职务犯在内的所有罪犯执行宽严相济刑事政策，使得规范指导对职务犯的监管改造与正向激励于法有据，确保精准打击少数罪犯，促进大多数罪犯的改造，进而更充分地体现公平正义。

二是在中央相关文件出台、《监狱法》修改前，依据现行中央有关文件精神和司法解释，制定具有可操作性的监狱对职务犯执行宽严相济刑事政策的具体规定或指导意见，使监狱有规可循，规范执行。监狱可根据中央相关文件精神，细化、规范对职务犯执行宽严相济刑事司法政策。既在思想改造、

---

〔1〕 参见张绍彦："中国监狱改革发展的问题和方向"，载《政法论坛》2018 年第 6 期。

认罪悔罪、遵规守纪等方面体现"严"的一面，同时在生活、劳动、教育、老年政策等方面体现出"宽"的一面。对积极改造、遵规守纪、认罪悔罪、积极履行财产性判项的职务犯依法依规兑现各项行政刑事奖励措施；反之则在处遇、减刑假释方面从严。将宽严相济的刑事司法政策与从旧兼从轻原则有机结合，将十八大前、十八大后的职务犯区别开来，提请减刑假释时在最低服刑年限、减刑幅度、间隔期等方面，分别按照不同时期的司法解释给予不同待遇。

（六）打造改造职务犯的过硬干警队伍

从事职务犯管理的监狱、监区，是监狱工作中重要的战斗单元，改造工作标准高、任务重、难度大，面临的挑战多、困扰多。职务犯监狱或监区的警察人数配备比例应适度提高，其一要充分考虑警察的政治素质、专业素质以及专业技能。高度重视从事职务犯教育改造警察队伍的政治建设，突出思想理论武装、提高政治站位、增强政治敏锐性，同时要清正廉洁，一身正气。要构建常态的培训、督导机制，及时发现、研究和解决改造工作中的新情况、新问题，这是强化队伍建设和工作能力的根本保证。其二要排除职务犯各种复杂的社会关系和人情的干扰，自觉抵御金钱和物质的诱惑，在思想上筑牢反腐防变的堤坝。要坚持公正文明执法，对职务犯坚持依法、严格、科学、文明管理，不徇私情，以良好的职业形象影响和改变职务犯。总之，新时代对从事职务犯改造的监狱人民警察在各方面提出了更高的要求，使命光荣、责任重大。监狱人民警察只有不断自我提高、自我完善，才能不辱使命，在新时代改造职务犯工作中做出新的、更大的贡献。

# 监狱讲评教育的科学分类模式研究

程大峰 *

## 一、监狱讲评教育的概念界定

讲评教育是在学校教育、军事训练、竞技活动等各类社会集体实践活动中被广泛运用的一种集体教育形式。在监狱教育和改造罪犯工作中，讲评教育是监狱人民警察对监管对象进行的一项重要日常实践教育活动，是监狱人民警察将全体或某一部分服刑人员集合在一起，针对监狱服刑人员的思想认知、遵规守纪、教育学习、生产劳动和日常改造生活等情况进行总结宣告、部署动员、调查分析、讲述评论等的一种集体教育形式。

监狱讲评教育是一项专业性较强的教育活动，适用于服刑人员改造的各类活动、各个阶段、各个环节之中，可以达到统一矫正思想、突出核心问题、深化教育矫正效果、奖优罚劣、推进活动实施等效用。监狱讲评教育运用非常广泛，可以说，监狱民警对罪犯实施集体教育活动中时刻都离不开讲评教育。

## 二、监狱讲评教育分类模式研究的意义与方法

监狱讲评教育工作，是监狱民警对罪犯日常教育最普遍也是最重要一种集体教育形式。系统规范地开展讲评教育对促进罪犯改造发挥着重要的作用。而在监狱现实实践工作中，各地区各监狱各民警的实施状况和实操水平却参差不齐。监狱讲评教育的分类模式研究是在对监狱讲评教育的科学界定的基础之上，对历年来的讲评教育实践工作的系统总结和研究，通过对监狱讲评教育进行不同维度的科学分类和阐述，为后期监狱讲评教育的系统总结和科

---

* 程大峰，江苏省司法警官高等职业学校讲师。

学研究提供一些清晰的思路和脉络，更为讲评教育的实训指导提供思路和依据。所以说，在一定程度上，对监狱讲评教育的科学分类，是对监狱讲评教育科学研究的基础和前提。

由于相关理论研究的资料相对缺乏，可参考的理论资料较少，除了对现有文献进行搜集和分析之外，为保证课题调研的客观性、前瞻性和科学性，我们还主要采取了以下几种研究方法：其一，校监合作，搜集素材。通过校监合作最大量地对江苏省各监狱讲评教育的相关资料进行全面大量搜集和系统整理和分析。其二，头脑风暴，理论升华。在多次头脑风暴完成讲评教育分类模式的初稿框架基础上，进行理论框架的科学升华和细化。其三，专家研讨与实践检验相结合。通过多次专家研讨和实践调研，对讲评教育分类模式进行修改完善。其四，总结实践，力求周全。作为初次进行讲评教育的序列分类模式的研究，在尊重和总结现实实践经验的基础上，力求科学性、系统性和全面性，可以交叉但尽可能做到种类周全。

### 三、监狱讲评教育的分类模式

监狱讲评教育因场所、因主题、因目的、因时间周期等不同又会呈现不同的特点和要求。在实际工作中，监狱讲评教育可以从不同的维度来划分出不同类型。笔者主要分别从时间、主题、场所三个维度来划分并分别进行阐述。在各个维度的分类中，可能会存在一定的交叉和重复。

（一）按时间分类讲评

1. 日讲评

在监狱讲评教育活动中，日讲评是最为普遍、运用频率最高也是最为基础的一项规定性讲评教育活动。日讲评是指监区值班民警就本监区服刑人员一天的学习、劳动、生活等改造活动在开展前的安排布置、改造活动中的督促调整、结束后的总结点评而进行的一系列的集体讲评教育活动。

根据讲评时间和时机的不同，可以把日讲评分为"早讲评""晚讲评""特定内容日讲评""即时讲评"等。

（1）早讲评。早讲评是指当日改造活动开展之前的日讲评教育，侧重于"讲"，有说明、介绍、宣告、下达、安排、布置、鼓励等，监狱民警主要针对当日改造活动任务向全体服刑人员介绍具体改造活动计划、下达当日改造任务和目标、提出具体要求、强调注意事项以及进行改造士气的鼓舞动员等。

（2）晚讲评。晚讲评是指当日改造活动结束之后进行的讲评教育，在"讲"的基础上更侧重于"评"，有总结、分析、表扬、肯定、倡导，也有批评、警告、禁止等，监狱民警主要针对服刑人员当日的学习表现、劳动任务完成情况、监规监纪遵守情况、生活卫生情况等进行总结、分析和点评，对好的方面提出表扬和肯定，对不好的方面提出批评和警告，指出存在的问题、分析原因、提出改进措施，并对下一阶段改造生活做出安排和布置。

（3）特定内容日讲评。特定内容日讲评是指每日在特定改造活动之前或之后针对该项活动进行的一项日讲评教育活动，如"安全生产教育讲评""观看新闻联播讲评""节前教育讲评"等。这项日讲评教育活动的具体讲评项目，不同单位不同时期的要求可能会有所不同，一般也都是规定性的讲评任务。

（4）即时性讲评。即时性讲评主要指当日监区值班民警在发生突发事情（如打架、停电、火警、抢救急症罪犯等）进行有效现场处置后，针对此突发的事件并结合实际处置情况对全体服刑人员进行总结、分析和点评的集体讲评教育活动。

根据当日的主要改造活动安排内容的不同，罪犯的改造日可以分为"出工日"、"教育日"和"休息日"。所以日讲评也可从改造日的属性维度分为"出工日讲评"、"教育日讲评"和"休息日讲评"。

2. 周讲评

周讲评是指监狱民警针对一定范围的服刑人员群体就一周以来的改造活动及改造表现进行总结、分析和综合集中点评的规定性队前讲评教育活动。周讲评是监狱讲评教育的一种重要形式，对了解服刑人员思想动态、传达监狱信息动态、引导激励服刑人员改造发挥着重要作用。根据周讲评者及讲评对象的不同，一般可分为监组周讲评、监区周讲评和监狱周讲评三个层级类型。

（1）监组周讲评。监组周讲评通常又叫"小组周评议"，是指监区小组分管民警在每周的教育日组织小组全体服刑人员一起总结、评议本小组本周的整体改造情况及小组个别服刑人员的改造情况，并进行有针对性的集体教育。

（2）监区周讲评。监区周讲评是指在每周教育日由监区中层领导对监区全体服刑人员就一周来监区整体改造情况进行的总结、分析和点评的集体教育活动。监区周评议一方面要对监区的改造成绩进行及时肯定和表扬，鼓舞监区的改造士气；另一方面要对发现的突出问题或倾向性问题进行及时遏制和整肃，打击监区的歪风习气。高质量的监区周讲评非常有利于弘扬监区的改造正气，营造和保持监区积极良好的改造氛围。

（3）监狱周讲评。监狱周讲评指由监狱职能部门或监狱领导对监狱全体服刑人员就近期相关重大政策信息（如减刑假释政策调整、特赦政策规定等）、近期国家国际重大事件或节日（如党的十九大会议、服刑人员越狱事件、国庆日、公祭日、戒毒日等）、近期重大教改活动（如服刑人员诚信储蓄主体教育活动、爱国主义教育活动等）进行的有针对性的队前集体教育活动。监狱周讲评因其讲评者的上级管理者身份、讲评内容的官方性质及讲评对象的全覆盖等特性较于其他类型的周讲评更具有权威性、规范性和快速扩散性。

3. 阶段性总结讲评

阶段性总结讲评是指监狱民警针对一定范围的服刑人员在一定周期后或某一阶段性改造活动结束后就本阶段内的劳动、学习、生活等方面的改造情况进行全面的回顾和总结，肯定成绩，表扬先进，指出存在的突出问题和倾向性问题，分析深层次原因，并提出改进要求和希望的综合性集体讲评教育活动。

根据间隔周期的不同，我们把阶段性总结讲评可以分为月度、季度、（半）年度改造总结讲评、阶段性改造活动总结讲评。根据讲评者和讲评对象范围的不同，还可分为监区讲评和监狱讲评。

（1）月改造总结讲评。月改造总结讲评一般是各监区开展进行，即监区月改造总结讲评，是指由各监区长针对本监区全体服刑人员就一个月以来的劳动、学习及生活等改造情况进行的总结、分析和点评。监区月改造总结讲评要综合全面总结改造的成绩和不足，分析存在的突出问题及倾向性问题，把问题尽可能地消除在萌芽状态，对强化服刑人员的身份意识、规范意识，整肃和营造良好改造氛围，具有非常重要的作用和意义。

（2）季改造总结讲评。季改造总结讲评是指监狱民警针对一定范围的服刑人员就一个季度以来的劳动、学习及生活等改造情况进行的总结、分析和点评。根据不同地方的设置与要求，季改造总结讲评有些是由监区组织开展，有些是由监狱组织进行，有些地区监狱可能不实施，由月改造总结讲评及半年度总结讲评替代完成。

（3）（半）年度改造总结讲评。（半）年度改造总结讲评在一般情况下由监区和监狱分别组织实施。监区（半）年度改造总结讲评是由监区负责人组织监区全体服刑人员实施。监狱（半）年度总结讲评一般由监狱职能部门组织实施。（半）年度总结讲评，也可以是作为（半）年度改造表彰大会活动中的一个环节。

（4）阶段性改造活动讲评。包含阶段性改造活动动员讲评和阶段性改造活动总结讲评。阶段性活动动员讲评指监狱民警在某些阶段性改造活动开始之前就改造活动的意义、内容及具体要求进行讲解和强调；阶段性活动总结讲评是指监狱民警在某些阶段性改造活动结束之际，对该项活动进行的总结、分析和点评。

（二）按主题分类讲评

监狱讲评教育有时是为了活动动员，有时是为了总结改正，有时也可能是单纯为了宣告某项制度或政策，更有些时候可能是综合多种情景而进行的。所以，按照讲评教育的主题或者说按照讲评教育的目的不同，监狱讲评教育可以分为动员类讲评、宣告类讲评、训教类讲评、任务安排类讲评、总结类讲评、事件类讲评及综合类讲评。

1. 动员类讲评

动员教育讲评是指在组织服刑人员举办某项专题活动项目之前，监狱民警就活动的主题、意义、活动安排、要求及考评奖励标准等向服刑人员进行传达或说明，调动服刑人员改造积极性，动员服刑人员做好准备、认真参加活动。

一般监狱或监区组织的各类专题改造活动，在活动之前都要进行相应的动员讲评活动，即专题活动动员讲评。监狱的专题活动包括常规性专题教改活动（如入监教育、出监教育、行为规范整训、劳动技能竞赛、质量竞赛）和特定性专题教改活动（如趣味运动会、监区文艺晚会、演讲比赛、自制服装秀等活动）。常规性专题活动大多是内容严肃、要求规范、考核严格的教改活动，所以，做常规性专题活动动员讲评时，要注意营造出积极向上、认真严肃的讲评氛围，激发服刑人员参加活动的认真和积极的态度。特定性专题活动多为相对比较轻松的娱乐、文体等趣味性比较大的集体活动。在活动开展前对服刑人员进行动员宣讲，营造活动的积极轻松氛围，充分调动服刑人员的积极性和参与热情，同时也要强调活动的主旨精神及相关要求。

2. 宣告类讲评

宣告类讲评是指监狱民警就与服刑人员相关的某项制度政策的解读和宣讲、某项重要信息的通报和说明的集体教育活动。可以分为政策宣讲类讲评教育和信息通报类讲评教育。

（1）政策宣讲类讲评。政策宣讲类讲评一般是监狱民警针对与服刑人员息息相关的新颁布新实施的制度政策，如减刑假释政策、刑法修正细则、服刑人员新计分考核细则等，在实施前或实施时进行的有针对性的集体解读、宣讲和答疑活动。

（2）信息通报类讲评。信息通报类讲评一般是指针对与服刑人员相关的一些典型事件的警示与说明（如：社会新闻的越狱事件进展、监狱重大事故等）、重要信息的通知与公告（如：减刑假释名单、评优评先通告、监狱稽查整改通报等）而进行有针对性的说明、通报与集体教育的活动。

3. 训教类讲评

训教类讲评是指监狱民警就某项专题内容对服刑人员进行的教育、引导、告诫或训示的集体教育活动。根据训教的性质可以分为告诫训示类和专题教导类。

（1）告诫训示类讲评。告诫训示类讲评是指监狱民警对服刑人员某种可能的重大违规或违法事件的警示性教育讲评。如反脱逃、反狱内犯罪、反"三违"等警示教育活动中的讲评教育活动。

（2）专题教导类讲评。专题教导类讲评是指监狱组织的为矫正或提高服刑人员的守法理念、悔罪意识、爱国情操、价值观念、政治素养等而进行的专题教育讲评。如认罪悔罪专题讲评、爱国主义教育专题讲评、诚信改造专题讲评等。

4. 任务安排类讲评

任务安排类讲评是指监狱民警针对某项具体的改造活动任务向全体服刑人员进行的一次活动宣传动员、任务安排、活动布置及提出具体要求的集体讲评活动。根据改造任务内容性质的不同，任务安排类讲评也可分为监管改造任务安排讲评、教育改造任务安排讲评和劳动改造任务安排讲评教育。

（1）监管改造任务安排讲评教育。监管改造任务安排讲评教育一般由负责监管工作的监区中层管理民警或监管主管民警就监狱或监区监管改造活动任务进行的活动前期动员、任务布置安排的集体讲评教育。

（2）教育改造任务安排讲评教育。教改任务安排讲评教育一般是由负责教改的监区中层管理民警或教改主管民警就监狱或监区组织的某项教育改造活动进行的活动前期动员、任务布置安排的集体讲评教育。

（3）劳动改造任务安排讲评教育。生产任务安排讲评教育一般由负责生产的监区中层管理民警或生产主管民警就监狱或监区组织的生产类改造活动任务向全体服刑人员进行的一次活动前期动员、任务布置安排的集体讲评活动。生产任务安排讲评教育可以是针对监狱某项生产活动（如劳动技能大比拼、安全生产知识竞赛、安全生产杜绝"三违"行为等）的动员和安排，也可以是就阶段性劳动任务指标（监区月度/季度/年度劳动任务分解、监区日生产任务安排）的说明和任务分解。

5. 总结类讲评

总结类讲评是指监狱民警在某项改造活动在活动结束之时或阶段性完成之时，针对某一方面或综合方面而进行的有针对性的总结、分析与点评。总结类讲评通过总结改造活动中的成绩和不足，进行深入的原因分析，提出针对性的整改措施和要求希望。根据总结的具体内容和性质的不同，总结类讲评可以分为专题活动总结讲评和阶段性总结讲评。

（1）专题活动总结讲评。专题活动总结讲评是指监狱民警在专题活动结束之时或阶段性完成之时，针对活动的开展情况进行总结、分析和点评，对活动表现进行考评，总结成绩和先进典型，指出活动中出现的不足和存在的问题，深入分析原因并提出针对性的整改措施和要求。专题活动总结讲评既可以在某项专题活动全部结束之时进行，也可以在活动的某个阶段结束下一阶段即将开始之时进行。

（2）阶段性总结讲评是指监狱民警在某改造活动某一阶段时间结束之时（如季度、半年度、年度等）就改造的某一方面（劳动、学习或生活）或综合进行的回顾、总结、分析和点评。如监区、监狱的季度或年度改造活动总结讲评等都属于阶段性总结讲评。

6. 事件类讲评

事件类讲评教育是指监狱民警就日常改造过程中发生或可能发生的具体事件进行的调查、分析、点评或事件处置通告的集体讲评教育。在服刑人员改造过程中，偶尔会突发一些事件（私藏违禁品、打架斗殴、群体食物中毒事件等），监狱民警应及时根据事件的进展情况，及时准确地对全体服刑人员进行相应的讲评教育。根据事件发生后的不同阶段，我们可以分为事件处置讲评、事件处分决定通告讲评。

（1）事件处置讲评教育。事件处置总结讲评教育是指监狱民警在日常改造过程中对突发事件（如突发火灾事件、突发中暑事件、罪犯打架事件等）进行应急处置之后，对全体服刑人员进行的总结和分析，肯定好的方面，指出事件处置过程中存在的问题和不足，批评相关当事人，分析原因，提出整改要求或进行集体警示教育的活动。事件处置总结讲评是提高全体服刑人员突发事件处置能力的一个重要举措，重点是针对集体进行教育，也包含对相关当事人的教育。

（2）事件处分决定通告讲评教育。事件处分决定通告讲评教育是指在对重大违规事件（打架斗殴、对抗管教等）相关责任人作出处理决定之后，监狱民警对全体服刑人员进行的事件说明、分析点评、事件处分通告、公开检讨教育、集体警示教育的活动。事件处分决定讲评教育主要是为了教育其本人、警示其他人。为达到教育效果，活动可以设置责任人公开检讨、其他服刑人员批评帮教、分管民警讲评帮教等不同的环节。

7. 综合类讲评

综合类讲评是指监狱民警针对某一阶段或某一活动期间的劳动、学习及生活等各个方面的多项内容进行总结、分析与点评，同时对下一阶段的改造活动计划进行相关的动员和布置等多方面信息综合讲述的教育活动。也就是说，在一次讲评活动可能要谈到改造的多个时期、多个事件或多个方面的内容，可能是相关联的，也有可能是关联性不大的内容。综合性讲评需要在短时间内把多个内容都要讲评到，就需要讲评人分清主次、理清思路，严重的问题重点讲、突出讲、详细讲，一般的事情点到讲、概括讲、简洁讲。所以，综合讲评是非常考验和锻炼监狱民警队前讲评综合能力的。

在实际工作实践中，监区的日讲评、周讲评、月讲评、季讲评及年讲评等一般都属于综合讲评。有些大型专题改造活动的讲评教育也无论从内容涉及还是时间跨度上来讲，一般都属于综合类讲评。

（三）按讲评形式分类

监狱讲评教育根据不同的讲评时机和讲评需要，会采取不同的讲评形式，一般可以分为现场讲评和会议讲评。

现场讲评主要是采用讲评的方式，一般由带队民警组织实施，多为即时性讲评。根据现场讲评的所处场所和讲评主要内容不同，我们又可以分为生活现场讲评教育、生产现场讲评教育、学习现场讲评教育。

1. 现场讲评

（1）生活现场讲评。生活现场讲评教育一般是指监狱民警在罪犯生活现场围绕服刑人员的一日生活改造情况，进行针对性的总结、分析、点评，肯定成绩，指出存在的问题和不足，并进行针对性的集体教育。

（2）生产现场讲评。生产现场讲评教育一般是指监狱民警在罪犯生产现场就生产任务完成情况及生产现场的情况进行总结和点评，肯定成绩，指出存在的问题和不足，并进行针对性的集体教育。

（3）学习现场讲评。学习现场讲评教育一般是指监狱民警在罪犯学习现场就学习任务和内容及学习现场的情况进行总结和点评，肯定成绩，指出存在的问题和不足，并进行针对性的集体教育。

2. 会议讲评

会议讲评教育是指监狱民警主持，监区或监狱领导及民警参加实施的有计划、有组织地通过会议形式对服刑人员进行的某一主题的集体教育。讲评者根据会议的主题内容实施讲评教育。会议讲评可以是针对某一类型部分服刑人员进行的专题会议讲评，也可以是针对全体服刑人员开展的大型会议讲评。监狱或监区一些重要的动员性、专题性、总结性等大型的主题讲评教育，监狱或监区半年度、年度改造总结讲评等多为会议讲评的形式。根据主题和实际的需要，会议讲评可以增设表彰或帮教等环节。

## 四、结语

本监狱讲评教育分类模式的研究是在对江苏省监狱讲评教育实践工作的系统总结基础上的理论升华，不是最终结论，更不是终点。它只是对监狱讲评教育进行实践总结和理论研究的一次初探和尝试，不够完善，可能还存在错误和欠缺。所幸，经过多方同事及专家的协助，最终初步成稿。至少我们今后有这样一个可以用来讨论修订、补充完善或是批评批判的"模板"或"靶心"，如能激发一些专家或学者对"监狱讲评教育"系统科学研究的兴趣，也算是一件极大的幸事。

　　监狱讲评教育分类模式的成型，也是为后期计划编著的"监狱讲评教育实务（理论+实操）"的论著提供总体框架，可以按照不同分类进行监狱讲评教育的讲评步骤、讲评技巧及相关实操案例总结和研究等，逐步形成监狱讲评教育的系统系列研究。使之能真正来源于实践（总结监狱先进实操经验），高于实践（科学理论升华），更作用于实践（指导监狱讲评教育工作）。

# 中国特色社会主义监狱生产劳动制度研究

## ——以新中国早期罪犯劳动改造的发展与变迁史为研究视角

周立功　朱福正 *

对罪犯进行劳动改造是历史和实践的选择。劳动特别是生产劳动，是我国监狱改造罪犯的基本方法，作为传统改造罪犯三大手段之一的劳动改造，贯穿于新中国监狱七十余年的历史。本研究课题以新中国监狱狭义的罪犯"劳动改造"为研究对象。鉴于"劳动改造"概念一直以来的宽泛性使用，在本研究课题范围内特将其概念进行界定，即此处的劳动改造特指刑罚执行机构（劳动改造机关）以劳动生产为载体的罪犯改造活动，也即传统改造罪犯三大手段——监管改造、教育改造、劳动改造所指向的"劳动改造"。当然，在叙述中难免会产生与"大劳动改造"有所交叉和重叠之处，因为"劳动改造"的简称"劳改"，已然成为《中华人民共和国监狱法》颁布之前四十余年监狱（劳改队）、监狱工作（劳改工作）、监狱民警（劳改干部）和监狱学（劳改学）等研究的固有名词、专业术语。本课题所研究的新中国早期劳动改造罪犯的历史其时间的界限为1949年新中国成立至1966年"文革"肇始，时间跨度为十七年，为考虑历史的延续性适当追溯至中国共产党的早期劳动改造罪犯史。通过对新中国早期劳动改造发展与变迁历史的研究，我们可以在艰难曲折的沧桑史中提炼成功与失败的经验，在历史中汲取充足的养分，不至于在纷繁复杂、喧嚣的世界里迷失工作方向。同时，也可通过对历史的反思，不断丰富和完善中国特色社会主义的劳动改造罪犯制度，建构起真正具有可持续发展的中国特色社会主义劳动改造法律制度体系，在世界刑罚执行领域发出中国声音，提供中国方案，掌握世界刑罚执行领域的话语权。

---

* 周立功，浙江省第四监狱副政委、政治处主任；朱福正，浙江省第四监狱研究所四级高级警长。

## 一、新中国劳动改造罪犯历史的源头探寻

早在 1927 年建立井冈山苏区政权时，就已经建立法院和劳动改造的制度，主张对多数的一般罪犯实行劳动改造，给以人道待遇。但鉴于政权不稳、战争需要，这些劳动改造规定基本没有付诸实施。

1931 年 11 月江西瑞金成立中华苏维埃共和国。中华苏维埃政府建立劳动感化院，对罪犯实行感化教育与劳动改造相结合的方针，组织罪犯劳动。1932 年 8 月，颁布实施了《中华苏维埃共和国劳动感化院暂行章程》，这是革命根据地人民民主政权的第一部监狱法规。

1934 年 1 月毛泽东在江西瑞金中华苏维埃第二次全国工农兵代表大会上的报告中明确指出："苏维埃的监狱对于死刑以外的罪犯是采取感化主义，即用共产主义的精神与劳动纪律去教育犯人，改变犯人犯罪的本质。"[1]

1941 年 7 月晋察冀边区将 1940 年成立的"感化院"改名为"自新学艺所"。

1941 年林伯渠在陕甘宁边区政府工作报告中概括道："至于犯人的生活，除他们的自由受到相当的限制外，他们同样地上课、生产、开检讨会、研究时事，并且有他们的自治组织。从劳动生产中，他们学到了技能，改善了生活，也锻炼了思想意识。经过一个时期的法院生活，许多犯人由罪犯变成了守法的公民。"同时指出："在劳动与教育并重的原则下，整理与改良监狱工作。"

1942 年《陕甘宁边区司法纪要》指出："边区监所生产教育的目的是改正轻视劳动观念，锻炼思想意识，消除犯罪邪念，提高生产技能，获得谋生手段。"[2]

1946 年太行区司法会议首次提出"劳动改造"概念，称赞其为"改造犯人最有效的方法之一"。1946 年晋察冀边区法院提出"通过生产运动，以改造犯人"口号。至此，"劳动改造"用语开始通行。"劳动改造"概念的提出，为新中国成立后大规模劳动改造罪犯实践奠定了思想基础。

1947 年 12 月毛泽东在中央扩大会议上提出，对于反革命"只要是不积极破坏革命战争和土地改革的人都可以不杀，把他们当作劳动力保留下来。"1948 年毛泽东再次强调："地主和旧式富农占农村人口十分之一，全国共有三

---

〔1〕《苏维埃中国》，现代史资料编辑委员会 1957 年翻印，第 226 页。转引自辛国恩等：《毛泽东改造罪犯理论研究》，人民出版社 2006 年版，第 23 页。

〔2〕辛国恩等：《毛泽东改造罪犯理论研究》，人民出版社 2006 年版，第 26 页。

千六百万人，这是社会的劳动力，是一种财富。……三千六百万人改造后是很大的一批劳动力，快等于一个小国家的人口了。我们对封建剥削要非常恨，但地主本人还是劳动力，经过改造过几年还有选举权。对地主要安置好，安置不好会出乱子，我们就不可能取得胜利。"

最初正式阐述"劳动改造"思想的正规文件应是毛泽东发表于 1949 年 6 月 30 日的《论人民民主专政》一文："对于反动阶级和反动派的人们，在他们的政权被推翻了以后，只要他们不造反，不破坏，不捣乱，也给土地，给工作，让他们活下去，让他们在劳动中改造自己，成为新人。他们如果不愿意劳动，人民的国家就要强迫他们劳动。也对他们做宣传教育工作，并且做得很用心，很充分，像我们对俘虏军官们已经做过的那样。"[1]

## 二、新中国大规模劳动改造罪犯之发端与确立

### (一) 劳动改造思想的萌发

劳动改造罪犯思想的萌发集中体现在以毛泽东为代表的老一辈无产阶级革命家身上。

1949 年朱德指出："（苏联组织大批罪犯投入）修运河，修西伯利亚铁路，铁路修好了，人也变了，公民权也有了，我们中国恐怕要向苏联多少学一点。"早在 1890 年沙皇亚历山大三世时就正式签署命令，决定兴建西伯利亚铁路。为解决劳动力不足问题，俄国政府想了很多办法，其中之一就是强征西伯利亚和全国各地的犯人。政府规定，犯人参加铁路建设 1 年可抵 1 年刑期，政治犯可抵 2 年刑期。斯大林曾说过："俄罗斯最重要的东西，就是西伯利亚铁路，这条铁路让俄罗斯有了令世界惊讶的生命力，一旦失去它我们就完了！"劳改营也变成了苏联经济的重要组成部分。斯大林曾出于国家经济的考虑对劳改营工作作过指示："我们不能想一些别的方式奖励他们的劳动吗？——奖章，或是这么一类东西。我们正按照错误的方式办事，我们正在妨碍劳改营的工作。释放这些人也许是必要的，但是出于国家经济的考虑，这样做是个错误……我们总是释放最好的囚犯，留下的却是最差的。"[2]

---

〔1〕 王云海：《监狱行刑的法理》，中国人民大学出版社 2010 年版，第 43 页。
〔2〕 ［美］安妮·阿普尔鲍姆：《古拉格：一部历史》，戴大洪译，新星出版社、山西人民出版社 2013 年版，第 120~121 页。

1949 年 6 月 30 日毛泽东在《论人民民主专政》一文中指出："对于反动阶级和反动派的人们，在他们的政权被推翻以后，只要他们不造反，不破坏，不捣乱，也给土地，给工作，让他们活下去，让他们在劳动中改造自己，成为新人。他们如果不愿意劳动，人民的国家就要强迫他们劳动。……这种对于反动阶级的改造工作，只有共产党领导的人民民主专政的国家才能做到。"

1949 年 9 月 29 日中国人民政治协商会议第一届全体会议通过起临时宪法作用的文件《中国人民政治协商会议共同纲领》第 7 条规定："……对于一般的反动分子、封建地主、官僚资本家，在解除其武装、消灭其特殊势力后，仍须依法在必要时期内剥夺他们的政治权利，但同时给以生活出路，并强迫他们在劳动中改造自己，成为新人。假如他们继续进行反革命活动，必须予以严厉的制裁。"

1949 年 10 月 27 日朱德在第一次全国公安会议上的讲话中指出："强迫劳动解决这些人是最好的方法，有这些方法也就不杀了不送了。"

1950 年 6 月 23 日毛泽东在中国人民政治协商会议第一届全国委员会第二次会议上的闭幕词中进一步阐述了人民民主专政："人民民主专政有两个方法。对敌人说来是用专政的方法，就是说在必要的时期内，不让他们参与政治活动，强迫他们服从人民政府的法律，强迫他们从事劳动并在劳动中改造他们成为新人。……"

1950 年 8 月朱德在治安行政会议的讲话中指出："我们对犯法的人处理与国民党不同，我们抓起他们来，还叫他们做点事，搞生产，学技术，有聪明有才力的给他找职业，放出去也就很好生活了。这个办法就可以减少寄生虫，社会也就安定了。"[1]

早在 1950 年 10 月中央决定组织罪犯进行生产劳动之前刘少奇就指出，花点本钱也划得来，抢得吃、偷得吃还不都是老百姓的，并且具有破坏性，搞生产要花点本钱，国家也可以出一些钱。

1951 年 4 月 20 日毛泽东指出："让犯人劳动改造，其好处是在经济方面有利，在政治方面也有某一方面的利益，使我们对民族资产阶级和知识分子好说话。"

1951 年 4 月 30 日毛泽东特意批示："杀人不能太多，太多则丧失社会同

---

〔1〕 辛国恩等：《毛泽东改造罪犯理论研究》，人民出版社 2006 年版，第 141 页。

情，也损失劳动力。……凡无血债或其他引起民愤的重大罪行，但有应杀之罪者，例如有些特务或间谍分子，有些教育界及经济界的反革命等，可判死刑，但缓期一年或二年执行，强迫他们劳动，以观后效。"

1951 年 5 月 8 日《中共中央关于对犯有死罪的反革命分子应大部采取判处死刑缓期执行政策的决定》指出："……凡应杀分子，只杀有血债者，有引起群众愤恨的其他重大罪行例如强奸许多妇女掠夺许多财产者，以及最严重地损害国家利益者；其余，一律采取判处死刑、缓期二年执行、在缓刑期内强制劳动、以观后效的政策。这个政策是一个慎重的政策，可以避免犯错误。这个政策可以获得广大社会人士的同情。这个政策可以分化反革命势力，利于彻底消灭反革命。这个政策又保存了大批的劳动力，利于国家的建设事业。因此，这是一个正确的政策。" 5 月起，毛泽东和中央果断决定，采取谨慎收缩方针。一是收回捕人批准权和杀人批准权。从 6 月 1 日起全国除现行犯外捕人批准权一律收回到地专一级，杀人批准权一律收回到省级。二是对犯有死罪的反革命分子，大部分采取判处死刑、缓期二年执行，在缓刑期内强制劳动以观后效的政策。

1951 年 5 月 10 日至 16 日，在毛泽东直接指导下，公安部紧急召开的第三次全国公安会议总结"双十指示"以来镇反运动的情况，根据收缩方针部署镇反任务。5 月 11 日刘少奇在会上讲话指出："应当杀的要判处死刑，但判处死刑以后可以不杀，缓刑两年强迫劳动，以观后效。" 5 月 15 日会议通过了经毛泽东修改审定并于 5 月 16 日批发的《第三次全国公安会议决议》。决议强调：对于犯有死罪的反革命分子，大部实行判处死刑、缓期二年执行，强迫劳动，以观后效的政策。

（二）劳动改造制度的确立

新中国成立初期，监狱押犯由 1949 年的 6 万余人，猛增到 1951 年的 87 万余人，如何处置这些罪犯成为一个艰巨而紧急的重大任务。

1951 年 5 月 22 日，中共中央批发第三次全国公安会议《关于组织全国犯人劳动改造问题的决议》的通知。之前的 5 月 15 日，毛泽东在修改审定第三次全国公安工作会议决议时指出："大批应判徒刑的犯人，是一个很大的劳动力，为了改造他们，为了解决监狱的困难，为了不让判处徒刑的反革命犯坐吃闲饭，必须立即着手组织劳动改造工作，凡已有这一工作的地区，应在原有基础上加以扩大。……此事极为艰巨，又极为紧急，必须用全力迅速地获得解决。"第三次全国公安会议通过了《关于组织全国犯人劳动改造问题的决议》，决议中指出，劳动改造是改造罪犯的主要手段，劳动改造罪犯的目的是"三个为了"。劳动改造遂成为新中国监狱（劳改）工作的重要方针和原则。

1952 年 6 月 23 日至 30 日第一次全国劳改工作会议检查了第三次、第四次全国公安会议关于劳动改造罪犯的决议贯彻执行的情况，总结了组织罪犯劳动生产、进行管制、教育工作的若干经验，确定了以后劳改生产和改造罪犯工作的正确发展方向，专门成立了为改造罪犯服务的"中央劳改生产管理委员会"。这次会议解决了劳改生产的集中问题，确定了劳改工作在一个相当长时期的奋斗方向。

1953 年 12 月 10 日至 24 日第二次全国劳改工作会议讨论了《中华人民共和国劳动改造条例（草案）》等法律法规。会议认为，自第一次全国劳动改造罪犯工作会议以来，劳改工作取得了很大成绩，基本上解决了罪犯"坐吃闲饭"的问题；罪犯经过劳动改造和思想教育，一般能低头认罪，积极生产，其中有不少罪犯已被改造成为技术熟练的劳动者。

1954 年 5 月 23 日周恩来在《政府工作报告》指出："根据一九五三年底的统计，已有百分之八十以上的在押罪犯分别投入工农业的生产。"

1954 年 8 月 26 日政务院第二百二十二次政务会议通过了《中华人民共和国劳动改造条例》，9 月 7 日发布施行。这是新中国第一部较为系统、完整的监狱法规。标志着我国劳动改造罪犯工作自此起进入法律化、制度化的全面发展时期。其中第一条规定："根据《中国人民政治协商会议共同纲领》第七条的规定，为了惩罚一切反革命犯和其他刑事犯，并且强迫他们在劳动中改造自己，成为新人，特制定本条例。"

1954 年 8 月 26 日由政务院颁布施行的《劳动改造罪犯刑满释放及安置就业暂行处理办法》是新中国第一个出狱人保护法规。

1956 年 4 月 25 日毛泽东在著名的《论十大关系》第 8 点"革命和反革命的关系"中指出："……杀了他们，一不能增加生产……这些人一个不杀有什么害处呢？能劳动改造的去劳动改造，不能劳动改造的就养一批。反革命是废物，是害虫，可是抓到手以后，却可以让他们给人民办点事情。……对一切反革命分子，都应当给以生活出路，使他们有自新的机会。这样做，对人民事业，对国际影响，都有好处。"

1960 年 4 月 15 日至 23 日第五次全国劳改工作会议指出，把大多数罪犯改造成为真正改恶从善、自食其力的劳动者是劳改工作的政治目的，劳动生产是改造他们的一种主要手段，物质生活的供给是劳动的必要条件，这三方面都不能忽视和偏废。

1960 年 10 月 22 日毛泽东接见美国记者斯诺言："我们的监狱不是过去的监狱。我们的监狱其实是学校，也是工厂，或者是农场。"

1963 年 10 月，毛泽东在天津与中共中央华北局、河北省和天津市负责人谈话时说到周处等人："周处除三害，人是可以觉悟的。陈平是贪污犯，汉高祖给他钱，他不记账。后来做了宰相，除吕保刘。可见人有错误是可以改的，除罪大恶极、血债严重、群众不答应的以外，贪污这一条，能改的还可以使用。严重的调离工作也是必要的，还可以劳动改造。"〔1〕

1964 年 1 月毛泽东在同阿尔及利亚代表团谈话时指出："光靠监狱解决不了问题，要靠人民群众来监视少数坏人，主要不是靠法院判决和监狱关人，要靠人民群众中多数监视、教育、训练、改造少数坏人。监狱里关很多人不好，主要劳动力坐牢就不能生产了。"

1964 年 7 月 6 日至 18 日第六次全国劳改工作会议讨论了劳改工作的任务、劳改工作在政治上、经济上以及对社会影响的意义、坚决贯彻执行劳改工作方针、开展社会主义教育运动、关于劳改机关的体制问题、关于刑满释放和留场就业问题、劳改企业的长远规划、关于劳改干部队伍问题等若干重大问题。

### 三、新中国劳动改造罪犯早期方针、政策及基本原则的变迁

（一）劳动改造罪犯基本方针的历史变迁

1."三个为了"方针

1951 年 5 月，第三次全国公安会议通过了《关于组织全国犯人劳动改造问题的决议》，明确指出："大批应判徒刑的犯人，是一个很大的劳动力，为了改造他们，为了解决监狱的困难，为了不让判处徒刑的反革命分子坐吃闲饭，必须立即着手组织劳动改造工作。"

---

〔1〕 周处是西晋时的一个官员，少时横行乡里，时人把他与南山虎、长桥蛟合称"三害"。后改过，官至御史中丞。

2. "两个结合"方针

1954年《中华人民共和国劳动改造条例》第4条规定:"劳动改造机关对于一切反革命犯和其他刑事犯,所施行的劳动改造,应当贯彻惩罚管制与思想改造相结合、劳动生产与政治教育相结合的方针。"第25条规定:"劳动改造必须同政治思想教育相结合,使强迫劳动逐渐接近于自愿劳动,从而达到改造犯人成为新人的目的。"

3. "改造第一,生产第二"方针

1956年5月刘少奇对罗瑞卿向中央政治局汇报参加鹰厦铁路建设的劳改队和湖北四湖排水劳改队的情况时的指示指出:"对犯人生活要搞好一点,劳动要少一点,没有这个条件也是改造不好的。""劳改工作的方针,第一是改造,第二是生产。"

1956年7月13日罗瑞卿在全国省、市检察长、法院院长、公安厅(局)长联席会议上传达中央精神:劳改要搞好,方针是"第一是改造,第二是生产"。7月15日周恩来在联席会议上的谈话,进一步阐明了劳改工作方针。

1958年8月第九次全国公安会议通过了《关于劳改工作的决议》,首次提出必须正确贯彻"改造第一,生产第二"的原则:"所谓'改造第一,生产第二',就是首先应当强调政治目的,而不应当不适当地强调经济上的利益。当然,生产劳动是改造罪犯的基本手段,也是决不应当轻视的。"

1959年6月9日罗瑞卿在中南政法片会上的讲话中指出:"'改造第一,生产第二',这是讲生产为了改造,并不是讲不要生产……"

1962年3月22日毛泽东在听取公安部负责人汇报时指出:"劳动改造罪犯,生产是手段,主要目的是改造,不要在经济上做许多文章。"

1962年4月28日刘少奇在关于公安政法工作的指示中指出:"这几年不是改造第一,而是生产第一,搞奴隶劳动,越劳动越坏,对立情绪很厉害,生产也没有搞好。……生产多少,公安部单独核算,财政部不打收入,办得差的,一下子不能自给的,国家还可以补贴一点。……劳改生产,国家不打主意,自己独立核算,不足的补贴一些,以改造为主。"

1964年4月12日,毛泽东在审阅公安部党组的有关报告后批示:"你看确有此事吧!有些人只爱物不爱人,只重生产,不重改造。把犯人当劳役,

只有压服不行。"〔1〕

1964 年 4 月 28 日毛泽东非常辩证地强调:"究竟是人的改造为主,还是劳改生产为主,还是两者并重?是重人?重物?还是两者并重?有些同志就是只重物,不重人。其实,人的工作做好了,物也就有了。"

1964 年 8 月 11 日中共中央批转公安部党组《关于第六次全国劳改工作会议的情况报告》中指出:"劳改工作……必须坚决执行中央的既定方针,即改造与生产相结合,改造第一,生产第二的方针。"

1964 年 8 月 12 日毛泽东指出:"就是应当把人当人,反革命也是人嘛。我们的目的是把他们改造好,改造应当作为第一位。作好人的工作,使他们觉得有个奔头,能够愿意改造,生产当然也会好的。"

1965 年 4 月毛泽东对劳改工作作出批示:"改造要抓紧,不要在经济上做文章,不要想在劳改犯人身上搞多少钱,要抓改造,让他们寄点钱回家。""第一是思想改造,第二是生产。"

1965 年 8 月 8 日毛泽东在接见几内亚教育代表团、总检察长再次指出:"我们有些干部不懂得要把改造人放在第一位,不要把劳动和生产放在第一位。不要赚犯人的钱。"〔2〕"……劳改工厂、劳改农场就不能以生产为第一,就要以政治改造为第一。"

1965 年 9 月毛泽东在接见阿尔巴尼亚内务代表团时指出:"劳改农场总的方向应该是改造他们,思想工作第一,工业、农业的收获多少,是否赚钱是第二位的。过去很多地方把它翻过来了,把搞业务放在第一,思想工作放在第二,甚至思想斗争很薄弱。"

(二) 劳动改造罪犯基本政策的历史变迁

1952 年《第一次全国劳改工作会议决议》中明确指出:"劳改生产,从政治上看:是属于改造罪犯成为新人的一项重要政策。但从经济上看则是属于国营经济性质的特殊的企业。"

1956 年第八次全国公安会议提出,对罪犯劳动改造执行"惩办与宽大相结合""阶级斗争与人道主义相结合"的劳动改造政策。

1959 年 9 月 14 日毛泽东向全国人大常委会提出的关于特赦战犯的建议中

---

〔1〕 公安部十一局编:《劳改工作文件汇编》(第一册),1982 年 12 月内部发行,第 57 页。

〔2〕 公安部十一局编:《劳改工作文件汇编》(第一册),1982 年 12 月内部发行,第 64 页。

说："党和人民政府对反革命分子和其他罪犯实行的惩办和宽大相结合，劳动改造和思想教育相结合的政策，已经获得伟大的成绩。"

（三）劳动改造罪犯基本原则的历史变迁

1. 强迫劳动原则

也称之为劳动的强制性原则。1949年9月《中国人民政治协商会议共同纲领》第7条规定："……对于一般的反动分子、封建地主、官僚资本家……但同时给以生活出路，并强迫他们在劳动中改造自己，成为新人。假如他们继续进行反革命活动，必须予以严厉的制裁。"1950年8月12日董必武对参加全国司法会议的党员干部的讲话中指出："监狱是惩罚还是教育机关？……要又教又惩，给以教育，而又强迫劳动。"[1]1950年6月23日毛泽东在中国人民政治协商会议第一届全国委员会第二次会议上的闭幕词中说："对敌说来是用专政的方法，就是说在必要的时期内，不让他们参与政治活动，强迫他们服从人民政府的法律，强迫他们从事劳动并在劳动中改造他们成为新人。"1951年4月30日毛泽东特别批示："凡无血债或其他引起民愤的重大罪行，但有应杀之罪者……可判死刑，但缓期一年或二年执行，强迫他们劳动，以观后效。"1951年5月15日第三次全国公安会议通过《关于组织全国犯人劳动改造问题的决议》指出："凡有劳动条件的犯人，应一律强迫其参加。"第丙条规定："……对于所有从事劳动改造的犯人，应一律采用军事管制办法，强迫其劳动。任何犯人，应绝对服从，不得违抗。"1952年6月30日第一次全国劳改工作会议中指出："在强迫罪犯劳动生产中，必须同时进行严格的管制和经常的教育工作，两者不得脱节。"1954年《中华人民共和国劳动改造条例》第14条规定："监狱对犯人应当……施行强迫的劳动和教育。"

2. 革命人道主义原则

1956年7月15日周恩来在全国省市检察长、法院院长、公安局局长联席会议上的报告中指出："我们对犯人，对死刑缓期执行的、对劳动改造的、对管制的，第一应该有人道主义；第二人道主义有一定的界限，不能超过法律范围，总是不能跟着普通公民一样，……总之要把两者结合起来。"1956年9月19日董必武在中国共产党第八次全国代表大会上的发言《进一步加强人民民主法制，保障社会主义建设事业》中严厉指出："有些监所和劳动改造单位

---

〔1〕 董必武：《董必武政治法律文集》，法律出版社1986年版，第120页。

的管理人员，违反党的政策和国家的法律，违反革命人道主义的原则，虐待犯人的现象也是有的。这些都是严重的违法行为，必须彻底加以肃清。"革命人道主义原则还体现在安全生产和确保罪犯休息等诸方面。当然还包括安全生产原则和确保休息原则等。

3. 为国家经济建设服务原则

1954 年《中华人民共和国劳动改造条例》第 30 条规定："劳动改造生产，应当为国家经济建设服务，应当列入国家生产建设总计划之内。"第 35 条规定"中央人民政府公安部可以按照各地区的犯人多少、生产情况和国家建设的需要，拟定犯人劳动力的调遣计划，报请政务院批准后，统一调遣……。"1959 年 5 月 11 日罗瑞卿在全国公安、检察、司法先进工作者大会上的讲话中说："把他们的双手调动起来，为建设社会主义服务。"

4. 化消极因素为积极因素原则

1956 年 4 月 25 日毛泽东在著名的《论十大关系》第 8 点"革命和反革命的关系"中指出："反革命是什么因素？是消极因素，破坏因素，是积极因素的反对力量。反革命可不可以转变？当然，有些死心塌地的反革命不会转变。但是，在我国的条件下，他们中间的大多数将来会有不同程度的转变。由于我们采取了正确的政策，现在就有不少反革命被改造成不反革命了，有些人还做了一些有益的事。""……对一切反革命分子，都应当给以生活出路，使他们有自新的机会。这样做，对人民事业，对国际影响，都有好处。"1956 年 5 月 3 日周恩来在国务院司、局长以上干部会议上的传达报告中指出："我们在打倒反革命、镇压反革命之后，还可以把反革命化无用为有用，变消极为积极。办法就是经过劳动改造。"1957 年 3 月 12 日董必武指出："对于判处徒刑的反革命分子和其他犯罪分子的劳动改造工作……对于化消极因素为建设社会主义的积极因素，有着巨大的作用。"

5. 生产服从改造原则

贯彻执行"改造第一，生产第二"的方针，要求劳改生产的经济利益必须服从改造罪犯的社会效益。1964 年 8 月 11 日中共中央批转公安部党组《关于第六次全国劳改工作会议的情况报告》中指出："劳改工作，要在劳动中实现，但必须以人的改造为主，不能以单纯完成生产任务为主，生产工作要服从于人的改造工作。"

6. 改造与生产统一领导原则

1964 年 8 月 5 日公安部党组向彭真同志并报中央的《公安部党组关于第六次全国劳改工作会议的情况报告》中指出："要保证改造第一的方针完全落实，在劳改企业的体制上，必须继续实行改造与生产统一领导的原则……。"

## 四、新中国劳动改造罪犯早期方式方法的变迁及手段论、目的论

### （一）劳动改造的场所和形式

罪犯的劳动改造场所最初主要是劳动改造队，包括劳改农场和劳改工厂。1954 年罪犯的劳动改造场所是监狱和劳动改造管教队。1951 年 5 月 15 日第三次全国公安会议通过《关于组织全国犯人劳动改造问题的决议》规定，劳动改造队，按其刑期长短，基本上分为劳动大队等四种。1952 年"第一次全国劳改工作会议"决定，劳改生产从事大规模的水利、筑路、垦荒、开矿等生产建设事业。1954 年《中华人民共和国劳动改造条例》第 3 条第 1 款规定："犯人的劳动改造，对已判决的犯人应当按照犯罪性质的罪刑轻重，分设监狱，劳动改造管教队给以不同的监管。"第 18 条规定："劳动改造管教队，应当组织犯人有计划地从事农业、工业、建设工程等生产，并且结合劳动生产，进行政治教育。"第 33 条规定："劳动改造生产的发展方向是：由省、市集中经营，大力推行农业生产；进行有发展前途的工、矿、窑业生产；组织水利、筑路等建设工程的生产。专、县（市）级主要组织看守所的所内生产，并且可以在专、县（市）范围内进行所外生产。"

### （二）劳动改造的方法

1. 劳动奖惩法和劳动考核法。1951 年 5 月 15 日第三次全国公安会议通过《关于组织全国犯人劳动改造问题的决议》规定："对参加劳动的犯人，应有适当的政治、思想、文化教育和必要的卫生医疗工作，应按其劳动和政治表现的好坏，给以恰当的和严明的精神和物质奖惩，并以减刑和加刑作为最高奖惩办法。"1954 年《中华人民共和国劳动改造条例》第 67 条规定："对犯人应当实行立功赎罪、赏罚严明的奖惩制度。"第 68 条规定犯人有劳动改造几种情形之一，可以根据不同表现，给以表扬、物资奖励、记功、减刑或者假释等奖励。第 69 条规定犯人有 4 种情形之一，可以根据不同情节，给以警告、记过或者禁闭等惩罚。第 71 条规定，犯人在监管中犯有公开抗拒劳动屡

教不改等罪行之一，应当根据情节轻重由劳动改造机关报请当地人民法院依法判处。第72条规定："重要反革命犯和惯盗、惯窃等犯，在执行劳动改造期间，不积极劳动，屡犯监规，事实证明还没有得到改造，释放后确有继续危害社会治安的可能的时候，在刑期届满前，可以由劳动改造机关提出意见，报请主管人民公安机关审核，经当地人民法院依法判处后，继续劳动改造。"第73条规定："犯人受惩罚后，确有改悔的显著表现，按照他改悔程度，可以减轻或者撤销对他的惩罚。"

对罪犯的劳动改造主要采取考核奖惩法，考核的方法包括百分制考核法（计分考核法）、工时制考核法、计件制考核法等。劳动考核所得分值作为刑事奖励的依据。

2. 技能培养法和生产竞赛法。1951年9月中旬，罗瑞卿指出，要把罪犯改造成为新人，就要一方面在政治上、思想上铲除他们反革命的立场、观点，另一方面在生产技能上也锻炼他们成为一个熟练的劳动者，使他们以一个罪犯身份进去，以一个熟练的劳动者出来。1954年《中华人民共和国劳动改造条例》第27条规定："对犯人应当注意培养他们的生产技能和劳动习惯。对有技术的犯人，在劳动改造中，应当注意充分利用他们的技术。"罗瑞卿在此劳改条例草案的说明中强调："在劳动过程中对他们进行思想改造，同时对他们进行文化教育和生产技能的训练，积极地争取他们转变成为新人。""不把他们从思想上改变过来，不使他们养成劳动习惯并学到生产技能，就无法保证他们在刑满释放后不再继续犯罪……就无法使他们在新的社会中通过自己的劳动去谋得正当的生活出路。""在犯人中可以进行生产竞赛，以提高生产效率和促进犯人劳动改造的积极性。"《第六次全国劳改工作会议纪要》中指出："生产知识教育很重要。要根据犯人籍贯地区的不同生产特点，犯人本身的条件，进行为社会所需要的一种或多种生产技术教育。"

（三）劳动改造的手段与目的论

"劳动改造罪犯，生产是手段，主要目的是改造"或"改造是目的，劳动生产是改造的手段"这一方法论始终贯穿新中国劳动改造罪犯70余年的刑罚实践。劳动改造的目的或目标是"改造犯人成为新人""改造成为自食其力的公民""把犯罪分子教育成为善良的劳动者""把大多数罪犯改造成为真正改恶从善、自食其力的劳动者""把绝大多数犯罪分子改造成为自食其力的新人"。

毛泽东改造罪犯思想中，把罪犯改造成为新人中所谓的"新人"是指经过行刑改造脱胎换骨抛弃过去的意识和行为模式而代之以新的意识和行为模式，主要有二个层面，第一个层面是遵纪守法自食其力，第二个层面是成为社会主义建设的有用之材。这两个新人的要求中，遵纪守法、自食其力的守法公民容易做到，更重要的是使之成为"社会主义建设的有用之材"，变消极因素为积极因素，变破坏因素为建设因素。这个"新人"也可追溯到马克思的经典阐述，在劳动过程中"生产者也改变着，炼出新的品质，通过生产而发展和改造着自身，造成新的力量和新的观念，造成新的交往方式，新的需要和新的语言。"

综上，劳动改造是新中国监狱工作的一大基本特色；劳动改造是新中国的一种基本行刑模式；劳动改造罪犯是新中国党的事业的一部分；劳动改造罪犯工作取得了世人瞩目的伟大成就；劳动改造罪犯工作也曾走过弯路犯过错误，当引以为戒。

# 劳动改造制度的问题解析及模式重构

余智明 [*]

  劳动改造制度，理论上根源于马克思主义原理和毛泽东改造罪犯的基本理论，成形于新中国监狱改造罪犯 70 余年实践之总结，是中国特色社会主义制度优势在监狱工作中的特色凸显，亦是全面依法治国制度体系的组成部分。如何依法构建科学、规范、高效的劳动改造制度模式，切实发挥制度优势，真正把不同犯罪类型、不同文化、不同性格、不同刑期、不同恶习程度的罪犯改造好——实现特殊预防和一般预防的刑罚预期，是一个值得深入研究的重大课题。

## 一、全面深刻认识监狱劳动改造制度的时代价值

  1. 建设法治监狱的需要。法治国家背景下，建设法治监狱既是内生需要也是时代命题。党的十八届四中全会专门就全面推进依法治国若干重大问题作出了安排部署，切实推进依法治监，建设法治监狱势必成为新时代监狱的历史使命。劳动改造制度作为中国监狱独具特色的改造罪犯制度的"硬核"构成，深入研究和梳理该制度在建立、运行和规范等方面存在的问题，正确标定其顺应国家法治进程和发展方向，不仅是全面发挥劳动改造独特功能、提高罪犯改造质量的现实需要，亦是建设社会主义法治监狱必不可少的重要内容和支撑。

  2. 推进现代治理的需要。党的十九大报告明确全面深化改革总目标是完善和发展中国特色社会主义制度、推进国家治理体系和治理能力现代化。十九届四中全会专门就如何坚持和完善中国特色社会主义制度，推进国家治理体系和治理能力现代化作出总体部署。监狱作为刑罚执行机关，是推进国家

---

  * 余智明，四川省监狱管理局 犯罪与改造研究中心副主任。

治理现代化的重要环节，必须全面贯彻落实国家治理能力和现代化建设的部署要求。具体到劳动改造制度而言，同样必须对照党中央推进国家治理体系和治理能力现代化的各项要求，针对制度本身及执行中的问题，认真查漏补缺，全面整改完善，以确保与国家治理体系和治理能力现代化的目标一致、路径一致、方向一致。

3. 深化监狱改革的需要。改革是时代赋予的使命。在全面深化改革的时代背景下，监狱自然不能例外。新中国监狱 70 余年的历史同样证明，改革是推动监狱不断发展进步的强大动力。因此，与时俱进推动监狱劳动改造制度的改革创新，当是新时代监狱适应社会发展进步，全面深化体制、机制、工作改革的内在要求。

4. 践行改造宗旨的需要。党的监狱工作方针明确要求"坚持惩罚与改造相结合，以改造人为宗旨"。新中国监狱 70 余年惩罚改造的历史经验更是充分证明，不断健全和完善监狱改造工作制度体系，尤其是切实发挥劳动改造不可替代的独特作用，不仅仅有利于维护监狱安全稳定、矫正罪犯好逸恶劳的恶习，更有利于确保党的监狱工作方针政策落实落地，有利于把罪犯改造成为新时代的守法公民和和谐社会的促进力量。

## 二、监狱劳动改造制度存在的问题解析

1. 制度设计权威性不足。其一是在《中华人民共和国监狱法》（以下简称《监狱法》）中，罪犯劳动被列入"教育改造"章节。其二是从制度建设上，与教育改造比较来看，司法部既在 2003 年发布了《监狱教育改造工作规定》，且于 2007 年印发了《教育改造罪犯纲要》，还制定了相应的配套制度；劳动改造，从查阅《监狱工作手册》[1]资料显示，近十年来，基层监狱未曾见到权威高格、门类齐全、系统配套的劳动改造制度，见到的只有国家监狱管理部门以及各省监狱管理机关制定出台的零星劳动改造制度。监狱劳动改造制度在顶层设计方面权威性不足的问题显而易见。

2. 内容涵盖系统性不足。从监狱工作需要来看，系统化、规范化的劳动改造制度，至少应当包括（罪犯）劳动能力管理、劳动岗位管理、劳动项目

---

〔1〕 专门辑录监狱管理法律、法规、政策、规章和各类规范性文件等，由司法部监狱管理局定期汇编印发。

管理、劳动现场管理、劳动技能培训、劳动绩效管理等内容，显然这也是全面提升监狱现代治理能力和水平的需要。笔者同样查阅《监狱工作手册》发现，从 2010 年到 2019 年，十年间仅见 2 个司法部监狱管理局的制度性文件，其一是 2010 年的《监狱罪犯劳动改造工作指导意见》，其二是《关于建立监狱罪犯劳动报酬定期统计制度的通知》，劳动改造制度系统性不足的问题可见一斑。

3. 具体规范统一性不足。比如司法部在 2017 年出台的《关于进一步加强监狱企业规范管理的意见》中，规定"规范罪犯劳动管理"，明确要求监狱企业"突出抓好劳动教育和技能培训"，这与司法部《教育改造罪犯纲要》中有关规定，以及惯例性、常态化的此项工作由教育改造部门负责的现实相矛盾。对此，有的省份在监狱管理局设置了劳动改造处，并与监狱企业集团公司生产管理处合署办公，即便这样，还是涉嫌造成与教育改造机构的职能交叉问题。

4. 价值目标坚定性不足。受"全额保障"不充分、不全面等因素影响，客观存在劳动生产项目实施对罪犯劳动改造的促进针对性不强；罪犯劳动技能培训时间不足，措施不多；罪犯刑满释放前真正具备一技之长、养成劳动习惯的占比不大等问题。加之，受监狱长、监区长任期制的影响，现实政绩功利目标大于了惩罚改造罪犯的长远价值目标，经济效益的考虑成分过多以至于罪犯劳动没有真正让位并服从改造罪犯的需要——目标的不时摇摆，势必造成劳动改造制度的针对性与罪犯改造的实效性难以有机衔接和一一对应。

## 三、重构监狱劳动改造制度模式之创新路径

### （一）坚持以劳动改造理论为指导，提升监狱劳动改造的新认识

探索对监狱劳动改造制度模式之创新重构，是在坚持中国特色社会主义道路自信制度自信的基础上，与时俱进对监狱劳动改造制度进行完善和创新。因此，理当坚持以习近平新时代中国特色社会主义思想和毛泽东改造罪犯理论为指导。一要提升对监狱劳动改造理论渊源的认识。劳动是马克思主义思想体系中的核心观点，是马克思主义理论研究的基础。马克思指出：生产劳

动和教育的早期结合是改造现代社会的最强有力的手段之一。[1]恩格斯也明确指出：“劳动创造了人本身。”[2]列宁同样指出“无论是脱离生产劳动的教学和教育，或是没有同时进行教学和教育的生产劳动，都不能达到现代技术水平和科学知识现状所要求的高度。”[3]马列主义革命导师对劳动及劳动功能的理论阐述，为社会主义监狱创立和实行劳动改造制度奠定了理论基础。二要提升新中国监狱劳动改造制度实践创新的认识。中国监狱对罪犯组织实施劳动改造正是根植于马列主义理论指导，并且结合社会主义制度的本质特征，不断健全、完善和创新劳动改造制度，在改造罪犯的丰富实践中积累并形成了以劳动改造为显著特征的毛泽东改造罪犯理论，同时推进了监狱劳动改造制度在改革开放不断深化，特别是在《监狱法》制定实施等工作中得到了充分体现。这种与时俱进的劳动改造制度创新，极大地加快了监狱惩罚改造罪犯的法治化进程。三是提升以人民为中心的发展思想对监狱劳动改造制度进行全新指导的认识。以人民为中心的发展思想是始终把人民利益摆在至高地位，在更高水平上不断满足人民日益增长的美好生活需要的重大理论创新。监狱对罪犯实施劳动改造，从本质上讲也是推动监狱及罪犯自身，乃至社会及国家发展的组成部分，这种推动效果更是与以人民为中心的发展思想同路同向的。因此，监狱建立健全劳动改造制度并有效实施，必须强化以人民为中心的发展思想的指导作用，提升监狱民警内化于心外践于行的认识，确保无论是在劳动组织管理或是技能教育培训，特别是在劳动改造制度改进方面，都必须始终坚持以人民为中心，凸显公平正义，促进社会和谐。

（二）坚持以推进治理现代化为引领，重构“五层级”劳动改造制度新模式

党的十九届四中全会明确提出“既要保持中国特色社会主义制度和国家治理体系的稳定性和延续性，又要抓紧制定国家治理体系和治理能力现代化急需的制度、满足人民对美好生活新期待必备的制度，推动中国特色社会主义制度不断自我完善和发展、永葆生机活力。”监狱工作必须着力把握正确的方向，创新构建“五层级”劳动改造制度新模式，积极推动劳动改造制度效

---

[1] 参见《马克思恩格斯选集》（第三卷），人民出版社 2012 年版，第 377 页。

[2] 《马克思恩格斯选集》（第三卷），人民出版社 2012 年版，第 988 页。

[3] 《列宁全集》（第二卷），人民出版社 1984 年版，第 461 页。

能在监狱刑罚执行和治理现代化进程中得到充分体现。

1. 以必须劳动为标尺，落实劳动改造的义务性要求。新中国 70 余年监狱工作，正是通过组织有劳动能力的罪犯积极参加各种力所能及的劳动，才取得了成功改造包括日本战犯、伪满皇帝、国民党军警宪特人员以及各种罪犯等举世瞩目的成绩。正是在马列主义毛泽东思想指导下，通过不断总结历史经验和与时俱进，实现了劳动改造制度创新的法治化进程。从法律规定看，《中华人民共和国宪法》第 42 条规定公民有劳动的权利和义务。《中华人民共和国刑法》第 46 条规定被判处徒刑凡有劳动能力的，都应当参加劳动，接受教育和改造。《监狱法》亦在第 69 条规定"有劳动能力的罪犯，必须参加劳动。"按照一般的理解，无疑，罪犯作为受到刑罚处罚的被监禁公民，不再同于社会一般公民——参加监狱组织的劳动不再是其可以选择放弃的权利，而成为其必须依法履行的义务。因此，新时代监狱对劳动改造制度的改进，必须坚持全面依法治国和推进国家治理体系和治理能力现代化的要求，建立健全《罪犯强制劳动管理制度》《罪犯劳动能力综合评定管理》《罪犯劳动能力分级管理》以及变动审批等制度。通过科学评定罪犯劳动能力，划分不同罪犯的劳动能力等级，分别组织其参加不同类别、不同场地、不同强度的劳动，积极为罪犯履行劳动义务提供必要的制度供给和制度支撑。

2. 以安全劳动为基线，消除罪犯对生产劳动的畏惧心理。对监狱绝大多数的罪犯活动来讲，除了个人及公共卫生劳动，更大程度和范围表现为生产劳动。一些罪犯受入狱之前存在的好逸恶劳思想的影响，在生产劳动过程中，难免存在敷衍应付、假装积极等不良现象，甚至造成一些违反安全生产操作规程进而是安全生产伤亡事件发生。因此，改进劳动改造制度，理应轻利润、重安全，以安全劳动为基线，始终坚持"不安全不组织罪犯生产劳动"的原则。通过建立健全生产劳动绿色项目引进、设施设备管理、环境条件塑造、防护措施保障、安全监督检查以及安全生产考核奖罚等方面的配套管理制度，用制度筑牢安全劳动的堤坝，确保罪犯在参加生产劳动全过程的安全无虞，尤其是不发生各种伤残、死亡事故，不受到职业病侵袭，以可见可感可及的安全劳动在场，消除罪犯对生产劳动潜在的畏惧心理，从而为调动更多罪犯参加劳动改造的积极性扫除障碍，并增强罪犯服从劳动的进一步可能。

3. 以学会劳动为核心，促进罪犯对劳动的价值认同。"北京、天津、广西等地调查表明，重新犯罪罪犯被捕前职业为无业人员超过 60%"[1]。这些无业人员在社会上无一技之长，更不想、不愿用自己的劳动和智慧去创造财富，去实现人生价值，基本上处于游手好闲、不劳而获状态，犯罪入狱之后，只能茫然面对民警强制下的"必须劳动"。虽然这种"必须劳动"有法律依据，但事实上缺乏充分的技术支撑——不仅这些罪犯内心抗拒，更重要的是他们既无劳动观念、也无基本的劳动技能。加之罪犯中农牧渔民、初中及以下文化的罪犯占比相当大，其适应监狱工业化生产劳动难度不小，实现"将罪犯改造成为守法公民"，[2]其难度更是可想而知。因此，探索当下劳动改造制度之改进及作用发挥，则需通过加强教育，使罪犯在认识劳动、认可劳动的基础上，促使其学会包括生产劳动、勤杂劳动、洗衣洗碗等个人劳动、参加清扫厕所操场等公益劳动的技能或方法，[3]并不断深化罪犯对劳动彰显价值、劳动创造财富和重回社会的憧憬。实现此预期，同样需要完善和改进现有劳动改造制度，重点在于健全罪犯劳动技能培训及考评、劳动绩效激励、劳动报酬发放、劳动改造积极分子表彰等系列配套制度，通过经济、物资、荣誉、精神等手段奖优罚劣，激励更多罪犯以刑期为学期，增强学会劳动的内动力和对劳动创造力的价值认同，以罪犯愿学、要学、能学、精学的促进和劳动能力的提升为服务罪犯刑满回归社会，体现监狱改造人的宗旨。

4. 以习惯劳动为根本，推动罪犯旧有恶习得到矫正。"既然习惯是人的生活的主宰，所以人们应该尽一切办法获得好的习惯。"[4]事实上，古今中外大量的犯罪学家，通过对罪犯犯罪的原因进行实证分析发现，绝大多数罪犯就是因为养成了不良习惯，最终才走上了犯罪之路。中国监狱改造罪犯的 70余年实践亦证明：通过组织罪犯参加力所能及的劳动，不仅可以防止罪犯坐吃闲饭，尤为重要的是能够矫正罪犯好吃懒做的恶习，习得一技之长，并成为用双手劳动养活自己的正常公民。因此，积极改进监狱劳动改造制度，通过制度化、常态化、团队化组织罪犯开展劳动心得交流、劳动经验总结等活

---

〔1〕 曾永忠、颜泳涛、孙建书："现代社会治理视域下的重新犯罪研究"，载《犯罪与改造研究》2019 年 12 期。

〔2〕 参见《监狱法》第 3 条的规定。

〔3〕 参见余智明："消除劳动改造几种'偏见'的法理辨析"，载《中国监狱学刊》2017 年第 5期。

〔4〕 ［英］弗兰西斯·培根：《培根随笔集》，王义国译，中国文联出版社 2015 年版，第 137 页。

动；组织罪犯开展劳动竞赛、技能比武等活动；对改造表现良好的罪犯审批同意一定额度的奖励性加班劳动；鼓励劳动积极分子"传帮带"等措施……使罪犯在生产劳动过程中逐步享受乐趣性、培养主动性、增强荣誉感和成就感，形成参加劳动对其身心健康有益的体会，使劳动逐步内化为罪犯服刑生活中不可或缺的一种身心需要。当监狱罪犯从厌恶劳动、抗拒劳动、强制劳动，逐步改变为认可劳动、接受劳动，再到学会劳动、尊重劳动、主动劳动——当劳动成为罪犯改造过程中的一种习惯和自觉，其旧有的恶习必将得到有益的矫正，且将进一步推动其在犯群中发挥良好的改造示范作用。当然，法治背景下的劳动改造，其本义和价值都要求监狱组织适宜的劳动方式，实现改造罪犯的目的——应当防止任何有碍或者不利劳动改造的实施，或者影响改造效果实现的行为，比如劳动项目不利于罪犯习得劳动技能，或者罪犯劳动沦为监狱企业"挣钱"的工具，或者罪犯洗衣洗碗均由人（或机器）代劳等。

5. 以自由劳动为追求，全面提升罪犯刑满后的发展能力。马克思和恩格斯明确指出"每个人的自由发展是一切人自由发展的条件。"[1]社会主义监狱劳动改造罪犯工作在马列主义理论指导下，坚持以自由劳动为追求，亦是促进罪犯通过积极劳动改造以获得新生与自由，继而促其回归社会后健康发展的必由之路。显然，罪犯在监狱的这种自由劳动不是无限度、无边界、无条件的，其在现有法治条件下的性质依然属法定义务的拓展。这种自由劳动是根据罪犯的改造表现、处遇级别、个人兴趣、发展需要，而给予其对劳动项目、技能、时间、环境的一种基于适应回归需要的、有限的自由选择——亦即是获得监狱提供的一定范围内的劳动选择自由。比如在 A 监狱，普通处遇级的罪犯只能服从安排参加 B 项劳动，而宽管级罪犯则可获得在 B、C、D、E、F 等适应社会需要的劳动项目内的一项以上的选择自由。甚至可以建立允许罪犯参加兴趣式、钻研式、科研式劳动的制度。当然，通过完善和强化制度化支撑，监狱建立罪犯自由劳动的管理模式，其目的在于推动罪犯由法定的强制劳动，逐步走向自我劳动、自觉改造，并积极提升罪犯刑满后的自主择业、自由发展的能力。这种自由发展能力，内容包括：就业、创业、立业、

---

〔1〕［德］马克思、恩格斯：《共产党宣言》，中共中央马克思 恩格斯 列宁 斯大林著作编译局编译，人民出版社 2018 年版，第 51 页。

乐业能力。以"四业"能力提升作为其弃旧图新的发展内涵和纽带，或将促进更多刑释人员成为对社会有用的守法公民。

综上，可梳理出新时代监狱劳动改造制度之"五层级"模式架构图：

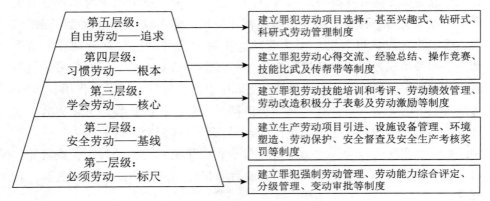

第五层级：
自由劳动——追求 → 建立罪犯劳动项目选择，甚至兴趣式、钻研式、科研式劳动管理制度

第四层级：
习惯劳动——根本 → 建立罪犯劳动心得交流、经验总结、操作竞赛、技能比武及传帮带等制度

第三层级：
学会劳动——核心 → 建立罪犯劳动技能培训和考评、劳动绩效管理、劳动改造积极分子表彰及劳动激励等制度

第二层级：
安全劳动——基线 → 建立生产劳动项目引进、设施设备管理、环境塑造、劳动保护、安全督查及安全生产考核奖罚等制度

第一层级：
必须劳动——标尺 → 建立罪犯强制劳动管理、劳动能力综合评定、分级管理、变动审批等制度

**监狱劳动改造制度"五层级"模式架构图**

（三）坚持以法治思维和法治方式，规范监狱劳动改造制度运行新机制

全面贯彻习近平法治思想，坚持用法治思维和法治方式推进改革是依法治国的要求，也是创新监狱劳动改造制度模式并形成规范运行生态需要坚持的原则。一是推动劳动改造制度法治化建设。建议修改《监狱法》，单列与监管改造、教育改造并列的"劳动改造"专门章节，分条款规范劳动改造的内容、形式、考核、奖惩以及刑满劳动就业扶助等事项，从法律层面进行顶层设计，切实提升监狱劳动改造制度的权威性，全面凸显中国特色社会主义监狱劳动改造的制度自信。二是健全制度规范机制。着力推动国家监狱管理部门牵头制定"监狱劳动改造工作规定"，从制度化、系统化、规范化层面，对劳动改造制度进行细化完善，将劳动改造制度"五层级"模式纳入其中。具体路径可采用司法部文件或者部长令的方式印发实施，使之成为具有较高法规效力的部门规章，以提升劳动改造制度的系统性和规范性。三是完善和规范制度供给机制。监狱管理部门要定期研究劳动改造制度运行中的新情况新问题，与时俱进多层面多渠道消除劳动改造的制度赤字，强化有针对性的制度供给。同时要定期做好劳动改造制度汇编工作，采取"立、改、废"等方式，确保监狱劳动改造制度在完善、规范的基础上，协调一致，有机运行，

并为全面依法治监贡献制度力量。四是加强监督考核机制建设。制度的生命在于实施。要努力推动监狱劳动改造制度在党的监狱工作方针的指导下，沿着新时代的正确方向和法治轨道，不折不扣地得到贯彻实施。要强化督查，对制度落实不到位或者执行发生偏差的及时整改，确保以过硬的考核监督，促进劳动改造制度的依法规范运行，不断提升监狱现代治理能力，切实发挥其惩罚和改造罪犯应有的刑罚效能。

# 坚持和完善中国特色监狱生产劳动制度

金利军 *

1960 年 10 月，毛泽东主席接见美国记者斯诺时说："我们的监狱其实是学校，也是工厂，或者是农场。"新中国成立后的 70 多年时间里，监狱生产劳动作为改造罪犯的基本手段，在改造罪犯、预防和减少犯罪方面发挥着巨大的作用，无不彰显了罪犯劳动的巨大魅力和功效。

## 一、中国特色监狱生产劳动制度的历史沿革

新中国成立至今，我国的监狱生产劳动制度的历史沿革大致可分为以下几个时期：

### （一）新中国成立初期的生产劳动制度

新中国成立后，我国对旧的监狱进行了接管和改造，彻底废除了国民党政府时期的旧狱制。1951 年 5 月，在北京召开的第三次全国公安会议把组织全国犯人劳动改造问题作为会议的一项重要内容进行了讨论，并通过了《关于组织全国犯人劳动改造问题的决议》。首次以会议文件形式明确指出，组织犯人劳动，从事大规模的水利、筑路、垦荒、开矿等生产建设事业。之后，罪犯劳动改造工作在全国得以大范围铺开，也使监狱生产劳动真正步入了一个正规发展和快速推进的新时期。

### （二）十年探索时期的生产劳动制度

新中国罪犯劳动改造经历了成立初期的艰苦创建，在原有基础上，以1954 年《中华人民共和国劳动改造条例》为契机，进入了一个全面发展阶段。该条例专设第四章"劳动改造生产"内容，并明确规定了劳动改造生产的目标、管理体制、管理机构、发展方向、安全生产制度等内容，这也使得

---

\* 金利军，浙江省第二监狱指挥中心四级警长。

劳动改造和劳动改造生产区分开来。但是,在罪犯劳动改造工作发展中,改造和生产的矛盾一直作为劳改工作(监狱工作)的基本矛盾普遍存在。于是,在 1964 年召开的第六次全国劳改工作会议上,特以"会议纪要"的形式把劳改工作的方针确定为改造与生产相结合,"改造第一、生产第二"。

(三)"文化大革命"时期的生产劳动制度

十年"文化大革命",使监狱工作包括监狱生产劳动都遭受严重挫折。在"砸烂公检法"等口号下,大批劳改单位被下放,甚至被撤销,不少干部被"批斗"或调出,监狱生产劳动的秩序受到严重破坏,已制定实施的各项劳动改造制度、规章被冲击,无论是工业生产还是农业生产都受到严重冲击,劳动改造罪犯的经济效益明显下降。[1]

(四)改革开放时期的生产劳动制度

1978 年,党的十一届三中全会后,我国开始进入一个改革开放、全面建设社会主义现代化的新的历史发展时期。1981 年召开了第八次全国劳改工作会议,总结了新中国三十多年来罪犯劳动改造的伟大成就,分析了新时期新变化,指明了监狱生产劳动的新方向。自此,监狱生产劳动进入了一个全面发展的新的历史时期,有了突飞猛进的发展。[2]

(五)新时期的生产劳动制度

进入 21 世纪,尤其是中国加入 WTO 以后,随着经济体制改革的不断深入,监狱企业对市场经济体制的不适应症逐步暴露出来。因此,自 2003 年开始在全国进行监狱体制改革试点,并于 2008 年全线铺开,实行监企分开,建立监管改造和生产经营两套管理机制。新时期,监狱积极促进产业转型优化,培育新经济增长点,快速发展服装加工等产业。同时,紧抓"智慧监狱"建设契机,积极推进监狱生产"智能化",监狱生产劳动形势不断向前发展。

---

[1] 参见贾洛川主编:《罪犯劳动改造学》,中国法制出版社 2010 年版,第 31 页。
[2] 参见贾洛川主编:《罪犯劳动改造学》,中国法制出版社 2010 年版,第 31 页。

## 二、中国特色监狱生产劳动的主要特征

（一）监狱生产劳动的特点

1. 生产劳动的依法强制性

一是具有合法性，监狱组织有劳动能力的罪犯参加生产劳动，是一种严肃的执法活动，是国家赋予监狱的法定职权。二是具有强制性，监狱代表国家对罪犯进行劳动改造执法，不可能不具有强制性，这是其刑事法律属性所导致的。三是罪犯劳动选择的有限性，有能力的罪犯必须参加劳动，无权选择参加劳动的种类、场所、报酬等。

2. 生产劳动的非单纯营利性

与其他的国企、私营企业不同，监狱生产劳动并非单纯追求企业效益的最大化，其根本还是为改造罪犯服务。罪犯劳动的改造和教育作用，在不断强化和反复刺激中发挥和实现。

3. 生产劳动的政企紧密联系性

监狱企业具有其国有属性，企业资产属国有资产。从事监狱生产劳动管理的监狱民警，编制为行政编制。

4. 生产劳动的社会服务性

新中国成立以来，监狱生产劳动在改造罪犯的同时，也承担着其社会责任。在创建初期，便积极参与大规模的水利、筑路、垦荒、开矿等生产建设事业。

（二）监狱生产劳动的目的与功能

1. 监狱生产劳动的目的

（1）重塑罪犯的生产劳动理念。转变罪犯消极的劳动意识，矫正罪犯不良的劳动习惯，培养罪犯劳动技能。

（2）保障监狱运行经费。监狱通过生产劳动，能够创造经济效益，有效解决经费问题，全力投入罪犯改造。

（3）承担支付罚金刑。新时期，罪犯劳动报酬制度的提出和优化，让罪犯可以通过劳动获得一定的收入。并以此收入来支付罚金刑、承担民事责任等。

2. 监狱生产劳动的功能

监狱生产劳动的功能与其目的不同，前者是对罪犯和社会的作用，具有

客观属性；后者是监狱通过对罪犯的劳动改造所希望达到的目标，具有主观属性。总的说来，监狱通过组织罪犯生产劳动，以实现其惩罚、矫正、培训、锻炼、经济、激励、保障、稳定等八大功能。

（三）基本原则

从监狱劳动生产的基本原则来说，笔者认为主要有以下几点：

1. 依法实施原则。严格按照《中华人民共和国监狱法》（以下简称《监狱法》）以及与罪犯改造有关的法律法规管理罪犯劳动的各项工作，依法行使职权，实现监狱生产劳动、罪犯劳动改造的法律化、制度化和规范化。

2. 以人为本原则。切实尊重罪犯人格，保障其在劳动过程中的合法权益。在劳动过程中，提供必要的劳动保护，保障其生命、健康。

3. 生产劳动与教育矫治相结合原则。在罪犯接受惩罚，生产劳动的同时，因材施教，授予罪犯谋生的劳动技能，矫正罪犯好逸恶劳等不良习惯，为重获新生做准备。

4. 民警直接管理原则。我国监狱生产劳动制度中，并未聘任外部企业或人员参与生产管理，而是明确监狱民警运用国家赋予的劳动改造行刑权，亲自对罪犯劳动改造的整个过程进行组织、指挥和管理。

## 三、中国特色监狱生产劳动制度的运行现状

近年来，我国监狱生产劳动把市场经济中的成熟经验和罪犯劳动的特殊情况相结合，积极调整产业结构，改变生产劳动传统观念，稳妥退出高风险行业，不断优化人力资源配置，加强劳动现场的定置管理，逐渐探索出了一套适应监狱的生产劳动模式。但是从实际运行来看，仍然存在较多问题。

现行监狱生产劳动运行存在的问题

1. 监狱生产劳动制度存在的问题

（1）现有制度并未凸显生产劳动在罪犯改造中的重要地位。《监狱法》并没有关于劳动改造的专门章节，只是将其列入了教育改造的章节，且仅有5个条款的原则性表述，规定很抽象。将劳动改造并入教育改造一章，意在确立"大教育改造"模式，但这种立法结构，否定了"生产劳动是我国改造罪犯重要手段之一"，没有反映出劳动改造在监狱工作中的重要性。

（2）现有制度未明确劳动改造的非营利性。根据《监狱法》第1章和第

5章的规定,监狱"组织罪犯从事生产劳动"是"改造罪犯的需要","监狱根据罪犯的个人情况,合理组织劳动",是为了"使其矫正恶习,养成劳动习惯,学会生产技能,并为释放后就业创造条件"。但是《监狱法》却并未明确劳动改造产品的非营利性,突出罪犯生产劳动的教育化。导致监狱生产劳动活动很容易陷入"盲目追求经济效益"而忽略"社会效应"的误区。

(3)现有制度割裂了生产劳动与教育改造的关系。在当今社会,罪犯构成日益复杂,对于这样一个复杂而多元的罪犯群体,只以简单的生产劳动,劳动岗位设置单一而枯燥,硬生生将监狱生产劳动与教育改造相分离,既不利于发挥罪犯自身的优势,也不利于罪犯劳动改造的积极性的调动,更难保障改造的效果。

(4)现有制度忽视了罪犯作为"特殊劳动者"的定位。劳动改造中的罪犯应视为"特殊条件下的劳动者",罪犯的生产劳动活动应该纳入《中华人民共和国劳动法》(以下简称《劳动法》)的范畴,罪犯的休息时间、劳动保护、劳动报酬等都应该受到法律保护。而在实际工作中,罪犯的特殊劳动者的角色往往被忽视,休息时间得不到保证,超时劳动、超体力劳动、劳动保护欠缺等现象仍然存在。

2. 监狱企业发展存在的问题

(1)监企在运行机制上存在矛盾。监狱体制改革后,实行"监企分开"。但目前,监狱和监狱企业仍然高度契合,在各个领域都需要融合管理。但是两者在运行机制上却又存在矛盾。监狱一方面承担着对罪犯的监管矫正职能,另一方面还承担着作为企业的生产经营任务,而监狱刑罚执行和企业经济运行在内在运行机制上是利益导向完全相反的,这必然体现为刑罚执行和监狱生产的矛盾和冲突。

(2)国家财政保障不足,导致监狱重市场需求轻罪犯改造。监狱矫正罪犯的任务需要大量的资金投入,在国家财政不能对此足额保障的情况下,监狱只能为了"生存",以企业生产的经济效益来弥补部分经费的不足,这必然会引起监狱罪犯劳动性质的异化倾向。

(3)监狱生产不能完全适应社会经济的市场化。随着我国进入社会主义市场经济,监狱企业也被抛入了市场的浪潮中,不得不花费大量的精力找项目、找销路。监狱企业原来所具有的种种特殊性,反而成为企业生存和发展的弊端。加上监狱企业的生产项目并没有完全考虑罪犯今后出狱的生活需要,导致罪犯劳动缺乏内在驱动力，劳动效率低下，因此在激烈的市场竞争中常处于劣势。

（4）监狱生产结构相对单一，附加值低。监狱生产中，人力资源的主体是监狱人民警察和罪犯，而两者在资源配置中，市场机制不发生作用。在生产结构上，监狱生产多以"室内"作业为主，无法涉足高科技产业，复杂工种，仅适用于劳动密集型、工艺相对简单的工种。这一类生产本身所创造的价值就相对较低，这就使监狱生产在市场经济中难以与社会企业相竞争。

3. 劳动改造罪犯过程中存在的问题

（1）把"监狱生产劳动"视为"惩罚罪犯"内容。从在监狱民警中的调查统计看，有相当部分观点认为"强制罪犯劳动"就是对罪犯的一种惩罚，就是监禁刑的内容。但从《监狱法》看，刑罚的内容只是其中第3章"刑罚的执行"所规定的内容，"强制罪犯劳动"并未列入其中；相反，列入了第5章"对罪犯的教育改造"这一章节，作为对罪犯的教育内容来规定的。从这个角度讲，"强制劳动"应解读为对罪犯进行教育与改造的内容与手段，而不应为一种"刑罚"。

（2）过度追求罪犯劳动的经济利益。现阶段，国家财力有限，仍不能满足监狱工作正常运转所需全部经费；监狱基础设施建设又因历史欠账多，急需资金改建、完善。同时，企业生产劳动的逐利本性使然，让追求经济利润最大化在所难免。各种原因交织，加上上级督导考核不够严，让监狱在生产劳动过程中过度追求罪犯劳动的经济利益。

（3）一味强调"监狱生产劳动"的行刑功能。在组织罪犯劳动过程中，非常重视防范罪犯的脱管失控。如设立警戒线、成立互监组，坚持半小时清点人数，不准随意走动，甚至罪犯上卫生间都需批准和民警带领，等等。很显然，把"强制劳动"视为行刑手段，极容易"抬升"惩罚主义，会造成忽视组织劳动的本质要义。

## 四、中国特色监狱生产劳动制度的发展完善

（一）监狱生产劳动体制机制修改完善

1. 推进体制改革，进一步推进"监企分开"

监企分开是我国监狱体制改革的必由之路，可以纯化监狱刑罚执行的功能，从体制上、制度上保证劳动改造功能的充分发挥。必须从制度层面，持

续深化监企分开的运行机制，明确监企分开的形式、分开后企业的性质、分开后监企的关系等内容，并将内容写入修改后的《监狱法》。

2. 从制度层面突出改造的主导地位

要准确定位监狱与监狱企业的关系，必须从制度层面确立改造的主导地位。监狱企业的组织运作，必须服从和服务于监狱改造工作大局。当然，监狱也要兼顾企业发展，促进其市场竞争优势的形成。同时要抓紧建立监狱与企业之间的约束机制，一方面，上级机构对监狱或监狱企业的绩效评价中，要明确对二者之间相互负责任务的考核；另一方面，要建立监狱与企业之间的相互督导和考核评价机制，让监狱和企业在促进罪犯改造的大前提下，相辅相成，健康发展。

3. 建立规范和保护监狱生产的监狱企业法律制度

监企分开的改革体制下，监狱企业的职能可以试界定为：以服务监狱改造工作，为罪犯改造提供场所和手段，既追求社会效益，又兼顾经济效益的特殊企业。[1]为了使监狱企业组织罪犯劳动合法化，国家应对《监狱法》进行修改，或制定"监狱企业法"，对监狱企业组织罪犯劳动的合法性作出明确规定，以确保监企分开后，罪犯劳动的正常有序进行。可尝试制定介于刑事法律和企业法律之间的特殊法律即"监狱企业法"，就监狱企业的设立、资金来源渠道、产业范围、产品销售、盈亏责任、税收优惠等问题作出具体规定，建立起监狱企业应有的法律制度。

4. 要在法律层面促进监狱生产劳动与社会相融合

要积极引进社会企业先进的生产劳动管理经验，使罪犯可以在生产劳动中真实感受社会生产的氛围，以利于刑满释放后顺利融入社会。同时要充分发挥监狱企业的社会服务职能，通过监狱生产劳动服务社会、反馈社会，建立罪犯劳动报酬回馈社会、补偿受害人的恢复性司法制度，促进罪犯更好地感悟劳动。

(二) 保障劳动罪犯权利

1. 强化劳动改造对罪犯的矫治作用

必须深化对罪犯的劳动教育，将劳动观念和劳动技能教育纳入劳动改造的职能范畴。要经常性开展劳动思想、劳动观念、劳动态度、劳动纪律和协

---

〔1〕 参见高寒："监狱生产改造功能发挥的制度保障"，载《中国监狱学刊》2010 年第 4 期。

作意识教育，强化罪犯思想观念转变。要根据罪犯刑释后就业的需要，进行非监狱生产性职业技术培训，使罪犯掌握多项技术，扩大就业门路。要推动罪犯劳动技术的行政认定，保证罪犯所学技术得到社会认同。此外，还应该落实罪犯刑满释放前的就业指导，积极组织"就业推介会"等职业介绍活动，为罪犯提供就业机会。

2. 强化监狱生产劳动安全管理

要在法律层面上加强劳动现场管理，规范罪犯劳动行为，维护监管秩序和监管安全，保证劳动改造发挥综合改造手段作用。努力建立劳动纪律、操作规程等行为约束规范，约束罪犯行为，维护良好秩序。科学实施定置管理，不断加强环境管理，杜绝生产安全和人身伤亡事故发生。建立巡察检查和考核奖惩制度，严格考核，奖优罚劣，保证各项措施落实。

3. 强化罪犯作为特殊劳动者的权益保护

要在法律层面上落实罪犯劳动权益，提高权益保障水平。科学地对罪犯的劳动能力进行分级，对完全丧失和部分丧失劳动能力的罪犯要区别开。明确罪犯的劳动时间，严格按照《劳动法》保障罪犯的休息时间，不能一味追求生产效益而忽视对罪犯的保护。给予罪犯劳动保险，明确罪犯的工伤死亡鉴定程序、赔偿程序、补偿金额，对罪犯工伤死亡的标准应与普通公民一样。给予罪犯一定的劳动报酬，充分激发罪犯的劳动积极性。

（三）监狱企业积极转型发展

1. 合理调整区域规划

监狱的发展是在具体的时空条件下进行的，要从全局的整体的视野来制订规划，监狱规划要充分考虑"地域经济"整体特征，根据掌握的预测资料，以发展的观点，按预测的比例趋势做好中长期规划，为监狱经济机制运行提供良好的宏观环境。

2. 建立相应的管理机构

目前司法部根据中央提出的"全额保障、监企分开、收支分开、规范运行"的监狱体制改革方针，提出了"建立统一指导为辅、分级领导为主、个别管理突出"的管理方式。因此要努力推进监狱刑罚执行职能和生产经营管理职能分开，建立两套独立运行的机制。一套是新型监狱管理体制，它的主要任务是执行刑罚、改造罪犯，依据《监狱法》运作；另一套是新型监狱企业管理体制，它的主要任务是为监狱改造罪犯提供劳动场所和生产岗位，可参照《中华人民共和国公司法》并结合监狱企业特点进行运作。

3. 改革监狱生产管理体制，调整产业结构

目前，我国社会主义市场经济已发展多年，并因此促进了"生产过剩"时代的到来，大规模发展监狱经济的时代应当已经过去了。因此，要对产业结构和产业规模进行宏观调整。例如，可对现有产业产品结构进行调整，引导工业单位果断淘汰市场前景不佳的亏损生产项目，增加适销对路产品的生产，并鼓励开发市场需求的新产品。可依靠技术进步，推动产业产品结构调整，对主要产品生产项目及时实施技改，走精品化路线。此外，要鼓励监狱发挥生产组织管理及罪犯劳动力资源优势，以本地区优势资源及产业项目为依托，积极开拓市场，例如可依托服装加工产业，推行自主服装设计，创建监狱服装品牌，等等。

# 坚持和发展完善中国特色社会主义监狱回归制度
## ——从再犯罪谈回归工作创新

四川省监狱管理局课题组 *

监狱是国家刑罚执行机关，是化解社会尖锐矛盾的特殊战场。罪犯回归社会工作（简称"回归工作"）是监狱治理的向后延伸，是现代社会治理重要组成部分。聚焦回归工作短板，研究剖析回归人员再犯罪问题，是社会综合治理重要命题。笔者通过对刑满回归人员再犯罪基本特征、发展趋势、关联因素、系统治理等进行深度研判，提出新时代回归工作创新举措。

## 一、回归人员再犯罪基本特征和相关因素

以中国裁判文书网刑事案件判决书为调研对象，以"再犯罪"为关键词筛选、汇总统计，调研分析全国近年再犯罪情况以及相关省份再犯罪情况，同时对四川在押再犯罪罪犯问卷调查发现，再犯罪与七大因素有较强关联。

### （一）再犯罪与地区经济发展水平正相关

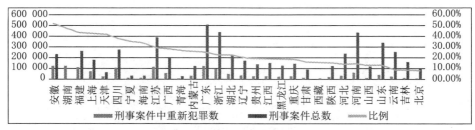

图1　2014年~2020年部分省份刑事案件数与再犯罪数占比趋势图〔1〕

* 课题组组长：陈志林，四川省监狱管理局党委书记、局长；副组长：曾永忠，四川省监狱管理局党委副书记、政委。课题组成员：颜泳涛、孙建书。执笔人：陈志林；曾永忠；颜泳涛，四川监狱管理局教育改造处处长；孙建书，四川省嘉州监狱四级高级警长。

〔1〕 数据来源于中国裁判文书网 http://wenshu.court.gov.cn/website/wenshu/181029CR4M5A62CH/index.html，最后访问日期：2021年1月22日。

从再犯罪所在地分布看（见图1），东部发达地区再犯罪案件比重较高，西部欠发达地区低，再犯罪率与地区经济发展水平呈正相关。值得关注的是，安徽虽非经济大省，近年 GDP 增速居全国前列，在长三角地区增速居第一；广东经济总量全国第一，再犯罪率虽排名全国第 13 位，但刑事案件量居全国第一。

（二）再犯罪与人口流动正相关

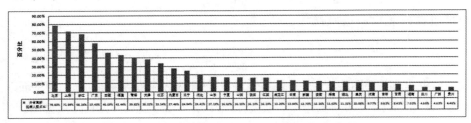

**图 2　2018 年各地外省籍刑释人员 5 年内再犯罪情况**

2018 年刑释人员五年内再犯罪人员中，外省籍占本省籍39.13%，再犯罪与人口省际流动、省内区域流动活跃度呈正相关。统计表明，从再犯罪发生地看（见图2），北京、上海、广东、浙江等发达地区外省籍再犯罪人数占比高于四川、广西、贵州等欠发达省份。青海作为西部开发资源大省，外省籍再犯罪人数占比也较高。从四川在押累犯户籍所在地分布看（见图3），成都及周边经济发达地区再犯罪率高于凉山、阿坝、甘孜等不发达地区。

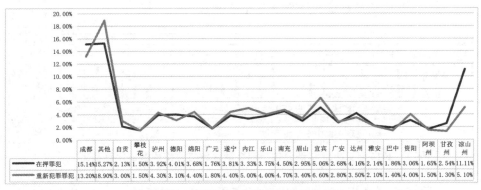

**图 3　在押和再犯罪罪犯捕前户籍分布图〔1〕**

---

〔1〕 参见四川省监狱管理局课题组："四川省刑释人员重新犯罪问题探析"，载《犯罪与改造研究》2020 年第 5 期。

（三）再犯罪与就业情况相关

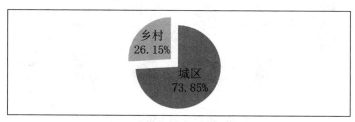

| | 农牧渔林人员 | 无业人员 | 务工人员 | 个体经营者 | 国家机关、党群组织、企、事业单位人员 | 专业技术人员 | 退休 | 无法统计 |
|---|---|---|---|---|---|---|---|---|
| 占比 | 55.25% | 38.67% | 1.62% | 1.15% | 0.23% | 0.08% | 0.05% | 2.95% |

**图4　在押多"进宫"罪犯捕前职业分布图**

再犯罪人员主要集中在就业不稳定、缺乏经济收入人群。四川统计显示（见图4），再犯罪罪犯捕前职业为农牧渔林人员占55.25%，无业人员占38.67%，两类占比达93.92%。这表明，再犯罪与就业、失业率存在相关性。就业越稳定，重犯可能性越小；失业、就业越不稳定，重犯可能性越大。

（四）再犯罪地与首次作案环境相关

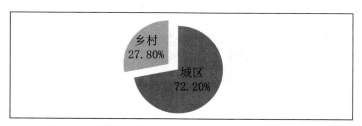

**图5　全国再犯罪罪犯中第一次犯罪发生地分布情况**

**图6　全国再犯罪罪犯中第二次犯罪发生地分布情况**

统计显示（见图5、图6），再犯罪罪犯首次和再次犯罪发生在城市区域的均超过72%，有较高重合性。这表明，影响犯罪率的因素有人口、土地利用、交通结构、地理环境。作为特殊社会行为的犯罪活动，罪犯往往选择在相对熟悉环境作案。

（五）再犯罪类型与首次犯罪经历相关

再犯罪涉及罪名与首次犯罪有较高一致性，盗窃类和涉毒类罪犯具有极高再犯可能。据上海监狱统计，80.72%的盗窃类罪犯第二次犯罪仍为盗窃，58.65%的诈骗类罪犯第二次犯罪仍为诈骗，43.64%的涉赌罪犯第二次犯罪仍为赌博。反常变态性再犯罪类型，由于引发犯罪原因复杂，监狱常态化改造措施、环境影响乃至药物治疗对其改造效果并不佳，应以预防控制为主。

（六）再犯罪率与刑罚体验呈负相关

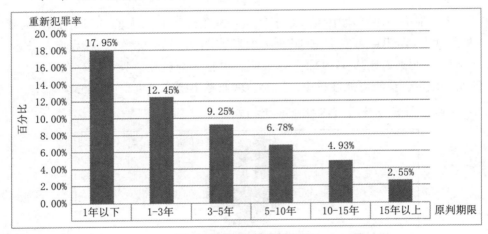

图7　原判刑期与再犯罪率

数据表明（见图7），原判刑期越短，再犯罪率越高；服刑时间越长，再犯罪率相对越低。罪犯服刑期间刑罚体验，对再犯罪有抑制作用。服刑时间过短、刑罚体验不深，重返社会易诱发再犯罪。

（七）再犯罪与"双低群体"呈正相关

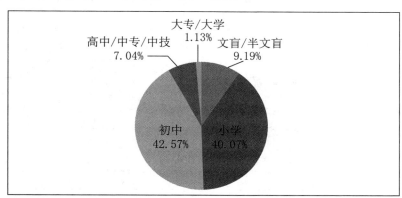

**图8　四川在押再犯罪学历情况**

从受教育年限看（见图8），四川统计表明，再犯罪罪犯小学和初中学历占 82.64%，其中初中占 42.57%，小学占 40.07%。这表明，低知识技能水平和低受教育程度人群更易再犯罪。

## 二、再犯罪值得注意趋势

我国面临百年未有之变局，社会变革转型期矛盾因素增加，再犯罪在发案趋向、形态趋向、区域趋向、结构趋向等方面发生显著变化，回归人员融入社会形势值得关注。

（一）再犯罪占比持续上升

统计显示（见图9），全国刑事立案实现连降，2018 年同比下降 7.7%[1]，2019 年下降 4.1%[2]，社会治安形势持续向好，但刑满回归人员再犯罪上升引发高度关注。

---

〔1〕　参见"公安部：2018 年全国刑事案件同比下降 7.7%"，载 https://finance. sina. com. cn/roll/2019-01-28/doc-ihrfqzka1754703. shtml，最后访问日期：2019 年 1 月 28 日。

〔2〕　参见"2019 年政法工作呈现十大亮点 全国八类严重暴力案件下降 10.3%"，载 http://sn. people. com. cn/n2/2020/0119/c378297-33728372. html，最后访问日期：2020 年 1 月 19 日。

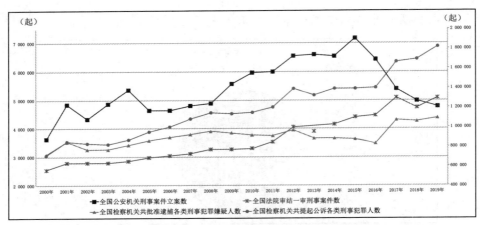

**图 9　2000 年~2019 年全国刑事案件数量趋势图〔1〕**

**图 10　2014 年~2020 年全国刑事案件数与再犯罪数趋势图〔2〕**

　　据司法部及相关权威期刊数据显示，再犯罪比重由 1984 年的 6.34% 逐步上升，1996 年为 11.1%，2006 年为 14.8%。2017 年，全国监狱押犯中判刑两次以上已上升至 22.1%，山东省被判刑二次以上罪犯达到 24%。通过中国裁判文书网对全国刑事案件数与再犯罪案件数对比显示（见图 10），2014 年至 2019 年再犯率分别为 22.80%、24.19%、25.18%、24.83%、25.69%、23.73%，总体呈上升趋势。

---

〔1〕　数据来源于 2020 年最高人民检察院工作报告。
〔2〕　数据来源于中国裁判文书网 http://wenshu.court.gov.cn/website/wenshu/181029CR4M5A62CH/index.html，最后访问日期：2021 年 1 月 22 日。

（二）社会高度关注再犯罪案件

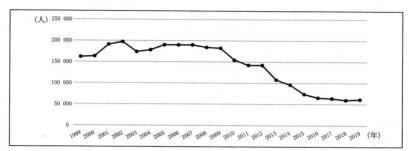

**图 11 1999 年~2019 年严重暴力犯罪（故意杀人、抢劫、强奸、绑架、放火、爆炸）人数变化趋势图**[1]

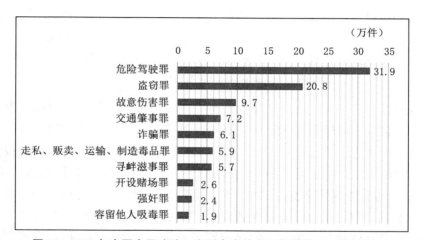

**图 12 2019 年全国人民法院一审刑事案件个罪数量前 10 示意图**[2]

全国严重暴力犯罪案件降至 6 万以下、年降近 4.8%[3]（见图 11），但再犯罪案件危害突出，结伙作案增多，作案手段更隐蔽、情节更恶劣，造成极坏社会影响。许多涉财涉黑大案要案成员多是刑释人员。[4]从涉黑涉恶案件

---

〔1〕 数据来源于 2020 年最高人民检察院工作报告。

〔2〕 数据来源于 2020 年最高人民检察院工作报告。

〔3〕 参见"最高检报告为何首次分析二十年刑事犯罪数据变化"，载 http://www. qstheory. cn/ll-wx/2020-05/27/c_ 1126038676. htm，最后访问日期：2020 年 5 月 27 日。

〔4〕 参见石奎："预防刑满释放流动人员再犯罪问题的实证研究"，载《西南民族大学学报（人文社会科学版）》2013 年第 2 期。

中回归人员比重看，扫黑除恶查处涉案人员、涉黑骨干多数是刑释人员。从团伙犯罪中回归人员比重看，四川调查显示，再次犯罪刑释人员中数罪并罚占 31%，团伙犯罪占 72%，再犯罪具有纠合性团伙性。从再犯罪前次刑期长短看，四川监狱统计，再犯罪罪犯原判 10 年及以上有期徒刑、无期徒刑和死缓占 42%，首次犯罪被判刑 10 年以上仅占 16.5%。

（三）由本地犯罪向跨区域流动转变

再犯罪特别是流动人口再犯罪集中在东部经济发达省市和西部大开发地区，从不发达地区向发达地区流动，从中小城市向大城市流动，从乡村向城镇流动，从其他地区向长三角、珠三角、京津冀等经济发达地区流动。随着城市经济建设大发展，大规模流动人口涌向东部发达地区，这里成为流动人口犯罪问题最为严重地方。青海等西部大开发省市需要大量劳动力，大规模流动人口也随之产生。案件发生地从中心城区向城郊转移。相比中心城区，远郊地区社会治安相对薄弱，刑释人员再犯罪往往选择城郊城乡结合部。

（四）以财产型犯罪为主方式更加多元

统计显示（见图 12），全国 2020 年起诉刑事犯罪个罪数量盗窃、毒品等犯罪居于前列。以侵财型犯罪为主。追求经济利益是再犯罪主因，侵财犯罪仍是再犯罪重点，传统接触式侵财犯罪减少，以电信网络为载体的非接触性侵财犯罪增加。毒品类再犯罪值得关注。四川监狱初次犯罪涉毒型占 32.42%，再犯罪中涉毒型占 31%，海洛因等传统毒品犯罪有所下降，以化学合成兴奋剂、致幻剂为代表的新型毒品犯罪增长较快。网络类犯罪发展迅猛。传统犯罪在互联网生根发芽，使再犯罪类型转向网络犯罪、信用卡犯罪，最高人民检察院 2020 年工作报告指出利用电信、网络实施的犯罪从 2017 年到 2019 年年均递增 31.5%。[1]

## 三、从再犯罪原因剖析罪犯刑释回归面临困境

社会主要矛盾是时代变革基本动力、核心标识，是时代划分根本尺度、重要界线。再犯罪涉及社会政治、经济等方面原因，是中国城市化进程和现代化转型过程中亟待解决重要课题。

---

〔1〕 参见"2020 年最高检工作报告全文内容来了"，载 http://www.mnw.cn/zt/2283902.html，最后访问日期：2020 年 5 月 25 日。

（一）回归形势政策方面原因

1. 经济发展因素。国家高速发展同时，也面临挑战考验。地区之间、城乡之间、不同收入群体之间收入差距，使社会结构和社会控制出现失衡。1990年至2000年间，城乡差距均值2.59倍；2001年至2015年间，城乡差距均值扩大为3.16倍，[1] 2019年我国基尼系数达到0.468，[2] 超警戒线水平。贫困及与贫困关联不利条件是诸多社会问题根源，对犯罪有很强相关性。"如四川省贫困地区凉山州犯罪率达1.8‰，是全省犯罪率的2倍。"[3] 在社会发展新常态下，部分群体跟不上时代步伐，一些人从高速发展列车上甩出来。特别是经济状况、生存方式处于社会边缘刑满回归人员，依靠正常手段无法获取更多收入、无法纳入城市生活保障体系，容易再犯罪。2018年以来，国家通过实施精准扶贫和禁毒防艾工作，社会犯罪活动治理效应明显，犯罪率得到有效遏制，彝族在押罪犯占比由2018年的13.07%下降为2021年的9.44%，

2. 第三产业结构变化。近年第三产业发展迅速，占比超50%，成为中国经济发展新引擎。[4] 但产业迭代、共享缩岗、就业竞争等对就业通用能力要求越来越高，这对就业困难人群冲击更为尖锐。刑释人员受教程度和职业技能偏低、社会隔离时间长等，竞争能力处于劣势，自主择业率和推荐就业率仅为50%，生活状况不稳定。

3. 社会保障覆盖不足。由于各种原因，农村人口、流动人口、刑释人员参保率偏低。调查显示，70%~80%的再犯罪罪犯，捕前未缴纳社会保险，未签长期有效劳动合同；由于服刑，原社保医保中断，持有执业证照失效，刑释后失去就业机会或难以上岗。如被判处死缓、无期徒刑重刑犯在经过漫长刑期后，年龄可能超过60岁，由于养老保障和医疗保险缺失，其养老负担更重。

---

〔1〕 参见林万龙、陈蔡春子："中国城乡差距40年（1978-2017）比较：基于人类发展指数的分析"，载《河北师范大学学报（哲学社会科学版）》2021年第3期。

〔2〕 参见"2018年我国居民人均可支配收入基尼系数为0.468"，载 http://data. chinabaogao. com/hgshj/2020/051T935k2020. html，最后访问日期：2020年5月18日。

〔3〕 曾永忠、颜冰涛、孙建书："现代社会治理视域下的重新犯罪研究"，载《犯罪与改造研究》2019年第12期。

〔4〕 参见"今后我国GDP拉动主要靠什么支柱产业？"，载 https://www. sohu. com/a/406046467_104543?，最后访问日期：2020年7月6日。

（二）回归机制方面原因

1. 过渡保障对接不畅，回归工作有断层。四川调查显示，70.8%再犯罪罪犯在刑释后没去当地采录信息；83%表示"安置帮教部门没找过自己"。安置帮教由于制约机制缺失，部分刑释人员未报户口、人户分离，成为再犯罪高发人群。列管范围不全面。再犯罪罪犯中青少年和流动人员占比高，基层未完全将有再犯罪迹象人员纳入监控范围。过渡安置不到位，刑释人员回归初期是防止新犯罪黄金期，由于其长期与社会隔离，社会适应能力弱化，短期无法获得有效发展资源，一旦缺失安置工作过渡生活、社会适应训练不足，容易走上再犯罪道路。

2. 家庭支持系统有缺失。四川监狱统计显示，再犯罪罪犯未婚达40.48%，高于初次犯罪罪犯8.50%；已婚达34.04%，低于初次犯罪罪犯8.48%；离异达18.98%，高于初犯2.53%。这表明，婚姻家庭对个体支持不仅体现在物质上，也体现在精神情感上。一方面，婚姻家庭稳定，有利于遏制和减少犯罪；另一方面，犯罪加剧婚姻家庭破裂，使他们失去家庭亲和力约束力，走上再犯罪道路。

3. 社会接纳机制不足。社会包容和帮教安置是决定他们顺利回归的重要介质。四川调查显示，有53%的社会公众对刑释人员心存戒备。用工企业要求应聘人员出具无犯罪记录证明，一些刑释人员因此失去就业机会。目前未建立前科消灭制度，对犯罪记录时限无明确规定，不利于刑释人员正常就业。

4. 社会支持系统不健全。刑释人员顺利回归是一项社会系统工程，需要党委政府、社会团体、企事业单位、罪犯家庭、受害人家庭和社会志愿者共同参与。当前社会帮扶力量处在零散自发状态，机制化体系化社会帮扶还未形成。

（三）监狱治理方面原因

犯罪类型动态变化，押犯结构动态调整，折射社会发展变迁，行刑理念、行刑模式也必然随之调整。当前，再犯罪形势不容乐观，反映出监狱治理能力与国家治理要求不相适应。

1. 监狱治理体系局限。回归类法律缺失。目前没有调整刑释人员回归方面法律，《中华人民共和国监狱法》外部协调力度不够，且未专章设立"刑释人员回归"内容，主要依靠政策指导，缺乏制度性安排，相关措施落实难。

刑罚执行模式局限，监狱从安全角度出发需要将罪犯从社会人向监狱人转变，罪犯改造过程实质是重塑社会人格过程，监狱管理封闭性和刑释人员回归社会开放性的矛盾是新时代监狱治理需要解决课题。刑事奖惩机制失调。一方面，在刑罚执行宽严之间，依法惩罚和改造罪犯是监狱的核心职能，需进一步彰显罪刑相称、宽和适度刑事司法价值，明确依法惩罚的依据，确保惩罚有据有界。另一方面，在刑罚执行变更均衡适用之间，运用减刑手段过多，运用假释手段过少，减刑有利于调动罪犯改造积极性，强化狱内安全，而假释适用更有利于罪犯回归适应社会。司法实践中假释罪犯再犯罪率仅为 2%。某地假释率为 0.60%~1.44%，而减刑率达 32%~45%，相差达 30 倍；四川近年年均减刑率约为 40%，假释率则徘徊在 0.6%~1.2%。这表明，刑事奖惩机制还没有充分发挥假释预防再犯罪、促进刑释人员顺利回归社会功能。

2. 治本目标实现困境。再犯罪尚未得到有效遏制，中国监狱脱逃是百万分之一小概率事件，安全可控度世界领先，但再犯罪率却在不断上升，甚至监管硬件好、经济保障程度高的东部省份远高于中西部省份。监狱虽阻断罪犯再犯罪社会因素，但罪犯刑释回归后，诱因再度发酵，致使再犯罪案件发生，社会治理系统还未根本解决再犯罪问题。行政化倾向与职能实现要求不适应。行政化架构是制约改造质量提升的结构性难题。多数监狱功能监区、心理矫治、改造评估等专业机构设置偏少，呈"倒金字塔"状，与践行改造宗旨职能定位不匹配。现代技术应用与改造规律融合尚显不够。犯罪和罪犯情况变化对传统行刑方式带来挑战，大量新方法新手段不断运用于罪犯管理工作，现代科技与监狱工作的交融需要实践验证提质，具有良好愿望的制度设计还需通过完善操作技术实现。狭义安全挤占矫正空间。社会舆论过多聚焦"安全指标"领域，矫正罪犯空间受到挤兑。"安全指标"经社会放大，形成对矫正工作挤兑，致使监狱质效评估重点忽视矫正罪犯主业，造成监狱治标治本失衡。

3. 监狱改造模式运行羁绊。现行监狱行刑模式与罪犯改造功能需求不匹配。"结构决定功能，功能牵动结构"。以暴力犯罪为代表的自然犯罪滋生土壤逐渐压缩、以法定犯罪为代表的轻缓刑事犯罪大幅上升，新时代押犯结构发生重大变化。轻罪新罪成为监狱治理的主要对象，监狱行刑模式正从严管严控的关押模式向教育治本回归模式转变。按押犯性别、区域位置设置监狱的传统方式，难以实现分级分类分教，针对日益增加的轻缓刑事犯罪缺乏相对宽缓监管环境和重新融入社会过渡空间，差别化改造难以实现。监禁人格与社会人格过渡不到位。罪犯因服刑隔离，社会化进程必然滞后。对罪犯依法实施惩罚与改造，本质是从去社会化到再社会化过程。社会对监狱安全要求很高，使监狱将执法视角聚焦于坚守安全底线，将主要精力主要资源过多放在"去社会化"方面。调查发现，大部分监狱未设独立出监监区，一定程度弱化罪犯再社会化，少部分刑释人员带着在服刑期间形成的监禁人格重返社会后，引发种种适应不良。劳动改造功能发挥与回归需求不适应。劳动改造"惩罚、维稳、矫治、培训、价值"五大功能未充分发挥，影响罪犯回归社会。四川监狱调查显示，再犯罪罪犯希望通过劳动报酬"体现自身价值"占 54.98%，"用于改善监内生活"占 62.33%，"减轻家庭负担、巩固家庭关系"占 58.64%，"获得就业储备资金"占 77.87%。劳动报酬机制体现对罪犯通过劳动创造价值的尊重，能为罪犯改造需要和回归过渡提供必要的资金支持。

## 四、以预防和减少再犯罪为靶向创新回归工作对策

在国家治理的宏观视角下，立法规范、司法追诉已与时俱变，回归工作已从单纯政府部门安置帮教、零散自发社会帮扶救助，转向具有明确目标任务和措施的社会综合治理体系的重要链结，应从国家、社会和监狱层面全方位构建罪犯回归工作治理格局。

（一）构建多元共治、狱地联动回归治理模式

人是社会的存在，犯罪与再犯罪发生兼有广泛社会动因。降低再犯罪率问题，需要全社会从搭建创业帮扶平台、构建治安防控体系、犯罪风险预警预测三大层面，推动形成共建共治犯罪治理新格局。

1. 健全社会支持系统。健全狱地共建共治工作机制。明确教育、社会保障、民政、司法行政和医疗等社会职能部门在罪犯改造工作中的社会帮教职责，形成"狱地共建、资源共享、责任共担、发展共促"监狱工作治理格局。深化政府社会家庭帮教机制。延伸"政府主导、部门联动、社会参与、家庭接纳"罪犯帮教长效机制，充分整合社会各方帮教力量优势，全方位提高罪犯适应社会能力，消除再犯罪行为。构建多方参与社会监督引导机制。多方吸纳社会力量，对监狱工作进行有效监督引导，回应社会关切，增强执法公

信力，提升执法司法质效，促进监狱更好履行职责。

2. 精准构建社会托底政策。最好的社会政策，就是最好的刑事政策。以增强社会救助及时性有效性为目标，科学研判经济转型中弱势群体问题，加快构建政府主导、社会参与、制度健全、政策衔接、兜底有力的社会救助保障制度，对竞争失利陷入困难、失业和贫困的刑释人员给予基本社会救助，建立健全"广覆盖、保基本、多层次、可持续"涵盖刑释人员的社保体系，最大程度减少社会风险。

3. 搭建就业创业帮扶平台。实施困难人群就业优先战略，推进"大众创业、万众创新"，促进刑释人员重新就业创业。制定配套政策，强化制度保障。开展就业创业社保补贴、规范就业创业担保贷款等配套措施，为扶持刑释人员创业就业提供制度保障。建立就业培训基地，促进重点群体就业。加大对教育培训机构投入，为无业刑释人员提供就业指导、技能培训鉴定，推荐就业岗位。建立归途之家帮扶机构，建好对接平台。由司法、综治、财政、民政、医疗和民间组织等部门建立社区服务"归途之家"，为无家可归、无业可就、无亲可投的"三无"人员以及"老病残"、有变态人格等刑释人员提供过渡安置项目服务。

4. 推进社会综合治理防控体系建设。开展隐患安全大排查。加强重点人群服务管理、重点行业安全监管、重点领域矛盾排查，化解因经济下行压力产生的劳资、医疗等纠纷，最大程度防范减少个人极端事件、群体性事件。深化综合治理专项行动。把专项整治与系统治理、综合治理、源头治理结合，形成专项打击与重点整治、党委领导与政府负责、社会协同与群众参与、整体联动与分工合作的社会公共安全治理格局。做实跟踪回访反馈工作。常态跟踪刑释人员就业情况、遵纪守法情况及政策落实情况，针对出现影响顺利回归倾向性问题，积极与当地相关部门、社区及家属沟通衔接，帮助平安度过回归危险期。

5. 加强重点领域犯罪风险预警预测。加大多发性犯罪的预测预警预防。运用大数据智能预测预警，防范涉众型、风险型经济犯罪以及盗抢骗等侵财犯罪，实现治理模式从"事后防御+事中拦截"向"事先预警+事先防范"转变。建立再犯罪动态监测机制。监狱、安置帮教机构与公安、检察院、法院等部门联动建立动态监测机制，联合研发再犯罪风险评估系统，重点监测有再犯风险群体情报，定期发布犯罪风险预警，实现有效防控。

（二）建构预防再犯罪的刑释人员回归治理模式

出监是罪犯回归社会的起点。围绕再社会化目标，从完善机制建设、变革改造方式、健全组织功能、强化智能运用和着力队伍建设等方面建立与国家治理体系和治理能力相适应的新型现代文明监狱回归改造治理模式。

1. 着力机制完善，从分散到系统。建立系统的法规体系，实现由行政绩效色彩浓厚的监狱管理向法治服务特征鲜明的监狱治理转变。把回归人员保护纳入法治轨道。以立法形式推进回归人员社会保障机制，明确回归人员权利义务，明晰相关部门职责。《中华人民共和国监狱法》设回归专章，明确规定安置帮教、社区矫正部门协调衔接等内容，对刑释一定年限内无再犯罪的消灭前科。优化刑罚执行模式。依法扩大假释面，构建"假释为主、减刑为辅"刑事奖励机制。推进新型监狱体制机制改革。构建监禁刑与非监禁刑相互贯通的刑罚执行体系，建立与回归适应相衔接的开放式监狱，提前适应社会生活。

2. 着力方式变革，从被动到主动。准确把握罪犯回归社会需求，建构职业技能培训为核心的回归教育模式，提升社会适应能力。探索教育技能培训社会化模式。在实现罪犯文化、技能培训"双纳入"基础上，推行"更生就业"工程，依托地方院校和培训机构，搭建"技能培训+就业指导+就业推介"一体化职业技能培训链条，有效培养罪犯就业能力、劳动观念，确保监狱教育培训"适销对路"，不断向社会输送放心用、直接用的劳动者队伍。构建需求导向式教育模式。根据不同类型罪犯犯罪成因、危险程度、心理特征、回归诉求等指标，围绕教育内容、教育方式、效果评估构建回归教育需求体系，制订差异化矫治方案，运用"项目管理、风险控制"现代矫治模式，做到针对性改造、需求性教育。深化恢复性教育模式。将恢复性司法理念融入罪犯改造全程，引导罪犯通过各种合法可行方式修复被损社会关系，形成悔罪、谅解和包容改造氛围，重建社会支持体系。

3. 着力功能健全，从粗放到精深。完善监狱功能布局，提升现代监狱治理与监管改造现实需求的匹配，推动由形态单一、粗放管理到功能齐备、分类科学的监狱形态布局的治理转变，实现片面强化监狱惩戒功能到刑事司法执行的理性平和的理念转变。优化监狱布局，凸显整体功能；优化监区功能，实现分类矫治；优化机构设置，提升刑罚效力。按改造功能配置监区资源，重构监区组织功能形态，推进等级化戒备管理、差别化处遇管理、渐进式社会融入，形成改造职能充分发挥的新型组织管理机制。围绕罪犯再社会化目标，打破监狱治理板块壁垒，破解监狱职能条块分割、层级管理分隔、执行层面分家难题，探索大部制与科层制结合的统分融合体制，提升监狱治理整体实力。

4. 着力智能运用，从经验到精准。用科学思维、科学方法、科学手段改造罪犯，促进罪犯改造与现代科技深度融合，实现从模糊改造到数字改造的根本转变。构建刑罚执行一体化的数据平台。建立健全公检法司一体化犯罪信息共享机制，健全全覆盖刑罚执行基础数据平台，强化数据治理、数据分析和信息发布，精准把握犯罪现象发展规律趋势，实现犯罪治理从感性到理性、从蒙昧到科学。构建智慧运用的载体支持。推进现代信息技术同罪犯改造融合发展，深化智慧教室、云课堂、智慧课件、远程视频会见等载体建设，拓展智慧应用广度深度，全力提升智慧教育服务效能。构建科学评估引领的平台支撑。深化与知名院校、科研院所研发合作，按照"政产学研用"模式，构建罪犯综合评估系统，实现"罪犯改造信息传送自动化、危险预警及时化、隐患处置最优化、矫正方案精准化、回归教育个性化、执法管理科学化"。

5. 着力能力提升，从看守型到专家型。建构预防再犯罪的罪犯回归治理模式，打造革命化、正规化、专业化、职业化队伍。搭建队伍专业平台。坚持把专业队伍建设作为提升教育改造质量重要支撑，联动地方院校、专业机构，搭建心理矫治、改造评估等专业化平台，打造监狱系统心理矫治专家队伍。建立专业队伍培训招录体系。突出实战实用实效导向，抓住教材教官教法等关键环节，建构新时代专业化改造教材、师资队伍、培训方式"三体系"，深化与政法院校、警校共建专业人才共招共录共培一体化机制。畅通职业发展通道。完善队伍分类管理，提升监狱民警职级待遇，拓展职业发展空间，增强监狱民警职业吸引力，形成"进得来""留得住""有奔头"的职业规划与发展机制。

# 中美老年犯人监禁处遇及矫治项目比较研究

胡文华　　[美]　罗伯特·汉斯 *

## 一、对待老年人的文化差异：中美两国的传统文化与现代文化的对比

现实中，进行此类研究需要融合多学科知识，才能最终得出分析结果，因为许多问题必须结合起来才能更有利于调查结果。至少在本文中就涉及了监狱管理学、老年医学、心理学等多个学科的研究。另外，本项研究还可能涉及将心理咨询、社工、保健科学、法学以及公共管理等领域结合进行。因此，解决这一问题需要考虑多项问题和多种方法。当然，在开始进行此项研究时，最重要的问题是两国在对待老年人问题上的异同，关于这一点的重要性体现在其是后续其他讨论的基础。

在美国社会，人们更倾向于关注年轻人。从本质上来说，美国的老年人在某种程度上已经被边缘化了。对此，美国曾提出一些立法，以期对抗这类边缘化。另外，一些支持组织也曾试图反击这种广泛存在的、与老年相关的、负面且刻板的印象，但最近几年，随着"婴儿潮"一代人的兴起，美国社会才较为普遍地开始接纳老年人。

在中国，尊老敬老是一种传统，古往今来皆是如此，尽管当下情况正在发生着变化。在过去的30年里，中国的经济和社会都经历了巨大变化，这种变化可谓前所未有。中国的 GDP 翻了几十倍，城镇化水平大幅提高，大量人口从农村地区迁移到城镇，这种由于就业引发的大规模人口迁移，导致了家庭结构的碎片化，曾经住在一起的一家人，现在的状态大多是远隔千山万水了。

在这种社会变革过程中和适应此变革的过程中，中国也在面临着与美国一样的人口老龄化问题。在中国，老龄社会加之流动性劳动力的增加，使老

---

* 胡文华，上海政法学院讲师；罗伯特·汉斯，路易斯安纳大学所罗门分校教授。

年人养老问题的解决变得越发困难。过去，年长的父母和成年子女特别是儿子是一起居住的。但是，中国社会和文化层面的变化使养老变成了一个社会问题，而不再单纯是一个家庭的隐私。现在，在中国，越来越多的老年人选择和子女分居生活，老年人在敬老院养老也已经成为一种新的趋势。

根据中国的法律，成年子女有义务在物质上赡养不能独立生活的父母。尽管有法律义务，但要履行这一义务并不容易。很多家庭成员大都居住在不同的地区，而不再是像几十年以前那样。经济压力迫使许多年轻人离开家，而只留父母在家，特别是在广大农村这成为一种非常普遍的现象。因此，城镇化、劳动力迁移和寿命延长带来的社会和文化变化，在某种程度上与美国社会的经历类似。

《中华人民共和国老年人权益保障法》第 14 条第 1 款规定："赡养人应当履行对老年人经济上供养、生活上照料和精神上慰藉的义务，照顾老年人的特殊需要。"位于中国西南部的重庆通过政府规章来保护老年人的权利，要求不与父母住在一起的子女必须定期去看望父母，要定期打电话或定期写信，以满足老年人精神上和情感上的需要。为了进一步解决这一问题，有些城市（例如上海）还通过立法，规定了如果子女不定期看望父母和或与父母保持联系，父母有权起诉子女。近年来，这样的立法越显得有其必要性，这恰恰说明了中国的社会和经济变化已经影响到了家庭成员对老年人的照顾。

上述问题与接下来要讨论的有关于照顾老年犯人的问题存在相关性。其原因是，当老年犯人服刑即将结束之际，如果没有家庭支持，无论在中国还是美国，他们的处境都会相当艰难。解决这一问题，对于试图让老年犯人重新融入社会的矫正系统来说，更是一项极具挑战性的事情。尽管中国强制要求成年子女要照顾父母，但这一过程并不是很顺利。而美国没有这种类似的法律，赡养问题更加难以界定。所以，美国真的可以考虑制定一些类似的法律。但是，其执行过程也将是困难重重，因为，在美国很多家庭是基本没有联系的，而老年人服刑，更是对家庭凝聚力的致命打击。

## 二、老年犯人的常见问题

人在衰老的过程中会面临各种各样的健康问题，所以，容纳老年犯人也需要给予特殊关注和考虑。对于监狱中的老年犯人来说，特制饮食、重症的药物治疗，行动、视力、听力等辅助设备都是必需品。许多人在服刑期间患有疾病，如糖尿病、冠心病和哮喘等。换句话说，所有衰老普通人出现的问题，在监狱里也会同样出现。但在监狱环境中，出现各种疾病的风险要远高于监狱外的群体，更糟糕的是，服刑人员的发病年龄可能要比守法人群早近10年。出现这种情况的原因大多是长期高风险生活习惯累积导致的后果，而犯罪人员通常更容易保有这样的生活习惯。

此外，监禁本身令人十分压抑，对于那些熟悉监狱环境的犯人来说，情况也是如此。从被指控、等待开庭、受审、承担高昂的诉讼费，一直到最终入狱，这个过程可以说确实令人身心俱疲。对于老年犯人来说，监狱里嘈杂的声音、被迫与年轻和更暴力的犯人打交道，还有丧失自由的感觉，都令人更苦恼、心情更压抑。所以不难理解这种压抑的环境会加重其生理负担和心理负担，监狱的危险环境还会引发神经系统出现严重且广泛性的焦虑、困惑、愤怒、抑郁，进而导致高血压或创伤产生。许多老年犯人在治疗期间表示，他们害怕其他犯人伤害自己，或害怕自己死在监狱里。再有就是，监狱内的亚文化状态会使犯人因为害怕其他犯人，而妨碍其向狱警或心理专家求助，因为，这会被人们看成是懦弱的表现，还有可能被贴上告密者的标签。所以，许多老年犯人学会了默默承受，不向他人求助，而有时，他们还经常会被年轻的、身体更强壮的犯人欺凌。

监狱管理人员承担不起忽视或回避这些问题所带来的后果，因为它们只会变得越来越严重。换句话说，这些问题涉及的成本和责任随时间流逝会逐渐累积，与从出现端倪时就及时解决相比，坐视不管的做法只会让危险增加两倍甚至三倍。精算模型也证明了忽视只会让解决这些问题的成本越来越高。因此，在解决监狱内老年犯人和残疾犯人的问题时，从医疗上做出及时恰当的反应对管理者来说是最佳选择。预防性医疗和健康教育不是奢侈品，而是高效且节省成本的办法，它可以阻止疾病进一步恶化。

在上一个萧条时期，美国许多州矫正机构不得不重新考虑它们的监狱政策和各州对犯罪和刑罚的立法。毒品战争和"三振出局"判决法让这一问题显得更为突出。随着刑期变长，有很大比例的犯人变为了老年犯。监狱成本的增加不仅来自关押的犯人越来越多，还在于被关押的犯人越来越多的是老年人或接近老年。康涅狄格州、阿肯色州、路易斯安纳州、密西西比州还有北达科他州等州认为需要对它们的法定量刑标准进行修改。此外，加利福尼亚等州则面临美国最高法院的禁令和审查，最高法院要求它们减少监狱内的犯人数量。监狱的拥挤与之前刑期的延长直接相关，这也导致监狱里出现更多的老年犯人。

中美两国都有针对一般犯人，特别是老年犯人的最低护理标准。值得一提的是，美国的矫正系统并没有认定老年犯人明确的年龄界限。然而，美国监狱管理局和多州的报告均将 50 岁作为犯人即将加快进入衰老阶段的年龄。这样认定的原因之一是从整体上看，犯人由于滥用毒品、饮食不良和多次入狱出狱不关注自身的健康问题，这些问题逐渐累积起来会给他们的身体带来额外的负担，加速身体的衰老。

即使矫正系统也没有确定明确的年龄界限，美国残疾人法案（ADA）也规定需为有身体或认知障碍的老年犯人提供适宜的居住环境。美国残疾人法案要求矫正机构的管理人员应为有特殊需求的老年犯人提供适合的生活环境。诸如埃斯特尔诉甘布尔案（*Estelle v. Gamble*，1976）这样的判例法更是明确规定医疗服务包括心理健康问题。

首先，美国监狱管理者认为老年犯应享受"非歧视待遇"。美国监狱之所以对老年犯在刑罚执行阶段适用"非歧视待遇"原则，是认为老年人的身体部分功能经历着像残疾人一样无法挽回的丧失。基于此原则，美国政府就有责任确保身体部分功能有欠缺的公民，在政策、法律及参与公共机构的活动和接受公共机构提供的一系列服务时可以获得公平的机会，同样的，在刑罚执行阶段，也要确保老年犯避免因身体机能而受到不公平待遇。其次，美国监狱对老年犯的医疗保健工作非常重视。在美国，法律有明确规定对老年犯提供符合监狱之外适用的相同标准的医疗政策。因老年犯患有慢性病的比例越来越高，随之所需的医疗费也不断增加，为了防止医疗费用的不断攀升，美国监狱通常会采取长期措施来预防、早期诊断和医治老年犯的常见疾病。同时患有慢性疾病的老年犯通常会有 24 小时的贴身护理，在特殊情况下，对于有严重疾病和晚期疾病的老年犯，监狱还必须安排进行社会安置。同时美国监狱还非常重视对老年犯矫正工作人员的配备，他们认为从事老年犯的矫正工作是一项非常专业的工作，因此需要矫正人员具备一定的专业知识和能力，同时还要进行相关业务培训，一般内容有老年犯医学知识、人际交流沟通培训、人体老化过程等。最后，矫正人员经常会进行深入性培训，比如在培训过程中参训者需要带上耳塞堵住自己的听觉，戴上模糊的眼镜来降低自己的视觉，再拄着拐杖或坐着轮椅来模仿并亲自体验老年人行动受限的感受。

通过这些体验式培训后使得矫正人员对老年犯日常改造可能面临的问题和障碍有一个直观的认识和体会，从而能更加专业到位地为老年犯提供服务。美国很多监狱还为老年犯设立了狱内娱乐设施。监狱机构也不得故意忽视犯人的迫切需求。所以，出于违反法规所要面临的法律成本考虑，管理人员就不能忽略这一问题。

### 三、中国矫正系统内老年犯人的权利

同美国一样，中国监狱管理者也面临相同的问题，老年犯人的身体功能随年龄增加而不断退化，并伴有各种各样的慢性疾病。此外，老年犯人存在更多的心理健康问题，身体健康和心理健康二者之间的关系以及接受矫正教育群体的老龄化给中美两国带来了相似的苦恼。

中国刑事立法中最早的关于老年人犯罪定罪量刑的特殊规定出现在 2011 年《中华人民共和国刑法修正案（八）》中。该修正案第 1 条在《中华人民共和国刑法》中增加了："已满七十五周岁的人故意犯罪的，可以从轻或者减轻处罚；过失犯罪的，应当从轻或者减轻处罚"。另该修正案第 3 条在刑法中增加了："审判的时候已满七十五周岁的人，不适用死刑，但以特别残忍手段致人死亡的除外"。老年人有"老小孩"之称，75 周岁以上老年人由于大脑功能退化严重，会严重影响认知能力和判断力，故该立法比照未成年人刑事责任立法具有合理性。中国的刑事执行法也有针对老年罪犯的特殊规定。2017 年施行的《最高人民法院关于办理减刑、假释案件具体应用法律的规定》第 39 条规定老年罪犯，是指报请减刑、假释时，年满 65 周岁的罪犯。地方性特别是省级监狱管理机关也有针对该行政区域内有关老年罪犯的管理规定。上海市监狱管理局《老病残罪犯鉴定标准》中第 1 条规定："男性在押罪犯年龄为 60 周岁及以上的，女性在押罪犯年龄为 55 周岁及以上的，属于老年犯。罪犯的年龄以在公安机关登记的有效身份信息为准，无有效身份信息的，以监狱狱政管理部门认定为准。"矫正机构的研究人员发现在监狱环境中，女性犯人的衰老速度比男性犯人更快。另外，女性犯人包括老年女性犯人，通常更愿意积极参与亲社会性的改造活动。因此，尽管男性比女性寿命短，但把他们界定为老年犯的标准推迟了 5 年，主要是考虑到监狱环境中男性和女性的身体差异。美国的研究人员也发现在狱中，女性犯人在某种程度上从身心上更难适应这种环境（Owen，Pollock，Wels & Leahy，2015）。

## 四、中国监狱的心理健康处遇方案

在中国，大部分监狱都会提供心理健康服务，而这些服务与世界其他国家的矫正系统所提供的服务相比，既有创新性又有相似性。我们基于对中国国内针对监狱服刑人员的心理健康项目的研究提出了这一观点，以此证明心理健康服务在中国并不是新事物，从而打消可能对中国为老年犯人制定的条款能否适用于解决严重的心理健康问题产生怀疑的人的疑虑。

例如，使用艺术疗法治疗患有精神分裂症的犯人取得了成功的结果（Hong-Zhong, Zeng-Jei, Mu-Zi, Yue-Quin, Wei, Zhi-Dong, 2017）。这种方案的实施已通过随机、纵向对照试验的评估。研究评估了中国推出的特定疗法—"战胜精神分裂症"（*Go Beyond Schizophrenia*）的有效性。Hong-Zhong 等人（2017）发现接受 16 周的艺术疗法之后，犯人的焦虑、抑郁、愤怒、消极的精神疾病症状表现明显下降，服从规则、与同龄人社交、遵从医嘱的意愿明显改善，同时睡眠更加规律。据此研究人员得出结论，艺术疗法可以有效减少中国监狱内犯人的情绪压力和消极的精神疾病症状，同时研究人员还发现艺术疗法与药物治疗相结合是治疗患有精神分裂症犯人的最佳方案。

另一组中国的研究人员——Chen, Hannibal 和 Gold（2016）还发现对中国监狱内的犯人施用音乐疗法也能取得类似的结果。该试验使用常规设计方法，即把 100 名男性犯人随机分配到试验组接受音乐治疗，另有 100 名犯人分配到对照组接受常规治疗。音乐治疗持续 20 多个疗程，包括执行状态-特质焦虑问卷、贝克忧郁量表和德克萨斯社会行为问卷中治疗焦虑、抑郁和自卑等的有效方法（Chen 等人，2016）。研究人员得出结论，集体音乐疗法在改善焦虑、抑郁和自卑等方面似乎更为有效且治疗结果在年轻犯人和教育水平较低的犯人间更为明显（Chen 等人，2016）。

另一个有趣的例子是通过认知-行为方案（CBT）和积极的心理干预可以帮助那些经历心理创伤的女性犯人（Mak& Chan，2018）。这一方案对中国香港的一所监狱中的服刑人员实施 8 个疗程的 CBT 和 8 个疗程的积极心理干预（PPI）的情况进行了调查。Mak 和 Chan（2018）找到证据证明"对监狱内曾经历过心理创伤的女性犯人进行心理干预是有效的"（p. 158）。这一研究表明中国所采用的方案与美国的十分相似（比如 CBT 和 PPI），而且这种方案对男性犯人和女性犯人均有效。

针对犯人的海洛因毒瘾和 HIV 感染等问题，还进行了其他心理干预。无论是监狱内的犯人还是社会中的普通人接受的治疗均包括强制康复（Hser，Fu，Wu，Du&Zhao，2013）、减少对有毒瘾犯人的伤害（Meise，Wang，Sauter，Bao，Shi，Liu&Lu，2009）和预防自杀念头及自杀行为（Zhang，Grabiner，Zhou & Li，2010）。最后需要强调的是，本文并没有对中国犯人的处遇方式进行全面的文献综述，只是意在说明中国各地的监狱均实施了各种各样的犯人处遇方案，同时这些方案已经通过了经同行评议的试验方法的详细审查。

## 五、中国式矫正：强调教育和改造

中国监狱的运行标准主要来源于中国监狱法。《中华人民共和国监狱法》（2012 年）第 5 章明确强调中国国内矫正系统的主要目的。尤其是第 61 条至第 66 条列出了中国任何地区或城市的监狱应具有的共同特点。

第 61 条 教育改造罪犯，实行因人施教、分类教育、以理服人的原则，采取集体教育与个别教育相结合、狱内教育与社会教育相结合的方法。

第 62 条 监狱应当对罪犯进行法制、道德、形势、政策、前途等内容的思想教育。

第 63 条 监狱应当根据不同情况，对罪犯进行扫盲教育、初等教育和初级中等教育，经考试合格的，由教育部门发给相应的学业证书。

第 64 条 监狱应当根据监狱生产和罪犯释放后就业的需要，对罪犯进行职业技术教育，经考核合格的，由劳动部门发给相应的技术等级证书。

第 65 条 监狱鼓励罪犯自学，经考试合格的，由有关部门发给相应的证书。

第 66 条 罪犯的文化和职业技术教育，应当列入所在地区教育规划。监狱应当设立教室、图书阅览室等必要的教育设施。

从以上几条中可以看出，监狱是中国矫正体系的重中之重，这一点与美国无较大区别，如果把"教育"一词的概念扩大解释到包括帮助犯人适应出狱后的生活等内容，二者的差异就更小了。从本质上说，应将教育视为与美国广泛使用的治疗或重返社会的意思相同。

特别是第 61 条对改造犯人使用何种教育持开放态度，目的是因人、因情况制定教育方法，从而实现因材施教。在集体教育与个别教育中采用"以理服人"的方式也与美国治疗方案中的认知方法相类似。和多数美国的矫正机构一样，中国监狱也广泛重视认知重塑、设定目标和亲社会行为决策。

从第 62 条开始，更多条文的内容对犯人的教育改造问题进行了阐述。事实上，第 62 条强调的是犯人的生活健康和他们出狱后的未来，这一点与美国的重返社会方案并无区别。第 63 条特别提到了核心的教育目标，这与美国矫正机构普遍实施的 GED 或 HiSET 项目以及大学课程项目十分类似。第 64 条明显与美国的职业和技术教育方案（基于犯人出狱后的就业需求提供职业和技术教育）相似。第 66 条鼓励犯人进行自学。最后一条也是非常重要的一条，第 67 条特别提到了犯人的教育规划问题（可认为其与定制化治疗计划相同），这也说明了教育的所有目标都是为了满足犯人的特定需求。文化是这一过程中必不可少的环节，也表明了这些治疗计划的包容性。

## 六、中国监狱老年犯人的处遇方案——以上海监狱为重点

上海可以算得上是中国现代化程度最高、经济最发达的城市之一，目前常住人口已超过 2400 万。这也就意味着，上海一个市在人口规模与经济基础方面甚至要优于很多国家。同时，上海也是中国经济发展的引领者和风向标，为中国监狱管理学的建设不断提供创新之源。2007 年，上海创办了中国首家专门集中收押"老病残"罪犯，并与大型监狱医院合并建设的监狱——南汇监狱。这所大型监狱中关押的"老病残"罪犯都已经过医生诊断，证明其需要专门医疗服务。诊断的过程极为严格，确认罪犯的安置方式时也设置了很高的门槛。这主要是考虑到南汇监狱只能容纳 2100 名罪犯，而这一数字对于偌大的上海来说仅是九牛一毛。南汇监狱同时收押男犯和女犯，实行分开关押管理。

南汇监狱曾在中国获得多项殊荣。监狱建造时的主要设计针对罪犯的身心健康治疗方案进行了优化。事实上，整个监狱中监舍的布置也考虑到了可能会频繁发生的紧急情况，十几分钟甚至更短的时间内便可将紧急状况的犯人从其监舍送至监狱医院。该监狱着眼于在押犯人的身心健康需求。监狱的很多设计特征考虑到了老年犯与残疾犯的特殊需求，比如在一楼出入口设置无障碍通道，在监舍楼内安装电梯，卫生间装有警报装置等。南汇监狱的设施建设重点关注监狱内服刑人员的安全与福祉。

除了考虑到狱内服刑人员可能出现的突发医疗事件以外，南汇监狱还优先考虑服刑人员的特殊需求，其中包括老年犯人的心理健康与情感福祉。正

如先前所提到的，在中国，通常会把对服刑人员采取的治疗措施称作"教育"，一般会通过实施治疗性干预和教育方案的方式来达到类似的目的。这种方式既不属于真正的治疗课程，也不属于学术课程、校本课程或是职业课程，实际上与美国所称之为的"心理教育"并无很大区别。确切地说，心理教育治疗方案倾向于采用手册化治疗的方式，向犯人群体传递心理学和心理健康学的主题，以此来添补不同治疗课程之间存在的知识空白。事实上，在大多数监禁环境下，这种方式是美国监狱在快速增长的服刑人员中传播信息时最常用的手段。考虑到这一点，上海监狱体系提供了一系列的心理教育方案，下文列举了部分方案的实施情况并对其分别进行了讨论：

1. 生命教育：监狱工作人员尝试采取多种多样的方式，如观看电影、阅读讲述中华文化与世界文化的文学与宗教书籍等，帮助老年犯人树立积极的人生观，进而影响他们的认知观念。这样做的目的是为老年犯人提供对抑郁、焦虑和自杀意念的保护性因素。监狱管理人员、工作人员和心理健康工作者都普遍认同的一点是，老年犯人更容易在狱中出现自杀行为。这一方案通过向老年犯人传递有关生命价值、生活意义和人类潜能的积极理念，为他们的生活带来希望，否则他们很可能会与功能性改造方案渐行渐远，更加不愿参加社交活动。

生命教育方案有时也会涉及卫生与健康方面，这里我们讨论的是健康的生活习惯和生活方式。同美国一样，中国的罪犯群体也长期保持着不良的生活方式，这会对其个人身体健康造成极大的危害。与中国社会中其他遵纪守法的人相比，罪犯群体中患有毒瘾、营养不良、性传播疾病、肝炎、肺结核和其他疾病的比例更高。监狱专门安排了人员来为老年犯人讲解大大小小的医疗问题，有时宣讲的重点内容可能是对癌症的认识或是对其他疾病的预防措施。这样做的目的主要是提高他们的健康意识，鼓励他们养成健康的生活习惯。

2. 社会关系与家庭关系教育：这种方案旨在指导服刑人员重新建立重要的社会关系。老年犯人强烈渴望亲情，很大一部分对出狱后的生活也十分担忧。因此，监狱工作人员帮助这些老年犯人有效履行家庭职能，在可行的情况下安排他们与家人接触。这些活动还吸引了大量的社会帮教志愿者主动参与其中。这些乐观积极、充满人道主义的志愿者为老年服刑人员带来了关爱和鼓励。很多对出狱后的生活忧心忡忡的老年服刑人员在这些活动中获得了生活的希望。从很多方面来看，这种教育方案都使老年犯人出狱后重返社会的过程更加顺畅。重阳节是中国重要的传统节日，也称敬老节。在重阳节当天，监狱邀请许多服刑人员的亲属来到监狱，欣赏老年服刑人员自编、自导、自演的戏剧与小品。在重阳节期间，监狱工作人员还会安排服刑人员与亲人共同用餐，让他们享受团圆时光，与家人进行交流。和美国的状况一样，中国的老年犯人也经常会失去家庭的支持。有些老年犯人会同家人失去联系，家人也不愿再与长期缺席家庭的狱内老人继续联系。特别是一些惯犯，很可能已经耗尽了家人曾经拥有的耐心与关心。在这种情况下，这些老年犯人被看作是家庭的累赘。但是，诸如重阳节等活动为彼此疏远的老年犯人及其家人搭建了重新沟通的桥梁。这些活动取得的成果不仅对犯人个人有积极意义，还会减轻犯人家属或其他为犯人提供帮助的人的负担，因此也具有广泛的社会影响。同时，这种做法也避免了老年犯人群体被整个社会遗忘和抛弃这种不幸事件的发生。

3. 开展自愿康复性劳动项目：在讨论这一方案时，我们首先要明确十分重要的一点，康复性劳动并不是强制性项目。该方案的目的并不是强制要求所有老年犯人必须参与劳动。有一部分老年犯人习惯了整天忙碌的生活，希望能够在监禁期间参与一些有建设性意义的活动。对于很多老年服刑人员来说，这种活动能够帮助他们挨过漫漫长日，更有效地管理时间。实际上，这也是一种有效的应对机制，能够帮助很多老年犯人摆脱因被社会遗忘而产生的情感淡漠与空虚感。

4. 维持富有创造性、健康向上的改造氛围：这种方案的实施目的是为服刑人员营造一种开发其创造性表达与能力的环境。南汇监狱为老年犯人提供了各类园艺项目，他们可以自己养花种草，既能够美化监狱环境，又能够与自然和生物进行亲密接触。很多犯人来自农村，因此让他们能够在阳光下与土地接触，参与到维系生命的活动中，对他们的健康有很大好处。这种方案和美国很多监狱中所实施的休闲园艺项目十分相似。事实上，纽约州赖克斯岛的监狱中就开展了这种特殊的园艺项目。1997 年，纽约园艺学会（HSNY）发起了 GreenHouse 项目，旨在为赖克斯岛监狱的服刑人员提供综合性的园艺培训，使他们具备花园设计、设施安装与花园维护等方面的工作经验（Linde-muth，2007）。这一项目的实施既降低了服刑人员再犯罪的概率，又稳定了很多老年服刑人员的改造情绪（Jenkins，2016）。

监狱还组织老年犯人开展书法绘画活动。绘画对犯人的身心健康治疗都有好处。这种富有创造性的排解方式使青年和老年犯人的心情都得到了舒缓，帮助他们减轻负面情绪、减少由焦虑引发的疾病。此外，通过参加书法等重视细节的艺术活动，能够锻炼老年犯人的精细动作技能，减缓老年痴呆症等病症带来的认知能力衰退（Sackett，2018）。

南汇监狱还鼓励老年犯人参与一种中国传统的身体锻炼项目——太极拳。太极拳是一种平静舒缓的运动，通过出拳、踢腿等一系列其他与格斗类体育运动相似的动作，达到活动筋骨、增强肌肉的目的；但是，练习太极拳时，人们只是与想象中的对手进行搏斗。这项运动可以由个人独自完成，既能够帮助锻炼者强化肌肉和关节，还能够促进全身的血液循环。

## 七、美国老年犯人的处遇方案

美国各地的监狱和监禁设施中都设有针对老年犯人的项目，但还没有充分普及形成共同的规定。在目前存在的项目中，很大一部分是专门促进老年犯人参与到社会互动式体验中的项目，包括旨在培养老年犯人的独立意识与自我价值感的劳动项目，以及通过社交活动和多种形式的感官锻炼为老年犯人提供帮助的休闲项目。

其他的干预方式还包括小组回忆，犯人们会对一生中引以为傲的时刻以及所取得的成就进行回顾，或是对他们的一生进行审视与盘点。有时，通过这种小组的方式，参与者可以讲述一生中令其悲痛和懊悔的经历，为他们提供一个安全、充满关怀的表达场所并给予其支持性反馈。这样做既会带来很好的治疗效果，又会使参与者在思考人生存在价值时感到宽慰，获得信念，找到生活的意义。

正如我们之前所提到的，整个监禁生涯会让人感到压抑；而支持小组会为老年犯人提供一种表达情感的方式，释放平日在监狱中无处排解的情感。当老年犯人与同一监舍或囚室的其他人共同参与到项目中时，他们所在生活环境的文化会十分有利于治疗性服务方案的提供。从本质上看，这个过程中形成了治疗团体，而治疗团体是对老年犯人帮助最大的方式。内华达州惩治局就提出了首个针对老年服刑人员的类似项目——"True Grit"。True Grit 项目为老年服刑人员提供参与各种活动的机会，比如轮椅篮球、宠物疗法、艺术疗法或其他积极的生活方式。

其他形式的方案还包括一些休闲项目，如乒乓球、低冲击运动小组、特邀嘉宾讲座、创意写作交流、读书小组，甚至还有义务的慈善活动。这些活动开展的宗旨是提高老年犯人的身体素质、使他们受到精神上的鼓舞并提升他们的社会参与度。同时，这些活动还会增强老年犯人的自我价值感与生活在世上的使命感。这些措施都能有效地帮助老年犯人摆脱狱中生活带来的情感淡漠、抑郁、焦虑等心理问题。值得注意的一点是，这些项目都不会耗费高昂的费用，反而成本还非常低。

研究表明，积极参与社会交往的老年人往往具有更高的生活质量（Krause，2007）。相反，社交孤立会导致健康状况变差，久而久之，还会产生认知功能的退化（Eisenberger & Cole，2012）。以一种事实相反但逻辑一致的方法看，如果老年人处于被隔离、孤立的状态，那么他们的生理和心理健康状况都会发生恶化（Eisenberger & Cole，2012）。因此，社会交往、体育锻炼以及生活的目标感都对改善不同身心健康状况的老年人的预后有积极作用。相比于久坐不动很可能会带来肌肉萎缩、思维迟钝等问题，一些让老年犯人能够参与进来或运动起来的活动能够使他们的大脑与身体保持活跃的状态，因此后者也更加值得推荐。

## 结论

在中美两国惩教设施中服刑的老年犯人数量正不断增长，安置费用也愈发高昂。出于人道主义理念和法律要求，中美两国也都实施了具体的处遇方案。比如，为老年犯人提供专门的监舍和集中安置地点，这样做会保护他们的安全，以免其受到其他年轻犯人的欺凌。中美两国都有意实施这种关怀标准，以便为受监禁的老年犯人提供安全和保障。

此外，为老年犯人提供减缓其心理健康衰退的处遇方案也是一种明智的做法，因为心理健康的衰退往往会给老年犯人带来更加严重的医疗问题。许多方案为老年犯人提供了能够参与到身体锻炼、社会交往和心理刺激活动中的宝贵机会，帮助这些老年犯人能够更好地重返社会。这些方案是有效预防老年犯人产生身心健康问题的机制。同时，此类举措也会为这些老年犯人日后重返社会提供帮助。如果没有这种帮助，他们往往会成为社区中的弱势群体。

通过对中美两国罪犯老龄化的问题进行比较分析，可以看出实际上两国体系所面临的挑战存在的相似性大于差异性。但有一点是显而易见的，那就是两国都将对服刑人员的关怀问题视为重中之重。虽然两种矫正系统都无法完全应对监狱内存在的各类问题，但两者都在新出现问题的处理上取得了实质性的进展。这意味着两种系统都存在相互学习的空间，也应该采取鼓励措施来努力促进信息和理念的共享。正因中美两国拥有全世界范围内数量最大的监狱人口，这种共享会开创良好的先例，为全球的监狱人口带来积极的影响，整个国际社会都会因此受益。

第四编

# 监狱学人才培养与
# 监狱干警队伍建设

# 新文科视野下的监狱学发展路径研究

张传伟 *

2020 年 11 月 3 日，教育部在山东大学（威海）召开了全国高校新文科工作会议，提出建设新文科的工作部署。监狱学专业作为法学类的本科专业之一，应在新文科背景下进行规划与调整，并加快转型与发展。现将新文科背景下监狱学的发展路径，提出个人粗浅的看法，以达到抛砖引玉的目的。

## 一、新文科的基本内涵

关于新文科的内涵，不同的学者作出了不同的解读。王铭玉等学者认为新文科是在新的时代背景下传统文科的转型升级，具备战略性、创新性、融合性、发展性四大特点；[1]崔延强等学者认为，新文科是后工业时代基于知识高度综合化、信息化、数字化的一种文科知识生产与再生产的新形态，是文科知识规训的新模式、新手段。[2]无论如何表述，新文科应具备以下几个方面的特征。

### （一）从"分科治学"走向"学科融合"

"新文科"这一概念由美国希拉姆学院于 2017 年率先提出，是指对传统文科进行学科重组、文理交叉、文工交叉，把新技术融入文科专业的课程中，为学生提供综合性的跨学科学习。在我国，"新文科"这一概念早在 2018 年教育部产学合作协同育人项目对接会上被提出，于 2019 年教育部联合科技部等 13 个部门共同启动。新文科并不是简单的文理交叉、文工交叉、文医交

---

* 张传伟，山东政法学院警官学院院长、教授。
〔1〕 参见王铭玉、张涛："高校'新文科'建设：概念与行动"，载《中国社会科学报》2019 年 3 月 21 日，第 4 版。
〔2〕 参见权培培、段禹、崔延强："文科之'新'与文科之'道'——关于新文科建设的思考"，载《重庆大学学报（社会科学版）》2021 年第 1 期。

叉，而是瞄准科技前沿、国家战略前沿、以需求为导向的跨学科发展框架，它旨在破除的是我国学科专业目录长久以来所试图扶植的体系化、秩序化的知识体系及其所造成的专业壁垒与学科障碍。[1]山东大学《文史哲》杂志主编王学典教授认为，新文科除了内容上具有中国特色之外，就是强调由"旧文科"特别强调"分科治学"，转变为"新文科"格外追求"学科融合"。从分科治学走向学科交叉，换句话说，从分科治学走向科际融合，甚至走向一些新的文科门类，新文科是破除学科壁垒走向各学科"大融合"的文科。

（二）由"重学科轻问题"转为"重问题轻学科"

新文科的突出问题，强调以问题研究为中心。很长一段时间以来，学科建设叫得特别响，堪称轰轰烈烈。但其中一个由来已久的弊端，就是现在的学科建设过于强化学科自身的存在，而忽视了对问题的解决。"重问题轻学科"，可能将是新文科的核心追求。[2]法学的存在是为了解决公平正义的实现问题。在中央全面依法治国工作会议上，习近平总书记深刻指出公平正义是司法的灵魂和生命，强调要深化司法责任制综合配套改革，加强司法制约监督，健全社会公平正义法治保障制度，努力让人民群众在每一个司法案件中感受到公平正义。监狱学的存在是为了解决现代监狱刑罚执行、监狱管理等问题，让罪犯在刑罚执行案件中感受到公平正义。

（三）新时代对新文科的新要求

随着"新时代"的来临，一是新文科与现实、社会、政治、意识形态重新缔结更加紧密的新关系，似乎将攸关每个学科的新生命，也肯定将构成"新文科"的最鲜明特征。[3]相对于传统文科而言的，新文科是以全球新科技革命、新经济发展、中国特色社会主义进入新时代为背景，突破传统文科的思维模式，以继承与创新、交叉与融合、协同与共享为主要途径，促进多学科交叉与深度融合，推动传统文科的更新升级，从学科导向转向以需求为导向。二是新时代现代技术融入新文科，是新文科建设的方向和依托。近年

---

〔1〕 参见王铭玉、张涛："高校'新文科'建设：概念与行动"，载《中国社会科学报》2019年3月21日，第4版。

〔2〕 参见王学典："何谓'新文科'？"，载http://www.sdu.edu.cn/info/1082/7996.htm，最后访问日期：2020年11月10日。

〔3〕 参见权培培、段禹、崔延强："文科之'新'与文科之'道'——关于新文科建设的思考"，载《重庆大学学报（社会科学版）》2021年第1期。

来，随着 5G、物联网、人工智能、区块链、云计算等智能技术群的"核聚变"，我们正在形成一个新的社会经济运行系统，一个从万物互联到万物智能、从连接到赋能的"智能+"时代即将到来。技术革命与社会革命从来都是耦合在一起的，相互作用、相互影响，协同推动社会的进步。每次随着重大技术变革，教育也必随之调整，以期通过教育使人类更好地适应不断变化的社会。日新月异的技术变革不仅是文科的时代挑战，更意味着文科不能缺席，要面向新科技革命与产业革命重构自身的人才培养模式，同时对技术进步所引发的公众焦虑与伦理恐慌问题进行合理调控，这正是新文科建设的奥义。[1]

## 二、新文科视野下监狱学的基本定位

### （一）承担全面依法治国背景下培养德才兼备的高素质监狱机关法治工作人才的定位

习近平总书记在 2020 年 11 月 16 日至 17 日召开的中央全面依法治国工作会议上指出，要坚持建设德才兼备的高素质法治工作队伍。要加强理想信念教育，深入开展社会主义核心价值观和社会主义法治理念教育，推进法治专门队伍革命化、正规化、专业化、职业化，确保做到忠于党、忠于国家、忠于人民、忠于法律。监狱学专业承担着全面依法治国背景下培养监狱机关德才兼备的高素质法治工作人才的重任，应在新时代背景下承担起培养忠于党、忠于国家、忠于人民、忠于法律，革命化、正规化、专业化、职业化的监狱人民警察的时代责任和历史重任。

### （二）应用型专业定位

应用型本科，是指以应用型为办学定位，而不是以学术型为办学定位的普通本科院校和专业，坚持"立足行业、面向社会、强化应用、突出实践"的应用型人才培养理念。监狱学专业的人才培养，应立足监狱行业，强化监狱管理、刑罚执行等实践能力的培养，在课程设置、双师型配备、教师的培养途径、实践课程的比例、顶岗实践实训时间、学生警务化管理、毕业生的

---

〔1〕 参见权培培、段禹、崔延强："文科之'新'与文科之'道'——关于新文科建设的思考"，载《重庆大学学报（社会科学版）》2021 年第 1 期。

就业去向等均应体现应用型本科的特点。应用型的特点，决定了监狱学专业的学生在就业时就能够顺利进入监狱机关就业，做到学以致用，不造成教育资源的浪费，也不人为造成专业不对口的状况出现。

（三）学校与监狱系统紧密合作培养模式定位

应用型本科的定位，决定了监狱学专业的培养应体现学校与监狱系统紧密合作培养的基本特点。承担监狱学专业人才培养任务的高校应主动与当地司法行政机关、监狱管理机关对接，按照全面依法治国的要求，在监狱学专业的人才培养和专业定位上，学校与司法行政机关、监狱管理机关应密切合作，形成一体化的培养思想。监狱学专业的特点，决定了监狱学专业的人才培养不应仅是高校一家的责任，同时也应得到司法行政机关和监狱管理机关的大力支持。监狱学专业的建设，对于培养革命化、正规化、专业化、职业化的监狱警察队伍，推动监狱机关法治队伍良性发展，具有战略意义。

（四）多学科交叉的学科融合定位

在新文科视野下，监狱学专业多学科交叉的特点将进一步放大和优化。不管是从监狱学专业的人才培养、课程设置，还是监狱学学科建设，以及立足解决目前监狱存在问题的应用型学术研究，监狱学均体现出跨多个学科门类的特点。在目前教育部颁行的 13 大学科门类中，监狱学涉及法学、管理学、教育学、经济学、医学、文学、历史学等学科门类。如果考虑到我国监狱的发展历史与现状，甚至有一部分监狱承担着一定的工业生产、农业生产任务，以培养罪犯刑满以后重新融入社会必需的劳动能力，部分监狱还可能涉及工学和农学等学科。因此，监狱学是一个多学科融合的专业。

（五）充分利用现代科学技术的技术定位

从智慧监狱的发展看，司法部在 2017 年提出建立智慧监狱，在 2019 年对全国部分监狱开展了智慧监狱示范单位验收工作。智慧监狱建设是指以大数据为前提，将物联网、云计算、移动互联等信息技术与监管改造工作深度融合，对监狱各类信息进行实时、精确、全面地感知、整合和分析，全方位支撑警察执法、风险管控、监管改造、队伍建设、综合保障等方面智慧化发展。智慧监狱是监狱信息化发展的一个崭新阶段。通过智慧监狱建设，力求促进监狱管理精细化、指挥调度立体化、安全防控精准化、刑罚执行智能化、教育矫治科学化。[1]作为培养监狱人才的监狱学专业，根据新文科的理念，需要将智慧监狱所需的大数据、物联网、云计算、移动互联网等现代科学技术融入监狱学的日常人才培养过程中。所以，监狱学已经进入融入现代科学技术的新的发展阶段。

## 三、新文科视野下监狱学发展的路径

### （一）构建新文科新型监狱学专业人才培养模式

根据新文科和应用型专业的理念，调整监狱学专业人才培养模式，采取学校与当地监狱管理机关共建的模式。在遵循国家标准的前提下，招生规模应由学校和当地监狱管理部门按照当地监狱机关的实际需求进行商定，以需求定招生数量，协商确定每年的招生人数以及男女生比例，实行订单式培养。司法行政机关应配合高校应将全部国家批准监狱学专业招生的高校按共建模式培养的毕业生纳入便捷入警的途径，真正实现将党的十八届四中全会提出的"健全从政法专业毕业生中招录人才的规范便捷机制"落到实处。

### （二）建立跨学科的师资队伍

学校应建立一支具有法学、教育学、管理学、经济学、现代信息技术等学科背景的监狱学专业教师队伍，在当地监狱管理机关的大力支持下，对监狱学专业教师采取共建培养模式，选派新进教师到监狱一线去挂职学习锻炼不少于一年时间，以便让高校教师充分掌握监狱的运行规律，尽快培养监狱学专业应用型师资队伍达到监狱学教师的要求。同时，学校还可以从监狱系统聘请一定数量的干警作为兼职教师，用于实践教学和学生顶岗实习实训的指导，聘请监狱机关的专家学者到高校授课或者做学术讲座、实务讲座。从而形成了"专任教师+专业警官"的双师型应用型监狱学专业教师队伍。在学校与监狱管理机关共建的模式下，为加快监狱学专业应用型教师的培养，对教师队伍可以采取双向挂职的方式解决师资队伍实践性不足的问题，同时让监狱警官将监狱的最新信息带到高校，高校教师将最新学术研究成果带到监狱机关，形成双向交流互补。既加强了学校师资队伍的实践性，也开阔了监狱警察的学术视野，是一举两得的好事。

---

〔1〕 参见王维秩："吉林省智慧监狱建设研究"，中共吉林省委党校（吉林省行政学院）2020年硕士学位论文。

（三）重构新文科视野下的监狱学专业课程体系

呼吁设立监狱学专业的高校应在前期合作的基础上，尽快成立类似法学立格联盟的监狱学联盟，在监狱管理机关参与下，在新文科和应用型高校建设的背景下，协商重构监狱学专业课程体系，在监狱学课程体系中，适当压缩理论课程的数量和学时，扩大实践性课程、多学科交叉课程、现代科学技术课程、新型教育矫治技术、智慧监狱等相关课程。并充分征求监狱管理机关的意见，根据现代监狱所需设立相应课程，并积极吸收监狱警察参与课程建设、教材建设，使课程的设置、教材的编写符合现代监狱实践。

大力加强学校实训实验室建设，着眼于监狱实践一线的需要，大力加强现代科学技术在监狱应用的实验室建设，吸收监狱警察参加，或者与监狱系统共建，按照新文科建设理念，规划和设计新的实验实训体系。大力加强监狱大数据实验室的建设力度，融合监狱数据资源，提高监狱管理效能。

（四）巩固顶岗实训教学模式

学校加强与当地监狱机关的协同育人力度，共同组织实施监狱学专业学生顶岗实训。学校应当在监狱管理机关的协助下，在当地监狱建立若干监狱学专业实训实习教学基地，为监狱学专业学生提供顶岗实训实习，由学校与监狱共同派遣指导教师和干警共同指导学生实践实训，监狱的兼职教师负责具体指导学生的顶岗实训工作。为了加强管理和保证实践实训效果，顶岗实训时间不宜过短，一般以3个月至半年为宜。在监狱顶岗实践实训期间，由监狱按在职干警的要求管理。学校和监狱共同组成考核小组，由实习实训学生在结束前向双方组成的考核组报告实习实训情况。没有完成实习实训任务的学生，或者不遵守监狱管理规定的学生实行一票否决制，当期顶岗实践实训不合格，不能取得相应的学分。不合格的学生跟随下一级学生重新顶岗实训，否则不能毕业和取得学位证书。

（五）尽快建立便捷式的岗位招录方式

监狱学专业是《普通高等学校本科专业目录》中的特设专业，专业的设立要经过国家特别审批。党的十八届四中全会提出"健全从政法专业毕业生中招录人才的规范便捷机制"，其基本精神就是为了使政法专业，特别是警察类等特殊专业人尽其才、人尽其用，避免人才培养资源的浪费。建议尽快将所有高校监狱学本科毕业生纳入便捷入警机制，提升未来监狱人民警察队伍的综合素养和管理水平，提升监狱人民警察队伍的专业化水平，缩小与公安、检察院、法院等系统司法工作人员专业化的差距，改善监狱人民警察队伍的整体结构。监狱学本科专业毕业生是高素质、应用型、复合型监狱人民警察队伍的重要来源，监狱学专业承担着为监狱人民警察队伍培养高素质人才的重任，监狱学科承担着研究现代监狱工作的特殊任务。监狱学专业的建设水平和发展水平，在一定程度上决定了未来监狱人民警察队伍的整体水平。同时，对所有学校和学生应一视同仁，这是教育公平公正的重要体现，也是体现以人民为中心发展理念的重要方面。不应将部分高校毕业生纳入便捷入警机制，而对另一部分高校的监狱学专业毕业生置之不理。

# 监狱学专业教育的发展：优势、问题与机遇

魏　浩<sup>*</sup>

魏　浩<sup>*</sup>

　　监狱学专业重在培养具有坚定的政治方向，严格的组织纪律观念，有系统的法学理论基础和监狱学领域专业知识，具备刑罚执行、监所管理、教育矫治、法律服务等创新创业能力的复合型、职业型法治人才，监狱学专业教育是监狱学人才培养的重要实践探索。2018 年人力资源和社会保障部、司法部等六部门制定的《关于进一步加强司法行政机关人民警察招录培养工作的意见》确立了"便捷入警"的招录机制。该机制的确立是监狱人才招录培养体制改革的里程碑，为监狱学专业教育提供了制度性保障。然而，监狱学专业教育的发展也存在着自身的困境。专业教育是一个专业建设的核心环节，关乎人才培养的水平，关乎学科建设的成败。因此，监狱学专业教育亟需在明晰优势、把握机遇的基础上实现进一步的跨越式发展。

　　从宏观上讲，监狱学专业教育分为多种层次和类型，即包含研究生层次、本科层次、专科及高职层次和在职民警培训教育。本文所指的监狱学专业教育仅指狭义上的开设监狱学专业的本科高等院校所开展的监狱学教育与培训，本文的理论探讨对于刑事执行、社区矫正、司法警察学等其他相近专业教育也同样具有参考价值。本文查阅了大量文献，并查询了开设监狱学专业相关高校的教务处、学生工作处、人事处等网站，与监狱学有关专家、教师、高校辅导员以及监狱学学生进行了无结构化访谈，深入探究了监狱学专业教育发展的优势、存在的问题与面临的机遇。

## 一、监狱学专业教育发展的优势

### （一）监狱学教育历史悠久，专业教育体系完善

　　我国的监狱学专业教育历史悠久，早在 1980 年公安部劳改工作干部学校

---

　　* 魏浩，山东政法学院警官学院教师。

就开始为全国劳改劳教单位领导干部进行教育培训。20世纪80年代出现了针对监狱专业教育的普通高等学历教育，1985年5月，经司法部、国家教委批准，西北政法学院开始开设劳改管理系并于1987年改名为劳改法系，专门培养从事劳动改造、劳动教养工作、劳改教学和研究的专门人才。目前，全国已经有8所本科高校开设了监狱学专业，分别是中央司法警官学院、上海政法学院、甘肃政法大学、山东政法学院、辽宁警察学院、福建警察学院、广西警察学院和贵州警察学院，监狱学专业本科教育正在蓬勃开展。如今的监狱学本科专业教育，多数已经建成了较为完善的课程体系，并与各地司法行政机关密切合作，已经形成了集理论、实训、实习为一体的综合性专业教育体系，监狱学专业教育正处在新的历史发展机遇期。

（二）监狱学教育水平较高，就业质量优势显著

我国的监狱学教育发展势态良好，毕业生具备法学与监狱学领域良好的综合性知识水平，与普通法学类专业相比就业优势显著。对于监狱学人才培养，我国监狱学专业教育在历史发展进程中慢慢积淀了一定的力量和优势。目前，我国开设监狱学专业的院校较少，在校生与毕业生人数少、规模小，这也在一定程度上保证了监狱学学生的就业率。监狱学属于小而精的特色类专业，专业教育的实践性特点浓厚，专业教育专业化程度高且适应监狱等政法类机关的聘用标准、人才需求和质量要求。

（三）监狱学教育模式成熟，施行严格训练管理

开设监狱学的高校大部分都对学生施行警务化管理，通过在点滴的行动中纠正不足、磨炼意志、培育优良作风、锻造过硬素养。本文通过调研发现，中央司法警官学院、甘肃政法大学、山东政法学院等多数开展监狱学本科教育的普通高校对监狱学学生都施行警务化管理，制定并实施严格的学生管理标准。福建警察学院、辽宁警察学院等公安院校的监狱学专业更是与本校公安类专业一样实施相同标准的警务化管理。在警务化管理或者其他类型的严格管理模式下，学生的一日生活时间得到了合理的利用，学生的身体素养通过日常训练得到了提升，在这种培养模式下的学生作风优良、令行禁止、团结上进、忠诚严谨，具备进入政法类机关或者从事法律职业所应该具备的基本素养。

（四）监狱学依托法学大类，实现学生全面发展

2012 年颁布的《普通高等学校本科专业目录》将监狱学作为法学大类下的特设专业（专业代码 030103T）。作为法学类专业之一，监狱学学生本科毕业授予法学学士学位。纵观 8 所开设监狱学院校的培养方案，除基本的监狱学基础课程之外，还开设了必修的刑法学、民法学、刑事诉讼法学、证据法学等法学类课程，已经初步形成了包括监狱学基础理论课程、通识课程、法学基础课程、警察学课程、教育学课程、管理学课程于一体的综合性课程体系。此外，除公安院校外，监狱学所依托的学校都为综合性大学，学生还可以选修本专业和其他专业的有关课程。课程可供选择多，学生在这种兼容并包的学习环境下能够在保证监狱学核心知识学习的基础上探究相关学科以及自己感兴趣的知识，这种多元性的知识结构有利于学生整体水平的提高，也有助于学生毕业后从事法学类或者其他类别的多元化工作。

## 二、监狱学专业教育发展存在的问题

（一）监狱学专业教育的标准不统一

国内监狱学专业的开设所依托的高校类型与二级院系的专业开设情况都各不相同。部分是司法部部属院校，部分是省教育厅、司法厅所属的院校。部分依托于专门的司法行政类院校，如中央司法警官学院；部分依托于政法类院校，如甘肃政法大学、上海政法学院、山东政法学院等；部分依托于省属公安类院校，如辽宁警察学院、福建警察学院、广西警察学院、贵州警察学院等。各院校学生培养方案不统一，没有统一的国家标准或者教育部标准，各高校培养的侧重面有所不同，不同类型的高校管理模式不同、培养理念各异，核心课程设置不同，警务化管理实施与否与严格程度不同。且有的院校在监狱学专业下又下设了社区矫正等研究方向，导致同是监狱学专业，但所培养学生的侧重点和培养质量有所不同。

（二）监狱学专业教育的特色不显著

监狱学专业本身是特色专业，但是其在实训、实战课程以及学生管理方面大多趋同于公安院校的培养模式，没有体现出监狱学学生培养的特色。如在擒拿格斗课、战术课、射击课等实战类课程的开设方面，多数监狱学专业的课程设置与公安院校的实战技能课程类似，没有体现出监狱学特色。在学

生管理方面，实施警务化管理的二级院系所实施的管理模式与公安院校的警务化管理模式也较为相似，没有切合监狱学专业发展的实际，缺失针对监狱学学生特有的管理方法和模式。如在部分院校中，实施警务化管理的监狱学学生是与其他普通专业中施行宽松管理模式的学生在同一个校园、同一个环境中学习生活，学生服从意识不强，纪律意识淡化，若严格执行以"三严一看齐"[1]为代表的公安院校的警务化管理，则容易使警务化管理的部分学生产生抗拒心理或造成心理落差，心理脆弱的学生需要花很多时间去适应，且容易产生一些厌学思想等。与公安院校中教师与行政人员全部为人民警察不同，部分监狱学开设院系中，老师与辅导员因无警察身份而不着警服，导致部分学生对老师认同感较低，学生管理人员威慑力不足，因此与公安院校所面临的情势不同，监狱学的学生管理与专业教育应该走出以往趋同公安类警校的传统窠臼，另辟蹊径，施行有监狱学特色的培养模式。

（三）监狱学专业教育的保障不完善

硬件方面，部分院校监狱学实战训练设施与公安类院校相比仍不健全，如公安大学有针对公安业务工作而兴建的大型模拟街区，而监狱学人才培养的相关设施欠缺针对监狱工作而特别建设的场馆等设施。软件方面，囿于监狱工作的保密性，学生难以在课堂中接触到与监狱工作相关的系统平台，即使是从期刊书籍中能获取到的相关资料也都过于老旧。监狱学是小众的特色学科，部分院校中有关监狱学的书籍、报刊等图书资源难以满足学生的阅读需要，监狱学开设院校在一定层面上存在着法学类图书多而监狱学图书少、图书同质化严重、图书更新速度慢等问题。监狱工作发展日新月异，监狱工作模式与系统平台更新迭代快，学校的软硬件设备难以跟上监狱发展的速度，如对监狱服刑人员的改造，教材内容从"三大改造"到"五大改造"进行了更新，假若学校图书更新速度慢，则会影响学生对知识掌握的精准度。

（四）监狱学人才就业的模式待优化

监狱学是培养实践性人才的特色专业，然而由于市场经济的局限性以及学生期待多元自由择业的现实性，使得监狱学人才的就业策略仍然有待优化。在市场经济体制下，虽然有"便捷入警"政策的保障，但监狱实战部门的人

---

〔1〕"三严一看齐"即"严于一线警队，严于地方院校，严于兄弟警校，看齐部队院校"。

才需求量是有限的，每年招聘名额都有浮动变化，毕业生最后前往监狱部门就业的比例仍有待提高，否则会造成一定程度上的资源浪费。面对学生多元择业的需求，若以满足监狱需要的人才培养标准进行人才培养而毕业后不进入监狱系统工作，则会造成学生精力与学校资源的浪费。如何在学生培养与就业之间达成一种平衡，可以借鉴公安院校中网络安全与执法、技术侦查学等部分特殊专业毕业生定向就业的培养模式。只有理论与实践相结合才能促进一个学科、一个行业的长远发展，如今监狱学学科尚未有博士授权点，硕士点也屈指可数，这造成了监狱学学术性人才的不足，而监狱学学生考研人数较少、升学深造比例低，更加剧了"重实践，轻理论"的局面，监狱学理论人才欠缺，反过来又会通过师资匮乏影响到监狱学人才的培养。监狱学的发展、监狱实践的发展亟需高层次的理论研究型、学术型人才。

## 三、监狱学专业教育发展面临的机遇

### （一）监狱工作法治化建设亟需大量监狱学人才

我国正处于法治政府建设的关键时期，已经将"法治国家、法治政府、法治社会基本建成"确立为到 2035 年基本实现社会主义现代化的重要目标。这为监狱学专业教育提供了政策支持。法治国家、法治政府、法治社会建设亟需包括监狱学人才在内的众多主体的共同参与。监狱是刑罚执行机关，是刑事诉讼流程中的最后一个环节，在这一重要环节中，必然需要一大批高素质的监狱警察队伍参与到法治工作中去，这既为监狱学专业教育提出了要求，也带来了机遇。在进一步强化依法治监，推进监狱工作法治化进程中，新时代具有高素质的监狱民警是推进监狱工作法治化的核心力量，法治工作者与监狱人才的需求为监狱学人才的培养提供了就业保障。

### （二）校局合作为监狱学专业教育提供了资源

为了提升学生理论联系实际的水平，我国开设监狱学专业的高等院校基本上都采用了院系与本省（市）司法厅监狱管理局或其下属的各监狱进行合作的培养模式。不同高校与司法行政机关合作的基本方式与密切程度不同，但大同小异，其本质都是利用监狱等实战部门的诸多资源为监狱学学生培养提供养分。监狱学专业的培养目标是复合型、应用型的监狱管理（或其他政法工作）高级专门人才，这决定了实践、实验、实训在监狱学专业教学工作中占有极为重要的地位。[1]然而由于监狱的保密性强, 外人难以知晓监狱内部的发展现状, 导致监狱学研究与监狱学实践难以同步, 相关理论研究滞后于实践发展的局面。[2]校局合作、校监合作的办学模式为学生提供了实习机会, 能够很好地解决监狱学理论研究空洞以及教学过程中出现的监狱学基础理论与监狱实践脱节的问题。院校教师、监狱民警和监狱管理者三类监狱学研究的主体是"泛监狱学界"三种势力, 校局 (监) 合作的监狱学专业教育模式使得监狱民警和监狱管理者也加入监狱学专业教育与研究之中, 三种主体得以走向协同。依托监狱管理局提供的实习平台, 学生在步入工作岗位后能够尽快适应工作环境, 校局 (监) 合作的培养模式能够为监狱持续输送高质量的、一专多能的应用型人才。

(三) 地方政府与高校支持监狱学专业的发展

监狱学所依托二级院系的发展与人才培养资源的获取最直接地依赖于当地政府的支持和所在学校的支持, 地方政府与高校的支持是监狱学专业教育发展的根本保障。如部分政法院校支持监狱学专业申报省级一流专业、国家级一流专业, 为监狱学的发展注入了活力。再如上海某政法院校依托政府支持, 抓住机遇, 成立了中国-上海合作组织国际司法交流合作培训基地, 为监狱学的发展提供了更高、更为广阔的平台。由于很多政法机关招聘时青睐监狱学人才、很多高中家长也信任开设监狱学的院校对学生的培养, 而监狱学的宣传还有待加强, 因此监狱学发展在生源质量提高与就业面扩大等外部环境上还有很大的增长、扩大与优化空间, 而在这里, 政府和学校的支持是其根本保障。

(四) 各地监狱具有监狱学人才缺口和培训需求

一方面, 监狱民警每年都有人才缺口, 会有持续的监狱学人才需求, 这些岗位需求为监狱学专业教育提供了机遇也提出了要求。如何能培养出监狱等政法机关需要的综合性、法治化人才, 是监狱学专业教育需要面对的问题。另一方面, 目前监狱中的老民警部分为专科学历或者军队转业干部, 部分省

---

〔1〕 参见张传伟: "监狱学专业实践实验实训教学体系探索——以山东政法学院监狱学专业为例", 载严励、曲伶俐主编: 《监狱学学科转型与发展》, 中国法制出版社 2016 年版, 第 176 页。

〔2〕 参见王雪峰: "监狱学专业教育走向实践: 必要性、问题与对策", 载《中国监狱学刊》2020 年第 4 期。

份的监狱管理局出台了提高监狱民警学历文化程度的政策，这为监狱学专业承担在职民警培训提供了契机，与在职民警的交流也能够弥补高校院系对监狱实战性知识缺失的不足，对监狱民警的培训也将会反向间接地促进监狱学专业教育的发展革新。

从 20 世纪 80 年代发展至今，从劳改管理学到监狱学，监狱学专业教育走过了一段风风雨雨的历史进程。中国监狱学专业教育在发展过程中受时代发展与自身因素的影响，存在着一些亟待解决的问题。在新的历史发展机遇期，监狱学专业教育应顺应时代发展的潮流，做到因时而变、顺势而变，明晰自身优势，在抓住机遇的基础上解决自身存在的弊端，切实为国家培养优秀的监狱预备警官，培养优秀的中国特色社会主义事业的建设者、捍卫者，为法治中国建设作出应有的贡献。

# 坚持和发展完善中国特色社会主义监狱学人才培养体系的思考

曾 艳 田 翀 *

监狱学人才是中国特色社会主义法治队伍的重要组成部分，也是建设法治国家的重要力量，同时还是共建共治共享的社会治理格局不可缺少的铸造者。当前，政法院校教育、监狱训练实践、民警职后教育三位一体的监狱学人才培养体系已经初步形成。深入研究监狱工作需求和法治国家建设要求，积极完善和创新三位一体的监狱学人才培养模式是新时代提高监狱学人才培养质量的迫切需要。

## 一、加强监狱学人才院校专业化培养

院校教育对监狱学人才培养具有基础性、全局性、先导性的重要作用，是监狱学人才培养的基石。因此，在监狱学人才现代化建设上，院校应定准方位坐标，充分发挥主渠道作用，努力形成人才专业化培养格局。

（一）铺就中国特色社会主义监狱学人才专业化培养"主渠道"

在三位一体的监狱学人才培养体系中，院校教育是监狱学人才专业化培养的主渠道。院校教育要突出抓内涵、强基础，将工作重心向苦练内功、夯实基础、强化特色、积蓄发展后劲上转移。

1. 做好中国特色社会主义监狱学人才培养的总体设计。监狱学专业旨在培养具有坚定的理想信念、深厚的人文素养、扎实的专业基础、高度的社会责任感和较强的社会适应性，熟练掌握从事刑罚执行必需的法律知识，系统掌握监狱学专业基本理论、基本知识、基本技能，基础扎实，知识面广，能

---

* 曾艳，国防大学政治学院军队人力资源工作教研室教授，博士；田翀，上海市青浦监狱组织宣传科

从事监狱管理、社区矫正、戒毒等实务部门工作，有一定研究能力的德、智、体全面发展的应用型、复合型、创新型专门人才。院校应积极会同上级主管部门和监狱系统，共同起草论证构建中国特色社会主义监狱学人才培养体系实施意见，进一步健全完善院校与监狱系统合作办学模式，建立人才培养组织领导机构，开展调研论证，确定不同教育阶段的人才培养目标，明确不同教育主体人才培养职能任务。

2. 进一步提高院校教育的专业化水平。学历教育要深入推进人才培养模式创新，始终坚持面向监狱、面向改造、面向未来，确立人才培养规格，制定人才培养质量标准，动态修订人才培养方案，按照监狱人才能力生成需要，统筹兼顾学员第一任职、专业能力和职业发展。积极创新学位授予模式，建立学历教育与职业培训紧密结合的学位授予制度体系。任职教育要聚焦监管改造工作要求，把握人才培养特点规律，重塑课程体系，加大难度强度，创新方法手段，坚持开放办学，加强监狱学专业化条件建设，调整教学科研质量评价体系，加强国际交流，着力提高人才专业化培养质量。

3. 深入推进院校实战化教学训练改革。坚持战斗力标准强化实战化教学训练，依托监狱训练基地，积极探索建立集院校教育、基地训练等功能于一体的综合培训体系，深化学员实习机制改革，将监狱训练实践作为提升人才实战能力的主平台。坚持从难从严、从实务需要出发，科学制定训练内容和考核体系。完善实战化训练工作体制，动态优化调整教学、训练、考核、管理标准，常态化开展融体能、管教业务技能和工作精神培育于一体的比武竞赛。深化综合演练，探索构建院校与监狱广泛参与的联合训练机制。

4. 推进师资队伍成长模式改革。师资队伍要实现从以课堂讲授能力为主向运用多种教学方式方法能力转变。广泛运用案例研讨式、想定作业式、角色体验式等先进教学方法，强化学员决策指挥思维能力培养。实现师资队伍结构优化。应探索建立教师与监狱教官定期轮岗机制，构建专任教师、监狱短期任教教官、监狱长期任教教官三位一体的师资队伍引培机制，完善教师赴监狱挂职锻炼制度。开展分级分类专项培训，对专任教师建立教师资格、教学法、监狱业务等培训；对监狱教官建立基本教学理论、教学法等培训体系。完善师资队伍考评机制。建立专任教师、监狱教官分类评价机制，完善教官选留制度，给选聘教官设计特殊职业发展路径。

（二）开拓中国特色社会主义监狱学人才专业化培养的"快车道"

培养中国特色社会主义监狱学人才，在强化院校专业化培养的同时，还应加强借助国内外、系统内外教育资源，以多渠道培养监狱学现代化人才，铺就监狱人才专业化培养开发的"快车道"。

1. 统筹各类监狱人才选拔渠道。着眼中国特色社会主义监狱学人才需求增大的实际，每年的招生计划统筹各类监狱学人才选拔渠道，培养任务进一步向院校优势领域和监狱特色专业收拢，扩大管教类专业招生比例。财会审计、政治工作等通用专业和部分监狱急需紧缺专业人才，从相关院校毕业生中直接选拔招录。

2. 直接引进社会专业技术人才。近年来，许多省局从自身实际出发，摸索出不少利用社会科技资源促进监狱学人才现代化建设的成功经验，如加大专门招录，对监狱需要的医务中、高级人才，适度放松招录条件；实行柔性流动办法，采取聘请地方顶尖科技人才担任监狱现代化建设科技顾问等形式，保证地方高层次人才在不动岗的情况下为监狱现代化建设服务；委托地方知名科研机构和院校，完成高难度科研课题等。

## 二、加强监狱学人才监狱实战化训练

在三位一体的监狱学人才培养体系中，监狱训练实践是大课堂，应探索形成训练育人的标准规律，突出锤炼人才知识能力的转化运用，突出实现监狱训练育人与院校教育、民警职后教育的对接与互补。

（一）围绕监狱训练目标任务抓落实

1. 激发训练育人动力抓引领。坚持思想引领，激发监狱学人才实战化训练的内在动力。端正训练思想。树牢中心意识，始终把实战化练兵作为经常性的中心工作，常抓常议，紧抓不放。培育战斗精神。定期组织形势报告会、时事点评，学习"四史"和所在监狱历史，扎实搞好形势政治教育、职能使命教育和革命英雄主义教育，增强民警的忧患意识和职责意识，抓住重大安全保卫活动。激发训练热情，不断浓厚实战化训练氛围。积极开展小竞赛、小比武、小评比，广泛发扬民主，开展为实战化训练建言献策的活动。开展小发明、小创造、小革新和互教互学活动。严格督导讲评和奖惩兑现，持续激发民警参加训练、搞好训练的内在动力。

2. 突出训练重点难点求实效。全面开展基本素质训练、专业技能训练和实战协同训练。政治素质明显提升，增强"四个意识"、坚定"四个自信"、做到"两个维护"。职业素质明显提升，特别是监狱改造手段、法律政策运用、重大风险防控、复杂事件处置、应急处突、科技应用、舆论引导等方面的能力明显增强。专业水平明显提升，在监狱工作各领域造就一大批适应新时代要求、能够发挥关键作用的专门性人才和行家里手。实战本领明显提升，单警体技能、团队技战术和多警联动、协同作战水平大幅度提高，特别是防范处置重大风险能力明显增强，能够快速反应、高效处置重大突发案件和狱内外规模性群体事件。

（二）依托基层、岗位、任务抓转化

加强监狱训练实践，要抓好院校所学知识与岗位实践应用有效衔接，促进人才的知识向能力转化。特别是要依托基层、岗位、任务实践，发现人、培养人、考察人、使用人。

1. 在基层蹲苗中磨砺。当一批又一批年轻学子从校门走入监区成为民警，对基层的情况和一些工作方法还不熟悉，要让年轻民警耐住寂寞坚持在基层"蹲苗"，倒逼自己把"根"深深地扎进基层的土壤，更多地积累成长的能量。要注重差异性，突出管理性，要强调过程性，真正让基层成为砥砺干部能力素质、党性修养的平台。

2. 在岗位练兵中增能。监狱学人才的谋略水平、管教才能、教育艺术、理论成果等主要是在监狱实践活动和监狱认识活动的推动下形成和发展的。民警的管教才能要在亲身参与监狱实践、管教活动，从理论和实践的结合中获得。立足本职岗位培塑，在平凡中创造非凡；要安排多重岗位实践提升，让监狱学人才在科室和基层监区的岗位互换中培养政治意识和大局意识，提高宏观筹划、计划协调和临机决断能力。

3. 在重大任务中提升。履行重大任务是监狱民警战斗力生成和能力提升的有效途径，也是加强中国特色社会主义监狱学人才能力建设的有利契机。要瞄准前沿"求新知"，要在深入学习领会习近平的人才思想中确立新观念，引导监狱学人才把学习成果内化为与监狱工作改革发展相适应的具体思想观念，转化为参加监狱建设的实际能力；加强培养"促成才"，要拓宽培养渠道，定期选送部分骨干参加院校短期轮训班，开展以老带新，互学，互教；

注重实践"强本领",从重大任务的组织指挥、服务保障、安全保卫、沟通协调等方面进行明确分工,既注重总结监狱学人才执行重大任务的成功经验,更注重从监狱学人才的能力素质上分析查找暴露出的问题和差距,举一反三汲取教训,拿出改进对策,使监狱学人才的认知水平不断得到提高。

## 三、加强监狱学人才终身职后教育

在三位一体的监狱学人才培养体系中,民警职后教育是大平台,是政法院校教育、监狱训练实践的巩固延伸,促进三者纵向衔接、横向沟通,形成中国特色社会主义监狱学人才培养体系 1+1+1>3 的综合优势。

(一)推陈出新,优化课程结构,建立完善满足岗位任职培训的教学内容体系,实现教学内容的转变

首先,紧紧围绕岗位任职需求,更新教学内容,保证教学内容的先进性、综合性和针对性,努力实现教学内容的现代化。具体应把握五个贴近,一是贴近监狱工作实际;二是要贴近监狱岗位练兵实际;三是要贴近学科专业的前沿;四是要贴近任职岗位的需要;五是要贴近学员个人的实际。

其次,转变课程设计思路,以问题为中心设置课程,形成满足任职需要的课程结构。任职教育的院校、培训中心以培养岗位关键能力为出发点和落脚点。需要突出专业课的设置,选择不同的课程结构模式:一是专题式课程结构模式;二是核心课程结构模式;三是集群式模块化课程结构模式。

最后,以课题式课程、综合课程和实践课程为主,实行各种课程类型的优化组合。任职教育强调针对性、实用性,要以课题式课程、综合课程和实践课程为主,对各类型课程综合考虑,合理加以选择和组织。

(二)多法并举,注重整合效应,建立完善适应岗位任职特点的教学方法体系,实现教学的转变

首先,针对不同类型的教学内容及要求,选择有效的教学模式,实现教学模式的转型。一是理论教学由以讲授为主向以学导式、研究式为主转变。提倡精讲、少讲,多提示、多启发、多研讨。二是结合任职岗位和任职发展的需求,加大开放教学力度。聘请相关专业专家担任客座教授、定期举办专题讲座;增加综合演练、参观见习、讨论交流的分量。

其次，在培训过程中必须针对不同班次、不同层次、不同特点、不同培训要求的学员，采取分类别、分层次灵活的教学方式，体现出因需施教、因人施教、因材施教的原则。一是提倡启发教学；二是多用研讨式教学；三是探索情景教学；四是推广案例教学和小班教学；五是发展信息化教学。

最后，注重各种教学方法的组合与整合。在职后教育实践中，应注重传统教学方法手段与现代化教学手段方法的结合，扬长避短，优势互补，突出教学方法的实用性、互动性、实践性和有效性，逐步形成适应岗位任职特点、便捷实用的教学方法体系。

（三）制度创新，完善管理运行机制，建立与岗位任职教育特点相适应的教学管理体系，实现教学管理的转型

建立与岗位教育特点相适应的教学管理体系，尽快实现教学管理的转型。一是转变教学编组思路，组建符合任职培训需要的组织体系。二是根据任职培训特点，重点制定教学规范、创新教学制度。对教学计划、实施、质量管理、建设与保障等方面的现有制度规范，进行重新审视和改革，并尽快完善。试验和实施任职培训学分、综合考核实施办法、院校和使用单位联合培养责任制等新的制度，不断完善教学管理运行机制。三是注重管理人员的信息素养和业务能力的培养，不断提高管理干部队伍的整体能力和素质。四是健全和完善信息反馈机制，提高教学管理运行效益。

（四）拓宽渠道，完善配套政策，建立一支结构合理、素质较高、适应任职教育发展要求的教员队伍，实现教员队伍整体功能的转型

教员队伍是任职教育实施的主力军。教员队伍整体素质的高低，在某种程度上，决定着任职教育的成败。为此，必须尽快实现教员队伍整体功能的转型，建立一支结构合理、素质较高、适应任职教育发展要求的教员队伍。一是建立相关制度，加大教员高职进修、代职锻炼的力度，明确权利、责任与义务，提高教员主动进取的积极性；二是完善院校教员与监狱中层干部交流机制；三是评聘分离、聘任并举，走教员职称系列多样化之路。增加教员多方向职业发展的机会；四是加大投入，积极营造尊师重教的良好氛围。

# 关于监狱人才培养与社会人才资源共享的几点思考

侯利民 *

　　人才培养指对人才进行教育、培训的过程。被选拔的人才一般都需经过培养训练，才能成为各种职业和岗位要求的专门人才。监狱作为国家刑罚执行机关，监狱各项工作任务都将通过其最有价值的资源——监狱人民警察来实现。因此，对监狱人民警察这一行业的人才培养关系着监狱的前途和发展，是监狱工作的基础保障。而现阶段监狱的人才培训差强人意，桎梏了监狱的发展。笔者认为破解监狱人才培养难题，要加强监狱自身建设，建立健全人才培养机制；提升监狱社会化进程，呼吁社会各界来关注和关心监狱人才的培养，引入社会资源走进监狱，才能为监狱提供有力的人才支撑，实现监狱的安全稳定，为国家长治久安保驾护航。

## 一、现阶段监狱人才培养的现状分析

### （一）学历结构的培养

　　近年来，为了改变监狱人才结构中、低学历局面，国家通过公务员招录，监狱通过组织、鼓励监狱干警参加自学考试、函授，在职研究生考试等多种形式，干警队伍中的中、高学历逐步取代了原来的高中、中专等低学历状态。以某省 BC 监狱为例，目前有干警 433 人，2000 年左右具有大专以上学历的干警比例才达到 50%。通过近几年的学历教育的培养，干警大专以上的学历达到了 100%，本科以上的学历达到了 10.8%。但是，由于监狱相对封闭及人才培训、激励措施等不足，目前监狱高学历人才仍十分短缺，具备硕博学位的人才还非常稀少，如 BC 监狱目前具有原始硕博学历的干警只有 2 人，占全狱干警 0.46%，在一定程度上制约了监狱的发展和基层工作的进步。

---

　　* 侯利民，河北省上板城监狱民警。

（二）专业结构的培养

监狱在发展过程中，对专业人才的需求也从单一的罪犯管理向多元化发展。一方面，招录监狱人民警察时已转变思路，在专业上征求各监狱意见，招录时考虑到实际需要，这在很大程度上符合了专业上的多样化需求。另一方面，监狱自身也意识到了人才培养必须注重多样化，力所能及地开展了法律、心理、会计、安全、医疗等方面的人才培训，弥补人才专业结构单一的现状。但是，就目前来看，实现监狱多元化功能方面的相应人才还远远达不到发展的需要，"全能"式干警存在比例依然很大，监狱诸多工作的专业化程度还未达到相应水平，专业结构仍然有很大的调控空间，专业配比仍不够科学，专业人才在才能发挥上也不够全面。

（三）素质能力的培养

近年来，各监狱普遍重视对干警的素质教育，每年结合实际工作开展"岗位大练兵""轮训""岗前培训""逢进必训"等培训工作，考试考核也都能达到优秀，但实际工作技能和素质提高的却不明显，干警队伍素质提升得较为缓慢。

## 二、存在的问题及原因分析

（一）监狱内培训机制不健全

现阶段监狱内人才培养主要依靠干警任职后的在职培训教育，因属于内部培训，培训时间、培训的激励机制、培训的考核体系大多都停留在纸面上，落实在软件上，没有真真切切达到实效。同时，培训内容针对性不强，没有按专业形成培训教材，进行课程设计，缺乏对培训内容与现实工作情况的及时调整，导致了干警想学的学不到，已有的知识又重复多次学习的现象。

（二）干警学习精力不足

在现实工作中，由于大多数监狱警力不足，长期存在"全能"干警现象，无论是新招录的新干警还是从警多年的老干警，都是一人身兼分队长、内勤、安全员、生产干事等多种职务，无暇进行自主学习，也没有精力参加监狱组织的各种提升专业技能的培训，应付、应考的现象长期存在。

（三）具有工作经验的专业技能人才缺乏

虽然国家在招录监狱警察时考虑到监狱专业人才匮乏的因素，但招录的人员大部分是没有工作经验的大学毕业生，有理论知识但缺乏专业技能的培养。因监狱工作以罪犯管理为主，大部分监狱又存在警力不足现象，招录的新干警绝大部分都被分配到基层监区从事罪犯管理工作，专业知识得不到充分运用，专业技能得不到锻炼，监狱专业化水平很难得到提升。

### 三、破解监狱人才培养的路径

#### （一）引入社会资源进行有效补充，建立科学的培训机制

监狱工作社会化就是监狱与社会组织分工协作，采用多种方式，利用多种社会资源，有效改造服刑人员，以便其在刑期结束时顺利复归社会、不再犯罪的综合性社会活动。在人才培养方面，监狱需要得到社会的支持，弥补自身专业人才的不足问题。如：组建专兼职的师资队伍。在引导激励有专长的干警投身教学工作，培养一批监狱系统专家学者型的教师队伍的同时，依托"双向联系""黄丝带行动"等桥梁纽带，挖掘地方大中专院校教学资源，建立一支以社会志愿者为主体的兼职教师队伍，形成多层次的教师教学科研体系。

在加强人才培养的"规划"中，制定切实可行的关于高层次、紧缺人才培训计划，长期打算，近期安排，适用当前，谋划长远。要整合资源，实施社会化运作的人才培训工程，进一步加大与高校、社会专业机构的合作，建立规范有效的长期培训体系。如可在医疗方面，与地方医院建立合作关系，为监狱开通就诊绿色通道，发挥社会医疗资源优势，定期为监狱开展医疗人才培养，某省 BC 监狱近年来每年都要派 1 至 2 名干警到当地三甲以上的医院进修，实地学习专业技能，提高医疗水平。无论是教育还是医疗，或是心理方面开展各种技能培训，社会资源的引入都为监狱人才培养搭建了更加广阔的平台。如，近年来 BC 监狱与北京心际空间管理咨询有限公司进行合作，为监狱培养了 50 余名二、三级心理咨询师。在合作期间，每年分派三批从事心理咨询的干警到北京进行业务技能培训，提升了心理矫治水平。同时，为了打破罪犯技术教育主要依靠外协指导的局面，BC 监狱就服装裁剪与缝纫技术教育方面，每年派出 2 至 3 名基层干警到常州服装技术学院进行全脱产培训，培养自己的技术型干警教师，打造人才培养的多元化机制。

#### （二）加强监院合作共建，为监狱输送专业人才

人才就像木材，培育贵在长久以恒，应用贵在用其所长。人才的培养摇

篮的有效途径是专业院校，只有经过院校正规化长久以恒的培养，监狱才能在工作中用其所长。如果监狱与当地职业警官职业学院建立合作关系，通过"三个共建""三个融合""三个阶段"的培养，为监狱输送狱政管理、狱内侦查、应用法律、信息技术等业务专业较强的监狱人民警察，在很大程度上弥补监狱干警专业素养不强的问题。"三个共建"即监狱与院校共建师资、共建课堂、共建实践教学基地；"三个融合"即专业课程与工作岗位相融合、毕业考核和职业认证相融合、校内专业学习与校外基地警务实战相融合；"三个阶段"即职业认知阶段、模拟实训阶段、实战定岗阶段。在合作中，监狱作为院校学员的实训基地，定期接待学员到监狱进行参观学习，通过了解监狱干警日常工作内容，增强学员对监狱职业的认同感。院校在教学中，教师通过将监狱的工作内容引入到教学中，模拟监狱工作场景，让学员通过模拟演练提升专业工作能力。在学员达到一定的专业能力后，院校派遣学员参与到实训基地的实际工作中，由干警亲自手把手向学员传授工作经验，以实际行动向学员展示监狱工作的具体内涵

让学员在入职前亲身感受监狱工作氛围，起到示范引领的作用，增强学员专业化能力。致天下之治者在人才。培养人才是监狱工作的强心剂，监狱人才的培养不是一朝一夕的事情，也不是单打独斗，更不能等靠要，只有采取多种培养方式，加强与社会各界、社会院校的合作，把他们作为自己的培养人才的基地，加之完善自身培养机制，才能建立起一支正规化、专业化、职业化的监狱人民警察队伍。

# 监狱学专业人才教育中的心理疏导研究

李梦娇 *

监狱是我国司法体制中不可缺少的重要组成部分，监狱人民警察，简称狱警，是个非常特殊的职业。作为监狱的管理者以及罪犯的改造者，监狱民警每天面对罪犯，生活在高墙之中，容易在工作中产生一些不良情绪，会对我国监狱事业的健康发展产生极大的影响。[1]作为专门培养监狱人民警察的司法警官院校等高校，在培养监狱学专业人才时就应加强心理疏导方面的教育，从而为其今后的监狱人民警察职业生涯奠定健康的心理基础。

## 一、研究背景

### （一）现实背景

监狱在新时期我国司法体制的优化中发挥着重要作用。监狱人民警察是从事监狱内部管理工作的主体，在监狱事业乃至司法事业的发展中发挥着重要的作用。同时，监狱人民警察又是一个很特殊的职业，他们每天要和罪犯打交道，工作内容和环境使得他们面对着很多的压力，进而引发一系列心理问题，严重者产生自杀意念。[2]而司法警官院校作为培养监狱人民警察的主要场所，做好监狱学专业人才教育培养过程中的心理疏导工作，具有十分重要的意义和价值。

然而，当前的监狱学专业人才教育大多侧重于专业知识与技能方面的教育，对心理教育与疏导则较为欠缺。短期来看，这不利于塑造监狱学专业人

---

* 李梦娇：江苏省司法警官高等职业学校教师。

〔1〕 参见袁牧："监狱民警的心理健康、人格与自杀意念的研究——基于网络测评系统的调查"，西南大学 2016 年硕士学位论文。

〔2〕 参见袁牧："监狱民警的心理健康、人格与自杀意念的研究——基于网络测评系统的调查"，西南大学 2016 年硕士学位论文。

才的心理素质，锻炼其过硬的抗压能力，影响其健康成长与成才；长远来看，也不利于提升监狱人民警察队伍的整体活力和战斗力，影响监狱惩罚改造工作的开展。如何在监狱学专业人才教育的过程中加强心理疏导工作的开展，进一步提高认识、丰富内容、优化方法、建设队伍、健全机制，是监狱学专业人才教育过程中需要进一步重视的问题。

（二）政策背景

习近平总书记关于司法行政工作作出重要指示，强调要进一步强化监狱内部管理，打造一支坚守职业良知、恪守职业道德，做到爱岗敬业、敢于担当、艰苦奋斗、勤俭兴业，真正使之内化于心、外化于行的干警队伍。从党的十七大到党的十八大，党中央先后强调要注重人文关怀和心理疏导。2016年，习近平总书记又提出："要坚持不懈促进高校和谐稳定，培育理性平和的健康心态，加强人文关怀和心理疏导，把高校建设成为安定团结的模范之地"〔1〕。党的十九大报告也提出要加强社会心理服务体系建设，积极培育自尊自信、理性平和、积极向上的健康而良好的社会心态。心理疏导工作在一定程度上已得到国家越来越多的关注和重视，理应将心理疏导融入教育并贯穿始终。

## 二、相关概念界定

（一）监狱学专业人才教育

专业人才教育是根据一定的教育理论和思想指导，按照特定的培养目标和人才规格，以相对稳定的教学内容和课程体系，通过科学的管理系统和评价方法，教育和培训特定的专业人士的过程的总和。监狱学专业是现代监狱警务专门人才的培养载体，通过专业教育教学向社会输送监狱学专业人才。〔2〕高校是监狱学专业人才重要的培养基地，司法部门的监狱和强制隔离戒毒所等则是监狱学专业人才毕业后对口的工作单位。

（二）心理疏导

心理疏导从心理学中起源，它是对认知心理学的一种深刻理解，是在认

---

〔1〕 "习近平在全国高校思想政治工作会议上发表重要讲话"，载 http://www.xinhuanet.com/mrdx/2016-12/09/c_ 135892530.htm，最后访问日期：2016年12月8日。

〔2〕 参见王春梅："'厅校合作'的监狱学专业人才培养模式：内涵蕴意和要素构建"，载《犯罪研究》2019年第2期。

知心理学理论基础上的进一步深化的结果。心理疏导分为狭义和广义的概念，狭义的含义是指心理治疗领域中的心理疏导疗法，此疗法于 1984 年由南京医科大学脑科医院院长鲁龙光教授在一家医疗机构内创立。是由专业人员帮助病理性心理进行疏通引导，使其通畅，从而实现对疾病的治疗和预防，使身心健康发展的治疗方法。广义的心理疏导广泛应用于教育、管理领域，是指疏导者遵循人的基本心理活动规律，采用心理学基本理论与基础技能，以期达到解决心理问题、培养良好心理状态、提高适应能力的目标，促使其人格向着健康、有序、合理的方向发展。[1]

心理疏导作为一种岗位技能，可以应用于管理、教育、医疗、社区工作等多个岗位，甚至对改善个人和家庭生活也是有价值的。从这个层面上来说，心理疏导是一种个人社交技能，它能够缓解和引导个体的心理问题或发展困惑，使得个体能够自我调节和自我发展，促使个人改善自我调控、协调人际关系。[2]

（三）监狱学专业人才教育中的心理疏导

随着党的十七大报告将心理疏导引入教育领域，其内涵就被赋予了新的内容，很多研究者对心理疏导的理论性质、原理、内容和方法等方面做了大量研究，从不同方面阐述了其含义。但学术界对心理疏导概念尚未形成统一的认识。

本文将心理疏导归纳为：心理疏导者遵循人类心理活动规律，运用心理学理论和技能，通过解释、描述、教育、支持、帮助等手段进行思想交流、共情交流，通过语言和非语言的渠道来交流思想、疏导情感、解决发展性问题。要了解监狱学专业人才教育中的心理疏导，必须从以下几个方面入手：

第一，在监狱学专业人才教育中，心理疏导的主体不是医生或心理咨询师，也不是所有监狱学教育工作者，而是具有心理学背景或掌握心理学相关知识的监狱学教育工作者。

第二，监狱学专业人才教育中心理疏导的对象十分广泛。在日常学习、工作、生活中由于各种原因而产生心理困惑的学生是心理疏导的重要对象。

---

〔1〕 参见杨芷英："浅谈心理疏导对于高校思想政治教育的现实价值"，载《思想理论教育导刊》2009 年第 4 期。

〔2〕 参见相旭东编著：《心理疏导技术和运用》，上海社会科学院出版社 2016 年版。

心理疏导不仅要解决这些学生面对的各种问题，而且要帮助他们消除心理障碍，解决心理困惑，开发心理潜能，促进他们健康成长。但心理疏导不仅仅是针对有心理问题的学生，而且要关注全体学生的心理，它应立足于学生的发展，为学生的成长提供有效的指导。

### 三、心理疏导对于监狱学专业人才教育的必要性

把心理疏导融入监狱学专业人才教育中，短期来看能够增强专业教学的亲和力和提高学生学习的主动性，长远来看能够帮助建设一支稳定的监狱人民警察队伍，具有十分显著的必要性。

（一）心理疏导能增强监狱学专业人才教育的亲和力

受教育者能否接受专业知识理论的教育和接受程度，不仅取决于教育内容的丰富程度，还取决于教育者的态度、情感等人文心理因素。长期以来，监狱学专业人才教育工作以一种单向的方式向监狱学专业的学生传播知识，把他们当作被动的接受者，采用直接灌输的方式，想要受教育者无条件地服从。随着时代的发展，90后、00后步入校园，他们的自我意识更强，单纯的灌输已经不能满足新时代监狱学专业人才的教育工作。灌输和教导通常耳提面命，不具有亲和力。[1]而心理疏导对改变这种模式具有高度的适用性，因为心理疏导前提是教育者与被教育者之间的平等，由此使得被教育者的参与感和获得感以及亲和力更充分，拉近了师生之间的关系，大大加强了监狱学专业人才教育的亲和力。

（二）心理疏导可以加强监狱学专业人才教育的主动性

过往的一般经验告诉我们，心理问题和思想问题的产生并不是一个短暂瞬间的事，同时人们对此类问题的发现也存在一定的迟滞性。这两个方面的问题导致发现问题与解决问题之间的衔接并不一致。所以，及早发现问题，有效发挥心理疏导的主动性，防患于未然显得十分重要。进行心理疏导的前提是对心理问题的有效认识，这是不同于一般心理治疗的基本要求。心理疏导活动的整个过程对提高监狱学专业人才教育的主动性有着重要的促进作用。

---

〔1〕 参见张博、李庆华："论思想政治教育疏导"，载《思想理论教育导刊》2017年第4期。

（三）心理疏导有助于提高监狱学专业人才教育的效果

从短期效果来看，心理疏导有着丰富的教育功能。第一，有助于学生坚定理想信念，坚定共产主义远大理想和中国特色社会主义共同理想。第二，有助于学生保持积极健康的心理状态，进一步提高对生活乐趣的追求，构建和谐的人际关系，正确面对现实社会的各种压力。第三，将有利于学生正确面对各种情绪问题，合理宣泄不良情绪，有效进行情绪管理。

从长期效果来看，心理疏导对于监狱人民警察队伍的稳定建设有着实际效果。通过在学生时代对监狱学专业人才的心理疏导教育，使其逐渐形成良好的心理素质，提高自身的心理疏导能力，能够在投身工作后理性面对工作中的问题，协调人际关系，合理排解压力，避免消极情绪的产生。

## 四、监狱学专业人才教育中心理疏导的现存问题

当前，很多司法警官院校在将心理疏导融入监狱学专业人才教育上已经做出了一些工作，取得了一些成绩，我们充分肯定其成效，但也应看到一些薄弱环节。本研究从以下几个方面对现存问题进行分析。

（一）心理疏导的内容不完善

目前监狱学专业人才教育中心理疏导的内容还不够科学，存在缺少人文关怀、内容过于医学化、过于单一等问题，导致其内容和实际需求相脱离。

1. 人文关怀缺失

在进行心理疏导时，人文关怀是必不可少的，但是有些心理疏导者只是为了解决问题而进行疏导，没有意识到人文关怀也是心理疏导的重要组成部分。在党的重要文件中，心理疏导和人文关怀往往同时出现，二者有着密切的联系。而有些心理疏导者没有人文关怀的意识，单纯为了解决问题和增加心理疏导的内容，这是不理智的做法。这种缺乏人文关怀的意识，导致心理疏导内容不科学，疏导流于形式，缺乏情感。

2. 医学化

现在存在一种误解，人们容易将心理疏导与心理治疗混为一谈，认为心理疏导就只是对心理疾病进行治疗。事实上治疗心理疾病是心理治疗范围的事情，已经超出了疏导者的工作范围，远远超越了心理疏导的内容。错误的理解导致心理疏导的内容过于医疗化，而忽视了价值观传递和解决发展困惑

的内容。这也导致一些学生对心理疏导产生错误观念，以为只有心理有疾病的学生才需要进行心理疏导，不敢主动接受疏导教育。

3. 单一化

虽然许多学校逐渐重视起心理疏导，并成立了心理疏导的相关机构，使心理疏导得到了一定的保障，但其内容相对单一。由于传统观念和对心理疏导的错误认识，一些人会将心理疏导和精神疾病结合起来，使需要进行心理疏导的人贴上了有心理疾病的标签。所以许多学生即便有心理困惑也不愿主动接受心理疏导，宁肯自己消化负面情绪也不愿意接受帮助。[1]

（二）心理疏导的方法有待优化

随着时代的发展，新时期学生的心理问题复杂多变，原先适用的方法，虽然已经不适应时代的发展，但这些传统方法当中仍然有很大价值的，应该继续保留和使用。对于已丧失存在价值的旧方法要用新方法代替。这就促使疏导者需要对传统方法进行不断的创新与改革。

目前，要想使心理疏导产生比较好的效果，并且具有一定的说服力，那就必须采取与实际情况相适应的办法。在实际生活和工作中，大多心理疏导还停留在毫无人情味的说教上，心理疏导没有发挥其真正的作用，只是停留在表象阶段，实质上仍然是过去的说服教育。因此，心理疏导方法的改革创新迫在眉睫，只有对传统疏导模式进行创新和改革，不断优化心理疏导方法，心理疏导工作才能有质的飞跃。

（三）监狱内未形成适宜心理疏导的环境

目前司法警官学校在监狱学专业人才教育中的心理疏导上取得了一定的成效，但仍有很多监狱没有做好对监狱人民警察的心理疏导工作。很多监狱虽然成立了心理健康指导中心，但是其主要承担着对服刑人员的心理疏导，对监狱民警的心理疏导作用不明显。由于工作场地和工作对象的特殊性，监狱人民警察一旦进入工作场地很难抽出时间进行心理疏导。另外，心理健康指导中心工作人员也是在职民警，会在一定程度上使其他民警进行心理宣泄有所顾虑，妨碍工作的开展，甚至会使监狱人民警察产生职业认同感不高、职业倦怠、职业焦虑等心理问题。

---

〔1〕 参见赵平："思想政治教育视域下心理疏导问题的审思"，载《思想理论教育导刊》2018年第3期。

## 五、原因分析

根据对上述问题的深入研究，造成上述问题的主要原因如下。

### （一）心理疏导的理念有待强化

造成监狱学专业人才教育中心理疏导问题的最根本原因在于心理疏导的理念尚未深入人心。心理疏导的理念最主要的就是民主、平等、以学生为本，但是在实际教学中，这些理念并没有真正的确立起来，并没有深入疏导者的内心。主要表现为对学生进行家长式的批评，发布命令式的指令，不重视学生的主体地位。

第一，民主、平等的理念尚未深入人心。在教学实践中，以说教为主，主要采用理论灌输的方式，强调自上而下进行教育，民主、平等的理念尚未深入人心。第二，以学生为本的理念尚未深入人心。传统的教育观认为教师是教育的主体，学生只是被动的接受者，学生只需要认真听讲就可以完成教学任务。这种观点忽视了学生的能动作用，忽视了教学成果和学生接受程度的关系。

### （二）学生对心理疏导的认识存在偏差

在学生与老师的互动中，疏导老师开展工作，必先让学生信服。然而，心理疏导在开展工作过程中的效果并不理想。

其一，学生缺乏对心理疏导对象的正确认识。心理疏导的对象具有广泛性，不只是对心理有问题学生进行疏导，应当是对全体学生进行疏导，解决他们的发展困惑并进行价值观的引领。

其二，学生对心理疏导内容的理解相对片面。心理疏导是在心理辅导的基础上发展起来的，它的兴起和发展只有 20 多年的时间，理论界对其内涵还没有科学的定论，党和国家重视心理疏导但是也没有对心理疏导进行科学的阐释，而学校也没有全面的解释。因此，学生存在误解，立足点直接成了有心理问题的学生，这影响了监狱学专业人才教育中心理疏导应有的效果。

### （三）心理疏导队伍有待加强

#### 1. 心理疏导者专业素养较低

开展心理疏导的主体是具有心理学背景的监狱学专业人才教育工作者，他们有更多的机会与学生接触，工作在一线，更了解学生的想法和心理动态，注重交流的方式和艺术，同时也肩负着引导大学生树立正确的三观的责任。然而，和应然状况不同，教育工作者在从事心理疏导时，大多是半路出家，虽然和学生联系紧密，但是只接触过简单的培训，对心理学的专业知识一知半解，使心理疏导徒有其名。

2. 心理疏导的队伍结构不合理

心理疏导队伍在心理疏导过程中充当着重要的角色，承担疏导实施者的重任，因而心理疏导者必须有过硬的专业知识和丰富的实践经验，对学生的心理特征和规律有一定的研究，比如一些专业心理咨询师、心理研究专家等。就现状来看，监狱学专业人才教育的心理疏导队伍结构还不够合理。缺乏心理学的教师和社会心理疏导专家。[1]学生在发现自己的心理障碍后，向老师咨询往往也只能使自己的心理问题得到一定程度缓解，很多同学表示，心情虽有好转，但并没有解决根本问题。

（四）心理疏导机制不够健全

心理疏导是一项庞大复杂的工程，需要学校各个机构的相互协调合作、需要学校各种资源的整合利用、需要整个学校目标一致来打造一个新型的、严密的大学生监狱学专业人才教育心理疏导系统。这一心理疏导网络系统的形成将具有全方位、实时性、互动性的特质。目前，依然存在机制不完善问题，健全机制还是一个需要重点关注的问题。

## 六、加强监狱学专业人才教育中心理疏导的路径

（一）从实际需求出发开展心理疏导

要做好心理疏导工作，就要大力倡导"实践出真知"，面向广大群众，面向广大学生，开展广泛的研究工作，充分了解学生的思维动态。应广泛考查、总结和全面认识。在开学前都要了解每个学生的学习生活经历，以及入学的目的，更要了解学生入学后的思想、生活、学业成绩、理想等多方面的需求或想法。

在开展心理疏导的过程中，学校要做到"具体问题具体分析"。深入了解每一位咨询者的心理问题，然后仔细分析每一位咨询者出现心理问题的原因，

---

〔1〕 参见付喜凤："论心理疏导在当代大学生思想政治教育中的运用"，载《贵州民族学院学报（哲学社会科学版）》2010年第2期。

根据每个人的具体情况制定最合适的疏导方法。

同时，心理疏导也应结合大学生心理发展的特点，选择最适合的心理疏导方法。尽量使用新颖的教育内容，这样更有利于被学生接受。心理疏导的内容不能单一，应尽可能丰富心理疏导的内容，以严谨的理论基础为补充，辅以实际案例。

（二）优化心理疏导的方式方法[1]

在监狱学专业人才教育中，要不断优化心理疏导的方法。对心理疏导方法中有价值的一面要进行肯定，用新的方法取代已经失去存在价值的旧方法。

1. 鼓励疏导法

鼓励疏导法的独到之处在于能够调动人的积极性与创造性，首要的是鼓励人正确行事，激发人的积极性，发挥其巨大的潜能，取得更大的成就。常用的鼓励引导方法有如下几种：

第一种是目标鼓励法。目标鼓励法是利用一定目标来不断刺激人们前进，通过目标激发人的积极性、主动性和创造性，达到教育目的的一种方法。

第二种是强化鼓励法。强化鼓励法是采取肯定或否定学生的行为，使其继续或终止该行为的激励方法。在加强奖励措施时应注意，强化行动要及时有效地进行，拖延则势必影响效果。

第三种是信任鼓励法。信任鼓励法是指通过对学生的信任、认可、尊重等方式激发学生的主观能动性，促使学生积极向上的一种方法。信任鼓励法能够让学生通过认同、鼓励来增加自信和自尊心，提高其积极性，有助于学生健康人格的形成。

2. 渗透疏导法

渗透疏导法是指通过运用无意识教育的原理，把疏导工作渗透到对学生的培养过程中。渗透疏导法采用隐性教育模式，形式表现为对学生的心理进行潜移默化的疏导。这就需要教师具备一定的人格魅力、作风品行端正，教学气氛和谐；加强对每一位学生的重视，以及开设如心理健康教育等一系列能起到渗透效果的活动课，这种做法对渗透疏导的开展很有帮助。

---

[1] 参见姚念龙、刘颖："简论大学生思想政治教育中的人文关怀和心理疏导"，载《北京交通大学学报（社会科学版）》2014年第2期。

3. 体验疏导法

体验疏导，是指学生通过主动参与活动收获体验，在疏导教师指导下，学生之间互相交流、分享心得体会，并且提高认识的一种体验。体验疏导法是指，通过社会实践、社团活动等学生活动，使学生释放内心压力，宣泄不良情绪，从而能够认识自我、解决问题的一种方法。学生通过进行体验疏导法能有效地宣泄自己的情绪，吐露出自己真实的想法。随后在老师的帮助下，反思自己的行为，真正了解其内心。

（三）完善心理疏导的工作队伍

1. 推进心理疏导队伍专业化发展

一是要加强专业培训，提高心理疏导教师的专业水平。必须建立健全系统的培训制度，将心理疏导人才的培养贯彻到学校学习的各个阶段，在工作之中提供相应的学习培训机会，力求在入职前和在职中都提供良好的学习培训条件。

二是畅通心理疏导教师晋升渠道。教育部出台的一系列相关政策性文件，在高校增加了心理素质教育相关专业的教育工作者，并为其发展提供相应的支持。

三是要对心理疏导教师进行动态化管理。从心理疏导教师的资格认证、入职标准、绩效考核、队伍管理、专业培训等方面有针对性地制定一系列政策，以促进专职教师的培养和发展。

2. 建立一支结构合理的心理疏导队伍

进行心理疏导需要精通监狱学、心理学、教育学、社会学、伦理学等相关学科，对心理疏导者要求颇高。目前大多数学校心理疏导者数量不足，导致心理疏导者工作繁重，不能满足学校的实际需求。为了改变师资力量缺乏的现状，学校需要在扩大心理疏导队伍数量的同时，也要进行兼职教师队伍的建设，打造专兼职相辅相成的心理疏导队伍。

（四）健全心理疏导的体制机制

首先，做好师生有效互动是进行心理疏导工作的前提和基础。心理疏导工作者要以诚待人，以诚恳宽容的态度去帮助出现心理问题的大学生，从而使存在心理问题的大学生感受到来自教师和学校的温暖。在师生交流中应该注重人文关怀，杜绝单纯地说教和灌输，使学生在心理疏导教师正确地引导下，轻松的氛围中，学会自我教育和自我疏导。

其次，充分发挥学生骨干的作用，可以在教师和学生中架构起信息的桥梁，有利于问题的及时发现和解决。要构建学生主动参与的机制，促使学生积极主动进行自我管理、自我服务，使他们能够自主、自愿地参与到心理疏导当中。

再次，要加强对大学生心理的监测、评估和预警。要定期对学生进行心理测评，发现问题及时进行疏导。抓住重点，对于心理敏感和思想较偏激的学生，进行重点关注，增强心理疏导工作的针对性。

最后，学校在对可能出现心理问题的学生进行预警后，要进行心理危机干预，结合学生心理发展特点和规律，运用心理学相关方法和技能，开展心理健康和心理疏导教育，促进其身心的和谐、健康发展。

# "校地协同"的监狱学人才培养机制研究

陈 秀*

## 一、问题的提出

法治中国是"法治国家、法治政府、法治社会"三位一体的概念，法治中国的建设离不开的有力的刑罚执行机制的保障，这对作为刑罚执行机关的监狱的人才质量提出了更高要求，所以研究校地协同的监狱学人才培养机制不容忽视。目前，校地协同的监狱学人才培养机制研究还缺乏完整的理论设计。已有的研究大都是从"校地协同"的监狱学人才培养的某个角度来谈的，缺乏有针对性的系统性的深入研讨。实践需求为理论研究提供了强大动力和广阔空间。因此，对"校地协同"的监狱学人才培养机制的研究具有重要的实践价值和理论价值。[1]

## 二、校地协同监狱学人才培养机制的改革动因

### (一) 突出监狱学人才应用实践能力提升的需要

随着大数据时代的到来，智慧监狱建设迈上了新的台阶。传统的教学模式难以适应新时期监狱人才培养的需求。监管改造的设施和方法发生日新月异的变化，对人才素质的需求也越来越高。2012 年以来，教育部积极鼓励推动大学生校外实践教育基地建设，鼓励共建实践基地，创新校外实践教育模式，积极推进实习实训改革，创新校外实践教育模式，进一步落实校企双方共同制定校外实践教育基地的建设方案，旨在提升大学生实践应用能力，稳步提升人才培养质量。2011 年教育部、中共中央政法委员会《关于实施卓越

---

* 陈秀，浙江警官职业学院讲师。

〔1〕 参见王春梅："'厅校合作'的监狱学专业人才培养模式：内涵蕴意和要素构建"，载《犯罪研究》2019 年第 2 期。

法律人才教育培养计划的若干意见》（教高〔2011〕10号）明确了卓越法律人才培养的指导思想与总体目标、主要任务、工作措施、组织实施和政策保障，明确了"分类培养卓越法律人才、创新卓越法律人才培养机制、加强社会主义法治理念教育、强化法学实践教学环节"法学教育的内容与目标。监狱学人才属于法律人才的一种，也需要加强实践能力的提升，因此"校地协同"的监狱学人才培养模式应运而生。

（二）促进校地合作，实现资源优势互补的需要

在校外基地建设中注重学校与各监狱实务部门的合作，通过建立教学资源库、学生工作站、双导师体制等实现双方的资源优势互补。积极争取政策和项目支持，在培养监狱学人才方面不断改革完善现有平台和项目。通过尊重学生的个性化发展和自主选择，对学生进行个性化、专业化、精细化的指导，培养学生的监狱执法管理技能，帮助他们树立良好的监狱人民警察职业发展目标。

（三）大数据时代智慧监狱改革的需要

"校地协同"监狱人才的培养模式，能够很好地适应大数据时代监狱人才培养的需要，较好地解决以下问题：（1）围绕监狱学人才培养，探索构建高效的"校地协同"监狱学人才培养机制，调动各方积极性；（2）围绕着监狱执法管理能力提升，合作开展课题研究，着力提升高校行业服务水平；（3）围绕着监狱学人才培养基地建设，探索构建学校和监狱合作共赢的新机制。

### 三、"校地协同"监狱学人才培养机制的构建

项目实施突出需求导向，强化"校地协同"和监狱学人才培养基地建设，突出实践需求，具体内容如下：

（一）重视教学实践环节，创新监狱人才培养机制

探索"高校-监狱实践基地联合培养"机制。加强高校与监狱实践基地的合作，共同制定监狱学人才培养目标，共同设计监狱学的课程体系，共同开发优质监狱学教材，共同组织监狱学教学团队，共同建设监狱学实践基地，探索形成常态化、规范化的监狱学人才培养机制。充分利用实务部门的资源条件，建设一批覆盖面广、参与性强的监狱学人才培养实践基地。例如，浙江警官职业学院刑事执行专业和浙江省十里丰监狱建立"教学实践基地"，实

现资源共享，在促进监狱学人才培养的同时也促进了学校高水平学校和高水平学科建设。

（二）适应监狱学人才培养需求，完善课程体系的建设

无论是应用型还是复合型监狱学人才，都应当保证他们能够养成基本的监狱学思维、掌握基本的监狱学方法，具备基本的监狱学知识。这些课程主要包括如监狱学基础理论、监狱执法管理、刑法学、监狱安全管理、诉讼法学等。必要时，可以采取特班培养模式，为他们开设特色课程。这些课程应当根据学生的不同兴趣和规划，注重对学生实践能力的培养。例如，浙江警官职业学院注重资源库建设，提高监狱学人才培养水平，改进教学方法，促进学生将学习与实践相结合。

（三）加强专兼结合师资队伍建设，提高育人水平

不断创新人才培养模式，优化"校地协同"监狱学人才培养体系，改革教学方法手段，提高监狱学人才教育质量。参与"校地协同"监狱学人才培养的单位应当具备优质的资源和专兼结合的师资队伍。加强双师型老师队伍建设，努力建设一支专兼结合的监狱学师资队伍，鼓励骨干教师到实务部门挂职锻炼，开展行业服务，提高专业水平和教学能力。通过遴选和聘请等方式引进优秀行业人才来校任教，打造高水平监狱学人才培养和教学团队，鼓励教师与国内外同行从事合作研究，以提高监狱学人才培养水平。

（四）完善评价监督机制，促进校地合作良性运转

校地协同的监狱学人才培养机制需要通过考核和监督来实现监督和制约，实现制度的良性运转。

评价与改革的根本目的是更好地促进校地协同机制建设和监狱学人才培养质量的提升。对学生进行评价是"校地协同"监狱学人才教育过程的一个环节，是检验"校地协同"育人机制的建设质量的重要一环。通过建立多元化"校地协同"监狱学人才综合评价体系方案，突出过程性评价的作用，旨在以客观、科学、多元的方式评价监狱学人才培养质量。

## 四、"校地协同"监狱学人才培养机制的保障

"校地协同"监狱学人才培养机制自实施以来，已取得明显进展，但是该项制度要想得到进一步实施，亟需建立有关的保障机制。

（一）规范相关措施，提供制度保障

只有为"校地协同"监狱学人才培养机制提供制度化、规范化的保障，才能促进该项计划的顺利实施。当前，亟需建立有关人才培养的质量评价规范和指引，对"校地协同"监狱学人才培养质量形成有效控制。另外，也要针对卓越法律人才培养中的一些重大问题制定必要的规则。高校教师到实习基地挂职，监狱工作人员到高校任教，都会涉及工作关系的认定、工作量的确定、职称的评定、职级的晋升等问题，这些都须通过制度建设予以保障。我们需要针对具体问题，采取有效措施，促使各项规范落到实处。

（二）资源整合，提供物质保障

要实现"校地协同"监狱学人才培养机制的建设和发展，真正实现校地之间的资源共享、优势互补，就必须有相应的物质保障。可以把"校地协同"监狱学人才培养机制建设与高水平学校与高水平专业建设相结合，寻求建设经费，解决"校地协同"监狱学人才培养机制建设的后顾之忧。

（三）建立长效机制，提供组织保障

"校地协同"育人模式，以及多元网络的人才培养系统等改革，得到了教育主管部门和国内外同行专家的肯定。我们要想把制度落到实处，就需要建立相关的长效工作机制。本着优势互补、资源共享、校地联合、协同育人的原则，很多高校进行了"校地协同"监狱学人才培养的探索。在探索的过程中，需要强化组织保障，设立相关的机构，建立长效机制。培养监狱学人才的学校大多数是司法警官院校，这些院校属于应用型或者技能型的学校，可以为校地协同机制提供相应的组织保障。随着监狱对复合型、实践型人才的需求提升，"校地协同"的监狱学人才培养模式将成为满足监狱改革发展对人才需求的重要举措。

## 五、结语

本文的意图是通过对"校地协同"监狱学人才培养机制问题的研究，对"校地协同"监狱学人才培养机制在理论和实践层面进行深入探讨研究，增进人们的认识，扩大人们的视野。目前，我国正在进行监狱制度改革，这也为"校地协同"监狱学人才培养机制研究提供了新的视角和方法，未来我们可以在改革过程中，强化对"校地协同"监狱学人才培养机制研究，通过完善相关体制机制，实现我国监狱学人才培养质量的全面提升。

# 以司法信息技术创新赋能优质刑事执行人才培养

谭庆芳 *

"培养什么样的人、如何培养人、为谁培养人"是中国特色社会主义人才培养的永恒主题。"培养什么样的政法人、如何培养政法人、为谁培养政法人"则是司法警官院校人才培养的永恒主题。作为担负着司法行政系统监狱、戒毒人民警察和人民法院、人民检察院司法警察队伍后备人才培养重任的司法警官院校，应着眼于探索新时代为监管领域培养警务技能强、信息化技能熟的高素质综合技能人才的有效途径和方法。司法警官院校在完成学历教育、科研创新、行业培训、咨询服务等主要职能时应着重让信息技术创新赋能优质刑事执行人才培养。[1]

## 一、刑事执行人才培养现状及困境分析

监狱是国家的刑罚执行机关，监狱警察是国家的重要执法力量，刑事执行专业人才是监狱警察队伍建设的一支重要后备军，在监狱各项警务战略部署中，承担着艰巨的任务。尤其是在如今信息技术飞速发展的新时期，"智慧司法""智慧监狱""智慧戒毒""智慧社矫"等与信息化紧密结合的信息技术工作更急需思想政治素质高、业务素质精、执行力强、有责任心的大量管教干警，且他们需具有云计算、物联网、大数据、人工智能、移动互联、安全防范、应急处突等信息化较强的综合警务技能，以满足智慧监管领域对预备干警及司法工作人员的需求。

从整体上看，目前刑事执行人才培养面临的困境主要有以下几种类型：

---

* 谭庆芳，武汉警官职业学院讲师。
〔1〕 参见范履冰："试论高等司法警官院校人才培养目标"，载《中国司法》2019年第12期。

一是部分司法警官院校的专业课程理论性强、实践性弱。[1]部分院校缺少远程心理矫治的视频咨询系统及设备，导致罪犯心理测量与矫治、戒毒人员心理教育矫治等课程偏理论化，学生本身都没有机会实践远程咨询、测量，无法掌握远程心理咨询技巧，又怎能适应将来对服刑人员开展各种咨询工作。

二是部分司法警官院校的实践实训场地缺乏、实践性差。部分院校没有条件购置设立司法鉴定技术中心所必备的精密信息化仪器和设备，学生们即使能系统、全面地学习各种鉴定技术原理，但若涉及真正的文书类司法鉴定、痕迹类司法鉴定、手印鉴定等，也没有办法学习掌握电子放大镜、文书比对识别系统的正确使用方法。

三是部分司法警官院校的软硬件实训平台老旧、可操作性小。部分院校没有信息安全攻防演练平台，即使从理论上全面学习掌握了大数据技术、渗透测试技术、漏洞扫描等较为前沿的安全防范和信息维护知识，但若没有信息化技术支撑的软硬件使用平台，学生也只能纸上谈兵，胜任不了今后复杂网络安全环境下网络警察、保密信息系统维护、监狱安全防范等重要岗位和工作。

四是部分司法警官院校脱离真实监管环境、知识面窄。部分院校虽然在监狱安全防范、狱政管理、狱内侦查、现代生产管理、智慧监狱建设、智能安防、行政管理信息化等课程开设得非常完善，但若不能建立综合性模拟监禁中心实训室，配备真实的 AB 门、指挥中心、隔离会见室、谈话室、禁闭室、远程会见室、智能监舍、岗楼等，或使用能进行服刑人员日常监管和突发事件处置的 VR 体验式软件，这将使涉警专业、国控专业学生不能提前了解将来工作岗位的技能需求，不能提前演练监狱管理涉及的各种工作。

五是部分司法警官院校专业师资队伍结构单一、创新意识薄弱。部分院校专业师资队伍结构不丰富，几乎是清一色的"学院派"，这些教师往往缺乏一线工作的经历、体验、磨炼和技巧，这在很大程度上限制了对学生监狱实务工作能力的培养。

综上所述，当前刑事执行人才培养不仅面临着计算机软件硬件、实训平台、监管场所、课程建设、师资培养不相匹配的问题，而且也面临着大量的基层工作地域分布不均、警力不足等困难。同时，近年来暴恐犯罪，毒品犯

---

〔1〕 参见胡敬阳："监狱学专业本科人才培养的多元化建构——基于现代监狱警务战略人才的需求分析"，载《辽宁警察学院学报》2016 年第 4 期。

罪，贪污、贿赂犯罪，网络信息犯罪，精神心理异常犯罪等迅速增多，我国监狱在押犯结构日益复杂，监狱的危险性和关押难度也不断增大，传统的罪犯教育改造手段受到了严峻挑战！[1]所以，急需针对当前的种种困难，从专业课程体系建设、师资培养及实践实训基地建设、信息技术创新等多方面进行改革和创新，以培养出能适应新经济时代，对监狱实务工作上手快、对监管模式能创新的专业人才！

## 二、以司法信息技术创新赋能优质刑事执行人才培养的有效途径

### （一）司法信息技术融入专业课程体系建设

人才培养方案是对人才培养目标与规格、培养模式和培养过程的总体设计，是科学有效地组织课内外教育教学活动、实施教学管理、评价人才培养质量的基本依据。以武汉警官职业学院司法信息技术专业人才培养方案为例，其内容包括两大部分：第一部分人才培养计划全面覆盖了专业特点、招生对象、学制学历、学习形式、人才培养目标、人才培养模式、人才培养规格、职业范围、工作任务与职业能力分析、课程体系、课程设置及教学活动安排、素质活动设计、主要课程基本要求及毕业要求；第二部分人才培养的实施与保障，包含了专业教学团队、教学设施、教材及图书数字化（网络）学习资源、教学方法手段与教学组织形式、教学评价考核建议、教学管理、继续专业学习深造建议，以及专业建设指导委员会评价意见表。以这些内容为支撑的人才培养方案能准确把握高等司法警官院校人才培养目标的根本要求，也是影响和决定人才培养的方法途径。结合人才培养方案，建立完善的课程体系和核心课程或教学内容，更新政法人才培养观念，凝练涉警专业特色，规范培养过程，加快培养复合型技术技能人才。司法警官院校的毕业生大部分会从事罪犯管理、狱务管理、生产管理等监狱单位各岗位的工作，而同时他们需要适应智慧监狱要求，掌握监狱安全管理、监狱信息安防技术应用、监狱网络组建、维护及管理等信息技术技能，还有一部分从事社区矫正、戒毒等岗位的工作。无论哪类岗位都需要信息技术和警务专项技能结合，因此在人才培养中，通过培养学生的职业素养、职业能力和拓展素质，搭建起以突

---

[1] 参见王春梅："'厅校合作'的监狱学专业人才培养模式：内涵蕴意和要素构建"，载《犯罪研究》2019 年第 2 期。

出警魂塑造为特点的"323"人才培养模式。

"323"人才培养模式中的"3共建"是指课程共建、基地共建和师资共建，共同打造警字类人才培养模式；"2融合"是指课程体系和岗位职责融合、学习理论知识体系与实训实践相融合，达到理学一体；"3途径"是指学校教育、监狱实训、社会服务三种有效途径来帮助学生丰富专业知识和专业技能，达到综合素质培养的目的。

司法警官学院在系统内承担着警衔培训、业务培训、政治培训、成人培训等众多业务。常规培训内容已无法满足政法体系对干警的职业素质要求和职业技能要求，伴随政法体制改革、信息技术发展、人工智能应用，特别是全国司法系统"数字法治、智慧司法"，公安系统的"数字警务、智慧公安"目标的提出和实现，需要将政法体系内联合办案系统、协同指挥系统、智能单兵系统纳入常规培训范畴，而不是仅在专项培训中才专门开设个别课程。

所以，应针对刑事执行人才培养的特殊性，将司法信息技术有效融入专业课程体系建设。在司法信息技术方面，推进以"一个中心"（能力培养为中心）、"两个课堂"（校内、校外课堂）和"三级实训"（单项、综合、岗位）为核心的实践教学模式。需要与监狱合作开发课程，根据技术领域和职业岗位（群）的任职要求，参照职业资格标准，改革课程体系和教学内容。开发以监狱实务工作过程为课程设计基础的教学内容，实施以真实工作任务为载体的教学内容和方法，建立突出职业能力和素质培养的课程标准。

课程体系建设同步考虑岗位胜任力模型和工作过程系统化模型。现代监狱在进行智慧监狱建设和实施中对信息技术技能有较强的岗位要求，在调研过程中针对职业能力进行分析，构建知识模型与能力模型。基于刑事执行课程体系，结合监狱典型项目，构建实训课程资源，提升学生职业技术能力。

结合司法信息技术特点，在设置刑法学、监狱人民警察学、犯罪学、警械具使用与维护、狱政管理、罪犯教育等核心专业课程时，还应设置监狱信息化概论、监狱信息网络建设与维护、监狱安全防范技术、数据挖掘编程、python海量数据库采集等紧跟时代发展步伐的信息技术课程，如此才能适应技术创新在"智慧司法""智慧监狱"等工作中的发展趋势！

（二）司法信息技术融入专业师资培养

人才培养方案的合理制定，能有效指导核心课程建设，同时，也能促进司法警官学院特殊师资团队的组建与创新。当前,部分院校法律教学团队师资虽具有刑事法律、刑罚执行、教育改造等扎实的理论素养,但缺乏对新时代下各种信息化技术技能的掌握,不了解监狱信息化建设,不会软硬件平台操作,不懂监狱安全防范,不会海量数据分析与使用等,这成了限制学生将来从事技术技能领域工作的瓶颈。另一方面,信息技术类课程教学团队虽具有较高的计算机教学水平,但在监狱警务类课程教学上又略显吃力,满足不了学生对法律类课程理论知识的消化与理解的要求。

以 2020 年 9 月武汉警官职业学院教学方案制定为例。为了进行行业人才需求情况调研,其向 10 个一线监狱政治部发放了监狱行业人才需求调查问卷,对其中监狱信息化人才的信息技能需求数据进行了统计,见下表 1。

**表 1   监狱行业人才需求调研统计表**

| | 需求类别 | 人才需求单位数 |
|---|---|---|
| 监狱信息化人才需要掌握的信息化技能 | 安防设备设施维护 | 12 |
| | 信息采集、录入与处理 | 10 |
| | 物联网技术应用 | 9 |
| | 网络技术应用 | 11 |
| | 数据库技术应用（大数据分析） | 11 |
| | 信息安全保障（网络安全、软硬件系统安全） | 12 |
| | 软件系统开发与维护 | 12 |

根据调查问卷数据汇总结果,目前智慧监管岗位人才稀缺,尤其是在信息安全保障,网络技术应用,大数据分析,信息采集、录入与处理四个方向需求较大,这也非常切合目前司法部在机构重组后提出的信息化建设总体目标,即努力建设"数字法治、智慧司法"的需求。基于这样的综合素质人才需求,可以通过多方来共建师资培养。

首先,从教学科研看,对一名教师而言,教学、科研能力的提升不是一蹴而就的,这就需要学院进行科研系统性扶持,为中青年教师制定教学科研能力提升计划。通过外出访学、校企锻炼、参加行业技能培训,或者借助司法厅等行政机构的平台,为教师创造深入监所一线锻炼和调研的机会,这有助于提高教师科研教学的能力。[1]

其次，对所有涉警专业教师，可以进行安防智能设备、监舍专用单目全景摄像机、无线监控、全方位定位的外出押解防脱逃系统、视频智能分析设备和嵌入式安防集成平台、监狱大数据系统、监狱网络系统、维护与安全防护等知识的普及。根据实际工作需要，利用校局合作、校监合作、校企合作等方式，按照专业培养方向设置课程、安排师资，利用专任教师、教学管理专业人员和企业专家共同制订和论证培养方案，共同进行师资培养。以智慧监狱大数据技术与应用专业为例，一方面可以以校企合作为技术优势，以国家大力推广"1+X"证书试点院校培训为契机，鼓励教师参加软件开发、网络与信息管理、信息安全管理、物联网技术开发、数据库管理、数据分析、WEB 前端开发、网站开发、Java 软件开发、云计算技术、大数据分析、信息化财务管理、软件测试技术、网页设计、用户体验设计、系统集成管理、信息系统管理、软件开发、网络与信息管理等多方向职业资格证考试，形成教师系列的"1+X"证书，即 1 本教师资格证+X 本职业资格证，以考证促教学，达到明确岗位需要、掌握工作技能、培养优质人才的目的。对于技术课程骨干教师，除了掌握专业技术技能，也需紧密贴合监狱行业对兼具监狱学、犯罪学、心理学、刑法学等知识的优质人才需要，以"行业深度参与"为关键，构建校局联盟下的"专兼合作"机制，参与实境教学、模拟演练、沉浸学习等，以令其达到学有所获、教有所用的目的。

最后，要利用司法厅、监狱局等行业机构，聘请这些机构中在狱政管理、刑罚执行有丰富经验的业务骨干，为刑事执行专业提供师资支持与协助。一旦这些骨干融入专业课堂教学活动中，他们会为刑事执行专业教学注入新鲜活力。同时，这些行业机构也可以建立"专家智培人才库"，以便捷地成为司法警官院校专业教师的重要组成、智力支持和技术支援。

（三）司法信息技术融入专业实训实践基地建设

全国司法警官职业院校的主要职能是学历教育、科研创新、行业培训、咨询服务。在学历教育方面要依托司法部和本省教育行政机构，如武汉警官职业学院被湖北省教育厅、省发展和改革委、省财政厅共同列入《湖北省高

---

[1] 参见曾先锋："困境与出路：高职院校刑事执行专业办学问题分析——以海南政法职业学院为例"，载《南方职业教育学刊》2019 年第 2 期。

等职业教育创新发展行动计划实施方案（2017-2020年）》的试点院校，该高校要加快专业结构调整，加快推进高等职业教育人才培养供给侧结构性改革，努力形成服务全省经济和社会事业发展的19个专业大类。武汉警官职业学院被划分到公安与司法大类，要求围绕推进法治湖北建设，结合公安与司法体制改革需要，严格控制发展公安司法国控类专业，稳步发展安全防范技术、消防应急技术、司法鉴定、心理咨询、司法助理等社会需求量较大的专业。

针对上述行业需求现状，司法警官院校可以利用校企、校监（所）合作办学模式，建立消防应急救援中心、心理测量模拟实训中心、安防综合实训室、安防综合布线实训室、软件测试实训室、信息安全及网络攻防中心，为师生提供司法信息技术需要的软硬件技术平台。再利用各院校参与建设推广"1+X"证书试点工作的契机，设立大数据平台运维、网络安全评估等职业技能等级证书考点试点，甚至是无人机组装及维护、虚拟仿真交互技术、区块链系统应用与设计等新兴行业需求的职业技能等证书考点试点。基于这些新时代发展需求，司法警官院校也会进行更有效的人力、物力、财力投入，让警官类院校的学生享受到司法信息技术改革带来的红利，在就业岗位方面能有更多的选择。

在改善司法信息技术软硬件教学平台时，院校也可以根据自身办学特点，修建相应的实训场所。以武汉警官职业学院为例，其即将新建模拟监禁中心实训室，其建筑面积共计450平方米，共建有11个模拟监禁功能模块：AB门、指挥中心、隔离会见室、干警值班室、罪犯劳动车间、谈话室、禁闭室、远程会见室、普通监舍、高戒备监舍、岗楼和1间多媒体专业实训室，定制开发包含有罪犯日常监管和突发事件处置的VR体验式软件系统12个，完全可满足刑事执行基础理论课程、狱政管理学课程、监狱安全防范课程的需要，能满足涉警专业学生任职参观、校内模拟实训的要求，可以满足罪犯教育、监狱执法文书写作课程实操训练的要求，这为刑事执行优质人才的培养提供了良好的实践场所！

值得注意的是，刑事执行人才培养与其他行业是有差别的。其他专业可以把工厂搬到学校，把教室搬进工厂，学生在企业可以以学徒、工人身份参与生产过程，医学院学生、师范院校学生可以以实习医生、实习教师的身份观摩诊疗或者教学试讲，但是监狱的封闭性和高戒备性特点决定了刑事执行专业学生在没有取得公务员和执法人员身份前不可能长时间真正在监狱或戒毒环境进行实习实践。所以，这也需要司法行政部门进行有效协调沟通，为相关专业学生深入监狱参观、调研、见习、实习和辅助管理提供便利，增强刑事执行专业教育的理论性、实践性和时代性。

## 三、优质刑事执行人才培养的前景与展望

科技是国家强盛之基，创新是民族进步之魂。习近平总书记提出我们必须走出适合国情的创新路子，特别是要把原始创新能力提升摆在更加突出的位置，努力实现更多"从0到1"的突破！认真分析国家给予司法警官院校的各种政策红利，充分利用行业企业结构的优势资源和技能，探索新方法、新路径、新技术、新模式，将司法信息技术创新赋能到刑事执行人才培养中，才能真正纾解目前刑事执行人才培养的困境。高校要努力培养出政治素质强、业务技能精、实战水平高的具有发展潜能和后劲的刑事执行专业人才，实现刑事执行专业学生到监狱干警身份的转变，让专业知识在实践中得到内化及升华。

# "学训岗一体化"*的可行性探讨

张宝刚 **

　　近年来我国出台众多强调产教岗合作方面的文件，表达了新时期要求各政法专业院校建立"学训岗一体化"的目标，这是推进省级司法行政系统依托基地〔1〕发展的必由之路，是新时期新形势下不断大幅度提升司法行政系统公职人员特别是监所〔2〕警察队伍素质和加强队伍建设的必要前提与必然趋势。

## 一、"学训岗一体化"促进高素质监所警察培养及队伍建设

　　习近平总书记指出：培养什么人，是教育的首要问题。近年来，随着教育改革创新不断推进，涉实训基地建设及顶岗实习以就业为导向的合作模式在我国职业教育学院中已逐步全面开展。中国共产党领导的中国特色社会主义国家体制，决定了必须把培养政治立场坚定、政治素质过硬、有专业法律知识和执法能力的、立志投身新时期党的监所事业的学生〔3〕作为工作根本，也决定了新时期培养现代化法治智慧监所建设专业人才的目标。新时期新形势下，培养符合政法工作实际需要的应用型专业法律人才，特别是监所专业

---

　　* 文中"学训岗一体化"：均指省级司法行政系统相关职能部门参照目前已有的单一型依托共建实例（如：陕西省司法厅依托陕西警官职业训练学院共建的全省司法行政系统教育培训基地）及相关法律法规，创新拓宽专业人才培养渠道依托省级司法行政系统训练机构与符合条件的各政法专业院校合作，以解决以监所专业人才供求对口为主的法律专业人才及系统在职人员综合素质提升的培养合作共同体。

　　** 张宝刚：男，1972 年，法学硕士，辽宁省监狱管理局警务训练基地一级警长，世界管理科学研究院国际专家。

　　〔1〕　本文中基地：除引用内容为基地本意外，其余均指省级司法行政系统警务训练基地。
　　〔2〕　本文中监所：均指司法行政系统所属的监狱、强制戒毒所。
　　〔3〕　本文中学生：除引用内容为学生本意外，其余均指政法专业院校定向监狱、强制戒毒专业应届毕业学生。

学生对口实习和就业面临着更加复杂的挑战。因而，目前构建以监所专业学生培养、解决就业及满足监所需求对接为主的"学训岗一体化"，是落实党的人才兴国战略、解决监所专业人才供求脱节的有效举措。

（一）"学训岗一体化"推动就业，提升专业人才层次

西方国家的职业技术教育是由政府立法、企业行业监督多方协同共同推进的。他们办学模式多元化，参与、经费来源多渠道，学校实践教学各环节都能在校内或合作企业里完成，基本上不存在障碍。针对我国学生实习一直以来受到一些传统因素制约的现实，创新学生实习模式，建立机制长效、规范、有序地进行相应学生实习对口、直接就业是必然趋势。参照中共中央印发的《2018-2022年全国干部教育培训规划》，省级司法行政系统培养造就忠诚干净担当的高素质专业化干部队伍，依托基地加强全员培养具有重要意义，建立"学训岗一体化"势在必行。

1. 完善系统化培养的需要

新形势下应确保司法行政系统公职人员素质不断优化，特别是应提高以监所警察队伍为主的公职人员的素质与能力。将学生定向实习及对口就业工作作为基地以监所警察训练为主要工作之一的实践实习实训顶岗教学"实战实训、联战联训、按纲施训、从严治训"，充分发挥合作共同体优势，实现互惠互利、优势互补为核心的共享机制。如："零距离"满足监所专业化高素质警察资源及学生成才对口就业和提升教研水平等需要的同时，有针对性地选择委托符合条件的合作共同体内政法专业院校，适时为司法行政系统公职人员提供进行素质提升的相关学习的智力支持，助力各类骨干理论水平和学历能力提升等。建立学生质量监督和实习过程巡查、询问、反馈等考核制度的全程督察评价机制，全程跟踪学生纪律、能力与实岗实战能力等情况，通过实战、反恐防暴演练等实训后，合理安排顶岗了解监所、了解工作流程和法律规章制度在执法实践中的应用落实，接触监所文化、体验监所警察生活，培养警察身份意识和爱岗敬业精神，是加快推进人才强国战略适应经济社会发展的需要。形成有利于发挥学生成长作用的制度环境和社会氛围，建立培养体系完善、评价和就业机制科学、激励和保障措施健全的适应机制，是持续为监所警察队伍充实专业强、有理论基础和岗位实战实训经历等整体素质高的监所警察的重要保障。以监所人才需求为主体，以政法专业院校为基础，

以基地为纽带的专业人才培养体系，逐步形成和开辟解决学生对口就业与监所警察招入对接的机制，是不断提高监所警察队伍专业化高素质培养的新途径。省级司法行政系统职能部门结合每年省级区域内各监所需不断充实警察数量的队伍现状，做好监所警察需求和定向培养规划，提出省域监所警察合理配置标准，确定定向指数和专业培养目标并纳入省级区域监所人才梯次培养发展阶段规划，针对当年省级区域监所应充实警察数量，指导基地在各合作学生中择优选定签订培养协议，并负责实习等具体工作，也是促进政法专业院校深化监所专业教学改革，紧密结合监所岗位需求确定和调整课程设置，培养监所专业人才的可行性举措。

2. 完善监所专业培养的需要

（1）供求相宜科学施训的需要。"学训岗一体化"的核心以教学为前提，以实习实训顶岗具备入岗能力实现就业为目的，是政法专业院校教育由封闭向融入共同体成型培养，实现教育转型学生"零距离"对口就业，突出定向培养实际能力素质提升的共育特色的教学举措。基地及时为政法专业院校和监所两种既不完全相同又紧密联系的供求资源实现无缝对接，提前介入通过培养"零间隙""零距离"完成学生上岗能力及适应监所一线工作需要，向专业化高素质监所警察的"零过渡"，是有效解决学生专业培养与到岗工作实际需求不相适应问题，强化实习环节突出能力培养的适应新时期依法治监所工作发展新要求的有效举措。学生在基地实习考核合格后予以颁发上岗资格证书，并结合相关学生毕业证书及统一参加在校公务员考试合格的，毕业即享受直接进入监所到岗的定向对口就业优惠政策，将大幅度提高监所警察高素质专业化配置。

①需形成实习实训与顶岗同步模式。基地拟定各阶段实习计划、确定实习标准，加速学生成长进程；

②需形成模块化课程结构融合模式。实施阶段化实习管理，在基地完成理论知识与实践能力融合的岗位能力过渡的完美结合；

③需形成一站式就业"双保认证"模式。实现学生获得毕业证、上岗资格证书及通过在校统一公务员考试的"双保认证""零距离"对口就业；

④需形成培养验收考评全程模式。多方面做出定量评价，实现综合评定成绩全部合格颁发上岗资格证书的结果。

（2）政策引导统筹规划的需要。较早时候，国外就有了校企合作模式并对其做了比较明确的定义，美国国家合作教育委员会对校企合作教育的解释大约是：这是一种独特的教育形式，它将课堂学习与有计划有监督的工作经历结合起来，它允许学生走出校门，到外部社会中学习实际技能，增强学生确定职业方向的信心。因而，当前应争取我国各级政府职能部门加强政策支持、加大投入力度，结合当前学生就业现状，打造基地加强实习针对性和实用性，培养高素质监所警察，形成为党的监所事业发展增添后劲的学生实习特色。在省级主管机关的指导下处理好相关问题，通过实习实现增强学生对口到岗工作能力的同时，也将极大缓解监所一线警力不足的压力。基地需全面负责学生的实习实训顶岗考核评定和场地提供及协调实施即时督查等，并依据有关规定参照依据中共中央办公厅、国务院办公厅印发的《关于进一步加强高技能人才工作的意见》（中办发〔2006〕15号）等文件要求，督促省区域内各监所将监所警察教育经费列支（从1.5%~2.5%的企业职工教育培训经费中列支）及时提交，同时将签约政法专业院校从收取的学生学费中安排的实习部分经费及时转入，确保经费及时应用于学生实习实训顶岗工作中。

（3）科学考评规范标准的需要。科学组合、统筹规划、分步逐步扩大实施范围，全面推进监所入警除特需人才必须由基地与政法专业院校定向培养获得相应证书和资格，各级监所才能予以接收直接入警到岗的学生"零距离"标准化监所警察录入制度。吸纳更多符合合作条件的政法专业院校加盟"学训岗一体化"，并适时建立可共享的如：文本、图形（图像）、音频视频各类素材资源库等"监所案例库"及自主开发的优质实习实训教学资源，坚持秉承以监所岗位需求展开实习，以实际案例驱动教学的形式培养监所一线岗位人员所需政治、学习、专业、执法、适应等能力的综合素质形成学历、岗位能力高的专业化监所警察培养体系，及时补充定向资源专项经费的同时，从体制机制建设、硬件环境建设等方面争取各级相关政府职能部门和司法行政系统各级主管机关协调在财力物力等方面大力支持，进一步结合中国特色监所警察培养需求及当前进行的司法部实训基地建设要求，探索建立规模完善的规范实景实训场和一定规模实习学生容纳量及较高实习实训水平标准的国家范围（可参照军队战区划分）的司法部实训基地。

（二）"学训岗一体化"推动精准培养，实现共赢

基地在政府和司法行政各级主管部门的指导下，需及时协调各签约政法

专业院校提前确定实习学生数量并与相应监所及时签约，结合确定实习学生人数做好实习经费、训练和保障计划，及时确定训练中实习监所及顶岗岗位，并结合监所工作加入各合作政法专业院校学生实习前的理论及共同科目提升的教学环节，以教官备课为载体，共享优质备课资源"启迪、修改、提升"等模式，即针对实习实际展开试讲点评评议，根据实习监所专业特点，创新整理修改教案实施教学准备，如：一，采用案例评析式。通过监所工作中发生的典型案例评析反思，模拟现场进行针对性防范阻止式教学；二，采用案例随感式。通过要求学生结合教学实际案例发展讲解进程，随时提出并记录自己的感想、建议和处置措施；三，采用案例札记式。通过教官授课的"授课案例事件""案例重点问题"结合自我理解感悟撰写处置方案，教官从不同角度对方案进行分析梳理、总结讲评，提出不足和建议，并结合监所工作实际就类似警情举一反三，提升学生实际工作能力和教学训练效果。针对入岗可能出现的薄弱环节进行精准化实训，各阶段有计划、有步骤、有重点地就岗位工作中个别问题及时纠正，共性问题及时完善，规范集中讲解杜绝岗位工作中发生类似现象。本着提升学生入岗能力，着力加强实习实训教官团队政治引领"以德促训"意识。一如开展德育主题培训，积极开展"以监狱警察职业为荣"等名师、专家讲座专题树德系列活动；二如开展楷模主题培训，通过身边献身监所工作楷模榜样事迹，广泛开展"为适应监所事业发展努力学习训练"做新时期监所事业接班人等活动，并及时发现整理实习过程中典型事迹进行宣传，秉承学生认知"监所文化"是顶岗工作的基石，"专业引领"是开展工作动力等精神，交流思想、相互促进，真正发挥集体智慧、提升主动意识、催生团队精神。

## 二、"学训岗一体化"实施进程的挑战与机遇

### （一）实施进程中的主要瓶颈与解决建议

1. 科学布局前瞻引导机制方面的瓶颈。政府应及时排除直接和间接的阻碍，进一步推进实施及组建专门的指导机构及时制定实践性方案机制等，开创层次灵活、减少专业人才培养成本的最大效率完成人才培养专业化的科学机制；基地可根据省厅局主管部门指导，不定期选择对在校不同阶段学生进行需求"预定"并实施即时督查，根据监所实际需要共同拟定标准进行分层

次、分类别、择优考核，实现毕业生"零距离"对口就业。提高省级司法行政系统公职人员学历，特别是监所警察在职培养可实行到政法专业院校继续教育等灵活高层次专业化培养，构建有利于司法行政系统人才质量提升、队伍正规化专业化建设、把政法专业院校培养和工作需求结合为导向的运行机制。通过基地衔接性的实习实现专业人才需求质量全程把控培养，培养出更多政治合格素质过硬具备综合能力和岗位适应力，有正确的人生观、价值观、组织纪律观和良好的职业道德操守及认真负责的工作态度的高素质监所警察。从源头上提升监所警察专业素质能力，是培养培训监所事业专业化高素质接班人的同心圆，是新时期建设高素质的监所警察队伍面临的一项紧迫任务，是增强司法行政系统公职人员理想信念、价值理念、道德观念、法律基础、依法执法能力等正能量更强劲、主旋律更高昂的司法行政系统改革发展特别是监所改革发展的需要。

2. 政府相关职能部门认识方面的瓶颈。新时期司法行政系统公职人员人才培养整体素质提升，特别是监所警察队伍的专业人才培养的整体素质提升是一个漫长过程，积极有效探索符合监所工作需求的专业化警察队伍的前瞻"定向"培养的关键在政府和相关职能部门的积极引导合作共同体单位加强联动创新评价与激励机制，最大限度地调动合作的积极性。目前，学生普遍存在对口实习课时严重不足与岗位工作脱节的状况，学生对口就业难、不能及时适应岗位现象为共性问题，实习强化学生实际工作能力，是提高学生适应监所警察岗前素质培养的关键环节，"学训岗一体化"从根本上解决这一瓶颈，最大限度地使学生能在毕业入岗前感受适应监所工作氛围，实现监所专业学生科学培养创新发展目标，借鉴其他国家已制定出台的相关政策如：美国的合作教育、德国的双元制教育、英国的三明治制度。在缺少正规法律保障与鼓励措施的背景下形成以就业为导向并在我国职业教育学院开展推进校企合作教育模式。探索"学训岗一体化"全程培养监所警察，符合专业教育发展规律，有利于促进政法院校发展，有利于实现学生"零距离"对口就业的供求接轨改革。政法专业院校带着目标选材，使学生实习切身体验监所警察严格的纪律、依法依规执法的要求，感受监所工作的高强度，带着动力实训，带着感知顶岗的爱岗敬业面向提升实际工作能力的实岗需要，将为学生对口入岗进入角色提供助力，且更具专业、准确、整体、多样、高效和支撑性。

（二）推进"学训岗一体化"的迫切性现实性

1. 参考借鉴合作共赢。落实习近平总书记"优先发展教育事业。要全面贯彻党的教育方针，落实立德树人根本任务，发展素质教育，推进教育公平，培养德智体美全面发展的社会主义建设者和接班人"的要求，要继续深化教育领域综合改革，全面贯彻党的教育方针，紧扣落实立德树人根本任务深化教育改革，努力构建德智体美劳全面培养的教育体系，借鉴《教育部关于全面提高高等职业教育教学质量的若干意见》等文件精神，完善监所类专业学生直接招入模式培养输送高质量高素质专业人才的共赢共享机制。

2. 适应发展科学推进。在实习过程中接受基地管理，实现学生基本专业知识课程由院校完成而实践实习在基地统一完成的理论知识与实践能力的融合。

## 三、"学训岗一体化"有效举措的实效

（一）遵循规律、学有所用、供求对接"零距离"

力求从源头实现监所警察队伍建设的发展目标，降低监所专业人才前期培养成本，为监所警察队伍不断充实更多专业人才，实现对口"零距离"就业，切实解决学生就业困难，间接缓解监所警察不足的压力。

（二）优化配置、重在实效、互利共赢"育人才"

政府及相关职能部门协调沟通、健全制度、完善机制，推进"学训岗一体化"多元协同育人体制，结合省级区域监所警察需求实际，为形成合作共同体的各成员单位提供精神与物质的统一调配，最大程度上结合监所专业人才需求与政法专业院校实现专业人才对口培养的融合，实现监所缺什么人才，就重点办什么专业、培养什么人才的监所专业人才需求批次规模效应，促进监所专业人才培养步入快车道。

（三）完善体系、权责明确、科学管理"高质量"

习近平在关于《中共中央关于制定国民经济和社会发展第十四个五年规划和二〇三五年远景目标的建议》说明中指出，要加大人力资本投入，增强职业技术教育适应性，深化职普融通、产教融合、校企合作，探索中国特色学徒制，大力培养技术技能人才。因而，要以中国特色社会主义法治国家依法治国、依法行政的大环境和司法行政系统特别是监所工作需要为最终导向，

科学布局，依法管理，深化建立实效优先的监所专业警察培养质量标准和工作规范完善的实习管理指导考核评价机制。综合培养信息管理和以实践实习教学为重点的质量保障体系机制的全方位、全程服务平台的"科学、精干、高效"管理体系。

（四）合作共担、依法依规、前瞻引导"定格局"

教育部 2006 年 16 号文件关于"服务区域经济和社会发展，以就业为导向，加快专业改造和建设"的精神，早已明确合作是政法专业院校满足监所专业人才需求，提高专业毕业生对口就业的创新方向。就定向培养的学生确定相应的教学计划、课程安排以及实训项目计划进行创新改革。

1. 提升认识重素质。参照 2018 年 3 月中央机构编制委员会办公室、人力资源社会保障部、司法部、教育部、财政部、国家公务员局等六部门联合印发的《关于进一步加强司法行政机关人民警察招录培养工作的意见》（人社部发〔2018〕20 号）等文件规定，实现"学训岗一体化"共享基地资源的探索成果的"政府牵头、政法专业院校与基地联动"专业人才共育的良好局面。

2. 提升能力重实效。基地在省域内确定的具备资质监所（部级现代化智慧监所）展开的实习项目，理论和警务技能实训实战能有机结合的顶岗"一对一"传帮带的警察角色转变，是更好地实现专业对口就业和入职后快速发展的有效路径。

# 监狱工作案例库在刑事执行专业
# 课程教学中的应用研究

缪文海 *

## 一、问题提出

司法部司法行政（法律服务）案例库系统作为"12348 中国法律服务网（http://www.12348.gov.cn/)"（简称"中国法网"）的重要组成模块，是对全国司法行政部门业务工作典型案例的采集和应用系统。这是自 2014 年中共十八届四中全会提出建立"谁执法谁普法"的以案释法制度和 2017 年中央原全面深化改革领导小组审议通过的《关于实行国家机关"谁执法谁普法"普法责任制的意见》以来，司法部采取的成功措施。司法行政案例库通过对全国各级司法行政部门的业务工作典型案例进行征集、审核、分析、推送和检索，为全国司法行政机关工作人员提供数据支撑，同时也为社会公众提供案例查询服务，方便社会公众知法、懂法、学法、用法。系统自 2017 年底向互联网开放运行以来，完成提交并审核发布典型案例数万篇，涵盖人民调解工作、监狱工作、社区矫正工作、戒毒工作在内的司法行政 12 个业务工作领域的案例。

司法警官院校刑事执行专业主要面向监狱培养胜任罪犯管教工作的高素质应用型专业人才。专业人才专业素养的获取依赖于专业课程的学习训练，专业课程的学习训练离不开专业知识的讲授和专业技能训练。然而，当前刑事执行专业课程大多理论抽象、概念枯燥，仅凭理论说教，学生难理解。同时，由于监狱工作的特殊性、封闭性，刑事执行专业课程的教学实训实习到监狱一线"工学结合""育训结合"的难度较大，学生专业技能普遍训练不

---

* 缪文海，江苏省司法警官高等职业学校主任，副教授。

足，专业人才培养的适岗性大打折扣。如何破解该难题？中国法网的监狱工作案例库为破解该难题带来了契机。监狱工作案例库中的案例都是来自监狱工作实例，其案例丰富、真实典型，语言通俗易懂，可读性、层次性、操作性强。这些案例所应用的专业知识、技术技能与刑事执行专业核心课程所传授的知识技能是契合的。因此，刑事执行专业课程教师精心选用监狱工作案例库的案例用于课程教学，使课程教学训练内容与监狱工作内容对接，有利于提升课程教学的吸引力，提升人才培养的针对性、职业性。

## 二、监狱工作案例库案例的特点和类型

（一）监狱工作案例库案例的特点

1. 案例数量丰富。全国各省市监狱管理局向基层监狱定期征集、审核，定期向司法部监狱管理局报送案例，司法部监狱管理局对报送案例及时审核发布，基本上每月都有新的案例发布。

2. 案例真实。案例均出自监狱基层民警工作实践，均是监狱刑事执行及管教工作中遇到的典型、特殊案例，案例鲜活，紧扣当下监狱业务工作实际。

3. 案例典型。案例反映和处理的问题都是监狱工作的难点、热点的问题，其处理解决问题的做法具有代表性、探究性、创新性，具有借鉴、启发价值。

4. 案例权威。司法部牵头，各省市司法行政部门参与。案例文本格式规范标准，案例质量高，案例选编审核严格，基层监狱撰写报送，各省市监狱管理局把关审核，司法部监狱管理局业务处室论证筛选，司法部监狱管理局办公室最终审核筛选后予以发布。

5. 案例定期更新。建立了定期报送机制，全国各省市监狱管理局定期从基层监狱征集案例报送司法部，案例库每月都有新的案例发布。

（二）监狱工作案例库案例类型和文本构成

建设初期，监狱工作案例库以刑罚执行类案例（减刑假释暂予监外执行案例）、教育矫治类案例（包括心理矫治案例）为主，随着监狱工作需求的发展，案例的类型将不断增加丰富。

刑罚执行类案例的文本结构由案件基本情况、案件办理过程、案件办理结果三个模块组成。"案件基本情况"主要概括介绍罪犯的性别、年龄、判决时间、刑种、刑期，财产刑执行情况。"案件办理过程"主要按照"减刑假释

暂予监外执行"办理流程介绍办理情况,一般包括监区会议、公示、监狱刑罚执行科室审查、减刑假释评审委员会审议、征求地方检察院意见、监狱长办公会审定、向地方中级人民法院提请减刑假释材料等内容。"案件办理结果"主要简要介绍地方中级人民法院审理和裁决情况。

教育矫治类案例的文本结构由罪犯的基本情况、罪犯教育改造方案的制定和实施、教育改造成效三个模块组成。"罪犯基本情况模块"主要概括介绍罪犯的性别、年龄、判决时间、刑种、刑期、改造表现及危险等级。"罪犯教育改造方案的制定和实施"主要内容包括犯因分析、入监改造表现、心理行为表现、教育矫治难点分析、教育矫治方案及实施、预期矫治目标等,该模块是案例的重点,也是详细介绍部分。"教育改造成效"概括介绍矫治效果评估和矫治的心得体会等。

### 三、监狱工作案例库在刑事执行专业课程教学中的应用价值分析

#### (一)弥补刑事执行专业课程教学案例采集难的缺憾

目前刑事执行专业课程教学引用的案例要么是二传手案例,要么是时间久远的案例,要么是网络搜索的案例。二传手案例或网上搜索的案例可信度存疑,可能与监狱的真实状况存在偏差,存在知识技能错误。陈旧案例与监狱管教技术、制度的发展变化脱节,也不宜用作教学案例。而司法部建立的监狱工作案例库均是监狱一线民警根据工作经历撰写的案例,案例鲜活、典型、真实,将之作为专业教学案例,不仅解决了专业课程教学案例紧缺的状况,也有利于线上教学、案例教学、探究教学、情境教学等现代教学模式的开展,对于学生专业素养的培养起着独特的作用。

#### (二)弥补刑事执行专业学生到监狱实训实习难的不足

刑事执行专业主要面向监狱培养掌握刑事执行专业知识和技术技能,能够从事监狱刑罚执行、罪犯管理与矫正工作的高素质实战型警务执法人才。由于监狱的特殊属性,目前全国刑事执行专业绝大多数学生很难进入监狱一线实训实习。因此学生专业技能培养只能依赖于专业课程教学,而案例教学由于其实践性、具体性、操作性、现场感、专业性等优点,无疑是职业教育学生专业素养培养的最佳载体。监狱工作案例凝聚了监狱岗位工作所需的知识技能。专业课程教学借助监狱工作案例的剖析研讨及训练,将监狱工作知

识技能形象生动地传授给学生。因此，选用监狱工作案例库的案例进行课程教学，通过案例的分析和操练，建立专业理论与实践应用的联系，使课程教学内容、技能训练与当前监狱工作的现实密切结合，能真正做到学以致用，弥补专业学生难以到监狱现场学习的缺憾。

（三）促进案例教学法在刑事执行专业课程教学中的落地

当前刑事执行专业课程教学中，案例教学有但不普及。学生走上工作岗位，惊呼"理论与实践相差太远"，学生对监狱工作不了解，不能怪学生，因为专业科课程的教学和教材中监狱工作案例少见，学生能够接触和阅读的监狱工作案例也较少。在刑事执行专业课程教学中应充分发挥案例教学法的优势，从监狱工作案例库中选取真实的、鲜活的案例进行理论阐释或模拟训练，训练学生逻辑思维、法律语言的组织与表达能力、对罪犯的管教技能、文书的书写能力等职业技能。

（四）弥补专业教师监狱工作实践不足

目前，司法警官职业院校从事刑事执行专业课程教学教师大多缺乏职业经验，均无在监狱执法的历史，没有亲身管教罪犯的经历，对执法过程中突发性事件的处置，管教罪犯技能的应用没有切身体会。[1]因此，经常出现专业知识讲授不透，专业技能训练不到位，授课内容与监狱做法不一致等问题。而如今，专业教师与时俱进地学习使用中国法网监狱工作案例库中的案例，能够及时习得监狱工作前沿知识与实践，能够用最新的监狱工作实例讲授专业知识，能够保证知识与技能的传授与监狱工作的同步性，极大改变过去重理论轻实践的课程教学弊端。

## 四、基于专业课程教学监狱工作案例的应用原则与方法

（一）应用原则

1. 针对性。选择案例的时候要结合知识内容、教学目标要求、教学中的重难点和学生知识背景等多方面进行考量，使所选案例恰如其分，能够阐释印证教学内容，能够激发学生学习思考的兴趣，才能使案例教学的效果最大

---

〔1〕 参见杨文明、李骁、崔晨："对警官学院刑事执法专业实践教学的思考——以云南司法警官职业学院刑事执行专业实践教学为例"，载《管理观察》2015 年第 8 期。

化。针对性地选用案例要做到以下两点：一是根据教学内容选择案例。所选案例与专业课程各章内容的重点、难点及易错点直接相关，做到"针锋相对"。比如，《罪犯心理矫正》中讲授"沙盘技术"，要选取用沙盘技术发现罪犯心理问题和矫正罪犯的案例。二是根据教学环节选择案例。教学环节一般分为预习、导入、讲授、课堂讨论、课堂技能训练、课后作业、知识测试等环节。课堂预习环节一般须选取完整的案例，有利于学生了解知识原理的来龙去脉。课堂导入案例一般选择抽取案例中"工作情境"或"罪犯改造表现"部分呈现给学生，做到引而不发，引导学生思考，引入课堂教学内容等。课堂讨论案例一般选择热点或有争议的案例，使学生通过讨论加深对课程中某些重点难点的理解。

2. 启发性。从监狱工作案例库选择的案例应具有一定的延展性，既有适度的疑难性，又要蕴含一定的问题，为学生留下思考的余地，激发学生参与讨论和思想交锋的冲动，课堂教学中易于形成讨论与辩论的氛围。如果案例过于简单直白，缺乏可讨论的内容，就会令学生索然无味。比如在讲授罪犯减刑申请办理时可以选择家庭穷困，无力履行财产刑的情形的案例，启发引导学生探究科学合理的解决办法。

3. 典型性。典型性要求所选案例在同类案例中具有突出的代表性，能够展示监狱工作中的热点、疑点和难点问题，能够展示知识的形成和技能的训练过程，能真实反映教学目的和事物的本质，能让学生更好地理解和掌握刑事执行理论和监狱工作实务，能引发学生关注和兴趣，使案例在教学中入耳、入脑，这样的案例，学生才学得轻松、想得深刻、记得牢固、用得自如。

（二）应用方法

1. 直接使用。监狱工作案例库中的部分案例涉及的知识或技能点比较集中单一，可以直接作为课程知识点的教学案例使用。如减刑假释暂予监外执行的申报办理案例，清晰地记载了办理的程序及每个程序的处理技巧。这样的案例在"监狱执法管理"课程讲授"刑事奖惩"知识点时可直接使用。有些案例（如心理矫治案例）涉及的问题分散，关联的知识点较多，涉及多门课程的知识，是一种综合性案例，可以作为专业课程期末综合复习或刑事执行专业高年级学生综合训练使用。

2. 加工使用。课程教学需循序渐进地讲授专业知识和训练专业技能。但是，中国法网监狱工作案例并不是按照课程专业知识及其次序发生的，大部分案例（如教育改造案例）所体现的知识和技能往往是多方面、跳跃式、发散型的，是知识点的杂烩，不是集中使用单一原理和专业技能来解决问题的，可能超出学生既有知识范围。作为课程教学的案例，不可能把该案例所体现的知识和原理都予以一一分析，而只能选择其中与所讲授知识或原理相对应的内容予以关注和讲解。所以，为方便知识点讲授，教师应当先根据教学内容，选择相关的一则或多则真实案例，在保证案例真实客观的基础上对案例进行重新编写和制作，设计出既有典型性又适合学生能力水平的案例。如，讲解"对于监狱改造中严重违纪、财产性判项履行困难等特殊情形申报减刑问题"知识点时，要筛选与此知识点相关一则或几则典型案例办理情况让学生讨论、评价，反复训练该情形案例的办理技巧，使学生掌握该项专业技能。

3. 组合使用。围绕课程教学内容，将几个类似情境、反映类似问题或使用相同原理解决不同问题的案例组合使用，通过类似案例的比较分析和操练，建立专业理论与实践应用的联系，透彻理解专业教学内容。案例的组合使用主要有三种情形：一是不同时段案例的组合。针对同一情形的问题，从纵向角度选取几个案例进行比较分析。如讲解减刑政策变化时，可以从纵向的角度选择不同时段的减刑案例放在一起进行比较分析，让学生理解减刑法规的调整变化。二是不同地域案例对比分析。为了解不同省市对监狱工作实践热点问题或争议问题的处理技巧，可以选取不同省市的类似案例进行比较分析，引导学生评估各种方法的可行性，鼓励学生采用多样化方法解决罪犯管教方面的问题。三是类似案例的对比分析。如为了让学生掌握减刑申报环节，可以选择几个代表性的减刑案例，分别用作课堂讲解、课堂训练和课后作业，举一反三，让学生掌握多种情形下罪犯减刑申报办理的环节和各环节的注意点，使学生牢牢掌握各种减刑情形办理的环节及相关要求。

4. 转化使用。适应信息化教学和学生网络学习、移动学习的需要，围绕课程知识点，将相关监狱工作案例的文字内容转化为声音、图像、动画或者拍摄成为微课、微电影、短视频，将抽象内容具体化，枯燥内容形象化，静态内容动态化。学生可以直观、生动地感知学习内容，降低课程教学内容理解的难度，激发学生学习兴趣。

## 五、监狱工作案例在刑事执行专业课程教学中的应用模式

### (一) 课堂讲授模式

课堂讲授模式是指选用监狱工作案例讲授课程内容、说明解释课程理论和知识点的应用模式。课堂讲授应用案例模式又可分为列举式、讲评式、讨论式三种形式。列举式是在刑罚执行、罪犯教育、狱政管理、劳动管理等课程基本理论、刑罚制度、法律条款等的讲授中选用监狱工作案例,通过案例演示、讲授、剖析,解释理论,此类案例一般较为简单,但能直接说明理论,在具体的讲授中,教师可以用案例作为开端,引出讲授内容,或者在系统讲授后用所讲理论分析解剖,或用案例来验证和说明理论,这样灵活简便,使抽象、陌生的专业理论变得具体形象,通俗易懂。讲评式是对所引用监狱工作案例进行深入剖析,强调相关原理、技术的运用,目的是使学生更深入掌握教学内容,掌握执法、管理、教育等专业技术。讨论式是教师针对教学内容,从监狱工作案例库中选择典型案例,引导学生讨论案例,独立思考,表达见解,然后通过老师总结例证理论。目的是培养学生专业思维能力,训练和提高学生的表达能力。[1]

### (二) 练习评价模式

练习评价模式即在课后作业和专业知识测试时,引入监狱工作案例,要求学生运用自己所掌握的刑事执行理论知识和相关技能,按照罪犯教育、刑罚执行、罪犯心理分析、监狱管理等课程的教学要求,认真研究和分析案例,提出解决问题的方法,检测学生对专业课程知识、技能的掌握程度,以培养和检测学生分析和解决实际问题的能力。[2]练习评价模式是以监狱工作案例为基础设置问题情境进行练习测试,可以设计案例选择(题干或选项至少有一个为案例)、案例分析、以案例作为情境的文书写作等题型;也可以采取案例现场辩论,根据表现评定成绩。[3]把监狱工作实际案例设计为练习评价案

---

〔1〕 参见王家启:"法学案例教学模式与方法述论",载《北京科技大学学报(社会科学版)》2009年第3期。

〔2〕 参见刘洋:"案例教学在我国法学教育中的运行模式与调整",载《福建工程学院学报》2008年第5期。

〔3〕 参见王洪友:"法学案例教学法的理论与实践探索",载《西南科技大学学报(哲学社会科学版)》2006年第4期。

例，既考查学生对专业课程基本理论知识的掌握运用情况，也考查学生监狱实际工作能力，大大缩短了与监狱工作实践的距离，避免高分低能的现象。

（三）情境模拟模式

根据教学目标和教学主题，从案例库中筛选适用于角色扮演的典型案例，利用教室或实训室，是案例情景再现与角色扮演的结合。在教师的指导下，组织学生扮演监狱工作案例中的各种角色，如罪犯、监狱警察、家属、法官、检察官、律师等，再现案例情境，模拟遇到罪犯管教、刑罚执行等方面问题的处理过程，包括问题再现、问题分析讨论、问题处理、处理评价及改进等。引导学生将所学的刑事执行、心理矫治、管教知识技能综合地运用于实践，进行案例分析，体验知识的工作化，提高专业思维能力、口头表达能力和组织协调能力，同时检验和巩固知识。情境模拟具有实践性、公开性、应用性，可充分调动学生学习的积极性、参与性，发挥学生的主体作用。[1]

（四）实习借鉴模式

围绕学生到监狱一线跟岗、顶岗实习，根据实习任务、实习岗位，以及顶岗实习中必须学习操作的专业技能和经常遇到的实际问题，有针对性地从案例库筛选一些典型案例组成实习案例汇编，专业教师对每个监狱工作案例附上问题提示、案例分析、专业知识链接等，力求知识性、实践性、操作性和趣味性的统一，让实习学生研读、借鉴和讨论，在实习中尝试"类似问题类似处理"，使学生正确选择和合理运用刑事执行、教育改造、狱政管理的手段方法，达到从理论到实践的转化，培养综合应用知识能力，训练实际工作技能。

---

〔1〕 参见王家启："法学案例教学模式与方法述论"，载《北京科技大学学报（社会科学版）》2009 年第 3 期。

# 坚持和发展完善中国特色社会主义监狱干警队伍建设制度

韦家永　许新环 *

中国特色社会主义监狱干警队伍建设制度，是我们党在监狱管理长期探索中形成的、被实践证明符合国情、符合监狱管理实际、符合监狱干警队伍治理规律的科学制度。党的十九届四中全会在《中共中央关于坚持和完善中国特色社会主义制度、推进国家治理体系和治理能力现代化若干重大问题的决定》中指出，要把提高治理能力作为新时代干部队伍建设的重大任务，要落实好这一重大任务，必须准确把握坚持和发展完善中国特色社会主义监狱干警队伍建设制度的重要意义、根本要求、重点任务。严格按照制度履行职责、行使权力、开展工作，提高监狱干警贯彻落实上级党委重大决策、战略部署的各项工作能力和水平。

## 一、坚持和发展完善中国特色社会主义监狱干警队伍建设制度的重要意义

监狱干警队伍是推进监狱事业发展的中坚力量，坚持和发展完善中国特色社会主义监狱干警队伍建设制度，是推进监狱治理体系和治理能力现代化的重要制度保障，直接影响着监狱整体安全，同时对促进监狱事业更加科学健康地发展，对于维护社会大局稳定、促进公正文明执法、惩罚与改造犯罪具有重要意义。

（一）坚持和完善中国特色社会主义监狱干警队伍建设制度是完善和发展中国特色社会主义监狱管理制度，推进监狱治理体系和治理能力现代化的重要内容

监狱干警队伍建设是监狱管理的重要方面，监狱管理现代化是监狱治理

---

* 韦家永，广西壮族自治区南宁监狱党委副书记；许新环，广西壮族自治区南宁监狱四级高级警长。

体系和治理能力现代化的题中之义。党的十八届三中全会明确提出："全面深化改革的总目标是完善和发展中国特色社会主义制度，推进国家治理体系和治理能力现代化。"再到党的十九届四中全会提出坚持和完善发展中国特色社会主义制度，标志着我们党对社会治理规律认识的不断深化。监狱作为国家的刑罚执行机关和维护社会公平正义的最后保障，肩负着对罪犯进行教育改造的任务。随着社会的发展，对干警的执法要求越来越严，执法程序越来越规范。因此，这迫切需要我们通过坚持和完善监狱干警队伍建设制度，实现监狱治理理念的科学化、结构的合理化、方式的精细化、过程的民主化，以科学完备的监狱治理制度助推中国特色社会主义监狱管理制度更加成熟定型，以监狱干警队伍建设助推监狱治理体系和治理能力现代化。

（二）坚持和完善中国特色社会主义监狱干警队伍建设制度是推进全面从严治警，实现"四铁""五过硬"监狱干警队伍的必然要求

习近平总书记在中央政法工作会议对人民警察队伍的建设提出了明确指示，他指出："努力建设一支信念坚定、执法为民、敢于担当、清正廉洁的政法队伍"。这一指示为监狱干警队伍的建设以及高质量监狱工作明确了方向，同时也指明了目标。党的十九届四中全会指出"把提高治理能力作为新时代干部队伍建设的重大任务"。监狱干警队伍是推进监狱事业发展的中坚力量，提高干警队伍治理能力是推进监狱治理体系和治理能力现代化的关键因素。监狱干警在执法、司法上的严谨性、科学性等方面也大有提高。这都是不断加强制度建设，通过制度的不断完善，让监狱干警能够更有担当作为的直接体现。在从严治警方面不断贯彻全面从严治党的方针，毫不动摇地坚持完善监狱干警队伍建设制度，打造一支具有铁一般信仰、铁一般信念、铁一般纪律、铁一般担当；政治过硬、业务过硬、责任过硬、纪律过硬、作风过硬的"四铁、五硬"的监狱干警队伍。

（三）坚持和完善中国特色社会主义监狱干警队伍建设制度是加强干警队伍严格按照制度履行职责、行使权力、开展工作的迫切需要

《中华人民共和国监狱法》规定，监狱的人民警察依法管理监狱、执行刑罚、对罪犯进行教育改造等活动，受法律保护。监狱人民警察应当严格遵守宪法和法律，忠于职守，秉公执法，严守纪律，清正廉洁。党的十九大报告

提出，党的干部是党和国家事业的中坚力量。推进监狱治理体系和治理能力现代化，必须加强新时代监狱干警队伍建设，要坚持政治建警、改革强警、科技兴警、从严治警，着力锻造"四个铁一般"的监狱铁军。要坚持和完善监狱干警的思想教育，使广大干警坚定理想信念、筑牢信仰之基、补足精神之钙、把稳思想之舵，做中国特色社会主义的坚定信仰者和忠实实践者。要坚持围绕"四化"建设，增强监狱干警适应新时代中国特色社会主义发展要求的能力，通过加强思想淬炼、政治历练、实践锻炼、专业训练，推动广大干警严格按照制度履行职责、行使权力、开展工作，不断推进监狱治理体系和治理能力现代化。

## 二、坚持和发展完善中国特色社会主义监狱干警队伍建设制度的根本要求

坚持和完善中国特色社会主义干警建设制度，充分体现了以习近平同志为核心的党中央对保障全体监狱人民警察参与监狱治理权力的重视，对全体监狱人民警察享有监狱治理成果权益的维护。监狱干警队伍建设，要求突出制度和体系建设的基础性、战略性地位，是监狱警察队伍治理的基础。

（一）始终不渝把政治建设摆在首要位置。必须以习近平新时代中国特色社会主义思想为指导，确保监狱干警队伍建设始终受党中央集中统一领导

党的十八大以来，我们深刻认识到，监狱干警队伍内存在的很多问题都同政治问题相关联。想要应对新形势下面临的"四大考验""四种危险"，一是必须把政治建设摆在首要位置。从根本上解决监狱干警内存在的思想不纯、政治不纯、组织不纯、作风不纯等问题，使我们监狱干警队伍始终具有崇高政治理想、高尚政治追求、纯洁政治品质、严明政治纪律。二是必须把准大局和方向。不断提高政治能力，使增强"四个意识"、坚定"四个自信"、做到"两个维护"成为干警思想和行动的自觉。让"不忘初心、牢记使命"成为干警日常必修课，以"两个维护""四个服从"为根本标尺，对照标尺深刻检查监狱干警存在的差距和不足，下决心补齐短板和弱项，真正做到对党绝对忠诚，真正做到坚决维护党中央的集中统一领导。三是必须弘扬党内政治文化。弘扬党内先进政治文化，既要传承马克思主义理论基因、中华优秀文化基因、中国共产党红色文化基因，弘扬忠诚老实、公道正派、实事求是、

清正廉洁等价值观；又要"坚决反对个人主义、分散主义、自由主义、本位主义、好人主义、坚决防止和反对宗派主义、圈子文化、码头文化，坚决反对搞两面派、做两面人"，消除不良政治文化现象。

（二）牢固树立"从严治警"核心思想。必须以打造一支忠诚干净担当的队伍为根本，努力锻造忠实践行习近平新时代中国特色社会主义思想的监狱干警队伍

监狱工作点多、面广、线长，性质特殊，责任重大。要完成这一艰巨任务，必须以打造一支忠诚干净担当的队伍为根本。要全面开展监狱干警日常考核。落实"八小时以外"监督管理，切实维护监狱干警的良好形象。强化廉洁从警，确保清正干净。做好警员职级和职务晋升工作，推进警务辅助人员制度完善，建立职业荣誉制度，保证政策待遇落到实处。以"十百千人才计划"为平台，建立监狱人才队伍建设长效机制。加强干警队伍实战能力建设，常态化抓好干警实战大练兵工作，实现政治素质、职业素养、专业水平、实战本领"四个明显提升"的目标，努力建设一支党和人民信得过、靠得住、能放心的铁军队伍。

（三）牢固树立"严格规范公正文明执法"理念。必须以提升监狱干警队伍能力素质为目标，使全体监狱干警的理论水平、政治素养、实践本领、专业能力跟上新时代

监狱干警队伍执法规范化建设是对党忠诚的行动体现，是执法公正的实现途径，是纪律严明的可靠保证。严格监狱干警队伍规范公正文明执法是一个有机统一的整体。严格是执法基本要求，规范是执法行为准则，公正是执法价值取向，文明是执法职业素养。坚持严格规范公正文明执法，是一项长期而艰巨的任务，必须持续用力、久久为功。一是要立足加强监狱干警队伍素质能力建设。健全干警队伍学法制度，推进法治培训长效机制建设；二是要立足改进执法方式，努力先服务、再管理、后执法，坚持以法为据、以理服人、以情感人，力求实现执法效果最大化；三是立足执法创新，充分挖掘现场执法记录设备、视频监控设施等技术手段，加强执法活动全过程的跟踪。按照部署要求，从创新执法理念、完善执法制度、改进执法方式、提高执法素养等方面入手，切实把严格、规范、公正、文明的执法要求落实到执法实

践的全过程，努力建设一支依法行政、文明规范、公正廉洁的监狱执法队伍。

### 三、坚持和发展完善中国特色社会主义监狱警察队伍建设制度的重点任务

#### （一）坚持和发展完善监狱干警思想政治建设制度

开展思想政治工作是我们党的优良传统和政治优势，是监狱单位正确履行刑罚职能的重要保障和监狱事业发展的基础，是新形势下监狱干警队伍能够经受住各种考验，永葆生机和活力的生命线。一是坚持和发展完善干警思想状况分析制度。组织开展监狱干警队伍专题调研，就监狱干警思想状况、特长爱好、社会交往等情况，开展走访问卷调查活动，及时把脉和掌握干警的现状，有针对性地提出解决办法。每月召开一次监狱干警思想状况分析会，跟踪了解前期调研反馈问题整改情况，准确把握干警思想脉搏，及时有效解决苗头性、倾向性问题。二是坚持和发展完善"谈心谈话"制度。常态化开展政治思想教育谈心活动，以逐级谈为主，平级间互相谈为辅的方式进行。日常工作中力求做到"六必谈"，即干警立功受奖必谈，存在的苗头性、倾向性问题必谈，家庭发生重大变故必谈，合法权益受到侵害必谈，发生违规违纪问题受到批评处理时必谈，以确保干警始终保持良好的精神状态。三是坚持和发展完善典型导向制度。深入开展"寻找身边典型、学习身边典型"活动，倡导"向我看齐，对我监督，随我争先"的口号，挖掘身边优秀监狱干警的"闪光点"，进行宣传和表扬，减少监狱干警与先进典型之间的距离，激发监狱干警赶先进、争先进的工作激情。

#### （二）坚持和发展完善干警实战化技能训练机制

构建监狱干警队伍"执法保障综合体系"，提升执法能力水平，积极适应新时代监狱工作要求，深化科技应用，加强协作协同，打造过硬队伍，为推动规范执法常态长效发展提供有力保障。一是抓好科技保障。深化"智慧监狱"建设，全面建成电子办案平台、科技法庭，升级廉洁执法风险防控系统，实现监狱网上办案、法院在线审理、检察机关同步监督，严防"踩点"减刑、杜绝办"人情案"。全面使用执法记录仪，执法区域高清监控全覆盖，所有监狱建成执法证据保全中心，做到执法全程有据可查。二是抓实协同保障。创新实施以工作体系、矫正体系、衔接机制、共享机制、协作机制"两体系、

三机制"为内容的监狱刑罚执行一体化工作，推行监狱与地方司法行政机关"双向挂职"互帮共建制度。加强与政法机关、卫健、民政等部门协调配合，共同做好罪犯身份甄别、案件办理、刑释衔接等工作。三是抓牢队伍保障。坚持"四化"方向，主动对接全国政法队伍教育整顿试点工作，扎实开展监狱大整顿和专项警示教育，排查 5 类 81 个廉政风险点，建立全员廉政档案，制定函询谈话等"四项制度"，以"零容忍"态度查处违纪违法案件。突出严管厚爱并重，完善监狱人民警察依法履职保护制度，加强监狱惠警利民服务队伍建设，保障民警依法履职、规范执法。

（三）坚持和发展完善干警过硬作风建设制度

一是要培育忠诚可靠的政治品格，突出"四抓"，即抓好经常性理论武装、抓好经常性自我检视、抓好经常性党性锻炼、抓好经常性贯彻落实，始终坚持党对监狱工作的绝对领导。二是要锤炼全面过硬的本领。在学习中提升素质，在实践中积累经验，在总结中增长才干，出色办理好每一个案件，完成好每一项任务。三是强化舍我其谁的担当。牢固树立客观公正的履职立场，在监狱工作中，要不怕压力干扰，敢于坚持原则；不怕工作繁琐，乐于下苦功夫；不怕矛盾风险，勇于承担责任；不怕利益受损，甘于牺牲奉献。四是坚定司法为民的情怀，努力满足人民群众对美好生活的向往。监狱干警只有始终牢记人民警察为人民的初心使命，才能有效履职，把最广大人民群众的根本利益实现好、维护好、发展好。五是保持清廉如水的操守，以比别人更严的标准严格要求自我。永葆清廉本色，做到廉洁从警，关键是要严格自我约束，涵养道德操守，算好政治账、经济账、名誉账、家庭账、亲情账、自由账、健康账等七笔账，树立正确的权力观、地位观、利益观，处理好公和私、义和利、是和非、正和邪、苦和乐关系，自觉接受监督，谨防恶意"围猎"，在任何时候都要稳得住心神、管得住行为、守得住清白。

（四）坚持和发展完善干警正向激励保障体系

做好监狱工作离不开强大内在动力。干警是否有充足干劲积极作为，需要各方面的推动，除了职责要求、压力传导之外，十分重要的就是激励导向。如果忽视了正向激励，缺乏有效激励，个人的需求得不到满足，价值得不到彰显，其积极性、主动性、创造性就很难得到有效发挥。抓好干警队伍建设，要有赏罚。正向激励就是要对干得好的进行奖赏，使其在立功受奖、成长进步、个人荣誉上得到一定实惠。然而，现实生活中，在赏罚上往往重视罚，而轻视赏，也就是忽视了正向激励。有的"把层层传导压力"等同于"层层加大压力"；有的把"问题导向、问题倒逼"搞成了"只讲问题、不讲成绩"；有的把层层签保证书、写承诺书变成层层连带追责。如此一来，一出问题就打板子、搞问责。反而是那些不干事、不担当的干警，平平安安过日子，不需要承担太大责任。这样就导致干多干少一个样，甚至干的多了反而会出问题、受责罚。缺乏正向激励，只盯过错少奖励，只问责少表扬，很难推动更多人积极担当、努力作为。加大正向激励，关键在于搞好制度设计。现在的一些正向激励制度，设计得过于笼统，无法精准执行，很难落地落实。比如容错机制，如何容错，不仅要从观念上界定，还要从内容上细分。否则，无论是主观还是客观的错误，都很难容得了；再比如让有担当、有作为的人才动起来，怎么动法，要有个明确的规定。否则，有单位选用干部、评功评奖只看一时，不看整体，甚至把奖励作为照顾个别人情绪的"安慰剂"。从近年来正向激励制度执行情况来看，少数单位制度设计不科学、不精准、不到位，所谓把愿作为、能作为、善作为的干部选拔出来多停留在口号上、文件里。干事创业，不能缺乏动力，而持久的动力离不开正向激励的推动。更要加大正向激励力度，健全完善干部担当作为的激励机制，激发广大党员干部锐意进取、奋发有为的精气神，努力创造属于新时代的光辉业绩。

（五）坚持和发展完善干警工作绩效考评制度

一是完善绩效与工资挂钩制度。以广西监狱系统为例，目前的绩效考核并未与工资制度挂钩，而只与干警的评先评优相关。从激励的角度讲，工资可以起到刺激强化的作用，有利于监狱干警选择做出符合干警工作目标的行为。从一线干警到监狱领导，每个人每个月的工资均按绩效核发，打破均等主义的"大锅饭"局面，让多劳者多得，让不劳者少得或不得，在从严治警的基础上从优待警，充分调动一线干警的工作积极性。二是完善绩效与奖惩挂钩制度。从激励的角度看，奖励这种正强化可以使人感到良好工作表现是有利的，从而增加这种行为今后出现的频率。而惩罚是对不良行为的否定，通过这种刺激，可以让人减少或阻止这种行为在以后的出现。考核评议结果为优秀的，应当对相关的单位和个人予以表彰奖励。对不达标单位予以通报批评，责令限期整改，取消其当年评优受奖资格；连续两年不达标的，单位行政首长应当辞职，或者由监狱党委研究对其予以免职。对于考核为优秀的，予以表彰和奖励。对于考核不合格者，予以通报批评或奖金扣除等惩罚。具体可出台以下的奖惩措施：第一，绩效考核结果与评优评先挂钩。优秀党员、公务员等各类先进的评选和立功嘉奖的授予都要将绩效考核结果纳入考量因素；第二，绩效考核与提拔干部、晋升职务等建立关联，对拟提升干部的，全年工作月评优秀率须在 30% 以上；第三，设立光荣榜，每月对考核优秀登记的队员进行网上或公示栏公示；第四，绩效考核与队员休（疗）养等从优待警措施建立关联；第五，对于连续 3 个月或全年累计 6 个月考核较差的个人，离岗培训 1 个月，培训期满经考核合格后重新上岗（此个人若为中队或大队干部，支队应要求其自动辞职）。三是完善绩效与素质提升挂钩。为了避免绩效考核流于形式，充分地运用绩效考核的结果，除了与工资制度、奖惩制度挂钩之外，还应该运用绩效考核的结果来帮助监狱干警进行绩效改进和素质提升。通过绩效考核可以发现干警身上的不足，人事部门和领导要基于考核结果，与被考核干警进行深入交流，分析问题。此外，还要对干警开展有针对性的教育培训，提高现有的知识和技能。这类培训可以满足干警在个人发展方面的特定需要，帮助其更好地胜任未来将要从事的工作。

（六）坚持和发展完善干警职级晋升套改制度

依据基层监狱实际开展情况分析，推进干警职务和职级并行制度，对原有的干警职位管理造成了一定的冲击，给组织人事部门、财务部门带来了一定的混乱，也凸显出原有管理制度的盲点。尤其是对于职务序列和职级序列两个相互独立又关系密切的体系，如何将二者科学合理地统筹管理，是未来干警管理工作的重点。其中，相对于职务，职级的等级数量更多，晋升频率更快，在人员梯次构成比较健康的单位，几乎每一年都要组织实施职级的晋升，再加上新进人员的录用定级和退休、离职人员的任免事务办理，职级管理更加复杂和繁琐。规范干警的职级管理制度，一方面需要国家公务员管理部门根据公务员法和相关管理法规从最上层对涉及职务与职级的法律、规章、政策、文件进行重新清理规范，并针对基层关于职级规定的疑问和执行过程中遇到的问题进行专门说明解释，对模糊的规定进行明确的界定，使基层监狱在处理具体问题时有据可依；另一方面对于干警的选拔任用的一整套流程，包括录用、定级、转任、晋升、辞职等，都必须在参考职级规定的情况下进行一定的调整，特别是职级与职务的交叉的环节，将职务与职级管理制度规范化，维护职级管理制度的权威性和严肃性。此外，理顺工资、福利、津贴等收入与职级等级的对应关系，保障职级调整后工资收入及时跟进。为进一步简化管理，还应当加强干警管理的信息化建设，无纸化办公和电子化数据处理可以大大提高管理的效率，减少出现错误的机会，提高职务与职级管理的规范程度。

（七）坚持和完善干警依法履职容错纠错机制

就现阶段而言，对监狱干警执法行为及其责任，一般按照"红头文件"或"领导需要"而定，其实是十分不规范的做法，是不符合"法治精神与原则"的，也十分不严谨。因此，急需从法律制度上，严格规范监狱民警执法行为及其后果处置。最为重要的是发展完善监狱干警容错、纠错和免责法律处置机制。容错纠错机制的实施程序主要由启动（申请）—调查—认定—反馈这几个步骤组成，更多偏重事后启动，利用"程序方法"对干警的失误与错误从综合角度进行分析，将改革创新与纠错工作的过程中经历的程序和采用的方法记录下来。同时应及时与被免责的干警开展谈话谈心，对其失误行为予以提醒，对其积极方面予以肯定，帮助干警放下思想包袱，大胆开展工作。如果在工作中产生了错误与失误，相关单位的党委与组织应当及时对错误与失误进行研究与纠正，并且把相应的情况汇报给上级党委。在启动容错纠错程序之后，由纪检监察与组织人事等部门做好归档与备案工作，方便后续的跟踪回访与查阅。针对不同类别错误，有因本身规范程序有缺陷而导致的错误或者无缺陷情况下干警或单位组织因认识能力的局限性而发生的错误，那么一方面需要对规范程序进行完善，另一方面需要干部或单位组织加强对政策、程序的把控能力；有因创新而导致的失误，需要重新审视既有方案，深刻剖析发生失误的原因，形成纠错方案，以期后效，为后面的工作开展积累经验；有应对突发状况时的错误，主要是通过善后处置和事后评估等程序，重点评估风险是否依然存在，是否存在发展隐患等。

# 中国特色社会主义监狱人民警察队伍职业化建设的思考

侯永久 *

## 一、监狱人民警察职业化的含义

### (一) 职业与职业化

职业，是指人们由于社会分工和生产内部的劳动分工，而长期从事的、并以此为主要生活来源的专门业务工作。一个人一旦从事特定的职业，就必须承担一定的职业责任，并同他所从事的职业利益紧密地联系在一起。同时，他对职业整体利益的认识，也会促进其对具体社会义务的自觉履行。因此，职业分工影响着人们对生活目标的确立和对人生道路的选择，以致很大程度上影响着人们的人生观、价值观和职业观。

职业化，是一种工作状态的标准化、规范化和制度化，即要求人们把社会或组织交代下来的岗位职责，专业地完成到最佳，准确扮演好自己的工作角色。以国际通行的概念分析，职业化的内涵至少包括四个方面：一是以"人事相宜"为追求，优化人们的职业资质；二是以"胜任愉快"为目标，保持人们的职业技能；三是以"创造绩效"为主导，开发人们的职业意识；四是以"适应市场"为基点，修养人们的职业道德。

目前的管理趋势不仅强调管理的标准化、规范化、制度化、程序化、人性化，员工职业化素养的高低也已经成为全世界日益关注的焦点。一个职业化程度高的员工，必将成为一个非常优秀的员工，一个职业化程度高的团队，必将会成为一个被社会尊敬的组织。

---

* 侯永久，武汉警官职业学院教师。

（二） 监狱人民警察职业化的含义

根据《中华人民共和国监狱法》（以下简称《监狱法》）和《中华人民共和国人民警察法》的相关规定，我国监狱人民警察作为我国刑事司法力量的重要组成部分，承担着看押、管理、惩罚与改造罪犯的重任，监狱人民警察职业是指专门接受过刑事司法教育，取得国家规定的任职资格而专门从事刑罚执行工作的一种社会角色。

监狱人民警察的职业化包括监狱人民警察群体的职业化和监狱人民警察个体的职业化。前者是指监狱人民警察群体应当具备的特定职业素质及其在社会中的特殊地位、声望及相关的制度保障，后者是指监狱人民警察作为行使刑罚执行权的主体所应当具备的特定的素质和技能，是担负惩罚和改造罪犯任务的监狱人民警察这一特定职业基于本质的要求。本文中监狱人民警察队伍职业化是指监狱人民警察群体的职业化，监狱人民警察职业化的目的是建设一支政治坚定，具备专业水准、执法公正文明、敬业协作、行为规范的监狱人民警察队伍，以保障准确执行刑罚，完成惩罚和改造罪犯的任务。监狱人民警察职业的特殊性决定了监狱人民警察职业化更高的标准。监狱人民警察队伍职业化基本内容主要表现在监狱人民警察独特的职业品质上。这种品质要求体现在七个方面：职业资格、职业意识、职业道德、职业技能、职业形象、职业保障和职业监督。

## 二、监狱人民警察职业化的可行性与必要性

（一） 监狱人民警察职业化的可行性

1. 依法治国的伟大方略为监狱人民警察职业化提供了法治支撑。近年来我国监狱紧紧围绕依法治国的伟大方略，大力实施依法治监，全面建设法治监狱。依法治监的持续运行，从监狱法律体系的完善、监狱规章制度的健全、监狱法治理念的革新、监狱法治环境的净化、监狱刑罚执行的规范化等方面，为监狱人民警察职业化提供了良好的法治基础。

2. 全额保障、监企分开、收支分开、规范运行的监狱体制为监狱人民警察职业化提供了经济支撑。实行监企分开，收支分开，监社（社会）分开，建立监狱经费全额保障制度，以达到强化监狱刑罚职能的目的。这为监狱人民警察职业化建设提供了必要的行政基础和物质基础。

3. 监狱人民警察的公务员资格准入和警校毕业生便捷招录为监狱人民警察的职业化提供了人才支撑。2018 年 3 月，中央机构编制委员会办公室、人力资源和社会保障部等六部门联合下发了《关于进一步加强司法行政机关人民警察招录培养工作的意见》，畅通了警官职业学院司法警察类专业毕业生的入警通道，明确了警官职业学院司法警察类专业的人才培养定位是为司法行政机关培养人民警察。除此之外监狱每年还可以通过公务员录用考试，面向社会公开招考，择优录用。尽管每年有大批的监狱人民警察因为种种原因退休、内退、辞职、调动，但是监狱人民警察队伍的规模却能保持着动态稳定，并在监狱人民警察总量上逐步增加。同时警校毕业生便捷招录、监狱人民警察的公务员考试录用制度改变了以往监狱人民警察一般由退伍军人或者企事业分流人员担任的状况，监狱人民警察队伍的素质得到极大的提高，社会地位和影响力也逐渐改变，使其更容易满足职业化建设的需要。

（二）监狱人民警察职业化的必要性

《监狱法》规定，监狱是国家的刑罚执行机关。监狱人民警察是监狱工作的主体，是惩罚和改造罪犯的具体组织者和实施者，只有监狱人民警察正确履行职责，才能发挥好监狱职能、正确执行刑罚、提高罪犯改造质量。监狱人民警察不仅仅是一种职业，其履职行为更是一种专门化活动，监狱人民警察能否正确履行职责取决于他们的能力与素质、学识与水平、责任与追求，也就是取决于监狱人民警察的职业化程度，监狱人民警察职业化是监狱人民警察职业文明在监狱工作中的扩张，是监狱走向专业化、法治化的一个必然的变迁过程和形态。

1. 监狱人民警察队伍职业化是职业素质的提能器

目前在各监狱，监狱人民警察既负责监管犯人，又负责生产；既要成为"灵魂工程师"，又要成为生产管理能手，这就导致监狱人民警察的角色意识、服务意识、发展意识、专业精神等职业素质严重欠缺，改革势在必行。职业化有利于监狱人民警察科学认识服刑人员角色，认识监狱人民警察是执行法律的公职人员，个人情感、感受只能服从法律；有利于监狱人民警察增强服务公众、服务社会、服务国家的意识，理解监狱人民警察在教育、控制、改造、管理、训导工作对象时，也具有服务因素；有利于监狱人民警察专业精神、发展意识的培养。

2. 监狱人民警察队伍职业化是优化执法结构的调节器

监狱主要职能是依法对罪犯实施惩罚，惩罚的目的是一方面对罪犯依法予以监禁，实行严格的管理，限制其人身自由，使之失去在社会上进行犯罪活动的条件，另一方面使公民认识法律的严肃性和权威性，减少和预防犯罪，维护社会正常秩序。但是当前有些监狱还在办企业、办医院、办食堂等，履行了部分"经济职能"和"社会职能"，多元化的社会职能直接削弱了监狱本职职能的发挥。监狱这种职能紊乱的状况，不符合国家法治现代化的要求，必须改变。监狱人民警察职业化有利于优化监狱执法结构，让监狱充分履行依法对罪犯实施惩罚的主要职能和将罪犯改造成为守法公民的核心职能。这既是职业分工的要求、政府和社会的期待，也是监狱的价值之所在。

3. 监狱人民警察队伍职业化是监狱工作法治化、专业化的助推器

依法治监表现为：监狱人民警察树立依法治监的理念，依法行刑、公正文明执法成为自觉行动；监狱规章制度体系完备，管理实现程序化、标准化；监狱形成多渠道、全方位的执法监督体系。监狱工作法治化要求监狱人民警察牢固树立法治观念，坚定法律信仰，严格执法，自觉践行社会主义法治理念，弘扬社会主义法治精神，按照法定时间、法定条件、法定程序，严格执行刑罚，不断提高监狱工作法治化、规范化水平。监狱工作的专业化，最重要的是如何科学地开发与利用好监狱人民警察人才资源，使监狱人民警察分工合理、职责分明、组织科学、精干高效，保证合适的人才安置在合适的岗位、专业人才从事对口专业的工作。只有监狱人民警察职业化，才能使监狱人民警察人尽其才，适得其所，从而实现监狱工作专业化的目标追求。

## 三、监狱人民警察职业化的路径

### （一）以政治建警为灵魂和核心，弘扬民警的职业精神

坚持政治建警，保证正确的政治方向，解决"相信谁、依靠谁、为了谁"的问题。监狱人民警察理想信念丧失或者模糊动摇是最为可怕的，监狱人民警察要做政治上的明白人，严明政治纪律，严守政治规矩，在任何情况下都要做到政治信仰不变、政治立场不移、政治方向不偏。坚持党的绝对领导是监狱人民警察职业化的根本保证，体现监狱人民警察的政治属性。党的十九大把党的政治建设纳入党的建设总体布局，监狱人民警察职业化要把政治建

设摆在首位，坚持用习近平新时代中国特色社会主义思想武装头脑，切实增强"四个意识"，提高政治警觉，要确保监狱人民警察是值得党和人民信赖的政法队伍，确保在思想上政治上行动上同党中央保持高度一致。坚决捍卫以习近平同志为核心的党中央权威，坚决听从以习近平同志为核心的党中央的指挥，忠诚核心、拥戴核心、维护核心、捍卫核心。

（二）完善专业化建设机制，规范监狱人民警察的职业资格

一是要积极推进监狱人民警察的职位分类，推进专业化分工。要根据新时期监狱工作科技含量的提高和教育矫正新手段的运用，淡化"万金油"的素质要求，突出专业化分工与协作理念，推动专业化分工模式改革，为强化职业准入控制和专业技术职务设置提供技术条件。要研究分析监狱人民警察在专业化发展上的重点课题，开展刑事侦查、技术防范、司法矫正等系列技术职称的评定，在监狱人民警察核心专业技术职务的设置上取得突破。

二是要建立一定的职业标准，实行职业资质认证，形成具有鲜明职业特色的初任监狱官员的任职资格制度。对监狱工作人员，可以分以下几个序列设置：行政管理人员、监管人员、矫正人员、后勤保障人员。行政管理人员是监狱人民警察，包括监狱长、副监狱长及中层管理人员；监管人员是监狱人民警察，负责监狱安全和罪犯的管理；矫正人员不是监狱人民警察，而是政府雇员，包括教育工作者、犯罪学工作者、社会学工作者、精神病医生、心理医生，由于他们是一定领域内的专门人才，所以他们应享受相对较高的福利待遇；后勤保障人员不是监狱人民警察，而是普通公务员或工勤人员，他们主要从事办公室、采购、伙食、医疗等事务性工作。

（三）完善职业准入和职业退出机制，坚定监狱人民警察的职业意识

1. 规范监狱人民警察队伍"入口"，建立与监狱人民警察职业相适应的新民警招考录用模式。除警校毕业生便捷招录外，根据监狱人民警察职业的特殊性和专业化、正规化建设的要求，实行监狱人民警察招录联考。规范职位设置、体能、心理测试、考试标准和录用程序。依照工作的专业实际需要和队伍的专业人才缺口，有针对性地招录和引进专业人才，把好监狱人民警察队伍的"入口关"，做到来者能用、用者能胜。

2. 探索建立监狱人民警察退役制度，畅通监狱人民警察队伍的"出口"。从监狱人民警察职业的特殊性和实战要求出发，从保持监狱人民警察队伍战

斗力和合理的年龄结构、体能要求、提高监狱人民警察编制的使用效率角度考量，建立监狱人民警察退役制度。

3. 建立监狱人民警察退出机制。在当前，只要成为监狱人民警察之后，基本上就一直干到退休，除非违纪违规违法被处理或者自动离职辞职等少数几种情况，很少有中途退出的现象。这种职业模式显然不利于职业化建设的开展。必须建立一种退出机制，定期进行考核，在民警的岗位能力、岗位素质、岗位技能达不到考核要求时，必须进行离岗培训和学习，如果依然达不到相关要求，必须脱离监狱人民警察岗位。

（四）推进监狱人民警察教育培训机构改革，完善在职培训工作机制，提高监狱人民警察职业技能

要为把监狱人民警察类院校办成面向人民监狱、人民警察队伍的"党校""军校"创造条件。监狱人民警察学历教育有进有退。"进"就是要学历教育强化监狱人民警察专业建设内涵，加强与监狱人民警察专业化分工相配套的监狱人民警察技术边缘学科和衍生学科或专业的建设。"退"就是要从非监狱人民警察类教育领域退出，要从政权建设和党的执政能力建设角度，把监狱人民警察类院校和党校、军事院校放在同一层面充分认识其特殊性，不能简单地从国民教育序列来认识监狱人民警察类院校。

强化入警后职业培训。包括非监狱人民警察类院校毕业生录用为监狱人民警察后进行以监狱人民警察意识、监狱人民警察技能为主要内容的培训；对不同岗位、不同专业的监狱人民警察分别开展培训，突出岗位的实际需求和专业知识的更新，突出监狱人民警察对某一领域的深入研究，培育专家型监狱人民警察。尤其是对教育类、矫治类、技术类、侦查类监狱人民警察，更要在学术专攻上下功夫；定期开展在职监狱人民警察体技能训练和特种警务技能培训。

（五）完善职业监督，树立监狱人民警察职业形象

监狱人民警察享有广泛而特殊的职权。权力失去监督，便容易滋生腐败。当前对监狱人民警察的职业监督，有些环节，有些地方，流于形式。一方面要完善对监狱人民警察的职业监督，重点是加强社会监督，形成社会监督网络，包括人大监督，群众团体监督，罪犯家属监督，新闻媒体监督，等等。另一方面，监狱机关和监狱人民警察要自觉接受职业监督，自觉树立和维护

监狱人民警察的良好职业形象。监狱人民警察必须树立"三种职业形象":一是公正形象,二是廉洁形象,三是文明形象。执行乃法律之终局及果实,作为刑事执行者——监狱人民警察,公正是基本要求、职责所在,廉洁是品质保证、道德底线。必须认识到,公正廉洁执法,关系到服刑人员改造质量,关系到监狱的安全稳定,更关系到监狱人民警察队伍的社会形象,也关系到监狱人民警察个人的政治前途和家庭幸福。要文明管理,耐心细致,坚决消除以权压人的霸气、敷衍推诿的习气。公正廉洁文明执法,既是对国家负责,也是对自己负责,更是对家人负责。事实证明,一身正气、光明磊落的监狱人民警察,对服刑人员有着巨大的影响力和感染力。一名吃苦耐劳、忘我工作的监狱人民警察,他的勤劳形象对服刑人员端正劳动态度有积极的影响作用,他所管理和教育的服刑人员,劳动观念都比较强,这些服刑人员把生产劳动视为改造生活中不可缺少的一部分、回归社会生存的必然条件;一名秉公执法、忠于职守的监狱人民警察,他不畏权势、刚正不阿的形象会增强弱势服刑人员的改造信念,让服刑人员不分民族、种族、社会上的职业、财产状况和犯罪前的社会地位,在法律面前真正享受到人人平等的权利;一名清正廉洁、不谋私利、不被金钱美色诱惑的监狱人民警察,能以自己一身正气压倒那些妄想做钱权、色权交易的肮脏行为,让服刑人员重新端正改造态度,早日投入改造中,靠自己的汗水换取改造上的成绩。

(六)以特色文化建设为载体,提高监狱人民警察的职业素养

监狱人民警察要具有自己职业独特的传统和气质,必须形成自己的文化品位和思维方式。文化品位的形成包括三个层次,第一层次是以口号、命令、告知词等形式表现出来的监狱人民警察的工作目标追求和价值观念取向;第二个层次是由规章、制度、行为规范等体现出来的司法理念、要求,以及在司法过程中体现出来的文明素养、司法礼仪及执法水平;第三层次就是根植于监狱人民警察内心的公正司法理念、中立意识、服务意识、人本意识等。提高警员的政治思想水平、综合文化素质是加强监狱人民警察文化建设的基础。

(七)优化执法环境,强化监狱人民警察的职业保障

1. 要完善监狱规章制度,明确监狱人民警察的执法行为。规章制度对监狱人民警察的行为起到约束作用的同时也起到保护作用。坚持以法治为纲,

深化执法标准化建设,形成执法管理事事有依据、有标准、有程序、有责任、有监督并全程留痕的牢固体系。

2. 立法机关还应早日出台"监狱法实施细则"及"服刑人员奖惩实施细则",明确规定服刑人员的权利义务和对服刑人员的奖惩考核办法,将服刑人员的权利义务具体化,以增强操作性。反改造分子和危险犯,要给予管理这部分特殊服刑人员的民警充分的法律保障和行使特殊手段的合法权力,以利于对这部分服刑人员的有效管理。对民警日常执法行为要明确执法条件和程序,做到制度化、法律化、程序化,不留死角空白;要建立执法保障体系,尽快制定对违纪服刑人员切实可行、能真正起到震慑效应的约束手段,惩戒、处罚措施。对服刑人员的自伤、自残、自杀、脱逃、打架斗殴、暴力袭警等行为的法律责任界定急需出台相应的法律法规,对服刑人员在狱内有可能伤害民警或对民警的人身安全构成威胁的行为和活动区域作出法律限制性规定;对监狱人民警察的人身安全补充在监狱设置、服刑人员分类关押、监管设施建设、民警工作环境、执法行为、处置突发事件、特定岗位的任职资格条件、身体和心理健康预警、医疗救护、伤残和死亡后的救济等方面的保护性规定上,建立和完善监狱人民警察人身安全的法律保障制度。只有这样才能让民警明确职责,区分权责,更能安心工作。

# 新形势下加强民警担当作为的调研与思考

青海省西宁监狱课题组 *

随着全面深化改革和全面依法治国战略的深入推进，监狱安全稳定成为关系和影响国家总体安全的重要因素，监狱工作重心由"关得下、跑不了"到向社会输出合法公民转变，改造模式由传统的监管、教育、劳动"三大改造"向以政治改造为统领的政治改造、监管改造、教育改造、文化改造、劳动改造"五大改造"新格局转变，打造世界最安全现代监狱、智慧监狱成为推进监狱治理体系和治理能力现代化的新目标。

在某年青海省全省监狱工作会议上，省局党组审时度势，提出探索建立警务运行新模式，在优化内部机构设置和警务模式改革上争取新突破的目标要求。面对新的目标和任务，我们要认识到，女子监狱改革发展进程中还存在一系列困难和问题需要我们攻坚克难：智慧监狱建设正在推进，信息化软硬件维护、升级改造存在资金缺口，需从监狱企业弥补，短期内达不到实际工作需要；民警队伍年龄结构断层、警力紧张的现实困境短期内无法改善，队伍思想建设中还不同程度存在理想信念滑坡、工作动能不足、责任担当不强等短板，这些成为制约监狱发展的"癣疾"，一定程度上影响了监狱工作的正常推进。监管安全中，押犯结构日趋复杂，监管安全形势严峻，改造与反改造斗争日益尖锐复杂。如何破解这些困难和挑战，对全体监狱民警和各级领导干部，提出了提升民警队伍凝聚力、执行力、战斗力的新要求。

## 一、女子监狱民警队伍现状

（一）民警队伍基本情况

截至 2019 年 7 月 29 日，女子监狱在册民警 441 人，其中男民警 245 人，

---

* 青海省女子监狱课题组，成员贾佩玲、任晓隆、马虹、朵翠玥。

占民警总数的 55.43%；女民警 196 人，占民警总数的 44.57%。全狱民警平均年龄 41.26 岁。

1. 民警工作岗位分布

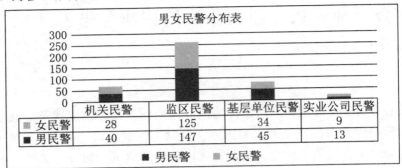

**图 1　男女民警分布**

如图 1 所示：监狱基层一线民警占比远超监狱民警总数的一半，完成了警力向一线倾斜的队伍管理要求。

2. 民警年龄结构

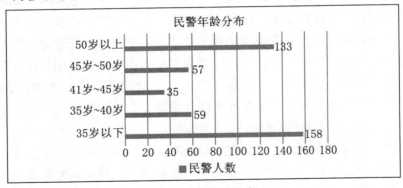

**图 2　民警年龄分布**

如图 2 所示：监狱民警年龄分布呈现两头大、中间小的"哑铃型"结构，35 岁以下和 50 岁以上民警占到监狱民警总数的 65.8%。

3. 民警专业结构

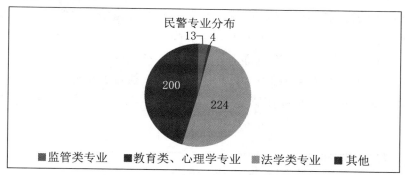

**图 3　民警专业分布**

4. 民警学历结构

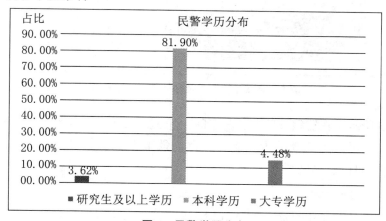

**图 4　民警学历分布**

　　如图 3、4 所示：监狱民警队伍中监狱工作相关专业如监管类专业、教育类、心理学类专业民警占比较小，在民警总数中不到 4%。

　　（二）民警履职情况

　　从调研结果分析，绝大多数民警能够履职尽责、务实敬业，思想主流整体向好，老中青三代民警展现出了上下一心、同心协力推动工作齐头并进的良好状态。老民警有风范，精神境界高，工作经验丰富，业务能力强，工作中不计个人得失，吃苦耐劳，能够做到言传身教，具有立足岗位、默默奉献的朴素情怀；青年民警有锐气、有学识、有见地，思维敏锐，乐于接受挑战，成为监区开展课题研究、技术学术创新的中坚力量，并屡获佳绩，展现了新时期青年民警锐意进取的良好风貌。绝大部分民警能够注重学习、努力提高自身业务素质，队伍整体执法水平逐年提高，执行力战斗力较强，能够较好地完成上级和监狱党委的决策部署。同时，面对一些急难险重任务，广大民警职工能够做到政治上高站位、认识上讲大局、执行上讲效率、工作中有成效，对事业有着强烈的责任感，是一支政治可靠、作风优良、敢打硬仗的队伍。

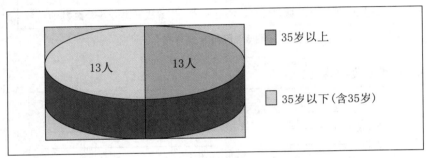

**图 5　监狱分监区长及车间主任年龄构成**

图 5 所示，在监狱分监区长及车间主任中，35 岁以下民警已经达到 50%，青年民警已经成为监狱的中流砥柱，在监狱工作中承担着十分重要的作用，主力军作用日益凸显。

（三）调研开展情况

调研中，调研小组通过召开基层中层领导、老中青不同年龄阶层民警座谈会、广泛征求民警的意见和建议以及以问卷调查形式，就民警对监狱工作的认同感和投入程度、对自身岗位和工作环境的评价、对传统管教方法的态度和掌握、对监狱管理制度的执行、对自身的职业规划、对监狱中心工作的认识等情况，进行了深入细致的研究分析和评估。

本次调研共发放调查问卷 90 份，收回 90 份，开展座谈会 3 次，谈心谈话 60 余人。可以说，本次调查基本涵盖各年龄段民警，调查结果能较准确地反映出监狱民警的思想工作情况。本文主要以问卷作为研究基础，我们将其细分为职业现状、职业意识两个方面进行分析。

1. 职业现状

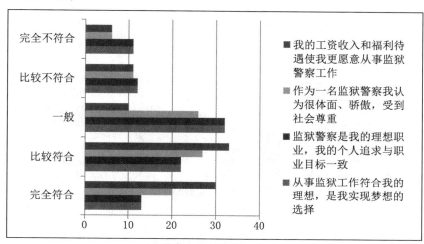

**图 6　职业认同柱状图**

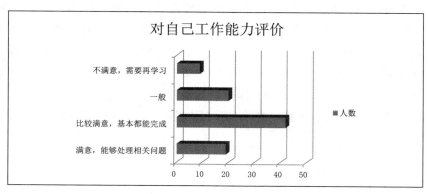

**图 7　个人工作能力评价**

问卷统计反映出，监狱民警对自己工作能力满意的占到了民警总数的67.8%，不满意的占10%。在"我的工资收入和福利待遇使我更愿意从事监狱警察工作"和"作为一名监狱警察我认为很体面、骄傲，受到社会尊重"两个选项中选择完全符合、比较符合的分别占70%和55.5%，而在"监狱警察是我的理想职业，我的个人追求与职业目标一致"和"从事监狱工作符合我的理想，是我实现梦想的选择"两个选项中选择完全符合、比较符合的仅占38.9%，由此可见，监狱民警中有相当比例的人职业认同感较低，经济收入和社会对警察这一职业的认可是大家选择从事监狱警察工作的重要因素之一。

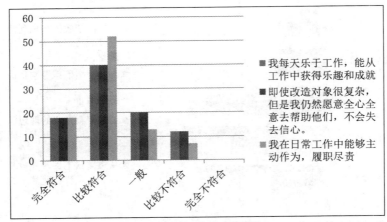

**图 8　民警责任心柱状图**

上图反映出，我狱民警工作中基本能够做到认真履行职责，有较强的事业心责任心。"我每天乐于工作，能从工作中获得乐趣和成就"和"即使改造对象很复杂，但是我仍然愿意全心全意去帮助他们，不会失去信心"两个选项中选择完全符合、比较符合的均超过 60%，尤其在"我在日常工作中能够主动作为、履职尽责"选项中，选择完全符合和比较符合的占比达到 78%，但是，仍要关注在这些选项中选择一般和比较不符合的占比超过 30%。

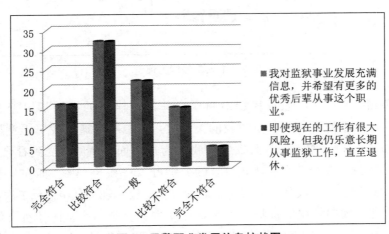

**图 9　民警职业发展信息柱状图**

2. 职业意识

**表 1　职业意识调查表**

| 问卷调查中所提问题 | 问卷调查结果 |
| --- | --- |
| 作为监狱警察，我能充分发挥自己所学的专业知识，我的才能与职业需求匹配 | 有 37.8%的民警选择完全符合和比较符合；有 62.2%的民警选择比较不符合和完全不符合 |
| 作为监狱警察，我对工作模式满意，并不觉得疲惫 | 选择一般和不符合的占 51.1% |
| 我愿意为了工作而全力以赴，不惜牺牲自己的个人利益 | 选择一般和不符合的占 57.8% |
| 我会在工作中有懈怠思想，有得过且过的时候 | 选择比较符合或符合的占到了 20% |
| 我会主动学习业务知识，更新知识储备 | 选择一般和不符合的占 71.1% |

由上图和上表分析可得出，一是当前监狱民警的专业知识储备不足，在"作为监狱警察，我能充分发挥自己所学的专业知识，我的才能与职业需求匹配"选项中，有 62.2%的民警选择比较不符合和完全不符合，而在"我会主动学习业务知识，更新知识储备"选项中，选择不符合和一般的占 71.1%；二是缺乏敬业精神，在"我愿意为了工作而全力以赴，不惜牺牲自己的个人利益"选项中，选择一般和不符合的高达 57.8%，在"我会在工作中有懈怠思想，有得过且过的时候"选项中，选择比较符合或符合的占到了 20%；三是对于监狱发展信心不足，"我对监狱事业发展充满信心，并希望有更多的优秀后辈从事这个职业"和"即使现在的工作有很大风险，但我仍乐意长期从事监狱工作，直至退休"两个选项中，选择一般、不符合选项的分别为 46.7%和 53.3%。

## 二、存在的主要问题

通过问卷调查、调研座谈和个别谈话情况进行综合分析，反映出队伍建设中存在的共性和个性问题。

（一）共性问题

1. 思想滑坡，对工作缺乏价值认同和情感归属。从问卷调查情况来看，近 60%年轻民警人生目标趋利化，在入职前缺乏对监狱工作的准确认知，报考监狱民警职位只是基于就业需求，趋同报考公务员的潮流和对警察身份的向往。认为警察职业社会地位高、工作稳定、工资待遇优于一般公务员，只有就业欲望，缺失事业追求，把目前的工作当成简单的谋生手段，看重职业的"光鲜外表"，忽视职业责任与风险，入职前没有对监狱民警工作岗位的艰苦性、复杂性进行前期了解，做好充分思想准备。入职后，面对当前日益严格的执法素质需求和社会经验老到、反改造手段多样、穷凶极恶的犯罪人群，管理经验不足、教育方法不多，执法能力与岗位匹配不足的现实和理想落差，看到听到存在执法风险时，表现出思想上畏惧、能力上欠缺，工作中基本处于被动应付状态，习惯于听从命令和指挥，主动学习、主动适应、主动作为的意识明显不足。

2. 精神懈怠，缺乏干事创业的热情和积极进取的思想。刚入职时，90%以上青年民警雄心勃勃，希望通过自己的勤奋工作得到成长和进步。但是由于对职业规划缺乏清晰的认识，当他们真正面对高墙电网、封闭的工作环境、连续36个小时高强度的值班备勤，和亲人朋友通信处于限制状态，值班备勤背着"八大件"、对自身活动范围限制较多、思想陷入"低气压"时近8%新警萌生辞职念头。随着公务员考录制度的建立，近年来新入警的青年民警100%拥有本科及以上学历，且多为独生子女，家庭环境优越，从小在关心、关爱中成长，在吃苦中磨炼的经历不多，挫折中锻炼的养成不足，品性中少了吃苦耐劳、奉献付出的特质，反对拉关系、走捷径、注重工作累积的意识不强，急功近利的思想较重。立足基层、从一线做起，爱岗敬业的精神淡化，对单位乃至社会存在负面情绪多，辛勤工作、担当作为的动力不足。目前，监狱管理还存在习惯用行政命令和监督制约的手段，对民警必须做什么，不能做什么要求过多，缺乏业务上的指导，而由此带来的是青年警察的工作积极性和主动性的流失。

3. 本领恐慌，能力不足，缺乏法治思维和专业知识。近3年来，我狱新录用民警比例占30%以上，新警缺乏实际工作经验，只经过短期的入警培训，上岗后就承担繁重的教育改造任务，对监狱管理、教育改造工作仅限于培训中的了解，对罪犯的犯罪性质、刑罚执行情况也仅仅是听课介绍，真正身临其境，运用法律思维、法律手段解决实际问题的能力不足。多数监狱民警除了《中华人民共和国监狱法》《中华人民共和国刑法》《中华人民共和国刑事诉讼法》等基本法的学习外，对最高人民法院、最高人民检察院及司法部条例条令及补充规定和监狱的规章制度学习掌握需要时间来"充电"，在很多具体问题上缺乏明确指引，这就致使监狱民警在现实管理中尺度把握不准，缺乏执法底气。在座谈中 20% 以上民警在谈到民警"三不管"问题时都归咎于"监狱制度的不完善，民警执法保障机制不健全"；在回答"遇到罪犯突发事件，民警应该如何合法合规处置"这一问题上，有不少的民警只选择第一时间进行现场处置，而忽视对处置过程及结果的固证锁证。正是执法环节的疏忽，为以后规避执法风险埋下了隐患。当前监狱工作责任更大、任务更重、要求更高，很多同志虽然有做好工作的愿望，但面对新情况、新问题缺乏危机感，不能在学习实践中增长才干，面对监管改造中出现的各种问题和矛盾，呈现出本领恐慌，处于被动应付的状态而表现为"不想管、不敢管、不愿管"。在日常监管中，部分民警应对突发事件沉着敏锐、冷静判断的定力不足，处理问题的方式方法过于简单粗放，为日后罪犯出狱发生缠访闹访留下隐患。在与罪犯的谈话教育中缺乏斗智斗勇的技巧，在发生矛盾后，对复杂局面的掌控驾驭能力不强导致矛盾激化。面对当前日益增多的罪犯过度维权、无理缠诉时，看似"强势"的民警，维护自身合法权益的方法和渠道却有限，造成个别民警不能端正好心态，积极防御，在处置突发事件时，投鼠忌器，妥协执法。

4. 内功不足，抗压抗腐能力差，缺乏韧性和刚性。大部分青年民警对短期内实现自身价值的期望过高，有急功近利心态，但监狱相对封闭的工作环境，与社会各阶层缺乏联系，且罪犯教育改造工作是一个长期复杂的过程，长则二十五年、短期也需三年到五年，其成效在短期内难以体现。青年民警来监狱工作三五年后，往往会认为所做工作缺乏社会认同感。面对社会经济浪潮冲击，面对异常严峻的监管形势，常年值班备勤的工作压力，在付出与收获的权衡中青年民警容易造成心理失衡。另外，心理脆弱，抗压能力下降，正确对待工作中的"功过得失"的平常心境难以形成，顺境时易膨胀，逆境中易消沉，对待工作锲而不舍的韧劲就会不足。加上目前社会舆论舆情对监狱工作和监狱人民警察存在职业偏见，对监狱工作正面报道宣传较少，使监狱工作社会认同度不高，导致很多青年民警在职业归属感荣誉感上持续走低，在与其他一些同龄人的比较中，又容易出现心理失衡现象，对工作、对生活失去激情。

（二）个性问题

1. 目前，女监民警年龄结构断层，原来监狱基层工作的中坚力量现在都到了五十岁以上的年纪，她们具备丰富的教育改造经验，但受基层领导职务编制的限制，她们当中的绝大多数人陆续由领导职务改任非领导职务，工作上的激情和动力出现不同程度下降，存在"船到桥头车到岸"的懈怠思想，在工作中安于现状、沉醉于过往，奋斗精神减弱，甚至有人整日抱怨，在民警中传播一些低迷的思想言论，造成新警沮丧悲观、士气低落，整体幸福感获得感下降。

2. 从文化生活环境看，由于警力紧缺，监狱民警很少有参加文化活动的时间。尤其在女子监狱，由于地域条件限制，没有建设警体中心，文化娱乐设施十分欠缺，相当部分监区不具备图书室、活动室，加上监狱与社会文化单位联系较少，开展文化活动的形式和时间都十分有限，这就导致监狱民警尤其是一线民警精神生活非常贫乏。同时监狱安全工作要求高，执法风险大，考核督查力度严，民警队伍中心理问题凸显。有的民警对国家和社会热点问题麻木不仁、漠不关心，政治上无所追求，心态不积极，对人对事呈现出无所谓的"佛系"态度。

## 三、对于加强民警担当作为的几点思考

当前各种思想交流交锋、新旧媒介互动融合，队伍需要价值引领，民警期待暖心环境，事业亟需社会认同，在今后的工作中，我们要瞄准队伍需求，发挥党建的正向引导，强化激励奖惩措施，做实暖心育人、拴心留人举措，不断增强民警认同感、获得感、归属感。

### （一）坚持党建引领，发挥政治的牵引力

一方面要在深化理论武装、强化精神支柱上下功夫。突出抓好用中国特色社会主义理论体系武装头脑这项长期的战略任务。坚持把深化理论武装和强化精神支柱统一起来，把大力学习和模范践行党章党规作为凝神聚气和强基固本的重要基础工程，将理想信念教育作为重中之重，贯穿于建设学习型警察队伍的全过程，激励和鞭策广大警察树立正确的世界观、价值观、权力观和利益观，使社会主义核心价值体系成为广大警察的行为准则。确保每一次值班、执勤都要有打胜仗的意识，以此对民警进行常态化的警示教育，促使民警时时不忘初心使命，时时铭记责任担当。充分运用新媒体，结合先进模范事迹，在监狱掀起学先进、学典型的热潮，凝聚榜样的力量，做知行统

一、学以致用的模范，真正把学习成果转化成为对真理信仰的始终不渝，转化成为理想信念的坚定不移，转化成为致力监狱事业科学发展的不竭动力。另一方面要在提高机关党建工作质量上下功夫，推动党建和业务深度融合。把政治工作作为监狱工作的"生命线"，做实基层党建责任制，建立基本清单、鼓励清单和负面清单，用好用足"四种形态"，弘扬"支部建在连上"的光荣传统，面向全狱十五个在职党支部，高质量推进"三年组织体系建设"活动。建强支部战斗堡垒，充分发挥基层党支部的政治功能和组织力，推动支部教育党员、管理党员、监督党员和组织群众、宣传政策、凝聚群众、服务群众的重要职责落实到位，让每一个支部都强起来、每一名党员都不掉队。通过政治引领，用党的奋斗目标和监狱发展的需求校正队伍思想坐标，激励广大民警职工不畏艰难、务实担当。再者要坚持以人为本，在思想政治工作中彰显人文关怀。建立好逐级谈心交流机制，加强人文关怀和心理疏导。监狱党委班子成员对中层领导、中层领导对普通民警，分时间、分重点、分人群开展谈心交流，明确各级领导干部谈心交流的责任，设定必须谈心交流的情景情况，采取定期、不定期方式，了解掌握队伍思想状况，及时解决问题。通过谈心交流这一平台，形成领导主动谈、民警愿意谈、遇事想要谈、有话当面谈的良好局面，解决当面不说、背后乱说，会上不说、会后乱说，明着不说、暗地乱说的问题，加强相互理解，消除误会，化解矛盾，及时妥善处理问题，实现团结友爱、和谐相处的工作状态。通过党内关怀，对广大民警在思想上、政治上、精神上、生活上、心理上进行关心、引导、激励、帮扶与疏导，大力激发广大党员民警在履职尽责上的主动性、积极性和创造性，推动各项工作的顺利开展。

（二）强化激励奖惩，提升队伍的向心力

一是加强检查考核。切实发挥"五百分制"考核指挥棒的作用，更加客观公正科学评价各单位工作实绩，通过指标的确定、计划的制定、具体的实施、过程的跟踪、结果的反馈，发现问题、纠正问题，循序渐进、有效地引导和约束民警职工的行为，使广大民警职工能够积极主动致力于监狱发展协调，避免被动地听从命令，激励广大民警职工争先创优。二是强化作风建设。从组织领导、制度保障、督促检查等各方面采取措施，强化党组织抓作风建设的政治责任和党管干部意识，敢于正视和解决作风建设中存在的问题，发扬较真碰硬精神，对队伍中存在的作风不正不实现象及时纠正，对思想不纯、作风漂浮的严肃批评处理。按照推进队伍作风建设、高效履行职责使命的要求，增强制度认同，确保优良的工作作风成为每个党员民警的行为准则和行动自觉。三是强化组织监督。进一步解决党内生活原则性、战斗性不强的问题。做到上级管好下级、书记管好委员、班子管好成员。要坚持严字当头，把纪律挺在前面，深化运用监督执纪"四种形态"，抓好纪律教育、政德教育、家风教育，加强对党员、干部全方位的管理监督，切实建立有权必有责、用权受监督、违法要追究的执法监督机制，对于执法不当、执法过错建立相应的行政处罚制度，每年定期对民警的执法情况进行检查评议，实现主动监督、事前监督，使监狱民警真正做到"三不"：即不在执法程序上出纰漏，不在应尽职责上搞变通，不在执法权力上谋私利，确保监狱人民警察公正文明执法。

（三）做实从优待警，提高监狱的凝聚力

一是减轻压力。一方面要坚持警力向基层倾斜，把基层的警力配足配强，优化执勤模式，保证基层民警有充足的休息时间，使更多的民警安心坚守基层一线；另一方面要克服一线警力不足就只想要人的观念，要真正从队伍管理上找出路，盘活现有警力资源，注重内部挖潜，坚持向素质要警力，强化岗位练兵和培训考核；坚持向科技要警力，以智慧监狱建设为契机，加快信息技术应用，实施情报信息主导警务工作，提高警力使用效率；坚持向从优待警要警力，落实好相关措施，提高民警工作的积极性，实行警力资源动态配置，以影响警力配置的因素为基础，充分考虑重点时段和岗位等警务工作量的动态变化，实现警力结构的合理配置，实现警力的按需分布、合理流动，注重警力使用的年龄、文化、经历、性格、特长等方面的科学调配，实现警力使用效益的最大化。二是加大推力。增强职业吸引力和职业粘性，在物质上、精神上、政治上、个人进步与发展上给予民警更多的权利和更大的空间，为他们创造安居乐业、发挥个性、激发潜能、实现自我价值所需要的成长环境，在激励民警忠于职守的同时，为他们施展才华搭建广阔的平台；同时明确一个导向，完善竞争激励机制，坚持以"敢不敢扛事、愿不愿管事、能不能干事"为标准，把积极作为、敢于担当的民警放到岗位上磨炼，让其经风雨、见世面、壮筋骨，在"做强监区"上下功夫，营造宽松和谐的干事创业氛围，大力倡导乐见成功、宽容失败的理念，充分调动民警的职业热情和工作积极性，提升监狱民警职业满意度。三是增强拉力。创新和丰富监狱民警文化活动载体，通过活跃理论研究、创办文化沙龙、开展丰富多彩的文体竞赛、组织外出培训和参观学习、开展形式多样的团队建设活动等，大力繁荣民警文化生活，最大限度地激发民警干事创业的热情和活力。加大对外宣传力度，深度报道监狱人民警察事迹，讲好女监故事，全面强化政治宣传渗透作用，努力构建凝心、励志、育人、铸魂的警营文化，让民警在耳濡目染中筑牢听党指挥、对党忠诚的思想根基。增进社会各界对监狱工作及监狱民警的了解，引导社会大众形成爱警护警的良好风尚，为监狱民警创造良好的社会舆论氛围。

（四）营造积极人才环境，增强队伍的执行力

一是有规划地实施岗位培训，不断提升民警的干事之才。做实新警培养，突出职业意识、法治意识、底线意识的培育养成，引导新入职民警系好从警"第一粒扣子"，深化实施青年民警岗位成长"传帮带"制度，完善传经验、带业务、帮思想、解难题模式，实现学习共进、感情共通、责任共担、成长共享，让老民警在长期工作中总结出的好经验、好办法得以很好地传承和发扬。坚持实训和自学并重，提升职后教育培训实效，针对监狱目前专业人才少的现实，积极开展心理咨询、狱政狱侦管理、生产经营等专业培训，尤其是加大监区一线民警的教育培训力度，多为一线民警创造外出培训的机会，为一线民警提供提升自我的平台。针对部分基层民警执法能力不足的现状，积极开展执法情景模拟实训，让民警熟练掌握执法程序、处置流程，增强基层民警执法的能力与底气，营造敢于执法、规范执法的良好氛围。按照"缺什么、补什么"的原则，深化民警岗位实训，在一步一动、一动一报中强化规范意识，提升制度执行力。充分借鉴外省监狱及本省其他监狱的实际案例，更多地将鲜活的实战案例呈现、剖析给民警，提高民警狱情排查研判能力、现场组织管理能力、教育改造罪犯能力。二是强化履职保障，建立监狱民警执法风险防范化解机制。及时了解、分析、评估监狱民警可能发生的执法风险，研究制定防范措施，最大程度地降低损害，切实维护与保障民警能正确执行权力。加大罪犯对民警造成不法侵害的刑事和民事责任追究，对罪犯片面或过度"维权"，恶意控告警察的要追究法律责任，依法保护民警的名誉

权、人格权。要为一线的执法民警建立意外伤害、伤残工伤保险和职业保险等，使民警在执法一线能够更加无后顾之忧，可以担当作为。

总而言之，进入新时代以来，监狱工作面临着新考验、新挑战、新任务，监狱民警应当切实把思想和行动统一到习近平总书记对政法工作的历史使命、总体思路、重点任务和要求上来，进一步增强做好新时代监狱工作的责任感和使命感，按照习近平总书记"政治过硬、业务过硬、责任过硬、纪律过硬、作风过硬"的要求，把求真务实作为工作的第一要求，真正把思想集中在想干事上，把本领体现在会干事上，把目标锁定在干成事上，建设信念坚定、执法为民、敢于担当、清正廉洁的新时代监狱人民警察队伍，全力开创新时代监狱工作的新局面。

# 浅谈新时代监狱干警队伍建设面临的困境与出路

刘 贺 *

党的十八大以来，以习近平同志为核心的党中央从坚持和发展中国特色社会主义全局出发，提出并形成了全面建设社会主义现代化国家、全面深化改革、全面依法治国、全面从严治党的战略布局，中国特色社会主义已然进入了新时代。面对新时代、新形势、新任务，监狱干警队伍建设中，依然存在许多问题、面临不少困境，如何在坚定不移走中国特色社会主义道路上破局冲击、一往无前？现笔者根据自身从警以来的所见所闻所想，结合工作实际，从一名基层干警的角度分析监狱警察队伍建设中存在的困境，并尝试提出破局之策。

## 一、困境一：职业认同感较低

30 出头的小刘是一名有着 5 年工作经验的硕士研究生，通过参加国考从东部沿海某省份的事业单位考到北京 Y 监狱，刚上岸时，小刘颇为兴奋过一阵子，国家干部、警服一穿、舍我其谁！一年过去了，小刘却始终高兴不起来，亲朋好友见面聊天谈到工作，他总是说自己是警察而不直接说是监狱警察，大龄单身的他多次相亲都无疾而终，好不容易谈了一个对象，还由于疫情防控期间封闭执勤，聚少离多而分道扬镳，他甚至萌生了要换工作的想法。在监狱干警队伍中，小刘这样的问题并非个例，也充分体现出当前监狱干警队伍中存在的职业认同感较低的困境，具体表现在以下几个方面。

（一）自我认同错位

监狱干警从事监狱管理、执行刑罚、改造罪犯等工作，对于维护社会稳定、构建和谐社会具有十分重要的作用。但是由于工作内容枯燥单一，调整

---

* 刘贺，司法部燕城监狱二级警长。

性、创造性、趣味性业务较少，时间长了以后，部分干警觉得工作没有价值、没有意义，立志成为行业专家的青年才俊常常以"护工""监控员""监工"自嘲。职业认同感、自我认同感日趋下降，职业价值自我降低现象突出。

(二) 社会认同贬斥

监狱具有较强独立性、封闭性、私密性，普通大众对监狱人民警察印象刻板固化，觉得监狱工作又脏又累又苦还危险，视监狱干警为最底层警察、"二类警察"。监狱与地方政府和其他国家机关事业单位业务基本不相关，加之职权较少，去其他部门办事也往往不被重视。例如某些景区对持有警官证的给予免票优惠，而当干警拿出监狱警察的证件时，却遭异样眼光，甚至无法得到优惠。

(三) 提升认同的措施乏力

形象是要靠自己树起来的，职业认同也是要靠一系列的措施慢慢提升的，但由于监狱系统本身话语制造与传播能力水平相对较弱，监狱对外宣传和适度开放力度不够，效果不佳。主管部门对行业曝光度、正面宣传和优秀典型推广力度不够，例如每年春节晚会，主持人都会向公安警察、部队官兵送出问候与祝福，但独独少了监狱人民警察。公安警察有专门的行业春晚，监狱干警却毫无存在感。这种不对等状态，也造成监狱民警的工作与付出得不到社会应有的肯定，狱警形象长期无法扭转。

监狱人民警察中有相当一部分人有身份认同危机，其实质是一种职业和身份上的自卑。长此以往，势必不利于提升罪犯改造和矫正的质量，不利于监狱治理能力现代化。要想有效改善和解决这一问题，可以从以下几个方面着手：

1. 法律手段保障地位提升

监狱现代化和监狱人民警察职业现代化是监狱人民警察身份边缘化的最终解决路径。《中华人民共和国监狱法》（以下简称《监狱法》）和《中华人民共和国人民警察法》应结合监狱工作实际，对监狱人民警察在监狱管理、教育矫治、生产习艺等不同领域的职责做出科学、明确的规范。应当吸纳新时代关于罪犯教育矫治的新理念、新思想，提升基层干警职业化、专业化水平，让监狱干警真正找回行业价值和自我价值，有力提升监狱干警的社会地位。

2. 暖心政策落实从优待警

一是提高监狱人民警察的政治待遇，确保不同岗位的公务人员、不同警种的人民警察享有一体尊严；二是认真落实好监狱人民警察的带薪公休假制度，保证监狱人民警察在繁重的工作之余可以得到更好的休息，有足够的时间陪伴家人，参与社会生活；三是强化监狱人民警察的业务培训和继续教育，适当扩大外出学习交流，开阔视野。

3. 正面舆论宣传引导风向

监狱主管机关、监狱和监狱人民警察要重视公共关系处理，主动作为，与时代同步伐，采取最快捷、最有效的方式宣传大墙内发生的感人事迹。要大力宣传监狱人民警察的奉献和付出，大力宣传正面形象。对于某些自媒体不负责任地炒作监狱或监狱人民警察的违法违纪个案，煽动群众情绪，制造舆论事件，应当依法及时引导和处置。建议"开门办监狱"，尤其是中、低度戒备监狱，扩大监狱与社会的交流空间，有效提升社会认同感，有效解决社会功能与社会地位不对等的问题。

## 二、困境二：激励手段乏力

1993 年出生的小周是一个时髦现代、活泼开朗的青年，曾经的外企工作经历让他对付出与价值有着清晰而独特的见解，但是自从来到 Y 监狱之后，他有点迷茫了。一方面领导总是强调讲奉献、只管付出、不求回报，工作仿佛成了生活的全部，干警压力很大；另一方面，大家的薪资待遇都差不多，特别优秀的警察，评为优秀公务员，也只有一千多元的物质激励，与外企、私企中动辄数万的绩效奖金相形见绌，无法提起全身心投入工作的积极和热情。通过小周的例子不难看出，现有的监狱激励机制确实存在一些不尽如人意之处。

### （一）物质激励政策难以突破

物质激励是传统然而有效的手段。目前情况来看，监狱干警普遍存在物质激励的匮乏，以疫情防控期间为例，全国监狱警察连续封闭执勤成为常态，经过粗略统计，干警普遍在监狱执勤备勤近 5 个月，而每人的值班费难以突破正常执勤时的标准，也就是说不管你值多少个班，每人只能发 6 天的值班费。现实中，有的监狱采取降低值班费的标准，把蛋糕切多，尽量让多劳的人多得，做到相对公平。造成这一问题的主要原因是，监狱的值班费的"总盘子"无法突破，也就是说"战时"状态执行的是"平时"的政策，事实上，执勤期间出现老人生病、病故、爱人生产等一系列问题，干警无暇照顾，心生愧疚，且在物质保障方面又没有到位，干警的积极性势必受到打击。

（二）精神激励手段乏力

精神激励的实质是通过外界的正向评价，让其产生荣誉感、崇高感。从政法各单位来看，公、检、法干警在官方及社会评价方面，在扫黑除恶、办理重大案件等方面，功劳大，充满正向评价，而监狱警察一方面鲜于"露脸"，另一方面，一旦露脸，就是监狱死人、跑人等负面信息，这样造成监狱警察整体性的行业自卑。另外，这些单位工作人员在职务晋升上有着监狱无可比拟的优越性。监狱人民警察的职级待遇上升空间有限，非领导职务的设置尚没有制度化、规范化、科学化。

（三）职业发展激励空间狭窄

职业发展就像是跑步，如果只有一条百米的跑道，数十人争先恐后、头破血流，领先者自我优越感超强，落后的追赶无望，所幸放弃挣扎、做一条浑水之鱼。如果有数条千米跑道，每条跑道的冲线者都是赢家，那么追逐者便可以适度选择，合理竞争。监狱人民警察的职业发展空间恰如那条百米跑道，一方面专业分类不详细，晋升路径单一；另一方面没有横向流动空间，容易使人产生惰性。

著名心理学家马斯洛认为每个人都有一套需要系统和层次。能否把人的积极性调动起来，是衡量激励机制有效性的重要标准。因此，在完善新型基层狱警激励机制的过程中，应针对民警不同层次的需求，采取多样化、人性化的激励措施，努力做到适才适用，充分发掘人的潜力。

完善基层干警激励制度。一是建立科学合理的薪酬制度，让狱警尽可能在制度允许的范围内拉开差距，使得狱警所获得的薪酬与其贡献成正比。注意将资源向基层一线倾斜，向"脏、苦、累、险"岗位倾斜，向贡献大的人员倾斜；二是建立科学合理的绩效考核机制，使考核更加客观、规范、精细，能充分体现被考核狱警的实际情况，真正起到奖勤罚懒、奖优罚劣的作用；三是建立完善狱警内外流动机制，着力解决机构臃肿、人浮于事，能上不能下，能进不能出的困境。

优化基层干警激励环境。一是构建学习型激励环境。有计划、有规模、分类别、成系统地对民警进行培训，着力培养民警的持续学习能力、研究能力和创新能力。二是构建和谐健康的人事工作环境。倡导"以人为本"的管理理念，尊重干警的个性发展与创造思维，保持人际关系和谐融洽，及时调节各种内部矛盾。三是构建规范合理的竞争环境，坚持正向激励与反向约束相结合，肯定能干事、多干事、干实事的人，破坏规则的害群之马应被众人鄙弃。

引入竞争机制发挥压力的激励作用，一要使民警牢固树立竞争的观念，提高竞争意识，积极参与竞争，形成真正的竞争局面；二要制订科学、公平的竞争制度，坚持把德才表现作为任职的资格条件，杜绝任何形式的任人唯亲和不正之风；三要建立强有力的监督体系，实行系统有效的监督，确保竞争的有序开展。

## 三、困境三：职业能力不足

以笔者所在的 Y 监狱为例，招录干警主要通过包括军队转业、国考招录、警校直招、系统内调入 4 种途径进行，近 5 年来共通过国家公务员考试招录37 名警察，研究生 4 人、本科生 33 人，其中不乏 985、211 等国内名列前茅的重点高校毕业人才，专业分布上也都基本与监狱工作内容具有较强相关性。但通过观察发现，高学历人才在执法水平、执法能力上并没有体现出优势，许多干警职业能力提升动力不足，提升途径有限，逐渐平庸化、大众化。这一现象值得我们对当前监狱干警队伍整体职业能力存在的问题和提升途径进行探讨。

### （一）教育改造能力不足

《监狱法》规定，监狱工作的方针是"惩罚与改造相结合，教育和劳动相结合"。随着监狱体制改革不断推进，监狱功能得到一定程度纯化，监狱工作重心逐步回归到教育改造上来，降低服刑人员重新犯罪率成为衡量监狱工作的首要标准。但是由于许多监狱长期以来重劳动、轻教育，重监管、轻改造，缺乏相关人才支撑。教育改造方法和手段没有现成的系统和完善的理论体系作指导，年长的干警往往靠经验，年轻干警依靠模仿和探索，对管理罪犯反映的一些问题常常感到无法下手处理。

### （二）应急处突能力不足

一方面表现在干警队伍危机意识薄弱，缺乏对监狱突发事件的敏感度，无论是心理还是手段上都没有预设过发生危机时的场景，一旦出现突发事件，往往措手不及；另一方面体现在，处理应急突发事件时往往具有较大风险，处理不当产生的后果可大可小，轻则接受处分，重则性命攸关。在执法保障和激励保障都不够完善的情况下，许多干警往往不愿提升应急处突能力，更不愿发挥处突能力。

### （三）干警能力得不到完全发挥和施展

职位分类是监狱人民警察职业化、专业化的大势所趋，由于监狱系统专业分类改革迟迟未出台，不尊重个人学习能力、专业背景、爱好特长，大包大揽式的任务分配、一刀切式的评价标准普遍存在，这既是人才资源的浪费，也降低了干警工作的积极性、能动性，不利于青年干警的成长。

时间和历史的车轮滚滚向前，任何事物都在不断发展中前进。政法系统要开展一次刮骨疗毒式的自我革命、激浊扬清式的"延安整风"、铸魂扬威式的主题教育！监狱干警队伍建设也必须立足实际、勇于创新。

进一步加强执法制度建设、机制建设，进一步加强执法管理标准化工作，如制定"监狱人民警察执勤工作标准""带班干警一日执勤标准"等相关文件，规范干警的日常工作，督促干警认真履职。进一步强化执法保障，要制定对违规违纪罪犯能起到真正的震慑效应的约束手段和措施。进一步明确执法界限和容错机制，让干警遇到事情能够大胆处理，无后顾之忧。

进一步强化职业风险意识教育可通过创新活动形式，组织干警不断学习狱情通报和狱内案件，使其准确把握当前的狱情态势，增强防范意识和忧患意识，从而自觉深入了解罪犯思想动态，加以积极有效应对。教育他们既要清醒地看到执法风险的客观存在，更要始终坚信执法风险的可控性。同时，加强实战业务能力训练，通过模拟场景等形式，提高全体警察特别是监管改造一线警察驾驭复杂局面、创造性开展工作的能力和水平。

进一步提高监狱警察队伍专业化水平要以干警所学专业为基础，结合工作需要和个人爱好，实行双向选择，开展针对性、实操性强的专业化培训，让每名警察都能全面地学习到某一岗位的专业知识和技能，做到深刻领会，熟悉掌握，正确运用，能独立完成本岗位工作，使警察从"博而不精型"向

"专家型"转变。开展形式多样的业务培训，切实提升队伍的专业化水平。

## 四、困境四：执法保障薄弱

2020年2月，山东任城监狱发生集聚性新冠肺炎疫情，包括干警和罪犯共有200余人感染病毒。虽然狱内疫情很快烟消云散，但因任城监狱疫情防控不力，从山东省司法厅、监狱管理局到任城监狱，先后数人被免，其中山东省监狱管理局原副局长王文杰，任城监狱原监狱长刘葆善、原副监狱长邓体贺玩忽职守案，戴光辉、陈民华妨害传染病防治案分别在济南中院、济宁中院、济宁任城区法院公开开庭审理。对于事件的发生、发展和结果，我们无法公正评论。但是从一个普通监狱干警的角度而言，我深深感受到了一种悲凉，这是一种身处职业风险最高的职业之中的惶恐，也是执法过程中如何保护自己的迷茫，更想到如果执法权益受侵害时不被保护重视的无着无落的无助。在监狱干警队伍中，执法保障薄弱的问题也存在已久，主要体现在以下几个方面。

（一）执法规范不完善，执法意识不同步

各类法律、制度、规章对监狱干警执法设定的条条框框日益增多，而罪犯维权意识也在不断增强，干警普遍反映执法空间变小。与此同时，《监狱法》自身并不完善，不是一部完整的刑罚执行法，难以全面规范刑事执法活动，有些规定过于原则，实际工作中操作性不强，与执法意识不同步。

（二）执法保护机制缺位，执法空间受拘束

到目前为止，监狱系统仅有福建等个别省份出台监狱人民警察依法履职保护办法，全国性履职保护机制迟迟未出台，司法部如果能够对监狱警察执法执勤列出负面清单和履职清单，对依法履职的予以免责保护，对不作为、乱作为的及时惩戒乃至处理，也是对监狱人民警察的关心和保护。

（三）社会舆论导向偏颇，执法结果风险高

近年来，社会公众和媒体十分关注罪犯的权益保护，视罪犯群体为社会弱势群体，监狱干警成了公众眼中的强势群体，对保护监狱干警的权益鲜有正面报道。执法过程稍有瑕疵，罪犯家属和社会舆论就可能会"绑架"，时间一长，监狱干警对自身的工作能力和执法程序产生怀疑，势必会影响严格科学文明执法。

2019 年 1 月，习近平总书记在出席中央政法工作会议讲话时指出，政法队伍是和平年代奉献最多、牺牲最大的队伍。对这支特殊的队伍，要给予特殊的关爱，做到政治上激励、工作上鼓励、待遇上保障、人文上关怀，千方百计解决各种实际困难，让干警安身、安心、安业。习近平总书记的一席话温暖了全国几十万监狱干警的心窝，也给监狱干警职业保障提出了更高的要求。

完善职业立法保障。一是以法律形式明确监狱警察职业保障和履行法定职责保护的相关条款。如明确监狱警察执法正当防卫权。从而保证监狱人民警察在执法过程中的人身安全，树立警察执法的权威；二是健全履行职务受到侵害保障救济机制，强化执法豁免权与执法防卫权。使监狱警察在执法中能够有效抵抗各种风险，保障监狱警察免受非法的或不公正的责任追究；三是完善法律法规，严厉打击各类袭警行为，把辱警、扰警、抗警等行为纳入妨害公务罪的范畴，细化强化法律层面的打击力度。

完善职业制度保障。建立监狱警察维权机制，建立警权维护机构。这一部门可借鉴公安警察协会和国外组织经验，尝试由监狱牵头，各级监狱警察代表、律师、法官、检察官或者其他群众参与，致力于保障监狱警察正当执法中的合法权益，为维护监狱警察的福利待遇和抚恤保障发声，接受监狱警察的投诉，强化监狱警察的职业权威。

完善职业发展保障。建立完善干警身体、心理健康保障体系，优化警察成才促进机制，给一线警察、年轻警察更多表现机会，建立完善激励性竞争发展模式，大力支持脚踏实地、辛勤工作的监狱警察，充分调动他们工作主动性和创造性。建立一套留住人才、激励人才、重用人才的长效人才选拔机制。还要加强干警专业化培训，提高监狱警察在一线管理过程当中的警觉性和灵敏性，有效提升职业风险规避能力。

# 监狱人民警察队伍年龄结构的现状与优化
## ——以山东某监狱为例

张　劲 *

在中国特色社会主义建设中，监狱系统作为承担部分刑罚执行功能的行政机关，其自身的稳定和效能对国家和社会的稳定和发展有着极其重要的意义。其中监狱人民警察作为监狱中实施狱政管理和刑罚执行的具体执行者，其年龄结构与工作状态直接决定监狱机关内部的稳定和职能的发挥，而一个年龄结构合理、充满活力的监狱人民警察队伍是坚持和完善中国特色社会主义监狱各项制度的基础和保障。本文通过有关资料分析，结合山东省某监狱折射出来的有关监狱人民警察队伍年龄结构的诸多问题，在对这些资料进行深入分析的前提下尝试探寻切实有效的对策，以期达到在充分尊重现实情况的前提下充分发挥各年龄阶段干警的优势，并进一步探讨优化监狱人民警察队伍的可行制度，最终促进监狱人民警察队伍健康、科学、稳定发展。

## 一、监狱干警队伍年龄现状

联合国世界卫生组织经过对全球人体素质和平均寿命进行测定，对年龄的划分标准做出了新的规定。该规定将成年人划分为 5 个年龄段。中国也做出了与之相应的年龄段划分，其中青年阶段为：18 岁~40 岁（青春期 18 岁~28 岁、成熟期 29 岁~40 岁）；中年阶段为：41 岁~65 岁（壮实期 41 岁~48 岁、稳健期 49 岁~55 岁、调整期 56 岁~65 岁）。

本文以此为依据，将监狱人民警察的年龄结构划分为三级：青年组（18 岁~28 岁）、中年组（28 岁~40 岁）、老年组（40 岁~60 岁）。将该年龄结构的分级应用于山东省男性监狱人民警察，山东省共有监狱 28 所，监狱人民警

---

* 张劲，山东政法学院警官学院讲师。

察约一万一千人。其中老年组人数占全省监狱人民警察总人数比例约为 52%，中年组人数占全省监狱人民警察总数比例约为 28%，青年组人数占全省监狱人民警察总人数比例约为 20%。该年龄组成形成了倒三角形模型，这种模式的年龄结构下的老年组人数占大部分，而青年所占的比例则较小，这种情况构成了全省监狱系统监狱干警年龄结构老龄化结构模式。监狱是监狱人民警察的承载，监狱人民警察是监狱的活动展现主体。监狱干警年龄组成同时也成为监狱干警年龄结构的主体反映。通过分析监狱各部门的年龄组成，也可以很好地找到当下监狱各个部门年龄结构的特点。

以山东省某监狱为例。

1. 政治处

在政治处的干警青年组占到 30%，中年组占到 25%，而老年组则是占到了政治处的 45%。政治处相当程度上出现了年龄结构不合理的问题，并出现年龄断层的现象。而且这种年龄结构老龄化的问题被整个大环境所掩盖，使得这种不合理的年龄结构成为常态。

2. 后勤部门

在后勤部门的干警青年组占 38%，中年组占到了 23%，老龄组占到了 49%。在调研过程中笔者发现很大一部分的干警在后勤保障部门会产生消极情绪。笔者认为在年龄的组成上有一定的问题，老干警很多时候需要上报繁琐的材料，由于年龄因素，老干警学习新知识的能力相较于青年干警来说并没有突出的优势。

3. 监区方面

监区是我国监狱现行内部机构的设置，属押犯单位。就笔者了解的某监狱一监区来说，监区民警共 19 人，28 岁以下的青年组为 4 人，28 岁~40 岁的中年组为 5 人，40 岁~60 岁的老年组为 10 人。其中，监区长、副监区长、教导员和副教导员 4 人均在老年组。而作为中年组的 5 人，2 人年龄偏大，其中干警的年龄组成老龄化就导致了其在学习新知识及专业技能方面难度加大，以现在的工作方式、工作效率无法及时进行有效的沟通和传达。

山东省其他监狱的情况也不容乐观，通过各方了解和资料查询，山东省另一所监狱的情况也相类似，2000 年，该监狱平均年龄 38 岁，2005 年 4 月，平均年龄 41 岁，在 5 年的时间里，干警平均年龄增长了 3 岁。1998 年山东省政府给该监狱核定的干警编制为 295 人，2004 年分局成立后，调整为 285 人。

从数量上看，超编 88 人，而实际上，女干警占 97 名，老年组的男干警竟然有 216 名，在干警的年龄结构上老年组的人数占到整个监狱总人数的 72.97%，从该监狱的警力配置上我们可以看到加上农场公司、物业公司等非押犯单位占用的警力，监狱实际监区、直属分监区工作的干警只有 126 人，占干警总数 22.8%，与在押罪犯的比例是 1:15.5。这与当时政策制度所要求的 1:8 相比，警力严重不足，干警年龄普遍偏大。

一叶知秋，山东省向来作为人口大省，多子多福的生育观念根植于当地文化，相对于其他许多省份，在不同阶段人口比例上表现相对年轻。通过山东省几所监狱的总体状况，推测可知其他省份监狱系统中监狱人民警察队伍年龄结构也不会太过乐观。监狱人民警察队伍的老龄化，与中国宏观人口结构的老龄化趋势有很大的相似度，将会给监狱工作带来诸多不利影响。

## 二、监狱人民警察年龄结构老龄化带来的问题

### （一）干警队伍对新情况适应性差

干警年龄结构整体偏大，导致干警的知识更新慢、观点陈旧、缺乏活力，在监狱的工作中有不同表现形式。监狱干警长期从事中长刑犯的教育改造工作，面对当下社会网络犯罪、新型犯罪等与传统犯罪差异较大的罪犯，有的监狱干警就会感到无所适从，在短刑犯、网络犯罪、非暴力型犯罪、累惯犯等罪犯类型的敌情观念和转化改造方式上距离新时期社会对监狱应当发挥的水准依然有不小的差距。

近年来国家法律的变化，如新的刑法修正案的实施，对监狱适应快速发展的新形势和新情况提出了更高的要求。由于短刑犯的增多，罪犯低龄化、高智商化已经是普遍趋势，当前"00 后"罪犯迅速成为服刑罪犯重要的组成部分，给监狱干警的改造方法和知识水准提出了更高要求。由于监狱干警年龄整体偏高，且长期居于环境封闭的状态下，他们更加难以追踪当前社会的潮流和趋势，这就使得干警队伍整体对新情况的适应上出现困难。

### （二）职业倦怠状态突出

职业倦怠是一种容易在助人行业中出现的情绪性耗竭的症状，是个体伴随长时期压力体验下而产生的情感、行为的衰竭状态。在老龄化的年龄结构中，职业倦怠更是有极大的危害和更直观的表现。监狱人民警察属于助人工

作的一种，在帮助罪犯改造的过程中，需要一直投入大量积极情绪、正能量、乐观态度，长时间不间断地面对着庞大的工作压力，在监区中，监狱人民警察八小时工作制中一半以上的时间都是在教育、感化、调节，长时间处于教育罪犯的角色中。相对于青年组干警，老年组的监狱人民警察容易出现职业倦怠。同时由于监狱人民警察的晋升机制，监狱系统中，科员是占比最多的一部分，而进一步分析会发现在科员中占比最多的依然是老年组的监狱人民警察。这种现象在全省的监狱系统相当普遍。这种情况结合整体年龄结构的老龄化使得老年组监狱干警在工作状态上得不到有力的保障。

专家学者用焦虑自评量表 SAS 和总体幸福感量表 GWB 对山东省监狱系统的 200 名干警进行了调查。结果显示：相较于青年组和中年组，老年组的监狱人民警察焦虑情绪表现明显，面临的压力相较于常人远远超过正常数值，主观幸福感低。而对于这些处于情绪焦虑的老年组干警的跟踪调查显示他们做事不认真，不注意细节，容易出错，心情抑郁。同时部分老年组监狱人民警察还表现缺乏工作的动力与热情，也缺乏对生活的动力和热情。笔者在某监狱狱政管理科调研时发现该科室的出勤表中有两名干警长期不出勤，通过了解，这两名干警均是即将退休的老干警，以有病情为理由常年不到勤，而监狱对这两名干警按照全勤发放薪资，这为其他干警树立了一个坏的榜样，使得该科室其他干警工作状态受到较大影响。

（三）为监狱安全埋下隐患

《司法部关于加强监管改造工作的若干规定》中明确指出，大、中队（注：即现在的监区、分监区）干警的配备，不得少于本单位干警总数的60%；实行三级管理的单位，中队级（注：即现在的分监区）干警的配备一般应占押犯数的 8%；编制不足的单位，中队干警的配备不少于全大队干警数的 70%。但是现在就山东监狱系统来说，部分监狱为了满足《司法部关于加强监管改造工作的若干规定》的硬性要求，将不直接参与罪犯改造的民警按参与改造的民警一同计数，并且在监狱的监管改造一线中，老年组占有相当一部分的比例，在工作过程中很多老年组干警并不能有效贯彻落实监狱的相关规定，使得警力不足的问题更加突出。

监狱的监管安全稳定是监狱各项事务正常进行的重要基础和前提保障。监狱的监管安全如果没有保障，那么其他各项工作就不能顺利开展。若监狱安全得不到干警队伍的强力保障，那么罪犯暴动、逃脱、凶杀等犯罪案件就会发生，尤其是一些狱内影响极其恶劣的案件，还会对社会秩序、群众安全、社会和谐发展造成难以预料的后果。不论是黑龙江张云明脱逃案，还是云南黄德军脱逃案抑或是哈尔滨杀警越狱案，我们不难发现，上述案例涉及干警的年龄均归属于老年组，哈尔滨的段宝仁警官更是 59 岁牺牲。对于防止狱内案件的发生最重要的是加强对一线干警尤其对老年组干警的培训，增强监狱人民警察对罪犯的了解和观察，并消除老干警对监管安全隐患的麻木心态。但是在实际一线工作中，由于警力不足并不能完全、准确、及时地对监区内罪犯了解、观察、摸排和分析，这就为监狱的监管安全埋下了巨大的隐患。

## 三、监狱人民警察年龄结构老龄化的解决方案

从总体上来说，要解决监狱人民警察年龄结构老龄化的问题，需要从三个大的方面入手：首先，要拓宽人才引进渠道，从源头上解决年龄结构老龄化的问题；其次，以现有实际情况为基础，在短期内无法解决扩招的情况下，"盘活存量"利用好现有的人力资源，将警力充分配置到能发挥应有作用的部门，落实警力下沉政策；最后，需要采用各种方式调动干警的积极性，打造具有战斗力的干警队伍。通过扩资源、配警力、促积极这几项措施，缓解当前日益严重的监狱人民警察队伍年龄结构老龄化的问题。

（一）扩资源

1. 国家宏观政策保障

十九大报告中提出"坚持全面深化改革"的总体要求，在 2018 年 12 月 30 日印发的《深化党和国家机构改革方案》中，将中央全面深化改革领导小组改为中央全面深化改革委员会。通过改革委员会协调各方利益，组织试点。而监狱结构老龄化的问题可以通过改革委员会层面以国家政策的方式协调解决。《司法部关于进一步推进监狱工作法制化、科学化、社会化建设的意见》中明确提出建立科学的监狱人民警察岗位分类制度。此意见为监狱人民警察的职位分类提供了相应的政策支持，针对监狱实际情况，根据不同职位，参照专业、工作能力和年龄等因素使得监狱岗位分类制度与年龄结构相适应。由此，国家政策改革，制定相应的法律法规完善监狱人民警察的年龄比例，扩大对监狱人民警察的招录，设立相应政策完善监狱人民警察的年龄组成，

建立完善监狱人民警察退休机制等宏观措施均有助于解决监狱人民警察队伍老龄化问题。

2. 监狱系统自身政策倾斜

一是编制问题，力争在现有基础上有所增加。鉴于监狱系统的现状，如果编制不增加，招考公务员数量必然受限。比如山东某监狱现有女干警和50岁以上男干警合计占到56%，机关科室无论怎样调整，也无法达到上级关于管教科室占机关科室干警20%和监区干警与押犯的比例为1：8的要求。

二是对公务员招考，每年应按一定比例招收监所管理专业人才，并就监狱学等对口专业进行招录。这将使得监狱民警从招录开始便拥有更好的专业知识和专业能力，为监狱的工作开展发挥应有的作用。

3. 专业人才培养制度建设

监狱学属于国家特设学科，在全国仅有几所大学进行监狱学本科招生培养。学校对监狱学专业学生的就业方向应体现针对性和目的性，应尽可能使监狱学学科培养的学生进入监狱系统发挥作用，完善这项制度建设将有助于一线监狱工作获得大批专业新生力量，缓解监狱干警队伍老龄化趋势。另外，学校应建立新的考察体系，对其专业的考察应更加完善，而不应是简简单单地通过四年八次的期末考试成绩反映一位学生的四年学习情况，这种方法有武断、单一之嫌。可以通过日常量化及平常的警务化管理考核分数结合日常表现及考试成绩，以此建立更加完善的考察制度，为监狱学学生进入监狱系统做好自身的准备工作。这样在监狱专业人才培养方面，在确保监狱工作所需的人员数量基础上，更能保证新入职干警的质量。

培养监狱学人才的学校在与各地监狱系统建立沟通方面也应加强对于学生就业情况的考虑，比如每年监狱系统在招录的监狱人民警察的数量上，学校对监狱系统的招录建议应与各地监狱系统进行更加密切的交流，通过增加招录的数量来实现监狱干警年龄结构的年轻化。

（二）配警力

"警力下沉"近年来一直是各级监狱系统工作的重要一环，是在现有警力基础上的合理化配置，以充分发挥现有各年龄段警力的作用。要充分实现这一目标，首要的是压缩机关，充实基层。除老同志和必须要在狱内工作的科室外，机关科室应严格控制各个年龄段男干警。在保留部分老年组的干警的同时，大力使用青年组、中年组的干警，发挥各个年龄段干警的特点，使得监狱工作最大限度发挥效益，让部分重点科室的年龄结构偏向年轻化。要充分发挥各个年龄阶段的女警资源。通过所在单位调研，笔者发现女干警所在的科室，青年组女干警扎堆，整体相较于其他科室来说更加年轻。通过对女干警的合理分配，我们也能对年龄结构老龄化的科室进行有效改善，女干警们的工作也必会得到司法系统和社会的承认。然而，女警所适用的岗位数量非常受限，因此必须不断开拓新领域，如财务、供销、政工、后勤、会见、监控、教育指导等，以充分实现现有人力资源的作用。同时还应充分发挥现有女警的潜能，结合专业培训，根据监狱实际情况，结合女干警的年龄、专业让女干警能够深入年龄结构老龄化的科室，实现监狱重点岗位、重点科室、重点职位"年轻起来"的目标。

（三）促积极

1. 加强学习培训

重视监狱人民警察工作教育培训工作来提高自己的各方面的能力，全面地提升监狱警察的政治能力、业务能力、专业知识能力、身体素质能力，让监狱人民警察队伍向更加专业化的方向发展。尽管从表面上看学习培训没有改变干警年龄结构，但在实际效果上起到使干警队伍年轻化的作用，有助于增强干警队伍的战斗力。

可以在监狱定期组织党政建设的思想课，在监狱系统内部印发内部宣传材料，通过单位内部的官方网站、微博、微信群不断地向监狱人民警察传达最新的行为规范和相关的专业知识材料，让监狱人民警察时时刻刻保证充分的学习，接受党中央和司法部最新的政策方针。单位内部也可以组织主要成员进行一些系统解读的会议，将最新的知识传达给每一位监狱民警。只有通过不断的学习，通过各方面各渠道不断地丰富获取知识的来源，提高思想政治能力，综合执法业务能力，才能适应时刻发展的监狱内部环境和形势，更好地履行好本职工作，在现有条件下最大程度发挥监狱干警队伍的潜能。

2. 保障干警各项权利，尤其是休息权

队伍的精神风貌不仅来自高强度的训练、教育，也来自必要的调整和休息，更来自对干警职工后顾之忧问题的解决。就现在的工作紧张程度，基层干警不仅个人长期得不到休息，而且连家人也要跟着奉献，有的子女上学得不到必要的家庭关怀，子女就业得不到合适的安置，这使很多老干警在家庭中得不到理解。因监狱工作的性质，外加个别单位的特殊情况，国家规定的法定休假、探亲假往往无法得到落实，这就不免使部分干警甚至是青年干警因为工作生活而产生暮年状态，职业倦怠由此更加突出。因此，在加强学习培训的基础上，还应完善干警定期休养的制度，从制度上充分保障干警的各项权利，让各个年龄阶段的干警在具有操作性的制度下得到相应权利的保障，在休息的过程中让自己的精神、工作、生活"年轻起来"，从而带动整个监狱干警队伍"年轻起来"。

# "线上理论+线下实践+运动处方"混合教学模式
## ——以警察招录体能测试课程为例

仲伟骄 [*]

　　人民警察属于国家公务员,公务员考试录用包含报考和资格审查、笔试、面试、体检和考察、公示等环节,其中,公安机关人民警察职位,将对报考者履行职责所需的体能情况进行测评,测评项目和标准按照《公安机关录用人民警察体能测评项目和标准(暂行)》等执行,体能测试不合格的,不得确定为拟录用人员。[1]作为培养人民警察的警察类院校,均将警察体能培养作为重要的培养内容。山东政法学院警官学院针对公安机关录用人民警察体能测评项目和标准,开设警察招录体能测试特色选修课程,在满足监狱学学生报考公务员考试需要的同时,为立志成为人民警察的山东政法学院非警察专业学生提供警察基础课程。

　　警察招录体能测试是实践选修类课程,在 2020 年新冠疫情开始前主要在操场、警体馆、体能训练房等地点进行,是靠肢体来直观诠释教与学内容的实践课程,主要教学对象为大四学生,由于学生实习和各类考试,课程教学效果大打折扣。新冠疫情期间的线上教学给此门课程带来了诸多挑战,同时也带来了混合式课程教学改革的机遇。如何在线上开展网络教学并保障学生训练质量,存在一定困难,"疫情在前,警察不退"口号的提出,使得警体教师勇担使命,团结协作,探索出了"线上理论+线下实践+运动处方"的混合教学模式,2020 年选修警察招录体能测试课程的学生,所有报考警察职位的学生,全员通过人民警察招录考试,顺利成为人民警察。

---

＊ 仲伟骄,山东政法学院警官学院讲师。
〔1〕《中央机关及其直属机构 2021 年度考试录用公务员公告》

## 一、激发学生学习的主动性

"线上理论+线下实践+运动处方"教学模式能使学生掌握训练原理,学会自主训练方法,确保参加警察录用考试的学生顺利过关警察招录体能测试,并为学生未来的警察职业生涯打下体能基础。

(一)课程基于学生考上警察岗位的需要开设

每年公务员考试时,均存在部分学生身体素质达不到警察体能测试标准,在考试前快速提升体能,但由于没有提前规划,面试与体测时间相距太近,体能基础差,训练不足,最终导致无法顺利通过考试的情况。部分学生从小因为身体原因,心理自卑,没有人帮助其系统提高,最终放弃成为"警察"的梦想。为了帮助学生,警官学院进行了专项调研,发现毕业生体质现状与警察体能标准存在差距,社会上并无相关培训课程,百度上搜索到的训练秘籍或者通关技巧,如使用兴奋剂,穿戴特殊弹跳装备等,由于没有体能基础做保障,揠苗助长,容易造成运动损伤。人民警察体能测试现场受伤情况并不鲜见,且部分做法违背公平,属于作弊行为,应依法取消其录用资格,并按考试作弊进行处理。山东省人民警官训练基地系统分析人民警察岗位需求,认为人民警察需要健康的身体、良好的体能、突出的技能、稳定的心理、灵活的思维、规范执法的意识,对党忠诚,听从指挥,全心为民。开设一门注重考生体能全面和长远发展,能适应线上和线下教学双重需要的警察体能课程是考生的需要,也是用人单位的需要。

(二)构建以学生为核心的成长共同体

由于课程的特殊性,每名学生的基础条件不一,课程必须因材施教,其中,学生自我认知能力不可忽视,需要以学生为核心,以岗位需要为目标,师生共同设计运动处方,根据考试要求和学生体能现状及时调整训练方案。课程的教学效果既体现在过程性评价和结果性评价中,但最终体现在学生在录用人民警察考试中的体能测试通过率,以及学生未来工作中体能需要的反馈中。对于教师来说,考录警察成功率为99%的数据很高,但没有通过测试的那1%的学生,对其自身来说失败是100%,因此教师必须帮助学生认识自身的重要性,使其主动与教师、家长、社会共同组建个人成长共同体。

（三）充分挖掘课程的思政元素

监狱学是专门培养监狱人民警察的专业，"忠诚铸造警魂"是山东政法学院警官学院的特色思政活动。作为专业特色选修课程，需要帮助学生打通入警前的最后一关。借助招警的关键一步，端正考生的入警动机，使学生认识到，只有通过脚踏实地的训练，用汗水铸造威严的警察外形，锻炼良好的体能基础，形成灵活的战术思维，培养忠诚的意志品质才能顺利成为警察。课程围绕警察招录中的体能测试，目标明确，通过系统学习，不但可以实现个人的人生梦想，还可以运用所学知识制定从警后的训练计划或者教授他人，帮助其他有警察梦想的青年实现人生理想。在疫情防控期间遇到的课程器材短缺、场地不规范等问题，师生共同解决问题，使同学们不畏困难，勇于接受挑战。课程中的规范、环保、纪律等意识使学生树立社会主义核心价值观。教师不畏困难，快乐教学为学生树立了榜样，学生不惧挑战，踏平障碍，坚定警察梦想，逆"疫"而行的做法，也是课程融入思政元素的生动表现。

## 二、系统提升学生体能水平

授课可以帮助学生实现自主学习和训练，在疫情防控期间或者在其他特殊情况下也可通过线上课程实现教学目标。疫情结束后也可以利用线下训练恢复班级授课制，或者向其他院校教师借鉴理论教学部分，提供线上线下混合授课新的思路。线上线下课程可以为学生提供基础学习服务，运动处方可以根据学生实际因人而异开具，实现普适课程与学生特殊需要的完美结合。

（一）设计层次性学习目标

课程的目的是提高学生的体能，提高警察招录体能测试通过率，使学生养成终身锻炼的习惯，保持训练水平，延长警察寿命。培养学生自主训练的能力，学生通过学习，掌握训练原理，自我诊断运动素质现状，根据人生梦想，设定训练目标，通过"一步一个脚印"的系统训练，每日提升一点，坚持一周、一月、一学期、一年，不断提高体能，使其形成终身锻炼习惯，维持警务技能水平。疫情防控期间，体能训练可以提供体能和免疫力储备，调节紧张的学习氛围，缓解学习疲劳；疫情过后，学生顺利通过体能招录测试；入警后学生养成终身体育意识，为警察职业生涯提供体能基础。警察是需要保持并提高警务技能水平的职业，坚持训练才能延长警察寿命。

（二）初始状态诊断和每日数据监测

依据课程目标，每节课设置课程学习目标，区分理论学习目标、实践训练目标和运动处方目标。第一次课时，系统讲解课程训练过程的控制性结构（如图1）、训练监测的理论依据和方法，对学生进行初始状态诊断，根据个人实际，制定运动处方，控制训练，每周阶段测试，进而修正训练计划，确保运动处方合理有效。讲解训练监测指标和简易测试方法，坚持每日测量，利用基础脉搏和主观感受，感知训练的合理性，利用BMI指数、腰围等数据，激励学生为完美体型而奋斗，将大目标切割成显而易见的小目标。

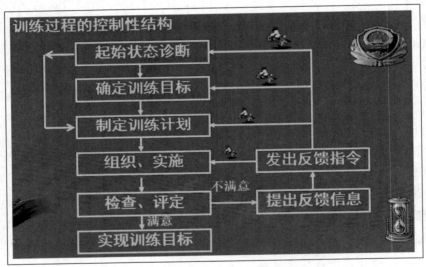

**图1　运动处方设置**

（三）理论模块设计围绕训练模块进行

由于课程特殊，需要较多的训练器材，课程设置"课前准备"栏目，标注课程注意事项，提前一周公布，学生自主准备训练器材和场地，保证上课条件与安全。激发学生动手能力，如利用饮料瓶代替木块，用悬挂的小球、纸团代替摸高线等。学习内容人性化地设置为理论与训练模块，理论模块为训练理论、方法、理念和思路，解答训练疑问，时长10分钟～15分钟，理论在前可为训练提供理论基础并确保训练的连贯性。训练模块含有课前必做准备活动，专项准备活动，避免学生受伤；加入课后必做放松练习，帮助学生尽快恢复；主体部分明确负荷量，示范完整和分解动作，学生根据负荷强度、负荷量、间歇时间进行训练。讲解训练原理，可消除抵触情绪，引导学生科学训练，每日利用基础脉搏等监测训练，利用身体数据监测曲线，激励个人坚持训练。布置课后作业，制定个人运动处方，每日抽取学习内容训练半小时，组建训练小组，进行小组内打卡，相互激励，形成训练氛围，帮助学生养成训练习惯，培养终身训练意识。设置"鸡汤"模块，课后观看励志视频，提升学生社会主义核心价值观。提醒学生训练时不影响他人生活，如跳动影响邻居等；分析并讨论生活中的警察执法案件，培养学生的警察意识；采用小组训练法，相互保护、鼓励，引导学生团结互助，积极进取；注意上课纪律、队列规范，形成纪律意识、规范意识；训练场地保持卫生，训练后养成清理垃圾的习惯，培养人与环境和谐共生理念。牢记训练前检查、训练后恢复器材，时刻注意训练安全，牢固树立安全意识。

（四）线上理论、线下训练、运动处方的合理配置

普通体育课以线下教学为主，忽视理论，"线上理论"可以弥补教学短板。公务员面向应届毕业生或者社会人员招考，考生存在忙于毕业实习、论文设计、各种考试准备或者求职等问题，警察招录体能测试课程的学生均为大四毕业生，具备了自主思维能力，不满足于听从指挥服从训练命令，需要"知其所以然"，理论与实践的结合方式，更容易帮助学生提升训练水平。由于学生在校学习时间不足，个体身体素质不同等，训练不能犯任何错误，需要在短时间内高效率提高自身体能，因此需要开具属于个人的运动处方。线上教学用于普及训练知识，指导线下训练，线下集中训练可以为学生提供训练模板和技术指导，利于针对考生开具相应的运动处方，三者结合实现因材施教。训练课程以体育人口标准为依据，鼓励学生每周进行三次大负荷训练，设计趣味性训练手段，学生每日可以在其他学科学习间隙，进行趣味训练，如反应性小游戏、摸树叶等，总体解决个人训练厌训等难题，照顾全体学生并关注个人差异。在讲解警察体能招录测试的训练过程中，使学生认识警察工作的性质，不同类别警察的体能需要，调动学生训练的主动性，养成终生坚持警务实战技能训练的习惯。

## 三、实用的教学手段

教师可在课程中尝试多种教学手段，通过教学实验、学生体能测试反馈，

筛选最实用的手段。利用 PPT、视频、文件等讲授理论知识，利用直观示范指导训练，形成剂量负荷、精准营养、科学恢复控制的训练体系，利用运动处方破解个人问题的整体教学方案，确保顺利完成教学目标。

(一) 多种实用的教学手段

理论课需要提前准备教学材料，利用 PPT 制作课件，录制理论课程视频，利用手机、摄像机拍摄直观示范动作视频，利用视频制作软件处理自制视频及网络优秀教学视频，灵活使用文字、图片、音频、视频等手段，将理论学习材料提前放置到学习平台，定时开放，供学生提前学习。通过"学习通"等教学平台进行网上教学，提供可供反复观看教学资料，利用腾讯课堂、微信、QQ 等进行课程直播，随时进行问题答疑。

线下实践课程中，进行弹跳力、速度、灵敏等素质训练，灵活采用重复训练法、变换训练法、持续训练法、间歇训练法、循环训练法、综合训练法、游戏训练法、情景教学法、发现教学法、小组训练法等训练方法进行训练，利用模拟测试法、检验测试法、现场测试法、比赛测试法等进行模拟体能测试的方式进行教学检验。

运动处方需要根据训练前的健康素质、运动素质现状诊断，根据训练目标和训练准备时间，制定运动处方，及时根据教学反馈信息和测试水平进行处方的修正，尽量采用课上已经教授过的方法和手段开具剂量负荷，积极探索更加有效的训练方法和手段。

(二) 多渠道的教学反馈手段

学生是学习的主体，学生的反馈是最好的教学效果评价指标。如果学生在异地，学生可以通过文字、电话、语音、视频等将自己的训练感受、训练水平、训练疑问反馈给教师，教师进行视频分析，进而进行反馈。如果是实践课程可以在训练中、训练后进行教学观察，及时反馈给学生训练评价，帮助学生修正训练，学生也可以提出自己的训练疑问，与教师进行现场沟通。如果学生不愿意现场反馈，可以在课后利用微信、QQ、学习通学习平台等与教师进行沟通。

利用测试数据对学生进行训练监控，可以在基础水平差不多的学生间进行横向比较，可以与往期学生的数据进行对比，也可以针对学生个人训练以来的数据进行纵向比较。测试应严格模拟警察招录体能测试现场环境，争取每次测试环境尽量一致，对测试进行现场拍摄，认真分析测试数据和测试现场视频，及时进行教学反馈，准确进行运动处方校正。

## 四、结语

警察招录体能测试课程是针对人民警察招录考试体能测试专门开设的实践选修课程，其"线上理论+线下实践+运动处方"混合教学模式是在传统实践课程的基础上进行的教学改革。将理论部分搬到教学平台上，供学生提前预习；线下实践部分更加注重规范化教学；运动处方因材施教，强调实效性，积极调动学生的主动性；利用教学反馈实时进行训练控制，帮助学生端正入警动机，打牢体能根基，确保学生顺利通过警察招录体能测试，使学生养成终身锻炼的习惯，保持训练水平，延长警察寿命。

警察招录体能测试"线上理论+线下实践+运动处方"混合教学模式成型时间较短，仍需要进一步完善，线上理论知识需要精选，线下实践课时需要进一步增加，需要建立运动处方库，争取帮助更多学生成为人民警察，帮助公安、司法部门培养更多优秀人民警察。

第五编

# 监狱疫情防控

# 防控措施立法是监所应对突发事件的必然要求

路永泉 *

监管场所（监狱、未成年犯管教所、看守所、拘留所、强制戒毒所）的安全稳定既是考验政府是否能够有效管理社会的最主要标志之一，也是考验政府治理能力、治理体系是否现代化的标志之一。我国必须针对这次疫情监所暴露出来的短板和不足，吸取教训，借鉴全国各地处理本次疫情的成功经验，在《中华人民共和国监狱法》等刑事法律中增设监所应对突发事件条款，完善突发事件防控体制机制，全面推进监所应急管理体系和应急管理能力现代化。

## 一、监所立法增设应对突发事件条款的必要性

（一）监所的特殊性质决定了必须要有不同于外部社会的应对突发事件的措施

监所作为国家权力的强制执行机构，属于国家强制力高度控制的危险区域、特殊区域，人员高度密集，与外部社会高度隔离，一旦有公共卫生等突发事件，大量的被关押人员无法能够像社会自由公民一样迅速被疏散或送往社会医院予以救助，社会医务人员也不可能随时随地大量进入监所救助，势必造成疫情的快速扩散。在监所立法或者法律修订时要未雨绸缪，加入相关应急管理条款，坚持以大概率思维应对小概率事件，宁可百年不用，不可一日不备，确保监所安全管理长治长效。[1]

（二）当前全球各类公共卫生紧急事件时刻威胁着包括监所在内的人类安全

人类克服了一个又一个曾经威胁全人类的重大疾病，但是没有证据表明，

---

* 路永泉，甘肃省监狱管理局教育改造处副处长，法律硕士，甘肃政法大学硕导，律师（公职）。

〔1〕 参见吕朝晖："推进基层监所应急管理体系和能力现代化建设探析"，载《中国司法》2020年第4期。

各种公共卫生紧急事件越来越少或者危害程度越来越弱。相反，国际国内公共卫生紧急事件层出不穷，直接威胁着监所安全。从新中国成立后我国情况来看，面对萨斯、新型冠状病毒等，我国和其他国家一样一度处于非常危险和被动的状态，监所自然难以置身事外。

我国境内严重影响公众健康的事件频发。改革开放后，各类群体性感染事件、食物中毒事件、职业中毒事件多次出现，如1988年上海甲肝暴发导致近3万人感染，1998年山西朔州毒酒事件导致30余人死亡，2002年南京汤山中毒事件导致42人死亡，2002年河北白沟中毒事件导致6人死亡等。其他诸如地方病区域性流行、暴发流行或出现死亡、群体性不明原因疾病，水体污染、大气污染、放射污染等有毒有害因素污染导致群体中毒或者死亡等事件全国各地都曾经出现，这些突发公共卫生事件危害程度虽然不如新冠等病毒的危害程度严重，但是波及范围极广，发病率高，一旦在监所内大面积爆发，对监所的危害程度不亚于新型传染病。

（三）国家有关法律法规对监所在面对突发事件时如何处置均未涉及

监狱法、禁毒法、看守所条例、戒毒条例等作为监所管理的基本法律法规，对监所如何应对突发事件几乎没有涉及。《中华人民共和国突发事件应对法》第45、49条部分内容理论上适用监所，要求加强对重点单位、重要部位和重要基础设施的安全保卫，维护社会治安秩序；疏散、撤离、妥善安置，封锁危险场所、划定警戒区。这两条原则性规定针对监所显然是缺乏具体操作性的。因为监所在押人员和社会其他自由民众在疏散、撤离方面有质的不同。针对社会自由民众的疏散和撤离很多时候只需要政府发布一条政令，民众就会自动配合，但是针对数量庞大的监所在押人员，特别是重刑罪犯、危安类罪犯、恐怖类罪犯、涉黑涉恶类罪犯等，往哪疏散、如何疏散、如何警戒等根本问题如果没有法律作为依据，监所很难当机立断拿出最合理举措，势必延误战机甚至酿成大错。本次新冠疫情导致我国几所监狱民警和罪犯被感染就是活生生的例子。

（四）有利于被监禁人员增强法治意识自觉配合监所做好突发事件防控

在本次抗疫过程中，大多数被监禁人员都能服从疫情防控需要，自觉配合政府和监所开展防疫工作，但是有一部分刑满释放人员及其家属出现了过度反应或非理性行动：不服从监所隔离安排，谩骂、侮辱民警，以"人权"

受到侵犯威胁监所，给疫情防控带来阻力，导致新的矛盾产生。如部分刑释人员由于疫情暴发初期被强制在监所外隔离后，就开始"抗议"："我是自由人了，监狱还在变相让我继续'坐牢'""监狱限制公民自由，侵犯人权，我要告监狱"等。虽然监狱为刑满释放的被隔离人员提供了良好的吃住条件甚至生活补助，但是由于没有法律依据，面对刑满释放人员及其家属的发难，监所处境被动。因此，针对监所在押人员制订专门防控突发事件条款，既可赋予监所在突发事件发生时的强制执行依据，也可教育、引导广大罪犯及其家属、亲友自觉增强法治意识，明确应遵守的义务。

经国序民，正其制度。监狱作为刑罚执行机关，每个执法行为必须要有法律的明确授权，否则就是违法。特别是面对刑满释放时已经成为自由公民的人员，再要限制他的人身自由，不论出于何种目的，都必须要有国家刑事法律的明确授权作为依据。

## 二、新法中应该增加的防控突发公共事件的内容

（一）赋予监所在非常时期对刑满释放（戒毒期满）人员暂时留置就业权力

服刑人员刑期届满，按照《中华人民共和国监狱法》《中华人民共和国刑事诉讼法》规定，监狱必须在刑满之日将其释放。如武汉女子监狱刘某英作为新冠肺炎确诊患者或者疑似病例，到了释放日，监狱都必须无条件释放，哪怕是将刘某英留在监狱外隔离都是违法的。幸好司法部针对全国疫情状况于 2020 年 1 月印发紧急通知，要求对隔离观察期未满的刑释人员，办理释放手续后，应将其安置在监管区域外继续隔离观察。在非常时期，这种应急隔离方式无疑是最佳的，可是给监所造成的压力是外界难以想象的：实践中绝大部分监狱将隔离期未满的刑释人员统一集中在社会宾馆、监狱办公楼、民警培训中心甚至民警备勤宿舍进行隔离，监狱派专人进行"陪护"。为防止刑释人员离开隔离地点，一名刑释人员至少配备 2 名民警 24 小时轮流进行"陪护"。疫情暴发初期，中等规模的监狱平均每天都要释放 3 至 5 名刑满人员，但是这些人员隔离期却未满，监狱只能将其安置在社会宾馆进行隔离。隔离期满后，为防止意外，司法部要求对疫情防控期间所有刑满释放人员一律送其回家。以 G 省为例，本省释放人员基本由释放人员户籍所在地司法所接回，

但是外省的全部由监狱民警送回，这就让已经非常紧张的警力雪上加霜。如2020年4月3日G省某监狱一武汉籍罪犯刑满释放，监狱原本打算在宾馆将该释放人员长期隔离。2020年4月8日离汉通道突然打开后，监狱派两位民警护送该释放人员到其武汉家里。返回G省后，二位民警在机场被隔离2天，做了2次核酸检测，1次胸部透视。2天后二位民警坐城际列车回到市区再次被隔离2天，又做了2次核酸检测，然后回家，在家自行隔离14天，来回20余天。该监狱在4月份共释放了外省罪犯85人，出警170人次，足迹遍及大江南北。G省疫情防控期间共释放罪犯××××名，其中×××名外省籍罪犯全部由监狱民警送至罪犯户籍地，出动警力近2000人，几乎覆盖了全国所有省份。部分外籍罪犯刑期届满后由于所在国疫情严重，航班取消，陆路、水路边境口岸全部关闭等，无法顺利回国，被判处驱逐出境的附加刑无法执行，监狱只能配备民警长期在宾馆"陪护"外籍释放人员，等待其所在国口岸开放。由于部分监狱警力太过紧张，迫不得已，将原来在宾馆设置的隔离点换到监狱行政区办公楼或者民警备勤楼进行隔离，就是为了充分利用监狱行政区封闭这个有利条件减轻民警的"陪护"压力，节省一些警力。

故赋予监所在面临突发事件时，有权力留置刑满释放人员暂时在监所就业的条款：在国家发生公共卫生、大规模暴乱、战争等突发事件危及人民生命安全时，监所报省级监狱管理机关（或者更高机关）批准，可以将刑满释放人员安置在狱所内暂时留置就业，待危险消除后再允许离开监所。同时为了最大限度保护刑满释放人员权利，可规定最长留置就业时间，如最长不得超过多少天，超过期限要重新报上级机关审批延长；在狱内留置就业时设置严格的保障条件，如果刑释人员自愿从事劳动，则比照当地劳动人员平均报酬水平发放劳动报酬等。

（二）压缩并严格控制监狱押犯规模

当前全国约有680所监狱，押犯规模164万左右，平均每所监狱2400人。[1]但是每所监狱关押罪犯人数不是平均的，而是依据监狱建设规模确定的。按照我国《监狱建设标准》，不同建设规模监狱罪犯押犯人数为：小型监狱关押罪犯人数为1人~2000人，中型监狱关押罪犯人数为2001人~3000

---

〔1〕 新华网：《司法部：中国共有监狱681所，在押犯人164万人》。

人，大型监狱关押罪犯人数为3001人～5000人。我国大部分监狱为中大型监狱，押犯规模超过5000人的监狱也不少，最大规模监狱押犯超过万人。中东部大部分监狱的押犯在2000人到4000人之间，以3000人左右居多，部分位于西北、东北的监狱押犯规模在1000人以下。每所监狱之所以押犯数量偏多，既有现实的原因，也有历史的原因。现实的原因主要是考虑降低行刑成本，通过"规模效应"减轻财政负担。历史的原因主要是20世纪末全国监狱布局调整开始后，地处偏僻、交通不便的监狱全部向省会大城市或者地级市集中搬迁。城市本来就紧缺的土地决定了大部分新建监狱的占地面积有限，一般难以达到《监狱建设标准》规定的罪犯每人70平方米要求（包括监墙外办公用地）。特别是搬迁到省会周围及人口密集地级市的监狱，基本是依据地方政府规划提供的土地因地制宜建设监狱，押犯规模自然只能依据土地面积确定，但是建成后监狱的押犯规模大都超过设计押犯规模。而那些原本就位于地级市及以上城市的老旧监狱和新中国成立前从国民政府接管的监狱，随着押犯的持续上升，普遍局促狭小拥挤，硬件设施难以得到质的改变。

在这种情况下，如果发生传染性极强的疫情，囿于空间的狭小，监狱是很难在狱内有效采取物理隔离措施。故监所要从两个方面提前着手，为预防公共卫生等突发事件做好准备。

一是要严格限定监狱押犯数量。监狱押犯过多，不论是预防重大公共卫生事件还是预防普通流感都会让监所困难加大。所以要有计划地逐步压缩监狱押犯规模：对于押犯已经超过设计规模的监狱，在现有占地面积无法改变的情况下，逐步压缩押犯数量，最终达到《监狱建设标准》规定的罪犯70平方米标准。这样罪犯与罪犯之间、监区与监区之间的距离会在无形中拉大，罪犯的劳动和生活空间会更宽敞，罪犯和罪犯之间交叉感染的概率会减少。

二是监狱规划要以中型监狱为主。建议司法部不要再批准各省（市、区）建大型监狱，对特大型监狱予以分割或逐步压缩成大中型监狱，适当压缩中型监狱押犯规模，押犯控制在1001人～2000人左右为宜，最大不要突破3000人。小型监狱（1000人以下）一般都是由于地理因素或者其他原因不得已而建设，如部分地广人稀的地区，考虑到公安机关远距离押送罪犯风险大、罪犯家属探视太远等因素而就近建设的监狱，以及专门收治患病罪犯的病犯监狱（监狱医院）等。有的小型监狱押犯300多人，监狱占地面积居然只有

6000 多平方米大。但就是此类小型监狱，也不能陷入押犯越少监狱占地面积就随之越小的逻辑，相反，监狱越小，更要保证每犯 70 平方米甚至更广阔的占地面积。

三是新建监所周围和监所内部设计规划时要预留一定空间。当前我国监所设计布局主要从监管安全和方便生产两个方面考虑，就是在确保罪犯不能脱逃、确保监所安全的前提下最大限度发展生产，增强经济效益，弥补监狱经费不足困难，兼顾通过劳动改造罪犯。长期以来，新建监所在设计和施工时很少考虑如果面对突发公共事件后该如何应对。所以，新建监所在规划时要在监所内外预留一定的空间或者建筑物以应对突发公共事件。如在监所大墙内部，可以在某个下风的地方预留空间或建设较为独立的建筑物，尽量与罪犯的生活和劳动区域保持一定的安全距离，正常状态下可作为操场、文娱广场、绿化带等使用，或者作为库房、车间或者单独的监舍楼、教学楼、医院等使用，遇到突发情况可迅速改建为隔离场所、救治场所，避免罪犯陷入混乱。[1]在监所大墙外部，尤其是在几所监所较为集中的地方，可在几所监所之间或者附近预留一定的封闭或者半封闭空间，正常时候作为停车场、民警训练基地、中转仓库等用途（前提是四周的围墙要按照监狱围墙标准基本建设好，非常时期稍加改造就能立即投入使用），这样在遇到突发事件时就可以迅速改建为方舱医院或者紧急隔离区、紧急疏散地等，由周围几所监所共享。

（三）推进监狱疫情防控、医疗卫生属地化管理

监狱作为省直单位，由省政府直接管理，避免了不必要干扰，促进了监狱刑罚执行职能的落实。但是省政府垂直管理的弊端也长久困扰着监狱：疫情防控难以和地方政府形成联防联控。疫情发生后，监所均成立了应急指挥机构"防疫办"，但是由于监所与驻地政府及医疗部门隶属的上级部门不同，没有统一的综合性指挥平台，致使二者在应急管理信息沟通、物资调配、群防群治等方面未建立有效的互联互通机制。"请求支援、关系协调"等复杂又缺乏刚性约束的程序严重影响监所应急处置能力和成效，得不到驻地政府的统一协调支持，处境被动窘迫。

---

〔1〕 实际上，本次新冠疫情发生后，大部分监狱就是利用狱内离罪犯生活和住宿区相对独立的建筑物对即将释放罪犯、新收罪犯、有发热症状的疑似罪犯、外出就医返回等罪犯进行了隔离观察。

　　故将监所纳入监所所在地区政府疫情防控和疾病防控的"大盘子"，按照有关规定做好疫情防控。当前最迫切的就是由地方疾病防控部门协助监狱做好肺结核、艾滋病、病毒性肝炎等传染病的筛查、监测、防控和防治工作，并建立信息报告制度，健全监所疾病防控预警机制。监所和地方相关部门共同修订完善监所突发公共卫生事件应急处置预案，并进行联合演练，一旦监所突发公共卫生事件，监所应按照规定及时向当地卫生行政部门和上级主管部门报告，按照联合演练方案及时、妥善处置。

# 总体国家安全视域下监所防疫应急安全体制重构思考

欧阳俊 *

国家安全是安邦定国的重要基石，是实现中华民族伟大复兴的重要保障。近年来新冠肺炎疫情暴发，全世界的各国监所等特殊场所经受了考验，许多监所出现了无法应对的局面。我国监所也接受了洗礼，扛过了挑战。现在疫情虽尚未完全终结，然而回过头来看，许多问题都值得我们审慎思考和反思，值得我们从中找出问题和短板，及时补缺，确保总体国家安全得到真正落实。

## 一、监所防疫突发事件引发的问题反思

这次疫情在国内外的各监所暴发，既造成了对现有安全秩序的冲击，也给我们提供了检讨评估的机会，让我们开始认真思考监所防疫安全问题，厘清楚许多过去难以透视的原因、难以提高的认识。

### (一) 监所与社会是紧密联系、交叉融合的整体

监所不仅仅是关押改造罪犯的地方，也是一个相对封闭的场所，但由于监所无法完全离开社会独立生存，因而虽自成一体，是特殊的"小"社会，更是社会的一个组成部分、一分子。监所更是作为整个社会生活的镜子，映射出了社会生活的全状态。同时，监所的安全稳定与社会秩序维护息息相关。监所一旦出现漏洞，必会漫溢社会；社会一旦出现波澜，监所也会累及。监所与社会始终是紧密联系且融合在一起的整体，难以不受影响，难以独善其身。所以防疫问题是事关全局的大事，决不能只盯眼前，胸无国家，因局部利益而损害全局利益。

---

* 欧阳俊，武汉警官职业学院教授、中南财经政法大学兼职研究员。

（二）防疫常态法治向应急法治转换依据应当科学、具体、平衡

由于高传染性疾病的危急性、毁灭性、持久性，特别是正处于蔓延期的新冠疫情应对过程表明，我们现有的防疫反应机制、监所应急安全机制等都有许多不适应的地方，尤其是常态性防疫状态向应急防疫状态转换上，转换法律依据缺乏，导致有些地方或监所出现了"胡打"和"打乱仗"的情况。因此，对于应急防疫问题，特别是监所这种人群高度密集的地方，应该把它看成是事关"生死""全局"的大事，不能按部就班"出牌"，要特事特办，急事快办，把应急防疫的事作为最优先事项，把防疫安全法规中应急规则供给做好，把相应的应急防疫法规和《中华人民共和国监狱法》修改完善好，把常态性防疫向应急性防疫的转化机制调整好，以确保监所防疫目标特别是监所安全目标的不折不扣实现。

（三）防疫应有更全面、深入、超前谋划和前瞻性安排

防疫事项虽有突发性，但如果不预想预备，无先期预案，防疫应急工作就会手忙脚乱，最终会危害到我们的监所防疫工作，直至影响监所安全稳定。因此，要把应急防疫工作做好，就必须对应急防疫工作有前瞻性安排，有超前性谋划。正所谓"凡事预则立，不预则废"。如果不想不动不备，待问题、乱局发生时再"临时抱佛脚"则为时已晚，损失会难以估量，这已有沉痛教训可鉴可析。何况超前谋划，既符合马克思主义哲学中提高人类预见性的要求，要用发展、运动的眼光看问题，又有利于监所阻断疫情蔓延，坚决打赢疫情防控阻击战，可以说超前谋划和前瞻性安排是监所应急防疫安全工作的不二选择。

## 二、防疫突发事件对监所安全的现实冲击

（一）对总体国家安全造成的现实冲击

防疫突发事件对总体国家安全造成的现实冲击主要表现为以下三个方面：

1. 疫情突发凸显了监所安全在总体国家安全中的安全分量

监所是国家政治机关、政法机关，是我国国家安全体系十分重要的组成部分，是国家安全、社会稳定的重要战线和突出前沿，在贯彻总体国家安全观、构建公共安全网络体系中肩负着重要职责。监所安全绝不是司法部门、监所自己的事，它始终是国家安全的一个不可缺少的重要立足点，必须绝对

服从服务于总体国家安全。所以监所加强内部安全治理，包括应急防疫安全管理，确保监管场所持续安全稳定，提高矫正质量，降低重新犯罪率，是监所工作的重要职责使命。

2. 疫情突发打开了监所安全在总体国家安全中的谋划视野

监所全面落实总体国家安全观，是确保社会大局稳定的必然选择。监所作为国家刑罚执行机关，承担着承载国家意志、维护社会秩序、彰显法律威严、捍卫正义公平的多重使命。监所工作不是大局，但会影响大局，监所安全工作做得好与坏，是否到位，直接影响到国家、社会大局稳定。监所如果发生安全事故，就会给社会大局带来负面影响，所以日常工作中，要切实把监所安全放在整个社会大局中来思考、来谋划，自觉树立大局意识，以坚实的监所安全稳定，来服务大局、支持大局。

3. 疫情突发坐实了监所防疫安全是影响总体国家安全的新威胁

我们必须清醒地认识到，新时期、新形势下我国国家安全和社会安定局面面临的威胁日益增多，以政治、军事等冲突为代表的传统安全威胁依然严峻，监所安全稳定工作，在面对传统安全威胁的同时，还要面对恐怖袭击等非传统安全因素的挑战。疫情突发给监所安全又增加新的威胁。这种安全问题一旦出现，灾难性后果便无法控制。如果监所安全无法保证，总体国家安全自然就会跟着受到冲击，从而最终危害我们国家安全稳定大局。

（二）对监所应急处突安全机制的现实冲击

防疫突发事件对监所应急处突安全机制的现实冲击主要表现为以下三个方面：

1. 监所现有应急处突安全机制不能有效应对疫情突发

近些年来，随着我国法治建设的不断完善，司法监所单位通过摸索、学习和借鉴，均已按要求建立起了相应的应急处突安全机制，其突出重点主要放在突发事件的处置上。即我们常说的监所防暴应急处突机制，通过监管安全预警，预先合理配置各种资源，防范和处置监所罪犯暴狱、劫狱、劫持人质以及脱逃等突发性事件，这对监所安全稳定起了很好的作用。这也是近些年监所安全工作的重要基石之一。然而疫情突发，让监所现有应急处突安全机制的启动短板明明白白地凸显出来。

2. 疫情突发打开了监所应急处突安全缺口

疫情突发实实在在地告诉我们，监所作为传染病的高危易感场所，有防范是必须的，但面临特别的新冠疫情，处置手忙脚乱的"窘境"已不复言语，但更难以忽略的是监所应急处突的明显缺口。监所应急处突不光是只有防暴反恐，更有意想不到的小小病毒、微生物侵害。而且后者展现出的危害性，甚至远大于暴力冲突及其他。这也说明，原有安全机制明显缺乏防疫安全应急机制，必须及时补上这一"课"，堵上这个"口"，使监所能够做到时刻防范监所卫生健康领域重大安全风险挑战，不至于给监所安全揭"伤疤"，给总体国家安全拖后腿。

3. 防疫安全补缺倒逼监所安全应急体系进行改革

我国的监所应急管理体系的防疫豁口，不能仅仅是严防而已。而更应该是面对问题短板，把它作为今后改革的重要起点。监所安全应急体系应当老老实实地补上防疫安全这一重要课程。怎样书写，这要根据疫情中暴露出的问题来仔细应对。要从社会防疫的大背景下，做好监内防疫文章，彻底改革现有体系中不适应防疫工作开展的体制机制，补上没有想到的、欠缺的地方，从监内防疫预案着手，对组织指挥机制、响应机制、应急措施、法律转换、社会联动等方面做出大胆改革探索，使监所安全应急体系完备起来，真正堵上防疫缺口，完成监所应该交上的安全答卷。

（三）对行之有年的监所防疫体系的现实冲击

疫情突发事件对行之有年的监所防疫体系的现实冲击主要表现在以下三个方面：

1. 疫情突发让监所医疗体系面临严峻考验

监所本有一整套囚犯医疗体系和运转机制，比较好地解决了罪犯的基本医疗问题，也维护了监所内的稳定和安全秩序，其作用也是有目共睹的。但在这次突发疫情的冲击下，整个医疗体系的作用和短板也是尤为明显。特别是个别监所发生比较大的疫情后，相关医疗机制面临严峻考验。所幸有国家和地方的强有力领导，且处置得当，加上全国相关监所和医疗力量的支援，未造成较大事故，也未出现特别突出的安全隐患，可以说，虽然虚有一惊，总算平安掠过，但其对医疗体系的冲击至今仍余波未了。

**2. 疫情突发让监所防疫体系面临严峻考验**

监所有应急处突安全机制，也有防疫安全豁口，但这并不是说，监所以前完全没有防病防疫措施。监所是个禁区，有自己特有的卫生管理部门和疾病防疫体系，监所的疾病救治体系，在过去还是发挥了很大作用的，只是到现在，原有措施不能适应新的传染病所导致的破坏局面，无法应对安全新局。疫情突发表明，监所是防疫工作的重点难点。近年来监所疫情的发生，使整个防疫大局和现有的监所防疫体系经受了严峻考验，到如今许许多多的冲击孔仍是清晰可见，这是摆在人们眼前的重要事实。

**3. 疫情突发提出了对现有的监所防疫体系的改革要求**

疫情突发蔓延不仅危害人类的生命健康，现实已表明疫情开始改变人类历史的进程。即便在拥有现代科技的今日，病毒也让人类面临着严峻的挑战。全世界的监所疫情暴发也无不充分证明，现有体系是难以胜任对付新病毒疫情暴发处置这个职责的。更不用说用现有体系去对付未来的未知的疫病暴发。所以，一件件惨痛的事例证明了，只有建立现代化的防疫体系，有效地阻隔疫情传播，才能保障人民群众生命安全。监所也只有与时俱进地建立全新的体系，才能应对现在或未来之新的防疫变局。

## 三、监所总体应急防疫安全机制的重构思考

**（一）重构监所安全内涵，树立全方位安全的理念**

监所安全内涵是丰富的，不能是有缺口的，监所安全的理念必须是全方位的，符合总体国家安全的根本要求，而不可能是单一方面的安全。即：

**1. 维护监所防疫安全就是践行总体国家安全观**

各监所在处置监所疫情突发事件过程中的"单打独斗"所暴露出的各种弊端和不足再次警醒我们：如果不能把监所监管安全突发事件的处置应对问题，放到整个国家政法部门整体工作的全局中来考虑，放到国家安全与社会大局稳定的层面上来考虑，那么一些本可以避免或在短时间内有效化解、控制的监所监管安全突发事件，完全有可能演变成一次次严重影响社会安全稳定的重大事件，甚至演变为严重危害国家安全的政治性事件。因此，我们要提高认识，要从社会风险防范、和谐社会构建的高度来研究监所监管安全应急联动机制，要把它作为党和政府无法回避的具有高度现实意义和紧迫性的

课题来研究。只有做好了监所防疫安全，我们才是真真切切、实实在在地维护、践行了总体国家安全。

2. 监所防疫安全必须是全方位的安全

疫情蔓延不但严重危害了人民身体健康、生命安全，而且迟滞了经济发展进程，严重影响了总体国家安全。这一突发事件，更是使监所安全成为总体国家安全之非同寻常的支点。而监所防疫安全又是监所安全的极重要新内容。所有事实已经表明监所安全应该是监所全方位安全，不是不含防疫的残缺安全。我们要通过梳理旧有安全观念，真正树立起全方位的安全理念，不留缺口、不留死角，仔细设计防疫安全制度体系，补上欠缺的这一课，建立全方位监所安全体系，使监所成为真正有保障的安全，成为总体国家安全的不可动摇的支柱。

（二）重构监所应急安全体系，建立监所科学高效的防疫安全

在当前疫情仍未完全退却的情况下，要建立起涵盖防疫安全的监所应急安全体系，必须做好以下几方面的工作：

1. 增强狱内人员应急意识，普及突发事件应急知识

狱内人员应急反应意识的强弱，直接关系到监所部门应急处置的效果。为了提高应急处置效率和管理水平，监所要非常重视培养监所内人员的突发事件防范意识和应急反应能力，并使其形成制度化的条件反射。通过反复演练提高监所内人员应对突发事件的应急反应与处置能力，是形成完善的应急处突特别是防疫应急安全管理体系的重要环节。它不仅提高应急处置效率，可减少突发事故带来的损失，而且有助于稳定在押人员的情绪，对于顺利开展监所其他工作具有非常积极的作用。

2. 建立运转高效、多方协作的机构体系

即建立以监所部门党政"第一把手"为最高领导的中枢决策系统，全面领导监所的应急管理工作。"第一把手"是应急管理体系中枢决策系统的核心，拥有应急权力，是解决重大突发事件的最终决策者，可以指挥和调动关键性资源。同时还建立起相应的辅助系统，形成横向协调、上下联动，整体应对的巨大合力。

3. 构建监所应急处置管理的社会整体联动机制

由于监所部门在结构、组织体系、资源等方面存在着先天的局限性，在

突发事件应急处置管理过程中，必须大力发挥地方政府领导、政法系统组织、关联单位、基层社区、公民团体与志愿者组织等机关企业、社会组织和团体资源的优势，积极吸纳全社会力量参与到监所应急处置管理的外围环境中来，使社会整体包括监所疫控在内的应急联动机制得到有效运转。

（三）重构监所防疫安全体制，建立符合监所特点的应急防控机制

疫情对我国的监所防疫安全体制的考验，已迫使监所对应急治理能力水平提升摆上议事日程。从目前疫情防控实践初步经验和教训来看，以下机制建设显得尤为重要：

1. 强化监所疫情应急指挥机制

建立集中统一、高效协调的监所疫情应急领导指挥机制，健全和优化"平战"结合、张弛有度的联防联控制度，可以将监所内外联动起来，做到系统有序、条块畅达、指令清晰、执行有力。同时通过应急指挥机制的良好运转，可以强化部门间和区域联动机制，达到防治结合、联防联控、安全高效的工作效果。可见，领导指挥体系建设，在监所防疫工作中是不可或缺的关键核心。

2. 完善监所疾病预防控制机制

在当前时期，最紧要的是做好三件事：一是强化监所内的监测预警。构建灵活、完善、有效的传染病预警防控体系，提高重大公共卫生风险特别是监所内重大疫病风险的发现、报告、预警、响应以及处置能力；二是完善监所疾病防控机构的功能定位。优化防控机构的职能设置，创新医防协同机制，督促落实监所传染病疫病报告责任制度，健全疾控联动工作运转机制；三是加强监所人才队伍建设，建立适应监所环境的疫控体系专门人才培养使用机制，提高待遇，完善考核、评价与激励等相关政策供给，增强一线疫控人员发现问题、处置问题的应急能力。

3. 完善监所重大疫情救治机制

要统筹监所应急状态下内部医疗卫生机构的动员响应、区域联动、人员调集等事宜，建立健全分层、分级、分流的"三分"重大疫病救治机制，打造监内重大疫病救治基本队伍，提高医疗救治保障能力。此外还需高度重视加强重大传染病救治与社会医疗机构的通道联通建设，加大国家和地方传染病医院和地方综合医院供监所内人员传染病特别病房、病床的应急保障投入，

使其既能指导监内救治体系规范化建设，又能链接应急使用，最大限度地解决监所融入社会公共卫生应急管理体系，共同应对疫情暴发所带来的冲击。

4. 建立监所疫情信息沟通和披露机制

当地方社会医疗机构在临床上发现有未知新发重大传染病时，有法定的疫情信息沟通和披露机制。监所也要依法建立狱内疫情信息沟通和披露机制，这既是监所的法定义务，也是服务于社会、避免引起不必要社会和监内恐慌的必要举措，应该用心用力做好。

5. 建立监社联动防疫应急响应机制

疫情光靠一堵监所"围墙"是防不住的。防疫工作涉及国家上下、地方单位、社区居民等社会方方面面，相互影响难以避免。监所必须建立疫情监社联动响应机制。要与国家的整体响应机制配套起来，及时在全省乃至全国监所系统做出预警响应，全面提升警戒级别，更早防控，防止发生疫情"破口"，真正使监所整套防疫机制成为一套独立的现代防疫治理体系，最终完全战胜疫情。

总而言之，只要我们始终心怀总体国家安全和社会稳定大局，担起责任、奋发搏击，不断推进监所防疫安全应急机制建设，真正树立符合总体国家安全要求的防疫安全理念，堵口施策，重构监所防疫安全机制，就一定能够把监所防疫安全工作做好，使防疫应急安全成为监所安全的强大支柱，监所安全也成为总体国家安全的重要支撑。

# 重大突发公共卫生事件下对监狱应急管理的思考

欧　喆 *

　　2019 年年末出现，并于 2020 年年初暴发的新冠疫情以迅雷不及掩耳之势席卷了我国大江南北。虽然现在疫情在国内得到很好的控制，但是由于境外疫情的日益严重，输入性病例依然严重威胁着我国的公共安全，我国依然有着疫情不断扩大的危险，所以我国面临的疫情防控压力依然较大，特别是人群较为集中的场所，例如学校，工厂以及监狱。肩负着国家重要使命的监狱，一旦受到重大突发公共事件的影响，不仅会对监狱内部人员产生重大的威胁，更重要的情况在于会影响到我国监狱制度，很有可能会破坏我国监狱制度。

　　在现实的生活中，重大突发公共卫生事件的暴发，不仅会给我们的社会生活带来严重影响，还在一定程度上会影响到监狱的正常管理活动，毕竟监狱运行跟正常的社会生活有着千丝万缕的联系。监狱作为我国保证司法进程的重要机构，在维护与保证刑罚的执行上发挥着不可替代的作用，也正因为监狱承载着我国司法进程上的重要使命，监狱的突发情况也会受到多方面的关注。

　　疫情防控期间，我国几所监狱相继爆发集体感染事件，引起了社会的高度关注，特别是在监狱这种人员密集型场所重大突发公共卫生事件的应急管理。根据相关报道，[1]山东任城监狱值班干警在接触社会人员并且带病上班后出现症状，在监狱因咳嗽到医院就诊被隔离收治，后经检测新冠病毒结果为阳性，他的行为导致了新冠病毒在监狱内传播，致使监狱内两百多人感染，这严重影响了监狱的正常管理秩序和监狱功能，同时危害到了监狱内部人员

---

　　* 欧喆，上海政法学院 2019 级研究生。
　　〔1〕 参见"山东任城监狱确诊 207 例新冠肺炎　8 人被免职"，载 https://baijiahao. baidu. com/s? id = 1659112873298837903&wfr = spider&for = pc，最后访问日期：2020 年 10 月 26 日。

的生命安全。另外，根据报道，[1]浙江省十里丰监狱一名狱警隐瞒去过武汉的行程，在有症状后坚持带病上班，导致监狱内数十人感染新冠。在武汉，同样有两座监狱暴发了疫情，[2]原因与前述监狱感染原因类似，都严重影响了监狱的正常秩序。

为了防止我国监狱秩序遭到破坏，保证监狱管理秩序的稳定以及落实我国社会主义制度赋予监狱的相关职能，降低重大突发公共卫生事件给监狱管理带来的不利影响，应当结合新冠疫情期间我国监狱发生的集体感染事件，重新思考在重大突发公共卫生事件发生后，监狱的应急管理制度如何更好地完善，更好预防监狱制度遭到破坏和避免监狱系统受到不利影响。

## 一、重大突发公共卫生事件引出的监狱管理问题

（一）相关监狱民警对相关情况的瞒报谎报

从相关新闻报道和官方通报的情况看，山东任城监狱，武汉女子监狱和沙洋汉津监狱，都是狱警与其他社会人员接触以后，坚持上班，出现症状后才被发现，浙江十里丰监狱一名狱警隐瞒去过武汉的行程，坚持上班，这些都是严重不负责任的行为，这些行为会将监狱内部的所有人员置于感染新冠肺炎的风险之下。正是因为瞒报和谎报接触史，坚持上班，其行为严重违反了相关防疫规定，导致了病毒在监狱内传播。

（二）针对重大突发公共卫生事件的预警性不足

上文提到的监狱，在新冠疫情发生以后，在各种关于病毒信息的传播和各方的预警以后，对于疫情的危险性重视程度不够，相关预警也不足，导致了人员管理上的疏漏，特别是在具有可能接触监狱外其他社会人员的民警管理上存在重大疏漏，以致在民警接触到社会人群，或者隐瞒接触史和行程之后重新回到工作岗位，使得病毒进一步在监狱传播。

---

〔1〕 参见"浙江十里丰监狱一民警刻意隐瞒旅居武汉行程 致34名罪犯确诊"，载 https://baijiabao.baidu.com/s？id＝1659134679626005399&wfr＝spider&for＝pc，最后访问日期：2020年10月26日。

〔2〕 参见"湖北两监狱确诊271例，武汉女子监狱确诊230例、监狱长被免职！"，载 http://baijiahao.baidu.com/s？id＝1659133721270242123&wfr＝spider&for＝pc，最后访问日期：2020年10月26日。

（三）监狱在面对相关的事件发生后的准备不足

在新冠疫情发生以后，在铺天盖地的疫情信息陆续公开以后，上述监狱的管理还是按部就班地进行，并未因新冠疫情的发生而改变策略，出现了管理上的松懈和疫情发生之初不及时采购相关医疗器械等情况。在疫情防控方面，疫情开始之初监狱内部管理不够严格、各方面的督导落实不力，[1]疫情防控期间监狱系统从上到下和个别监狱内部管理与处置存在一定的疏漏，导致疫情蔓延，给全国的监狱系统带来了重大的教训。

（四）相关管理不够严格

监狱是一个封闭性的场所，而且是一个巨大的人口密集型场所，所以管理的严格程度应大于任何一个公共场所。特别是新冠肺炎疫情暴发以后，对于可以人传人的新冠病毒，监狱的管理应当较平时更严格。但是，上述监狱都出现了狱警与其他社会人员接触后，并没有主动告知或者被要求告知相关情况，进而导致病毒传播，特别是浙江省十里丰监狱狱警刻意隐瞒到过武汉的行程，坚持上班而导致新冠病毒传播。这是一个巨大的工作失误和工作疏漏，值得相关监狱管理者反省。

## 二、上述问题出现的原因分析

（一）相关监狱民警责任意识不强，对疫情危险的重视程度不够

狱警作为监狱的管理者，应该有着较强的责任意识与忧患意识，面对重大公共卫生突发事件应该带头遵守相关的法律法规以及疫情防控期间相关的管理规定，重视监狱疫情的防控与疫情防控期间监狱的相关管理。但是上述监狱狱警与其他社会人员接触后瞒报接触史继续工作而导致新冠病毒传播，浙江省十里丰监狱狱警刻意隐瞒到过武汉的行程，坚持上班，导致所在监狱出现重大公共卫生事件，严重威胁到监狱内部安全。这是一种严重的不负责任的行为，这不仅会影响监狱正常管理工作，同时也会给其他监狱民警和监狱中所有的服刑人员带来严重的生命威胁。稳定和安全的工作环境使得平时针对相关事件的演练不够，也可能导致监狱和监狱民警对相关情况的重视程

---

〔1〕 参见"山东任城监狱确诊207例新冠肺炎 8人被免职"，载https://baijiahao.baidu.com/s?id=1659112873298837903&wfr=spider&for=pc，最后访问日期：2020年10月26日。

度不够，致使该种情况的发生。

（二）针对重大突发公共卫生事件的重视程度不足，危机意识不强

监狱作为一个重要的国家机关，承载着国家重要的任务，是保证和促进刑罚目的实现的机构，在平时管理活动中应有很强的责任意识与忧患意识。面对突发的重大公共卫生事件，狱警相对于一般工作人员应该有着更强的忧患意识和警惕意识，重视监狱疫情的防控与疫情防控期间监狱的相关管理。但是上述监狱工作疏忽和重视程度不够，都出现了狱警与其他社会人员接触而产生病毒传播后果，特别是浙江省十里丰监狱狱警刻意隐瞒到过武汉的行程，坚持上班，导致所在监狱出现重大公共卫生事件，进而影响到了正常的监狱管理工作。这种监狱管理工作上严重的工作疏漏，不仅会影响监狱正常运作，同时也会对监狱中的服刑人员带来严重的生命威胁。

一个拥有良好管理制度的监狱，一个优秀的狱警，在面对突发的重大公共卫生事件时，会时刻保持着高度的危机意识，上至监狱，下到狱警都会保持着高度的戒备状态。而现在，通过相关报道，上述监狱暴露出我国的某些监狱中存在着思想松懈麻痹、责任落实不力、工作作风不扎实等问题，监狱和狱警在突发重大卫生事件中应急措施和应急能力跟不上相关的应急要求。监狱中防疫措施不精准，同时也反映出我们某些监狱在面对重大公共卫生事件发生后相关工作抓得还不够紧、各方面督导落实不力，各项工作上产生了疏漏。另外相关事件发生相对较少而且平时演练的重视程度不够，在遭遇突发事件时，执行力和应对能力不足，给我国的监狱管理带来了深刻教训。

（三）监狱针对相关突发事件发生后的准备不足

当前，随着我们的社会发展，重大突发公共卫生事件、重大突发安全事故随时可能会出现，所以对于重大突发公共卫生事件、重大突发安全事故应该有着一定程度的预见性。特别是监狱这类特殊国家机关，不仅是人口密集型场所，更是承载着国家相关管理职能的重要国家机关，不能在工作上有任何的疏漏。

在新冠疫情发生以后，上述监狱在疫情防控方面的针对性不够强，相关防疫工作抓得还不够紧、监狱系统和监狱内部的督导落实不力，疫情防控期间管理和针对事件的处置及应对存在疏漏。在大量信息发布以后，针对疫情的发展的预见性不足，工作的前瞻性不够，相关部署和人员管理不到位，这

也是导致相关事件发生的原因。

根据公开的信息，相关医疗物资缺乏也是导致此次疫情处理不力的主要原因。在事件发生以后，相关监狱除了在监狱内部系统得到帮助以外，还得到了监狱所在地的相关医疗机构的大力支持，进而在最短时间内阻止了疫情的蔓延。这种情况也给监狱敲响了警钟，平时储备物资是应对突发事件的重要方式，有备无患才能让监狱在重大突发公共事件来临时有效运行与保持稳定。

（四）管理上的漏洞

如上所述，监狱是一个封闭且巨大的人口密集型场所，需要一个相对于其他公共场所更为严格的管理标准。特别是在重大突发公共事件前，监狱相关的管理标准应该更为严格，以保证监狱的安全。但是在管理严格的监狱里，还是出现了疏漏，例如出现了相关狱警隐瞒接触史上班，出现症状了才被发现，还有隐瞒行程坚持上班的行为，导致新冠肺炎病毒在监狱里迅速传播。这不仅是监狱民警严重不负责任的表现，也是管理层巨大的工作失误和工作疏漏，在监狱管理层面更是一种严重的不负责任行为。加强监狱管理，这不仅关系到监狱管理人员和服刑人员的安全，同时也会影响到国家赋予监狱的职能之实现，更与维护中国特色社会主义监狱制度紧密相关，这个问题值得引起监狱管理人员的重视。

## 三、关于解决问题的一些思考

（一）重新构思关于监狱管理体系的应急管理制度和相关的预警机制

随着社会的不断发展以及司法体制改革的有序推进，我们国家的法律建设和法律实施环境有了很大的改善，但现阶段我国的监狱应急管理的法律法规还不够完善，所以在应对突发事件时，需要有一套符合我国特色的社会主义监狱制度和合理高效的关于监狱管理体系的应急管理法规，去规定相关的应急管理制度。在立法领域，法律法规的修改具有严格的程序，往往在法律规定的事项发生重大改变时才启动法律法规的修改程序，因此法律法规往往滞后于时代的发展。[1]所以，在《中华人民共和国监狱法》尚未就相关的监

---

〔1〕 参见左天娇："山东省属监狱系统突发事件应急管理问题研究"，山东财经大学 2017 年硕士学位论文。

狱应急管理制度做出有效的规定的时候，我们监狱管理行政机构可以充分发挥宪法赋予行政机构的权力，可借鉴《中华人民共和国突发事件应对法》和《突发公共卫生事件应急条例》的规定，结合实际需要，制定监狱突发事件应急管理规章制度。针对监狱应急管理制度制定相应切实可行的，不违反基本法律的应急管理条例。在遵守基本法律的前提下，结合相关情况制定相应的应急管理条例，在重大突发事件发生后，针对相应的主体和不同的情况，迅速应对，实行切实有效的应对措施，妥善处置，尽快稳定监狱环境，保证监狱的正常运行。或者是在重大突发公共事件得到很好的处理以后，可以将相关切实有效的应对措施形成议案，提交人大或者人大常委会，促进立法，完善我国的相关法律体系。

监狱建立高效的针对重大突发事件预警机制，建立健全监狱针对重大突发事件的预警机制是一个切实可行的办法。主要是监狱在得知各种突发重大事件以后，通过各种渠道了解事件信息，评估事件对自己的影响，事先（在事件影响到监狱管理前）针对相关问题做出有效的预警，针对已经发生的事件并结合自身监狱情况，及时地进行评估和预警，在把握事件动态的情况下提前采取相关措施，减少或者阻止相关事件对监狱管理的影响。针对重大事件的预警机制是对重大公共事件下监狱管理的重要组成部分，这体现了监狱管理的危机意识强度，同时体现监狱对重大突发事件发生后的某些情况的前瞻判断能力。

（二）做好监狱队伍的危机意识建设和应急演练

第一，加强监狱内部危机意识建设。领导干部作为监狱管理的统筹者与领导者，一定要有相关的危机意识，这样不仅能有效针对发生事件做好预警，同时也能更好地培养相关工作人员的危机意识，更好地为监狱的建设带来好处。增强基层监狱领导干部的危机意识，首先应该改革相关的监狱管理模式，将监狱的危机预警体系和危机管理纳入监狱基层领导干部的日常考核之中，这样才会使得监狱基层领导干部重视监狱的危机预警。在危机的处理上，监狱基层领导干部的处理方式产生的后果不仅会直接被上级领导所重视，更重要的是，监狱作为刑罚的执行机关，需要保证我国刑法得到很好的贯彻以及保证公平正义的伸张，监狱的一举一动自然会受到普通民众的关注，也容易被大众了解。所以为了更好地保证监狱行使其应有的职能，相关人员必须提升危机意识，建立健全危机应对方式，这样才能更好地直面相关危机的直接冲击，保护监狱工作人员和服刑人员。监狱的各项活动中，基层监狱民警负责最为繁重的犯人改造工作，这份工作不仅责任繁重也充满了各种不确定性，这就要求监狱民警具备一定的危机意识，进而影响到监狱的各项应急管理工作，提高危机来临时的应急管理执行能力。对于狱警，在面对危机时并不能阻止危机的发生，但是危机发生以后，在上级的领导下完全可以积极地去面对危机，通过主动有效的方式去化解危机，这个前提就是我们的监狱民警有着高度的危机意识，面对危机时临危不惧，采取积极的态度去面对危机。所以，要在日常工作中增加针对重大事件发生的相关应对培训和演练，增强监狱民警的危机意识，避免长期安稳的工作使得监狱民警对于危机产生麻痹大意的态度。更重要的是，要使得监狱民警牢记使命，对自己的责任和义务有着清醒的认识，保持积极的工作状态，避免出现类似于上述监狱狱警传播病毒的状况。

第二，在平时针对相关的突发事件发生或者相关的突发事件发生之初尚未影响监狱之时，做好相应的应急演练。在长期稳定和安全的工作环境之中，容易使得监狱管理人员产生麻痹大意的心理，这是一种非常危险的心理状态，这不仅会严重影响监狱面对重大突发事件的反应能力，也会影响相关的监狱管理。为了提升监狱民警的高度的危机意识，同时为了让监狱采取积极的态度去面对危机，临危不惧，及时采取有效的应对方式，要在平时采取持续不断的应急演练，保持监狱警察对突发事件常态性警惕。同时熟练掌握应对各类突发事件的注意事项、处置流程，从而达到科学、高效处置突发事件的效果。[1]

（三）做好相关的保障工作

为了监狱的应急管理能得到很好的贯彻，同时也为了更好地应对重大突发公共事件对监狱的冲击，最好能建立针对重大突发公共事件的应急小组，在重大突发公共事件爆发时全面领导监狱的应急管理工作。这样做一方面可以在重大突发公共事件爆发时能有效地进行组织和领导监狱，在重大突发公共事件尚未影响监狱时应对相关事件。另一方面，应急小组的存在也能避免

---

[1] 参见左天娇："山东省属监狱系统突发事件应急管理问题研究"，山东财经大学 2017 年硕士学位论文。

重大突发公共事件来临时监狱的领导混乱等问题。

监狱管理系统内部需要有相应的资金，以便在重大事件发生时有足够的资金购买物资并保证工作人员以及服刑人员的安全。平时注意加强管理，做到专款专用，保障资金在关键时刻得到落实，在面对突发事件时能够得到有效的利用。同时，有预见性地购买相应的应急物资，特别是在重大事件发生之初但尚未影响到监狱管理之时，保证监狱的相关物资充足，以应对事件影响监狱之时的问题。同时为了保证物资的有效运用，要针对物资进行有计划的管理和定期更新，不能出现类似于美国用过期口罩抗击疫情的状况。

要注重监狱与其他相关单位的联系与配合。监狱的运行不能只靠着监狱自身，特别是在面对重大突发事件的时候，更需要其他社会机构的配合。监狱遭到重大突发事件影响以后，在某些情况下很难自己解决，如上述新冠疫情暴发的监狱，这时候就必须在监狱所在地广泛寻求当地的社会力量对监狱进行有效的支援与帮助，这主要包括当地政府、医疗机构、其他公安系统的民警以及当地驻军等。在重大突发事件对监狱造成影响以后，需要广泛发动社会力量参与到监狱应急管理工作中去。在现实中，要依靠互联网技术建立起一个多元化的可以相互联系以及互助的网络，在这个网络中，不仅仅只有相关公权力机关，还要积极主动同各种非公权力机关进行合作，例如医院、媒体、各类应急管理设备的生产企业，充分利用公权力机关内部资源和调动相关社会组织的力量，弥补监狱自身应急管理漏洞。在有可能的情况下，可以考虑向监狱所在地政府求助寻求志愿者支持帮助进行相关活动，比如核酸样本采集、监舍消杀以及相关物资的采购等。

（四）加快监狱信息化建设

其一，加强监狱管理的信息化建设。加强监狱管理的信息化建设，不仅有利于监狱本身的管理活动，同时也能在重大突发事件来临时提升相关的预警效果。在"互联网+"和大数据时代，不仅要加速监狱管理的互联网建设，同时也要增强监狱在重大突发事件来临时预警平台建设，这不仅有利于危机预警，同时也能更加有效地去应对危机来临时的状况，更重要的是，为应对危机争取宝贵的时间。此次疫情，官方的各种通告通过互联网在全国各地传播，疫情大数据分析实时更新，这对于监狱针对疫情的预警和防控工作带来了极大的便利。建设大数据预警平台，充分利用该平台进行重大突发事件的预警，这不仅有利于监狱的安全，也有利于促进监狱现代化建设。

其二，在"互联网+"和大数据时代构建相应的监狱管理平台和应急管理平台，不仅有利于监狱系统内部的管理和应对重大突发事件，更重要的是能够联合社会上各方面的力量共同应对重大突发事件的冲击。这种平台的存在，不仅突破了监狱的界限，联合了各个方面的力量去应对突发事件，同时也更有利于社会各个机构的联合协作，团结社会力量共同应对重大突发事件，解决社会问题。利用互联网平台进行相关工作，不仅有利于监狱的现代化体系建设，提升工作效率，同时也响应了国家对于信息公开的号召，增强监狱在日常工作中的透明度，有利于社会监督，促进工作的有序进行。上述监狱以及监狱管理机构在事件发生后，及时通过网络平台发布信息，及时通报相关情况，接受广大群众监督，不仅有利于寻找工作漏洞，同时也能够保证公民监督权的行使，更重要的是能够及时平息舆论，稳定社会环境。

（五）特殊期间严格管理同时注重人性化

在重大突发事件之后，为了保证监狱的有效运行和保护监狱的人员与驻地安全，采取更为严格的封闭管理确有必要，这是杜绝突发事件的不良影响的有效方式。严格的封闭式管理不仅针对服刑人员，同时也要针对监狱管理人员，即监狱民警。

长时间的封闭管理，在狭小区域内长时间的生活会使人们的身体和心理受到不良的影响，对于服刑人员，不仅可能会产生很严重的心理问题，进而产生拒绝改造拒绝学习的态度，同时也会产生严重的身体问题。这不仅严重违背了我国监狱建立的宗旨，同时也不利于刑法的有效实施。对于监狱民警，长时间的封闭管理，在狭小区域内长时间的工作，很可能会产生严重的消极怠工心理，对监狱管理和犯人的教育改造产生重大的影响，也有可能会影响犯人的心理。笔者认为，可以适当地利用"互联网+"平台在特殊时期体现监狱管理必需的人文关怀。

对于服刑犯人，利用网络平台的优势在于：首先，可以通过互联网平台，定期安排服刑犯人亲友会面，进而缓解长时间封闭管理无法面见亲人的思念之情；其次，也能增加与亲友的见面机会，通过犯人与亲友会面缓解压抑的情绪，同时通过与亲友的交流来进一步感化服刑人员，这样更有利于教育改造的进行；最后，网络平台可以弥补监狱教育中存在的不足，让监狱教育的内容更全面，同时让服刑犯人了解实时信息，让他们了解事件危机，配合疫情管理。

对于监狱民警来说，通过互联网平台教育，一方面，有利于释放监狱民警在工作中压抑的情绪，能够找到娱乐和释放压力的途径，更有利于民警的监狱工作开展。另一方面，利用互联网平台的相关信息进行心理疏导，保证服刑人员的心理健康，同时利用互联网平台对服刑人员开展教育，降低特殊时期监狱民警的工作压力，也能缓解监狱民警的压抑情绪。特殊时期，监狱民警可以适当缩短值班时间，在保证民警的身体健康和防疫要求的情况下增加与亲人团聚时间，缓解工作压力。

## 结　语

作为肩负着国家重要使命的监狱，假如受到重大突发公共事件的影响，不仅会对监狱内部人员产生重大的威胁，更难的情况在于可能会破坏我国监狱制度。同时也要认识到，监狱是国家特殊的司法部门，监狱内的突发事件往往具有更大的破坏性，所以，监狱在管理上要严于其他的场所。这不仅需要监狱管理者的努力，更重要的是监狱的管理要得到立法上以及各方面的社会力量的支持，这样才能形成一个全面的、切实可行的监狱管理制度，特别是监狱的应急管理制度。监狱的建设和发展，形成中国特色社会主义监狱管理体系，除了监狱自身的科学设计与建设，同时也需要得到各个方面力量的共同支持。

# 监狱突发疫情应急处遇机制的合理化建构

王鹏飞 *

## 问题的提出

  监狱突发疫情应急处遇机制是监狱公共卫生体系的重要组成部分。自新型冠状病毒疫情发生以来，部分省市监狱先后发生罪犯感染事件，引起了社会广泛关注。由于环境封闭、人员密集、隔离条件有限，监狱成为疫情防控工作最为特殊、复杂的场所。一旦狱内人员感染则会迅速传播、难以控制，还会造成严重的国内国际舆论负面影响，直接影响到国家政府的形象，这个看似防疫工作中"最安全"的场所，同时也是"最危险"的场所。长期以来，学界对监狱疫情防控的有关内容研究十分薄弱。在研究对象上，所针对的传染病一般系如结核病、流感这类常见传染病，其治疗措施已经成熟。而诸如 2003 年的非典型肺炎以及 2020 年的新型冠状病毒肺炎这类病毒隐蔽性、传染性极强，潜伏期长短各异，无症状感染者频现、病情恶化迅速且致死率较高的传染病，其防控体制机制的建构完善具有特殊性，却未得以深入探讨。因此，以此次新型冠状病毒疫情为背景，深入探讨监狱疫情防控机制的完善，尤其是建立起科学有效的监狱突发疫情应急处遇机制，以扭转现阶段监狱系统应对突发疫情之疲软态势，提升监狱处置突发疫情的能力与效果，具有十分重要的意义。

## 一、监狱突发疫情应急处遇规范化建设现状

  目前在监狱突发疫情应急处遇工作相关的规范建设方面，从党的法规、全国性法律、行政法规、部门规章，到地方的规范性文件，均有相关内容的

---

* 王鹏飞，西北政法大学刑事法学院讲师。

规定，这些规定或者是在 2003 年非典型肺炎疫情发生后，于原有规范基础上进行了相应的内容调整，或是于之后出台，着眼于此次新冠病毒肺炎疫情作出了进一步的完善。

（一）监狱突发疫情应急处遇规范概览

一是党内法规。如 2020 年 1 月，中共中央印发了《关于加强党的领导、为打赢疫情防控阻击战提供坚强政治保证的通知》，该通知对于各级党组织、广大党员、干部在打赢疫情防控阻击战中的责任使命、应当发挥的作用提出了明确的要求。随后各地政府部门全力动员系统各级党组织和党员干部积极投身新型冠状病毒肺炎疫情防控的工作中来。

二是有关立法。如由全国人民代表大会常务委员会于 2007 年制定的《中华人民共和国突发事件应对法》（以下简称《突发事件应对法》），通过 7 章 70 个条文，对包括公共卫生事件在内的突然发生、需要采取应急处置措施予以应对突发事件的预防与应急准备、监测与预警、应急处置与救援、事后恢复与重建等应对活动进行了规定。又如全国人大常委会于 1989 年制定颁布（2013 年进行了修正）的《中华人民共和国传染病防治法》（以下简称《传染病防治法》），对甲类、乙类和丙类传染病的预防、应急处置、监督管理、法律责任等问题，进行了规范。而 2020 年 1 月 20 日，经国务院批准，国家卫生健康委员会常委会发布公告，将新型冠状病毒感染的肺炎纳入该法规定的乙类传染病，并采取甲类传染病的预防、控制措施，这一变动与现行立法第 4 条第 1 款中规定的"对乙类传染病中传染性非典型肺炎、炭疽中的肺炭疽和人感染高致病性禽流感，采取本法所称甲类传染病的预防、控制措施。其他乙类传染病和突发原因不明的传染病需要采取本法所称甲类传染病的预防、控制措施的，由国务院卫生行政部门及时报经国务院批准后予以公布、实施"内容相衔接。

三是行政法规、部门规章。如国务院于 1991 年批准发布的《中华人民共和国传染病防治法实施办法》，通过 7 章 76 个条文的内容，对传染病的预防、疫情报告、控制、监督以及处罚问题进行了规范，与全国人大常委会的《传染病防治法》相对应，但是却未有及时更新。又如国务院于 2003 年颁布、2011 年修订的《突发公共卫生事件应急条例》，与前述《突发事件应对法》相呼应，通过 6 章 54 个条文，对包括预防与应急准备、报告与信息发布、应急处理、法律责任等问题进行了规定。至于司法行政系统也有相应的规范出台，如司法部于 2005 年公布的《司法行政系统突发事件应急预案》，可谓对监狱〔1〕突发事件处遇的专门性规定，调整范围纳入了监狱内出现的突发安全事件、重大事故、自然灾害以及本文所研究的突发公共卫生事件。预案中，就机构设置、监测预警机制、信息报告程序与内容、突发事件分级与应急响应、后期处置、应急保障等方面内容进行了详细规定。此外，司法部于 2014 年印发了《关于加强监狱生活卫生管理工作的若干规定》，其中对于罪犯疾病防控的问题上，规定了疾病预防宣传教育制度、疾病防控预警制度、新收犯入监体检制度、罪犯健康档案管理制度等配套措施。再如原卫生部于 2003 年发布（2006 年修改）的《突发公共卫生事件与传染病疫情监测信息报告管理办法》，对于各级疾病预防控制机构在传染病疫情的监测、信息报告以及监督管理工作方面进行了规定。

四是其他规范。包括分散在《中华人民共和国刑法》《中华人民共和国治安管理处罚法》《中华人民共和国行政处罚法》《中华人民共和国出境入境管理法》等法典中的传染病防控相关规范与处罚条款，最高人民法院、最高人民检察院单独或联合发布的有关司法解释、工作文件，以及各地出台的有关地方性规范。如江苏省监狱管理局于 2016 年出台的《江苏省监狱罪犯疾病防治管理办法》，规定了监狱、未成年犯管教所的押犯疾病防治与权益保障的相关内容，湖北省政府于 2010 年制定的《湖北省突发公共卫生事件应急预案》，在明确组织机构、办事机构、专业技术机构的基础上，就该省突发公共卫生事件的应急管理和应急处置各方面工作进行了详细规定。

（二）评价与反思

突发疫情的应急处遇规范体系构建，是一个十分复杂的问题。而就监狱的突发疫情的应急处遇而言，更是具有其特殊性。监狱押犯群体入监初期有体检筛查，加之短期自由刑犯人一般被羁押于看守所服刑，因而监狱犯人的健康状况相对稳定，因押犯自身导致疫情最初感染的可能性极低。但就监狱来说，不发生疫情则已，如若暴发就很难控制。诚如司法部司法研究所原所长王公义所指出，"监狱最害怕的就是暴发传染病。因为监狱人群密集、场所

---

〔1〕 说明：因劳动教养制度于 2013 年被废止，因而该预案中针对劳教所的规范内容于文中不再介绍。

比较封闭，一般情况下每个监舍至少关押 10 人，服刑人员的主要活动空间如吃、住、睡、学习、上厕所都集中在监舍内"[1]。因此，一旦有人感染则会迅速传播、扩散，新冠疫情期间监狱系统发生的几起押犯感染疫情就是通过干警或社会人员传染给监狱押犯，最终导致上百人被感染。同时，监狱资源条件有限，押犯过多而空间狭小，医疗资源匮乏，故而发生疫情后的应急处遇会面临诸多障碍。

就前述的规范化建设状况来说，无论是法律、行政法规或是其他规范性文件，针对传染病防治问题所设置的条文基本为在日常生活中，政府部门应当如何帮助群众提升传染病防治方面的意识、传染病发现后如何控制疫情、如何治疗感染者以及如何对防控疫情不力的有关人员进行追责等内容，未能考虑到特殊场所的疫情防控问题。而司法部出台的代表性文件中，2005 年的《司法行政系统突发事件应急预案》只是将突发公共卫生事件作为突发事件中的一部分，并在列举的应当"即时报告"的诸事项中，将公共卫生事件限定在"监狱、劳教所发生重大疫情、食物中毒、交通事故及其他原因，造成 5 人以上非正常死亡的"这一程度。在"随时报告"的诸事项中，纳入"公共卫生事件"，列举了下述报告内容：疫情、病情和食物中毒的类型或不明疫情病情的特征表现，感染、中毒和死伤人数及财产损失情况，针对发生事件所采取的措施，以及其他需要报告的事项。而"即时报告"与"随时报告"的差异却未有明示。在"突发事件分级和应急响应标准"设置上，更是局限于犯人脱逃、自杀、人身伤害、劫狱、食物中毒等范围，并有伤亡人数的划定，进行相应的分级处遇，对于传染病疫情控制则无对应规范。2014 年的《关于加强监狱生活卫生管理工作的若干规定》中，对传染病的防控问题，只是于"罪犯疾病预防控制管理"部分进行了概括性规定，并将肺结核、艾滋病筛查作为主体内容。

## 二、新冠病毒疫情下的监狱应急处遇实践探索

新冠病毒疫情发生后，国家卫健委先后制定了若干针对此次疫情的防疫通知和指南，尤其是在监狱出现疫情后，疾控局印发《关于依法科学精准做

---

[1] "505 人确诊 11 人被免职，监狱该如何防范疫情暴发？"，载 http://finance.sina.com.cn/wm/2020-02-22/doc-iimxxstf3508131.shtml，最后访问日期：2020 年 11 月 20 日。

好新冠肺炎疫情防控工作的通知》，文件附件中含括了《监狱新冠肺炎防控技术方案》，方案中明确要求监狱卫生管理环节应当采取全封闭管理，禁止人员探视，减少狱警和工作人员的进出，自此，监狱封闭管理正式上升到规范层面。在疫情的应急处遇方面，分为"发现病例监狱"与"疫情扩散监狱"两类情形，分别予以针对性的管理。与此同时，司法部也对监狱防疫工作进行了部署，要求全国各地监狱系统深入开展疫情防控工作，外防输入，全面排查入监干警职工生活轨迹，实行全封闭管理，对有发热症状者及密切接触者实施隔离观察，及时医疗救治病患，对工作不到位导致疫情发生的予以严格问责追究。[1]

（一）监狱应急处遇实践

疫情防控期间，各地监狱在全封闭管理的基础上，积极探索行之有效的疫情防控措施。如江苏省监狱系统自 2020 年 1 月 26 日起就启动全封闭管理，在警力资源配置上，采取"二——"封闭性值班备勤模式，确保 1/2 的警力在岗执勤，1/4 警力集中隔离备勤，1/4 警力休息备勤。[2]在加强进出口管理、体温监测与卫生防疫管理的同时，强化监狱物资、场所保障以及民警生活保障。天津地区监狱系统在严格封闭管理的基础上，设置体温检测点和流行病学问询点，禁止有发热、感冒症状的人员入监，变通亲情帮教形式，暂停亲情会见，转为亲情电话的方式联系。设置发热门诊以及隔离区，购置防疫物资，开展食品安全、卫生检查。[3]黑龙江地区监狱系统于 2020 年 1 月 27 日开始实行全封闭管理，考虑到封闭管理下的干警与家人联系困难的情况，为干警安装固定电话，为联系亲人提供便利。[4]在全国各地积极探索监狱疫情防控对策的同时，国务院应对新型冠状病毒肺炎疫情联防联控机制组在《关于印发重点场所重点单位重点人群新冠肺炎疫情防控相关防控技术指南的

---

〔1〕 参见"司法部：全力以赴做好监狱疫情防控工作"，载 http://m. gmw. cn/toutiao/2020-02/21/content_ 123133529. htm，最后访问日期：2020 年 11 月 21 日。

〔2〕 参见"全省监狱系统采取扎实举措全力防控疫情"，载 http://www. cnprison. cn/2020/0203/c372a158794/page. htm，最后访问日期：2020 年 11 月 21 日。

〔3〕 参见"天津市监狱系统迅速行动全面开展疫情防控"，载 http://www. moj. gov. cn/pub/sfbgw/zwgkztzl/fkyqfztx/fkyqfztxzzcc/zzccyw/ywjyal/202103/t20210319_ 210661. html，最后访问日期：2020 年 11 月 22 日。

〔4〕 参见"黑龙江省监狱系统多举措开展疫情防控工作"，载 https://www. sohu. com/a/371924492_ 114731，最后访问日期：2020 年 11 月 22 日。

通知》（以下简称《各类防控技术指南》）中，将监狱场所划分为"低风险地区"与"中、高风险地区"，分别设置了 15 项、19 项管控措施，全国监狱系统遵照落实。6 月 17 日，《低风险地区夏季重点场所重点单位重点人群新冠肺炎疫情常态化防控相关防护指南（修订版）》（以下简称《指南（修订版）》）印发，将具体要求集中到人员进出管理、人员防护、健康监测、日常消毒等预防性措施。

（二）评价与反思

从整体上看，此次新冠病毒疫情之下监狱方面的应急处遇实践探索呈现如下几个特点。

一是以限制人员流动为基础策略。监狱押犯身体状况具有相对的稳定性，加之监狱环境封闭，自发性感染概率很低，因而监狱押犯感染源往往来自监狱内外的流动人口因素。故自 1 月份起，各地监狱纷纷开始实行封闭式管理。尔后的相关文件，对监狱系统封闭管理作出明确指示，监狱干警、工作人员以及新收犯需经 14 天的隔离观察并经体检测温、核酸检测等确认健康后才可进入监狱，实践中为保障监狱警力的充足，监狱内干警原则上不得外出。罪犯的亲情会见被叫停，改为远程会见。通过各种措施，将疫情阻挡在高墙之外。为保障监狱干警的休息权以及监狱系统的正常运转，各地推行封闭执勤备勤的方式，将每个执行任务周期，切割为隔离备勤以及狱内执勤两个部分，如此反复。

二是以体温监测与防疫消毒为核心。严格实行每日体温测量制度以及登记报告制度，对干警、职工以及监狱罪犯进行每日体温监测，对干警、职工外出情况进行及时排查和行踪掌握，做到早发现、早反映、早治疗。对监狱办公区和监区均进行全面的日常消毒和通风工作，保障卫生防疫工作不留死角。

三是根据不同的风险等级作出调适。以卫健委《各类防控技术指南》以及《指南（修订版）》为指导，对处于不同风险层级、不同疫情形势的地区的监狱，进行针对性的防控标准落实。同时，根据各地疫情形势的变化，及时调整监狱系统的风险等级、疫情防控级别，对防疫工作内容作出相应的调适。

在防疫工作全面深入开展的过程中，监狱系统摸索出许多实践经验的同时，也面临着一系列的挑战。

首先是监狱干警的心理健康问题。新冠病毒突然来袭，传染性强，病情发展迅速，病毒生命力强，并且尚未研制出相应的生物疫苗。发病初期与普通感冒症状相似，难以从表征上进行区别。加之监狱疫情发生后，引发了舆论强烈关注，在"确保高墙之内无隐患"的任务压力下，监狱干警面对的心理负担过重，同时，防疫初期包括监狱系统在内的全国各地区、各单位还面临着防疫物资紧缺的问题，一些干警逐渐出现了紧张、担心、愧疚、无助等各种焦虑情绪，甚至出现身体问题。根据深圳监狱对封闭执勤的警察进行的焦虑情绪测评，结果显示警察焦虑指数远高于社会普通人群，其中有 25.6% 的警察存在不同程度的焦虑情绪（焦虑指数≥50）。[1]

其次是监狱干警的生活保障问题。自施行封闭管理之后，干警超长时间上班、隔离而不能回家，正常家庭生活秩序被打乱，患病家人照料、孕妻看护、子女教育等一系列问题成为监狱干警最大的困扰。尤其是那些夫妻双方均在监狱系统工作的家庭，未成年子女缺乏有效看护，家庭情感支撑的缺失与家庭功能运转的停滞，让干警和家属都面临着巨大的压力。

再次是复杂的疫情形势所带来的挑战。新冠病毒疫情暴发后，全国上下全力投入疫情防控工作的同时，实践中也经历了治愈患者的复阳、核酸检测结果欠准确、无症状感染者的出现、个别地区新冠病毒疫情二度暴发等系列问题，复杂的疫情形势给监狱疫情防护带来了许多新的挑战。在病毒复杂多变的现实状况下，如何保障监狱高墙内部的安全稳定，就成为监狱面临的一项紧迫的任务。

最后是疫情防控期间监狱行刑工作的有序开展问题。新冠病毒疫情不仅给监狱干警带来了巨大的心理压力，对监狱关押的服刑人员而言，也面临着心理负担。尤其是在部分地区监狱暴发疫情之后，如何对服刑人员进行心理调适，缓解其焦虑情绪，安心投入监狱改造工作，配合监狱各项内容安排，就成为疫情之下监狱系统遇到的新问题。

## 三、监狱突发疫情应急处遇机制完善路径思考

21 世纪以来，我国先后经历了非典疫情以及新冠病毒肺炎疫情，两次疫

---

〔1〕 参见"深圳市司法局：为'一监二所'执勤干警心理缓压"，载 https://huacheng.gz-cmc.com/pages/2020/03/07/f4165124de&f438bq7a973486c9a129b.html，最后访问日期：2022 年 10 月 21 日。

情的发生对监狱工作带来了一定的冲击的同时，也促使理论界与实务界开始重视制度完善的相关问题，其中的核心在于，总结疫情防控期间监狱系统行之有效的管理经验和做法，建立常态化的疫情应急处遇机制，以提升监狱疫情预警与应对能力，保障监狱干警和服刑人员的人身安全。完整的疫情应急处遇机制应对包括应急处遇规范体系、分级响应机制、应急处遇联动网络以及应急处遇下的舆情应对四方面的组成部分。

（一）疫情应急处遇规范体系建设的完善

2020年2月14日，习近平总书记在中央全面深化改革委员会第十二次会议上的讲话中就疫情防控工作明确指出，"既要立足当前，科学精准打赢疫情防控阻击战，更要放眼长远，总结经验、吸取教训，针对这次疫情暴露出来的短板和不足，抓紧补短板、堵漏洞、强弱项，该坚持的坚持，该完善的完善，该建立的建立，该落实的落实，完善重大疫情防控体制机制，健全国家公共卫生应急管理体系"〔1〕。其中，对于改革完善重大疫情防控救治体系方面，提出了完善突发重特大疫情防控规范和应急救治管理办法的明确要求。就监狱系统而言，疫情应急处遇规范体系建设的完善不仅是方针政策需要，也是监狱行刑实践需要。

如前所述，目前就疫情防控的已有规范而言，无论是法律、行政法规或是其他规范性文件，设定的基本场域均为日常生活范畴，防疫的场所以社区为主，防疫的文件以社区群众为核心，防疫的对策集中在政府部门应当如何帮助群众提升传染病防治方面的意识、传染病发现后如何控制疫情、如何治疗感染者以及如何对疫情防控不力的有关人员进行追责等内容，未能全面考虑到不同场域范围、不同对象的防疫工作的个别化问题。对此，应当完善"疫情防控法律—监狱专门立法—行政法规—部门规章"的疫情应急处遇规范体系的顶层设计，与时俱进，更新内容，使得疫情应急处遇工作迈入法治化轨道。在立法完善方面，以《突发事件应对法》《传染病防治法》为抓手，至于前者，考虑在法典内容中增设对于监狱、看守所系统这类封闭环境下的疫情监测与预警、突发疫情应急处遇队伍建设、应急管理培训制度建设、应急设备设施资源保障、应急知识的宣传普及、必要的应急演练、疫情的社会

---

〔1〕 习近平："全面提高依法防控依法治理能力　健全国家公共卫生应急管理体系"，载《求是》2020年第5期。

发布等问题的原则性规定。至于后者，吸收中央最新政策方针，在法典中将新型冠状病毒肺炎纳入乙类传染病范畴，并与传染性非典型肺炎相并列，做到立法与政策的协调一致。在总则、传染病预防、疫情报告、通报和公布、疫情控制、医疗救治、监督管理、保障措施、法律责任等各章节中，加入监狱、看守所这类特殊的封闭场所下疫情防治的相应内容。

至于作为专门立法的《中华人民共和国监狱法》（以下简称《监狱法》），自 1994 年颁布实施之后对于我国监狱法治建设而言具有极大的意义，正如学者所指出，"《监狱法》取代了实施 40 年之久的《劳动改造条例》，改变了监狱行刑主要依赖政策和行政法规调整的局面，使我国监狱工作迈向规范化和法治化；同时，《监狱法》作为刑事执行法的主干法，其颁行标志着刑事法律体系'三位一体'的立法格局初步形成，使得我国的刑事立法结构更趋合理、完备"〔1〕。但与此同时，《监狱法》出台后的 20 余年间，其内容并未能根据实践的发展而进行相应的制度完善，仅在 2012 年进行了一次修正，变动内容限于与《中华人民共和国刑法》《中华人民共和国刑事诉讼法》相冲突的个别规定上。法典通篇 78 个条文，基本上是对监狱管理各方面的原则性规定，不仅内容模糊，还存在大量的立法空白，难以指导行刑实践。对此，司法部于 2019 年将《监狱法》的修改工作列入立法工作重点任务，并深入全国监狱系统开展调研，积极召开专家研讨会，全面吸收各方面意见建议，形成草案，并列入国务院办公厅 2020 年 6 月 26 日印发的《国务院 2020 年立法工作计划》内容之中。鉴于监狱系统于疫情防控期间遇到的新情况、新问题，以及监狱系统疫情防控常态化工作趋势，建议以此次《监狱法》修改为契机，在监狱生活、卫生管理部分，新增突发传染病应急处遇制度条款，包括责任人员、疫情筛查与上报、分级响应、心理危机干预、隔离与救治、物资保障、社会发布等问题的具体规定。

在法规完善层面，与前述的《突发事件应对法》《传染病防治法》相对应，需要及时更新《突发公共卫生事件应急条例》《中华人民共和国传染病防治法实施办法》的内容，增设监狱、看守所等特殊封闭场所环境下的突发疫情应对条款。至于司法部出台的以《司法行政系统突发事件应急预案》《关于

---

〔1〕 冯卫国："中国监狱法治建设回望与前瞻——从《监狱法》的颁行到再修改"，载《上海政法学院学报（法治论丛）》2019 年第 4 期。

重大案（件）处置工作的意见》为代表的专门规范中，应当突破现有规范对于"突发事件分级和应急响应标准"设置的局限性规定，在现有的犯人脱逃、自杀、人身伤害、劫狱、食物中毒、伤亡人数等分级标准考量范围之外，加入突发疫情的考量指标，即在全国性突发疫情防控期间，根据当地的疫情防控等级以及本监狱、本监狱场所周边疑似病例、确诊病例情况进行分级响应考察指标的量化设计。同时，重大突发疫情属于司法行政机关重大案（事）件范围中的"重大公共卫生事件"，而监狱、看守所等特殊封闭场所的重大疫情处置工作具有特殊性，因而在处置工作的相关规定上，就重大突发疫情的特殊处置措施作出专门性规范。

（二）疫情应急处遇分级响应机制完善

根据国务院《国家突发公共事件总体应急预案》以及《突发公共卫生事件分级内涵的释义（试行）》的规定，各类突发公共事件按照其性质、严重程度、可控性和影响范围等因素，一般分为四级：Ⅰ级（特别重大）、Ⅱ级（重大）、Ⅲ级（较大）和Ⅳ级（一般）。其中，涉及多个省份的群体性不明原因疾病，并有扩散趋势的，亦即"两周内在两个以上省份发生临床表现相同的群体性不明原因疾病，并出现死亡病例，病例数不断增加或疫区范围不断扩大。经国家卫生行政部门组织调查，仍然原因不明"的突发公共卫生事件，纳入Ⅰ级（特别重大）响应范畴；发生群体性不明原因疾病，扩散到县（市）以外的地区的，亦即"在一个县（市）行政区域内发生群体性不明原因疾病，有死亡病例发生，并扩散到其他县（市），经省级以上卫生行政部门组织调查，仍然原因不明"的突发公共卫生事件，纳入Ⅱ级（重大）响应范畴；在一个县（市）行政区域内发现群体性不明原因疾病的，亦即"在一个县（市）行政区域内发现群体性不明原因疾病，并出现死亡病例，经省级以上卫生行政部门组织调查，仍然原因不明"的突发公共卫生事件，纳入Ⅲ级（较大）响应范畴；县级以上人民政府卫生行政部门认定的其他一般突发公共卫生事件，亦即属于"乙、丙类传染病事件，符合《国家突发公共卫生事件相关信息报告管理工作规范》报告标准，但未达到Ⅲ级标准"的事件定为一般事件（Ⅳ级）。可见，在分级响应问题上，需要出现死亡病例才能纳入三级及以上应急响应范畴。但对于监狱系统的疫情应急处遇分级响应机制完善上，鉴于前述监狱疫情防控的特殊性与复杂性，应当在国务院应急预案的基础上大幅度降低要求，构建起监狱系统内部个性化的分级机制，并相应地建构不同级别的监狱疫情分级机制下应急响应的具体措施。

（三）疫情应急处遇联动网络完善

完善监狱突发疫情应急处遇联动网络，防止疫情扩散。监狱疫情的应急处遇需要得到很多部门的联动协助，如此才能把各项措施落到实处。对此，首先就需要将监狱列入当地的联防联控体系，对接当地政法委、卫健委、疾控中心，从而保障疫情防控期间医用防疫物资的及时到位以及疫情出现后的消杀工作能够顺利进行。其次，需要建立好与当地医疗机构的联动机制，以保证于监狱疫情出现时的医疗救护人员的迅速就位，保障病患得到及时隔离安置，防止由于救治以及隔离措施的延迟而造成疫情的进一步扩散。而对于其中的刑满释放人员，应当考虑执行场所与隔离场所的衔接，在刑期届满之前，协调当地卫健委、疾控中心，安置相应处所，将罪犯从监狱移交到隔离点进行隔离观察，隔离观察期与余刑等同，从而实现刑释人员安全重返社会。再次，应当联动当地交通部门，当监狱疫情出现时能够及时协助参与服刑人员的转移工作。最后，还应当联动基层司法局，就疫情防控期间由于封闭管理而导致的罪犯会见难的问题，通过连线司法局进行远程视频会见的方式予以缓解。

完善监狱与其他部门外部疫情应急处遇联动网络建设的同时，还应当完善监狱内部疫情应急处遇联动网格建设，其中需要重点关注组织队伍建设的问题。对此，应当建立起成熟的监狱突发疫情应急处遇小组，下设总指挥——负责指挥协调；联络组——负责疫情信息的及时上报，以及狱外部门机构的协调对接；医疗救护组——负责病患的医疗救助并对接、协助当地医疗机构；调查组——负责疫情事件的深入分析研判，调查此次疫情出现的原因；消杀组——负责监狱各区域的消毒消杀工作，重点对疫情发现场域部分进行消毒消杀；后勤保障组——负责突发疫情之下的物资协调、供应和分配。

（四）应急处遇下的舆情应对

监狱管理向来是能够引起舆情的高发领域之一，在新冠病毒疫情暴发期间，部分监狱出现的罪犯感染疫情引发社会舆论的高度关注和热烈讨论。随后，武汉地区一名刑释人员被确诊后入京，经媒体报道后，迅速成为自监狱疫情出现后的另一重点舆情。根据法制网舆情中心资料，前后两起舆情事件形成共振，强烈震荡舆论场，出现了十余个超过亿级的微博话题，其中多个话题登上热搜榜，舆论对监狱管理和疫情防控产生怀疑。[1]两次舆情的累积效应将监狱部门推向了风口浪尖，陷入被动局面。于是，突发疫情之下监狱部门的舆情应对问题，就成为完善监狱突发传染病疫情应急处遇机制的一个重要方面。对此，应当从以下方面入手。

一是掌握舆情动态，正确分析研判。提升信息敏感度，以各大门户网站、贴吧、论坛、微博、微信平台为抓手，通过关键词筛查等方式，及时搜集和掌握针对本监狱的舆情事件信息，做到早发现、早应对。进一步将所收集的舆情信息进行分类筛查，正确判断舆情信息的级别。对此，应当首先分析舆情的正向或是负向，如果是负向舆情信息，那么还应当进一步划定舆情等级。舆情分级的意义在于对不同级别的舆情事件，监狱部门在回应对象、发布范围、反应时间等方面存在着不同的要求。舆情等级归类之后，还应当对舆情产生的原因进行深入的分析，厘清此次舆情事件系监狱部门的直接责任还是服刑人员的个人原因抑或是个别媒体的恶意抹黑、误导所致，为采取针对性的措施奠定基础。

二是及时出面回应，进行正向疏导。要抓住舆论走向的主动权，防止媒体负面炒作而致监狱形象受损。经过舆情分析研判后，认定为监狱方面有直接责任或主要责任的，应当以积极的态度去回应舆论的质疑，启动责任追究机制，及时发布事件处理情况；对于监狱存在次要责任的，应当摆明态度，完善机制，堵住漏洞，积极补救；对于监狱不存在责任，舆情诱发系因群众误解、媒体误导所致的，应当在及时的证据留存的基础上，迅速与媒体的上级监管部门沟通反映，配合媒体上级监管部门的追责工作，并及时主动召开发布会，向群众澄清事实、说明情况、联系相关平台删除不实内容，防止谣言的进一步扩散，及时挽回机构形象。舆情的及时回应非常关键，正如有论者所总结出的"第一时间"法则，即"在'第一时间'发布信息，抢在各种质疑、猜测、推断和传言之前发布权威信息，及时满足当事人、媒体和公众的知情权，减少对事件的疑惑和猜测。第一时间主要是解决公众关注和知情权的问题，减少事件中的想象空间，减少各种猜想和质疑，便于让事件进入

---

〔1〕 参见朱志良、闫成瑞、杨梅："'48 小时'涉狱舆情处置机制研究"，载《犯罪与改造研究》2012 年第 3 期。

正常的处理程序"〔1〕。

三是认真总结经验，反思应对过程。在当次舆情结束后，及时总结梳理此次舆情发展的脉络、应对的过程以及效果，总结经验，汲取教训。反思监狱内部在规范建构、制度设计、责任落实等方面存在的不足并不断完善，不断提升应对舆情的能力。

## 余论：疫情防控下的干警权益保障

疫情之下监狱系统所采取的封闭管理措施，对于阻断疫情的外部输入确实产生了极为重要的作用，使得病毒被阻挡在"高墙之外"，但是与此同时，为了保障监狱行刑工作的顺利开展，干警的心理调适与生活保障工作也应当引起有关部门的重视。鉴于此，对于干警的心理调适问题，应当积极打造心理帮扶平台，邀请心理学、医学领域的专家学者，通过网络在线或入狱讲座等多种方式，开展授课和帮扶活动，帮助监狱干警走出对疾病的认识误区，讲授自我防护方法，引导干警疏解心理压力，增强抗疫工作取得最终胜利的信心，保持向上心态；对于干警的生活保障问题，应当在监狱内部畅通反映渠道，认真听取干警的生活诉求并做出及时的应对。同时，应当积极联动基层司法行政机关，调动社会工作者以及志愿者队伍，为干警家属发放医用防疫物资以及生活物资。此外，还应当组建服务团队进驻干警家属小区，设置 24 小时专线电话以随时听取干警家属实际需求，从而提供相应帮助。通过各种积极有效的暖警助警措施，解决干警的后顾之忧，从而使他们以积极健康的心态投入监狱工作中。

---

〔1〕 朱志良、闫成瑞、杨梅："'48 小时'涉狱舆情处置机制研究"，载《犯罪与改造研究》2012 年第 3 期。

# 疫情防控视野下的监狱管理
## ——以新冠肺炎疫情为例

罗文悦　车晓彤 *

## 一、监狱疫情相关事件梳理及特点分析

2020 年，新冠肺炎疫情在中国暴发，来势汹汹，对全国人民来说都是一场极大的考验。由于监狱机关其自身所特有的封闭性、人员的密集性以及新冠肺炎的传染性等特点，使各个监狱在这场"战疫"中成为被关注的场所。虽然监狱机关总体在这场疫情阻击战中取得了成功，但也存在个别监狱内部出现了疫情发生扩散的情况。

（一）监狱疫情事件梳理

1. 山东省

2020 年 2 月，在人们认为疫情得到有效控制时，却又出现了一次反弹。就在 2 月 20 日，山东省任城监狱一天确诊了 202 个病例。经调查，该事件的起因是监狱的一名干警曾与一名 1 月 21 日从武汉自驾车到达山东济宁的人员有接触，之后回到监狱继续工作，进而造成部分干警和罪犯感染。

2 月 12 日，一名值班干警因咳嗽到医院就医，13 日经核酸检测后诊断为确诊病例；同日，该监狱一名备勤干警经核酸检测后确诊。截至 2 月 20 日，任城监狱发现确诊病例 207 例，其中，干警 7 例，服刑人员 200 例。[1]

2. 湖北省

截至 2020 年 2 月 21 日，湖北省武汉女子监狱确诊 230 例。在这一事件中，值得注意的是该监狱所处的位置。武汉女子监狱与武汉肺科医院之间的

---

* 罗文悦，上海政法学院刑事司法学院研究生；车晓彤，上海政法学院刑事司法学院研究生。
〔1〕 参见"山东省任城监狱疫情事件已查清"，载 http://legal.people.com.cn/n1/2020/0304/c2510-31616998.html，最后访问日期：2020 年 11 月 3 日。

距离仅仅为 64 米，与华中科技大学同济医学院附属同济医院主院区、华中科技大学同济医学院附属协和医院也相隔不远。而以上 3 所医院都是此次新冠肺炎定点收治重症患者的医院，它们距离华南海鲜市场也仅有 5 公里。同时，监狱干警乘坐公交车上下班的公交站与到肺科医院看病的病人所使用的公交站是同一个，也就是说，在全面实行封闭以前，可能已经造成了病毒的输入。

2 月 21 日，湖北省武汉女子监狱刑满释放人员黄某英感染新冠肺炎离鄂进京事件引起社会的广泛关注。黄某英的刑期为 2011 年 4 月 18 日至 2020 年 2 月 17 日，由于疫情的暴发，其家人无法进武汉接其回家。又因 2 月 17 日前，黄某英服刑的监区已有确诊或疑似病例的干警，黄某英属于密切接触人员。2 月 17 日，黄某英刑满释放后，在武汉女子监狱隔离观察。17 日至 21 日，黄某英有两日所测体温为 37.3℃，也是此次疫情发热标准的临界值。2 月 21 日，在联系其家人后，由监狱将黄某英送至武汉北高速收费站口，其家人乘私家车接走。2 月 22 日该车到达北京，24 日黄某英被确诊为新冠肺炎。黄某英被送走后，湖北省监狱管理局向外界通报了监狱中疫情的相关情况。截至 2 月 23 日，黄某英所在的武汉女子监狱确诊病例 279 例。[1]

另外，还有在湖北省沙洋汉津监狱，该处疫情的出现是由一名干警未如实报告其生活轨迹造成的，截至 2 月 21 日，该监狱共有 41 人确诊为新冠肺炎。

3. 浙江省

有一监狱干警刻意隐瞒前往武汉探亲的事实，并在返回浙江后照常上班，导致监狱内 34 名罪犯确诊为新冠肺炎。经调查，一名干警曾于 1 月 14 日至 19 日前往武汉看望家人，在武汉期间与多人密切接触，并有进入超市的情况。返回单位后，直至 1 月 25 日被相关部门要求其配合检测，监狱才掌握相关情况并上报。1 月 29 日，该干警被确诊为新冠肺炎。[2]

---

〔1〕 参见"还原'黄某英事件'始末"，载 https://www.sohu.com/a/377332686_ 404521，最后访问日期：2020 年 11 月 3 日。

〔2〕 参见"浙江省十里丰监狱出现新冠肺炎疫情 已开展隔离救治及严查"，载 http://www.xin-huanet.com/politics/2020-02/21/c_ 1125608192.htm，最后访问日期：2020 年 11 月 3 日。

（二）监狱疫情的特点分析

1. 疫情发生突然

由于监狱自身的封闭性、服刑人员的相对集中性等特征，在监狱内部出现传染性疾病时病情蔓延的速度相对较快。加之服刑人员在监狱内集体生活，隔离等措施不及时、不完善，一旦出现感染病例，在短期内极有可能造成更多人员被感染。

2. 防范措施相对缺乏

由于传染性疾病的疫情属于突发事件，缺乏可预见性，监狱缺少相应的思想准备和充足的物资。同时，由于监狱内人员相对集中且数量多，监狱所处的位置较为偏僻，因此，在短时间内难以储备充足的防护及医疗用品。再者，在疫情发生初期，监狱缺乏预测和研判的能力，相关数据的收集和分析相对滞后，通常疫情渗入导致整体情况严峻后才会引起重视，此时对疫情的控制更为艰难。

3. 社会影响较大

监狱发生疫情，一方面监狱内部易形成恐慌，服刑人员对疫情的具体情况缺乏认知，这不仅会影响他们的人身健康，还会影响他们的正常改造情绪，同样，监狱干警等工作人员也会对疫情产生恐惧心理，影响正常的工作秩序；另一方面，在监狱外部，监狱疫情不但会导致服刑人员以及监狱干警的家属等人产生不安情绪，而且相关事件的出现也会引起社会公众的热议，严重影响监狱的正常管理秩序甚至是社会的稳定。

4. 服刑人员感染后的治疗有困难

监狱地理位置偏僻，在向医院等治疗机构转移已感染服刑人员时存在不便，既有可能耽误救治，也有可能在转移过程中造成更多人被感染。除此之外，部分监狱内部在疫情突发时没有充足的物资及药物来应对初期病情，在应对传染快、病情发展迅速的疾病时，无法实施有效的控制。

5. 监狱机关的处置方式存在差异

我国的监狱分散于全国各地，面对国际范围或国家范围的疫情，各监狱在管理上存在差异。面对疫情，监狱机关既处于被动地位，同时又要主动采取措施实施预防等工作。监狱机关在基础设施等方面的差异，也会影响其在疫情防控工作中的效率。

### 二、疫情中监狱管理的漏洞

通过对相关事件的梳理，能够发现在疫情防控过程中监狱机关内部存在的疏漏。监狱是一个人群相对密集的场所，并且其中的人员身份较为特殊，服刑人员的行动受限制，与外部的接触少，只有监狱干警等工作人员能够有较多机会与社会接触。因此，监狱疫情在服刑人员封闭的情况下，很难造成狱内输入。

前述相关事件中的任城监狱、十里丰监狱和汉津监狱出现的疫情，都是由监狱干警的隐瞒不报引起的，这与监狱内部管理出现漏洞密切相关。由此也可以看出，监狱疫情的出现与监狱的管理有很大关系。从这些相关事件中，可以总结出在疫情防控期间监狱管理存在的几点问题。

（一）思想松懈，对于疫情不够重视

在传播途径上，多数监狱疫情的发生、发展与监狱干警等工作人员有极大关系。因监狱内部相对封闭，存在新冠肺炎感染源的可能性极小，新冠肺炎并不会突然从监狱内部暴发，病毒只能靠监狱干警等工作人员进行初步传播，前述相关事件中也证明了这一点。思想上的松懈，导致在管理上没有进行及时的调整，进而影响对疫情的预测与研判，不利于疫情的控制。一方面，监狱没有及时制定系统、灵活的应急预防措施，对人员的管理上没有及时进行相应的调整，导致传染源进入监狱内部，引发疫情；另一方面，在发现疫情在监狱中出现后，隐瞒不报，互相推卸责任，导致病情更加严重，更多人被感染。

（二）人员进出管理出现漏洞

一方面，对监狱干警等工作人员的进出没有进行有效管理。这种有效管理包括及时发现外出（离开工作所在地）人员、密切接触人员并将相关情况及时上报，对外出返回人员、密切接触人员及时进行相关检测、隔离等疫情防控措施，在监狱干警等监狱工作人员上下班时进行相应的检测，监狱干警等工作人员在监狱内部穿戴防护用具等。在疫情防控期间，监狱机关在人员管理上出现的漏洞，其一是对工作人员的行程信息没有及时了解，其二对疫情初步的预防措施及相关检查措施也不完善。

另一方面，服刑人员的进出把控不严格。监狱是服刑人员集体生活的场所，人员相对较密集，尤其是在传染性疾病发生时，在服刑人员之间蔓延速度较快。"黄某英事件"中，黄某英属于刑满释放人员，其所在的服刑监狱已有确诊或疑似病例出现，黄某英属于密切接触人员，同时，在隔离期间黄某英的体温已经出现异常，符合新冠肺炎的部分症状，在这种情况下，仍然将其释放。监狱对于服刑人员的进出没有严格控制，这就导致了病毒由监狱内向监狱外的扩散。

（三）相关部门之间对接不到位

监狱疫情的防控与处理需要多个部门之间进行对接，相互配合，群防群治。在出现新冠肺炎疫情的监狱中，对疫情的处理没有形成完整的机构体系。首先，指挥机构在疫情的处理上比较迟缓，没有及时督促落实监狱疫情相关措施的执行，尤其是对监狱干警等工作人员没有严格的检查措施，对相关工作人员的行程没有及时进行跟踪掌握，导致监狱干警将病毒带入监狱，进而造成多人感染。其次，监狱内部针对疫情缺乏专业的应急组织，由监狱所属的医务人员组成的救护组织在疫情防控方面可能存在较多困难，在服刑人员的检测、初步治疗等方面准备也不充足。最后，相关卫生部门等监狱之外的机构对监狱疫情的指导存在不及时、不充分的问题，导致监狱机关对疫情的相关情况了解不够深入，在疫情防控过程中对其危害性没有准确的认识，影响整体的防控效果。

## 三、监狱疫情的应对措施

监狱内突发重大传染病疫情、群体性不明原因疾病、重大食物中毒以及其他重大卫生事件，都会对监狱干警、服刑人员和其他工作人员的人身健康造成或多或少的危害，破坏监狱内部正常的管理秩序和安全，甚至对社会都会产生较大的影响。因此，在出现相关情况时，监狱机关需要及时采取相应的措施进行防控和处理，在维护监狱内部管理秩序的同时，保障每一个监狱干警、服刑人员和其他工作人员的人身健康和安全。

针对此次新冠肺炎疫情，监狱在管理方面可以采取以下应对措施。

（一）加强思想建设，提高认识

思想上的重视，能够为行动提供强有力的支撑，面对疫情，首先要在思想上重视起来。第一，领导干部与监狱干警等工作人员需要对类似突发事件有全面的认识，对其严重性有一定的了解，在疫情防控工作中，提高警惕，避免存在侥幸心理，对于疫情的预防措施不能简化，快速处理，制定切实可行的处置预案，对每一个环节进行跟踪。第二，对国家的指示与政策及时进行传达并督促落实，维护监狱的管理秩序，保障监狱内部的安全，为服刑人员、监狱干警以及其他工作人员提供安全的环境。第三，在应对疫情的过程中，要坚持以人为本的理念，始终将人的身体健康与生命安全放在首位，避免和减少因疫情而造成的人员伤亡和损害。第四，监狱干警如果出现近期进入或途经疫情高风险地区、密切接触确诊人员的情况，应当主动报告相应情况，杜绝隐瞒不报。第五，监狱内出现疫情时，领导干部、监狱干警与其他工作人员应当及时了解情况并上报，在疫情的处置上要果断，禁止互相推诿，对于相关人员不作为、乱作为等失职、渎职行为依法追究其责任。第六，及时跟进对服刑人员的教育，让他们了解疫情的相关情况，学习防疫知识，共同参与疫情防控。

（二）调整人员管理措施

1. 严格管控相关人员进出监狱，切断传播途径

一方面是对监狱干警等内部工作人员进出的管控。一是相关部门应当及时掌握监狱干警等工作人员的行程信息，对于近期进入或途经疫情高风险地区的人员、确诊病例的密切接触人员等进行隔离，未经允许不得返回单位继续工作；二是对于正常上下班的监狱干警和其他工作人员，应当在其进出监狱时进行体温测量等与疫情相关的检测措施；三是重新调整监狱干警等工作人员的在岗时间与班次，控制备勤监狱工作人员的外部活动范围。

另一方面是对服刑人员与外部接触的管控。一是服刑人员的转移，在疫情严重地区，对刑满释放等人员在征得其同意后，应当为其提供相应的隔离观察措施，为他们提供安全的隔离场所或临时住所，避免出现疫情从狱内向狱外蔓延的情况；二是合理安排会见等活动，会见是服刑人员享有的合法权利，也是监狱对于服刑人员权益保障的重要内容之一，这体现了人道主义的要求。由于疫情期间监狱管理加强封闭等原因，正常的会见模式受到影响，使得面对面的线下会见的可能性降低，因此，在科技发达的网络时代，借助网络等途径，利用视频等方式安排服刑人员与亲属进行网络在线会见，这也为处于交通不便地区的服刑人员亲属提供了便利。

2. 为服刑人员提供多种形式的活动，提高综合素质

疫情防控期间，监狱机关在保证服刑人员安全的情况下，可以为他们提供多种形式的活动，包括运动、劳作以及技能培训等，在预防疫情的同时，增强服刑人员的身体素质，提高个人能力。这也有利于服刑人员与社会接轨，在回归社会后，能够继续为社会创造价值。

（三）细化各阶段应急处置

1. 提前建立完善的应急体系，提高应急处置能力

监狱管理机关应及时制定切实可行的应急处置预案，包括综合预案、专项预案和现场预案等，规范疫情预防处置，贯彻落实应急防范措施，完善应急管理体制，精准防控疫情，减少突发疫情带来的损失。

2. 完善疫情预防的设备设施，保障防控工作

首先，监狱应当配备专业的检测仪器，及时发现感染人员，应当为服刑人员和工作人员准备充足的个人防护用具和物资以应对疫情的初步预防，控制疫情的传播速度；其次，实施应急防护措施，在医疗设备和医护人员齐备的情况下，设置隔离区域，如有不适，立即隔离，加强防护措施的落实；最后，充分利用多媒体等途径，对服刑人员开展宣传教育活动，及时了解疫情相关知识，提高自我保护意识和能力。

3. 监狱出现疫情后及时控制，防止疫情扩散

在监狱出现疫情后，首先应当对监狱进行封闭，切断传播途径，对确诊病例及时送医进行救治，对疑似病例进行隔离观察进而及时排除或确诊，将密切接触人员安排到隔离区进行分别管理。还要加强对疫情的监控，及时上报相关信息。转移确诊病例前，监狱内部的救护组织应当对感染人员先行治疗，在治疗的过程中要对病因及病情发展做初步的调查，其他工作人员要根据相关情况进行核实，尽快找到传染源或疫情出现的源头。同时，监狱内部救护组织对相关区域要做好消毒、个人防护和废弃物处理等工作，防止在治疗过程中被感染。

4. 部门之间实现联动，资源互补

疫情防控工作需要多方面的力量，要加强内部各部门上下级之间的联系、与周边单位及组织之间的联系以及与地方政府之间的沟通与协调，针对疫情跟踪研判，迅速处理。同时，各部门之间的资源可以进行调配，联合处置，

提高疫情防控工作的效率。

5. 相关防疫措施的解除与放开

在疫情结束后，根据相关部门的评估建议，达标的监狱机关可以逐步解除疫情防控期间实施的部分控制措施，恢复监狱正常的管理秩序。同时，对于疫情防控期间禁止的行为，如会见等，可以在办理相关手续后允许放开。

（四）对疫情防控期间收集的相关信息的处理

监狱发生疫情后，监狱干警等工作人员应当及时收集病例信息，做好登记、统计和报告工作。结合所收集的信息，配合相关部门，对疫情展开调查并做出相应的处理，将调查及处理结果进行通报。疫情结束后，将疫情的相关信息进行汇总整理与归档，总结监狱在疫情处置过程中出现的问题，制作总结报告并上报。另外，对疫情中收集的公众有权知晓的信息应当及时向社会进行公开。

## 四、结语

疫情等突发事件的出现对监狱的正常管理及应急处置能力提出了更为严格的要求。在全民防疫过程中，在依法防治的背景下，监狱作为一个特殊场所，应及时制定应对措施，完善应急管理制度，建设系统的应急管理体制，健全法律法规预案标准体系，并准确落实执行。完善部门协同机制，加强各机关部门的联动合作，增强监狱干警的责任意识和风险防控意识，提高应急处置能力和综合水平，以达到科学防疫、精准防控，推进应急管理体系和能力现代化建设。

# 做好疫情防控常态化背景下监狱管理工作

刘　毅[*]

2020 年一场新冠肺炎疫情席卷全球，以人传人的方式迅速蔓延，有国家采取封国措施，有城市进行封城，迄今已有两年多，尽管我国已取得疫情防控的阶段性胜利，但新冠肺炎病毒的变种和疫情的长期蔓延，使得防控常态化。如何在这种疫情防控常态化的全球大背景下，既保持对集中关押罪犯的监狱的长时期全方位防控，又杜绝出现过度防疫现象，遵照国务院联防联控机制的严格落实疫情防控"九不准"要求，是我国监狱工作的重中之重。

## 一、疫情防控期间五监狱发生确诊病例事件凸显监狱管理漏洞

2020 年 2 月 26 日国务院联防联控机制举办新闻发布会，司法部副部长熊选国首次向全国介绍监狱新冠疫情情况：截至 25 日，湖北、浙江、山东 3 个省 5 个监狱发生罪犯感染新冠肺炎情况，共确诊病例 555 例，疑似 19 例，重症 4 例，没有监狱在押罪犯感染新冠肺炎死亡病例。[1]自此，拉响了全国监狱新冠肺炎疫情防控的警报。尽管在此之前，根据司法部官方数据，1 月 25 日，湖北监狱系统全面落实中央一级响应各项要求和措施，启动战时机制，进入抗击疫情的战时状态。1 月 26 日江苏监狱实行全省监狱封闭式管理；河北省监狱采取全省监狱全封闭管理；1 月 27 日凌晨 0 点天津市监狱落实封闭式管理。同时山东、四川等省也纷纷做好应对措施。但五所监狱发生的民警及罪犯感染新冠肺炎的情况，凸显出部分监狱思想上缺乏政治敏觉，管理和防疫存在漏洞。

---

　＊　刘毅，江苏省司法警官高等职业学校社区矫正专业科主任、副教授。
〔1〕　参见倪伟："司法部谈监狱疫情细节：干警与肺科医院病人同站通勤"，载 http://news.si-na. com. cn/c/2020-02-26/doc-iimxyqvz5898297. shtml，最后访问日期：2022 年 10 月 22 日。

（一）缺乏政治敏锐性

新冠肺炎是通过人传人的方式传染的，通观全国，人群最密集传染性最强的场所首推监狱。约翰斯·霍普金斯大学布隆伯格公共卫生学院的一份研究表明，在美国，监狱服刑人员感染新冠病毒的风险是普通人的5.5倍。[1]尽管这组数据仅仅针对美国的监狱，但监狱相对封闭的本质特征是相似的，因此，在这场与新冠肺炎斗争的战"疫"中，监狱防疫安全是最基本的底线，是社会稳定的重要环节。

五所监狱疫情事件中，湖北武汉女子监狱距离武汉肺科医院不到100米，监狱干警上下班和肺科医院病人看病使用同一个公交站，属于管理疏漏，湖北汉津监狱、浙江十里丰监狱、山东任城监狱发生疫情，都是由于个别干警不如实报告接触到了湖北疫区人员，导致输入性病例。[2]可以肯定地说，这五起突发事件源于监狱领导思想认识不够，民警个人的政治敏锐性不高，筛查不严格。如山东任城监狱疫情事件是由1月21日从武汉自驾车到达山东济宁的人员，传染给监狱干警、职工，进而造成部分民警和罪犯感染。湖北沙洋汉津监狱、浙江十里丰监狱均为民警未如实报告生活轨迹引起的。更让人难以置信引起全国轰动的是，武汉女子监狱将确诊新冠肺炎的刑满释放人员放离武汉回北京。疫情紧急状态下，监狱单位未能严控进监、出监，民警未能如实汇报生活轨迹，都是思想上没有足够和清醒的政治意识，对突发公共安全事件不敏锐，有着大事化小小事化了的鸵鸟心态。

（二）防疫工作存在漏点

在疫情发生后的内部防控体系中，入监和出监是与社会接触的两个最关键的环节，任何一个出现问题都将会导致严重的后果。前者如民警感染新冠肺炎进入监区，致使部分民警和罪犯感染，后者如黄某英刑满释放引发社会群体感染。在新冠疫情发生后，尽管湖北省监狱管理局在1月25日紧急启动疫情防控战时机制，切断输入源，做好进入监管区执勤民警的医学观察工作，

---

〔1〕 参见陈思众："美国监狱已成疫情暴发点：因罪入狱，死于新冠"，载 http://news.sina.com.cn/w/2020-08-02/doc-iivhvpwx8822939.shtml，最后访问日期：2022年6月10日。
〔2〕 参见倪伟："司法部谈监狱疫情细节：干警与肺科医院病人同站通勤"，载 http://news.sina.com.cn/c/2020-02-26/doc-iimxyqvz5898297.shtml，最后访问日期：2022年10月22日。

确保第二批值班人员在监狱集中隔离观察 14 天后，再安排进监封闭值班。[1]但这样的安排依旧疏忽了监狱附近民警上下班和肺科医院共同使用的公交站台。因此在入监关口，出现防疫工作的重大疏漏。

在疫情防控中，监狱除了要把好入监关，更要做好出监协调工作。据调查，黄某英因犯贪污罪被判处有期徒刑 10 年，期间两次减刑。由于黄某英服刑的监区已有民警确诊为新冠肺炎或疑似病例，因此，黄某英刑满释放后滞留监狱隔离观察。期间曾两次体检温度在 37.3℃，但在其要求回家的情况下，武汉女子监狱不是继续隔离观察，而是与其家人联系，由监狱方将其送至武汉北高速收费站，至 24 日黄某英抵京被确诊，事情随之曝光。对黄某英实行刑满释放后的隔离，是监狱出监防疫工作的重要环节，若其隔离期满未发现感染，方可离开隔离区。但隔离尚未期满，监狱方应刑释人员和家属要求，便将其提前结束隔离，这就是监狱方在出监防疫流程上的疏忽。

（三）队伍管理工作懈怠

五所出事监狱，有三所监狱是由于民警知情不报引发的。这纵然与民警自身政治敏锐性不足有关，但更重要的是监狱对民警队伍管理的懈怠，在排查过程中出现形式主义、排查不深不细的不负责态度，尽管在中央政法委联合调查下，涉事领导都依纪依法受到了严肃处理，但这样的结果暴露出的是领导者督查不力、迟报漏报、失察失职等问题，是民警队伍管理存在的松散、推卸责任、缺少担当等现实问题。

民警对生活轨迹的隐瞒不报一方面源于对监狱问责的担心，另一方面抱着侥幸心理。这两种心理状态与监狱平时对民警的教育管理有着密切的联系。监狱对民警的管理缺乏对应的履职免责、容错纠正机制，因此民警在面对问题时往往有着逃避心态，不愿意承担责任。从正面讲，可以说是监狱对民警的责任担当意识教育不力，但从客观上来说，这种不愿担责、不敢担责的工作态度是监狱制度建设的欠缺。与民警的问题不同，领导者的督查不力、迟报漏报、失察失职是不可推卸的责任。在疫情防控的紧要时期，监狱的各层各级领导都必须有敏锐的洞察力、快速及时的应变能力，特别是在民警涉疫

---

〔1〕 参见司法部政府网："湖北省监狱系统启动疫情防控战时机制确保监狱安全稳定"，载 http://www.moj.gov.cn/pub/sfbgw/zwgkztzl/fkyqfztx/fkyqfztxzzcc/zzcchb/202103/t20210312_ 197838.html，最后访问日期：2022 年 6 月 10 日。

情况调查时，除了加强教育宣传，强化责任担当外，更是要进行拉网式排查，及时掌握信息，及时上报，避免疫情的扩大。不仅是出事监狱，还有部分未发生疫情的监狱，领导者都缺乏这种政治意识、大局意识。

## 二、疫情防控常态化背景下监狱管理工作应有之策

全国监狱在疫情防控期间，严防入监关口，加大对民警和新收罪犯的排查和检测，如江苏省监狱管理局在句容监狱专设隔离点，对从看守所进入监狱服刑的新收罪犯在核酸检测后进行集中隔离，待隔离期满后方可回监狱服刑。四川省将所有押犯全部纳入地方疫情联防联控体系，实现狱地合作。这些省份的先进做法对监狱疫情常态化管理有着很好的借鉴作用。结合国内的处突经验，监狱应从宏观层面强化顶层设计和政治统领，在微观层面加强民警队伍和处突机制建设，最终实现疫情防控期间的精细化管理、拉网式摸底。

### （一）强化政治意识与责任担当

在防控不力与过度防控之间，考验的是为官者的政治意识、大局意识和责任担当。监狱系统作为国家治理体系中执法的重要环节，在这场对抗疫情的长期战斗中，必须强化政治意识和责任担当，这是疫情常态化背景下监狱工作之魂。

1. 增强政治意识。五所监狱疫情事件中出现的冲突都凸显了政治站位的重要性。对疫情防控政策的及时传达，对防控要求的准确执行，才是领导者政治意识的体现。新冠肺炎疫情的严重程度是全国人民始料未及的，出现思想麻痹或慌乱的状态是情有可原的。尽管对于普通老百姓来说这是能够理解的，对于监狱的管理层而言，是懒政、形式主义、官僚主义的表现。如果果断执行上级要求，拉网式排查，这种感染事件便不会发生；如果亲力亲为，工作做实做细，也不会出现隐瞒生活轨迹的现象。对于普通民警来说，政治站位、政治意识一直是监狱人民警察的职业自觉，是基本素养，这种意识不因疫情的暴发而突然产生，而是长期根植于民警内心的思想认同。这种认同是监狱政治工作的根本。因此，政治意识应当永远成为民警政治工作的重心，只有提高政治意识，才会有顾全大局的思路，才会为社会的安全稳定提供保障。

2. 强化责任担当。习近平总书记在全国抗击新冠肺炎疫情表彰大会上发

表重要讲话时强调，"抗击新冠肺炎疫情斗争取得重大战略成果……充分展现了中国负责任大国的自觉担当"。[1]中国的大国担当是由千千万万有担当有责任感的一线人员撑起的，防控是责任。湖北省武汉女子监狱因防控工作不力，监狱长被免职。湖北省沙洋汉津监狱一名干警因未如实报告生活轨迹，被给予党内严重警告处分。山东任城监狱 7 名干警和 200 名犯人确诊新冠肺炎，省司法厅厅长被免。浙江十里丰监狱 34 名罪犯确诊新冠肺炎，监狱长和政委被免职。[2]领导被免职，涉事民警被处分，是因为没有把防控当作是责任，遇事相互推诿，缺乏担当精神。在常态化的疫情防控工作中，这些都是铁的教训，明确分工，权责统一，避免相互推诿，强化责任意识，倡导担当精神，是监狱工作作风的重整前提，更是队伍建设的根本。

（二）加大重大公共卫生事件的应急处置能力

面对如何解决疫情防控中暴露出的短板和不足，"体系""机制""制度"等词语在此次会议上被习近平总书记多次提及。"从体制机制上创新和完善重大疫情防控举措""健全重大疫情应急响应机制"[3]制度建设的本质决定了其具有落后性的特点，因而，在疫情发生后，根据防控的应急处置，构建具有针对性的系列体制、机制和制度是当务之急。

1. 顶层设计的完善。2020 年 2 月 21 日，司法部监狱管理局负责人何平在国务院联防联控机制新闻发布会上，概括了监狱疫情防控的五个方面。[4]涵盖了事前排查，事中救治和事后追责全方位的防控，是对疫情做出的最快速及时的应对。然而，在实际落实过程中，各省均各有安排。以江苏为例，江苏省监狱管理局曾在一天之内连续发布七个内部文件，包括加强监狱单位封闭性管理期间民警管理、加强疫情一级响应期间安全生产、肺炎防控经费保障、疫情防控物资便利化采购、疫情防控期间办理减刑、假释、暂予监外执

---

〔1〕 参见"彰显中国精神 展现中国担当——习近平主席在全国抗击新冠肺炎疫情表彰大会上的重要讲话引发国际社会热烈反响"，载 http://www.gov.cn/xinwen/2020-09/11/content_5542475.htm，最后访问日期：2022 年 6 月 10 日。

〔2〕 参见许雯："3 省 5 监狱发生罪犯感染疫情，司法部通报"，载 http://finance.sina.com.cn/wm/2020-02-21/doc-iimxxstf3295625.shtml，最后访问日期：2022 年 6 月 10 日。

〔3〕 黄钰钦："面对疫情'大考'，习近平部署以'制度'答卷"，载 https://www.chinanews.com/gn/2020/02-16/9093167.shtml，最后访问日期：2022 年 6 月 10 日。

〔4〕 参见"司法部：从五方面全力做好监狱疫情防控工作"，载 http://health.people.com.cn/n1/2020/0221/c14739-31598886.html，最后访问日期：2022 年 6 月 10 日。

行案件以及加强封闭管理期间生产经营管理有关事项的通知。因为情况紧急，这些文件都以通知或紧急通知的形式发放，并不具有规范性文件的效力，且因其不具有长久的效力而影响其决策的稳定性，后期虽然制定了重大突发公共卫生事件相应应急处置制度，但并未上升到法律层面，在《中华人民共和国监狱法》中未予以体现。

2. 新收罪犯的对接。司法部在发布的疫情防控工作的五个方面中，提到了全面彻底排查入监干警职工生活轨迹，严防将传染病原带到监管场所。同时严格封闭隔离，实行全封闭管理。此两项措施是针对入监民警所采取的紧急措施，是对输入源的有效防控。在新收罪犯的处理上，部分省份采取了暂停接收新犯，由看守所暂代执行，严控新收罪犯进入监狱。但这样的应对措施必须做好与公安机关的沟通与协调，也非长久之计。如江苏省监狱管理局为解决这一问题，在镇江市句容监狱设立独立的全省新收罪犯隔离点，缓解因疫情引发的新收罪犯滞留问题。不仅对新收罪犯进行防控，而且顺利完成了与看守所的对接工作。在疫情常态化的情况下，这样隔离点的设置形成了监狱的分级分区防控布局。

3. 刑释人员的安置。武汉女子监狱对刑释人员的处理所引发的"黄某英"事件，提示监狱机关在严防输入源的同时更要关注的输出卡口。尤其在发生感染病例的省份，要做好刑释人员的安置工作，不可因疫情原因推迟释放，这是违反法律规定的。但可以做出就近隔离的措施，这是因突发事件而做出的合法的行政强制行为，不因刑释人员及家属的要求而有所妥协。即使在未曾发生感染病例的省份，如江苏省监狱管理局，在刑释人员释放前在出监监区（分监狱）进行隔离，释放后就近隔离14天，待隔离期满后移交当地司法部门，甚至护送上火车，与家属零接触，严防刑释人员对社会造成的不稳定感染因素。入监输入关口是对监狱民警和罪犯的防控，出监输出关口是对社会民众的安全保护，二者都是疫情防控常态化下严防严控的关键点。

4. 监狱企业的复工。疫情防控初期，社会企业是暂停营业的，监狱企业也不例外，由于严防输入口的要求，生产加工的原材料都暂停供应，监狱企业停产，民警工作的重心由生产转移到罪犯的教育、学习、训练和娱乐生活，特别是关注罪犯心理，增加亲情电话频次，对于表现优异的在疫情防控后期与家人云会见（家属在地方司法局视频会见室进行云会见），等等，这就回到了罪犯改造的初始状态，注重矫正教育罪犯的不良行为和心理。但疫情逐步稳定，社会企业逐步复工复产，监狱企业的生产也逐渐恢复。因疫情积压的工作量明显增多，改造的天平再次倾向于劳动改造，这是最易松懈防控的阶段，尽管纵观全国监狱，未再发现新冠肺炎病例，但在复工过程中，依然要注意民警罪犯的防护，避免因生产任务压力造成罪犯生理方面的抵抗力下降、心理方面的抗拒改造等情况。如江苏丁山监狱鼓励罪犯结合学习体会撰写微故事、创作微漫画，交流自己对疫情防控工作的认识和收获，增添改造动力、丰富改造生活。

（三）构建监狱民警容错纠错机制

如前所述，五所监狱疫情事件固然有着管理层政治意识淡薄、防控不力、作风懒散，民警缺乏责任担当等主观方面的因素，但不可否认的是，除此以外还存在客观方面的因素，对管理层、基层一线民警的过错行为重在问责追责，而缺乏相应的容错纠错的保护机制。当民警面对的是执法的严厉追责时，遇到问题的第一反应大多为隐瞒不报、逃避责任。监狱法正在修改，专家学者们都在提议将依法履职免责和容错纠错加入监狱法的立法中，从法律层面保障民警的合法权益。

1. 容错纠错的法理学基础。美国学者科恩在其论著《论民主》中写道：即使有高度的智慧和良好的心愿，立法与行政官员也不能免于不犯一点错误。任务的复杂、必须判断的问题为数之多、利害不同的各方所施加的压力，使公职人员在进行工作时必然要出错，任何人处于这种情况也都是一样难免出错的。[1]从法理学角度来说，法律追求的基本价值是秩序、正义、自由，从价值位阶来说，自由的价值要高于秩序和正义，但这种位阶也并非一成不变的，随着个案正义的需要，价值的位阶也会发生变化。譬如为了秩序和正义的需要，监狱民警对刑释人员进行刑释后隔离，这是自由让渡于秩序和正义。而当民警选择了自由高于秩序和正义的价值位阶顺序，这种出错要给予其容错纠错的机会，这就是宽和的价值理念。伏尔泰认为：宽容是人类固有的特性，我们所有的人都满身是弱点和错误，那就让我们相互原谅彼此的愚蠢吧，这是大自然第一条法则。[2]

---

〔1〕 参见［美］科恩：《论民主》，聂崇信、朱秀贤译，商务印书馆 1988 年版，第 178 页。

〔2〕 参见［法］安德烈·孔特-斯蓬维尔：《小爱大德——美德浅论》，赵克非译，作家出版社 2013 版，第 158 页。

2. 容错纠错保障民警权益。容错纠错既是法律宽和价值的体现，也是民警权益的"保护伞"。监狱人民警察（简称狱警）有着双重身份，作为刑罚执行机关的执法者，狱警是公权力的行使者，有着法律所赋予的执法的权力，而作为普通公民，狱警又享有宪法所规定的公民的基本权利，这些基本权利包含了人格、身份等民事权利。当狱警的这些权益受到侵犯时，往往因执法者身份所赋予的天然服从使命而怠于维护，这往往给罪犯钻了空子，甚至在罪犯过度维权时委曲求全，黄某英事件中的涉事民警应该也是抱着这样的心理，害怕罪犯维权过度引发媒体关注。因此，对容错纠错与实际违纪违法行为做明确的划分，激励那些敢于担当的党员干部勇作为、敢作为。这样明确的容错纠错机制方能保护民警的合法权益，避免因问责追责产生的懈怠和不作为。

3. 容错纠错降低执法风险。习近平总书记多次强调要加快构建容错纠错机制，以坚持"三个区分开"为原则，鼓励干部积极作为、敢于担当。对于监狱单位而言，容错纠错不仅是鼓励管理层积极创新、勇于改革，更是为基层监狱人民警察行使刑罚执行权做了制度性的保障。制定执法容错免责清单、执法容错纠错程序，对降低狱警执法风险有着极大的保障作用。精细化的容错纠错制度规定，可以让民警在依法履责的过程中放下被问责追责的心理负担，公正执法，大胆监管，对执法风险不再心存畏惧，对罪犯的过度维权行为不再一让再让。2018年公安部制定出台《公安机关维护民警执法权威工作规定》，对公安民警依法履职免责做了明确的规定，该规定更多的是对公安民警权益的保障。同为人民警察，监狱人民警察亦应有如容错纠错这样的履职免责的制度保护，方能让民警拥有执法安全感。

新冠肺炎疫情依然存在，我国虽然取得了阶段性的胜利，但监狱作为高风险的执法部门，依旧要随时保持警惕，坚持政治站位，明确应对机制，更要在关注罪犯权益的同时关爱民警，做好中国之治的坚实后盾。

# 困境与出路

## ——疫情大考下监狱制度完善的若干思考

赵恒毅 *

2020 年突发的一场疫情，改变了中国，改变了世界，给全世界提出了新的挑战，可谓一场"大考"。监狱作为国家刑罚执行机关，因关押人群集中、封闭，一旦有一人感染，后果"很严重"，是疫情防控的"高危场所"。国务院公布《关于依法科学精准做好新冠肺炎疫情防控工作的通知》，对特殊场所的防疫，作出明确要求。同年 1 月 27 日，随着司法部一声令下，全国监狱系统进入"全封闭"模式，笔者作为亲历者，属于第二批执勤人员，完全封闭在监狱内两个月。从整体抗疫脉络来看，除了疫情暴发初期，个别监狱出现疫情之外，全国监狱基本保持"零感染"，可谓是"大功一件"。然而，这成绩的背后，也暴露出了一些问题，主要是当前监狱管理制度与治理体系和治理能力现代化要求不相适应的问题。笔者作为一名基层监狱警察，结合所见所感进行了粗浅思考。

### 思考一：监狱垂直管理体制与地方政府的横向协调联动问题

众所周知，监狱的管理体制以垂直管理为主，绝大部分监狱均由省司法厅（监狱局）管理，全国只有有限数量的监狱属于"市属监狱"。而根据《中华人民共和国卫生检疫法》的要求，卫生防疫工作遵循"属地管理"原则。这样就出现一个问题，在疫情暴发的时候，监狱驻地根本无暇顾及监狱，当然当时也存在客观情况，就是医疗资源特别"匮乏"，僧多粥少，加之平时监狱就与社会联系不多，相对弱势，在这种情况下，监狱很难纳入地方防疫体系，也容易被忽略，甚至当时社会有一种观点，"只有监狱是最安全的地

---

\* 赵恒毅，司法部燕城监狱四级警长。

方"。据了解，在某疫区某监狱有警察感染，他们说过最让人心痛的一句话是，"我们是警察，死，我们不怕，可是现在我们不知道该去哪，连个落脚的地都没有"。也就是说，有警察染上病毒，医院住不进去，又不敢回家，还不敢留在单位，只能像一个流浪汉一样在大街上游走。从一个侧面可以看出，在当时的紧急情况下监狱的"孤立无援"。

这是监狱垂直管理与属地管理所面临的第一个问题。第二个问题是，以武汉女子监狱黄某英事件为例，这次事件毋庸置疑是一次责任事故，对相关责任人也进行了处理。但是事情之后我们再回过头来看，换一个角度确实有些方面值得反思，也暴露了制度上的尴尬。监狱执行刑罚，按照监狱法律的规定，罪犯服刑期满必须释放，而当时的防疫要求必须隔离 14 天，这样问题就来了，当罪犯刑满释放的那一天，罪犯就是自由人，监狱无权再对其行为和人身进行限制，而隔离 14 天的要求，由谁来实施、其本人不配合怎么办？据了解有的监狱就遇到了这种情况，而后发生了"闹监"事件，对此，监狱束手无策。事实上，黄某英事件，只是因为网络曝光而被社会知晓、关注，现实中还有大量这样的案例，监狱陷入两难，不放就违法，放之后的隔离如果对方不配合而强制隔离，监狱又可能成为"被告"。事实上，按正常协调，纳入地方体系，难度非常大。

疫情是一面反光镜，疫情防控期间所反映的问题也只是监狱在日常遇到的问题之一。比如监狱干警在驻地工作，其必然会面临子女上学等一系列问题。有的监狱因为领导"个人"能力突出，协调能力强，与地方政府协调事情比较顺畅，而大部分监狱不得不独自面对这一系列问题。该问题的核心是"纵向"和"横向"管理体制的对接。鉴于此，要解决该问题，笔者认为要进一步加强顶层设计，打破监狱与地方"不相往来"的局面，在制度层面将监狱的相关问题纳入地方管理，明确责任，这样才能将监狱真正融入地方。

### 思考二：病犯管理及罪犯病亡责任问题

病犯管理和罪犯死亡是监狱面临的两大永恒难题，而疫情防控期间该问题尤甚，让人头疼。问题的焦点在于，一方面疫情防控要求监狱要切断与外界联系，罪犯外诊被摁了"暂停键"。另一方面，罪犯即使正常死亡也会让监狱陷入可能承担全部责任和负面舆论的泥潭。

关于第一问题，以笔者所在监狱监区为例，押犯年龄偏大，以老年犯为主，病犯占 75%，有心脏病等重大隐患疾病的占 15%，安全隐患极大，监狱内部医院基本无能力独立处置重大疾病，再加上疫情防控期间监狱医院主要任务是疫情防控，面对病犯更显得力不从心，而疫情防控期间监狱执行的又是一级勤务模式，病犯也无法外诊，如果患有重大疾病贻误最佳诊治时间而出现死亡情况，责任问题又会成为悬在监狱头上的达摩克利斯之剑。

与第一个问题相联系的是第二个问题，有事实为证，以 2020 年 6 月 26 日河南省新郑监狱服刑罪犯潘某某死亡一事为例，监狱在提供充足的证据证明罪犯潘某某是正常死亡的情况下，却依然被最高人民法院驳回请求。此事一出，诸多监狱自媒体发文"讨伐"。如果今后再有罪犯狱内正常死亡，是否责任归监狱承担？这是否会造成监狱警察在今后的执法管理过程中因缺少法律保护而不敢管理？

因此，从以上分析可知，要摒弃"一刀切"的思维，疫情防控封闭模式固然重要，但必须灵活把控，一是做到防患于未然，切实提升狱内医院医疗水平，要对重大隐患病犯建档立卡，及时掌握病情，做到心中有数；二是如有重大疾病罪犯可申请外诊，但要严格遵守 14 天隔离制度；三是是否可考虑开展在线诊疗模式，实现足不出狱就能看病；四是相关法律法规需进一步完善，将狱内罪犯正常死亡责任做进一步明确。

### 思考三：信息化在罪犯管理的应用问题

疫情防控期间基本阻断了监狱与外界的一切联系，全国大部分监狱处于封闭执勤状态，会见自然也无法进行，对于服刑人员来说，会见是跟家人沟通情感的最佳方式，是稳定罪犯情绪的"特效药"。但疫情防控期间罪犯却无法会见，以笔者所在监狱为例，大部分罪犯有一年没见过家人，加之大部分都是老年犯，体弱多病，本身心理就容易产生问题，再加上长时间不能见家人，尤其是逢年过节，出现了个人情绪波动较大的情况，对于本就警力不足的监狱来说，无疑是雪上加霜，给监管安全带来巨大困难和隐患。而目前实施了视频会见的省份监狱，也只是家属去当地司法局与狱内服刑人员进行视频通话，会见起来也较为麻烦，况且疫情防控期间，司法局同样不能接受外来人员，会见依然不能进行。

由此看来，传统的会见模式已不能适应外面高速发展的社会，尤其是面对重大突发公共卫生事件，监狱的各项工作很容易被限制，不利于罪犯管理，监狱的信息化建设势在必行，这次疫情，倒逼监狱系统去提升信息化水平。针对以上问题，笔者认为，可以考虑从以下几个方面去完善：一是进一步完善视频会见形式，打破空间和地域限制，可考虑以亲情电话为载体，加入视频终端；二是加强专业在线心理医疗咨询建设，这样如果罪犯一旦出现心理问题，可及时进行专业的在线诊疗，进一步弥补及缓解监狱警察的工作量。三是就监狱系统来说，要建立大数据分析处理平台，通过建立符合监狱工作实际的公式与模型，科学预判狱内违纪率、病亡率、逃脱率等现实数据，为工作目标的制定奠定科学指导依据。

### 思考四：监狱警察职业保障问题

一场突如其来的疫情改变了人们的生活方式和工作方式。监狱系统也不例外，关键时刻，一声令下，全国监狱系统停止休假，监狱警察舍小家为大家，全员到岗到位，开启了为期 6 个月的封闭执勤、隔离的最高勤务等级模式，全国监狱普遍推行"14+14+14"的狱内封闭值班备勤模式。

随后，山东、武汉监狱内部出现疫情，上级要求"一战到底"，封闭执勤的不能回家，备勤隔离的继续隔离，有的监狱干警执勤时间长达 3 个月，再加上基层警力严重缺乏，使得干警身心俱疲。在较为公开的信息中，自新冠疫情暴发以来，全国监狱戒毒系统先后因封闭值备勤殉职的战友已达 10 人，另据未经官方确认的消息，仍有数名战友牺牲的消息未公开披露。不仅如此，隔离封闭期间民警 1 个月不能回家，无法回归正常家庭生活，容易产生家庭矛盾，影响民警身心健康；同时，疫情防控期间值班天数明显比正常情况下多很多，但全国绝大部分监狱都没有相关的值班补贴发放政策，执行的还是平时的补贴发放政策，从优待警没有真正落实到位，也会在一定程度上造成监狱警察疲于应战的心理问题。

随着疫情逐渐稳定，监狱系统也进入了防疫常态化，但依然持续的是封闭执勤模式，有的低风险区部队都已恢复正常，武汉的高中生也即将复课，监狱一直一刀切地进行封闭。甚至有的人问，难道罪犯的生命比警察、学生、军人还高吗？当然这种疑问带有情绪性，但极端重视罪犯权利容易导致监狱警察的权利被极度挤压，并最终变成了畸形的从属地位，这是监狱封闭执勤"无限循环"的一个重要原因。

综上所述可以看出，监狱警察的职业保障尤为重要，一是要将从优待警落实到位，要及时制定疫情防控期间值班费补贴政策，积极向上级反映，保证值班补贴落实到位，实现监狱警察"劳有所得"；二是科学制定防疫值班模式，减少长时间封闭备勤天数，压缩值班周期；三是完善相关法律法规，转变观念，进一步发挥监狱惩罚改造的作用，在强调罪犯权利的同时，也要充分保障监狱警察的执法权，提升容错率，让监狱警察敢管、会管、能管，消除后顾之忧。

### 思考五：网络舆情危机管理问题

新媒体是政法舆论的发源地、发酵地和处置地，疫情防控期间，监狱系统发生的几起危机事件，不得不让我们再次思考监狱系统的舆情处置能力。山东、武汉、浙江等监狱出现警察及罪犯感染新冠肺炎事件，一时间网络上充斥着大量负面评论和消息，监狱成了网络热搜词，把监狱推向极其被动的境地。当然有关方面成立了调查组，对其进行了调查，给出了客观的结论。但是有一个问题我们不得不思考，即同样是警察，为何公安干警感染新冠肺炎被大众所同情，还赞为"最美逆行者"，而监狱警察感染了就被批判，同样是政府部门的一个组成部分，其他机关单位可以有感染者，而唯独监狱不能有？

实事求是地说，网民对监狱的质疑、吐槽可以理解，毕竟监狱本身工作的特殊性和封闭性，往往不容易被社会公众所了解，不了解必然产生怀疑。让人遗憾的是，面对如此汹涌的舆情，我们相关部门应对乏力。随着山东监狱系统5人因为疫情防控不力被提起公诉，舆论哗然，监狱警察的情绪一下子降到了冰点。用老百姓最朴素的逻辑来判断，"整个世界都在下雨，就监狱的地上不能湿"。疫情是全世界范围内的重大卫生事件，具有一定程度的不可抗性，监狱按理说确实"命中率"相对较低，然而监狱内关押着罪犯，他们的吃喝拉撒、每日行为都需要警察管理，绝对封闭的可能性不大，换句话说，只能做到把命中率降到最低，不能保证杜绝。这种结果出现，笔者认为有被舆论"提前审判"的嫌疑。

监狱面对舆情危机力不从心，主要有以下几个原因，一是平时不注重宣传，缺少对内和对外的高质量宣传，和成体系、成规划、立体式的宣传，老百姓不了解监狱；二是对新时代网络舆情，缺乏客观认识，总是视为洪水猛兽，缺少淡定之心；三是应对手段不足，一旦出现负面舆情，便仓促应战，缺乏有效手段，甚至有迎合舆论现象。

随着我国依法治国的观念深入人心，监狱的一举一动，都会受到公众的关注，一旦出现网络舆情，其后续的连锁反应也十分严重，对于司法机关的公信力是一个严峻的考验，监狱在公众心中的正义形象将会受到影响，甚至带来社会恐慌。因此，舆论危机正在倒逼监狱系统不得不宣传。

一是要加大狱务公开力度。监狱作为国家刑罚执行机关，工作具有保密性，但不能泛化涉密范围，要进一步落实司法部制定的《关于进一步深化狱务公开的意见》，积极进行深度公开，让百姓在日常生活中就能了解到监狱，消除人民群众对监狱的臆想猜测，在化解舆情危机的同时也能起到警示教育作用。

二是准确定位对内对外宣传。妥善处理好保密工作和宣传工作的关系，不能因"保密"而废"宣传"，厘清各自职责；对外宣传主要在于充分运用大数据和人工智能提升对网络舆情的检测、预测和研判，从而进一步掌握网络舆情应对的主动权；同时要做好监狱正面形象宣传，主动占领新闻舆论制高点，培养专业宣传人才，提升宣传质量。

三是通过社会广泛参与监狱工作，避免话语权被垄断。通过充分引入人大、社会、媒体等机构对监狱工作进行广泛参与，使其了解监狱、宣传监狱、支持监狱，特别是在狱内案件和舆情事件的处理过程中，变二元博弈为多边博弈，有利于监狱化解舆论危机。

四是切实加强舆情处置培训，加强全系统尤其是领导干部的舆情培训，拓宽视野，着眼实战，形成全系统从上到下一盘棋的舆情处置体系，便于在出现危机时，从容有效应对。

# 疫情下新收犯人格特质对心理复原力的干预研究

韩春茜　王剑萍　陈晓梅 *

## 一、疫情下的女子监狱新收犯现况

随着时代的进步和社会的发展，监狱的功能已不再是单一的关押罪犯，而是转变成了一种多元化的特殊社会公共治理机构。伴随着这种改变，其价值和功能也同时发生了改变，具体体现在监禁和改造两个方面。监禁是行为改造的基本方式，主要通过剥夺自由、规范行为等手段来达到。改造与监管相辅相成，包括罪犯的行为和心理两方面的改造。

对于新入狱的新收犯来说，特别是疫情防控期间入狱服刑是一件重大的不良生活事件，导致其人身自由受到严格限制，以往的社会支持系统遭到破坏，容易产生巨大的精神压力，进而导致不良情绪反应，极易于产生不服从改造、抵抗抵触，甚至是威胁监管安全的事件。她们身处与外界完全封闭的环境、强制遵守严格的监规制度，必然会产生一系列的心理不适现象。据相关研究，国外监狱中约有10%～20%的罪犯患有精神障碍，国内罪犯存在较严重的心理卫生问题。心理测量显示疫情防控期间女子监狱605名新收犯有12.5%的女性罪犯存在需要治疗的精神疾病问题，7%具有严重的精神障碍。对疫情时期女子监狱新收犯进行的一项调查结果显示，约七成的罪犯存在着程度不同的心理健康问题，其中45%的罪犯的情况比较严重。通过心理民警对新收犯所进行的心理测量结果统计，发现存在心理障碍的罪犯大约占到罪犯总数的一半。

如上资料所示，有的罪犯入狱后心理健康水平下降，而有的则能较快适应。心理复原力是和压力密切相关的一个变量，在各种逆境过程中必然起着

---

* 韩春茜，山东省女子监狱党委委员副政委；王剑萍，山东省女子监狱十监区监区长四级高级警长；陈晓梅，山东省女子监狱十监区民警。

重要作用。新收犯对于这一新的生活空间与强制环境能否适应？适应的速度与程度如何？有鉴于此，笔者通过山东省女子监狱新收犯监区监管模式以及心理数据提炼出心理复原力对新收犯生活适应的影响，以及心理复原力与人格特质、社会支持的关系，在此基础上以期达到实现监管安全的目标。

## 二、新收犯心理复原力的理论模型

心理复原力是指个体能经得起困境以及在困境中能抗拒困境，促进或修补健康、恢复正常适应的能力。罪犯的心理复原力是罪犯进入监狱的新环境时，保护性因素对罪犯个体进行良好适应所起的作用。保护性因素是由罪犯个体自身因素以及个体外部因素所组成的。

疫情时期新收女犯的心理复原力模型是建立在社会生态模型和个体—过程—情境模型基础上的综合模型，这个模型包括了三个部分：环境特征（包括保护性因素和危险性因素）、个体—环境相互作用过程、心理韧性因素（认知、情感、精神、身体、行为）、个体的特征、消极事件后的结果（心理复原力重组、适应、适应不良重组）。监狱的环境特征是前提条件，通过两种因素之间的交互作用对个体起作用。危险性因素破坏、损坏发展和适应功能。保护性因素调节危害因子的负向破坏作用。个体运用自身心理复原力的内在要素与环境互动，通过改变环境、选择性知觉、主动应对等来调节不利因素的消极作用。

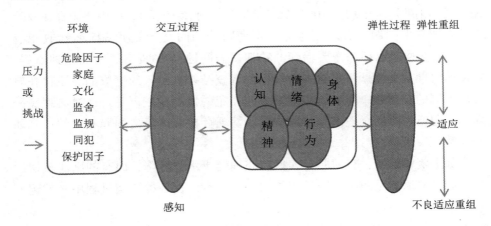

同时，笔者在新收犯监区的监管过程中发现了关于女犯心理复原力的三

个重要的效应：压力缓冲效应、间接链锁效应以及钢化和敏化效应。

压力缓冲效应就是指社会支持、胜任感以及社会性一体化等因素能明显地消减心境压抑。对于新收犯来说改造生活压力、过度劳累以及糟糕的犯群关系则会提高心境压抑的程度。这种压力缓冲效应有特定的范围，如来自同犯的支持并不能减轻改造压力的影响，反过来亦是如此；就笔者监管经验来看，来自同犯的支持对男性罪犯有缓冲效应，但对女性罪犯却没有这种效应。

间接链锁效应是指虽然有些变量看似与儿童发展到成人的某些结果没有直接联系，但这些变量的确发挥了作用。间接链锁效应强调了中间变量在个体发展中发挥的重大作用，从对新收犯房某人的评估结果来看个体的 IQ 较低、成长于单亲家庭中、父亲母亲未受到良好的教育与罪犯在青少年时期的叛逆和破坏行为相互关联，家庭优良的教养环境对可能发生的例如暴力、毒品的不良事件会有预防效果。

钢敏化效应是指压力和逆境是否会影响个体对今后消极经历的脆弱性。如果民警在监管过程中帮助罪犯减少了对今后改造过程的消极经历的脆弱性，就是钢化效应，若增加了脆弱性则是敏化效应。决定钢敏化效应最重要的是先前的压力和逆境能否控制，能否成功解决。

## 三、新收犯监区罪犯人格特质、社会支持和心理复原力的整体状况

（一）新收犯的人格特质

将新收犯的 EPQ 得分与常模相比较，得出结果见下表：

**新入狱罪犯的人格特质状况**

| | 罪犯组 | | 常模 | | T 值 |
|---|---|---|---|---|---|
| | M | SD | M | SD | |
| 掩饰性 | 8.93 | 3.04 | 13.30 | 5.77 | 19.74 |
| 精神质 | 9.66 | 3.08 | 6.08 | 3.22 | 15.99 * |
| 内外向 | 10.96 | 3.78 | 9.88 | 2.42 | 3.76 * |
| 神经质 | 13.17 | 4.26 | 10.06 | 4.93 | 10.03 * * * |

注:" 表示 p<0.001，* *表示 p<0.01，*表示 q<0.05，下同。

从表中罪犯组的人格特质与常模的比较可以看出，掩饰性显著低于常模分，而精神质、内外向和神经质则显著高于常模。

为了进一步探讨人格特质是否对心理复原力有显著的预测作用，将人格特质（精神质、内外向、神经质）作为自变量，以心理复原力总分为因变量，采用逐步回归法进行多元回归分析。结果见下表：

**人格特质对新入狱罪犯心理复原力的多元回归分析**

| 预测变量 | R | R2 | AR2 | △F | B | |
|---|---|---|---|---|---|---|
| 常数 | | | | | 65 317 | |
| 内外向 | 0.325 | 0.106 | 0.106 | 22.083 | 0.775 | 0.262" * |
| 精神质 | 0.389 | 0.152 | 0.046 | 10.072 | -0.710 | -0.196" |
| 神经质 | 0.427 | 0.182 | 0.031 | 6.999 | -0.471 | -0.180" |

从此表可以看出，三个人格特质都进入了回归方程，对回归方程的贡献率从高到低分别为内外向、精神质、神经质，对总体方程的解释率分别为10.6%、4.6%、3.1%，共同解释了变异量的18.2%。内外向、精神质、神经质的显著性改变的 F 值为 22.083、10.072、6.999，均达 0.05 的显著性水平，每个自变量进入回归模型后所增加的个别解释量均达显著（P<0.05）。从标准化回归系数来看，回归模型中的三个预测变量的 & 值分别为 0.262、-0.196、-0.180。其中，内外向正向预测心理复原力，内外向得分越高心理复原力越高；精神质和神经质负向预测心理复原力，得分越低心理复原力越高。

综上，新收犯基本人格特征是低掩饰性、高精神质和高神经质。造成罪犯低掩饰性的原因一是由于她们缺乏基本的社会道德修养，放纵自己的思想和行为，二是她们使用不成熟的防御机制，心理成熟度低，当然也不排除经过一段时间的改造后，充分认识到了自己以前的错误，不必像以前那样掩饰自己。而高精神质和高神经质是不良人格，是犯罪的人格基础。

（二）新收犯的社会支持

从以上两表格得出三者的关系模型为精神质、内外向、神经质和家庭支持都直接影响复原力，精神质和内外向又通过家庭支持间接影响复原力，内外向通过家庭外支持间接影响复原力。家庭内支持和家庭外支持有相互预测的作用。除了精神质和神经质对复原力的影响和精神质对家庭内支持的影响是负的，其余全是正向的影响。

因此从总体社会支持来看，新收犯处于中等水平，但是低社会支持水平的人数极少，大部分罪犯处于中、高社会支持水平。这很大程度上与监狱方面的工作有关。监狱采取的措施主要包括：一是在硬件建设上，注重环境的规范美和整洁性，及时添置罪犯的文娱设施，使改造的环境更符合生活需要；二是在人文氛围的建设上，在一定时段通过广播播放轻音乐、展开每周教育活动，加强了监区的文化建设；三是在罪犯的管理上，加强了对罪犯的心理和情绪的研究，增加了与罪犯的科学沟通，开展入狱心理测量，加入房树人绘画治疗的心理评估，对顽危犯的心理干预，对病犯的身心治疗；四是对罪犯亲情的重视，监狱方面制定了有关疫情方面的规定，允许罪犯与家属通信；五是在监狱民警与罪犯的关系上，在相互了解和相互信任的过程中尊重罪犯人格，引导罪犯管理情绪，实现罪犯认知转变，促进罪犯行为和思想改造。这些措施的实施，提升了其社会支持的水平。

（三）新收犯的心理复原力

前表显示，从复原力的结果来看，新收犯的总体水平显著低于常模。一是罪犯入狱受教育时间越短，情绪越不稳定。由于疫情下监狱中的环境是十分封闭的，罪犯大部分时间在监舍完成学习和必须活动，每天生活极其规律，受到监规队纪的约束，队列训练、学习考核以及疫情防控期间不能和家属会见，思亲挂家的情绪泛滥，心理压力较大。二是罪犯处于一个从看守所关押到监狱关押过渡期。在这一个时期要慢慢适应监狱中的新生活，而监狱中的新生活与罪犯自身以前的生活可谓是天差地别，一些罪犯会适应不良，这是导致心理复原力比较低的原因。同时，入狱一年时间以上的罪犯的心理复原力的状况显著高于新入狱罪犯，说明经过一段时间的适应，罪犯已经可以适应监狱中的生活，心理复原力有了显著的提高。

## 四、新收犯心理复原力的培养

从心理数据统计得出，人格特质是影响新收犯心理复原力的一个重要因素，其中内外向正向影响心理复原力，精神质和神经质负向影响心理复原力。从国外对罪犯进行的心理矫治的成果数据中可以看出，心理矫治比起单纯的劳动改造更有效。而从前文的分析中可以看出，良好的复原力水平是罪犯改造的一个积极因素，进行心理矫治就是加强罪犯的自我复原的水平。当代罪犯改造的理念决定了对于罪犯的改造已由重身体惩罚转变到了重心身改造。

因此，新收犯的人格在入狱前已基本定型，但是并非不可改变，而这种改变即心理复原力的培养应从生理因素心理因素以及社会因素三方面入手。

首先，多元化监管促进新收犯自身积极改造。根据疫情时期焦虑为主的心理状况，整合认知心理学、积极心理学以及心理动力学理论基础，从生物学角度引导罪犯尽快适应监狱中的生活环境和节奏，使其自我觉察自身躯体化的不适到人格中的缺陷，在改造中和日常生活中慢慢地进行自我完善。

其次，监狱心理民警需要加强对罪犯的心理状况的科学研究，从心身医学的科学视角积极开展对罪犯的心理矫治工作。不单单从传统矫治意义上通过罪犯对亲人的眷念，对父母的依恋，对子女的呵护找寻心理矫治工作的突破口。女子监狱新收犯心理干预举措为：一是联合医院民警解决罪犯的睡眠紊乱及睡眠障碍；二是鼓励罪犯参加有氧运动的教育活动；三是强化健康行为的人际关系，打造监狱内的社会链接；四是对罪犯进行有目的的逆转应激反应的每日练习，引导个体进行日常减压，在躁动不安的思维内容中找回自我；五是监测罪犯在监狱改造生活中规律地摄入健康食物和饮用水；六是对罪犯个体神经元保存状况最佳的方式就是学习新知，引导其对各个领域的学习使罪犯保持持续学习的状态，自觉培养正向价值观；七是调动全身的劳动和运动，改善罪犯的行为养成；八是老老实实治病的理念传导到罪犯，尽其所能地遵从循证医学治疗方案。通过脑、物理、化学、生物、心理认知的交叉干预对罪犯的大脑进行健康维护，激发认知改变，从而对行为改造有着促进作用。只要通过心理矫治使罪犯在内心自觉形成健康积极的人生观和价值观，那么不仅会使她对以前所犯罪行能够有一个深刻的认识和忏悔，还能对自己以后的行为加以约束。这样有利于提高罪犯的改造效率，减少罪犯出狱后的再犯率，对于罪犯自己和社会的稳定都有着积极意义。监狱心理矫治中心在对罪犯实施心理矫治的同时建立动态的定期心理档案，注重时效地跟进周期性心理测量，不断地对心理档案进行跟踪完善。并以此心理档案为参考依据，进行心理健康教育，使罪犯慢慢学会自我心理调节。女子监狱目前有专业的心理测量师保证罪犯测量的信效度，心理治疗师提供心身医学框架下的咨询服务，促使罪犯在改造中能拥有更加健康积极的心态。

　　最后，民警需要强化罪犯改造的针对性。每个罪犯都有自己独特的个性因素，即便所犯罪行相同，其在主观恶性、实施手段、犯罪原因等方面都有所差异。统而改之的方法并不适用于每个犯人，有的甚至会对犯人改造产生相反的效果。女子监狱在疫情防控期间监管新收犯过程中通过罪犯档案以及看守所表现的反馈表分析她们每个人的情况，如入狱前的社会背景、家庭情况、个人学历、犯罪类型等，然后入狱后通过身体体检和心理体检得出的结论以及创新应用房树人绘画治疗的心理评估，根据这些具体信息进行科学评估，对罪犯制定相应的改造计划。尽管这样做会增加监狱相关民警的工作量，但是通过对罪犯入狱后心理测量的前测和后测得出的结论来看，这种更加有针对性的方法更能影响新收犯的思想和行为，更能有效地帮助她们提高自己的心理复原力，从而帮助她们更好地接受教育、完成改造，重新回归社会。

第六编

# 其　他

# 工程领域以"软暴力" 认定黑社会性质组织犯罪的规则变迁和法律适用

## ——以两个典型相似案例的相反判决为对比

陆 伟 杜 力 王 璐 *

近年来，黑社会性质组织为了逃避法律制裁，不断地将暴力行为"隐性化"，各种不以直接损害他人身体和财物为表现形式的滋扰、纠缠手段大行其道。这类行为统称为"软暴力"。《中华人民共和国刑法》（以下简称《刑法》）早在1997年就规定了黑社会性质组织犯罪，但"软暴力"首次出现在刑事文本是在2018年最高人民法院、最高人民检察院、公安部、司法部《关于办理黑恶势力犯罪案件若干问题的指导意见》（以下简称"2018年《指导意见》"）中。"软暴力"从依附"硬暴力"入刑，到可以独立成罪，经历了一个漫长的过程。在2018年《指导意见》发布以前，工程领域罕有以纯"软暴力"认定涉黑犯罪的判例，最高人民法院刑事审判庭在2017年《刑事审判参考》中发布过一个案例，旨在树立一个裁判规则，即仅使用"软暴力"承揽工程、控制行业不能认定为黑社会性质组织。随着扫黑除恶形势的变化和新司法解释发布，本文以浙江省舟山市2021年判决生效的一个工程领域的涉黑案件表明，黑恶势力以纯"软暴力"攫取非法利益、试图规避黑社会性质组织罪名的时代已经结束了。

## 一、涉黑犯罪中"软暴力"依附"硬暴力"入刑的立法沿革

黑社会性质组织主要依靠暴力对人民群众产生的震慑作用，从而获得非法利益。随着司法机关打击力度的加大，不少涉黑组织"避硬就软"，司法机

---

* 陆伟，浙江省嵊泗县人民检察院党组副书记、副检察长；杜力，浙江省嵊泗县司法局副局长；王璐，浙江省嵊泗县人民检察院第一检察部副主任。

关在与涉黑势力斗争过程中，对于"软暴力"内涵、外延的认识也有一个不断加深的过程。在 2018 年全国扫黑除恶专项斗争（以下简称"专项斗争"）之前，刑事立法和政策均未能突破窠臼，非法组织仅有"软暴力"而无"硬暴力"是不能被认定为黑社会性质组织的。随着社会的不断发展变化，涉黑组织与司法机关不断"博弈"，司法界也在不断刷新对有组织"软暴力"犯罪的认识。

（一）关于"软暴力"隐含式阶段的立法沿革

从 1997 年《刑法》最早有黑社会性质组织罪名开始，到 2018 年《指导意见》发布之前，这段时期可以称之为"软暴力"隐含式阶段。

1997 年《刑法》对黑社会性质组织的行为特征概括为"以暴力、威胁或者其他手段，有组织地进行违法犯罪活动"。"软暴力"未见诸于条文，只能理解为包含于"其他手段"之中。刑事规范中最早对"其他手段"有阐述的，是最高人民法院 2000 年颁布的《关于审理黑社会性质组织犯罪的案件具体应用法律若干问题的解释》，该解释将黑社会性质组织的行为特征概括为"暴力、威胁、滋扰等手段"，"滋扰"可视为软暴力的表现形式之一。

2009 年《办理黑社会性质组织犯罪条件座谈会纪要》（以下简称"2009年《纪要》"）对"其他手段"作了较为详尽的列举。主要包括：以暴力、威胁为基础，在利用组织势力和影响已对他人形成心理强制或威慑的情况下，进行所谓的"谈判""协商""调解"；滋扰、哄闹、聚众等其他干扰、破坏正常经济、社会生活秩序的非暴力手段。丰富了隐含式"软暴力"的内涵。

2015 年《全国部分法院审理黑社会性质组织犯罪案件工作座谈会纪要》（以下简称"2015 年《纪要》"）规定"黑社会性质组织实施的违法犯罪活动包括非暴力性的违法犯罪活动"。但该规定只是将"其他手段"定义为"非暴力性违法犯罪活动"，并未使用"软暴力"概念，也未在 2009 年《纪要》的基础上，就非暴力性犯罪展开进一步描述。

（二）黑社会性质组织罪名依附于"硬暴力"的立法沿革

在"软暴力"隐含式阶段，要认定黑社会性质组织，其行为特征必须有明显的暴力性，即"硬暴力"。"暴力性、胁迫性和有组织性是黑社会性质组织行为方式的主要特征，但有时也会采取一些'其他手段'"。[1]2009年《纪要》这段文字说明在当时的司法认知下，"硬暴力"才是黑社会性质组织的主要行为特征，"其他手段"只起到补充作用。2011年《中华人民共和国刑法修正案（八）》在原先黑社会性质行为特征的基础上又增加了"为非作恶，欺压、残害群众"的内容，使得构成涉黑犯罪的"硬暴力"属性更加明显。

"在黑社会性质组织所实施的违法犯罪活动中，一般应有一部分能够较明显地体现出暴力或以暴力相威胁的基本特征。否则，定性时应当特别慎重。"[2]2015年《纪要》的此项规定，可视为认定涉黑罪名"硬暴力"时代的标志性法律规范。这也可以解释，为什么在2018年以前，纯粹以"软暴力"犯罪认定涉黑组织的判例非常罕见。下文将以最高人民法院刑庭发布的典型案例为例详解。

## 二、以典型案例论证"硬暴力时代"的行为特征认定标准

最高人民法院刑事审判庭在其主办的2017年《刑事审判参考》刊物中刊登了一个判例——《符青友等人敲诈勒索，强迫交易，故意销毁会计账簿，对公司、企业人员行贿，行贿案》，副标题是《如何把握黑社会性质组织行为特征中的暴力性》。符青友案发生于2003年至2011年期间，审判于2012年。一审法院判定符青友等人构成组织、领导、参加黑社会性质组织罪等多项罪名。二审法院在对其他罪名维持原判的情况下，独不予认定符青友等人的涉黑罪名。

《刑事审判参考》是全国刑事司法从业者及刑法教学、研究人员的工作手册和重要参考书。符青友案是该刊物目前为止发布过的唯一一个涉及黑社会性质组织行为特征暴力性认定标准的参考案例，可以视为办理涉黑案件"硬暴力"时代的一个缩影。

（一）基本案情

2003年年底，安徽省旌德县失地农民符青友、汪利群、刘道财等人成立"三友公司"，以土地被征用，需要谋生为由，向旌德县政府提出承包北门旧城改造中各项劳务的申请，得到"在同等条件下优先安排"的批示。自此，

[1] 参见2009年《纪要》。
[2] 2015年《纪要》第（三）部分。

符青友等人以"工程在谁地皮上劳务由谁做"为由，在北门范围内采取威胁施工人员、到工地堵门、堵路、不让施工等手段强揽部分土方工程和砂石供应。符青友等10名被告人为强揽工程，共同实施强迫交易、敲诈勒索等犯罪而组成较为固定的犯罪组织，并以"三友公司"为依托，实施强迫交易、敲诈勒索、行贿等行为，对当地的土方工程形成较大影响。自2003年至案发，该犯罪组织在北门土方工程中非法获利106万余元。

2007年10月，被告人符青友等人又形成买断后的北门劳务组，通过多次实施强迫交易、敲诈勒索等行为，对当地在建工程中部分建筑材料供应及运输劳务产生一定控制，将通过强迫交易手段高价获得的沙石供应交由其他人承揽，从中获取巨额利润。

为维系组织的生存和发展，该组织将非法聚敛的经济利益部分用于为组织成员提供工资、福利、生活费用；部分用于"买断"其他村民组劳务，扩大势力范围、攫取更大的非法经济利益，从而使该组织进一步坐大成势，称霸一方。

（二）裁判情况

一审法院判定，符青友组织以恐吓、滋扰、围堵等胁迫性手段，欺压群众，长时间非法垄断北门土方工程，沙石、砖块供应及运输等劳务市场，采用所谓的"谈判""协商"等非暴力手段，有组织地大肆实施强迫交易、敲诈勒索等违法犯罪活动，非法获取巨额经济利益，称霸一方，构成黑社会性质组织犯罪。

二审法院则判定，符青友组织具备黑社会性质组织的经济特征证据不足。在承揽工程的过程中，该组织违法犯罪行为的暴力性不突出，不符合黑社会性质组织的行为特征。一审判决认定符青友等10名被告人犯组织、领导、参加黑社会性质组织罪的证据不足。符青友等10人应认定为犯罪集团。

（三）《刑事审判参考》的解析理由及判例意义

《刑事审判参考》的观点认为，符青友团伙在黑社会性质组织的四大特征中只有非法控制性符合条件，很重要的一点就是行为特征中的暴力性不足。

仅从触犯的罪名、犯罪的次数以及非法获利数额等方面来看，符青友等人的行为基本符合黑社会性质组织行为特征中的有组织性、违法性和危害严重性等特点。但其实施强迫交易、敲诈勒索犯罪手段的暴力色彩极为微弱，既没有带领组织成员实施打打杀杀的行为，也不是通过暴力对群众形成事实上的心理威慑。大多数是与开发商、承建商通过"谈判""协商"承揽工程，且不是以暴力为基础。在少数项目中，符青友等人采取到工地堵门、堵路、不让施工等手段强揽土方工程，没有直接使用暴力或以暴力相威胁。开发商、承建商之所以妥协退让，是为了避免因符青友等人的滋扰导致工程拖延。与其说开发商、承建商的心理受到强制，不如说是不胜其烦。

《刑事审判参考》的观点与二审裁定的观点一致，认为该案在行为特征方面，与黑社会性质组织应有的行为方式存在明显区别。该裁判规则表明：在工程领域，用言语威胁、堵门堵路等手段强揽工程，可以构成强迫交易等罪，但不符合涉黑暴力性。

## 三、涉黑犯罪中"软暴力"正式入刑的价值及判例解析

专项斗争以来，针对司法实践中黑恶势力大量将"硬暴力"转化为"软暴力"，意图逃出刑事法网的情况，司法机关及时回应社会关切，先后出台了2018年《指导意见》，以及2019年《关于办理实施"软暴力"的刑事案件若干问题的意见》（以下简称"2019年《软暴力意见》"），对"软暴力"进行了详细规定，从此认定涉黑犯罪的"软暴力"不再依附于"硬暴力"而存在，打击黑恶势力的认定规则更加精准化。同为工程领域的涉黑恶案件，相似的犯罪手法，适用不同时期的司法解释，在构成黑社会性质组织罪上会得出截然不同的结论。本节以舟山市"李文平黑社会性质组织案"为视角解读两个意见带来的认定规则变化，并引申出工程领域以"软暴力"认定涉黑犯罪的特殊情形。

（一）涉黑"软暴力"已具备独立价值

1. "软暴力"的来源与分类

"软暴力"最早被提出来是在校园霸凌领域，是指用语言、表情、神态、文字等形式对学生精神和内心造成伤害的行为。首次被运用到刑法领域也不是在涉黑罪名上，而是在寻衅滋事罪、强迫交易罪等胁迫、恐吓类罪名的罪状描述上。如追逐、拦截、辱骂、恐吓他人，破坏社会秩序，具有下列情形之一的，应当认定为刑法第二百九十三条第一款第二项规定的"情节恶劣"……，[1]此

---

[1] 参见《最高人民法院、最高人民检察院关于办理寻衅滋事刑事案件适用法律若干问题的解释》第3条。

项构成寻衅滋事罪的罪状描述就完全符合"软暴力"的表现形式。

学界对可以入刑的"软暴力"有多种分类，比较常见的有两种，一种是按照定位要素可以分为黑社会性质组织的软暴力、恶势力软暴力和普通刑事案件软暴力。[1]

另一种是按照表现形式分为积极的软暴力（典型性软暴力）和消极的软暴力（非典型性软暴力）。[2]前者是指以主动作为方式进行滋扰、纠缠、哄闹等手段的软暴力，后者是以黑恶组织影响力为依托，使他人产生心理强制，采用"谈判、协商、调解"等较为温和手段迫使他人就范的软暴力。本文较为认可第二种分类方法。

2. 涉黑"软暴力"正式入刑及意义

2018 年《指导意见》具体阐述了"依法惩处利用'软暴力'实施的犯罪"，这是涉黑刑事规范中首次使用"软暴力"一词。该节对黑恶势力使用软暴力犯罪的情形进行了具体描述，手段包括滋扰、纠缠、哄闹、聚众造势等，涉及常见罪名有寻衅滋事罪、强迫交易罪、敲诈勒索罪等。

该意见关于行为特征中的"其他手段"有如下规定："黑社会性质组织实施的违法犯罪活动包括非暴力性的违法犯罪活动……暴力、威胁色彩虽不明显，但实际是以组织的势力、影响和犯罪能力为依托，以暴力、威胁的现实可能性为基础，足以使他人产生恐惧、恐慌进而形成心理强制或者足以影响、限制人身自由、危及人身财产安全或者影响正常生产、工作、生活的手段，属于《刑法》第二百九十四条第五款第（三）项中的'其他手段'，包括但不限于所谓的'谈判''协商''调解'以及滋扰、纠缠、哄闹、聚众造势等手段。"

2019 年《软暴力意见》进一步明确细化了"软暴力"的概念和表现形式，从涉黑组织行为特征上彻底为"软暴力"正名。"'软暴力'手段属于《刑法》第二百九十四条第五款第（三）项'黑社会性质组织行为特征'以及《指导意见》第十四条'恶势力'概念中的'其他手段'。"可以说，这段与 2018 年之前刑事规范迥然不同，相当于对 2015 年《纪要》中一段被广泛参考的意见进行了修正，即一般应有一部分能够较明显地体现出暴力或以暴

---

〔1〕 参见黄京平："黑恶势力利用'软暴力'犯罪的若干问题"，载《北京联合大学学报（人文社会科学版）》2018 年第 2 期。

〔2〕 参见赵建勋："试论黑社会性质组织犯罪中的'软暴力'"，载《江西警察学院学报》2020 年第 2 期。

力相威胁的基本特征，否则，定性时应当特别慎重。平息了以"软暴力"犯罪能否独立认定涉黑罪名行为特征的争议，宣告了"硬暴力"时代的结束。

（二）以相似案例——李文平黑社会性质组织案展开

本节以"被告人李文平等13人组织、领导、参加黑社会性质组织等罪"一案的裁判情况为例，论证"专项斗争"后，新的涉黑刑事规则带来的不同认定结果。该案于2020年12月经舟山市中级人民法院一审判决，于2021年4月由浙江省高级人民法院二审裁定后生效。

1. 基本案情

2003年，被告人李文平成立机械挖掘公司，在舟山市临城街道承揽工程业务，为争夺市场利益，与其他同行聚众械斗，致人死伤，造成恶劣社会影响。李文平以故意杀人罪被判刑，其2012年出狱后成立工农兵基础工程有限公司、工农兵建材有限公司（以下简称工农兵公司），招揽被告人毛松芳、丁立波等12人（其中多人有犯罪前科），利用之前抢工程杀过人的恶名，以政府批示"当地工程优先考虑当地人"为由，在临城街道永华村范围内使用以软暴力为主的手段强揽工程业务，逐步形成对永华村基础工程行业的垄断，有组织地实施强迫交易、敲诈勒索、寻衅滋事等犯罪违法行为，承揽和参与了永华村范围内90%以上工程，工程总额共计2.5亿元，强迫交易、串通投标等直接违法犯罪金额合计2420余万元。

该组织实施强揽工程的手段有：将桩机停放他人工地迫使他人放弃工程；组织多人拦停他人挖机作业、上门和致电以"谈判、协商"方式索要工程等。

2. 裁判情况

一审法院认定该组织以工农兵公司为依托，凭借李文平曾因聚众斗殴致人死亡被判刑及吸纳刑满释放人员加入公司等恶名，逐步扩大在临城街道永华村工程领域中的影响力，通过有组织地实施强迫交易、串通投标等违法犯罪活动，以及抽签、指定、推荐等方式承揽参与工程……利用组织势力、影响力强揽工程业务，打压竞争对手，逐步形成对永华村土石方挖掘等简易工程、地方材料供应等基础工程业务的垄断……通过殴打、强行拆除房屋等违法犯罪活动，多次侵害群众合法利益，严重扰乱当地经济、社会生活秩序。[1]

---

〔1〕 参见浙江省舟山市中级人民法院（2020）浙09刑初32号刑事判决书。

一审法院判决被告人李文平等人构成组织、领导、参加黑社会性质组织罪、强迫交易罪、敲诈勒索罪等罪。

辩方认为李文平及其公司组织不具备黑社会性质组织的四大特征，尤其是不具备组织化的暴力、威胁等行为特征，仅致一人轻微伤且该节事实系村民先动手。二审法院认为，在强迫交易犯罪中，虽暴力、威胁色彩有所减弱，但无论是向施工方强硬表示要承揽工程，还是聚众阻拦施工等，实际是以组织的势力、影响力和犯罪能力为依托，以暴力、威胁的现实可能性为基础，足以使他人产生恐惧、恐慌进而形成心理强制，或者足以影响正常生产、生活的手段。[1] 二审法院驳回上诉，裁定维持原判。

3. 两案行为特征对比辨析

"李文平案"与"符青友案"具有很强的可比性，两案在犯罪领域、犯罪方式，尤其在暴力程度方面非常相似。都是当地村民抱团成立公司，以政府批示为由，利用各种软暴力手段强揽工程，实施以强迫交易为主要手段的各种违法犯罪行为，逐步利用组织势力在地方的基础工程领域形成垄断。

就强迫交易犯罪的暴力程度而言，"李文平案"并不比"符青友案"更重，李文平组织在强揽工程方面最明显的暴力表现就是将桩机停放在对方工地，以及拦停对方的挖掘机施工，威胁色彩最重的语言仅仅是"你们吃肉，给我们一口汤喝"，与符青友团伙堵门、堵路、威胁驾驶员的暴力程度相差无几，都属于软暴力行为。

犯罪手法、暴力程度如此相似的两个案件，由于分处不同的时期，适用了不同标准的涉黑司法解释，裁判结果截然不同。"符青友案"审判于2012年，属于"硬暴力"时代，当时仅有软暴力犯罪还不能认定为符合黑社会性质组织的行为特征，因而不构成黑社会性质组织犯罪。而在"李文平案"中，李文平组织的违法犯罪行为在专项斗争后仍然延续。审判期间，2018年《指导意见》和2019年《软暴力意见》已经发布，完全可以适用新的司法解释认定该组织的软暴力符合黑社会性质组织的行为特征，从而认定涉黑罪名成立。如果"李文平案"案发和审判时间在2018年以前，则大概率会被判定涉黑罪名不成立。好在我国司法部门及时响应国家政策、顺应社会发展趋势，出台了新的司法解释，使得那些反侦查意识强、惯用软暴力脱罪的涉黑组织无处

---

[1] 参见浙江省高级人民法院（2021）浙刑终48号刑事裁定书。

遁形，终能罚当其罪。

"符青友案"和"李文平案"并非个案，均属于在工程领域较有典型性的案例。同案不同判的结果映射出新旧司法理念的更替。

（三）工程领域以"软暴力"认定黑社会性质组织罪的特殊情形

黑恶组织的软暴力通常是针对人身实施，从"符青友案"和"李文平案"折射出一个特殊规律，那就是在工程领域，对"物"实施软暴力也能在一定程度上起到对"人"实施软暴力的效果。

"符青友案"中，《刑事审判参考》中的观点认为，符青友团伙没有直接使用暴力或者威胁，开发商和承建商之所以选择妥协退让，不是基于恐惧，而是为避免因符青友团伙的滋扰导致工期延误。开发商等人没有受到心理强制，只是不胜其烦。"李文平案"中，大部分被强揽工程的开发商和被迫退出工程的承建商也坦言，李文平组织并未直接使用暴力和威胁，但该组织将桩机停放在工地，或阻拦己方挖机施工，反复纠缠，必然导致工期延误，最后的结果就是无法结算到工程款，这是开发商和承建商不能承受之重。"按期完工"四个字对工程领域而言有如"生命线"般重要。因此，本文认为，《刑事审判参考》中关于"符青友案"的部分观点已经不符合当今的社会现状，不能用于司法实践参考。"不胜其烦，害怕工期延误而妥协退让"就是一种心理强制的体现。2018年《指导意见》已明确，有组织地采用滋扰、聚众造势等手段扰乱正常工作秩序的，可以使他人产生心理恐惧或心理强制，属于《刑法》规定的"恐吓"，是黑恶势力的软暴力犯罪手段。2019年《软暴力意见》则将断水断电、堵门阻工、驱赶从业人员以控制经营场所认定为黑恶势力的"软暴力"违法犯罪手段。

由此可见，在工程领域，不法分子采取堵门堵路、用桩机占工地、阻挡他人挖机作业等对"物"使用暴力的行为，可以起到阻止被害人施工的目的，从而对人产生心理强制作用，也属于"软暴力"的一种。这就是工程领域软暴力的特殊情形。

# 醉驾型危险驾驶罪自首问题浅析

徐跃明 *

出于对公共交通秩序的维护，立足现实需要，我国在 2015 年修改刑法时，新增了一项罪名——危险驾驶罪。在总结既往的司法经验和适当借鉴域外立法例的基础上，我国采取列举式方法将危险驾驶罪的罪状表述为："在道路上驾驶机动车，有下列情形之一的，处拘役，并处罚金：（一）追逐竞驶，情节恶劣的；（二）醉酒驾驶机动车的；（三）从事校车业务或者旅客运输，严重超过额定乘员载客，或者严重超过规定时速行驶的；（四）违反危险化学品安全管理规定运输危险化学品，危及公共安全的。……"本文研究的是，醉驾型危险驾驶案中行为人能否认定自首的问题。

## 一、我国刑法中对于"自首"的界定

自首制度设立的意义无需多言，一方面是为了节约司法资源，有利于分化瓦解犯罪分子，促使案件得到及时侦破和审判。另一方面，在于鼓励犯罪分子认罪伏法、洗心革面，不致继续危害社会，起到宣示作用。《中华人民共和国刑法》（以下简称《刑法》）第 67 条第 1 款把自首的概念规定为"犯罪以后自动投案，如实供述自己的罪行的，是自首……"。此外还有两个重要的司法解释：1998 年出台的《最高人民法院关于处理自首和立功具体应用法律若干问题的解释》和 2010 年出台的《最高人民法院关于处理自首和立功若干具体问题的意见》，明确了自动投案一共有 14 种情形，如实供述有 6 项要求（具体详见司法解释，此处不考虑职务犯罪的特别规定）。

自动投案，是指在犯罪事实或犯罪嫌疑人未被司法机关发觉，或者虽被发觉，但犯罪嫌疑人尚未受到讯问、未被采取强制措施时，主动向司法机关、

---

* 徐跃明，上海市青浦区人民检察院第二检察部检察官。

所在单位、城乡基层组织或者有关负责人说明自己实施了犯罪的行为。自动投案的必然要求是自动性，即行为人主观上必须是自愿的、主动的。其投案的动机是出于真心悔罪还是争取宽大处理或慑于法律的威严等则在所不问。在醉驾型危险驾驶案中，是否认定行为人自动投案较为复杂，笔者将在下面的案例分析中一一指出。

如实供述，是自动投案行为的延伸，是指如实交代自己的主要犯罪事实的行为。在醉驾型危险驾驶案中，主要的犯罪事实是饮酒后驾驶机动车。如果行为人在现场拒绝酒精测试，即使主动打电话报警或者明知他人报警等候在现场，这种情况也属于不如实供述自己的犯罪事实，不能认定为自首。

## 二、行为人醉酒不影响自首情节的认定

行为人醉酒不影响自首情节的认定，仍有可能成立自首。

其一，根据醉酒驾车的立法规定，原国家质量监督检验检疫总局、国家标准化管理委员会发布的《车辆驾驶人员血液、呼气酒精含量阈值与检验》（GB 19522-2010）的规定，驾驶人员每100ml血液酒精含量大于或等于80mg为醉酒驾车。从科学立法的角度来说，这个关于醉酒的标准规定是很明确的。而且，上述对醉酒的规定是对行为人体内酒精含量超标的推定，只要超过这个标准驾驶，就是醉酒驾驶，而不是根据行为主体有无辨认能力和控制能力来具体认定的。不同行为人的酒精承受能力各不同，因人而异，尽管根据统一标准，酒精含量达到一定的标准时，才属于"醉驾型"危险驾驶行为，但是不同的醉驾行为是否要认定自首，还是要坚持罪刑法定原则，对于客观上有自控能力的行为人来说，还是存在自首的空间，关键是看行为人是否满足自首的条件。

其二，依据"原因自由行为"的刑法理论，行为人醉酒不影响其承担刑事责任。通说认为，醉驾型危险驾驶犯罪属于危险犯，更确切地说是属于抽象危险犯。抽象危险犯是指，行为人的行为本身包含了侵害法益的可能性而被禁止的情形，是立法者拟制或者说立法上推定的危险。换句话说，只要行为人实施了醉酒驾驶的危险行为，刑法就拟制或推定为犯罪。而且，纵观世界各国立法例，都规定了醉酒之人应当负刑事责任，我国也不例外，在《刑法》第18条第4款规定了"醉酒的人犯罪，应当负刑事责任"。延续同样的思路，那么在自首问题上，以行为人醉酒否认其具有自首的能力，认为醉酒

型危险驾驶案中一律没有自首的观点，失之偏颇。在司法实践中，之所以大量醉驾型危险驾驶案件中行为人不被认定为自首，是因为不满足自首的本质要求。

### 三、醉驾型危险驾驶案自首情节的具体认定。

有人认为，对于公安机关例行检查案发的醉驾型危险驾驶案，不构成自首，对于报警后案发的醉驾型危险驾驶案，则区分为两种情况，一种是发生交通事故后自己报警，到案后如实供述自己的罪行，为典型的自首；第二种是发生交通事故后他人报警，如果行为人明知他人报警，自愿留在现场，且无拒捕行为，到案后如实供述自己的罪行，是自首。也有人认为，不管是设卡查获还是因发生事故报警被查的醉驾型危险驾驶犯罪，只要行为人主动将自己置于司法机关的控制之下，并向司法机关如实供述自己的犯罪事实，均应认定自首。

而笔者认为，醉驾型危险驾驶案中行为人能否成立自首，不能一概而论，应当紧紧围绕自首的本质，结合案件事实进行审查认定。下面笔者将结合几个案例，具体分析。

案例一：杜某系某一企业工作人员，某日与女友在酒吧饮酒。因酒吧离女友家中较近，散场后，出于侥幸心理送女友回家。途中因与女友发生争吵，女友打其一耳光，遂自己拨打 110 报警电话告知感情纠纷，民警到场处理时，发现杜某涉嫌酒后驾车，遂将其传唤至某派出所接受调查，经对其进行呼气式酒精测试，结果为 157mg/100ml，杜某被公安机关约束至次日酒醒，此时血检鉴定结果也由鉴定机构作出，结果为 157mg/100ml，公安机关遂以其涉嫌危险驾驶罪决定对杜某取保候审。

案例二：纪某系一企业人员，某日与妻子在家中吵架。因琐事与妻子发生争吵，遂产生通过实施犯罪行为坐牢躲清静的想法。于是在家中少量饮酒后立刻驾车行驶至附近的派出所投案。民警当场对其进行呼气式酒精测试，结果为 96mg/100ml，故带其至医院进行血样采集，并口头传唤其至派出所约束至次日酒醒。次日，血检鉴定结果也由鉴定机构作出，结果为 105mg/100ml，公安机关遂以其涉嫌危险驾驶罪决定对纪某取保候审。

案例一中，笔者认为不宜认定杜某系自首，因为杜某在自动投案的主动性和自愿性程度均较低。主观上，杜某的状态一方面被因耳光侮辱而产生不理智情绪所左右，另一方面可能已经失去控制力、判断力。客观上，虽有报警行为，但其对自动投案既不是积极主动、心悦诚服，也不是不回避、不反对。行为人饮酒后大脑已经"失调"，本身认识能力和控制能力是降低的。而且据杜某在首次讯问笔录中供述，当时民警到场将其查获时，只顾生气，完全遗忘饮酒后驾驶机动车的事实。虽然杜某将自己处于司法机关的控制之下，但其因缺乏自动投案的主动性和自愿性，也没有在首次讯问笔录中如实供述自己的犯罪行为，所以不宜认定为自首。

案例二中，应当认定纪某系自首。虽然纪某在作案动机上过于幼稚，但是他在自动投案的主动性和自愿性上，毫无疑问是有的。他在饮酒后驾车上道路行驶之前，已经预料到了后果，也愿意承担此后果，其在主观上是有自动投案的主动性和自愿性的，而且他直接驾车行驶至附近的派出所投案，第一时间接受讯问并如实供述，说明他也是愿意接受处罚的。像这样的情况虽然不常见，但也有可能会发生，这属于典型的自首。

案例三：胡某系一民营企业负责人，一日私人聚餐时大量饮酒。因急于回家，胡某在醉酒状态下驾车在高速公路上行驶。当天由于汽油耗尽，胡某无奈将车停于路中央，在报警求助后，离开现场去加油站买汽油。民警在处理该起违停案件时，发现胡某有酒驾嫌疑，经对其进行呼气式酒精测试，超过醉酒临界值。民警遂将胡某带至医院进行血样采集，并口头传唤其至交警支队做进一步调查。经鉴定，其血液中酒精含量为192mg/100ml。公安机关遂以其涉嫌危险驾驶罪立案，并对胡某取保候审。

案例四：李某某系进城务工人员，某日下班后与几个朋友在饭店吃夜宵，期间少量饮酒。出于侥幸心理，其驾车送一朋友返回暂住地的途中，发生交通事故。另一个和李某某一同饮酒的朋友恰巧途经此处，在看到该起事故后，报警举报李某某酒驾。李某某明知他人报警，等候在现场。民警到场处理时，李某某如实交代案发经过。民警遂将李某某带至医院进行血样采集，并口头传唤其至交警支队做进一步调查。经鉴定，其血液中酒精含量为189mg/100ml。公安机关遂以其涉嫌危险驾驶罪立案，并对李某某刑事拘留。

案例三中，笔者认为不宜认定胡某系自首，因为胡某在自动投案的主动性和自愿性程度均没有。虽然胡某主动报警，但其报警的内容不涉及本人违法犯罪行为，只是道路援助，不属于公安机关管辖范围，属于一般求助。而且，在其第一次供述笔录中，也拒不交代酒后驾车的事实。自首是法定从轻情节，是给认罪、悔罪的犯罪分子一次改过自新的机会，司法人员应该秉持公平正义的立场，谨慎适用自首条款。对于此类犯罪分子不能认定为自首。

案例四中，笔者认为可以认定李某某系自首。根据《刑法》第67条的规定和相关司法解释，李某某的行为属于现场待捕型自首，即交通肇事后报警并留在现场等候处理的。李某某留在现场待捕是自愿的、非被动性的，出于其独立意愿主动留在案发现场，而不是一种客观无奈的选择。李某某明知他人已经报警，仍然留在现场等待抓捕，可以视为犯罪嫌疑人对他人报警行为的一种追认。在民警到达现场后主动承认自己的犯罪行为，自愿置身于司法控制之下，积极配合抓捕和押解工作，说明对被抓捕时行为的服从性。犯罪嫌疑人彻底地供述犯罪事实，这是自首"如实供述"条件的内在要求。

可见，在醉驾型危险驾驶案中，能否认定行为人自首，不能因为醉酒，随意升高或者降低认定的标准。无论是自己报警、委托他人报警还是明知他人报警，谁报警不重要，是否区分例行检查和发生交通事故也不重要，万变不离其宗，只要符合自首的本质要件，均可以认定为自首。

值得注意的是，可以认定为自动投案，并不代表必须认定为自动投案。如果在交通事故现场，行为人表现出明显的酒气，被他人察觉并阻拦其离开现场，则不能认定为自动投案。因为《中华人民共和国道路交通安全法》第70条第1款已经规定，在道路上发生交通事故，车辆驾驶人应当立即停车，保护现场；造成人身伤亡的，车辆驾驶人应当立即抢救受伤人员，并迅速报告执勤的交通警察或者公安机关交通管理部门。报案并原地等待首先是行为人的法定义务，所以在量刑方面要不要从宽以及从宽的幅度，应慎重把握，在对比未发生交通事故的情形下仍自首的案例，应区别对待。

此外，如实供述也同样重要，是自首缺一不可的条件。举个例子，行为人虽然主动报警自己酒驾，但拒绝呼气式酒精测试，始终拒绝测试自身体内酒精含量，也不能认定为自首。道理显而易见，行为人客观上不配合取证的行为，既体现了其主观上认罪悔罪的态度不彻底，而且增加了侦查阶段案件侦破的阻力，即使事后行为人有其他的辩解，也是诡辩，应当不予采信。

一般来说，自首要件中的"如实供述"是指供述主要犯罪事实，即能够据以确定犯罪性质并确定相应的法定量刑幅度和法定刑格的犯罪事实。对于醉驾型危险驾驶案，所谓的主要犯罪事实就是行为人供认自己喝了酒开车即可，不必要求行为人明知自己达到醉酒的程度。

## 四、自首情节的证据审查要求

随着以审判为中心诉讼制度的改革，证据审查将显得越来越重要。证据审查是司法人员对收集的证据进行分析研究，鉴别真伪，找出他们与案件事实之间的联系，确定其证明力，进而就案件事实做出结论性判断的活动。

"三步法则"就是证据审查的三个步骤，分别是第一步分解验证，第二步双向对比，第三步综合分析。综合分析是运用证据过程中的重要思维方法，从证据的审查判断到对案件事实作出结论，一刻也离不开综合分析。

审查认定自首情节需要注重几项证据，一是有报警记录单，尤其是报警的内容需要明确交代其饮酒驾驶机动车的事实（此处无需行为人明知自己达到醉酒的程度），二是公安机关记载的到案经过，三是行为人在公安机关接受讯问时所供述的犯罪事实。这三项证据非常重要。如果发生交通事故，则被害人的陈述也不能欠缺。

## 五、醉驾型危险驾驶案中认定行为人自首有其积极意义。

在醉驾型危险驾驶案中认定行为人自首，是检察机关依法履职的表现。习近平总书记突出强调，公平正义是司法的灵魂和生命。检察机关怎么实现公平正义，怎么高质量履职，就是在一个个具体案件把以人民为中心的发展思想落实好，更好发挥法治固根本、稳预期、利长远的重要作用。通俗地说，犯罪嫌疑人也是人，他的人权也要保障。

在醉驾型危险驾驶案中认定行为人自首，更进一步彰显刑法的威慑性。"自首"这一刑事法律制度在社会生活中，有其积极的社会意义。刑法的威慑性是指刑法通过明文规定某种行为为犯罪并对该罪犯处以刑罚，以及在刑法的具体实施过程中，社会公众所表现出来的因惧怕罪犯及其惩罚后果而产生的威吓、震慑作用。醉酒驾驶的行为本身对社会的危害性是显而易见的，如果发生了交通事故的严重后果，更是对社会造成巨大的伤害，行为人也会构成其他重罪。如四川的孙伟铭案，孙伟铭实施无证醉酒驾车等一系列交通违法行为，造成四死一重伤的惨案，最终以"构成以危险方法危害公共安全罪"判处无期徒刑，剥夺政治权利终身。

在醉驾型危险驾驶案中认定行为人自首，更有助于降低此类犯罪的再犯罪率。通过个案审查认定行为人有自首情节，在量刑上可以从轻或者减轻处罚，若判处缓刑，是给行为人一次改过自新、重新做人的机会。一次刑事犯罪记录，即使不入所服刑，也会影响行为人的职业生涯和人生规划，也会产生无法估量的其他后果，对行为人来说可谓教训深刻。轻罪刑事政策的适用又是另外一个话题了，危险驾驶罪看起来是轻罪，实际上到底是轻罪还是重罪，是一个非常有益的、值得讨论的话题，要根据经济社会的发展和治安形势的变化，尤其是要根据犯罪情况的变化，在法律规定的范围内适时调整从宽和从严政策重心。在司法上，对于轻罪的处理要坚持宽严相济刑事政策，要依法发挥轻罪不诉、轻罪免刑和缓刑制度的作用。

# 网络时代破坏生产经营罪主客观要件的合理解构

魏韧思 *

在日新月异的互联网经济时代，影响他人经营活动的行为出现多样化现象，例如批量虚假注册账号、正向虚假刷单、反向炒信等行为。《中华人民共和国刑法》（以下简称《刑法》）第 276 条规定的破坏生产经营罪的罪状极为笼统，客观行为方式也定型于第一、二产业占主导地位时代的常发行为。自 2016 年南京市首例反向刷单被判破坏生产经营罪以来，学界围绕破坏生产经营罪的法条解释方法进行了反复探讨，甚至有学者提出刑法增设妨害业务罪，但已颁布实施的《中华人民共和国刑法修正案（十一）》对此问题未曾涉及。由此判定，互联网时代的新型破坏生产行为能够被现有法条罪状所涵摄，适度扩张解释方法已被实践检验为解决网络犯罪异化的有效途径。

## 一、互联网时代刑事司法应秉持适度扩张解释的法条阐释理念

### 1. 与传统犯罪相比，网络犯罪的特点与新变化

网络的出现是 20 世纪的革命性事件，大大地促进了文化的传播和发展，极大地丰富了人们的文化生活。互联网的出现推动社会生产力以更快的速度发展，计算机网络时代的到来宣告了一场新的科技革命的诞生。互联网的发展引起了社会生产和生活的革命性变化。其一，网络传播的即时性极大地消除了社会关注时空限制。其二，人们可以通过网络传播的互动功能，组成数目众多、极具特色的人际互动网络，增强网络传播带来的集聚效应。网络传播的即时性和聚集效应也给传统犯罪行为开辟了新的渠道和领域，犯罪方法不断翻新，传统犯罪结构亦随之改变，传统刑法理论在信息社会已经呈现出愈发明显的体系性滞后，尤其是面对网络技术永不停滞的升级和网络运用介入人们

---

* 魏韧思，上海市青浦区人民检察院第一检察部检察官。

生活程度的加深，使得传统刑法理论和刑事立法与现实犯罪行为之间的距离越拉越远。

互联网在发展过程中不断迭代升级，当下已经进入互联网2.0时代。在迭代的过程中，互联网发生了两大变化，即由"虚拟性"向"现实性"过渡，由单纯的"信息媒介"向"生活平台"过渡，这两大转变助推网络犯罪的进化，"点对点"的违法犯罪行为成为主流；从加害者和受害者的关系看，现实社会中的传统犯罪主要是"一对一"的侵害方式，网络空间中传统犯罪则多表现为"一对多"的侵害方式，侵害对象具有不特定性的特点，其侵害后果具有很强的叠加性。传统犯罪的网络变异表现为犯罪构成要件要素的变异、社会危害性的变异和犯罪形态的变异三个方面。网络的介入，网络空间出现虚拟财产，出现利用网络程序缺陷实施的传统犯罪行为，出现恶意批量注册互联网账号、反向炒信、正向刷单的违法犯罪行为，网络犯罪行为中"以营利目的"难以认定的司法适用难题。网络犯罪的社会危害性具有复制性、聚焦性和扩散性，往往导致社会危害性的放大、聚焦、扩散，具有更大的社会危害性。

2. 刑事司法秉持适度扩张解释的法条阐释理念是调和罪刑法定原则与法益保护需要之间矛盾的必然产物

网络时代，传统犯罪经过网络变异，犯罪对象、犯罪目的、犯罪行为和犯罪形态在网络空间中发生变异，但社会要保护的法益还是原有的法益。网络犯罪社会危害性放大、聚焦、扩散等特点要求刑事立法、司法必须及时、恰当地予以打击、惩治。发生于网络空间的传统犯罪，其预备行为的社会危害性往往远超实行行为，其帮助行为的危害性往往远超正犯的实行行为。因此，在刑事立法领域，有两个解决思路：一是将预备行为提升为独立化的实行行为；二是将共犯行为正犯化。从《中华人民共和国刑法修正案（九）》开始，刑法已逐步增设网络犯罪罪名，例如当前刑事司法中适用罪名较多的帮助网络信息犯罪活动罪，非法利用信息网络罪，拒不履行信息网络安全管理义务罪和编造、传播网络虚假信息罪。在刑事司法领域就是采取适度扩张性解释。笔者认为，针对网络犯罪，刑事司法采取适度扩张性解释是更务实高效的途径。经过网络变异后的犯罪行为，首先进入刑事司法领域，刑事司法机关首先面对这些新类型案件，然而由于刑事立法跟不上犯罪行为的发展变化，法条处于陈旧状态，法益的保护又迫在眉睫，这时的刑事司法必须兼顾罪刑法定原则和法益保护的需要，在二者之间寻求平衡。此时，适度扩张性解释就是最佳选择，以待时机成熟在刑事立法中予以确认。针对在网络上散布谣言、虚假信息行为的惩治就遵循了这一路径，最初"两高"颁布司法解释，把这种行为定性为网上寻衅滋事，以寻衅滋事罪定罪处罚。后在《中华人民共和国刑法修正案（九）》中在第 291 条增加之一，新增编造、故意传播虚假信息罪。当前我国刑法中的五个口袋罪，寻衅滋事罪、非法经营罪、以危险方法危害公共安全罪、破坏生产经营罪、破坏计算机信息系统罪都是由于刑法法条滞后于犯罪行为的变化所引起的，刑事司法用扩大解释的方法把新的犯罪行为纳入这几个法条罪状的涵摄范围内，进而保护应当保护的法益。2014 年南京市两级人民法院判定谢某某、董某某"反向炒信"行为[1]构成破坏生产经营罪虽然引发了该罪有"口袋罪"嫌疑的争论，但却获得刑事法学界和司法实务界的一致肯定评价。

刑事司法秉持适度扩张解释的法条阐释理念，既是解决应当保护法益的迫切需要，破解司法适用难题，也是应对和处理所有变异的网络犯罪行为的必经步骤。通过对刑法法条的扩张性解释，用现有刑法条文和罪名打击新形态的犯罪行为，进而引发学界和刑事司法官的广泛关注和讨论，在争论和探讨中决定该扩张性解释是否合理，如适度则不用修法，否则只能推动刑法的修改来堵上处罚的漏洞，这也符合刑法法典化时代刑法条文的修改规律。

## 二、适度扩张解释立场下破坏生产经营罪客观行为的内涵

现有刑法法条规定破坏生产经营罪的客观罪状是毁坏机器设备、残害耕畜或者以其他方法破坏生产经营。残害耕畜是农业文明时代的行为方式，毁坏机器设备是工业文明时代的行为方式，那么信息文明时代破坏生产经营罪的客观行为方式什么？互联网时代破坏生产经营罪的客观行为方式是什么？现有法条用"以其他方法破坏生产经营"来兜底概括。到底如何理解"以其他方法破坏生产经营"？

案例一：2016 年南京市首例反向炒信案，法院以破坏生产经营罪定罪处

---

[1] 2014 年 4 月，在淘宝网经营论文相似度检测业务的被告人董某某雇佣并指使被告人谢某某，多次以同一账号恶意大量购买某科技公司淘宝店铺的商品，致使某科技公司淘宝网店铺被淘宝网认定为从事虚假交易，并受到商品搜索降权的处罚。

罚。案例二：删除、下载公司计算机源代码案。被告人马某因为对公司法定代表人不满，而擅自删除、下载公司正用于软件产品开发的计算机源代码等文件，导致该公司产品开发进程受阻，遭受相当数额的经济损失，法院认为上述马某的行为是破坏公司生产经营秩序的体现，据此认定被告人马某构成破坏生产经营罪。案例三：2017 年浙江恶意刷单案。被告人雇佣刷单人员在被害淘宝店铺刷单 2000 单，刷单时所留的收货人姓名和地址，大多数都是不匹配的，淘宝平台通知被害店铺，网店有虚假交易，该行为共造成被害商家直接经济损失人民币 4 万余元，并使该店铺面临违规处罚、搜索降权的可能。法院认为被告人这种反向刷单的形式，破坏了别人的正常生产经营，其行为构成破坏生产经营罪。案例四："杭州刷单炒信案"。2013 年 2 月，张某某创建 "零距网商联盟" 网站，利用某语音聊天工具搭建炒信平台，吸纳电商卖家注册账户成为会员。张某某通过制定刷单炒信规则和流程，组织及协助会员通过相关平台发布或接受刷单任务。会员帮助商家实现虚假交易数据，提高信誉等级。经法院审理查明，张某某共收取平台管理维护费、体验费等 30 万元，另收取保证金 50 余万元。认定被告人张某某违反国家规定，以营利为目的，明知是虚假的信息仍通过网络有偿提供发布信息等服务，扰乱市场秩序，情节特别严重，其行为已构成非法经营罪。案例五："首例恶意注册账号案"。在本案中，被告人汤某某制作 "畅游注册机 . exe" 注册机用于出售获利，该 "畅游注册机 . exe" 软件能够实现自动产生注册信息并通过第三方平台获取手机号，以数据包方式发送给畅游注册平台服务器，借助第三方平台自动将获取的手机验证码发送回畅游注册平台完成批量注册，对畅游注册平台的正常操作流程和正常运行方式造成干扰，属于破坏性程序。法院经审理以提供侵入、非法控制计算机信息系统程序、工具罪对被告人定罪处罚。

案例一、二、三中，无论是反向炒信、删除、下载公司计算机源代码，还是恶意刷单行为都不是物理性的对生产资料的毁坏，但都被司法机关评判为破坏生产经营的行为。案例四中组织会员虚假刷单炒信行为被司法机关判定为非法经营罪，但遭到专家学者的质疑，例如陈兴良教授认为，在本案中，刷单炒信是《中华人民共和国反不正当竞争法》所禁止的违法行为，即使向有关部门申请，这种刷单炒信的业务也不可能发给经营许可证，也就是说没有与之相对应的正当经营。在这种情况下，根本就不存在违反经营许可的问题，何来的非法经营罪？案例五中批量虚假注册账号的行为被司法机关评定为提供侵入、非法控制计算机信息系统程序、工具罪，这是以虚假批量注册账号的手段行为入罪，而没有对其实质行为（批量虚假注册）定罪处罚。本案已查证出被告人自制出了注册机，如果批量注册账号的行为人是从网络上购买他人的注册机并为他人批量注册账号非法营利的行为该如何定罪处罚？实践中，对此类行为往往通过查证其明知下游违法犯罪行为，以下游犯罪的共犯来处理。

从司法实践来看，现有司法判例对破坏生产经营罪的客观行为认定早已突破"物理性的对生产资料毁坏"，同时对于正向刷单、批量虚假注册行为的规制尚未达成共识。笔者认为，要准确把握互联网时代非法经营罪的客观行为，必须正确理解罪状中的"破坏"、合理划定"经营"的内涵和范围和以同质解释而不是同类解释的思路解释"其他方法"。

1. "破坏"不等同于毁坏，其是本罪客观行为方式的"核心要素"

刑法法条列明的该罪客观行为方式，无论是毁坏机器设备，还是残害耕畜，毁坏或残害的对象都是实体物质，且该罪与故意毁坏财物罪同属于《刑法》分则第四章财产类犯罪章节，故有人简单机械地把破坏生产经营罪中"破坏"等同于故意毁坏财物罪的"毁坏"，认为破坏财物罪是故意毁坏财物罪在生产资料领域的特殊法条。该观点忽略了"破坏"的对象不仅包括生产，还有经营，且"生产经营"具有双重含义，包括生产经营秩序和正常生产经营所本有和创造的财产。本罪明显同时具备破坏经济秩序和侵犯财产权的双重属性，否则也不存在单独设立该罪名的必要性（二者法定刑一样）。

在我国刑法中，"破坏"一词没有固定含义，既有对事物的物理毁灭，如破坏交通工具罪；也有对事物的任何改变，例如寻衅滋事罪中的"严重破坏社会秩序"。在刑法中，"破坏"的对象大概包括三类：一是实物，如破坏火车、汽车；二是活动，如破坏选举；三是秩序，如破坏公共秩序。"生产经营"兼具活动和秩序的性质，"破坏生产经营"就应当以破坏活动和秩序犯罪为解释基准。[1]作为破坏活动的犯罪，"破坏集会、游行、示威罪"中的破坏活动，刑法规定为"扰乱、冲击"，而"破坏社会秩序"就是改变、影响。

---

〔1〕 参见高艳东："破坏生产经营罪包括妨害业务行为——批量恶意注册账号的处理"，载《预防青少年犯罪研究》2016 年第 2 期。

因此，"破坏"（生产经营）就是毁损、扰乱、影响，等同于外国刑法中"妨害业务罪"的"妨害"。

曾有观点认为，该罪罪状中的"破坏"是本罪的客观行为方式，笔者不认同这一主张。该罪罪状仅列明了两种客观行为方式、一种兜底行为方式，而"破坏生产经营"是破坏生产经营罪客观行为的罪质，故"破坏"不是具体客观行为方式。正是这种以定罪结果导向的激进观点引发了学界对扩张性解释是否违反了罪刑法定原则的争论。

2. "经营"的理解及生产经营的范围

"经营"二字的内涵极为广泛，可以包括管理、治理、策划等多个意思。但对法条词语的解释，一要注意法律用语的规范性，二要与前后词语关联。因此，学界主张的将"经营"理解为"生产性经营"。笔者认同该观点。对此，笔者主张可以对"经营"进行以下两个方面的界定。第一，从经营主体、对象上排除政府、公共组织的社会管理以及其他一切主要对人进行管理的活动。非常明显，破坏生产经营罪中的"经营"不应当包括政府、公共组织的社会管理以及诸如学校、协会等主要对人进行管理的行为。但政府作为出资主体创办的国有企业、医院、银行等从事的业务活动当然可以称为此处的"经营"。第二，对"经营"的理解受到"生产"的牵制，从行为性质而言，"经营"需有价值性产出。作为侵财型犯罪，此罪的设立目的与故意毁坏财物罪的不同之处在于，后者意图保护财物所有权本身，前者则意图通过规制毁坏（与生产经营有关的）物的行为达到生产经营的经济利益不受损失的目的，否则便难以理解为何立法者将此罪归入侵犯财产罪之列。[1]

本罪生产经营的范围就是排除公务和社会管理活动、与生产有关、能够产生商业价值或社会价值的活动。相较于外国刑法中"业务"，我国刑法用词更精准。"生产经营"是发生在市场领域或市民社会的行为，彻底排除了公务和社会管理活动，同时"经营"活动无需像"业务"那样考虑活动的持续性、职业性等内容，一次性活动也可能是经营。

3. 以"同质解释"思路解释"其他方法"

当遇到刑法条文的"兜底条款"或"其他方法"，我们常常运用同类解释

---

〔1〕 参见崔志伟："破坏生产经营罪的口袋化倾向与司法消解"，载《法律适用》2018年第7期。

的方法来阐释。[1]实质上,同类解释是最简单的解释方法,但并不适用于所有法条的解释。例如,"侵犯商业秘密罪"规定:"以盗窃、贿赂、欺诈、胁迫、电子侵入或者其他不正当手段获取权利人的商业秘密",如果要求"其他"与"盗窃、利诱、胁迫"相一致,则无法得出任何结论。同理,"强制猥亵罪"规定:"以暴力、胁迫或者其他方法强制猥亵他人或者侮辱妇女",如果解释"其他方法"时向前参照"暴力、胁迫",也无法得出结论。事实上,决定"其他方法"内容的是后面"强制"一词,只要被害人无法、不知反抗的,虽然没有暴力、胁迫,但都是猥亵的"其他方法"。针对传统犯罪的网络异化行为,"同质解释"应当作为常用方法且不被认为违反了罪刑法定原则。"同质解释"实际上是注重了"其他"后面的表述。根据同质解释方法,毁损、影响、干扰他人生产经营活动并由此导致他人总体财产损失的行为应当是"其他方法"的合理内涵。

## 三、破坏生产经营罪的主观要件解析

破坏生产经营罪规定要具有泄愤报复或者其他个人目的,主观罪状相较客观行为更难界定,且"个人目的"涵义较为宽泛,司法实践中难以把握,既有因正当目的破坏生产经营行为被定罪的案例,也有不构成破坏生产经营罪的案例。结合"泄愤报复"的语境和司法实践中的案例,笔者对该罪的主观要件进行初步界定。

案例一:王某、郝某是 A 货运公司的转包个体司机,A 货运公司主要承运申通快递公司上海—广州的快递线路。A 货运公司欠王某、郝某二人货运款 90 余万元尚未结清,申通快递公司与 A 货运公司尚有部分账务未结清。2019 年 9 月,A 货运公司老板因交通肇事罪被拘留且 A 货运公司无资金为王某、郝某结算货运款。2019 年 9 月 20 日,王某、郝某接到 A 货运公司通知,承运申通公司从上海发往广州的快递件。装车发运后,王某、郝某拆除车载 GPS,以车辆无油为借口拖延运送时间,并向 A 货运公司索要尚未结清的 90 万余元货运款。A 货运公司及时与申通公司联系,申通公司考虑快递件延误送达给公司造成声誉的压力,向王某、郝某二人支付 70 万余元。四天后,王

---

[1] 参见高艳东:"破坏生产经营罪包括妨害业务行为——批量恶意注册账号的处理",载《预防青少年犯罪研究》2016 年第 2 期。

某、郝某驾车至申通快递公司总部。王某、郝某的行为导致申通公司因快递延误赔付和支付转运费共计 9 万余元。案例二：最高人民法院《刑事审判参考》总第 83 期第 736 号案例，即刘某破坏生产经营案，行为人为了达到通过追求销售业绩而获得升职的个人目的，将公司电脑低于公司限价价格销售，造成公司重大损失。上海市静安区法院判定刘某不构成破坏生产经营罪，理由是行为人追求"个人升职"与"泄愤报复"等恶意目的本质上截然不同。

案例二是最高人民法院权威刊物发布的典型案例，对司法实践有一定的指导意义。结合"泄愤报复"的语境，我们认为，本罪的主观要件有以下内容：

1. 将正当理由排除在"其他个人目的"之外。"泄愤报复"本身具有明显的贬义色彩，即主观状态本身的不正当。故案例一，王某、郝某以要回自己货运费的目的而破坏申通快递公司正常运营的行为不符合"以泄愤报复或其他个人目的"，故不构成破坏生产经营罪。

2. 为了区别"取财型"犯罪，"其他个人目的"不应包括非法占有目的。有时动机与目的无法做出截然性区分，如财产犯罪中的非法占有既是目的也可以视作动机。作为毁财型犯罪，破坏生产经营罪的手段行为与故意毁坏财物罪具有同质性，客观上都是采用了毁损、干扰、影响等手段，主观上也都是出于破坏的目的，这是其区别于取财型犯罪的关键。因此，作为毁财型犯罪，"其他个人目的"不能包括非法占有目的。